Edition KWV

Die „Edition KWV" beinhaltet hochwertige Werke aus dem Bereich der Wirtschaftswissenschaften. Alle Werke in der Reihe erschienen ursprünglich im Kölner Wissenschaftsverlag,
dessen Programm Springer Gabler 2018 übernommen hat.

Weitere Bände in der Reihe http://www.springer.com/series/16033

Nadine Uebe-Emden

Entrepreneurship Education an Hochschulen für Gründer und Nachfolger

Anforderungen und Herausforderungen unter besonderer Berücksichtung potenzieller Strukturbrüche der Unternehmensnachfolge

Nadine Uebe-Emden
Sparkasse Siegen
Siegen, Deutschland

Bis 2018 erschien der Titel im Kölner Wissenschaftsverlag, Köln
Dissertation, Universität Siegen, 2010

Edition KWV
ISBN 978-3-658-24357-9   ISBN 978-3-658-24358-6   (eBook)
https://doi.org/10.1007/978-3-658-24358-6

Die Deutsche Nationalbibliothek verzeichnet diese Publikation in der Deutschen Nationalbibliografie; detaillierte bibliografische Daten sind im Internet über http://dnb.d-nb.de abrufbar.

Springer Gabler
© Springer Fachmedien Wiesbaden GmbH, ein Teil von Springer Nature 2011, Nachdruck 2019
Ursprünglich erschienen bei Kölner Wissenschaftsverlag, Köln, 2011

Springer Gabler ist ein Imprint der eingetragenen Gesellschaft Springer Fachmedien Wiesbaden GmbH und ist ein Teil von Springer Nature
Die Anschrift der Gesellschaft ist: Abraham-Lincoln-Str. 46, 65189 Wiesbaden, Germany

Geleitwort

Unternehmertum manifestiert sich zum einen in der Gründung von Unternehmen und zum anderen durch den Eintritt in die Geschäftsführung eines bestehenden Unternehmens. Sowohl für die Unternehmensgründung als auch für die Unternehmensnachfolge sind spezifische Kompetenzen erforderlich, die rechtliche Aspekte und betriebswirtschaftliche Grundlagen, aber auch organisationssoziologische und psychologische bis hin zu technologischen Aspekten umfassen. Rein theoretisches Wissen ist dabei keineswegs ausreichend, sondern muss durch handlungsleitende praktische Erfahrungen ergänzt werden.

Hochschulen – und dazu zählen im deutschen Sprachraum Universitäten und Fachhochschulen – haben die Aufgabe, den Studierenden wissenschaftlich-analytische sowie berufsvorbereitende Kenntnisse zu vermitteln, die sie befähigen, in ihren jeweiligen Aufgabenfeldern nach Möglichkeit Führungspositionen einnehmen zu können. Den Wirtschaftswissenschaften wird dabei in den letzten Jahren zunehmend die Unternehmerausbildung (englisch: Entrepreneurship Education) zugeschrieben. Die Studierenden sollen motiviert werden, sich in ihrer beruflichen Zukunft unternehmerisch zu betätigen (Wollen-Wissen). Zugleich sollen ihnen die für das Unternehmertum notwendigen theoretischen Grundlagen (Kennen-Wissen) und darauf aufbauend praktische Fähigkeiten, das Können-Wissen, vermittelt werden. In diesem Zusammenhang wird in der Literatur und in der öffentlichen Diskussion kritisiert, dass eine derartige Vermittlung von Wollen- und Können-Wissen nicht in ausreichendem Maße erfolgt. Auch auf den Umgang mit schwierigen und konfliktären Situationen in der Praxis sollten die Studierenden vorbereitet werden. Daher werden, zum Teil wissenschaftlich recht unreflektiert, neue Veranstaltungsformen und -inhalte gefordert, um so Studierende besser auf unternehmerische Tätigkeiten vorzubereiten.

Die skizzierten Anforderungen an die Unternehmerausbildung sind sicherlich eingängig und finden sowohl in der wissenschaftlichen als auch in der politischen Diskussion Unterstützung. Dennoch besteht noch erheblicher Forschungsbedarf, wenn es um spezifische Unterschiede bei der Ausbildung von Unternehmensgründern und Unternehmensnachfolgern geht. Die Zielsetzung dieser Dissertationsschrift richtet sich dann auch unmittelbar an den bereits beschriebenen Forschungslücken aus. Frau Dr. Nadine Uebe-Emden untersucht die spezifischen Anforderungen von Existenzgründern und Unternehmensnachfolgern an die Entrepreneurship Education an Hochschulen. Auch wird ein Vergleich mit etablierten Programmen zur Unternehmerausbildung vorgenommen, um so bestehende Lehrinhalte und Studienablaufpläne weiter entwickeln zu können. Konfliktäre Situationen von Unternehmern untersucht sie exemplarisch anhand der Strukturbrüche der Unternehmensnachfolge. Aufbauend auf diesen Erkenntnissen gibt Frau Dr. Uebe-Emden Empfehlungen für die Weiterentwicklung der universitären Ausbildungscurricula zur Unternehmerausbildung, wobei sie insbesondere den Ausbau von innovativen, erfahrungsgenerierenden und interaktiven Lehrmethoden als zielführend herausarbeitet.

Die Dissertationsschrift von Frau Dr. Uebe-Emden liefert einen sehr guten, empirisch fundierten Überblick zu Fragen der gründer- und nachfolgerbezogenen Unternehmerausbildung sowie zu den Strukturbrüchen der Unternehmensnachfolge und ist damit sowohl für Wissenschaftler als auch für Praktiker interessant. Die vorgestellten Ausbildungskonzepte liefern eine wesentliche Grundlage für weitere Forschungsarbeiten und können für die Konzeption der Unternehmerausbildung an wissenschaftlichen Hochschulen als wichtige Handlungsleitlinie dienen. Letztlich geht es um die Förderung des Unternehmertums in unserer Gesellschaft und somit auch um die Wettbewerbsfähigkeit unserer Wirtschaft von morgen. In diesem Sinne wünsche ich dem Buch eine ausgezeichnete Aufnahme in Theorie und Praxis.

Siegen, im Juli 2011

Peter Letmathe

Vorwort

Die Entrepreneurship Education an Hochschulen hat in der Vergangenheit zunehmend an Bedeutung gewonnen und wird auch in der Zukunft eine relevante Rolle spielen. Die Gründe dafür sind unter anderem die zurück gehenden Gründungszahlen und die empirisch nachgewiesene Unternehmensnachfolgerlücke, so dass der Bedarf an Unternehmern in der Wirtschaft steigt. Des Weiteren sehen gerade politische Entscheidungsträger in der Förderung der Unternehmerausbildung eine Chance, die volkswirtschaftliche Entwicklung einer Region durch eine Förderung der Entrepreneurship Education anzukurbeln und somit von den Beschäftigungseffekten zu profitieren. Insbesondere innovative und wachstumsstarke Gründungen werden fokussiert, wobei empirisch bestätigt wurde, dass vor allem Hochschulabsolventen innovative Unternehmen gründen. Zudem weisen Studien auf eine bestehende Differenz zwischen der Gründungsneigung von Studierenden und der tatsächlichen Umsetzung des Gründungsvorhabens hin. Da sowohl Existenzgründer als auch Unternehmensnachfolger als Zielgruppe in Frage kommen, aber im Rahmen der Entrepreneurship Education zumeist nur erstere konkret berücksichtigt werden, trägt diese Arbeit diesem Missverhältnis Rechnung.

Die vorliegende Arbeit leitet eine Unternehmerdefinition anhand der funktionalen Unternehmertheorie her und fasst anhand der bestehenden Literatur die relevanten Lehrformen, Lehrinhalte und Ausbildungsstufen zusammen. Im Anschluss daran werden die beiden zugrunde gelegten Zielgruppen, Existenzgründer und Unternehmensnachfolger, anhand eigener empirischer Studien miteinander verglichen. Mit besonderem Fokus auf die Unternehmensnachfolger – als bisher kaum berücksichtigte Zielgruppe – werden die Strukturbrüche der Unternehmensnachfolge aus konzeptioneller Sicht in ein bestehendes Strukturgleichungsmodell eingearbeitet. Anhand einer folgenden empirischen Überprüfung wird der Erklärungsgehalt der verschiedenen Strukturbrüche auf den Post-Nachfolgeerfolg gemessen. Abschließend werden Beurteilungskriterien für bestehende Entrepreneurship Education-Programme aus der Literatur hergeleitet und es wird auf gemeinsame sowie differenzierte Ausbildungsmodule für Existenzgründer und Unternehmensnachfolger hingewiesen.

Die Arbeit liefert somit sowohl konzeptionell einen Erklärungsbeitrag hinsichtlich der Strukturbrüche der Unternehmensnachfolge als auch empirische Erkenntnisse über die Ausgestaltung von Entrepreneurship Education-Programmen.

Die Ausarbeitung dieser Dissertation fand während meiner Tätigkeit am Siegener Mittelstandsinstitut der Universität Siegen statt, in welchem ich zunächst als wissenschaftliche Mitarbeiterin und schließlich als Geschäftsführerin tätig war. In über 20 Auftragsforschungsprojekten wurden mir einzigartige Einblicke in die Unternehmen der Region gewährt und letztlich waren es teilweise Erkenntnisse aus diesen Praxisprojekten, die zur Themenfindung maßgeblich beitrugen. Neben meiner Tätigkeit am Institut war es mir möglich, Einblicke in die Forschung und akademische Lehre über den Lehrstuhl für Betriebswirtschaftslehre mit dem Schwerpunkt

Wertschöpfungsmanagement, insbesondere für kleine und mittlere Unternehmen der Fakultät Wirtschaftswissenschaften, Wirtschaftsinformatik und Wirtschaftsrecht zu bekommen.

Eine solche Arbeit kann nur durch regen Austausch mit und durch Unterstützung verschiedener Personen entstehen. An erster Stelle möchte ich mich bei meinem Doktorvater, Herrn Professor Dr. Peter Letmathe, bedanken, der mir in dieser einzigartigen Kombination aus unternehmerischer Praxis und universitärer Forschung und Lehre sowohl eine hohe Praxisorientierung als auch entsprechende Forschungsexpertise vermittelt hat. Frau Professorin Dr. Petra Moog möchte ich für die Übernahme des Zweitgutachtens und für die konstruktiven Diskussionen – unter anderem im Rahmen ihres Doktorandenkolloquiums – danken. Herrn Professor Dr. Joachim Eigler danke ich für die Übernahme des Vorsitzes der Promotions-kommission.

Zudem möchte ich mich beim Instituts- und Lehrstuhlteam für die konstruktiven Diskussionen und die Unterstützung bedanken. Für das Korrekturlesen der Arbeit danke ich Frau Monika Wagner, Frau Katrin Berkler und Frau Brygida Serfling. Mein besonderer Dank gilt Herrn Marc Zielinski, der mich sowohl moralisch als auch mit fachlichen Ratschlägen und langen Diskussionen in den letzten Jahren unterstützt hat. Schließlich möchte ich meinem Verlobten, Thorsten Buchwald, für die Unterstützung bei der Formatierung der Arbeit sowie für die unermüdliche Geduld danken, mit der er mich durch Höhen und Tiefen begleitet hat.

Letztlich möchte ich es jedoch nicht versäumen die Menschen zu erwähnen, die mir schon früh das Rüstzeug an die Hand gaben, damit ich diesen beruflichen Weg überhaupt bestreiten konnte. Meine Großeltern, Walter und Liesel Uebe-Emden, die stets ein offenes Ohr für mich hatten, sowie Sonja und Reinhold Leymann, die mir mit langen Gesprächen und guten Hinweisen den Weg in die akademische Ausbildung wiesen. Meine Eltern, Katja und Klaus Uebe-Emden, die sich unermüdlich für mein berufliches Vorankommen eingesetzt haben und mir in allem stets den Rücken gestärkt haben. Sie sind mir Vorbilder und ständige Wegbegleiter. Ihnen widme ich diese Arbeit.

Niederfischbach, Juli 2011

Nadine Uebe-Emden

Inhaltsverzeichnis

Abbildungsverzeichnis

Tabellenverzeichnis

Abkürzungsverzeichnis

AGFI	Adjusted Goodness-of-Fit Index
BDSU	Bundesverband deutscher studentischer Unternehmensberatungen
BGA	Bundesweite Gründerinnenagentur
BGB	Bürgerliches Gesetzbuch
bifego	Betriebswirtschaftliches Institut für empirische Gründungs- und Organisationsforschung e.V.
BMBF	Bundesministerium für Bildung und Forschung
BMWA	Bundesministerium für Wirtschaft und Arbeit
BMWi	Bundesministerium für Wirtschaft und Technologie
CEO	Chief Executive Officer
CFI	Comparative Fit Index
DEV	Durchschnittlich erklärte Varianz
DFG	Deutsche Forschungsgemeinschaft
ELIDA	Entrepreneurship Literatur Datenbank
EU	Europäische Union
FGF	Förderkreis Gründungsforschung
FH	Fachhochschule
GEM-Länderbericht	Global Entrepreneurship Monitor-Länderbericht
GFI	Goodness-of-Fit Index
HGB	Handelsgesetzbuch
HWK	Handwerkskammer
IFI	Bollen Incremental Fit Index
IfM Bonn	Institut für Mittelstandsforschung Bonn
IHK	Industrie- und Handelskammer
IIK	Inter-Item-Korrelation
IntEnt-Conference	Internationalizing Entrepreneurship Education and Training Conference

ITK	Item-To-Total-Korrelation
i. S. v.	im Sinne von
JADE	European Confederaion of Junior Enterpreises
JE	Junior Enterprise
KfW	Kreditanstalt für Wiederaufbau
KITK	korrigierte Item-To-Total-Korrelation
KMO-Kriterium	Kaiser-Meyer-Olkin-Kriterium
KMU	kleine und mittlere Unternehmen
KVP	Kontinuierlicher Verbesserungsprozess
MBI	Management Buy-In
MBO	Management Buy-Out
MIT	Massachusetts Institute of Technology
NFI	Bentler-Bonett-Normed-Fit-Index
NNFI	Bentler-Bonett-Non-Normed-Fit-Index
RFI	Relative-Fit-Index
RMR	Root Mean Square Residual Index
RMSEA	Root Mean Square Error of Approximation
RWTH	Rheinisch-Westfälische Technische Hochschule
SEM	Structural Equation Modeling
SMI	Siegener Mittelstandsinstitut
SPEZ GmbH	Studentisches Produktions-, Forschungs- und Entwicklungszentrum
tbg	Technologie-Beteiligungs-Gesellschaft
TLI	Tucker-Lewis-Index
TOGA	Technologie-Orientierte Gründungen in Aachen
TU	Technische Universität
UK	United Kingdom
USA	United States of America
UStG	Umsatzsteuergesetz

VHB	Verband der Hochschullehrer für Betriebswirtschaft e.V.
WIFU	Wittener Institut für Familienunternehmen
ZÖBIS	Zentrum für ökonomische Bildung

1 Einleitung

1.1 Problemstellung und Motivation

Die Themenfelder Entrepreneurship, Unternehmensgründung und Unternehmensnachfolge spielen eine zunehmend wichtigere Rolle sowohl in der Wirtschaftspraxis als auch hinsichtlich der wissenschaftlichen Forschung. Dieses Interesse begründet sich zum einen aufgrund der Tatsache, dass kleine und mittlere Unternehmen (KMU) 99,7 Prozent der Unternehmen ausmachen und 70,5 Prozent aller Arbeitsplätze sowie 83,1 Prozent aller Ausbildungsstellen in Deutschland stellen.[1] Zum anderen bestätigen aktuelle Studien seit 2005 einen Rückgang der Gründungszahlen (wobei 2008 seit Jahren erstmalig ein negativer Gründungssaldo ermittelt wurde) sowie eine zukünftig größer werdende Nachfolgerlücke, welche insbesondere bei KMU aufgrund einer höheren Stilllegungsquote auftritt.[2]

Auch politischen Entscheidungsträgern ist zunehmend an einer Förderung des Entrepreneurship gelegen, da ein positiver Zusammenhang zwischen unternehmerischen Aktivitäten (Unternehmensgründungen im Speziellen) und der volkswirtschaftlichen Entwicklung sowie Beschäftigungseffekten bereits empirisch belegt wurde.[3] Diese Bedeutung nimmt aufgrund des derzeitigen demografischen Wandels weiterhin zu, da dieser zusätzlich zu einer eingeschränkten Dynamik hinsichtlich der Anzahl von Gründungen und Unternehmensnachfolgen führt.[4] Konsequenzen aus dieser Entwicklung zeigen sich bereits in der sinkenden Anzahl von Unternehmensgründungen seit 2005,[5] in der aufgezeigten Nachfolgerlücke[6] sowie einer bewussten Förderung der unternehmerischen Aktivitäten zur Steigerung der Selbstständigenquote in der Wirtschaftspolitik.[7] Darüber hinaus bewirken Unternehmensneugründungen eine Wettbewerbsintensivierung und tragen zum erwünschten Strukturwandel bei.[8] Dieser Strukturwandel zeigt sich zum einen durch eine Bedeutungssteigerung des Dienstleistungs- gegenüber dem Industriesektor und zum anderen innerhalb des Dienstleistungssektors durch eine Zunahme im technologieorientierten sowie wissensbasierten Bereich.[9] Weiterhin erfüllen sie eine Wachstums- und Innovationsfunktion, wobei insbesondere innovative Gründungen als Wachstumsmotoren einer Region beschrieben werden.[10]

---

[1] Vgl. IfM Bonn (2010a).

[2] Vgl. IfM Bonn (2009); Freund (2004). Dabei ermittelt Freund eine Anzahl von 71.000 Familienunternehmen, die jährlich übergeben werden müssen und an die ca. 680.000 Arbeitsplätze geknüpft sind. Der Anteil der Stilllegungen aufgrund fehlender Nachfolger liegt insgesamt bei 8 Prozent und bei KMU bei 11 Prozent.

[3] Vgl. De (2005), S. 26; Kaiser/Wallau (2003); Schaller (2001), S. 3; Weißhuhn/Wichmann (2000), S. 102.

[4] Vgl. Baade (2007), S. 189.

[5] Vgl. Gude et al. (2009), S. 40. In der Literatur wird weiterhin eine sinkende Gründungsneigung von Studierenden mit steigender Semesteranzahl ausgewiesen, was in diesem Zusammenhang als „Gründungslücke" bezeichnet wird, vgl. Pinkwart (2001); Otten (2000).

[6] Vgl. Kay/Schlömer (2009), S. 55; Baumann et al. (2003), S. 44, sowie Gavac et al. (2000).

[7] Vgl. Baade (2007), S. 189.

[8] Vgl. Graack/Welfens (1999), S. 14.

[9] Vgl. BMBF (Hrsg.) (2002), S. 3.

[10] Vgl. De (2005), S. 23ff.; Franke/Lüthje (2004), S. 39; Aßmann (2003), S. 23; Beer (2000), S. 2.

© Springer Fachmedien Wiesbaden GmbH, ein Teil von Springer Nature 2011
N. Uebe-Emden, *Entrepreneurship Education an Hochschulen für Gründer und Nachfolger*, Edition KWV, https://doi.org/10.1007/978-3-658-24358-6_1

Daher wird häufig konstatiert, dass insbesondere innovative und wachstumsstarke Gründungen gefördert werden sollen. Forschungsarbeiten belegen, dass vor allem Hochschulabsolventen innovative Unternehmen gründen, so dass die Entrepreneurship Education an Hochschulen eine wichtige Rolle spielt.[11] Weitere Gründe für eine anhaltende Förderung der Unternehmerausbildung an Hochschulen sind zum einen die schwache Ausprägung einer Kultur der Selbstständigkeit in Deutschland, welche sowohl eine hohe Angst zu scheitern als auch ungünstig empfundene Gründungschancen impliziert.[12] Zum anderen attestieren Sternberg, Brixy und Hundt (2007) Nachholbedarf hinsichtlich der Entrepreneurship Education an deutschen Hochschulen.[13] Das Gründungspotenzial an deutschen Hochschulen wird in diesem Zusammenhang als besonders groß, aber derzeit bei Weitem noch nicht ausgeschöpft bezeichnet.[14] Diesbezüglich konstatieren mehrere Studien eine Differenz zwischen erhobenen Gründungsneigungen von Studierenden und tatsächlicher Umsetzung eines konkreten Gründungsvorhabens.[15] Damit wird den Hochschulen eine entscheidende Rolle zuteil hinsichtlich der Einstellung und Vorbereitung ihrer Mitglieder (sowohl Mitarbeiter als auch Studierende) auf eine Unternehmensgründung.[16]

Alle Maßnahmen und Inhalte zur Initialisierung unternehmerischer Einstellungen und Fertigkeiten werden unter den Begriffen der Unternehmerausbildung oder auch der Entrepreneurship Education an Hochschulen zusammengefasst.[17] Seit dem Ende der 1990er-Jahre haben die Angebote für eine solche akademische Ausbildung bis heute zugenommen. Trotz des Anstiegs handelt es sich bei der Unternehmerausbildung um eine junge wissenschaftliche Disziplin, die immer noch nicht zu den voll etablierten Fächern deutscher Hochschulen gehört, vergleicht man die ihr zugeordneten Ressourcen etwa mit anderen etablierten Fachdisziplinen.[18]

Verschiedene Hemmnisfaktoren verlangsamten in der Vergangenheit die Weiterentwicklung dieser Forschungsdisziplin. Dazu zählen die für eine Entrepreneurship Education notwendige Interdisziplinarität, welche der zunehmenden Spezialisierung der Teildisziplinen entgegenwirkt, die bestehenden Lücken in der Entrepreneurship-Forschung, das Fehlen allgemein anerkannter Theorien sowie lange Zeit eine Institu-

---

[11] Vgl. Welter et al. (2007), S. 97; Meyer/Autio (2004), S. 669; Egeln et al. (2003), S. 24; Wippler (1998). Die Existenz einer leistungsfähigen Hochschule oder öffentlicher Forschungseinrichtungen wirkt sich nach Bruns/Görisch (2002), S. 14, insbesondere auf die Ansiedlung wissensintensiver, innovativer, neu gegründeter Unternehmen aus.

[12] Vgl. Sternberg/Brixy/Hundt (2007), S. 19f., sowie Schmette (2007), S. 63. Im internationalen Vergleich belegt Deutschland damit laut GEM-Länderbericht einen hinteren Rangplatz.

[13] Vgl. Sternberg/Brixy/Hundt (2007), S. 19f.

[14] Vgl. Hemer/Schleinkofer/Göthner (2007), S. 27.

[15] Vgl. beispielsweise Golla et al. (2006); Welter (2002); Pinkwart (2001).

[16] Vgl. Walter (2008); Uebelacker (2005), S. 101; Fueglistaller/Halter/Hartl (2004), D. 13ff.; Kulicke/Görisch (2003); Walterscheid (1998). Zu der besonderen Schlüsselrolle der Hochschullehrer zur Förderung von Gründungen von Studierenden und wissenschaftlichen Mitarbeitern, vgl. Isfan/Moog/Backes-Gellner (2005), S. 359f.

[17] Vgl. Wiepcke (2008), S. 270.

[18] Vgl. Schulte (2008), S. 273; Fallgatter (2004).

tionalisierung des Faches und die bisherige Fokussierung einer wissenschaftlich anstatt anwendungsorientierten Unternehmerausbildung in Deutschland.[19] Die mangelnde Institutionalisierung hatte ihrerseits eine fehlende Ausbildungsmöglichkeit des wissenschaftlichen Nachwuchses zur Folge.[20] Diese Hemmnisfaktoren konnten bis heute teilweise behoben werden, da ihnen verschiedene Push- und Pull-Faktoren entgegenwirken.[21]

Dennoch besteht auch heute noch weiterer Forschungsbedarf, um die Entrepreneurship Education an Hochschulen zu etablieren. Dieser wird dabei sowohl von Seiten der Wissenschaft als auch von Praxisvertretern gefordert.[22] Ein Beispiel stellt das Forschungsprojekt „Unternehmerperspektiven-Studie: Wirtschaft im Wertewandel – Unternehmertum und Verantwortung im Mittelstand" dar, eine in 2008 von der Commerzbank beauftragte Studie, die 4.018 Unternehmen in Deutschland nach der Bedeutung des Unternehmertums befragte.[23] Die Ergebnisse zeigen deutlich, dass in der Praxis die Person des Unternehmers als wichtigste prägende Einflussgröße für die Kultur eines Unternehmens eingestuft wird.[24] Weiterhin zeigt die Studie, dass 94 Prozent der Befragten der Meinung sind, unternehmerische Werte und Tugenden sollen in der Erziehung eine größere Rolle spielen. Schließlich glauben 93 Prozent, dass das Thema Wirtschaft vermehrt in den Unterricht an Schulen eingebunden werden soll. Dabei geben 92 Prozent an, dass unternehmerische Tugenden und Werte an Universitäten im Rahmen einer Unternehmerausbildung vermittelt werden können.[25] Insgesamt nimmt das Forschungsfeld Entrepreneurship Education somit einen hohen Stellenwert sowohl in der Wissenschaft als auch in der Praxis ein.

---

[19] Vgl. Lück/Jung/Böhmer (1996), S. 440f.

[20] Vgl. Pinkwart/Richert (1998), S. 16.

[21] Vgl. Pinkwart (2000), S. 183ff. Als Push-Faktoren nennt Pinkwart die EXIST-Förderprogramme, initiierte Stiftungslehrstühle, neue Lehrmethoden, Verwendung neuer Medien, verschärften internationalen Wettbewerb sowie die Zunahme von Spin-off-Ausgründungen. Als Pull-Faktoren bezeichnet er den Trend zum Mitunternehmertum, die sich zukünftig weiter verschärfende Nachfolgeproblematik, die Zunahme der Start-up-Wettbewerbe, den sich vollziehenden Wertewandel, die Hebelwirkung des Humankapitals sowie die sinkenden Sunk-Costs.

[22] Vgl. beispielsweise für die Wissenschaft: Felden (2007), S. 21; Maier (1994), S. 122.

[23] Die Autorin lieferte Input für die Ausarbeitung des Fragebogens dieser telefonischen Befragung und verfügt über die erhobenen Datensätze. Diese Datensätze wurden aus ganz Deutschland generiert und verteilten sich wie folgt auf die Bundesländer: Schleswig-Holstein 128, Hamburg 125, Niedersachsen 339, Bremen 44, Nordrhein-Westfalen 975, Hessen 332, Rheinland-Pfalz 172, Baden-Württemberg 596, Bayern 691, Saarland 37, Berlin 108, Mecklenburg-Vorpommern 81, Brandenburg 57, Sachsen-Anhalt 161, Sachsen 78, Thüringen 95. Weiterhin wurden 2.104 Familienunternehmen, 807 Eigentümerunternehmen sowie 1.045 vom Management geführte Unternehmen befragt (Sonstige 61). Als Ansprechpartner dienten jeweils der Inhaber, ein Gesellschafter oder ein adäquater Vertreter.

[24] Hier wird auf einer 5er-Ratingskala ein Mittelwert von 1,79 erreicht, während die Marktposition und das Leistungsversprechen des Unternehmens (1,90), die Belegschaft und die Mitarbeiter (2,01), das Streben nach Erfolg und Profit (2,17), die Geschichte und Tradition des Unternehmens (2,31), die Region (2,51) sowie christliche Grundwerte (3,23) deutlich schlechter eingestuft werden.

[25] Weitere Antworten sind: Die Politik soll sich mehr für Unternehmer einsetzen (92 Prozent), das Unternehmertum soll in den Medien positiver dargestellt werden (78 Prozent) und die Unternehmer selbst sollen mehr gesellschaftliches Engagement zeigen (75 Prozent).

Obwohl in verschiedenen Forschungsarbeiten mehrere Zielgruppen der Unternehmer-ausbildung erwähnt werden,[26] fokussieren die meisten Inhalte und Methoden zumeist Unternehmensgründer und sprechen synonym sogar von einer Gründerausbildung.[27] Dieser fehlenden Trennung von Gründern und Nachfolgern trägt diese Arbeit Rech-nung, indem die Anforderungen beider Zielgruppen an eine Unternehmerausbildung untersucht werden.

1.2 Zielsetzung und Struktur der Arbeit

Die Arbeit analysiert die Anforderungen von Existenzgründern und Unternehmens-nachfolgern an eine Entrepreneurship Education an Hochschulen, da diese als Wachs-tumsmotor für innovative Gründungen sowie für den Technologietransfer auch in be-stehenden Unternehmen gelten. Es wird weiterhin ermittelt, ob die Unternehmeraus-bildung bislang den Bedürfnissen von beiden Zielgruppen entspricht oder ob eine stär-ker praxisorientierte Ausrichtung der akademischen Unternehmerausbildung aus Sicht der Praxis gefordert wird. Dabei werden sowohl Gemeinsamkeiten als auch Unter-schiede hinsichtlich der Lehrinhalte und -formen eruiert. Die Erkenntnisse werden zum einen aus empirischen Studien direkt und zum anderen indirekt anhand der Be-trachtung der unternehmensspezifischen Erfolgs- und Misserfolgsfaktoren abgeleitet. Gleichzeitig werden die Inhalte mit Methoden verknüpft und verschiedene Lernphasen der Teilnehmer bei der Curriculums-Gestaltung berücksichtigt.

Die Arbeit leitet im zweiten Kapitel eine geeignete Definition des in der Literatur nicht einheitlich verwendeten Unternehmerbegriffs her. Dazu werden zunächst die histori-sche Begriffsentwicklung aufgezeigt und die verschiedenen Forschungsrichtungen des Feldes „Entrepreneurship" dargestellt. Auf Basis der Theorie der Unternehmerfunktio-nen werden drei maßgebliche Funktionen nach Schneider (1997) identifiziert, mithilfe derer der Begriff Unternehmer für die vorliegende Arbeit definiert wird. Ausgehend davon, werden die beiden Zielgruppen Existenzgründer und Unternehmensnachfolger als Typen eines Unternehmers anhand derselben Funktionen definiert.

Das dritte Kapitel umfasst die Grundlagen zum Forschungsfeld Entrepreneurship Edu-cation. Auch hier wird zunächst mit einem Rückblick auf die Entwicklung des For-schungsfeldes begonnen, bevor die Diskussion über die Erlernbarkeit unternehmeri-scher Fähigkeiten beleuchtet wird. Weiterhin werden die Ziele und Zielgruppen, die Lehrinhalte und -formen sowie die zu berücksichtigenden didaktischen Aspekte bei der Erstellung eines Ausbildungskonzepts beschrieben. Das Kapitel endet mit der Ab-leitung von drei Hypothesen zur Unternehmerausbildung, die im Rahmen dieser Arbeit über die durchgeführten Studien (Existenzgründer- und Unternehmensnachfolger-studie) überprüft werden.

---

[26] Vgl. beispielsweise Schulte (2006), S. 2; Klandt (1999).
[27] Vgl. Uebelacker (2005), S. 18.

Kapitel vier beschreibt das Design der Existenzgründerstudie, in der 122 Existenz-gründer sowohl nach ihren eigenen Gründungserfahrungen als auch ihrer Meinung bezüglich der Unternehmerausbildung befragt wurden. Die Studienergebnisse werden erläutert und relevante Erkenntnisse für eine Unternehmerausbildung herausgestellt.

Im fünften Kapitel erfolgt die Beschreibung der in Teilbereichen gleich aufgebauten Unternehmensnachfolgerstudie, in der 109 Nachfolger zu ihren Nachfolgeerfahrungen befragt wurden. Des Weiteren wird eine Herleitung eines zu testenden Strukturglei-chungsmodells über die erfolgsrelevanten Faktoren in der Unternehmensnachfolge vorgenommen, wobei ein bestehendes Strukturgleichungsmodell nach Morris et al. (1997) zugrunde gelegt und um die von Letmathe und Hill (2006) beschriebenen Strukturbrüche der Unternehmensnachfolge erweitert wird.

Das sechste Kapitel stellt die Ergebnisse der beiden Studien vergleichend gegenüber und leitet Unterschiede der Unternehmerausbildung für beide Zielgruppen her. An-schließend werden Kriterien zur Charakterisierung von Curricula der Entrepreneurship Education sowohl aus Ansätzen der Curriculums-Gestaltung als auch aus Studien zur Evaluierung von Ausbildungsprogrammen hergeleitet. Weiterhin wird die Entrepre-neurship Education der Universität Siegen als Fallbeispiel beschrieben und anhand der zuvor abgeleiteten Kriterien charakterisiert. Schließlich werden besondere Aspekte der Unternehmerausbildung an anderen Hochschulen beschrieben, um Ansätze zur Wei-terentwicklung der Unternehmerausbildung aufzuzeigen.

Im siebten Kapitel werden die wesentlichen Ergebnisse der Arbeit zusammengefasst und ein Ausblick auf weiteren Forschungsbedarf gegeben.

2 Grundlagen zur Ableitung einer Definition des Unternehmerbegriffs

2.1 Zu den Begriffen des Entrepreneurs und des Entrepreneurship

Um die Ausbildung zum Unternehmer näher untersuchen zu können, müssen zunächst die relevanten Begrifflichkeiten voneinander abgegrenzt werden. Im Mittelpunkt der Betrachtungen steht der Unternehmerbegriff, welcher zwar häufig benutzt wird, für den jedoch keine einheitliche Definition existiert.[28] Obwohl eine Vielzahl von Theorien im Bereich Entrepreneurship besteht, fehlt eine einheitliche und eindeutige Begriffsabgrenzung.[29] Um dieser Arbeit eine Definition des Unternehmers zugrunde legen zu können, erfolgt zunächst eine Herleitung über die historische Begriffsentwicklung sowie die bestehenden Forschungsströme.

Seit mehr als 250 Jahren wird der Begriff des Unternehmers in der wirtschaftswissenschaftlichen Literatur verwendet.[30] Die erste Anwendung unternehmerähnlicher Begrifflichkeiten erfolgte im Mittelalter. Hier wurden mit den Begriffen „Projector" oder „Adventurer" vor allem Baumeister oder Gauner bezeichnet.[31] Sprachlich kann der Unternehmerbegriff aus dem Englischen „Undertaker" oder dem Französischen „Entrepreneur" abgeleitet werden.[32] Der Begriff Unternehmer beschreibt eine Persönlichkeit, die eine Unternehmung plant und gründet oder verantwortlich leitet.[33] Charakteristische Funktionen des Unternehmers sind die Bereitstellung von Kapital sowie die vollständige Übernahme des Risikos einer Unternehmung.[34] Um einen Überblick über die bestehenden Definitionen und ihre Gemeinsamkeiten und Unterschiede zu erhalten, wird zunächst eine Auflistung der Definitionsansätze nach Bretz (1991) betrachtet. Dieser ordnet ca. 40 Begriffsdefinitionen in Form einer Tabelle an und gibt zu jedem Autor Namen, Veröffentlichungsjahr, den verwendeten Unternehmerbegriff sowie eine

---

[28] Vgl. Schönenberger (2006), S. 11; Gartner (1989); Gartner (1988); Carland/Hoy/Carland (1988) und Hébert/Link (1989).

[29] Vgl. Schulte/Klandt (1996), S. 46.

[30] Vgl. Bull/Willard (1993). Damit geht der Begriff des Entrepreneurs historisch gesehen dem Begriff des Entrepreneurship voraus und lässt sich vom französischen Verb „entreprendre" ableiten, was mit „etwas unternehmen" oder „etwas beginnen" übersetzt werden kann, vgl. Swedberg (2000), S. 11.

[31] Vgl. Bretz (1991), S. 277.

[32] Nachfolgend werden die Begriffe Unternehmer und Entrepreneur synonym verwendet.

[33] Vgl. Gablers Wirtschaftslexikon (2010), S. 2158. Weitere Definitionsansätze werden dem Gesetz nach zitiert, so kann gem. § 60 HGB sowohl eine natürliche Person, eine Personengesellschaft als auch eine juristische Person des privaten oder öffentlichen Rechts, die einen Gewerbebetrieb unterhält, als Unternehmer bezeichnet werden. § 14 BGB fasst unter dem Unternehmerbegriff natürliche, juristische Personen oder rechtsfähige Personengesellschaften zusammen, die durch Abschluss von Rechtsgeschäften ihrer gewerblichen Tätigkeit nachgehen. Schließlich bezeichnet das UStG denjenigen als Unternehmer, der eine gewerbliche oder berufliche Tätigkeit selbstständig ausübt, wobei jede nachhaltige Tätigkeit zur Erzielung von Einnahmen erfasst wird.

[34] Vgl. Brockhaus Enzyklopädie (1974), Bd. 19, S. 286; ebenso in Dichtl/Issing (1994), S. 2172. Einzig das Handwörterbuch der Wirtschaftswissenschaften fokussiert in seiner Darstellung des Unternehmerbegriffes vorwiegend das Treffen von nicht übertragbaren Entscheidungen als Grundeigenschaft eines Unternehmers.

© Springer Fachmedien Wiesbaden GmbH, ein Teil von Springer Nature 2011
N. Uebe-Emden, *Entrepreneurship Education an Hochschulen für Gründer und Nachfolger*,
Edition KWV, https://doi.org/10.1007/978-3-658-24358-6_2

stichwortartige Zusammenfassung der Hauptinhalte an.[35] Tabelle 1 stellt die am häufigsten verwendeten Definitionen als Ausschnitt der Übersicht nach Bretz (1991) dar.

Autor und Datum	Identifizierte Hauptthese
Richard Cantillon (1755)	Entrepreneur als Risikoträger; Pächter als Prototypen: feste Abgabe an den Grundeigentümer, aber unsicher im Lohn; Unternehmer ihrer eigenen Arbeit: auf eigene Gefahr und eigene Rechnung; auch Bettler und Räuber sind Unternehmer[36]
Adam Smith (1776)	Undertaker als Kapitalist und Kapitalanwender; laissez-faire; freie Verwirklichung von Eigeninteressen als Bedingung für allgemeinen Wohlstand, unsichtbare Hand des Marktes als natürliche Ordnung[37]
Jean-Baptiste Say (1815)	Entrepreneur als Nachfrager/Vereiniger von Produktivdiensten und Anwender/Produzent für den Markt; „gutes Urteil" als Hauptqualität: Mittler für die Erfüllung von Bedürfnissen[38]
John Stuart Mill (1860)	Entrepreneur als Kapitalist, Risikoträger und Oberaufseher; Bezieher von Kapitalzins, Risikoprämie und Unternehmerlohn[39]
Frederik B. Hawley (1882)	Enterpriser als Träger von produktivem Risiko (Spekulant: unproduktives Risiko); ökonomisch unentbehrlicher Kombinator der Produktionsfaktoren[40]
Josef Schumpeter (1912)	Unternehmer als aktiver, innovativer Durchsetzer neuer Kombinationen; strebt wirtschaftliche Führerschaft an; dynamischer Zerstörer des Marktgleichgewichts[41]
Max Weber (1920)	Unternehmer als Rationalisierer/Überwinder des Traditionalismus (Bürokratieansatz) und protestantischer Asket; Disziplin, Selbstkontrolle[42]
Frank H. Knight (1921)	Entrepreneur als Produkt nicht messbarer Ungewissheit; Träger letzter Verantwortung; Broker neuer Technologien; Menschenkenner[43]
Ludwig v. Mises (1940)	Jeder handelnde Mensch ist Entrepreneur (dynamische Wirtschaft): Demokratisierung des Konzeptes; „Promoter" als besonders findiger Entrepreneur[44]
Arthur H. Cole (1949)	Entrepreneur als Gründer, Erhalter oder Ausbauer eines gewinnorientierten Geschäfts; Innovation, Management und Anpassung an äußere Umstände[45]
George L. S. Shackle (1955)	Enterpriser als Unsicherheitsträger und Entscheider: Improvisator, Erfinder; „Bounded Uncertainty" als Quelle von Kreativität[46]

---

[35] Vgl. Bretz (1991), S. 278ff.
[36] Vgl. Cantillon (1931), S. 32ff.
[37] Vgl. Smith (1937).
[38] Vgl. Say (1861).
[39] Vgl. Mill (2009), S. 78ff.
[40] Vgl. Hawley (1927), S. 410ff.
[41] Vgl. Schumpeter (1997), S. 100ff.
[42] Vgl. Weber (1947); Weber (1972), S. 157ff.
[43] Vgl. Knight (1921).
[44] Vgl. Mises (1949), S. 253ff.
[45] Vgl. Cole (1965), S. 33ff.
[46] Vgl. Shackle (1955), S. 82ff.

Harvey Leibenstein (1968)	Entrepreneur als Ausnutzer von Unzulänglichkeiten: „X-Inefficiency", „Slack", „Fuzzy Areas", „Input-Completer"[47]
Israel M. Kirzner (1973)	Entrepreneur als findiger Arbitrageur: Ausnutzer von Preisunter-schieden bei unvollkommener Information; Wiederhersteller des Marktgleichgewichtes[48]
Mark Casson (1982)	Entrepreneur als Koordinator: Treffen ökonomischer Entscheidun-gen höchster Komplexität als zentrale Aufgabe, Ziel der Gewinn-maximierung, Pendant des Marktpreissystems, Nutzer von Mark-tunvollkommenheit durch Vertragsabschlüsse[49]

Tabelle 1: Historische Begriffsentwicklung

Aus Tabelle 1 ist ersichtlich, dass der Begriff des Entrepreneurs deutlich älter ist als der in Deutschland seit Anfang des 19. Jahrhunderts verwendete Begriff des Unter-nehmers.[50] Weiterhin finden sich in der Literatur verschiedene Reviews, in welchen die für sich stehenden Definitionen auf Gemeinsamkeiten hin analysiert wurden. An-hand der verschiedenen Definitionsansätze lassen sich Tendenzen zu Forschungs-schwerpunkten erkennen. In der Vergangenheit spielte insbesondere die Betrachtung der unterschiedlichen Sprachräume eine große Rolle. Auch hier lassen sich verschie-dene Zweige voneinander abgrenzen und zu vier Schulen zusammenfassen. Während die französische Schule vorwiegend die Spekulationsfunktion, die Übernahme von Unsicherheiten sowie Kapital gebende Funktionen beschreibt, fokussiert die britische Schule die Koordination. In der US-amerikanischen Schule wird die Funktion der Un-sicherheitsübernahme als Hauptcharakteristikum analysiert. Bei der vierten Schule (deutsch-österreichische Schule) werden sowohl Innovations-, Koordinations- als auch Unsicherheitsübernahmefunktion betrachtet. Bei den österreichischen Forschern wird zudem die Ausnutzung von Arbitragemöglichkeiten untersucht. Tabelle 2 ordnet den identifizierbaren Forschungsströmungen die Hauptvertreter sowie die Kerninhalte zu.

Um den Unternehmerbegriff in das entsprechende Forschungsfeld einordnen zu kön-nen, ist es zunächst entscheidend, dass der Forschungsansatz des Entrepreneurship definiert wird.[51] Auch bei dem Begriff „Entrepreneurship" besteht die Schwierigkeit in der genauen und vor allem konkreten Abgrenzung.[52] Im Deutschen existiert derzeit keine allgemeingültige Übersetzung des Begriffs Entrepreneurship. Allerdings besteht eine Vielfalt an Definitionsansätzen.[53]

---

[47] Vgl. Leibenstein (1979), S. 134ff.
[48] Vgl. Kirzner (1978), S. 29ff.
[49] Vgl. Casson (1982), S. 22ff.
[50] Vgl. Redlich (1964), S. 171.
[51] Vgl. Pinkwart (1999), S. 3f.
[52] Vgl. De (2005), S. 17.
[53] Vgl. Wortmann (1987), S. 259; Bygrave/Hofer (1991), S. 13f.; Diensberg (2006), S. 5; anders jedoch bei Klandt/Knecht (1999), S. 80, welche dem Entrepreneurship den deutschen Begriff „Gründungsmanagement" gegenüberstellen.

Schule	Vertreter	Schwerpunkte
Französische Schule	Savary, Cantillon, Baudeau, Quesnay, Turgot	Spekulationsfunktion, Übernahme von Unsicherheit, kapitalgebende Funktion, Koordinationsfunktion, jedoch viele Unterschiede
Britische Schule	Smith, Ricardo, Mill, Casson	Grundlegendes Verständnis von Unternehmer als Kapitalgeber, Unternehmerdiskussion abstrahiert von Einzelpersonen, Koordinationsfunktion hervorgehoben
US-amerikanische Schule	Knight, Schultz	Umgang mit Unsicherheit, geht jedoch weit über Cantillon hinaus
Deutsch-Österreichische Schule	Thünen, Schumpeter, Von Mises, von Hayek, Kirzner (österr. Zweig)	Betonte Innovationsfunktion, aber auch Koordinationsfunktion oder Übernahme von Unsicherheiten Ausnutzung von Arbitragemöglichkeiten (österreichischer Zweig)

Tabelle 2: Schulen verschiedener Sprachräume[54]

Laut Welter (2002) können aufgrund der bestehenden Forschungsströme Verhaltensweisen, Handlungstechniken, Werthaltungen und Einstellungen auf individueller und gesellschaftlicher Ebene als Entrepreneurship verstanden werden.[55] Damit ist der Begriff des Entrepreneurship weiter gefasst als der des Unternehmers. Während Timmons (2008) Entrepreneurship als Aufbau und Bildung von Werten aus dem Nichts beschreibt,[56] fasst Thavikulwat (1995) Entrepreneurship zu vier Kernkompetenzen zusammen: Venture-Auswahl, Risikoplanung, Venture-Umsetzung und Geschäftseinschätzung.[57]

Shane und Venkataraman (2000) definieren die Entrepreneurship-Forschung danach, wer mit welchen Maßnahmen und Hilfsmitteln unternehmerische Handlungsfelder identifiziert, bewertet und ausgeschöpft hat, und stellen somit erneut den Unternehmer in den Mittelpunkt der Forschung.[58] Glancey und McQuaid (2000) fassen die Einzelaspekte zusammen. Entrepreneurship beschreibt danach, welche Aufgaben die Unternehmung als ökonomische Funktion wahrnimmt. Zudem gliedern Glancey und McQuaid (2000) die Ansätze in der Literatur nach fünf Perspektiven. Diese umfassen sämtliche Funktionen des Unternehmers, dessen Charakterisierung, die Analyse der Ergebnisse des auf Entrepreneurship bezogenen Handelns, aber auch über die Person des Unternehmers hinaus die Betrachtung von Unternehmenssituationen bzw. -ereig-

---

[54] Vgl. in Anlehnung an Freiling (2006), S. 85ff.; anders bei Hébert/Link (1988), S. 153; Ripsas (1997), S. 12; Reckenfelderbäumer (2001), S. 175f.; Meinhövel (2005), S. 33ff.; leicht anders bei Westhead/Wright (2000).
[55] Vgl. Welter (2002), S. 92.
[56] Vgl. Timmons (2008).
[57] Vgl. Thavikulvat (1995), S. 329.
[58] Vgl. Shane/Venkataraman (2000), S. 218.

nisse (z. B. Gründungen) sowie die Beziehungen des Unternehmers als Eigentümer eines Unternehmens zu seinem Umfeld.[59]

Diese weiter gefassten Entrepreneurship-Definitionen ermöglichen neben der Betrachtung der sogenannten „originären" Gründungen auch die Berücksichtigung der „derivativen" Gründungen, d. h. unternehmerische Handlungen aus bestehenden Unternehmungen heraus.[60] Eine einheitliche wissenschaftliche Definition besteht derzeit noch nicht, obwohl sich einige Autoren mit dieser Aufgabe in wissenschaftlichen Beiträgen beschäftigt haben.[61] Als einer dieser weiter gefassten Definitionsansätze wird die offizielle Definition der EU nachfolgend gewählt und für diese Arbeit zugrunde gelegt:

"Entrepreneurship is the mindset and process to create and develop economic activity by blending risk-taking, creativity and/or innovation with sound management, within a new or an existing organisation."[62]

Es gibt einige Autoren, die die Begriffe Entrepreneurship und Unternehmertum synonym verwenden.[63] Diese Auffassung wird jedoch von anderen Autoren, wie Fallgatter (2002), nicht geteilt.[64] Einigkeit besteht in dem Punkt, dass es sich bei dem Forschungsfeld Entrepreneurship um eine junge betriebswissenschaftliche Disziplin handelt.[65] Einen Überblick über verschiedene Theorieansätze innerhalb der Gründungsforschung geben Stevenson und Jarillo (1990), welche zwischen drei verschiedenen Theorieströmungen unterscheiden. Dabei werden Forschungsarbeiten bezüglich der volkswirtschaftlichen Bedeutung[66] unternehmerischer Betätigungen, der Ursachen,[67] warum Individuen Unternehmer werden, sowie Analysen betriebswirtschaftlicher Prozesse,[68] Strukturen, Handlungen und Strategien differenziert.

---

[59] Vgl. Glancey/McQuaid (2000), S. 6ff.; leicht anders bei Stevenson/Jarillo (1990), S. 18ff.

[60] Vgl. Szyperski/Nathusius (1977), S. 27; Koch (1999), S. 309f.

[61] Vgl. Ripsas (1998a), S. 217; Braukmann (2000), S. 1; Klandt (1999), S. 214. Weitere Definitionen, z. B. die von Timmons (2008), beschreiben Entrepreneurship als eine Form des Denkens und Handelns, die Möglichkeiten sucht, einen ganzheitlichen Ansatz verfolgt und die Unternehmensführung ausbalanciert, vgl. Timmons, (2008), S. 27. Hisrich/Peters definieren Entrepreneurship als „the process of creating something new with value by devoting the necessary time and effort, assuming the accompanying financial, psychic, and social risks, and receiving the resulting rewards of monetary and personal satisfaction and independence", vgl. Hisrich/Peters (1998), S. 9.

[62] Commission of the European Countries (2003), S. 6.

[63] Vgl. Hering/Vincenti (2005), S. 154ff.

[64] Vgl. Fallgatter (2002), S. 13. Der Begriff „Unternehmertum" kann dabei laut Uebelacker nicht als Synonym verwendet werden, da er nur eines von vielen Merkmalen berücksichtigt (vgl. Uebelacker (2005), S. 35). Ebenso argumentiert Faltin, dass eine deutsche Übersetzung den Sinn des Begriffes „Entrepreneurship" nicht lückenlos wiedergeben würde, und somit ist diese seiner Meinung nach abzulehnen (vgl. Faltin (1994), S. 42ff.).

[65] Vgl. Fallgatter (2004), S. 23ff.

[66] Hierzu können Arbeiten von Cantillon (1931), Knight (1921), Schumpeter (1934), Heuss (1965), Shackle (1968), Leibenstein (1979), Kirzner (1978) und Casson (1982) zusammengefasst werden.

[67] Zu dieser Forschungsströmung werden u. a. McClelland (1961), Collins/Moore/Unwalla (1964) gezählt.

[68] Hier können u. a. die Arbeiten von Kuratko/Hodgetts (2000) zusammengefasst werden.

2.2 Forschungsrichtungen im Bereich Entrepreneurship

Einen Überblick über die bestehenden Forschungsrichtungen im Bereich des Entrepreneurship bietet Fallgatter (2001). Er differenziert drei Forschungsrichtungen, die sich
in weitere Untergruppen aufspalten lassen. Dabei bestehen Ansätze, Unternehmer nach
bestimmten Merkmalen zu kategorisieren. Insbesondere Ansätze, Unternehmer typo-
logisch zu untergliedern sowie ihnen bestimmte Funktionen zuzuweisen, sind in der
Fachliteratur weitverbreitet. Zum besseren Überblick werden alle Forschungsrichtungen in Abbildung 1 mit ihren jeweiligen Vertretern dargestellt.

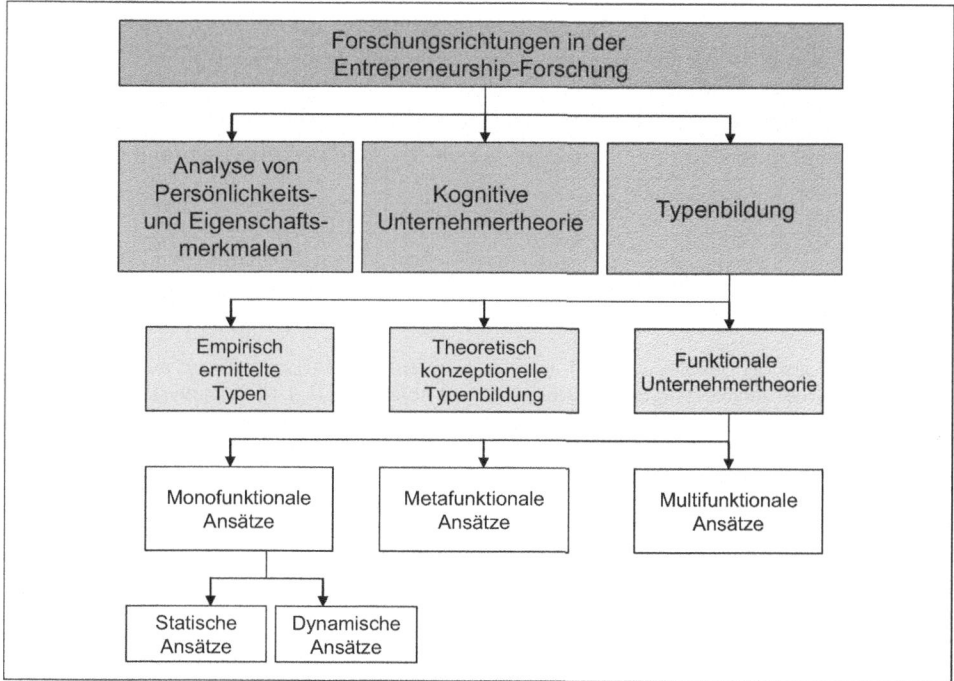

Abbildung 1: Forschungsrichtungen in Anlehnung an Fallgatter (2001)[69]

---

[69] Vgl. Fallgatter (2001), S. 1218ff.

11

Zunächst wird in dieser Arbeit die traditionsreiche Analyse von Persönlichkeits- und Eigenschaftsmerkmalen (Traits School)[70] betrachtet, welche den historisch ältesten Forschungsansatz darstellt.[71] Im Rahmen dieser Forschungsrichtung wird postuliert, dass Unternehmer durch bestimmte Charakteristika, die man verallgemeinern kann, von anderen Personen abgegrenzt werden können. Obwohl diese Forschungsrichtung die längste Tradition vorweisen kann, werden einige Forschungsmängel offensichtlich. Die meisten Erkenntnisse in diesem Bereich wurden auf Basis empirischer Studien gewonnen, die aber zum einen weder das Interaktionsverhältnis zwischen einzelnen Eigenschaften noch die spezifischen Besonderheiten unterschiedlicher Unternehmenssituationen beleuchten.[72] Dies erklärt sich dadurch, dass man die Person des Unternehmers in das Zentrum der Forschung setzt und ihre Interaktionen mit anderen Personen oder die Rahmenbedingungen innerhalb oder außerhalb des Unternehmens in der Betrachtung außer Acht lässt.[73] Zum anderen wurden zu vielen empirisch bestätigten Charaktereigenschaften widersprüchliche Studienergebnisse gewonnen.[74] Die aufgeführten Kritikpunkte sind in der Literatur bereits vielfach diskutiert worden und finden

[70] Der Ability- oder der Traits-Ansatz sind den verhaltenswissenschaftlichen Ansätzen zuzuordnen. Damit werden zum einen Abilities (angeborene Fähigkeiten und Begabungen, vgl. Rissiek (1998), S. 45) und zum anderen Traits (dauerhafte Persönlichkeitsmerkmale und Charakteristika, vgl. Herron/Robinson (1993), S. 282) als Ursache für den Erfolg eines Gründungsvorhabens in Betracht gezogen. Folgende Arbeiten verweisen auf einen positiven Zusammenhang zwischen Persönlichkeiteigenschaft und dem Erfolg neu gegründeter Unternehmen: Rauch/Frese (2000), Cooper/Gimeno-Gascon (1992) und Chell/Haworth/Brearley (1991). Als weitere Vertreter dieses Ansatzes können McClelland (1961), Brockhaus (1994), Klandt (1984), Low/MacMillan (1988), Gartner (1989), Gartner (1988), Chell/Haworth/Brearly (1991) und Box/White/Barr (1993) genannt werden. Diesem Standpunkt widersprechen hingegen Frank/Lueger/Korunka (2007), S. 248f., welche empirisch nachweisen, dass der Gründungserfolg eben nicht ausschließlich auf Eigenschaften zurückzuführen ist, vgl. auch Escher et al. (2002), S. 315; Gartner (1989), S. 48. Auch der sozialpsychologische Ansatz von Lang-von Wins (1997), S. 12f., welcher den Gründungerfolg aus der Wahl der selbstständigen Erwerbstätigkeit ableitet, die wiederum durch situative Faktoren, Werte und Identität der Gründungsperson und ihre soziodemografischen Merkmalen bestimmt wird, kann empirisch nicht bewiesen werden.

[71] Für eine detaillierte Betrachtung verschiedener Persönlichkeitsmerkmale im Rahmen der Traits School und Analyse ihres Einflusses auf den Unternehmenserfolg, vgl. Koetz (2006) und Korunka/Frank/Becker (1993).

[72] Folgende Beispiele können für empirische Studien zur Bestimmung von Eigenschaften von Unternehmern herangezogen werden: Moreno (2008); Block/Wagner (2007); Beugelsdijk/Noorderhaven (2005); Lazear (2004); van Praag/Cramer (2001); Mueller/Thomas (2001); Müller (2000); Frank/Korunka (1996); Ginn/Sexton (1990); Klandt (1984).

[73] Jacobsen (2006), S. 42, lehnt die Einteilung empirischer Forschungsergebnisse an den Bezugsrahmen von Gartner (1985) an und differenziert diese nach Studien, die sich mit der Person des Gründers, dem entstehenden Unternehmen oder mit der das Unternehmen umgebenden Umwelt befassen. Zu der ersten Kategorie zählen Studien bezüglich Persönlichkeitseigenschaften, demografischen Faktoren und zum Konzept des Humankapitals. In der zweiten Kategorie beschäftigen sich die Forscher mit der Marktchance, der Unternehmensstrategie, dem beteiligten Team, den Netzwerken, der Organisationsform sowie der Finanzierung. In der dritten Kategorie werden sowohl das mikrosoziale Umfeld, das gesellschaftliche Klima, die Konjunkturlage, die Branchenzugehörigkeit als auch die ordnungs- und wirtschaftspolitischen Rahmenbedingungen analysiert.

[74] Vgl. Fallgatter (2001), S. 1219.

sowohl Befürworter als auch Kritiker.[75] Dennoch ist die Analyse unternehmerischer Eigenschaften auch heute noch Gegenstand der empirisch geleiteten Forschung.[76]

Als zweite Forschungsrichtung beschreibt Fallgatter (2001) die kognitive Unternehmertheorie. Bei diesem relativ neuen Forschungsansatz wird davon ausgegangen, dass in jeder Situation eine bestimmte Informationskonstellation gegeben ist. Unternehmer treffen ihre Entscheidungen basierend auf bekannten oder typischen Situationen, indem sie versuchen, diese nachzubilden und auf die unbekannte Situation anzuwenden. D. h., die Unternehmer versuchen ihre Entscheidungssituationen auf – je nach Lebenszyklusphase des Unternehmens – abhängige Denk- und Verhaltensmuster zu kategorisieren.[77] Bei diesem Ansatz erhalten die Umfeldbedingungen eine größere Bedeutung. Aufgrund der hohen Komplexität und Unsicherheit einer Gründungssituation wird in der Forschung unterstellt, dass Gründer nicht nach vollständigen Informationen suchen, sondern sich auf einzelne Bereiche fokussieren.[78]

Die dritte von Fallgatter (2001) identifizierte Forschungsrichtung ist die Typenbildung.[79] Diese versucht, die Kritik an den Traits-Ansätzen zu berücksichtigen und wird

---

[75] Dabei ist es wichtig zu erwähnen, dass Definitionsprobleme hinsichtlich der Abgrenzung von Traits und Abilities bestehen. So werden teilweise Charakteristika als Begabungen dargestellt und umgekehrt (vgl. Moog (2004), S. 14). Weitere Probleme ergeben sich aus der unbekannten Anzahl der verschiedenen Eigenschaften, ihrer unterschiedlichen Messung sowie aus teilweise widersprüchlichen empirischen Studienergebnissen, vgl. Fallgatter (2001), S. 1219; Hatten (1997); Goebel (1990), S. 200f.; Kilby (1971).

[76] So werden in der bereits erwähnten Infratest-Studie (2008) ebenfalls die unternehmerischen Tugenden und deren Bedeutsamkeit aus Unternehmersicht auf einer vierstufigen Skala (von 1 sehr wichtig bis 4 unwichtig) abgefragt. Als mit Abstand am wichtigsten wird die Verlässlichkeit mit einem Mittelwert von 1,24 eingestuft. Als zweitwichtigste Tugend wird der Einsatzwille (Mittelwert = 1,37) bewertet, welcher nur geringfügig wichtiger als die fachliche Kompetenz (Mittelwert = 1,39) eingestuft wird. Die Eigenschaften Weitsicht, Fairness, Veränderungsbereitschaft, Disziplin und Durchsetzungsvermögen erzielen Mittelwerte im mittleren Bereich von 1,41 bis 1,54. Deutlich schlechter werden die Eigenschaften schöpferischer Geist (Mittelwert = 1,72) und Mut (Mittelwert = 1,75) bewertet. Das Schlusslicht bildet in dieser Befragung die Bescheidenheit, welche sich mit einem Mittelwert von über 2,17 deutlich von den anderen Eigenschaften unterscheidet. Hervorzuheben bleibt weiterhin, dass sowohl die fachliche Kompetenz und der Einsatzwille als auch die Disziplin vor allem bei Unternehmen mit einem kleineren Umsatz häufiger als sehr wichtig bezeichnet werden. Als Gegenfrage zu dieser Frage wird nach den derzeit bestehenden Defiziten in den unternehmerischen Tugenden gesucht, wobei genau die gleichen Eigenschaften zur Auswahl gestellt werden. Von über 73 Prozent der Befragten wird zunächst die Fairness der Unternehmer genannt. Ebenfalls über 71 Prozent der Unternehmer bestätigen einen Mangel an Weitsicht. Verlässlichkeit (66 Prozent), Veränderungsbereitschaft (64 Prozent), Bescheidenheit (63 Prozent), Mut (54 Prozent), Disziplin (53 Prozent), schöpferischer Geist (52 Prozent) liegen eher im Mittelfeld. Eher geringe Defizite aus Unternehmersicht bestehen bei der fachlichen Kompetenz (45 Prozent), der Durchsetzungskraft (40 Prozent) sowie dem Einsatzwillen (37 Prozent) der Unternehmer. Dementsprechend sind die Eigenschaften Verlässlichkeit und Weitsicht besonders kritisch, da sie nicht nur als wichtig eingestuft werden, sondern auch derzeit mit einem großen Defizit behaftet sind.
Die Ergebnisse der Studie sind jedoch insgesamt als fraglich zu interpretieren, da die Liste der Eigenschaften bei Weitem nicht komplett ist und die gewählte Skalierung auf einer vierstufigen Skala bei der ersten Frage nicht der gängigen Norm (5er-Skala) entspricht. Des Weiteren gelten ebenso die bereits erwähnten Kritikpunkte zu Studien nach dem Trait-Ansatz. Die Literatur in diesem Bereich fokussiert häufig Unternehmensgründer und lässt die Unternehmer bestehender Unternehmen weitgehend außer Acht.

[77] Vgl. Fallgatter (2001), S. 1231. Hier können z. B. die Ansätze von Baron (2004), Palich/Bagby (1995), Kahnemann/Lovallo (1993) und Gatewood/Shaver/Gartner (1995) genannt werden.

[78] Vgl. Pinkwart (2002a), S. 65.

[79] Vgl. Fallgatter (2001), S. 1219.

somit bewusst weiter gefasst. Zur Bildung von Typen können daher sowohl Eigenschaften als auch Handlungen sowie Aufgabenbereiche und Rahmenbedingungen herangezogen werden. Bei der Typenbildung können Real- und Idealtypen differenziert werden.[80] Die Realtypen werden entweder aus der Durchführung empirischer Studien oder mittels einer theoretisch-konzeptionellen Vorgehensweise im Rahmen psychologischer oder soziologischer Studien generiert. Beide Forschungsrichtungen werden von Fallgatter (2001) unter dem Begriff der positiven Unternehmertheorie zusammengefasst.[81] Die theoretisch-konzeptionell ermittelten Typen entsprechen häufig den empirisch ermittelten Typologien, da sie einen ähnlichen Anspruch an die Beschreibung realer Unternehmer erheben.[82] Probleme gab es bei diesen Studien insbesondere bei der Vergleichbarkeit der jeweiligen Stichproben sowie bezüglich der Stichprobengrößen.[83] Ein weiteres, häufig auftretendes Problem sind die verschiedenen angewandten Studiendesigns und dabei vor allem die Anzahl und Auswahl der Untersuchungskriterien. Zudem ist die zeitliche Stabilität der Kriterien infrage zu stellen, so dass beide Forschungsrichtungen für die Ableitung einer dieser Arbeit zugrunde liegenden Unternehmerdefinition nicht infrage kommen.

Diese dritte Forschungsrichtung der Typenbildung ist die funktionale Unternehmertheorie, welche Unternehmertypen sowie deren Handlungen und Wirkungen beschreibt (Idealtypen). Dabei werden alle betrachteten Größen, die teilweise auch die Unternehmenssituation betreffen können, nicht als gegeben, sondern als vom Unternehmer beeinflussbar gesehen.[84] Eine Unternehmerfunktion umfasst diejenigen Aufgaben, welche von einem Unternehmer in einem Unternehmen wahrgenommen werden müssen, um die Wettbewerbsfähigkeit der Unternehmung langfristig zu sichern. Somit wird das Verhältnis des Unternehmens zu seiner Umwelt beeinflusst. Diese Funktionen müssen dafür nicht zwangsläufig von einer bestimmten Person oder Gruppe ausgeübt werden. Eine zentrale Stelle muss über die Ausübung dieser Funktionen lediglich Kenntnis erlangen.[85] Die funktionale Unternehmertheorie ist in der Forschung weitverbreitet und kann aufgrund ihrer flexiblen Ausgestaltung der zu bildenden Idealtypen als Basis für die Zugrundelegung einer Definition herangezogen werden, da sie sich leicht auf verschiedene Unternehmenssituationen anwenden lässt.[86]

---

[80] Vgl. Freiling (2006), S. 45.
[81] Vgl. Fallgatter (2001), S. 1219.
[82] Vertreter dieser Forschungsrichtung sind Carland/Hoy/Carland (1988), Stanworth/Curran (1976), Stevenson/Sahlman (1986), Hornaday (1990), Mugler (1998) und Vesper (1990).
[83] Einige Studien weisen dabei weniger als 50 Datensätze auf.
[84] Vgl. Fallgatter (2001), S. 1220.
[85] Vgl. Freiling (2006), S. 81.
[86] Als Vertreter dieser Richtung können Schumpeter (1934), Shackle (1968), Kirzner (1978), Heuss (1965), Casson (1982), Bretz (1988, 1991), Barreto (1989), Windsperger (1991), Schneider (1997), Schaller (2001) und Freiling (2006) genannt werden, wobei Schönenberger (2006) weitere 34 Quellen zu dieser Forschungsrichtung aufzählt.

2.3 Fokussierung der funktionalen Unternehmertheorie zur Definitionsableitung

Untersuchungen der Unternehmerfunktionen können nach Freiling (2006) in mono-, meta- und multifunktionale Ansätze unterschieden werden.[87] Monofunktionale Ansätze zielen dabei lediglich auf eine Funktion ab und sehen diese als charakteristisch für einen Unternehmer an. In diesem Zusammenhang differenziert Schoppe (1995) statische von dynamischen Unternehmerfunktionen. Dabei beziehen sich die statischen Unternehmerfunktionen zumeist auf die verwaltungsorientierten Tätigkeiten oder die juristische Funktion eines Unternehmers, wie den Unternehmer als Eigentümer oder Kapitalgeber. Die dynamischen Funktionen beschreiben hingegen die kreativen Tätigkeiten des Unternehmers, mit denen er Aktionen initiiert oder abschließt.[88]

In Tabelle 3 wird eine Auflistung verschiedener monofunktionaler Ansätze samt ihrer Vertreter nach Schoppe (1995) herangezogen. Die Anzahl der Autoren je beschriebene Unternehmerfunktion kann dabei nur bedingt Auskunft über deren Verbreitung und Bedeutung in der Literatur geben, da die dargestellten Forschungsarbeiten unterschiedlich häufig als Quelle für weitere Forschungsarbeiten herangezogen werden und nicht unabhängig voneinander entstanden sind.

Bei den metafunktionalen Ansätzen wird ebenfalls nur eine Unternehmerfunktion in den Mittelpunkt gestellt, allerdings umfasst diese mehrere Subfunktionen. Als Beispiel kann die Innovationsfunktion nach Schumpeter (1912) herangezogen werden.[89] Diese setzt sich aus der Produkt-, der Prozess-, der Organisations-, der Beschaffungs- und der Vertriebsinnovation zusammen, so dass es mehrere Bereiche gibt, auf die die Funktion angewendet wird.

Multifunktionale Ansätze ziehen mehrere Funktionen heran, die teilweise von gleichrangiger oder auch von unterschiedlich großer Bedeutung sein können. Bei den multifunktionalen Ansätzen können wiederum verschiedene Autoren miteinander verglichen werden.[90] Überwiegend lassen sich gleiche Funktionen identifizieren, die teilweise anders benannt, aber inhaltlich vergleichbar ausgestaltet sind. Um einen fundierten Vergleich dieser Ansätze durchführen zu können, werden diese nachfolgend ausführlich beschrieben.[91]

---

[87] Vgl. Freiling (2006), S. 87.

[88] Eine andere Unterteilung der Unternehmerfunktionen nimmt Wieandt (1994), S. 20, vor.

[89] Als weiteres Beispiel kann die Koordinationsfunktion nach Casson (1982) genannt werden.

[90] Vgl. z. B. Barreto (1989); Schneider (1997); Windsperger (1991); Bretz (1988, 1991); Schaller (2001); Schönenberger (2006); Freiling (2006).

[91] Betrachtet man die Vielzahl der notwendigen Funktionen und Prozesse, die von einem Gründer oder von dem bestehenden Gründungsteam während der verschiedenen Phasen einer Gründung von Relevanz sind, so wird deutlich, dass der multifunktionale Ansatz in der Entrepreneurship-Forschung heranzuziehen ist, vgl. Schneider (2001), S. 6.

Unternehmerfunktion	Autoren
Kapitalgeber, Kapitalist, Kapitalanwender	Vgl. z. B. Smith (1937); Mises (1949)
Manager i. S. v. „Oberaufseher"	Vgl. z. B. Say (1861)
Unternehmensinhaber, Eigentümer	Vgl. z. B. Hawley (1927)
Arbeitgeber, Auslaster von Produktionsfaktoren	Vgl. z. B. Keynes (1964)
Empfänger des Residualeinkommens	Vgl. z. B. Mataja (1884)
Risikoträger bei Ungewissheit, Spekulant, Grundlegender Disponent	Vgl. z. B. Cantillon (1931); Knight (1921); Shackle (1968); Thünen (1960)
Innovator, Durchsetzer neuer Kombinationen, schöpferischer Zerstörer, Marktentwickler	Vgl. z. B. Weber (1947); Schumpeter (1934); Heuss (1965)
Arbitrageur, Informationsverwerter, Nutzer und Beseitiger von Ungleichgewichten	Vgl. z. B. Cantillon (1931); Mises (1949); Kirzner (1978)
Entscheidungsträger, Verteiler von Ressourcen zwischen unterschiedlichen Verwendungsrichtungen	Vgl. z. B. Cantillon (1931); Cole (1965)
Industrielenker, captain of industry, Wirtschaftskapitän	Vgl. z. B. Say (1861); Redlich (1964)
Organisator, Koordinator, Kombinierer von Produktionsfaktoren, Haftender, Eigner des Produkts	Vgl. z. B. Say (1861); Davenport (1913)
Entscheidungsträger mit überdurchschnittlichem Urteilsvermögen	Vgl. z. B. Casson (1982); Hébert/Link (1988)
Transaktionsminimierer; Pendant zum Marktpreissystem; Nutzer von Marktunvollkommenheiten durch Vertragsabschlüsse	Vgl. z. B. Casson (1982)

Tabelle 3: Monofunktionale Ansätze[92]

Freiling (2006) erläutert einen multifunktionalen Ansatz, der vier Unternehmerfunktionen umfasst. Dabei charakterisiert er die Innovationsfunktion als system-
erneuernd, die Koordinations- und Arbitragefunktion als systemnutzend und die Funktion des Risikomanagements als systemabsichernd. Des Weiteren werden die system-
nutzenden Funktionen nach ihrer Wirkungsrichtung differenziert, die sich entweder
auf das Innenverhältnis (Koordinationsfunktion) oder das Außenverhältnis (Arbitragefunktion) der Unternehmung beziehen können.[93] Die Innovationsfunktion umfasst die
Produkt-, die Prozess-, die Organisations-, die Geschäftsmodell- und die Strategie-
/Führungsinnovation. Die Arbitragefunktion hat bei Freiling (2006) die Aufgabe, Op-

---

[92] In Anlehnung an Schoppe (1995), S. 282. Dieser stellte in seiner Auflistung der monofunktionalen Ansätze statische den dynamischen Ansätzen gegenüber, wobei eine genaue Abgrenzung beider schwierig nachzu-vollziehen ist. Zum Beispiel weist Schoppe die Funktion des Kapitalgebers als statische Unternehmerfunk-tion aus, während die Funktion des Risikoträgers unter Ungewissheit als dynamischer Ansatz dargestellt wird. Da diese Funktion jedoch neben anderen als statische, aber gleichzeitig als dynamische Funktion ange-sehen werden kann, werden an dieser Stelle beide Ansätze zusammengefasst.

[93] Vgl. Freiling (2006), S. 91f.

portunitäten zu generieren, zu erkennen und zu erschließen. Bei der Koordinations-funktion sind die Leistungserstellung, die Bereitstellungsleistung sowie die Abstimmung unter betrieblichen Leistungsträgern enthalten. Die Aufgaben der Risiko-managementfunktion sind die Erkennung, Übernahme und Verteilung geschäftlicher Risiken sowie die Absicherung der übernommenen Risiken.[94]

Schönenberger (2006) sieht das Konzept der Wertsteigerung als Ausgangspunkt der unternehmerischen Aktivitäten an. Innerhalb dieser Zielsetzung leitet er die aus seiner Sicht notwendigen Funktionen eines Unternehmers ab. Dazu zählen das Entdecken von Chancen, das Durchsetzen von Innovationen, das Koordinieren von Ressourcen und das Tragen von Risiken.[95] Dabei muss der Unternehmer zunächst Potenziale am Markt erkennen und seinen Kunden einen Mehrwert im Vergleich zum Wettbewerb bieten, was ihm zumeist nur durch Innovation gelingen wird. Um dieses Vorhaben umsetzen zu können, muss der Unternehmer die internen und externen Produktions-faktoren miteinander kombinieren. Des Weiteren übernimmt er die Verantwortung für seine Entscheidungen und trägt somit auch die entstehenden Risiken.[96]

Schaller (2001) identifiziert aus einem Literatur-Review heraus vier zentrale Haupt-funktionen: die Innovation, das Tragen von Risiken, das Entdecken von Möglichkeiten und das Koordinieren von Ressourcen.[97] Bei dieser Beschreibung werden Parallelen zwischen Schönenberger (2006), Schaller (2001) sowie Freiling (2006) deutlich.

Ein weiterer multifunktionaler Ansatz nach Bretz (1998) differenziert drei Unterneh-merfunktionen: das Tragen von Risiken, die Koordination von Produktionsfaktoren sowie die Funktion eines Innovators. Als Risikoträger kann der Unternehmer dabei sowohl passiver Betroffener als auch aktiver Gestalter sein, der zum einen Risikokapi-tal und zum anderen ein allgemeines persönliches Risiko im Rahmen einer allgemei-nen Unsicherheit oder auch bezogen auf spezifische Risiken zu tragen bereit ist. Als Kombinator von Produktionsfaktoren wirkt er entweder administrativ oder heroisch als Role Maker und als Role Taker. Die Innovationen können dabei sowohl im Produkt-/Marktbereich als auch in anderen Bereichen erfolgen.[98]

Schneider (1997) differenziert ebenfalls drei verschiedene Unternehmerfunktionen. Die erste Unternehmerfunktion besteht darin, dass Unternehmer bereit sind anderen zeitweise Einkommensunsicherheiten abzunehmen, um dadurch selbst mehr Einkom-men zu erwirtschaften (Einkommenschancen). Diese Übernahme von Unsicherheiten anderer führt dabei meist automatisch zur Entstehung einer Organisationsform wie der eines Unternehmens. Die zweite Funktion besteht in dem Versuch, „Arbitrage- oder Spekulationsgewinne, in und zwischen Märkten"[99] zu erzielen. In dieser Unternehmer-funktion nach außen ist bei Schneider weiterhin das Erkennen von Möglichkeiten ent-

---

[94] Vgl. Freiling (2006), S. 93.
[95] Vgl. Schönenbeger (2006), S. 25.
[96] Vgl. Schönenberger (2006), S. 22ff.
[97] Vgl. Schaller (2001), S. 14.
[98] Vgl. Bretz (1988), S. 36f.
[99] Schneider (1997), S. 49.

halten, welches von anderen Autoren als separate Funktion ausgewiesen wird. Die dritte Funktion beschreibt das Durchsetzen von Änderungen nach innen und somit das Agieren innerhalb von Organisationen.[100]

Auch wenn die verwendeten Begrifflichkeiten recht unterschiedlich sind, so können sie doch inhaltlich miteinander verglichen werden, sofern man jeweils gewisse Einzelaspekte außer Acht lässt. Allen fünf multidimensionalen Ansätzen ist dabei gemein, dass eine Art Koordinationsfunktion sowie das Risikomanagement/Übernahme von Unsicherheiten enthalten sind. Die restlichen Funktionen können auch weitestgehend inhaltlich zueinander in Beziehung gesetzt werden. Die Tabelle 4 stellt die multifunktionalen Ansätze vergleichend gegenüber. Dabei kennzeichnen die eingefärbten Flächen, dass die Funktion im jeweiligen multifunktionalen Ansatz enthalten ist.

Funktionen	Funktionen nach Freiling (2006)	Funktionen nach Schaller (2001)	Funktionen nach Schönenberger (2006)	Funktionen nach Bretz (1988, 1991)	Funktionen nach Schneider (1997)
Arbitrage	■	■	■	■	
Koordination	■	■	■	■	
Risikomanagement	■	■	■	■	■
Innovationen	■	■	■	■	■

Tabelle 4: Vergleich der verschiedenen Unternehmerfunktionen

Die multifunktionalen Ansätze nach Freiling (2006), Schaller (2001) und Schönenberger (2006) lassen sich auf vier gleiche Unternehmerfunktionen zurückführen. Lediglich Bretz (1988, 1991) und Schneider (1995, 1997) weichen vom gegebenen Schema mit vier Unternehmerfunktionen ab.

2.4 Ableitung einer umfassenden Unternehmerdefinition

Zur Ableitung einer geeigneten Definition wird zunächst eine kritische Betrachtung der verschiedenen Funktionen angestrebt. Die Funktion der Erzielung von Arbitrage- oder Spekulationsgewinnen[101] lässt sich eindeutig nachvollziehen, da jeder Unternehmer grundsätzlich auf Gewinnerzielung ausgerichtet ist. Der Unternehmer handelt dabei als Arbitrageur, weil er einen Wissensvorsprung gegenüber den anderen Marktteil-

---

[100] Vgl. Schneider (1997), S. 46ff., sowie Schneider (1995).
[101] Vgl. beispielsweise Kirzner (1978); Mises (1949); Cantillon (1931).

18

nehmern wirtschaftlich auszunutzen versucht; damit wirkt diese Funktion institutionenerhaltend nach außen. Dies schließt nicht aus, dass Menschen in nicht gewinnorientierten Bereichen wie im Freizeitbereich unternehmerisch handeln oder entscheiden können. Allerdings sind Vereine oder sonstige nicht gewinnorientierte Institutionen unter rechtlichen Aspekten nicht als Unternehmensform deklariert.[102] Die Funktion der Arbitragegewinne wird als eine Unternehmerfunktion zugrunde gelegt, die eine Mindestbedingung hinsichtlich der Erhaltung von Liquidität im Unternehmen und der Erzielung von Mindesteinkommen beschreibt. Diese Bedingung ist somit zwar notwendig, aber nicht hinreichend.[103] Formen der Arbitrageerzielung, die aus rechtlicher oder ethischer Sicht verwerflich sind, werden jedoch nicht berücksichtigt.

Die zweite Funktion der Koordination[104] interner Ressourcen bzw. des Durchsetzens von Änderungen innerhalb von Organisationen wird in allen fünf Ansätzen aufgeführt. Sie umfasst das Durchsetzen von Änderungen nach innen und nützt die durch Arbitrage entdeckten und durch Innovationen konkretisierten Gewinnquellen in effizienter Weise aus. Der Unternehmer ist Koordinator, weil er sich nicht mit der Entdeckungsphase begnügt, sondern durch eine zielgerichtete Abstimmung von Einzelaktivitäten (Koordination) der Ressourcenknappheit in Unternehmen Rechnung trägt. Dabei wirkt diese Funktion als institutionserhaltend nach innen.[105] Sie ist nachvollziehbar, da alle Unternehmer durch die Koordination von internen Ressourcen, seien es Mitarbeiter, Materialien oder Maschinen, einen Output in Form einer Dienstleistung oder eines Produktes erstellen. Auch sie ist eine notwendige, aber nicht hinreichende Bedingung zur Beschreibung eines Unternehmers.

Die dritte Unternehmerfunktion ist die Funktion zur Übernahme von Risiken[106] oder, wie bei Schneider (1995) beschrieben, von Einkommensunsicherheiten. Zu dieser Funktion werden das Erkennen, die Übernahme und Verteilung sowie die Absicherung von Risiken gezählt. Der Unternehmer ist Risikoträger, weil er bei dieser institutionsbegründenden Funktion die Übernahme der Einkommensunsicherheiten übernimmt, indem er zum einen seine persönlichen Ressourcen (Geld oder Sachmittel) zur Verfügung stellt und zum anderen das Risiko des Scheiterns in Verbindung mit entstehenden

---

[102] Vgl. z. B. § 21 BGB zur Definition von nicht wirtschaftlichen Vereinen.

[103] Abweichend von dieser Arbeitsdefinition, findet sich z. B. im Umsatzsteuergesetz eine Unternehmerdefinition, die keine Gewinnerzielungsabsicht verlangt (§ 2 UStG), vgl. Scheffler (2007), S. 402ff. Laut § 2 Abs. 1, S. 1. UStG ist ein Unternehmer, wer eine gewerbliche oder berufliche Tätigkeit selbstständig ausübt und dabei drei Kriterien erfüllt. 1. Eine Unternehmerfähigkeit ist bei jedem selbstständig tätigen Wirtschaftsgebilde, das nachhaltig Leistungen gegen Entgelt ausführt, gegeben. 2. Eine gewerbliche oder berufliche Tätigkeit zur Erzielung von Einnahmen (§ 2 Abs. 1, S. 3 UStG) ist dann gegeben, wenn Leistungen im wirtschaftlichen Sinne erbracht werden, Nachhaltigkeit und Einnahmeerzielungsabsicht bestehen. 3. Als weitere Voraussetzung muss die Person selbstständig sein. Eine Tätigkeit ist dann selbstständig, wenn sie auf eigene Rechnung und eigene Verantwortung ausgeübt wird.
Ferner ist zu berücksichtigen, dass die Unternehmerfunktionen nach Bretz (1988, 1991) die notwendige Funktion der Erzielung von Arbitragegewinnen nicht umfassen und somit nicht für eine allgemeingültige Unternehmerdefinition zugrunde gelegt werden können.

[104] Vgl. beispielsweise Say (1869); Davenport (1913); Hawley (1927).

[105] Vgl. Schönenberger (2006); Freiling (2006); Schaller (2001); Schneider (1997), S. 50f.

[106] Vgl. Cantillon (1931); Knight (1921); Thünen (1960); Shackle (1968).

Haftungsansprüchen zu tragen hat. Die Arbitragefunktion findet sich in der Literatur neben den genannten Quellen noch bei einer Vielzahl von Autoren wieder und umfasst das Ausfindigmachen einer Gewinnquelle, die aus Preisdifferenzen zwischen gegenwärtigen und/oder zukünftigen Märkten entsteht, aber zum Zeitpunkt ihrer Planung noch unsicher ist.[107] Allerdings handelt es sich bei der Einzelbetrachtung dieser Funktion wiederum um eine notwendige, aber nicht hinreichende Unternehmerfunktion. Zur Widerlegung der hinreichenden Bedingung können z. B. Eltern herangezogen werden, die für ihre Kinder während des Heranwachsens Risiken übernehmen, seien es direkte finanzielle Verpflichtungen für deren Lebensunterhalt oder indirekte Risiken, wie evtl. durch ihre Kinder verursachte Schäden. Auch in diesem Fall würde man nicht von Unternehmern sprechen.

Die letzte genannte Funktion der Förderung von Innovationen bzw. des Erkennens von Möglichkeiten ist in allen Ansätzen außer dem von Schneider (1997) beschrieben. Es stellt sich jedoch die Frage, ob diese Funktion zur Ableitung einer allgemeinen Unternehmerdefinition verwendet werden kann. Im Hinblick auf die Thematik dieser Arbeit können nicht innovative Unternehmer nicht als Zielgruppe für die Unternehmerausbildung angesehen werden. Durch empirische Studien ist belegt, dass nicht innovative Unternehmer in der Regel weniger erfolgreich sind als innovative.[108] Allerdings kann eine auf Funktionen basierende Unternehmerdefinition nicht Unternehmer ausschließen, die selbst vom Gesetzgeber als solche bezeichnet werden. Ein weiteres Argument gegen die Innovationsfunktion als separate Unternehmerfunktion liefert Schneider (1997). Dieser erklärt, dass sofern Innovation als Erkennen und Umsetzen von Möglichkeiten in Märkten gesehen wird, sie sowohl einen Teilaspekt der Koordinationsfunktion hinsichtlich der Abstimmung von Ressourcen als auch einen Teil der Findigkeit zur Realisierung von Arbitragegewinnen ausmacht.[109] Die Innovationsfunktion hat somit nicht den Stellenwert einer notwendigen, wohl aber einer wünschenswerten Funktion.

Dieser Problematik wird im Verlauf der Arbeit dadurch Rechnung getragen, dass die hier zugrunde gelegte Definition allgemeingültig ist und alle realen Unternehmertypen umfassen soll. In diesem Sinne wird die Definition von Schneider (1997) als grundlegend betrachtet, da dieser im Gegensatz zu Schaller (2001), Schönenberger (2006) und Freiling (2006) auch diejenigen als Unternehmer bezeichnet, die nicht innovativ sind. Die Definition eines Unternehmers kann allerdings nicht gleichgesetzt werden mit der Zielgruppe der Unternehmerausbildung, da im Rahmen der Entrepreneurship Education auch die Fähigkeit zu Innovationen eine Rolle spielt.[110] Dazu werden nachfolgend

---

[107] Vgl. Schneider (1997), S. 49f.

[108] Vgl. De (2005), S. 23ff.; Franke/Lüthje (2004), S. 39. Ein Unternehmer, der diese Funktion nicht erfüllt und der sich z. B. dazu entschlossen hat das fünfte Schuhgeschäft mit gleichem Sortiment und gleichen Preisen zu eröffnen, ist laut Gesetz dennoch ein Unternehmer, wenn auch langfristig wahrscheinlich wenig erfolgreich.

[109] Vgl. Schneider (1997), S. 51.

[110] Vgl. Allocca/Kessler (2006), S. 279f., sowie Ames/Runco (2005).

verschiedene Unternehmertypen differenziert, die durch spezielle Ausbildungssysteme individuell gefördert werden können.

Verbindet man die drei identifizierten Hauptfunktionen des multifunktionalen Ansatzes von Schneider (1997) mit der historischen Begriffsentwicklung, lässt sich die Bedeutung der einzelnen Funktionen bestätigen. Zur Identifikation eines Unternehmers können also drei Bedingungen herangezogen werden, die einzeln für sich genommen zwar notwendig, jedoch nicht hinreichend sind. Ein Unternehmer ist demnach eine Person,

- die Gewinnquellen am Markt identifizieren kann und damit Arbitragegewinne für das Unternehmen erzielt,

- die interne Ressourcen koordinieren, kombinieren und dazu geeignete Organisationsstrukturen schaffen kann und

- die sich dazu bereit erklärt, Risiken einzugehen und Verantwortung zu übernehmen, um so eine Institution zu begründen oder zu betreiben.

Sind alle drei Bedingungen erfüllt, wird nachfolgend in dieser Arbeit von einem Unternehmer gesprochen. Dabei geben die beschriebenen Unternehmerfunktionen nur den grundsätzlichen Rahmen zur Identifikation von Unternehmern vor. Es wird keine Aussage darüber getroffen, inwiefern die so abgegrenzten Unternehmer auch die Zielgruppe der Entrepreneurship Education an Hochschulen darstellen. Da im Rahmen dieser Arbeit eine Analyse der Anforderungen unterschiedlicher Typen von Unternehmern im Rahmen einer Unternehmerausbildung erfolgen soll, werden diese Zielgruppen zunächst anhand einer Typologie beschrieben und hinsichtlich der drei Hauptunternehmerfunktionen analysiert.[111]

2.4.1 Ableitung einer geeigneten Unternehmertypologie

Bei der Typenbildung handelt es sich um ein methodisches Vorgehen, das dazu dient, die komplexe Realität zu vereinfachen und darauf aufbauend Zusammenhänge zu erklären.[112] Typologien werden sowohl in den Natur- als auch in den Geisteswissenschaften angewandt und können dort für die Auswertung empirischer Studien sowie für die Entwicklung theoretischer Konzepte und Heuristiken genutzt werden.[113] Basierend auf der Vielfalt der Verfahren, mit deren Hilfe Typologien gebildet werden können, fällt es schwer, die richtige Vorgehensweise für das jeweilige Problem auszuwählen. Aus diesem Grund werden an dieser Stelle die Verfahren der Typenbildung eingeführt.

---

[111] Dadurch kann eine einheitliche Begriffsdefinition der verschiedenen Unternehmertypen zugrunde gelegt werden. Die Einführung verschiedener Typen zur Differenzierung einzelner Untergruppen von Unternehmern zueinander wird in der Literatur häufiger vorgenommen. So wird z. B. von Schönenberger (2006), S. 25ff.; Berner (2002), S. 134ff., eine Unternehmertypologie definiert, welche zwischen Gründern, Unternehmern und Unternehmern in Unternehmen differenziert.

[112] Vgl. Dietz et al. (1997); Nagel (1997).

[113] Vgl. Kluge (1999), S. 13ff.

Typologien stellen das Ergebnis eines Gruppierungsprozesses dar, durch den ein gegebener Objektbereich anhand eines oder mehrerer Kriterien in verschiedene Typen aufgespalten wird.[114] Aufgrund dieser Definition zeichnen sich vielfältige Möglichkeiten zur Bildung von Typen ab. Diese können hinsichtlich ihrer Verallgemeinerbarkeit, ihrer Zeitgebundenheit sowie ihrer Komplexität variieren.[115]

Der Begriff des Typus muss von dem der Klasse abgegrenzt werden, da er über keine Grenzlinien verfügt und somit auch keine eindeutigen Merkmalsausprägungen vorschreibt. Zwischen zwei verschiedenen Nachbartypen verlaufen die Grenzen im Vergleich zu Klassen daher oft fließend.[116] Aus diesem Grund ist die Zugehörigkeit zu einem Typus nicht deterministisch bestimmbar.[117] Ein systematischer Zusammenhang zwischen verschiedenen Typen kann jedoch häufig durch eine Hierarchie verschiedener Typen oder durch das Aufstellen von polaren Extremtypen erfolgen.[118] Demnach können Typen einander gegenseitig umfassen, überlappen oder gegenseitig ausschließen, wie in der Abbildung 2 dargestellt.

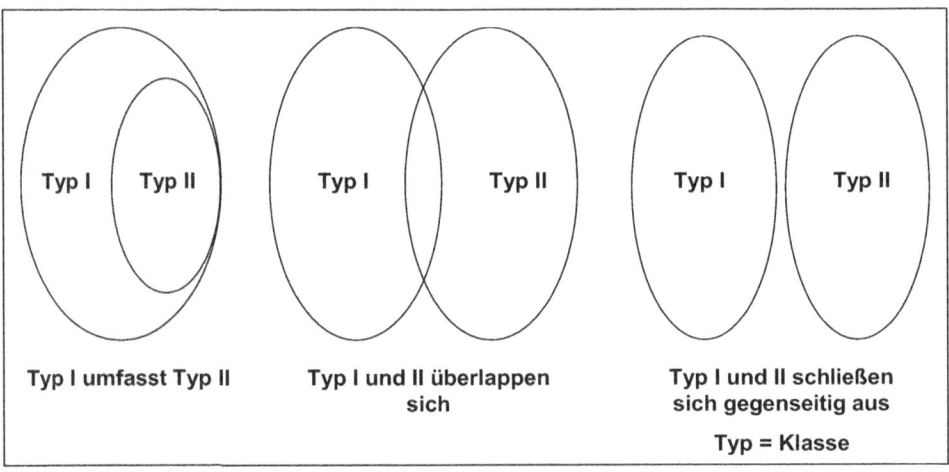

Abbildung 2: Formen der Einteilung von Elementen in Typen[119]

---

[114] Vgl. Ziegler (1973), S. 20; Sodeur (1974), S. 24; Schlosser (1976), S. 51; Friedrichs (1990), S. 89ff.; Schmerl (1988), S. 798; Wienold (1988), S. 798; Büschges (1994), S. 249; Reinhold (2000), S. 619; Haupert (1991), S. 240; Lamnek (1993), S. 403; Bailey (1994), S. 1f.; Kluge (1999), S. 27.

[115] Vgl. Honer (1993), S. 112.

[116] Vgl. Stern (1911), S. 173, sowie Tietz (1960), S. 33. An dieser Stelle wird in der Literatur kritisiert, dass der Erkenntniswert der Typenbildung aufgrund der nicht eindeutigen Definition des Typusbegriffs sowie der fehlenden Methodik zur Bildung von Typen und zur Verifikation dieser nicht genau ermittelt werden kann, vgl. hierzu Strunz (1951), S. 402. Ein weiterer Kritikpunkt der Typenbildung besteht darin, dass Forscher sie beliebig nach ihrem Fokus aufstellen können und dadurch bedingt keine Verallgemeinerung der Typen oder mit der Konsequenz einer verzerrten Wirklichkeit vorgenommen werden kann. Im Extremfall kann dies sogar das Entstehen von Stereotypen hervorrufen. Vgl. Sodeur (1974), S. 30.

[117] Vgl. Kuckartz (1988), S. 223.

[118] Vgl. Tietz (1960), S. 33; Friedrichs (1990), S. 89ff; Sodeur (1974), S. 24ff.

[119] Vgl. Sodeur (1974), S. 10.

22

Tietz (1960) leitet sechs formale Kennzeichen[120] ab, mittels derer ein Typus definiert und beschrieben werden kann. Der Begriff wird zunächst als logisches Hilfsmittel (1.) beschrieben, dessen Struktur unterschiedliche Präzisionsgrade (2.) aufweist und sich aus einem oder mehreren Merkmalen (3.) zusammensetzen kann. Die Merkmale eines Typus sind nicht unveränderlich starr (4.). Dadurch können fließende Übergänge (5.) zwischen Typen bestehen. Schließlich können die Beziehungen zwischen den Merkmalsausprägungen zueinander Unterschiede aufweisen (6.).[121] Verschiedene Typen sollten sich demnach klar voneinander abgrenzen lassen und innerhalb eines Typus Elemente aufweisen, die hinsichtlich der Differenzierungskriterien ähnlich sind.[122]

Das Ziel einer Typenbildung liegt vor allem darin, durch die Zusammenfassung von Elementen einen besseren Überblick über den Untersuchungsbereich zu erhalten, so dass in jedem besonderen Fall das Allgemeine abgebildet werden kann.[123] Diese Informationsreduktionsfunktion der Typenbildung verbessert die Übersichtlichkeit vieler heterogener Merkmale und wird bereits vielfach in der Literatur beschrieben.[124] Darüber hinaus fördert der Gruppierungsprozess, der den Untersuchungsbereich strukturiert, die Fokussierung auf die bedeutsamen Charakteristika. Ein weiteres Ziel der Typenbildung besteht in der heuristischen und theoriebildenden Funktion eines Typus, um so die beschriebenen Zusammenhänge genauer zu analysieren und zu erklären.[125]

Um die Möglichkeiten des Verfahrens der Typenbildung ausschöpfen zu können, werden zunächst die unterschiedlichen Typenarten beschrieben.[126] Hierzu werden die Differenzierungskriterien nach Kluge (1999) herangezogen.[127] Begründet sich die Typenbildung auf empirischen Forschungsarbeiten und dient damit der Beschreibung und Differenzierung realer Untersuchungsobjekte, wird von einem Realtypus gesprochen.[128] Davon abzugrenzen sind heuristische Typologien oder Idealtypen[129], deren

---

[120] Kluge (2000), S. 2, weist jedem Typus eine Kombination aus Merkmalen zu, zwischen deren Ausprägungen nicht nur empirische Regelmäßigkeiten (Kausaladäquanz), sondern auch inhaltliche Zusammenhänge (Sinnadäquanz) bestehen sollten.

[121] Vgl. Tietz (1960), S. 25; Kluge (1999), S. 27.

[122] Vgl. Boudon/Bourricaud (1992), S. 603; Bailey (1994), S. 1; Kluge (1999), S. 27.

[123] Vgl. Kluge (1999), S. 23; Lamnek (1993), S. 192f.

[124] Vgl. beispielsweise Honer (1993), S. 111f.; Wohlrab-Sahr (1994), S. 269.

[125] Vgl. Kluge (1999), S. 44ff.

[126] Da die Kriterien zur Ableitung von Typenarten von Forschern grundsätzlich frei gewählt werden können, ist es nicht weiter verwunderlich, dass viele Wissenschaftler ihr eigenes Typisierungsschema entworfen haben, um ihren Forschungsschwerpunkt besser abbilden zu können. Aus diesem Grund findet sich in der Literatur eine Vielzahl unterschiedlicher Typenarten, die an dieser Stelle nicht weiter ausgeführt werden sollen.

[127] Vgl. Kluge (1999), S. 52ff. Sie unterscheidet in einem ersten Schritt die Eigenschaften anhand denen Capechi (1968) und McKinney (1969) die Typen charakterisieren. Dabei werden u. a. die Zeit-Raum-Bezüge, die Abstraktheit, die Normativität, die Komplexität, das Bestehen von Beziehungen zwischen den Variablen, der Realitätsbezug, das angestrebte Erkenntnisziel sowie die Funktion der Typen analysiert, vgl. Capecchi (1968), S. 11ff.; McKinney (1969), S. 2ff.

[128] Vgl. Surrey (2007), S. 38. In diesem Zusammenhang sprechen andere Autoren auch von empirischen oder natürlichen Typen. Sie werden als stark zeit- und raumgebunden, nicht-abstrakt und spezifisch eingestuft. Vgl. hierzu Kluge (1999), S. 60.

[129] Von einigen Autoren werden Idealtypen mit Extremtypen gleichgesetzt, was jedoch in der hier vorliegenden Arbeit nicht angenommen wird, vgl. Sodeur (1974), S. 26; Wienold (1988), S. 798.

Entwicklung keine empirischen Verteilungen zugrunde gelegt werden. Idealtypen, die auch zum Teil als künstliche oder konzeptionelle Typen bezeichnet werden, werden zumeist aus theoretischen Überlegungen abgeleitet, was eine deduktive Vorgehensweise beschreibt.[130] Beide Typenarten können in Reinform als Extremtypen in einem Kontinuum zwischen Empirie und Theorie gesehen werden, so dass die in den meisten Forschungsarbeiten herangezogenen Typen häufig Mischformen mit unterschiedlich starkem Anteil deduktiver und induktiver Ableitung bilden.[131]

Im nächsten Schritt unterscheidet Kluge (1999) zwischen den sogenannten klassifikatorischen Typen. An dieser Stelle gilt es zunächst, monothetische Typologien, bei denen alle Elemente einer Klasse genau die gleichen Merkmale aufweisen, von polythetischen zu unterscheiden, bei denen sich die Elemente lediglich in ihren Ausprägungen ähneln.[132] Da die monothetischen Typologien überschneidungsfrei gemäß einer Klassifikation sein müssen, werden in dieser Arbeit polythetische Typen betrachtet.[133]

Die letzten Kriterien, nach denen Kluge (1999) Arten von Typen abgrenzt, sind die „Constructed" und die „Existential Types". Erstere stellen Konstrukte dar, die von Forschern im Hinblick auf den jeweiligen Untersuchungsgegenstand gebildet werden. Unter „Existential Types" werden hingegen die Typenarten zusammengefasst, die von den jeweiligen Akteuren der Untersuchung selbst vorgegeben werden. In der Forschung findet diese Typenart jedoch selten Berücksichtigung.[134]

2.4.2 Bildung von Unternehmertypen

Nachdem die Typenarten beleuchtet wurden, werden nachfolgend anhand einzelner Merkmale verschiedene Unternehmertypen voneinander abgegrenzt und über die Bildung von Gruppen vergleichbar gemacht. Die Typenbildung stellt dabei einen Zwischenschritt dar, um allgemeingültige Aussagen ableiten und Theorien herleiten zu können. Es erfolgt eine konzeptionelle Typenbildung auf Basis von „Constructed Types", da bei einer konzeptionellen Vorgehensweise die Typen branchen- und unternehmensübergreifend gebildet werden können.[135] Weiterhin ermöglicht die Bildung

---

[130] Vgl. Bailey (1994), S. 30ff.; Kluge (1999), S. 61.
[131] Vgl. Kluge (1999), S. 78.
[132] Vgl. Sodeur (1974), S. 20; Kluge (1999), S. 78f. Weitere Anmerkungen zu Extremtypen oder auch polaren Grenzwerttypen können bei Zerssen (1973), S. 45, der zwischen uni- oder bipolare Typen weiter differenziert, nachgelesen werden. Dementsprechend weichen die betrachteten Merkmale entweder in eine Richtung (unipolar) oder in konträre Richtung (bipolar) voneinander ab. Unter einem Durchschnittstyp oder auch Normaltypus (vgl. Wienold (1988), S. 798; Reinhold (2000), S. 619) werden Typen verstanden, die in einer Gesellschaft vorherrschende soziale Muster widerspiegeln.
[133] Weitere Typenarten sollen an dieser Stelle nicht erläutert werden, da sie im Rahmen dieser Arbeit keine Anwendung finden. Der Vollständigkeit halber, sollen sie mit entsprechenden Literaturhinweisen kurz genannt werden: Extremtypen (vgl. Zerssen (1973), S. 45; Ziegler (1973), S. 16), Durchschnittstypen (vgl. Zerssen (1973), S. 95; Wienold (1988), S. 172), Prototypen (vgl. Kluge (1999), S. 84; Zerssen (1973), S. 53).
[134] Vgl. Kluge (1999), S. 82f.; McKinney (1969), S. 2.
[135] Vgl. Bagusat (2006), S. 166f.

von Typen basierend auf theoretischen Erkenntnissen eine höhere interne Konsistenz und eine verbesserte Trennschärfe im Vergleich zu den stark interpretationsbedürftigen statistischen Auswertungen empirisch gebildeter Typen.[136] Weiterhin wird den konzeptionell gebildeten Typen eine höhere Prognosekraft bescheinigt.[137]

Um Typen ableiten zu können, müssen – ausgehend von der Problemstellung – insgesamt sechs konzeptionelle Verfahrensschritte durchlaufen werden.[138] Im Anschluss an die Formulierung der Problemstellung werden relevante Merkmale ausgewählt, anhand derer die Typenbildung vorgenommen wird. Anschließend erfolgen die Analyse inhaltlicher Sinnzusammenhänge sowie die Beschreibung der gebildeten Typen und letztlich die Zuordnung der Unternehmer zu den gebildeten Typen. Abbildung 3 stellt das Verfahren grafisch dar.

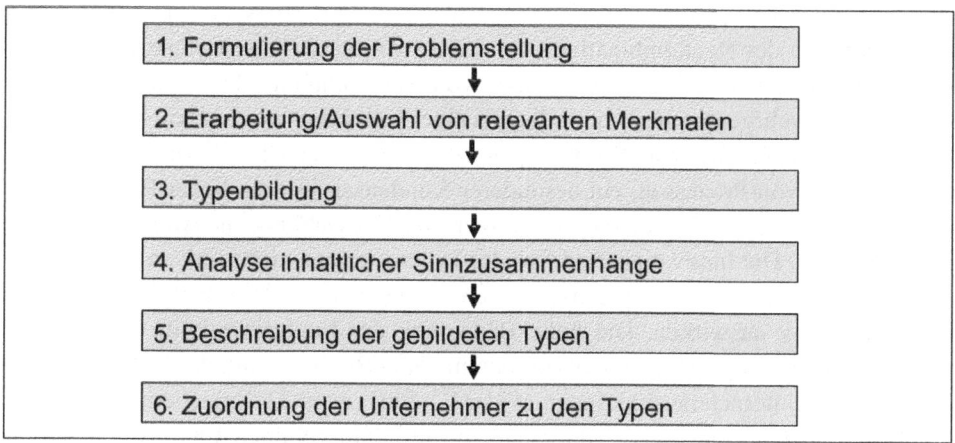

Abbildung 3: Konzeptionelle Vorgehensweise zur Bildung von Typen[139]

Die vorliegende Problemstellung, Unternehmer zu bestimmten Typen zusammenzufassen, muss sich an der bereits hergeleiteten Definition orientieren. Diese beschreibt die Unternehmer zunächst allgemein anhand der drei abgeleiteten Funktionen und berücksichtigt keine spezifischen Unternehmenssituationen, so dass sowohl Existenzgründer als auch Unternehmensnachfolger abgebildet werden. Denn es ist auch für einen Unternehmensnachfolger möglich, Risiken bezüglich seines Gehalts einzugehen und Verantwortung gegenüber einem bestehenden Unternehmen zu übernehmen. Allerdings kann man davon ausgehen, dass ein Unternehmensnachfolger anders ausgebildet werden muss als ein Existenzgründer, da für ihn zum Beispiel die Erstellung eines Businessplans eine weniger relevante Rolle im Rahmen der strategischen Planung spielt oder er beispielsweise keine Informationen über Fördermöglichkeiten für

---

[136] Vgl. Meyer/Tsui/Hinings (1993), S. 1185.
[137] Vgl. Ketchen/Thomas/Snow (1993), S. 1302ff.
[138] Vgl. Bagusat (2006), S. 166f.
[139] Vgl. Bagusat (2006), S. 167.

Existenzgründungen benötigt. Aus dieser Erkenntnis heraus ist es sinnvoll, verschiedene Unternehmertypen speziell für die Erstellung einer Entrepreneurship Education aufzustellen und zu prüfen, ob tatsächlich unterschiedliche Anforderungen an eine Ausbildung gegeben sind.[140] Damit ist die in dieser Arbeit betrachtete Problemstellung formuliert.

In einem zweiten Schritt geht es darum, relevante Merkmale zu bestimmen, anhand derer sich die verschiedenen Unternehmer voneinander abgrenzen lassen. Ein entscheidender Aspekt ist die in Abschnitt 2.4 bereits erwähnte Innovationsfunktion eines Unternehmers. Zum Begriff der Innovation existiert eine Vielzahl von Definitionen,[141] von denen in dieser Arbeit eine weit gefasste zugrunde gelegt wird. Unter einer Innovation wird eine von Unternehmen eingeführte Neuerung verstanden, die den eigenen wirtschaftlichen Erfolg am Markt oder im Unternehmen verbessert.[142] Die Innovation besteht dabei in der Neukombination oder Verbesserung der Unternehmensressourcen gemäß dem Resource-Based View, so dass von Unternehmen schwer imitierbare, aus Kundensicht wahrgenommene und langfristige Kernkompetenzen entwickelt werden.[143] Zur Ausbildung von Kernkompetenzen können dabei sowohl die effiziente Ausgestaltung von Prozessen, ein besonderer Kundenservice, ein hoher Bekanntheitsgrad, die Lage eines Unternehmens als auch die Entwicklung innovativer Produkte gezählt werden. Die Innovationsfunktion des Unternehmers wird somit an dieser Stelle als Ausbildung von Kernkompetenzen gesehen, die sich auf den Erfolg[144] des Unternehmens positiv auswirken. Die hohe Bedeutung der Innovationskraft eines Unternehmers spiegelt sich bereits in der vorgenommenen Beschreibung der in der Literatur vorhandenen Unternehmerfunktionen wider.[145] Ein erstes Differenzierungsmerkmal besteht somit darin, innovative Unternehmen mit herausgebildeten Kernkompetenzen von nicht innovativen Unternehmen abzugrenzen, da Letztere sich nicht dauerhaft am Markt werden halten können.

Als weiteres Differenzierungsmerkmal wird der Funktionsumfang herangezogen. Auf Basis der Unternehmerdefinition kann eine Person als Unternehmer bezeichnet werden, wenn sie alle drei Funktionen erfüllt. Werden durch eine Person nur zwei oder

---

[140] Zu diesem Thema werden im Abschnitt 3.3 die Ziele einer Entrepreneurship Education genau erläutert und für die Arbeit definiert, damit geprüft werden kann, ob die Ausbildung eines unternehmerisch denkenden Angestellten auch im Sinne der Zielsetzung einer Entrepreneurship Education sein kann.

[141] Vgl. Definitionsansätze von Zahn/Weidler (1995), S. 362ff., sowie Damanpour (1991), S. 556, u. a. Eine einheitliche Begriffsdefinition existiert jedoch bis heute nicht, vgl. Cho/Pucik (2005), S. 556.

[142] Vgl. Gerpott (1999), S. 39.

[143] Vgl. hierzu z. B. Wernerfelt (1984); Barney (1991); Prahalad/Hamel, (1990), S. 83.

[144] Der Erfolg eines Unternehmens ist schwer zu definieren und wird für unterschiedliche Unternehmen auch auf verschiedene Weise angesetzt. Als Minimalkriterium für eine Gründung kann z. B. das Überleben der Unternehmung als ausreichend bezeichnet werden, selbiges kann für den Nachfolgeprozess geltend gemacht werden, vgl. Moog (2004), S. 1.

[145] Siehe hierzu Abschnitt 2.3, in dem die Innovationsfunktion bei Freiling (2006), Schaller (2001), Schönenberger (2006), Bretz (1988, 1991) sowie die monofunktionalen Ansätze bei Heuss (1965) und Weber (1947) und der metafunktionale Ansatz bei Schneider (1997) beschrieben werden.

wird gar nur eine Funktion erfüllt, so sprechen wir gemäß der zugrunde gelegten Definition nicht von einem Unternehmer. Allerdings kann graduell nach dem Umfang der übernommenen Funktionen unterschieden werden. So übernimmt ein Intrapreneur[146] beispielsweise Risiken, die sich bei ihm jedoch nur auf einen Teil seines Lohnes auswirken oder seinen Arbeitsplatz gefährden. Dennoch können Intrapreneure innerhalb der Organisation mit Aufgaben betraut werden, die für das Überleben des Unternehmens von entscheidender Bedeutung sind. Es bleibt festzuhalten, dass ein Intrapreneur im Rahmen der gegebenen Organisationsstrukturen genauso unternehmerisch denken und handeln kann wie ein Unternehmer, dabei allerdings ein wesentlich geringeres Risiko trägt.[147] Anhand des Funktionsumfangs kann also zwischen Unternehmern unterschieden werden, welche die drei Funktionen in vollem Umfang übernehmen und Intrapreneuren, bei denen dies eingeschränkt erfolgt. Die Zielsetzung einer Unternehmerausbildung richtet sich vorrangig an Unternehmern aus, die die beschriebenen Unternehmerfunktionen in vollem Umfang übernehmen.

Als letztes Merkmal zur Bildung der Unternehmertypen wird die Art der Unternehmerfunktionen betrachtet. An dieser Stelle wird differenziert zwischen Unternehmerfunktionen, um eine Organisation zu gründen, und der Übernahme von Unternehmerfunktionen in einer bereits bestehenden Organisation. Dieses Unterscheidungsmerkmal dient insbesondere der Differenzierung zwischen Existenzgründern und Unternehmensnachfolgern.[148] Dabei können Erstere ihre eigenen Vorstellungen im Rahmen der gegebenen Ressourcen verwirklichen, während die Nachfolger ihre Vorstellungen in vorhandenen Organisationsstrukturen und bei bereits vorhandenem organisationalen Wissen der Belegschaft umsetzen müssen.

Abbildung 4 bildet die drei Merkmale mit ihren Ausprägungen ab und vermittelt einen Überblick der verschiedenen Typen, die in der Entrepreneurship Education berücksichtigt werden können. Dabei stehen die weißen Flächen für die Unternehmer und

---

[146] Stevenson/Jarillo (1990) sehen Intrapreneure als Mitarbeiter in Unternehmen an, die neue Möglichkeiten verfolgen und über ihren eigenen Einflussbereich hinaus wirken. Vesper (1990) beschreibt damit Personen, die bekannte Wege verlassen, um neue Möglichkeiten zu finden. Intrapreneurship wird von Antoncic/Hisrich (2001), S. 495, als Entrepreneurship in bestehenden Organisationen beschrieben. Festzuhalten bleibt jedoch, dass ein Vergleich zwischen Entrepreneur und Intrapreneur sowie eine Abgrenzung zwischen beiden Begrifflichkeiten in der Literatur bereits häufiger vorgenommen wurden, vgl. dazu Luchsinger/Bagby (1987), S. 10ff. Ein Intrapreneur stellt dabei zwar keinen reinen Unternehmer dar, jedoch weist er ebenfalls unternehmerisches Denken und Handeln auf.

[147] Vgl. Carrier (1996), S. 6. Hier wird beschrieben, dass der größte Unterschied zwischen Entrepreneurship und Intrapreneurship in dem dazugehörigen Kontext begründet ist. An dieser Stelle muss angemerkt werden, dass das Ziel einer Entrepreneurship Education nicht verfehlt wurde, weil Intrapreneure hervorgebracht wurden; denn auch sie können der Arbeitsplatzschaffung oder -erhaltung dienen und gleichzeitig Innovationen fördern. Dennoch stellen Intrapreneure keine direkte Zielgruppe der Entrepreneurship Education dar.

[148] Das betrachtete Merkmal gilt es jedoch von mehreren Perspektiven zu beleuchten. Übernimmt ein Existenzgründer z. B. die Unternehmerfunktionen zum ersten Mal, indem er selbst gründet und dabei einen erfahrenen Mentor zur Seite hat, kann der Grad der notwendigen Eigenständigkeit durchaus geringer sein als der eines Nachfolgers, der aufgrund des plötzlichen Todes des Übergebers die Unternehmensnachfolge antreten muss.

Intrapreneure, die nicht innovativ sind, d. h. keine Kernkompetenzen im Vergleich zu Wettbewerbern ausbilden konnten und somit nicht langfristig am Markt bestehen können, und die grauen Flächen für die innovativen Unternehmer mit komparativen Konkurrenzvorteilen. Somit lassen sich in der dritten Phase der Typenbildung anhand der ausgewählten Merkmale acht verschiedene Unternehmertypen ableiten.

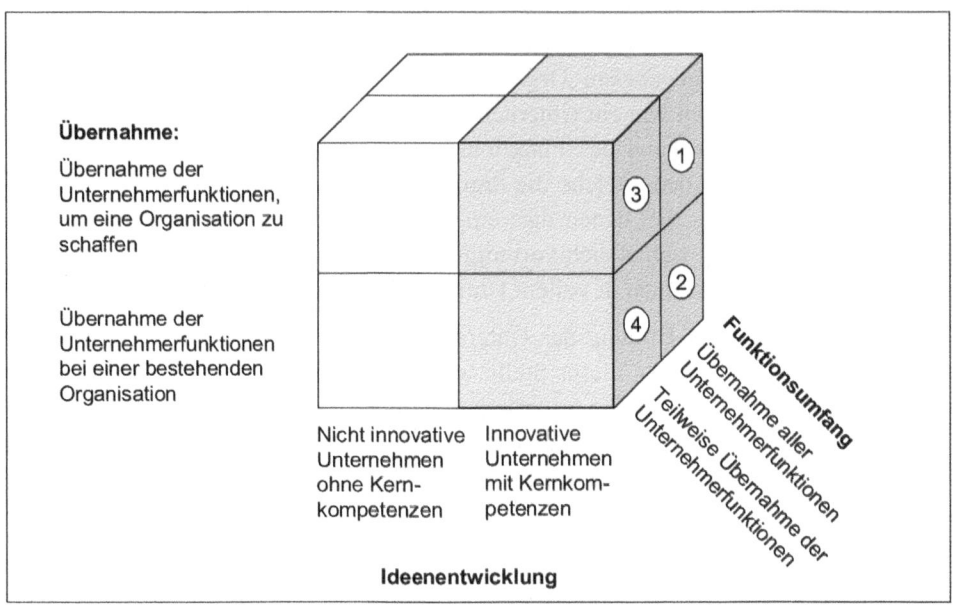

Abbildung 4: Bildung von Unternehmertypen[149]

In der vierten Phase gilt es, inhaltliche Sinnzusammenhänge der gebildeten acht Typen im Hinblick auf die Entrepreneurship Education zu analysieren. Dabei stellt sich die Frage, ob es Ziel einer Unternehmerausbildung sein kann, nicht innovative Unternehmen ohne ausgebildete Kernkompetenzen hervorzubringen. Diese Art von Unternehmern kann sich mangels Konkurrenzvorteil nicht lange am Markt halten und trägt somit nur kurzfristig zur Steigerung der Selbstständigenquote bei, was nicht Ziel der Entrepreneurship Education ist.[150] Auf eine Betrachtung von nicht innovativen Gründun-

---

[149] Eigene Abbildung.
[150] Vgl. Weber (2002), S. 105. Bei Braukmann (2002), S. 88, hingegen wird als Ziel der Entrepreneurship Education eine vorliegende Gründungsmündigkeit angegeben. Dieses Ziel kann jedoch nach der gegebenen Definition in dieser Arbeit auch nicht als sinnvoll erachtet werden. Demnach wäre eine Entrepreneurship Education nur dann als erfolgreich anzusehen, wenn im Anschluss an die Ausbildung eine steigende Anzahl von Gründungen zu verzeichnen wäre. Aus diesem Grund fordert z. B. Pleitner (1994) eine zeitliche Staffelung der Evaluierung nach der Unternehmerausbildung, um insbesondere Langzeitfolgen eines Ausbildungsprogramms messen zu können. Die Anzahl der Gründungen als Maßgröße für den Erfolg eines Programms wird von mehreren Ausbildungsprogrammen tatsächlich als Zielgröße herangezogen (vgl. Cichy/Schlesiger (2002), S. 23, oder auch McMullan/Long (1987), S. 265). Von Klandt (2006), S. 12ff., wird aus diesem Grund eine auf dem langfristigen Gründungserfolg ausgerichtete Evaluierung der Ausbildungsprogramme gefordert.

gen ohne Kernkompetenzen kann demnach verzichtet werden, so dass nur vier Unternehmertypen weiterhin untersucht werden.[151] So lassen sich gemäß Abbildung 4 Unternehmertyp 1 als Existenzgründer, Typ 2 als Unternehmensnachfolger und die Typen 3 und 4 als Intrapreneur benennen.[152]

Diese vier Unternehmertypen, die im Rahmen einer Unternehmerausbildung Berücksichtigung finden, werden nachfolgend im Rahmen der fünften Phase des Typenbildungsprozesses detailliert beschrieben, bevor abschließend jeweils eine genaue Zuordnung der Unternehmer zu den jeweiligen Funktionen erfolgt. Dabei wird der Erfolg einer Unternehmerausbildung nicht ausschließlich an dem Hervorbringen von Unternehmensnachfolgern und Existenzgründern gemessen, da auch Intrapreneure unternehmerisch denken und handeln. Es muss jedoch festgehalten werden, dass Intrapreneure einige Unternehmerfunktionen nicht in vollem Umfang bzw. gar nicht erfüllen. Dennoch finden sich auch die verminderten Funktionsumfänge der Intrapreneure in jeder fundierten Unternehmerausbildung wieder. Nachfolgend werden Charakteristika für die verbleibenden Zielgruppen der erfolgreichen Existenzgründer, Unternehmensnachfolger und Intrapreneure abgeleitet.

2.4.3 Ableitung einer Existenzgründerdefinition

Der Existenzgründer[153] muss vor seiner Gründung aktiv eine Unternehmensidee entwickeln. Des Weiteren ist er dazu gezwungen, alle Unternehmerfunktionen von Beginn an allein oder zusammen mit seinem Gründungsteam zu übernehmen. Da sein Ziel in der Gründung eines neuen Unternehmens besteht, muss er sämtliche Strukturen neu definieren und übernimmt die Funktionen somit zum ersten Mal für das jeweilige Gründungsvorhaben.[154]

Der Existenzgründer trägt mit seinem persönlichen Engagement maßgeblich zum Erfolg des neu gegründeten Unternehmens bei.[155] Er fungiert als Risikoträger, der über

---

Somit wird klar, dass sich Hochschulen im Rahmen der Unternehmerausbildung lediglich auf die Ausbildung erfolgreicher Unternehmer fokussieren, vgl. De (2005), S. 23ff.; Franke/Lüthje (2004), S. 39; Aßmann (2003), S. 23; Beer (2000), S. 2.

[151] Somit werden nachfolgend unter den Begriffen Existenzgründer, Unternehmensnachfolger und Intrapreneur nur die Unternehmer verstanden, die aufgrund ihrer Kernkompetenzen erfolgreich am Markt agieren.

[152] An dieser Stelle kann namentlich nicht zwischen Typ 3 und 4 differenziert werden, da bei beiden unternehmerisch denkende Angestellte beschrieben werden.

[153] Existenzgründer werden zu den Selbstständigen gezählt; dabei kann der Zusammenhang beschrieben werden, dass die heutige Zahl der Selbstständigen die Anzahl der erfolgreichen Existenzgründer widerspiegelt. Vgl. Pfeiffer (2005), S. 15.

[154] Damit sind auch Existenzgründer, die in ihrer Laufbahn mehrfach gegründet haben, eingeschlossen.

[155] Der Erfolg neu gegründeter Unternehmen ist schwierig zu definieren. Das Bestehen der Unternehmen kann insbesondere deshalb als Erfolg deklariert werden, da ca. 40 bis 50 Prozent aller Neugründungen die ersten fünf Jahre am Markt nicht überstehen, vgl. Lang-Von Wins (2004), S. 123; Plattner (2000), S. 24; Preisendörfer (1999); Mata/Portugal (1994), S. 228. Storey (1994) weist diese für Großbritannien und USA aus. Diese Daten werden jedoch häufig durch die Anmeldung sogenannter „Scheinfirmen" verfälscht.

genügend Urteils-, Prognose- und Managementfähigkeiten sowie Selbstvertrauen verfügen muss, um sich im Markt durchzusetzen.[156] Rauch und Frese (2000) weisen dem Existenzgründer insbesondere die Fähigkeit zu, Situationen gut einschätzen zu können.[157] Eigenschaften und Verhaltensweisen, die einem Existenzgründer in der Literatur zugewiesen werden, sind u. a. das Erkennen, Schaffen und Ausnutzen von Arbitragemöglichkeiten am Markt, Kreativität, Innovationskraft, Zielstrebigkeit, Übernahme kalkulierbarer Risiken, Unabhängigkeitsdrang, eine hohe Leistungsorientierung sowie Netzwerkfähigkeiten.[158]

Bezieht man diese Eigenschaften auf die der Unternehmerdefinition zugrunde liegenden Unternehmerfunktionen, kann festgehalten werden, dass der Existenzgründer Handlungen durchführt, um Arbitrage zu erzielen sowie seine Unternehmensidee umzusetzen und in den Markt einzuführen. Des Weiteren muss er sämtliche Ressourcen zunächst beschaffen und dann koordinieren. Dazu zählen die Gewinnung und Bindung von Mitarbeitern sowie die Schaffung geeigneter organisatorischer Rahmenbedingungen für diese Mitarbeiter. Er übernimmt mit seiner Gründungsentscheidung ein hohes finanzielles Risiko, da er sich zum einen der Gefahr des Scheiterns und damit ggf. dem Verlust seines Startkapitals ausgesetzt sieht und zum anderen gerade in der Gründungsphase oftmals einen großen Teil seines Privatlebens „opfert".

Somit kann unter einem Gründer im Rahmen dieser Arbeit eine Person verstanden werden, die

- in der Lage ist, neue Gewinnquellen am Markt zu identifizieren und damit Arbitragegewinne zu erzielen, um eine Unternehmung neu zu gründen,

- interne Ressourcen aufbauen, die geschaffenen Ressourcen koordinieren und geeignete Organisationsstrukturen schaffen kann,

- sich dazu bereiterklärt, Risiken (Einkommensunsicherheiten) einzugehen und Verantwortung für sich und ggf. andere zu übernehmen, um so eine Unternehmung zu begründen.[159]

Sind diese drei Funktionen im Rahmen der Gründung einer neuen Unternehmung erfüllt, kann von einem Existenzgründer gesprochen werden. Nimmt der Existenzgründer die Funktionen schlecht oder nur teilweise wahr, wird es ihm nicht gelingen, auf

---

[156] Vgl. Knight (1921). Die von Knight an dieser Stelle den Entrepreneuren (im Englischen) zugewiesenen Eigenschaften lassen sich eindeutig auf Existenzgründer übertragen.

[157] Vgl. Rauch/Frese (2000), S. 13.

[158] Vgl. Shane/Locke/Collins (2003); Faltin (2001), S. 123ff.; Bell et al. (2004), S. 109ff.; Ibrahim/Soufani (2002), S. 422ff.; McClelland (1961). Eine Vielzahl von Autoren hat verschiedene Eigenschaften und Charakterzüge eines Existenzgründers beleuchtet und analysiert (Traits School), so dass an dieser Stelle nur einige bedeutsame Vertreter stellvertretend genannt seien. Erwähnenswert ist jedoch der Artikel von Gartner, welcher den Ansatz der Trait School kritisiert und den Existenzgründern stattdessen Verhaltensweisen zuordnet, vgl. Gartner (1985), S. 696ff.

[159] An dieser Stelle wird auf die allgemeine Unternehmerdefinition in Abschnitt 2.4 zurückgegriffen und diese auf die Existenzgründer spezifiziert.

Dauer Kernkompetenzen für sein Unternehmen zu entwickeln, so dass er sich langfristig nicht erfolgreich am Markt positionieren kann.

2.4.4 Ableitung einer Unternehmensnachfolgerdefinition

Dass auch die Unternehmensnachfolge ein Teilaspekt der Entrepreneurship Eduaction ist, wird in der Literatur selten erwähnt. Die Forschungs- und Arbeitsgebiete des ersten deutschen Lehrstuhls für Allgemeine Betriebswirtschaftslehre umfassen Gründungsmanagement und Entrepreneurship sowie den Bereich des Family Business.[160] Die gemeinsame Betrachtung von Gründern und Übernehmern strebt auch Kailer (2002) an, der die Lernquellen und Hauptinformationspartner von beiden beschreibt und miteinander vergleicht.[161]

In welchem Maße verschiedene Personen überhaupt Unternehmerfunktionen wahrnehmen, wurde von Paul und Horsch (2005) thematisiert.[162] Der Nachfolgeprozess aus Perspektive des Unternehmerfunktionsansatzes wurde von Freiling und Gersch (2007) betrachtet.[163] Sie analysieren die Übernahme der drei Unternehmerfunktionen nach Schneider (1997) durch den Nachfolger im Rahmen des Nachfolgeprozesses. Dabei wird die institutionsbegründende Unternehmerfunktion der Übernahme von Einkommensunsicherheiten aus ihrer Sicht bei der Nachfolge unmittelbar ersichtlich. Der übergebende Eigentümer-Unternehmer entledigt sich im Übergabeprozess der übernommenen Einkommensunsicherheiten und übergibt diese an den Nachfolger. Ein Übergabeprozess bedeutet sowohl für Nachfolger und Übergeber als auch für die beschäftigten Mitarbeiter erhöhten Koordinationsbedarf und Unsicherheit. Die Institutionserhaltung gegenüber der Außenwelt, welche bei Schneider (1997) über die Arbitragefunktion abgebildet wird, stellt sich im Rahmen des Nachfolgeprozesses ebenfalls als dispositive Herausforderung dar. Damit wird dem Umstand Rechnung getragen, dass im Zuge der Unternehmensnachfolge oder zur besseren Vorbereitung sogar schon vor dem Übergabeprozess angestrebt wird, die Arbeit im Unternehmen dispositiv zu teilen, indem Unternehmerfunktionen teilweise auf leitende Mitarbeiter übertragen werden. Dies ermöglicht dem Nachfolger einen leichteren Einstieg in das Unternehmen und verhindert das Auftreten eines dispositiven Vakuums.[164] Um die Potenziale des zu übergebenden Unternehmens aus Sicht des Nachfolgers nutzen zu können, bedarf es erheblicher Umstrukturierungen und Veränderungen. Darüber hinaus setzt das Ausnutzen von Arbitragemöglichkeiten voraus, dass sich zwei Parteien einigen,

---

[160] Vgl. Klandt/Knecht (1999), S. 87. Dabei liegt der Schwerpunkt des Entrepreneurship hier deutlich auf der Existenzgründung, aber die Unternehmensnachfolge wird als Teilbereich anerkannt.
[161] Vgl. Kailer (2002), S. 205.
[162] Vgl. Paul/Horsch (2005), S. 145.
[163] Vgl. Freiling/Gersch (2007).
[164] Vgl. Freiling/Gersch (2007), S. 144. Unter dem Begriff des dispotiven Vakuums definieren die Autoren eine zeitweise Nicht-Erfüllung einzelner Unternehmerfunktionen während des Übergabeprozesses.

wodurch die Bedeutsamkeit der Kontakte des Übergebers zu Kunden, Lieferanten und anderen externen Anspruchsgruppen sowie seine Bereitschaft, diese zu übertragen, deutlich werden. Dieser Problematik widmen sich auch Letmathe und Hill (2006) bei der Betrachtung von vier Strukturbrüchen[165] der Unternehmensnachfolge. Das genannte Problemfeld wird von ihnen als Marktfalle beschrieben.[166] Das Erhalten von Institutionen im Innenverhältnis beschreibt Schneider (1997) als das Durchsetzen von Änderungen innerhalb der Unternehmung. Auch hier stellt die Nachfolge in Bezug auf die Intensität und den Umfang der Änderungen eine Sondersituation dar. Dies wird von Letmathe und Hill (2006) als Führungsstil- und Organisationsfalle beschrieben.[167] Die Nachfolge stellt aus Sicht von Freiling und Gersch (2007) eine grundlegende Neuordnung und Koordination der unternehmensinternen Ressourcen dar und legt somit den Grundstein für eine organisationale Neuentwicklung.[168] Dieser Ansatz stimmt mit den hier zuvor definierten Unternehmerfunktionen überein und erleichtert somit die Ableitung einer Nachfolgerdefinition als Unternehmertyp.

Auf den vorstehenden Ausführungen aufbauend, wird in dieser Arbeit unter einem Unternehmensnachfolger eine Person verstanden, die

- in der Lage ist, sowohl Arbitragegewinne bei bestehenden als auch bei neuen potenziellen Kunden zu generieren,

- die vorhandenen Ressourcen in einem Unternehmen koordinieren und ggf. die bestehenden Organisationsstrukturen an seine Bedürfnisse anpassen kann,

- bereit ist, Risiken in Form von Einkommensunsicherheiten für die beschäftigten Mitarbeiter zu übernehmen und die bestehende Institution zu erhalten und ggf. anzupassen.[169]

Werden diese drei Funktionen im Rahmen des Übergabeprozesses einer Unternehmung von einer Person erfüllt, kann von einem Unternehmensnachfolger gesprochen werden. Nimmt der Nachfolger die Funktionen schlecht oder nur teilweise wahr, wird es ihm nicht gelingen, die bestehenden Kernkompetenzen des Unternehmens zu erhalten oder neue zu entwickeln, so dass das Unternehmen langfristig am Markt nicht erfolgreich agieren wird.

---

[165] Als Strukturbruch wird nach Letmathe/Hill (2006), S. 1123, „jeder (hier: unternehmensbezogene) Sachverhalt (…), der den Erfolg der Unternehmensnachfolge negativ beeinträchtigt", definiert.

[166] Vgl. Letmathe/Hill (2006), S. 1128.

[167] Vgl. Letmathe/Hill (2006), S. 1126f. Erweitert man diese Betrachtung um die notwendige Erneuerung veralteter Maschinen und andere Unternehmensressourcen, so kann an dieser Stelle auch auf die Modernisierungsfalle nach Letmathe und Hill eingegangen werden.

[168] Vgl. Freiling/Gersch (2007), S. 141ff.

[169] An dieser Stelle wird auf die allgemeine Unternehmerdefinition in Abschnitt 2.4 zurückgegriffen und diese auf die Unternehmensnachfolger spezifiziert.

2.4.5 Ableitung einer Intrapreneurdefinition

Schneider (1995) koppelt die Ausübung von Unternehmerfunktionen nicht an eine einzelne Person wie den Unternehmer selbst, sondern beschreibt auch das Ausüben dieser Funktionen durch Arbeitnehmer.[170] Dadurch können somit auch Mitarbeiter in Unternehmen Unternehmerfunktionen ausüben.

Pinchot (1985) etablierte den Begriff des Intrapreneurs in der Managementlehre, indem er unternehmerische Kompetenzen bei angestellten Mitarbeitern identifizierte.[171] Dem Intrapreneur stellt Wunderer (1997) den Mitunternehmer entgegen, der seiner Ansicht nach weniger Innovationen im Unternehmen umsetzt sowie selbstständig handelt, dafür von ihm jedoch als wesentlich integrativer und kooperativer beschrieben wird.[172] Beide Begrifflichkeiten werden in dieser Arbeit jedoch synonym verwendet.

Intrapreneurship wird von Antoncic und Hisrich (2001) als Entrepreneurship in bestehenden Organisationen beschrieben.[173] Dabei wird das Intrapreneurship anhand von vier verschiedenen Dimensionen erklärt, welche den Unternehmerfunktionen nach Schneider (1997) ähneln. Dabei führen Antoncic und Hisrich (2001) diese Dimensionen jeweils auf eine Vielzahl älterer Forschungsarbeiten zurück.[174] Die erste Dimension beschreibt das Wagnis innerhalb der bestehenden Unternehmung, ein neues Geschäft einzugehen oder zu gründen.[175] Bei dieser ersten Dimension ergeben sich Parallelen zu Schneiders (1997) Arbitragefunktion. Die zweite Dimension umfasst die Innovation von Produkten und Dienstleistungen insbesondere durch technologische Innovationen.[176] Die dritte Dimension beschreibt die Fähigkeit zur Selbsterneu-

---

[170] Vgl. Schneider (1995), S. 470ff.

[171] Vgl. Pinchot (1985), S. 21.

[172] Vgl. Wunderer (1997), S. 110f.

[173] Vgl. Antoncic/Hisrich (2001), S. 495. Stevenson/Jarillo (1990) sehen Intrapreneure als Mitarbeiter in Unternehmen an, die neue Möglichkeiten verfolgen und dabei über ihren eigenen Einflussbereich hinaus wirken. Vesper (1990) beschreibt damit Personen, die bekannte Wege verlassen, um neue Möglichkeiten zu finden. Hisrich/Peters (1998) verstehen unter Intrapreneurship den unternehmerischen Geist in einem bestehenden Unternehmen.

[174] Vgl. Antoncic/Hisrich (2001), S. 495. Nachfolgend orientiert sich die Darstellung der vier Dimensionen an der Arbeit von Antoncic und Hisrich, und es werden die dort verwendeten Literaturangaben verwendet.

[175] Vgl. die Gründung in einer bestehenden Organisation (Stopford/Baden-Fuller (1994)), die Neudefinition von Produkten und Dienstleistungen (Zahra (1991)), die Entwicklung neuer Märkte (Zahra (1991)), die Gestaltung neuer Unternehmenseinheiten oder -sparten (Schollhammer (1982)), interne Risikoübernahme (Hisrich/Peters (1984)), Corporate Start-ups (MacMillan/Block/Narasimha (1984)), autonome Gründung neuer Business Units (Vesper (1984)).

[176] Vgl. Schollhammer (1982). Er versteht darunter sowohl die Entwicklung neuer Produkte, Produktweiterentwicklungen, neue Produktionsmethoden und -verfahren. Dahingegen verweisen Covin und Slevin (1991) auf die Häufigkeit der Innovationsentwicklung sowie auf die Tendenz zur Technologieführerschaft in dem jeweiligen Marktsegment einer Unternehmung. Ähnliche Ansätze finden sich des Weiteren bei Knight (1997) und Zahra (1993). An dieser Stelle kann auch auf die Innovationsfunktion nach Schumpeter (1934) verwiesen werden, welche jedoch in dieser Arbeit aus bereits genannten Gründen nicht für eine Definition in Betracht kommt.

erung.[177] Diese Dimension entspricht weitestgehend Schneiders (1997) zweiter Funktion, welche darin besteht, die internen Ressourcen zu koordinieren und geeignete Organisationsstrukturen dafür zu schaffen. Die vierte und letzte Dimension nach Antoncic und Hisrich (2001) ist die Eigenständigkeit.[178] Diese Dimension entspricht im weiteren Sinne der Übernahme von Verantwortung und Risiken und somit der dritten Unternehmerfunktion nach Schneider (1997). Insgesamt sind damit die beschriebenen Unternehmerfunktionen auch im Bereich des Intrapreneurship anwendbar und entsprechen weitestgehend den vier Dimensionen nach Antoncic und Hisrich (2001).[179]

Unter einem Intrapreneur kann eine Person verstanden werden, die

- für das Unternehmen, in dem sie als Arbeitnehmer beschäftigt ist, Gewinnquellen am Markt identifizieren kann und damit Arbitragegewinne erzielt,

- imstande ist, die in seiner Verantwortung stehenden Ressourcen zu koordinieren, zu kombinieren und ggf. in seinem Tätigkeitsbereich neue Organisationsstrukturen zu schaffen,

- zwar kein finanzielles Risiko übernimmt, dafür aber organisatorische oder personelle Verantwortung trägt, die über ihren eigenen Arbeitsplatz hinaus im Unternehmen bedeutsam ist und institutionserhaltend wirkt.[180]

Werden diese drei Funktionen von einem Arbeitnehmer erfüllt, kann von einem Intrapreneur gesprochen werden. Nimmt der Mitunternehmer die Funktionen schlecht oder nur teilweise wahr, wird in diesem Fall nicht von einem Intrapreneur gesprochen.

Auf die Analyse der Anforderungen von Intrapreneuren wird im weiteren Verlauf der Arbeit verzichtet, da die Unterscheidung zwischen Arbeitnehmer und Mitunternehmer nicht eindeutig getroffen werden kann und unternehmensübergreifende Vergleiche aus Perspektive der Geschäftsführung der Unternehmen angestrebt werden müssten. Eine empirische Überprüfung wäre somit schon aufgrund der subjektiven Einschätzungen der Unternehmensleitungen, wer als Intrapreneur zu bezeichnen ist, verfälscht. Weiterhin muss festgehalten werden, dass aus politischer Sicht die Entrepreneurship Education als Maßnahme gesehen wird, um insbesondere Gründungen und Nachfolgen in

---

[177] Vgl. die Erneuerung von Organisationen durch Veränderung ihrer Grundideen und Konzepte (Zahra (1991)). Des Weiteren werden die Neudefinition des Unternehmenskonzepts, Reorganisationen oder die Strukturveränderung zur Förderung von Innovationen (Zahra (1993)), eine neue Strategieausrichtung (Vesper (1984)), kontinuierliche Verbesserungsprozesse (Muzyka et al. (1995)) sowie die Erneuerung bestehender Organisationen (Stopford/Baden-Fuller (1994)) als Beispiele bereits in der Literatur genannt.

[178] Vgl. Diese Eigenständigkeit kann sich laut bestehenden Literaturquellen unterschiedlich darstellen, z. B. durch eine aggressive Haltung gegenüber Wettbewerbern (Knight (1997)), durch die Durchführung von Experimenten und die Übernahme dieser Risiken (Stopford/Baden-Fuller (1994)), durch das Zeigen von Initiative (Lumpkin/Dess (1996)), durch die hartnäckige Weiterverfolgung von neuen Möglichkeiten (Covin/Slevin (1991)), durch die Marktstellung oder eine Produktneueinführung (Covin/Slevin (1986), S. 631) oder auch letztlich durch Risikoübernahme und Entscheidungsfindung von einzelnen Mitarbeitern (Miles/Snow (1978)).

[179] Vgl. Remmele/Schmette/Seeber (2007), S. 50; Antoncic/Hisrich (2001), S. 497ff.

[180] An dieser Stelle wird auf die allgemeine Unternehmerdefinition in Abschnitt 2.4 zurückgegriffen und diese auf die Intrapreneure spezifiziert.

einer Region zu fördern und positive Beschäftigungseffekte zu erzielen.[181] Die gezielte Ausbildung von Intrapreneuren stellt hingegen selten ein spezifisches Ziel der Unternehmerausbildung an Hochschulen dar. Aus diesem Grund fokussiert sich die Arbeit nachfolgend ausschließlich auf Existenzgründer und Unternehmensnachfolger.

---

[181] Vgl. De (2005), S. 26; Kaiser/Wallau (2003); Schaller (2001), S. 3; Weißhuhn/Wichmann (2000), S. 102.

3 Entrepreneurship Education

3.1 Historische Entwicklung der Entrepreneurship Education

Entrepreneurship Education ist eine verhältnismäßig junge wissenschaftliche Disziplin. In den USA hat sich die Entrepreneurship-Forschung schneller verbreitet als in anderen Ländern.[182] Die erste Lehrveranstaltung zu diesem Thema fand 1947 an einer amerikanischen Hochschule statt.[183] In den 1960er-Jahren begründete sich die Entrepreneurship Education als Forschungsfeld zunächst in den USA und später auch weltweit.[184] In den 1970er-Jahren gewann die Entrepreneurship Education erst an einzelnen Universitäten und kurz darauf insgesamt in den USA schnell an Bedeutung.[185]

Weltweit zeichnet sich auch in anderen Ländern eine ähnliche Entwicklung seit den 1960er-Jahren ab.[186] Die meisten Entrepreneurship Education-Programme in Europa sind nicht älter als 15 Jahre. Dies verdeutlicht den zuletzt zunehmend großen Zuwachs auch außerhalb der USA.[187]

Im Jahre 2003 ließ sich folgende Verteilung von Lehrstühlen in den USA sowie weltweit feststellen: In den USA stieg die Zahl der Lehrstühle, die sich diesem Themengebiet widmen, von 97 im Jahre 1991 auf 406 nur zwölf Jahre später. In der restlichen Welt konnten 1991 lediglich vier Professuren gezählt werden; diese konnten bis 2003 auf immerhin 158 Professuren gesteigert werden. Insgesamt belief sich die Zahl der Lehrstühle im Jahr 2003 auf weltweit 564.[188] Tabelle 5 verdeutlicht die Wachstumsraten der Entrepreneurship-Lehrstühle.

---

[182] Vgl. Hannon (2005), S. 106. Fayolle (2005) beschreibt die USA sogar als Führer und Bahnbrecher (vgl. Fayolle (2005), S. 89); Klandt/Knecht (1999), S. 89.

[183] Vgl. Katz (2003), S. 282. McMullan/Long (1987), S. 261, datieren die erste Veranstaltung zum Entrepreneurship in den USA hingegen auf das Jahr 1958 und beschreiben ihrerseits, dass der erste Entrepreneurship-Kurs bereits 1938 an der Kobe Universität in Japan gehalten wurde. Dies wird zudem von Bell et al. (2004), S. 109, in einem anderen Aufsatz bestätigt.

[184] Vgl. Vesper (1985), S. 489. Auch Kuratko (2003) beschreibt die schnelle Verbreitung der Entrepreneurship Education in den 1960er-Jahren mit seitdem steigenden Wachstumsraten. Ebenso Fayolle (2005), S. 89.

[185] Vgl. Fayolle (2005), S. 89f. Er merkt an, dass 1971 nur 16 verschiedene Colleges und Universitäten Entrepreneurship-Kurse anboten, während es im Jahr 2005 über 800 verschiedene Programme in den USA gab. Des Weiteren wird von Bell et al. (2004), S. 109, erneut das rapide Wachstum der Anzahl der Kurse in den 1970er- und 1980er-Jahren betont. Vesper (1985), S. 489, beschreibt, dass es 1985 über 250 Schulen gab, die Entrepreneurship Education-Programme anboten.

[186] Vgl. Vesper/Gartner (1999) sowie Kuratko (2003). Vgl. hierzu z. B. die Entwicklung der Entrepreneurship Forschung in der UK, welche von Blackburn/Smallbone (2008), S. 268ff., auf die frühern 1970er-Jahre datiert wurde.

[187] Vgl. Katz (2003), S. 290. Vgl. den Wachstum der Entrepreneurship Education Programme in Australien, Brasilien, Malaysia, Singapur und Großbritannien, wie er bei Bell et al. (2004), S. 109, beschrieben wird. Hannon (2005), S. 106 und (2006), S. 296, erläutert für Großbritannien weiterhin, dass die Disziplin hier länger brauchte, um akzeptiert zu werden und somit erst in den 1980er-Jahren an Hochschulen eingeführt werden konnte. Siehe auch Hannan/Leitch/Hazlett (2006), S. 401. Johannisson/Landström/Rosenberg (1998), S. 477, beschreiben die Bedeutungszunahme und das Wachstum der Entrepreneurship Education-Programme für Schweden. Vgl. ebenfalls Sexton et al. (1997) und Gibb (1993), S. 11, die die rasante Entwicklung der Entrepreneurship Education in den vergangenen Jahrzehnten bzw. in den 1990er-Jahren weltweit beschreiben.

[188] Vgl. Hisrich (2006), S. 8.

© Springer Fachmedien Wiesbaden GmbH, ein Teil von Springer Nature 2011
N. Uebe-Emden, *Entrepreneurship Education an Hochschulen für Gründer und Nachfolger*, Edition KWV, https://doi.org/10.1007/978-3-658-24358-6_3

	1991	1999	2003
USA	97	237 (244 % Wachstum)	406 (170 % Wachstum)
Restliche Welt	4	34 (850 % Wachstum)	158 (465 % Wachstum)
Weltweit	101	271 (268 % Wachstum)	564 (208 % Wachstum)

Tabelle 5: Zunahme der Entrepreneurship-Lehrstühle[189]

In Deutschland erfuhr die Entrepreneurship Education ebenfalls ein starkes Wachstum, da auch hier neue Entrepreneurship-Programme und Lehrstühle eingeführt wurden.[190] Doch wie in den USA fällt eine eindeutige Identifikation der ersten Lehrveranstaltungen sowie -inhalte zu diesem Thema schwer, da es keine Aufzeichnungen in der Literatur darüber gibt und die Inhalte teilweise auch in Vorlesungen der allgemeinen Betriebswirtschaftslehre Einzug fanden.[191] Nachfolgend werden die ersten Phasen der Entrepreneurship Education in Deutschland mit ihren wichtigsten Entwicklungspfaden wird nachfolgend skizziert.

Die Anfänge dieser wissenschaftlichen Disziplin wurden Mitte der 1970er-Jahre an den Universitäten Köln und Stuttgart initiiert, wo erste Lehrveranstaltungen zur Gründungsthematik abgehalten wurden.[192] 1985 wurde das Planspiel EVa entwickelt, welches in den Folgejahren zum ersten Mal bei Studierenden eingesetzt wurde.[193] Zur selben Zeit wurde das betriebswirtschaftliche Institut für empirische Gründungs- und Organisationsforschung e.V. (bifego) an der Universität Dortmund ins Leben gerufen, welches auch Angebote zur universitären Lehre in den 1980er-Jahren beisteuerte. So wurde ab 1985 eine Übung zur Gründungsplanung an der Universität Dortmund angeboten, in der Studierende in Gruppenarbeiten Businesspläne zu spezifischen Gründungsideen erstellen mussten.[194] Im selben Jahr wurde in Berlin neben der Universität eine eigenständige Projektwerkstatt gegründet, die dort als Plattform für die Verwirklichung von unternehmerischen Ideen errichtet wurde. Aus dieser Projektwerkstatt entstand unter anderem die Teekampagne, welche eine einzige Teesorte, den Darjeeling-Tee, in großen Verpackungsmengen mittlerweile an mehr als 170.000 Kunden verkauft. Sie ist bis heute eines der erfolgreichsten Beispiele dafür, wie universitäres Wissen in eine unternehmerische Praxis umgesetzt werden kann. Zwei Jahre später wurde in Deutschland der Förderkreis Gründungsforschung (FGF) etabliert, welcher sich der

---

[189] Vgl. Hisrich (2006), S. 8.
[190] Vgl. Klandt/Koch/Knaup (2005), S. 5.
[191] Vgl. Uebelacker (2005), S. 101.
[192] Vgl. Wöllner (1991), S. 473.
[193] Vgl. Klandt (1993); Szyperski/Klandt (1990); Klandt (1994), S. 102. Im Projektbereich Gründungsforschung der Universität Köln wurde 1986 bis 1988 im Rahmen eines DFG-Projektes die Basisversion des Planspieles EVa zur Simulation der Gründungs- und Frühentwicklungsphase einer Unternehmung entwickelt. Dieses Planspiel wurde anschließend im Rahmen von mehr als 80 Planspielveranstaltungen mit über 1.000 Teilnehmern eingesetzt wurde.
[194] Vgl. Wöllner (1991), S. 473.

Förderung von Forschung und Lehre sowie dem Transfer des Forschungsbereichs verschrieben hat.[195]

In den 1990er-Jahren fanden die Angebote zur Gründungsausbildung eine stärkere Verbreitung an den Hochschulen.[196] Sie sind jedoch mehrheitlich auf die Initiative von einzelnen Hochschullehrern zurückzuführen. Zu Beginn der 1990er-Jahre verfügten lediglich 16 Prozent aller wirtschaftswissenschaftlichen Fachbereiche an deutschen Hochschulen über punktuelle Lehrangebote zum Thema Entrepreneurship.[197] 1991 untersuchten Weihe et al. die Verbreitung der Kurse an deutschen Hochschulen. Sie identifizierten zum einen sieben Fachhochschulen, die ein regelmäßiges Angebot aufweisen, und ermittelten, dass 84 Prozent der wirtschaftwissenschaftlichen Fachbereiche noch keine Veranstaltungen anbieten.[198] Eine weitere, umfassende Untersuchung des Bundesministeriums für Bildung, Wissenschaft, Forschung und Technologie (BMBF) wurde im Jahre 1996 durchgeführt, in der insgesamt 106 Veranstaltungen zur Gründungsforschung von 92 verschiedenen Anbietern an deutschen Hochschulen ausfindig gemacht wurden. 60 dieser Veranstaltungen hatten zu diesem Zeitpunkt einen curricularen Charakter und fanden somit wiederholt statt.[199] In einer weiteren Studie drei Jahre später konnte bereits ein Anstieg der Anzahl der Veranstaltungen auf insgesamt 130 in Deutschland festgestellt werden.[200]

Erste Versuche der Besetzung einer Professur zum Thema Entrepreneurship verliefen an den Universitäten Dortmund, Köln und Mannheim zunächst erfolglos. Letztlich war es die European Business School, die 1997 eine Professur ausschrieb und ein Jahr später auch erfolgreich besetzen konnte.[201] In den späten 1990er-Jahren wurden etwa 24 weitere Entrepreneurship-Lehrstühle in Deutschland eingerichtet.[202] In denselben Zeitraum fiel die Ausschreibung des Ideenwettbewerbs „EXIST – Existenzgründer aus Hochschulen" des BMBF im Jahr 1997. Das Programm sollte eine Kultur der unternehmerischen Selbstständigkeit an deutschen Hochschulen etablieren, wissenschaftliche Forschungsergebnisse in eine wirtschaftliche Wertschöpfung übertragen, Grün-

---

[195] Vgl. FGF (2003). Die Gründungsmitglieder waren damals zehn im Bereich der Gründungsforschung engagierte Forscher. Der Verein beschäftigt sich mit der Einrichtung und Verbreitung von Professuren im Bereich Entrepreneurship sowie Gründungsmanagement, Entwicklung und Pflege der Literaturdatenbank ELIDA, Organisation von Konferenzen, Publikation wissenschaftlicher Literatur sowie der Bereitstellung einer Internetplattform. Seit 1999 wird eine jährliche Veröffentlichung zur Gründungsausbildung und -forschung durch die FGF herausgebracht, der sogenannte FGF-Report.

[196] Vgl. Klapper (2004), S. 129.

[197] Vgl. Weihe et al. (1991), S. 59.

[198] Vgl. Weihe et al. (1991), S. 56ff. Zu den sieben Fachhochschulen gehörten die FH Augsburg, FH Frankfurt, FH Gießen, FH Heilbronn, FH Köln, FH Nordostniedersachsen und FH Osnabrück.

[199] Vgl. Schulte/Klandt (1996), S. 27.

[200] Vgl. Krantz/Lilischkis/Wessels (2000), S. 34ff.

[201] Vgl. Uebelacker (2005), S. 103; anders bei Schmette (2007), S. 68, welche angibt, dass der erste Gründungslehrstuhl 1997 eingerichtet wurde.

[202] Vgl. Katz (2003), S. 294.

dungspotenzial und -persönlichkeiten fördern sowie die Anzahl der innovativen Unternehmensgründungen aus Hochschulen steigern.[203]

Seit dem Jahr 2001 erscheint in Deutschland das Hochschulranking „Vom Student zum Unternehmer: Welche Universität bietet die besten Chancen?", in dem die Umsetzung der Entrepreneurship-Thematik an 78 Universitäten in Deutschland anhand eines Katalogs von 47 Kriterien aus acht verschiedenen Themenfeldern eingestuft wird.[204]

Eine weitere Studie aus dem Jahre 2004 gibt die Anzahl der Gründungslehrstühle in Deutschland mit 42 Institutionen an.[205] Neuere Studien aus dem Jahr 2007 berichten, dass deutschlandweit derzeit 64 Entrepreneurship-Lehrstühle (inklusive 34 Fachhochschul-Lehrstühlen) existieren. 2008 hat sich diese Zahl nach dem aktuellen FGF-Report auf 87 Lehrstühle erhöht.[206] Weitere 46 Lehrstühle lassen sich thematisch noch dem Entrepreneurship zuordnen.[207] Im Vergleich zu Deutschland gibt es in den USA ca. 400 Professuren in diesem Themenfeld. Dieses umfasst im Wesentlichen Entrepreneurship, Small Business, Free Enterprise, Family Business etc.[208] Weltweit zählt Hisrich (2006) über 2.200 Entrepreneurship-Kurse an über 1.600 Hochschulen.[209] Auf der Homepage des FGF in Deutschland werden 2009 76 bestehende Lehrstühle und zehn weitere in Planung ausgewiesen.[210] Einen Überblick über die Besetzung von Entrepreneurship-Professuren und die Ausschreibung neuer Professuren im Zeitablauf bietet der FGF-Report 2008, der die dynamische Zunahme von Entrepreneurship-Lehrstühlen in Deutschland seit dem Jahr 1998 abbildet. Abbildung 5 gibt den Verlauf sowohl in Summe als auch unterschieden nach Fachhochschulen und Universitäten wieder.

Bei der wissenschaftlichen Ausrichtung der Lehrstühle besteht in Deutschland, ähnlich wie in den USA, ein Schwerpunkt bei den wirtschaftswissenschaftlichen Fakultäten. So stellen Schmude und Uebelacker (2002) fest, dass von den 23 befragten Lehrstühlen 19 den Wirtschaftswissenschaften zugeordnet sind. Unabhängig von der tatsächlichen Platzierung wird jedoch eine interdisziplinäre Ausrichtung der Lehrstühle empfohlen.[211]

Neben dem Wachstum der Lehrstühle ist es für die Verbreitung der Entrepreneurship Education wichtig, die Entwicklung der Forschungsinstitute im genannten Themenbereich nachzuvollziehen. Sandberg und Gatewood analysieren 1991 insgesamt 33 von damals 39 über die Forschungsbeiträge identifizierte Instituten aus den USA, Kanada

---

[203] Vgl. BMBF (1998), S. 6.
[204] Vgl. Schmude/Uebelacker (2001). Aufgrund des großen Interesses wird die Studie seither alle zwei Jahre wiederholt, vgl. Schmude/Uebelacker (2003); Schmude/Uebelacker (2005); Schmude/Heumann (2007); Schmude/Heumann/Wagner (2009).
[205] Vgl. Klandt /Koch/Knaup (2005).
[206] Vgl. Klandt et al. (2008).
[207] Vgl. Achleitner et al. (2007).
[208] Vgl. Schmette (2007), S. 69.
[209] Vgl. Hisrich (2006), S. 8.
[210] Vgl. FGF (2003).
[211] Vgl. Schmude/Uebelacker (2002), S. 7, sowie S. 44.

sowie Großbritannien. Die Autoren beschreiben weiterhin das aus damaliger Sicht verhältnismäßig kurze Bestehen dieser Institute.[212] Katz (2003) erwähnt in seinem Artikel bereits über 100 Forschungszentren allein in den USA, so dass auch bezüglich der Forschungsinstitute ein starkes Wachstum verzeichnet werden kann.[213]

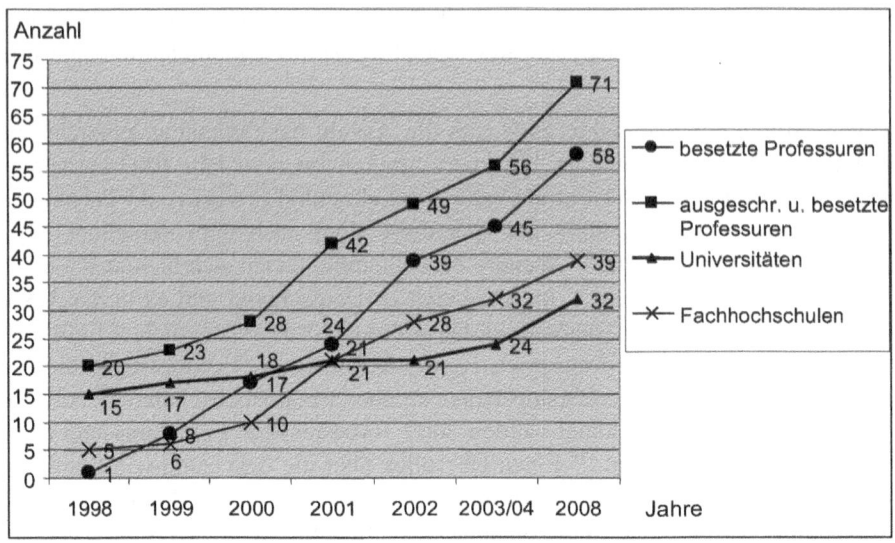

Abbildung 5: Entwicklung der Entrepreneurship-Professuren in Deutschland[214]

In den vergangenen Jahren nahm die Zahl der Forschungsinstitute in Deutschland zu. Uebelacker beschreibt 2004 die Tendenz, dass sich Gründungslehrstühle vermehrt zu Entrepreneurship-Zentren umstrukturieren. Des Weiteren ist zu beobachten, dass sich diese neu gebildeten Zentren stärker interdisziplinär aufstellen.[215] Laut Entrepreneurship-Map der FGF lassen sich in Deutschland 2010 insgesamt 87 bereits besetzte oder ausgeschriebene Lehrstühle nachweisen, die sich schwerpunktmäßig mit Entrepreneurship beschäftigen.[216]

Das erste Fachjournal, dessen Beiträge zum Thema Entrepreneurship begutachtet wurden, ist das Journal of Small Business Management, das im Jahr 1963 in den USA herausgebracht wurde.[217] Weitere Fachzeitschriften folgten in den 1980er-Jahren. Sie boten die wesentliche Basis für eine wissenschaftliche Diskussion.[218] Derzeit werden mehr als 40 verschiedene englischsprachige Fachzeitschriften herausgegeben.[219] Im

---

[212] Vgl. Sandberg/Gatewood (1991), S. 12. Die Autoren beschreiben darüber hinaus die generelle Tendenz zur Steigerung der Anzahl der Forschungsinstitute.
[213] Vgl. Katz (2003), S. 284.
[214] Vgl Klandt/Heil (2001), S. 23.
[215] Vgl. Uebelacker (2005), S. 110.
[216] Vgl. FGF (2010).
[217] Vgl. Katz (2003), S. 287, oder auch Uebelacker (2005), S. 87.
[218] Vgl. Greene/Katz/Johannisson (2004) sowie Hannon (2005), S. 106.
[219] Vgl. Katz (2003), S. 284.

aktuellen VHB-Ranking (VHB-Jourqual 2) werden 29 Zeitschriften im Teilranking Entrepreneurship aufgeführt. Darin ist das Journal „Zeitschrift für KMU & Entrepreneurship" als einzige deutschsprachige Zeitschrift enthalten.[220] Gleichzeitig verbessern sich die Angebote bezüglich der Förderung von Existenzgründungen und Spin-offs. Ergänzt wird das Angebot der universitären Gründungsförderung durch beratende Initiativen wie Gründungsstammtische, Businessplanwettbewerbe, Gründungsberatungen, Workshopreihen zum Thema Gründung, etc.[221]

3.2 Einordnung und Begriffsabgrenzung des Forschungsfelds Entrepreneurship Education

Auch für den Begriff Entrepreneurship Education wird eine Vielzahl von Definitionsansätzen angeführt.[222] Dabei setzen viele Definitionen die Entrepreneurship Education mit der Gründungsausbildung gleich. Als Beispiel für diese gleichartige Verwendung der Begrifflichkeiten wird folgende Definition nach Uebelacker (2005) gegeben:

„Gründungsausbildung (Entrepreneurship Education) umfasst alle didaktischen Anstrengungen vorwiegend ideeller Natur, welche die jeweils angesprochene Zielgruppe für eine potenzielle selbstständige Tätigkeit als Alternative zur abhängigen Beschäftigung sensibilisieren und gezielt auf den Erwerb von spezifischen Kenntnissen und Fähigkeiten in gründungsrelevanten Handlungs- und Entscheidungsfeldern ausgerichtet sind."[223]

Inhaltlich ordnet Uebelacker (2005) die Entrepreneurship Education in die Gründungsförderung[224] ein, da die Ausbildung von potenziellen Unternehmensgründern nur einen Teilbereich aller Maßnahmen zur Förderung von Unternehmensgründungen darstellt.

---

[220] Vgl. Schrader/Henning-Thurau (2009), Teilranking Entrepreneurship. Von den insgesamt 29 Zeitschriften (alle Zeitschriften nur bis D gerankt) sind nur drei A und zwei B gerankt, was verdeutlicht, dass die Qualität bzw. auch die Akzeptanz der Zeitschriften derzeit noch verbesserungswürdig ist. Im Vergleich zum VHB-Ranking aus dem Jahre 2003 haben sich jedoch die Rankingplatzierungen der Entrepreneurship Journals deutlich verbessert, was das Wachstum dieser Forschungsdisziplin unterstreicht. Zum einen gab es im Jahr 2003 noch gar kein Teilranking der Entrepreneurship-Zeitschriften. Zum anderen wurden 16 von den derzeit 29 Journals damals noch nicht im VHB-Ranking aufgenommen. Die besten Platzierungen erzielten die Zeitschriften „Research Policy: A Journal devoted to Research Policy, Research Management and Planing", das „Journal of Business Venturing" sowie das Journal „Small Business economics". Letzteres sowie die Zeitschrift „International Journal of Entrepreneurship and Innovation Management" erzielten 2008 als einzige Journals ein schlechteres Ranking als vor fünf Jahren. Alle anderen Journals sind entweder von ihrem Platz im Ranking gleich geblieben oder haben sich verbessert.

[221] Vgl. Uebelacker (2005), S. 110.

[222] Vgl. Walterscheid (1998), S. 1; Krantz/Lilischkis/Wessels (2000), S. 2; Ripsas (1998a), S. 217. Eine generelle Einigung der Forscher auf eine Definition existiert derzeit nicht, vgl. De Clercq/Crijns (2007), S. 172.

[223] Uebelacker (2005), S. 20.

[224] Vgl. Nowak (1991), S. 5ff., zur Systematik der Gründungsförderung. Vielfach wird die Gründungsförderung in der Literatur jedoch auf ihre finanziellen Förderinstrumentarien reduziert, vgl. Struck (2001), S. 377ff. Eine einheitliche Definition der Gründungsförderung gibt es in der Literatur jedoch nicht, vgl. Elfers (1996), S. 69. Eine ähnliche Einordnung findet sich auch bei Beer (2000), S. 162, wo die Gründungsausbildung mit dem Entrepreneurial Support gleichgesetzt wird und beides als Teilbereiche des gesamten Maßnahmenkomplexes einer Hochschule zusammengefasst wird, mit dem Gründungen gefördert werden können.

Die Gründungsausbildung wird somit als Baustein eines Systems an Förderungsmaßnahmen für Unternehmensgründungen betrachtet.[225] Dabei umfasst das Maßnahmenspektrum ideelle und finanzielle Förderangebote, Maßnahmen der staatlichen Wirtschaftspolitik, Beratungsleistungen sowie das Coaching.[226] In Deutschland existiert eine Vielzahl von Förderprogrammen, wobei die Akzeptanz dieser Programme zum einen dadurch gemindert wird, dass nur Experten die Angebotspalette in diesem Bereich überblicken. Zum anderen müssen die Gründer zunächst Vertrauen zu der jeweiligen Förderinstanz aufbauen.[227] Uebelacker (2005) differenziert die Gründungsförderung anhand der Träger in öffentliche und private Initiativen. Des Weiteren unterscheidet er hinsichtlich der Wirkungsweise in direkte und indirekte Einflüsse sowie nach der Maßnahmenart in monetäre, konsultative und ideelle Förderangebote.[228]

Das Ziel der Gründungsförderungsprogramme besteht zumeist darin, die Gründungsneigung zu erhöhen, um dadurch den Wohlstand und die Wettbewerbsfähigkeit in einzelnen Regionen zu fördern.[229] Hochschulen haben eine zentrale Bedeutung, da sie zum einen die Studierenden als potenzielle Unternehmer ausbilden und zum anderen als Forschungseinrichtungen besonders für Spin-offs[230] im Bereich neuer Technolo-

---

[225] Vgl. Uebelacker (2005), S. 20.

[226] Vgl. Fueglistaller/Müller/Volery (2008), S. 387; vgl. hierzu auch Rauen (2001), S. 405ff.

[227] Vgl. Fueglistaller/Müller/Volery (2008), S. 387.

[228] Vgl. Uebelacker (2005), S. 22f. Die Unterscheidung zwischen öffentlichen Förderakteuren und privaten Leistungsanbietern wird jedoch bereits bei Scheidt (1995), S. 111, vorgenommen. Die öffentlichen Förderinstitutionen zeichnen sich demzufolge dadurch aus, dass den für Gründer erbrachten Leistungen keine entsprechenden Gegenleistungen gegenüberstehen. Private Anbieter hingegen verkaufen ihre Förderangebote zu marktüblichen Preisen. Beispiele für monetäre Förderprogramme sind die finanziellen Förderprogramme der KfW oder der tbg sowie Eigenkapitalbeteiligungen und Minderheitsbeteiligungen. Eine Gründungsförderung konsultativer Natur wird von der Bundesarbeitsgemeinschaft ALT HILFT JUNG, „Rentner helfen Unternehmern e.V.", dem Bundesverband junger Unternehmer, der Arbeitsgemeinschaft selbstständiger Unternehmer sowie den Industrie- und Handelskammern, den Handwerkskammern und den kommunalen Wirtschaftsförderungen angeboten. Zu den ideellen Förderern werden laut Uebelacker (2005), S. 23ff., die Industrie- und Handelskammern, die Wirtschaftsverbände, die Landesgewerbeanstalten und die Bildungseinrichtungen gezählt. Schließlich können auch Bundes- oder Landesförderprogramme in alle drei Bereiche eingeordnet werden.

[229] Vgl. Diensberg (2006), S. 6.

[230] Spin-offs stellen eine Form der Unternehmensgründung dar. Darunter werden nach Nathusius (1979), S. 236, Gründungen verstanden, die einen „Transfer technologischen Wissens aus den Instituten, in denen dieses Know-how entwickelt wurde, in praktische Anwendungen" umfassen. Mahar und Coddington (1965), S. 141, rechnen die Spin-offs meist den technologieorientierten Unternehmen zu und definieren sie als „research firms or scientifically oriented manufacturing companies formed by individuals who draw heavily on knowledge gained as employees of a university, government agency, or industrial firm". Bei der Betrachtung der verschiedenen Arten lassen sich zunächst wissenschaftliche von privatwirtschaftlichen Spin-offs unterscheiden. Während im privatwirtschaftlichen Bereich originäre von derivativen Gründungen voneinander abgegrenzt werden, können im wissenschaftlichen Bereich Instituts- und Hochschul-Spin-offs unterschieden werden (vgl. Bathelt/Glückler (2002), S. 204f.). Aufgrund der in dieser Arbeit zugrunde gelegten Entrepreneurship Education sollen hier insbesondere die Hochschul-Spin-offs erwähnt werden. Hierzu existiert eine weitere Definition nach Beer (2000), S. 14, wonach diese mittels grundlegender Merkmalskombinationen charakterisiert werden: 1. Personen und Know-how werden von der Hochschule dem neuen Unternehmen zur Verfügung gestellt, wobei die Personen durchaus weiter an der Universität beschäftigt sein dürfen. 2. Als KMU verbreiten sie innovative Technologien schnell in der Wirtschaft. 3. Es sind originäre Existenzgründungen, bei denen zuvor nicht existierende Strukturen entwickelt werden.

gien als „Hochschulinkubatoren"[231] Gründungsideen generieren und fördern können.

Eine weitere begriffliche Einordnung wird von Klandt (1996) vorgenommen. Er fasst unter dem Begriff „akademische Entrepreneurship Ausbildung" zwei Arten von Ausbildungen zusammen. Zum einen beschreibt er die Ausbildung im Bereich Gründungsforschung (Entrepreneurship Research), in der Kenntnisse über den Gründungsprozess, Erfolgs- und Misserfolgsfaktoren sowie Evaluierungskriterien der bestehenden Förderprogramme vermittelt werden. Die Absolventen dieser Ausbildungsrichtung sollen später beratende Tätigkeiten für Gründer oder Forschungsstellen übernehmen. Zum anderen erläutert Klandt (1996) die Entrepreneurship Education oder auch die Ausbildung zum Unternehmer, die im Fokus dieser Arbeit steht. Absolventen sollen darüber in die Lage versetzt werden, selbst entwickelte Geschäftsideen erfolgreich als Unternehmer umzusetzen. Dazu müssen Fähigkeiten vermittelt werden, die die Planung, Gründung und Führung eines Unternehmens ermöglichen. Diese werden 1999 von Klandt im Bereich der Forschung und der Lehre als noch nicht gegeben bezeichnet.[232]

Beide Definitionen reduzieren die Ausbildungsziele der Entrepreneurship Education auf Kenntnisse von gründungsrelevanten Handlungs- und Entscheidungsfeldern und schließen auch die Betrachtung von Unternehmensnachfolgern aus, was den in dieser Arbeit bisher zugrunde gelegten Annahmen entspricht. Daher wird an dieser Stelle ebenfalls, wie bei der Definition des Entrepreneurship-Begriffes, eine weite Definition für die Entrepreneurship Education herangezogen, welche von der Commission Européenne (2002) entwickelt wurde und zwei Elemente umfasst:

1. die Entwicklung von unternehmerischen Einstellungen und Fähigkeiten sowie persönlichen Eigenschaften, welche nicht zwangläufig mit der Gründung eines neuen Unternehmens einhergehen müssen und

2. ein spezifisches Training für die Gründung von Unternehmen.[233]

Nach dieser Definition wäre die Ausbildung von Unternehmensnachfolgern ein Teil der Entrepreneurship Education, da die Unternehmerausbildung häufig nur auf Existenzgründer bezogen wird.[234] Eine weitere Begriffsbestimmung nach Braukmann

---

[231] Der Begriff des Inkubators wird nach Smilor/Gill (1986), S. 1, wie folgt definiert: „An incubator is an apparatus for the maintenance of controlled conditions for cultivation. To incubate fledgling companies implies an ability or desire to maintain some kinds of prescribed and controlled conditions favourable to the development of new firms. The incubator seeks to give form and substance (...) to start-up or emerging ventures." Somit liefern Inkubatoren im weiteren Sinne Unterstützung beim Aufbau und der Entwicklung von jungen Unternehmen. Lendner (2004), S. 30, bezeichnet alle institutionalisierten Formen als Inkubatoren, die Unternehmen in ihrer Frühentwicklungsphase fördern. Inkubatororganisationen wird häufig ein unternehmerisches Klima zugeschrieben, das Gründungen fördert, vgl. Cooper (1984), S. 159ff.; Cooper (1970), S. 58ff. Gründungsinkubatoren waren trotz ihrer hohen Bedeutung bisher jedoch kaum Gegenstand empirischer Forschungsarbeiten, vgl. Knecht (1998), S. 20.

[232] Vgl. Klandt (1999), S. 19f.

[233] Commission Européenne (2002).

[234] Wie schon erwähnt, existiert im Deutschen kein Ausdruck, mit dem sich der Begriff Entrepreneurship adäquat übersetzen lässt, vgl. Faltin (1998), S. 3. Allerdings wird durch den Zusatz in einer neuen oder bereits bestehenden Unternehmung deutlich, dass das Wort nicht auf Unternehmensgründungen beschränkt ist.

(2002) definiert Entrepreneurship Education als Aus- und Weiterbildung von unternehmerischen Persönlichkeiten, die sowohl zu innovativen Unternehmensgründungen als auch zum Mitunternehmertum bereit und fähig sind.[235]

Schulte (2006) fasst die drei Merkmale der Entrepreneurship Education im Rahmen folgender Definition zusammen:

- Die Ausbildung ist personenzentriert (subjektorientiert) und zielt deshalb u. a. auf die Herausbildung von Kompetenzen des unternehmerischen Verhaltens ab.

- Die Ausbildung fördert das unternehmerische Verhalten und ist somit nicht ausschließlich auf Gründer ausgerichtet.

- Die Ausbildung soll berufliche Handlungskompetenz für unternehmerisches Verhalten entwickeln, indem selbstständiges Handeln gelehrt wird.[236]

Diese Definition umfasst damit sowohl Existenzgründer und Unternehmensnachfolger als auch Intrapreneure. Letztere werden im Rahmen dieser Arbeit aus den bereits erläuterten Gründen nicht weiter analysiert. Entrepreneurship Education wird weiterhin oft als Teilbereich der Wirtschaftspädagogik verstanden.[237] Andere Autoren setzen sich mit der Beschreibung von Teilgebieten auseinander.[238] Beer (2000) beschreibt die Entrepreneurship Education als Teilprozess eines dreistufigen Systems der Gründungsförderung an Hochschulen. Abbildung 6 verdeutlicht die beschriebenen Stufen.

---

[235] Vgl. Braukmann (2002), S. 53. Anders Walterscheid (1998), S. 108, welcher Entrepreneurship Education als Aus- und Weiterbildung von Unternehmensgründern oder auch Schmude (2002), S. 40ff., der dieses Forschungsgebiet als Gründungsausbildung bezeichnet. Ebbers (2004), S. 12, und Ripsas (1998a), S. 219, erklären die Entrepreneurship Education als Ausbildung von Individuen mit dem Ziel, eine spätere Funktion als unternehmerischer Entscheidungsträger zu erfüllen. Auch dieser Definitionsansatz entspricht den hier bereits aufgestellten Unternehmerdefinitionen, da auch Unternehmensnachfolger unternehmerische Entscheidungsträger sind.

[236] Vgl. Schulte (2006), S. 2. Dabei wird deutlich, dass die Entrepreneurship Education selbst nicht speziell auf Gründer zugeschnitten ist. Dennoch wird darunter in der Literatur häufig die Ausbildung von potenziellen Unternehmensgründern verstanden, vgl. Neugebauer (2002), S. 80. Unter Berücksichtigung dieser Definition muss festgehalten werden, dass die Entrepreneurship Education begrifflich weiter zu fassen ist als die Gründungspädagogik. Anders wird dies von Uebelacker (2005), S. 18, gesehen, welcher die Gründungsausbildung als Synonym für die Entrepreneurship Education verwendet, auch wenn der Begriff Entrepreneurship nicht gleichbedeutend ins Deutsche übersetzt werden kann. Uebelacker spricht in diesem Fall von einer weiteren begrifflichen Fassung als bei der Gründungsausbildung.

[237] Vgl. Braukmann (2002), S. 57; Esser/Twardy (1998), S. 9.

[238] Vgl. Würth (2001), welcher Entrepreneurship Education dem Unternehmertum zuschreibt. Ripsas (1998a), S. 217f., sieht darin die Ausbildung für eine spätere unternehmerische Tätigkeit. Diensberg (2000), S. 8ff., definiert Entrepreneurship Education als neue didaktische Konzeption mit neuen Zielen und Inhalten.

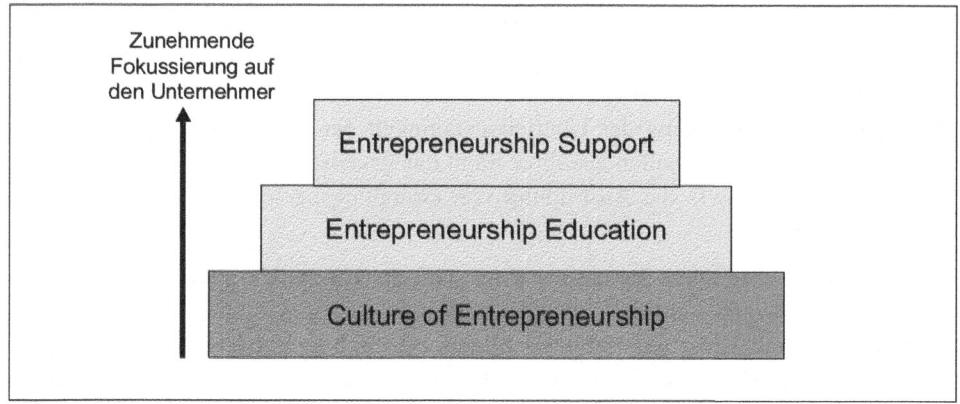

Abbildung 6: Konzeptioneller Aufbau der Spin-off-Förderung an Hochschulen[239]

Dabei bildet die Culture of Entrepreneurship sowohl die Maßnahmen als auch das Ergebnis der indirekten Förderungsmaßnahmen ab, indem das Gründungsklima verbessert wird. Darauf aufbauend folgt die Entrepreneurship Education, welche die personelle, inhaltliche und methodische Ausgestaltung der Lehrprogramme festlegt. So sollen zunächst alle Studierenden die Möglichkeit haben an diesen Programmen teilzunehmen, ohne dass zwangsläufig bereits eine feste Gründungsabsicht besteht. Der abschließende Entrepreneurial Support beschreibt die konkreten Möglichkeiten zur Unterstützung von Spin-offs oder Gründungen losgelöst von der Hochschule.[240]

3.3 Ziele der Entrepreneurship Education

Die Beschreibung der Zielsetzungen der Entrepreneurship Education an Hochschulen hat mehrere Perspektiven zu berücksichtigen. Daraus ergibt sich letztlich ein Zielbündel.[241] Die Gründungsausbildung versucht, simultan den Charakter der Studierenden zu entwickeln und ihnen fachliche Qualifikationen zu vermitteln. Nach Neugebauer (2002) fokussiert die Entrepreneurship Education die Ausbildung, Qualifizierung und Vermittlung von unternehmerischen Eigenschaften und Fähigkeiten.[242] Die bestehende Korrelation zwischen der Qualifizierung und vorhandenen Kompetenzen der potenziellen Gründer und dem Erfolg des tatsächlichen Gründungsprozess wurde in empirischen Studien mehrfach nachgewiesen.[243]

---

[239] In Anlehnung an Uebelacker (2005), S. 33.

[240] Vgl. Beer (2000), S. 163f. Dieses dreistufige System wurde von Uebelacker (2005), S. 33, übernommen und ergänzt, in dem er die durch Färbung der Stufen die Basisstufe als indirekte und die beiden anderen Stufen als direkte Gründungsförderungen bezeichnet.

[241] Vgl. Blenker et al. (2003), S. 2.

[242] Vgl. Neugebauer (2002), S. 80 und S. 93.

[243] Vgl. Kulicke (1987); Brüderl/Preisendörfer/Ziegler (1998) sowie einen weiteren Literaturüberblick bei Lafuente/Salas (1989), S. 23. Eine empirische Betrachtung des mikrosozialen Umfelds und dessen Einwirkungen auf die Gründerperson wird durch Klandt (1990), S. 29ff., vorgenommen.

Doch bei den Zielsetzungen ergeben sich, je nach betrachtetem Personenkreis, unterschiedliche Perspektiven. So intendieren Vertreter der Politik sowie anderer gründungsfördernder Institutionen in erster Linie die Steigerung der Anzahl der Gründungen sowie die Verbesserung der Überlebensfähigkeit der bereits bestehenden jungen Unternehmen. Insgesamt sollen aus ihrer Sicht das gesellschaftliche Umfeld für Gründungen verbessert sowie die Ausbildung von Gründungspersönlichkeiten besser entwickelt werden.[244]

Aus Sicht der Hochschulen kann als weitere Zielsetzung die Verbesserung des Hochschul-Images genannt werden.[245] Zudem stellt die Entrepreneurship Education einen wichtigen Bestandteil für eine interdisziplinäre Ausbildung sowie einen entscheidenden Faktor zur stärkeren Verzahnung der Hochschulen mit den regionalen Unternehmen dar. Die Ausbildung zum Unternehmer spielt daher eine wichtige Rolle bei der regionalen und überregionalen Entwicklungspolitik.[246]

Die Intention der Unternehmerausbildung ist es somit, zukünftige Unternehmer auf die im Voraus identifizierbaren Anforderungen vorzubereiten. Dabei besteht die Problematik, dass man den potenziellen Unternehmern nur einen Teil des notwendigen Wissens und der Fähigkeiten vermitteln und sie auf mögliche Chancen als Unternehmer aufmerksam machen kann. Abgeleitet von dieser Intention können anschließend Lehr- und Lernziele aufgestellt werden, die von Lehrenden als Zielperspektive aufgegriffen werden.[247]

Laut Ripsas (1998) stehen fünf Lehrziele in der Entrepreneurship Education im Vordergrund: (1.) Etablieren einer neuen Wertebasis für eine bessere Wertschätzung der Unternehmer, (2.) Vermittlung von Marktforschungskenntnissen zur Entwicklung innovativer Produkte und Dienstleistungen, (3.) Entscheidungsfindung unter Unsicherheit, (4.) Vermittlung notwendiger betriebswirtschaftlicher Grundkenntnisse sowie (5.) Ausbildung von Führungsqualifikationen.[248] Neubauer (1998) hingegen formuliert im selben Jahr davon abweichend sieben Lernziele: (1.) Förderung der ökonomischen Kreativität, (2.) Festigung unternehmerischer Entscheidungsfähigkeit, (3.) Vermittlung betriebswirtschaftlicher Grundkenntnisse, (4.) Ausbau von Kommunikationsfähigkeiten und Führungsqualitäten, (5.) Förderung der strategischen Orientierung, (6.) Festigung der Selbstkontrolle und -entwicklung sowie (7.) Stärkung der Stressbewältigungsfähigkeiten sowie der Ambiguitätstoleranz.[249] Bei einem Vergleich wird deutlich, dass sich beide Ansätze hinsichtlich der Entscheidungsfindung, der Vermittlung betriebswirtschaftlicher Grundkenntnisse und Führungskompetenzen entsprechen. Auch lassen sich die Förderung der strategischen Orientierung und die Kreativitätsför-

---

[244] Vgl. Cichy/Schlesiger (2002), S. 23.
[245] Vgl. Olbert/Schweitzer/Sturm (1998), S. 114.
[246] Vgl. Jensen (1994), S. 229 ff.; Passara/Minguzzi (1993), S. 237ff.
[247] Vgl. Neubauer (2003), S. 11.
[248] Vgl. Ripsas (1998a), S. 218f., Ripsas gliedert seine Zielsetzungen in drei verschiedene Komponenten: 1. Etablieren, 2. Sensibilisieren und 3. Qualifizieren.
[249] Vgl. Neubauer (1998), S. 314f.

derung bei Neubauer (1998) mit der Vermittlung von Marktforschungskenntnissen und Produktneuentwicklung in Einklang bringen. Während die Etablierung einer neuen unternehmerischen Wertebasis bei Ripsas (1998) als ergänzendes Ziel beschrieben werden kann, orientiert sich Neubauer (1998) mit der Selbstkontrolle und Stressbewältigung eher an der Entwicklung personenspezifischer Fähigkeiten.[250]

Inhaltlich setzt sich Entrepreneurship Education eine praxisnahe Ausbildung der Lernenden zum Ziel, die diese dazu befähigen soll, später ein eigenes Unternehmen zu gründen. Eine Lernerfolgskontrolle wird in den meisten Programmen durch ein Expertenfeedback, wie Klausurergebnisse durch Professoren im Rahmen des Curriculums, gewährleistet, wodurch der Schwerpunkt auf der externen Reflexion liegt. In der später angestrebten Tätigkeit als Unternehmer wird es für die Lernenden jedoch von entscheidender Bedeutung sein, die eigenen Handlungen selbst zu reflektieren.[251]

Die beiden Zielgruppen – Existenzgründer und Unternehmensnachfolger – wurden bereits betrachtet und werden an dieser Stelle durch im Gründungsumfeld tätige Berater, Wirtschaftsförderer oder auch Kammermitarbeiter ergänzt.[252] Braukmann (2003) verweist auf die Bedeutung der wissenschaftlichen Mitarbeiter und Professoren als weitere Zielgruppe für die Entrepreneurship Education.[253] In Bezug auf die Hauptzielgruppen Existenzgründer und Unternehmensnachfolger sind die Lehrbarkeit von Inhalten und die Einbindung von Methoden im Rahmen der Entrepreneurship Education von Relevanz, die nachfolgend betrachtet werden.

3.4 Lehrbarkeit von Inhalten im Rahmen der Entrepreneurship Education

Ein häufig diskutiertes Thema im Bereich der Entrepreneurship Education ist die Frage, ob und inwieweit unternehmerische Fähigkeiten im Rahmen eines Ausbildungsprogramms vermittelt werden können.[254] Urheber dieser Fragestellung ist insbesondere die sogenannte „Traits School", die davon ausgeht, dass Unternehmensgründer angeborene Eigenschaften und Fähigkeiten mitbringen, die nicht erlernbar sind.[255] Dabei wird häufig davon ausgegangen, dass immanente Persönlichkeitsmerkmale nur schwer

---

[250] Weitere Lernziele werden von Ronstadt (1990), S. 62, genannt. Dieser nennt 1. die Identifizierung und Abschätzung von Persönlichkeitsmerkmalen von zukünftigen Unternehmern, 2. die Bewertung von Chancen und Risiken einer Unternehmensidee, 3. die Zusammenstellung finanzieller, personeller und technischer Ressourcen für eine Unternehmensgründung sowie 4. das Kreieren, Entwickeln und Akquirieren von Mitteln zum Betreiben des Unternehmens als zentrale Ziele eines Ausbildungsprogramms.

[251] Vgl. Kyro/Tapani (2007), S. 294.

[252] Vgl. Klandt (1999), S. 246.

[253] Vgl. Braukmann (2003), S. 188.

[254] Vgl. Klandt (1999); InMit/IfM (1998), S. 37ff.

[255] Vgl. Brüderl/Preisendörfer/Ziegler (1998), S. 35f., des Weiteren beschreibt auch Beckmann (1998), S. 122, dass in der Literatur über lange Zeit hinweg die Annahme bestand, dass eine Entrepreneurship Education nicht möglich sei. Negative Haltungen zur Lernbarkeit der Entrepreneurship finden sich auch bei Hartmann/Wienold (1967), S. 15, sowie bei Jonsson/Jonsson (2003), S. 2ff.

verändert und neue nicht antrainierbar sind.[256] Um diesem Argument Rechnung zu tragen, wird bei der Unternehmerausbildung zwischen lehrbaren und nicht lehrbaren Fähigkeiten unterschieden. So beschreiben Blum und Leibbrand (2001) Eigenschaften wie Innovativität, Kreativität und Risikobereitschaft zwar als verbesserbar, nicht jedoch erlernbar. Detail- und Strukturwissen werden jedoch als lehrbar angesehen.[257]

Basierend auf diesen Erkenntnissen haben sich Autoren in den vergangenen Jahrzehnten damit beschäftigt, die Vermittelbarkeit einzelner Fähigkeiten zu untersuchen und Vorschläge für die Ausgestaltung einer Unternehmerausbildung zu machen. Aus der Anzahl bereits bestehender Angebote im Bereich der Entrepreneurship Education lässt sich ableiten, dass eine Vielzahl der Wissenschaftler sich dafür ausgesprochen hat, dass unternehmerisches Denken zumindest in Ansätzen tatsächlich vermittelbar ist. [258] Eine Differenzierung der zu vermittelnden Qualifikationen fällt leichter, wenn man diese in die nachfolgenden drei Kategorien aufspaltet:[259]

- sachbezogene Qualifikationen, d. h. technische Kenntnisse von Produkten, Dienstleistungen oder Fertigungsprozessen,

- kaufmännische Qualifikationen, d. h. Kenntnisse ökonomischer Zusammenhänge und betriebswirtschaftlicher Instrumente,

- persönliche Qualifikationen, d. h. die Fähigkeit, Möglichkeiten zu erkennen und auszuschöpfen, Durchsetzungsfähigkeit, Urteilskraft und Kommunikationsstärke.

In den ersten beiden Kategorien ist der überwiegende Teil der notwendigen Kompetenzen durchaus erlernbar.[260] Bei der dritten Kategorie sind der Weiterentwicklung der Fähigkeiten im Rahmen eines Studiums bedingt durch die Persönlichkeit der Studie-

---

[256] Vgl. Schulte (2006) sowie Schulte (2008), S. 266ff.

[257] Vgl. Blum/Leibbrand (2001), S. 43. Die Autoren orientieren sich bei dieser Einschätzung an Literaturübersichten nach Vesper (1990) und Schubert (1997).

[258] Vgl. Grüner (1993), S. 502, der sich insgesamt für die Vermittelbarkeit des unternehmerischen Denkens und Handelns ausspricht. Vgl. Saks/Gaglio (2002), S. 313ff., die sich mit der Fragestellung beschäftigen, ob die Fähigkeit, Möglichkeiten zu erkennen, gelehrt werden kann. Sie zeigen, dass es stark von der Definition des Ausdrucks „Möglichkeiten erkennen" abhängig ist und dass in verschiedenen Ausbildungsprogrammen weitestgehend Einigkeit bezüglich der Vermittelbarkeit dieser Eigenschaft besteht. Kotey (2007), S. 52, analysiert, inwieweit Gruppenarbeiten in Klassen in der Lage sind die notwendigen Teamworkstrukturen einer Teamgründung nachzubilden. Übersichten über weitere Arbeiten, die sich mit der Lehrbarkeit von Entrepreneurship beschäftigen, bieten Vesper (1990) und Schubert (1997). Die Aussage, dass unternehmerische Fähigkeiten zwar angeboren sind, aber psychische Dispositionen und Kompetenzen erlernbar sind, findet sich sowohl bei Pinkwart (2000), S. 189, als auch bei Klandt (1994), S. 94ff. Die Vermittelbarkeit von Entrepreneurship wird dabei kontrovers diskutiert, so auch bei Anderseck (2000). Weaver (2000), S. 16, argumentiert, dass sich eine genetische Voraussetzung zum Unternehmer bisher nicht hat nachweisen lassen. Kamien (1997), S. 399, gibt dabei an, dass Unternehmerqualifikation nur sinnvoll ist, wenn Unternehmer über die notwendigen Eigenschaften und Verhaltensweisen verfügen, aber noch keine ausreichende fachliche und kommunikative Qualifikation haben. Gibb (1993), S. 15, glaubt, dass jeder Studierende eine gewisse Basis an unternehmerischem Denken hat, die er weiterentwickeln kann. Die partielle Vermittelbarkeit von Unternehmertum wird auch von Koch angemerkt, vgl. Koch (2003b), S. 31.

[259] Vgl. Ripsas (1997) sowie Carlock (1994).

[260] Vgl. Klamma et al. (2002), S. 50.

renden Grenzen gesetzt.[261] In der Literatur findet darüber hinaus häufig auch die Dreiteilung in Fach-, Methoden- und Sozialkompetenz Anwendung.[262] Eine Herleitung
dieser drei Kompetenzen findet sich auch bei Braukmann (2001), der zunächst berufs-
spezifische und berufsübergreifende Kompetenzen voneinander unterscheidet. Aus den
berufsspezifischen Qualifikationen werden Wissen und Fertigkeiten abgeleitet, die
sich weiterhin in Fach- und Methodenkompetenz aufspalten und sich unter dem Über-
begriff Sachkompetenz zusammenfassen lassen. Zu den berufsübergreifenden Qualifikationen zählen die Problem-, Interaktions- und Verantwortungsfähigkeit. Aus den
beiden Letzteren leitet Braukmann (2001) die Sozialkompetenz ab. Nur wenn Sach-
und Sozialkompetenz gegeben sind, wird die berufliche Handlungsfähigkeit erreicht,
die in der Entrepreneurship Education angestrebt wird. Abbildung 7 verdeutlicht die
Zusammenhänge zwischen den einzelnen Qualifikationen und der beruflichen Handlungsfähigkeit.

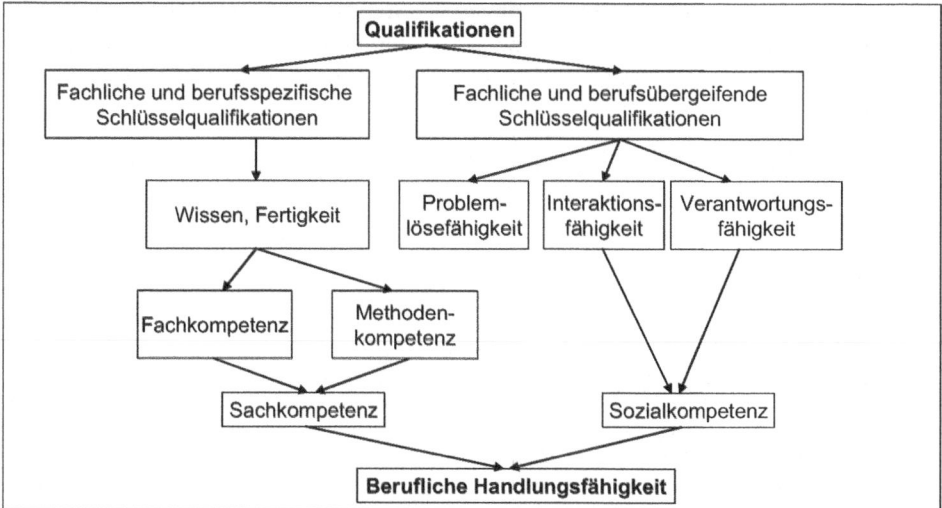

**Abbildung 7: Qualifikations- und Kompetenzstruktur zum Erreichen beruflicher Hand-
lungsfähigkeit[263]**

---

[261] Vgl. Schulte (2008), S. 266.

[262] Vgl. Pfannenschwarz (2008), S. 170f.; Schulte (2008), S. 266f.; Uebelacker (2005), S. 91; Esser/Twardy
(2003), S. 228f.; Braukmann (2001), S. 83; Esser/Twardy (1998), S. 12; Halfpap (1992), S. 143ff. In der Pädagogik werden Sach- bzw. Fachkompetenz, Sozialkompetenz, Methodenkompetenz und Persönlichkeits-
kompetenz als Elemente der Handlungskompetenz beschrieben, vgl. Raithel/Dollinger/Hörmann (2009), S.
40. Eine andere Einteilung nehmen Frick et al. (1998) vor, die das im Rahmen einer Unternehmerausbildung
zu vermittelnde Wissen in Orientierungswissen im engeren und weiteren Sinne sowie Verfügungswissen unterteilen, vgl. Frick et al. (1998), S. 195ff. Unter Verfügungswissen wird das fachliche und betriebswirtschaftliche Know-how zusammengefasst, während das Orientierungswissen im engeren Sinne Aspekte der
Gründungsneigung und Basiswissen zum Gründungsmanagement umfasst. Unter dem Orientierungswissen
im weiteren Sinne werden die persönlichen Eigenschaften und Qualifikationen verstanden.

[263] In Anlehnung an: Braukmann (2001), S. 84.

Die berufliche Handlungsfähigkeit, welche in der Literatur oft mit der Kompetenzausstattung und Qualifizierung des Gründers gleichgesetzt wird, war bereits häufig Gegenstand empirischer Studien, die die Auswirkung auf den Unternehmenserfolg nachweisen konnten.[264] Weiterhin zeigen Nonaka und Takeuchi (1995) die hohe Bedeutung des impliziten Erfahrungswissens, d. h. die Bedeutung der Praxiserfahrung und des Branchenwissens für den Unternehmenserfolg, welche ebenfalls erlernbar sind.[265] Deakings und Frell (1998) identifizieren vermittelbare Schlüsselqualifikationen von Gründern, etwa die Fähigkeit zum Networking, die Reflexion der eigenen Tätigkeit, das Lernen aus Fehlern oder den Aufbau von Ressourcenzugängen.[266]

Abschließend bleibt festzuhalten, dass eine Unternehmerausbildung an Hochschulen sinnvoll ist. Schwierigkeiten entstehen bei der Erfolgsmessung der jeweiligen Ausbildungsprogramme, da unternehmerische Fähigkeiten aufgrund ihrer bereits dargestellten Vielschichtigkeit nur schwer quantifiziert werden können.[267] Diese Problematik besteht aber auch bei anderen Studiengängen.[268] Grundsätzlich ist an Hochschulen ein beträchtliches Gründerpotenzial vorhanden, das durch eine Unternehmerausbildung besser ausgeschöpft werden kann.[269] Eine Auseinandersetzung mit der Thematik be-

---

[264] Vgl. Abschnitt 3.3.

[265] Vgl. Nonaka/Takeuchi (1995).

[266] Vgl. Deakings/Frell (1998), S. 144ff.

[267] Vgl. Pinkwart (1999), S. 28, der darüber hinaus darauf hinweist, dass Bildung häufig erst einen mittel- oder langfristigen Effekt erzielt. Eine langfristige Untersuchung erscheint demnach wichtig, um verzögert auftretende Erfolge wie Gründungen mit einbeziehen zu können. An dieser Stelle ist häufig eine vergleichende Betrachtung zwischen Studierenden der Entrepreneurship Education und anderen Personengruppen zielführend. Die Erfolgsmessung der Unternehmerausbildung führt also nach wie vor zu Schwierigkeiten, vor allem da sich die Literatur erst verhältnismäßig spät diesem Thema widmet, vgl. Fayolle (2004), S. 3f. Es wurden in der Vergangenheit unterschiedliche Messkriterien zugrunde gelegt, z. B. messen Callan und Warshaw (1995) die Qualität der Entrepreneurship Education und machen diese an vier Kriterien fest: 1. Qualifikation der Fakultäten, 2. Breite und Tiefe des Entrepreneurship-Lehrangebots, 3. akademische Standards und Studentenbewertungen, 4. Qualität und Quantität der Ressourcen. Vesper und Gartner (1997), S. 404ff., bieten eine gute Übersicht über folgende Kriterien: 1. Anzahl der angebotenen Kurse, 2. Publikationen der Dozenten, 3. Auswirkungen auf die Gemeinschaft, 4. Unternehmensgründungen durch Studierende und Absolventen sowie 5. initiierte Innovationen. In der Literatur finden sich weitere Ansätze zur Messung der Ausbildungsprogramme, vgl. z. B. Plaschka/Welsch (1990), S. 63ff., die mittels einer Matrix versuchen, Programme zu beurteilen. Für Deutschland existiert ein alle zwei Jahre durchgeführtes Ranking von Schmude/Uebelacker (2001, 2003, 2005, 2007, 2009), welches die nachfolgenden Kriterien zur Bewertung heranzieht: 1. Entrepreneurship Lehrangebot, 2. Vermarktung und Kommunikation, 3. stimulierende und fördernde Programme, 4. Ausgründungsaktivität und Umfeld, 5. Aktivitäten im Transferbereich, 6. Motivation der Zielgruppe, 7. Netzwerke, 8. interne Kooperation und Austausch. Dabei orientieren sich vorwiegend ältere Evaluationsprogramme an der Beurteilung von Input-Kriterien. Seit einigen Jahren werden zunehmend Verhaltensänderungen gemessen oder Output-Evaluierungen der Programme angestrebt. Einen Überblick bietet hier Kailer (2006), S. 2, S. 7.

[268] Vgl. Schulte (2006), S. 267.

[269] Eine Verbesserung des Gründungspotenzials durch die Unternehmerausbildung wird auch von Weihe (1994), S. 88, beschrieben. Weiterhin konnte empirisch belegt werden, dass durch die Teilnahme an Ausbildungsprogrammen die Bereitschaft und Fähigkeit zur Gründung erhöht werden, vgl. Petermann/Kennedy (2003), S. 133ff.

reits während des Studiums wirkt sich förderlich aus, und es können sowohl Basiswissen als auch wichtige Fähigkeiten erlernt werden.[270]

Um dieses Wissen und das unternehmerische Denken und Handeln zu vermitteln, existiert bis heute eine Vielzahl an Lehrinhalten, wobei es bislang an einheitlichen Ansätzen für die Ausgestaltung der Curricula mangelt.[271] Die Inhalte sind dabei derart unterschiedlich, dass es sogar schwerfällt, eine gemeinsame Basis auszumachen.[272]

Um eine nachvollziehbare inhaltliche Gliederung zu erreichen, ist es sinnvoll, diese nach den benötigten Schlüsselqualifikationen zu gruppieren. Hierzu wird auf die eingeführte Dreiteilung der Kompetenzen in Fach-, Methoden- und Sozialkompetenz zurückgegriffen. Unter Fachkompetenz wird zumeist das Fach- und Branchenwissen, unter Methodenkompetenz die Beherrschung von Lern- sowie Arbeitstechniken und unter Sozialkompetenz die Anwendung von Führungs-, Kooperations- und Kommunikationstechniken verstanden.[273] Damit wird klar, dass Entrepreneurship nicht ausschließlich durch die Vermittlung von Fachwissen über Vorlesungen erfolgen kann.[274]

Die Ausgestaltung der Inhalte der Unternehmerausbildung zeigt, dass es sich um ein interdisziplinäres Arbeitsfeld handelt. Beispielhaft zu nennen sind: Gründungsfinanzierung, Erstellung von Business-Plänen, Gründungsförderung, technologisch orientierte Unternehmensgründungen und -nachfolgen, Persönlichkeitsentwicklung der Unternehmer, Ideengenerierung, Machbarkeitsprüfung, Gründungsplanung, Aufbau eines Führungssystems, empirische Untersuchungen, Vermittlung von Managementkenntnissen, Identifikation von Wettbewerbsvorteilen etc.[275] Plaschka und Welsch (1990) identifizieren in fast allen Programmen eine Art Einführungskurs mit dem Titel „Entrepreneurship" oder „New Venture Creation".[276] Für Deutschland lässt sich nach einer Befragung aus dem Jahr 2001 zur wissenschaftlichen Ausrichtung der damals existierenden Lehrstühle ein Schwerpunkt im Fach Finanzierung feststellen (ca. 40 Prozent der befragten Lehrstühle).[277]

---

[270] Vgl. Fallgatter (2002), S. 45.

[271] Vgl. Gorman/Hanlon/King (1997), S. 56ff.

[272] Vgl. Fiet (2001b), S. 3. Eine heterogene Ausgestaltung der Inhalte sowie eine Vermischung aus Entrepreneurship Research und Entrepreneurship Education prägen derzeit die deutschen Gründungslehrstühle, vgl. Schmude (2001), S. 98.

[273] Vgl. Halfpap (1992), S. 143ff.; Esser/Twardy (1998); Garavan/O'Cinneide (1994), S. 15; Braukmann (2001), S. 83; Koch (2003a); Uebelacker (2005), S. 91.

[274] Vgl. Wagner (2006), S. 62.

[275] Vgl. Schmude (2001), S. 98 sowie Klandt/Knecht (1999), S. 80; vgl. hierzu auch Klandt/Knecht (1999), S. 84; Fiet (2001b), S. 12. Eine Auflistung von Lehrinhalten der Entrepreneurship Education findet sich des Weiteren bei Kuratko (2005), S. 581. Er führt folgende Inhalte in seinem Literaturüberblick auf: 1. Möglichkeiten erkennen, Ressourcen nutzen, 2. Venture Finanzierung, 3. Corporate Entrepreneurship, 4. Unternehmerstrategien, 5. Psychologische Aspekte der Unternehmertypen und ihrer Methoden, 6. Frauen und andere Minderheiten unter den Unternehmern, 7. Unternehmergeist, 8. Ökonomischer und sozialer Beitrag der Unternehmer zur Gesellschaft, 9. Unternehmerethik. Vgl. im Einzelnen: Dimov/Shepherd (2005); Chrisman/Chua/Sharma (2003); Ireland/Hitt/Sirmon (2003); Shepherd/Zacharakis (2002); Chaganti/Greene (2002); Gundry/Welsch (2001).

[276] Vgl. Plaschka/Welsch (1990), S. 62.

[277] Vgl. Uebelacker (2005), S. 142.

Als Disziplin ist Entrepreneurship Education bisher wenig eigenständig und leidet bisweilen an einem Theoriedefizit.[278] Bedingt wird dies durch das Fehlen einer gemeinsamen Theoriebasis der Teildisziplinen, eine fehlende scharfe Konturierung des Gegenstandsbereichs der Forschung und die Heterogenität des Forschungsgegenstands.[279] Sowohl das angesprochene Theoriedefizit als auch das einfache Etablieren einer neuen Forschungsdisziplin führen zum „funktionalorientierten Ansatz" bei der Ausgestaltung der Inhalte der Unternehmerausbildung. Klassische Funktionsbereiche der Betriebswirtschaftslehre werden nur durch einen zusätzlichen Kurs ergänzt, der die speziellen Bedürfnisse eines Gründers in der jeweiligen betriebswirtschaftlichen Teildisziplin beleuchtet. Somit entstehen Kurse wie das Entrepreneurial Finance oder Entrepreneurial Marketing.[280] Dabei ist bereits empirisch nachgewiesen, dass es eine Diskrepanz zwischen den eigentlichen Tätigkeiten der Entrepreneure und den Inhalten der Unternehmerausbildung gibt.[281]

Bezüglich der Inhalte der Entrepreneurship Education wurde schon frühzeitig Kritik laut. So argumentieren Porter und McKibbin (1998), dass der Unternehmerausbildung bislang der internationale Fokus und eine einheitliche Integration der aus anderen Disziplinen übernommenen Ansätzen und Theorien fehlt.[282] Plaschka und Welsch (1990) fügen kritisch hinzu, dass viele Universitäten häufig alles zum Thema Entrepreneurship anbieten, das aufgrund gegebener Ressourcen vorhanden ist, und nicht etwa das,

---

[278] Vgl. Kuratko/Hodgetts (2000), S. 33; Ripsas (1998b), S. 103.

[279] Vgl. Bronner/Mellewigt/Späth (2001), S. 598; Fiet (2001b), S. 5; Picot/Laub/Schneider (1989), S. 5; Chmielewicz (1994); Mellewigt/Witt (2002), S. 100; Welter (2003), S. 76; Kuratko/Hodgetts (2000), S. 33; Ripsas (1998b), S. 103. Als Beispiele für den Einsatz gängiger theoretischer Ansätze im Gründungsbereich können z. B. die Resource-Based-Theory (vgl. Conner/Prahalad (1996)) für die Koordination von Ressourcen des Unternehmers zur Erzielung von Wettbewerbsvorteilen oder als industrieökonomischer Ansatz die Verwendung des Five-Forces-Modell nach Porter für die Beurteilung der Branchenattraktivität (vgl. Porter (1985)) Anwendung finden; vgl. Wagner (2006), S. 64. Eine weitere theoretische Basis zur Einflussnahme auf Einstellungen, Wahrnehmungen, Fähigkeiten und Kenntnisse der Studierenden, um diese zur Gründung zu ermutigen, wird durch die „theory of planned behavior" geliefert, vgl. Fayolle (2004), S. 8, sowie Ajzen (1987).

[280] Vgl. hierzu Klandt/Knecht (1999), S. 84. Diese Entwicklung lässt sich besonders gut in den USA nachvollziehen.

[281] Vgl. Edelman/Manolova/Brush (2008), S. 63. Sie analysieren für 27 Aktivitäten die von Entrepreneuren eingestufte Bedeutsamkeit dieser Tätigkeiten und der Verbreitung dieser Thematik in den verschiedenen Lehrbüchern zur Entrepreneurship Education. Während die Definition des relevanten Marktes, die Vorbereitung von Business- und Finanzplänen, die Organisation eines Start-up-Teams, die Durchführung von Marketingaktivitäten sowie das Sparen und Investieren von eigenem Geld sowohl in der Praxis als auch in den Lehrbüchern verbreitet sind, handelt es sich bei der Kapitalnachfrage, dem Anmelden von Patenten, der Anstellung von Mitarbeitern sowie dem Start einer Vollzeitbeschäftigung als Start-up-Entrepreneur um Themen, die zwar in Lehrbüchern weit verbreitet, von den Unternehmern jedoch als nicht relevant eingestuft wurden. Viel bedeutsamer sind jedoch die Entwicklung von Produkten und Dienstleistungen, das über Vertrieb erzielte Einkommen, das Einkaufen von Rohstoffen, das Leasing von Ausrüstungen, das Einrichten eines Unternehmenskontos sowie die Weiterbildung in Business Classes, die von den befragten Existenzgründern häufig genannt, allerdings nicht in den Lehrbüchern behandelt werden.

[282] Vgl. Porter/McKibbin (1988). Vgl. auch Uebelacker (2005), S. 96.

was dem Bedarf Studierender entspricht oder was in ein Entrepreneurship-Curriculum integriert werden müsste.[283]

Entscheidend für die Erlernbarkeit der Inhalte einer Unternehmerausbildung sind insbesondere die Lehrformen, mit denen sie vermittelt werden. So lassen sich einzelne Kompetenzfelder, wie beispielsweise Sozialkompetenz, nur in geringem Maße über herkömmliche Lehrformen (z. B. Vorlesungen) vermitteln. Aus diesem Grund ist eine didaktische Verzahnung von Inhalten und Lehrformen unerlässlich.

3.5 Aspekte beim Aufbau eines Konzepts zur Unternehmerausbildung

Um nachfolgend eine Beschreibung der Vor- und Nachteile der Lehrmethoden vornehmen zu können, werden zunächst die verschiedenen beeinflussbaren Wissensarten und Fähigkeiten beschrieben und voneinander abgegrenzt.

Johannisson (1991) definiert fünf verschiedene Wissensarten: das Know-how (das Wissen darüber, wie etwas zu tun ist), das Know-why, welches die Werte und Einstellung widerspiegelt, das Know-when (das „Fingerspitzengefühl", wann Entscheidungen zu treffen sind), das Know-who (die Kontakt- und Netzwerkfähigkeit) und das Know-what (das Faktenwissen).[284] Es lassen sich jedoch weitere Kategorisierungen von Wissensarten in der Literatur. Innerhalb von Organisationen und auch im Bereich des Technologiemanagements werden folgende Wissensarten beschrieben: das Kennen-Wissen (Know-what), welches das Fachwissen mit reinem Grundlagencharakter umfasst und somit noch keine Anwendung findet, das Können-Wissen (Know-how), welches das Wissen repräsentiert, das in Prozessen umgesetzt werden kann und somit eine Anwendung ermöglicht, sowie das Wollen-Wissen. Die letzte Wissensart umfasst die Absichten und die technologischen Ziele eines Unternehmens (also auch die bei Johannisson zu findende Know-why-Komponente). Somit enthält es das Wissen über den angestrebten technologischen Soll-Zustand.[285] Die aufgeführten Einteilungen der Wissensarten lassen sich also weitestgehend miteinander vergleichen. Sie beschränken sich dabei teilweise auf das reine Fachwissen, umfassen manchmal jedoch auch anwendbare Fähigkeiten (siehe Know-how bzw. Können-Wissen).

Der Aufbau prozeduralen Wollen-Wissens basiert auf einer Erhöhung der Reflexion[286] in Lernprozessen. Es wird zwischen externer Reflexion durch Experten und interner Reflexion durch Introspektion über das eigene Lernverhalten unterschieden. Wie be-

---

[283] Vgl. Plaschka/Welsch (1990). Die fehlende curriculare Einbindung wird auch von Uebelacker (2005), S. 146, kritisiert. Dabei werden vor allem die Grundkonzeption (wechselnde Angebote von einer Einzelvorlesung bis hin zu mehreren Veranstaltungen mit einem eigenen Schwerpunkt), das unregelmäßige Angebot der einzelnen Kurse und das Theorie-Praxis-Verhältnis in diesem Bereich kritisiert.

[284] Vgl. Johannisson (1991).

[285] Vgl. Zahn (1995), S. 604f.; Zahn (1998), S. 43.

[286] Unter Reflexion werden die eigenen Versuche, z. B. ein Problem zu lösen, verstanden, die systematisch und selbstkritisch analysiert und im Anschluss daran mit einem Expertenurteil verglichen werden, vgl. Seel (2003).

reits erwähnt, fördern die meisten Entrepreneurship-Programme an Hochschulen derzeit die externe Reflexion (Anwendung von objektivistischen Methoden) und weniger die für einen Entrepreneur entscheidende interne Reflexion, die verstärkt durch die Anwendung subjektivistischer Methoden erlernbar ist. Die notwendige introspektive Prozesskontrolle im eigenen Unternehmen umfasst die drei Selbstregulierungskomponenten Planung, (Eigen-)Beobachtung sowie (Eigen-)Bewertung und muss in einem strategischen Lernprozess integriert sein. Erst dadurch wird der Entrepreneur in die Lage versetzt, sich neuen Umfeldbedingungen zu stellen und diesen adäquat zu begegnen.

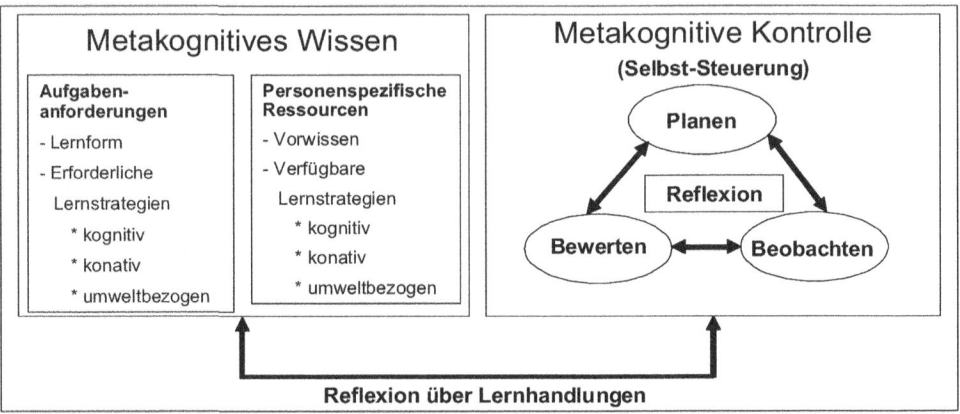

Abbildung 8: Reflexion als Bindeglied zwischen metakognitivem Wissen und metakognitiver Kontrolle[287]

Die introspektive Reflexion unterstützt durch die Verbindung von metakognitivem Wissen (Wissen über Aufgabenanforderungen und personenspezifische Ressourcen) und metakognitiver Kontrolle den Aufbau des Wollen- sowie Können-Wissens und rückt somit ins Zentrum der Betrachtung.[288] Dabei bedingen unterschiedliche Aufgabenanforderungen verschiedene Lernformen sowie entsprechende, zugrsundeliegende Lernstrategien, die entweder kognitiv, konativ oder umweltbezogen ausgerichtet sein können. Die personenspezifischen Ressourcen determinieren das bereits bestehende Vorwissen des Teilnehmers und dessen Erfahrungen mit den verschiedenen Lernstrategien. Über die drei Komponenten der Selbstregulierung, das Planen, das Beobachten und das Bewerten, ist es dem Lernenden möglich, entweder gegenwartsbezogen und damit während der Handlung oder vergangenheitsbezogen, d. h. nach der Aktion, sein Vorgehen zu analysieren.[289] Gerade diese Fähigkeiten sind somit entscheidend für selbstständige Unternehmer, so dass derzeit eine Kluft zwischen der in der Ausbildung vermittelten externen Reflexion und der im späteren Berufsleben notwendigen inter-

[287] Vgl. Seel (2003), S. 236.
[288] Vgl. Simon (1993).
[289] Vgl. Seel (2003), S. 236.

nen Reflexion besteht.[290] Die interne Reflexion ermöglicht dem Lernenden, sein metakognitives Wissen über Aufgaben, die eigene Person sowie über Strategien in jeder der drei Phasen des Selbststeuerungsprozesses anwenden zu können. Abbildung 8 verdeutlicht diese Zusammenhänge.

Um sowohl das metakognitive Wissen als auch die metakognitive Kontrolle in der Unternehmerausbildung auszubauen, bedarf es je nach Lernfortschritt unterschiedlicher Lernstrategien im Rahmen eines Ausbildungskonzepts. Friedrich und Mandl (1992) unterscheiden vier allgemeine, in der Schwierigkeitsstufe ansteigende Lernstrategien, die zu einem wesentlichen Anteil reflexionsunterstützende, metakognitive Prozesse voraussetzen. Dazu gehören:

- Wiederholungsstrategien (aktives Wiederholen von Gelerntem),

- Elaborationsstrategien (Herstellen von Beziehungen zum Vorwissen unter Zuhilfenahme von Beispielen, Analogien usw.),

- Organisationsstrategien (semantisches Klassifizieren, Reduzieren der Informationsmenge) und

- Kontrollstrategien (Monitoring und Ausführungskontrolle i. S. metakognitiver Kontrolle).

Diese Strategien gilt es neben der Vermittlung von Fachwissen in der Entrepreneurship Education zu verankern, da es insbesondere bei der Unternehmerausbildung der Vermittlung von Können- und Wollen-Wissen bedarf. Gründungskompetenz ist auf konzeptionelle mentale Modelle angewiesen, die über geistiges Probehandeln eine effektive Handlungsauswahl erlauben.[291] Dazu ist es notwendig, gezielte Reflexionsschleifen beim Kompetenzaufbau einzuführen, die ein Nachdenken über die Handlungserfahrung und ein Vordenken zur Variation des Handlungsplans erzwingen, bevor die Anwendung erfolgt.[292] Zur eingehenden Analyse der internen Reflexionsprozesse in der Unternehmerausbildung wird das 5-Stufen-Modell von Joplin (1995) beschrieben. Dieses erklärt, dass Lernprozesse sowohl Interaktionen als auch Reflexionsprozesse enthalten sollten, um einen maximalen Lernerfolg zu erzielen. Sie differenziert die folgenden fünf Lernstufen: 1. Fokus auf das Lernziel lenken, 2. aktive Aktionen zur direkten Anwendung des gelernten Wissens fordern, 3. Unterstützung leisten, 4. Feedback geben, 5. Rückblick und Bewertung auf das Gelernte.[293]

Um diesen Anforderungen gerecht zu werden, muss die Unternehmerausbildung einem mehrstufigen „Trainingsprozess" folgen, der nach Carayannis, Evans und Hanson

---

[290] Vgl. Volpert (1985), S. 110.

[291] Vgl. Stark et al. (1995), S. 292. Die Vorteile von theoriegeleiteten Aktivitäten sieht Fiet (2001a), S. 107f., vor allem in der stärkeren Integration von Studierenden.

[292] Für den Bereich der Sozialkompetenzen haben beispielsweise Wunderer/Dick (2002) und im Bereich Problemlösekompetenz beispielsweise Dörner (1976) entsprechende Modelle entwickelt. Zudem ist neben einem modellhaften Beobachten aktives Handeln in unterschiedlichsten Situationen erforderlich, um die individuelle interne Reflexionsfähigkeit zu erhöhen.

[293] Vgl. Joplin (1995).

(2003) ebenfalls fünf Stufen umfasst. Zunächst müssen die Unternehmerwerte im Ansehen der Studierenden gesteigert werden. In einer zweiten Stufe soll der Lernende für sich selbst die Gründung eines Unternehmens als alternativen Karrierepfad entdecken. Erst in der dritten Spezialisierungsphase eignet er sich die notwendigen Fachkenntnisse an, die er dann in der „Kreationsphase" anzuwenden lernt. Schließlich wird in der letzten Stufe der Aufbau von eigener Erfahrung und damit von implizitem Wissen angestrebt.[294] Abbildung 9 fasst die fünf Lernphasen zusammen und stellt die im Rahmen des Ausbildungsprozesses zu überwindende Kreativitätswand dar.

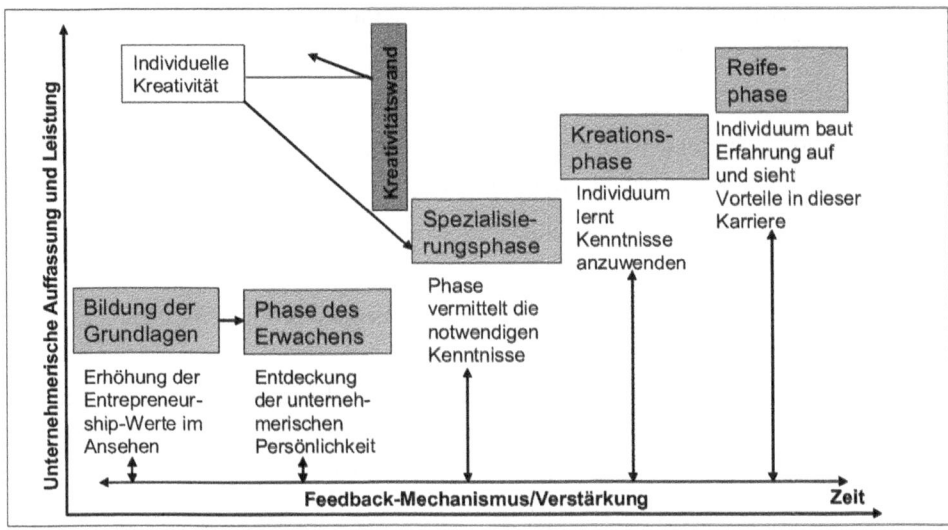

Abbildung 9: Fünf Lernphasen nach Carayannis/Evans/Hanson[295]

Die Unternehmerausbildung benötigt einen multidimensionalen und fachbereichsübergreifenden Ansatz, dessen Schwerpunkt auf dynamischen Prozessen liegt.[296] Im Verlauf einer Unternehmerausbildung bieten sich daher verschiedene Interventionspunkte, an denen unterschiedliche Einflussnahmen auf den Entwicklungsprozess der Studierenden möglich sind. Indem man den Studierenden zunächst gezielte Informationen zukommen lässt, kann bei ihnen ein Bewusstsein für die Selbstständigkeit geschaffen werden. Durch gezielte Motivation der Teilnehmer eines Ausbildungsprogramms wird bei diesen das Interesse für das Thema geweckt. Eine nachgelagerte Qualifizierung bildet im Anschluss daran die Basis für das eigene unternehmerische Handeln, das durch fortführende Beratung und Weiterbildungen zum Erfolg geführt werden kann.

---

[294] Vgl. Carayannis/Evans/Hanson (2003), S. 758.
[295] Vgl. Carayannis/Evans/Hanson (2003), S. 758.
[296] Vgl. Robinson/Malach (2004), S. 317.

Somit ergibt sich nachfolgendes Schema (siehe Abbildung 10) von Schulte und Klandt (1996).[297]

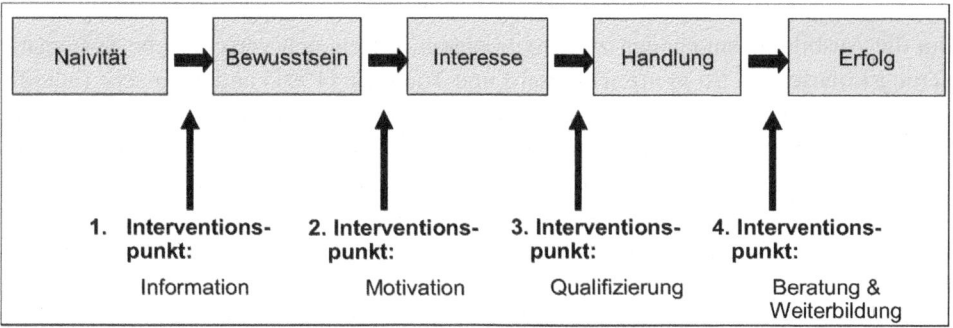

Abbildung 10: Interventionspunkte in der Entrepreneurship Education

Specht und Sandlin (1991) weisen nach, dass experimentelles Lernen das Verständnis für Konzepte und die Anwendung des erworbenen Wissens langfristig erhöht.[298] Insbesondere eine Ausgeglichenheit der Methodenwahl (objektivistisch und subjektivistisch) und die Abstimmung mit den entsprechenden Lerninhalten im Rahmen eines Programms, welches zusätzlich den Ausbildungsstand der Studierenden mitberücksichtigt, lassen sich als Anforderungsprofil auf die gesamte Unternehmerausbildung übertragen. Somit sollte ein Ausbildungskonzept Antwort auf die Fragen geben, was den Studierenden mit welchen Methoden zu welchem Zeitpunkt vermittelt werden soll. Dabei stellt das sogenannte Erfahrungslernen einen wesentlichen Bestandteil der Entrepreneurship Education dar, der Erfahrungen in Form von Erfolgen und Misserfolgen in Wissen des Auszubildenden transformiert.[299]

3.6 Lehrformen der Entrepreneurship Education

Basierend auf den gewonnenen Erkenntnissen wird deutlich, dass Entrepreneurship Education gleichermaßen und simultan des Aufbaus individueller Persönlichkeitsmerkmale und beruflicher Qualifizierungen bedarf. Fachspezifische Ausbildung und die Vermittlung unternehmerischer, gründungsrelevanter Eigenschaften und Fähigkeiten werden in den Ausbildungsprozess integriert.[300] Die besten Lernergebnisse konn-

---

[297] Dabei verdeutlicht das Schema nach Schulte und Klandt (1996), wie ein Studierender ohne Vorwissen an das Thema Unternehmertum herangeführt werden kann. Im Vergleich zum vorher dargestellten Stufenmodell nach Carayannis/Evans/Hanson (2003) ist in diesem Modell auch wieder der Gründungserfolg ein festes Ziel der Ausbildung, das innerhalb dieser Arbeit jedoch aus bereits erwähnten Gründen als nicht sinnvoll erachtet wird.

[298] Vgl. Specht/Sandlin (1991), S. 207. Die Autoren belegen diese Aussage über eine vergleichende Analyse zwischen zwei Klassen, wobei die eine Klasse durch experimentelle Lernaktivitäten und die Kontrollklasse ausschließlich mithilfe klassischer Lehrformen unterrichtet wurde.

[299] Vgl. Frank/Mitterer (2009), S. 387.

[300] Vgl. Neugebauer (2002), S. 80ff.

ten in Testprogrammen durch das Lösen realitätsnaher Aufgaben erzielt werden.[301] Demnach wird in diesem Forschungsfeld den Lehrformen eine größere Bedeutung zugewiesen, was zeitweise sogar zu einer Überschätzung der Lehrmethoden führte.[302]

Um die Ausbildungsmethoden zu kategorisieren, bieten sich verschiedene Systematisierungskriterien an. So grenzen Bechard und Toulouse (1991) andragogische (autodidaktische) und pädagogische Lehrformen voneinander ab, d. h. Methoden, mithilfe derer sich der Lernende selbst etwas beibringt und seine Aktionen selbstständig reflektiert und solche, bei denen die Wissensvermittlung durch eine Lehrkraft unterstützt wird.[303] Ähnlich wendet Johannisson (1993) in einem Aufsatz zur inhaltlichen Ausgestaltung der Entrepreneurship Education eine Unterscheidung zwischen traditionellen Ausbildungsansätzen (dem objektivistischen Didaktikansatz) und dem subjektivistischen Ansatz, der sich an der Persönlichkeit des Auszubildenden orientiert, auf die Unternehmerausbildung an. Der objektivistische Lehransatz konzentriert sich hingegen auf die Vermittlung von Fachwissen oder Know-how im Rahmen von traditionellen Lehrmethoden wie Vorlesungen, Seminarvorträgen, schriftlichen Fallstudien oder Praxisvorträgen. Weitere Kennzeichen dieser Lehrmethoden sind die leichte Überprüfbarkeit des erlernten Wissens sowie der Lernort, der in diesem Fall auf die Hochschule beschränkt ist. Beim subjektivistischen Ansatz werden abweichend aktivierende Lernmethoden wie Networking Groups, Feasibility Plans, Venture Evaluation und Computerplanspiele eingesetzt, die die Lernenden zum Aufbau von Fachwissen anregen sollen.[304] Bei den Lehrmethoden des subjektivistischen Ansatzes befindet sich der Lernort häufig außerhalb der Hochschule. Die Überprüfung des Lernerfolgs stellt hier ein Problem dar. Somit kann leicht nachvollzogen werden, dass die objektivistischen Lehrmethoden in der Lehrpraxis der Hochschulen verbreiteter sind.

Um das Know-why zu steigern, werden praktische Fähigkeiten und Erfahrungen vermittelt (Betriebspraktika, praxisorientierte Abschlussarbeiten und Unternehmen-Studenten-Partnerschaften). Es wird darauf abgezielt, über den Kontakt der Auszubildenden mit Unternehmern den Unternehmergeist zu vermitteln und die Selbstständigkeit als berufliche Option für die Teilnehmer wahrnehmbar zu machen. Zur Verbesserung der Know-who-Kompetenzen wird empirisch die Bedeutung von Netzwerken bestätigt. Der Aufbau von diesen Kontakten ist jedoch nur schwer vermittelbar. Als Maßnahmen können runde Tische, Kennenlerngespräche, gegenseitiger Erfahrungsaustausch unter Studierenden und gemeinsame Aktivitäten herangezogen werden. Know-when Kompetenzen können an Hochschulen nur in Ansätzen vermittelt werden, da sich Konsequenzen aus Entscheidungen zu bestimmten Zeitpunkten oder im Zeitverlauf nur bedingt im Rahmen einer Lehreinheit abbilden lassen. Eine erste Möglichkeit

---

[301] Vgl. beispielsweise Menzies/Paradi (2003), S. 127. Diese belegen durch eine Studie empirisch, dass das Annehmen von Veränderungen als größtes Nutzenpotenzial der Entrepreneurship Education gesehen werden kann und dass teilnehmende Studierende besonders praktische Anwendungen bevorzugten.
[302] Vgl. Halbfas (2006), S. 259f.
[303] Vgl. Bechard/Toulouse (1991), S. 3ff.
[304] Vgl. Johannisson (1993).

zur ansatzweisen Vermittlung der Know-when Komponenten bieten Planspiele, da hier mehrere Entscheidungsperioden gespielt und somit Erfahrungen aus getroffenen Entscheidungen im Rahmen von Marktentwicklungen oder Verhalten der „Wettbewerber" (andere Teilnehmergruppen) simuliert werden können. Über eine Kombination von unkonventionellen Lehrmethoden mit traditionellen wird weiterhin eine Stärkung der Know-what-Kompetenzen angestrebt, so dass sich die Teilnehmer das Faktorenwissen besser einprägen können. Neue Methoden sollten partizipativ, experimentell sowie problem- und handlungsorientiert sein.[305]

Die derzeitigen Ausbildungsmethoden an Hochschulen, sowohl in Deutschland als auch im internationalen Bereich, stellen die Vermittlung des Know-hows in den Vordergrund.[306] Den Studierenden wird das notwendige Basiswissen dabei in erster Linie über Vorlesungen und Seminare vermittelt. Dies entspricht einem objektivistischen Didaktikansatz, der nach wie vor weit verbreitetet ist.[307] Die Lehrmethoden zur Vermittlung dieses Wissens aus Fakten und theoretischen Konzepten werden bei vielen Programmen häufig als hinreichend für eine erfolgreiche Gründung angesehen. Dabei bieten z. B. experimentelle Lehrmethoden wie Planspiele durch ihre Betrachtung von ganzheitlichen Problemstellungen eine Möglichkeit, um das Know-who, das Know-when und das Know-what zu verbessern. Des Weiteren stimulieren Planspiele und Computersimulationen die Anwendung des Gelernten und bieten den Teilnehmern die notwendige Realitätsnähe.[308] Dennoch führt die vereinzelte Nutzung solcher Lehrmethoden allein nicht zur Ausbildung oder Entwicklung von Gründungskompetenz, so dass ein geeigneter Mix an Methoden angestrebt werden muss.[309] Dementsprechend muss ein Ausbildungskonzept aktivierende Lehrmethoden enthalten, einen ganzheitlichen Ansatz verfolgen und auf realen Problemen basierende Fragestellungen umfassen. Um dies zu erreichen, sollten ergänzend zum Angebot von Vorlesungen etc. Methoden im Bereich der Projektarbeit und somit außerhalb der Hochschule betrachtet werden. Durch die gleichzeitige Anwendung von objektivistischen und subjektivistischen Methoden können somit konstruktive, selbstkontrollierte und selbst organisierte Lernprozesse gefördert werden.[310]

Nachfolgend werden die verschiedenen Lehrmethoden näher beschrieben. Einleitend werden die traditionellen Methoden der objektivistischen Schule betrachtet. Hierzu zählen vor allem Vorlesungen, Übungen und Seminare. Die an Hochschulen stark verbreiteten Vorlesungen fördern in erster Linie das Know-what der Studierenden über die reine Beschreibung von Prozessen oder durch Nennung von Beispielen und dienen der Vermittlung von Methodenkenntnissen und der fortschreitenden Entwicklung von kognitiven Fähigkeiten, da eine Loslösung dieser von der Erarbeitung von Basisquali-

---

[305] Vgl. Welter (2002), S. 97f.
[306] Vgl. Walterscheid (1998) sowie Welter (2002). Dabei wird Know-how meistens als reines Fach- und nicht als Anwendungswissen (Können-Wissen) definiert.
[307] Vgl. Kent (1990), S. 11.
[308] Vgl. Lendner/Hübscher (2009), S. 264.
[309] Vgl. Andrews (1968), S. 23.
[310] Vgl. Walterscheidt (1998), S. 7ff.; Anderseck (2001), S. 57.

fikationen nicht möglich ist.[311] Übungen und Seminare bieten hingegen die Möglichkeit der Interaktion mit den Studierenden, wodurch insbesondere das Anwendungswissen (Können-Wissen) gefördert wird. Bei Übungen lassen sich Gruppenarbeiten integrieren, und bei Seminaren besteht die Aufgabe zumeist darin, dass sich Studierende vertieft mit einem Thema auseinandersetzen und das Ergebnis vor der Gruppe präsentieren.[312]

Weitere für den Unterrichtsraum konzipierte Lehrformen sind Fallstudien, Rollenspiele, Planspiele, die Entwicklung von Businessplänen, die Durchführung von Machbarkeitsstudien, Vorträge von Praktikern sowie begleitete Studierendenprojekte.[313] Fallstudien sind zumeist problemorientiert ausgestaltet und mittlerweile an Hochschulen weit verbreitet. Rollenspiele fördern insbesondere die Interaktion in Gruppen und damit die Netzwerkfähigkeit der Teilnehmer. Planspiele, welche zu den objektivistischen Lehrmethoden gezählt werden, fördern vor allem die Fähigkeit, Prozesse autonom in einer Gruppe zu planen und das Timinggefühl (Know-when) bei den Teilnehmern zu verbessern. Die Erstellung von Businessplänen dient in erster Linie der Planung von Geschäftskonzepten.[314] Mit vergleichbarer Intention kommen an Hochschulen häufig noch Machbarkeitsstudien zum Einsatz. Durch sie lernen Studierende, sich kritisch mit Gründungsvorhaben auseinanderzusetzen und eigene oder fremde Gründungsideen zu hinterfragen.[315] Der Einbezug von Praktikern[316] ist ebenfalls weitverbreitet. Studierenden kann so das notwendige Know-why auf Basis der Erkenntnisse der Vortragenden vermittelt werden. Bei Studierendenprojekten kann sowohl auf Einzel- als auch auf

---

[311] Vgl. Seeber (2005), S. 8.

[312] Vgl. Uebe-Emden/Schuhen (2006).

[313] Vgl. Halbfas (2006), S. 262, die explizit darauf hinweist, dass es sich in der Entrepreneurship Education bei den Methoden nicht zwangsläufig um klassische didaktische Methoden handelt, sondern teilweise um rein inhaltliche Konzepte, die umgesetzt werden, z. B. Businessplanerstellung als Form der Gruppenarbeit.

[314] Vgl. Thavikulwat (1995), S. 329. Die Ausarbeitung von Businessplänen wird häufig auch in Form von Wettbewerben durchgeführt. Die ersten Wettbewerbe dieser Art wurden 1990 an Universitäten durchgeführt, vgl. Li/Zhang/Matlay (2003), S. 500. In Deutschland ist diese Form der Wettbewerbe seit Ende der 1990er-Jahre etabliert, vgl. Jacobsen (2006), S. 24. Diese Methode stellt einen besonders wichtigen Bestandteil der Entrepreneurship Education dar. So geben z. B. Olbert/Schweitzer/Sturm (1998), S. 15, an, dass in den USA von den betrachteten Hochschulen jede zumindest einen Kurs für die Erstellung von Businessplänen anbietet. Es kann zwischen Businessplan-Wettbewerben und Gründungswettbewerben differenziert werden. Während Erstere nur die Erstellung des Businessplans fokussieren, müssen bei Gründungswettbewerben tatsächlich Unternehmen gegründet werden. In Deutschland sind in diesem Zusammenhang eine Vielzahl von Wettbewerben entstanden, die meist die drei Stufen Ideenfindung, Erstellung eines Grobkonzepts sowie detaillierte Ausarbeitung des Businessplans umfassen. Darauf werden dann oftmals auch Preise ausgelobt, vgl. BMWi (2009), S. 1.

[315] Bei den Machbarkeitsstudien wird in der Literatur noch zwischen Venture Feasibility Plans und Venture Evaluation unterschieden. Bei der ersten Methode erarbeiten Studierende in einem kleinen Team projektorientiert die Machbarkeitsstudie und bei der Venture Evaluation wird ein fremdes, reales Gründungsprojekt beobachtet und bewertet. Diese Methode kann auch in einer anschließenden Beratung weitergeführt werden, vgl. Walterscheid (1998), S. 13.

[316] Der verbreitete Einsatz von Praktikern wird von einigen Autoren durchaus als Vorteil der Entrepreneurship Education gesehen, vgl. Katz (1995), S. 361. Dieser Punkt wird jedoch von anderen Autoren auch kritisch betrachtet, so erwähnen Gartner und Vesper (1994), S. 184, dass der Praktikereinsatz in Vorlesungen sowohl positive als auch negative Effekte zur Folge haben kann.

Gruppenarbeit zurückgegriffen werden. Dabei werden zum einen die Planung eines Konzepts und zum anderen seine Umsetzung trainiert.

Ergänzend werden hier einige Lehrformen beleuchtet, die in der Regel außerhalb der Hochschule Anwendung finden. Beispielhaft sind Praktika, Beratungsprojekte in Unternehmen, Forschungsprojekte mit Unternehmen, Networking Groups und Studierendenunternehmen zu nennen. Gerade Praktika bieten Studierenden die Möglichkeit, die reale Arbeitswelt kennenzulernen.[317] Beratungsprojekte mit Unternehmen können sowohl von Hochschullehrern an Studierende vermittelt werden als auch durch studentische Initiativen selbst akquiriert werden.[318] Gemeinsame Forschungsprojekte mit Unternehmen ermöglichen es Studierenden ebenfalls, erste Kontakte zur Praxis zu knüpfen und durch Unterstützung des wissenschaftlichen Personals sowie die Zusammenarbeit mit den Praktikern Erfahrungen zu sammeln.[319] Bei den Networking Groups wird von Studierenden entweder ein selbst gewähltes oder ein vom Hochschullehrer definiertes Projekt in Gruppenarbeit bearbeitet. Dabei wird eine Hilfestellung über ein netzwerkartiges Kontakt- und Informationsangebot zur Verfügung gestellt. Dadurch bietet diese Lehrform den Teilnehmern die Möglichkeit, ihr erworbenes theoretisches Expertenwissen in einer realen Problemstellung außerhalb der Hochschule anzuwenden (subjektivistische Methode).[320] Networking Groups können bei entsprechender Ausgestaltung annähernd den gleichen Aktivierungsgrad wie die Projektarbeiten haben, wobei Letztere meist zu einem engen Kontakt zum Unternehmen führen. Eine weitere Lehrmethode stellen Studierendenunternehmen dar. Darunter werden hier Un-

---

[317] Vgl. Kent (1990), S. 22. Es wird jedoch angemerkt, dass ein Praktikum zur optimalen Ausgestaltung einer Vorbereitung im Bereich BWL-Basiswissen bedarf. Und auch im Bereich Entrepreneurship ist spezifisches Unternehmerwissen gefordert. Dabei wird zusätzlich beschrieben, dass den Praktikanten ein Mentor während des Praktikums zur Seite gestellt werden sollte.

[318] 13 Europäische Landesverbände (Großbritannien, Portugal, Slowenien, Österreich, Italien, Griechenland, Spanien, Niederlande, Belgien, Polen, Deutschland, Schweiz and Frankreich) sind Mitglied im sogenannten JADE Network, einem Europäischen Dachverband, der die Idee der studentischen Unternehmensberatung fördert. In diesem Dachverband werden 225 lokale Vereine und über 20.000 Studierende in den Mitgliedsländern repräsentiert. Die Idee der studentischen Unternehmensberatung wurde in Frankreich mit der Gründung des ersten Vereins im Jahre 1967 entwickelt. Bezogen auf Deutschland existieren derzeit über 80 studentische Unternehmensberatungen, von denen sich 30 Vereine im deutschen Dachverband BDSU zusammengefunden haben. Damit hat der BDSU deutschlandweit über 2.000 studentische Mitglieder. Allein im Jahr 2005 boten die Vereine (JEs = Junior Enterprises) ihren Mitgliedern über 600 Workshops und Vorträge zur internen Weiterbildung an und führten 210 Beratungsprojekte mit durchschnittlich 21 Beratertagen durch. Zur Durchführung dieser Beratungsprojekte gründet das Projektteam, das vom Vereinsvorstand zusammengestellt wird, eine GbR für die Dauer der Projektbearbeitung, was einer Unternehmensgründung entspricht. Die Hauptziele dieser studentischen Unternehmensberatungen liegen darin, Projekte zu akquirieren und durchzuführen. Um dieser Aufgabe gewachsen zu sein, werden die Mitglieder in internen Schulungen vorbereitet. Die Durchführung der Projekte erfolgt dabei in der Regel studiumsbegleitend. Darüber hinaus bieten diese Vereine den Mitgliedern die Möglichkeit, schon während ihres Studiums ein eigenes soziales Netzwerk auf verschiedenen Treffen und Workshops aufzubauen. Die studentischen Unternehmensberatungen werden derzeit kaum oder gar nicht von Universitäten in die Entrepreneurship Education einbezogen und stellen derzeit noch ungenutztes Potenzial dar, vgl. Uebe-Emden/Schuhen (2007), S. 1ff. Diese Art der studentischen Unternehmensberatungen gilt es somit von den in der Unternehmerausbildung integrierten Beratungsprojekten zu differenzieren.

[319] Diese Methode findet Erwähnung bei Pinkwart (2002b), S. 41.

[320] Vgl. Walterscheid (1998), S. 12.

ternehmen zusammengefasst, die entweder auf alleinige Initiative von Studierenden oder durch Anstoß der Hochschulen oder anderer gründungsfördernder Organisationen initiiert wurden und die langfristig eine mehr oder weniger starke Verbindung zur Hochschule aufrechterhalten. Damit bieten sie Studierenden schon während des Studiums die Möglichkeit, den Schritt in die Selbstständigkeit zu gehen. Einige dieser Unternehmen werden nach einigen Jahren wieder aufgelöst, andere sind derart erfolgreich, dass die Gründer ihr Studium nicht einmal mehr zu Ende bringen.[321] Fügt man die dargestellten Lehrmethoden in ein Portfolio ein, welches den Aktivierungsgrad der Studierenden bei der Teilnahme an den Lehrformen gegen ein Kontinuum von der Vermittlung von deklarativem zu prozeduralem Wissenstransfer[322] abbildet, ergibt sich folgendes Bild (Abbildung 11).[323]

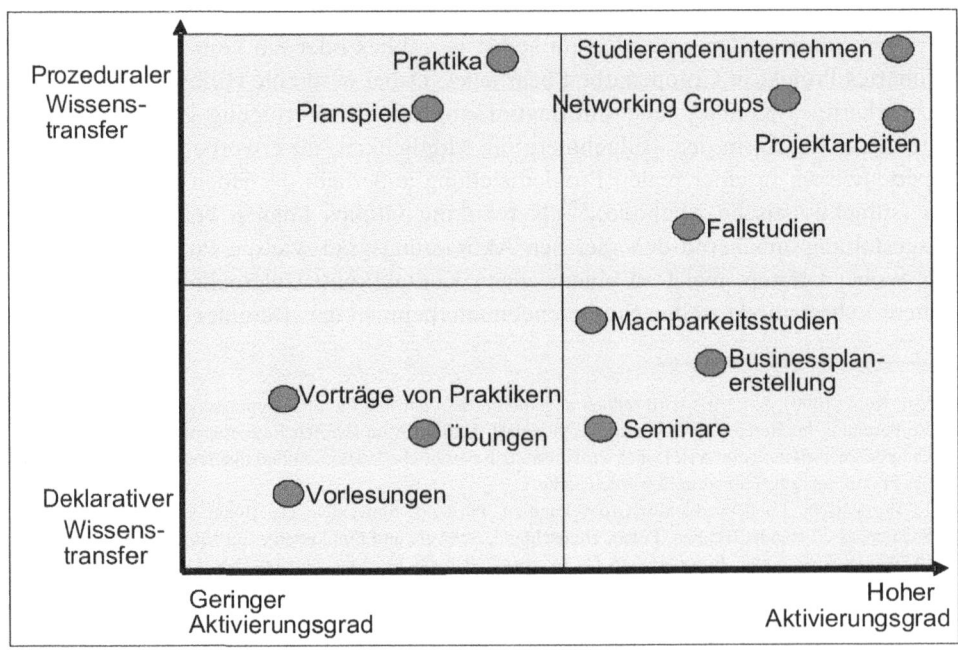

Abbildung 11: Portfolio über Aktivierungsgrad und Art des Wissenstransfers[324]

---

[321] Vgl. Letmathe/Uebe-Emden (2005), S. 3ff. Anhand von vier Fallstudien wird gezeigt, dass Studierendenunternehmen in verschiedene Typen eingeteilt werden können anhand der Kriterien, ob ihnen zur Gründung Hilfestellung gewährt wurde, ob ein fachliches oder persönliches Interesse zur Gründung vorab bestand und ob sich das Unternehmen an einem Produkt oder an einer Technologie orientiert. Es kann festgehalten werden, dass Universitäten Studierendenunternehmen als ein Instrument der Förderung der Entrepreneurship Education in Betracht ziehen können.

[322] Deklaratives Wissen steht hierbei für das Faktenwissen („Wissen was"), während prozedurales Wissen das Handlungswissen („Wissen wie") beschreibt. Letzteres umfasst nicht nur Fertigkeiten, sondern auch das Wissen über prozedurale Vorgänge wie Produktionsprozesse. Vgl. Seel (2003), S. 387.

[323] Dabei gilt es zu berücksichtigen, dass die Methoden jeweils besonders gut oder schlecht angewandt werden können, so dass es in der Realität auch von der Lehrkraft abhängig ist, welcher Grad an Wissensvermittlung erzielt werden kann.

[324] Vgl. Uebe-Emden/Schuhen (2006), S. 10.

Um eine optimale Auswahl der Lehrformen gewährleisten zu können, muss ein geeigneter Methoden-Mix gewählt werden, bei dem gerade für die Vermittlung der Basisqualifikationen auch die Vorlesungen eine zentrale Rolle spielen. Diesem Methoden-Mix gilt es in einem weiteren Schritt sinnvoll mit den Inhalten der Entrepreneurship Education abzustimmen. Darüber hinaus ist bei der Konzeption eines Ausbildungsprogramms darauf zu achten, dass Lehrformen und -inhalte an die verschiedenen Lernstufen angepasst werden, damit die Studierenden langsam an das Thema Selbstständigkeit herangeführt werden.

Es bleibt zu klären, ob unterschiedliche Zielgruppen in der Entrepreneurship Education (insb. Existenzgründer und Unternehmensnachfolger) zu verschiedenen Anforderungsprofilen an eine Unternehmerausbildung führen, die bei der Ausgestaltung von Ausbildungsprogrammen ebenfalls berücksichtigt werden müssen. Dieser Fragestellung wird in den nachfolgenden Kapiteln anhand zweier empirischer Studien nachgegangen.

3.7 Ableitung von Anforderungsprofilen zur Unternehmerausbildung anhand empirischer Studien

Bevor die Entrepreneurship Education als wissenschaftliche Disziplin anerkannt wurde, war sie zunächst Bestandteil des Lehrprogramms von Industrie- und Handwerkskammern sowie der Volkshochschulen.[325] Die Anforderungen an eine Unternehmerausbildung sowie zur Förderung einer Kultur der Selbstständigkeit werden häufig aus der Politik und aus der Wissenschaft vorgegeben.[326] Die Sichtung der Literatur dieser neuen wissenschaftlichen Teildisziplin lässt den Bedarf an weiteren empirischen Studien erkennen. Dabei wird insbesondere deutlich, dass es weiterer Studien bedarf, die sich nicht nur auf die Betrachtung einer Lehrmethode beziehen, sondern die Forschungsansätze, Lehrformen und -inhalte gleichzeitig betrachten.[327] Weiterhin werden kaum die Einstellung zu den derzeitigen Angeboten der Unternehmerausbildung sowie bestehende Verbesserungspotenziale analysiert.[328] Dabei verdeutlichen Studien über den Vergleich von Lehrinhalten der Unternehmerausbildung in Lehrbüchern mit Akti-

---

[325] Vgl. Klandt (2004), S. 296.

[326] Vgl. Weber (2002), S. 102. Weiterhin erklärt die Europäische Kommission (2008), S. 11, dass unterschiedliche Studierende auch verschiedene Anforderungen an eine Unternehmerausbildung haben. Weitere Leitlinien wurden von der Europäischen Kommission zur Gründungspolitik entwickelt, vgl. Schulte (2002), S. 57. Die Gründungspolitik ist in Deutschland im Rahmen der Mittelstandspolitik anzusiedeln, wobei auch die Finanz- und Wirtschaftspolitik auf diese einwirken können, vgl. Schmette (2007), S. 64. Auf Seiten der Universitäten und anderer Bildungseinrichtungen kann vermerkt werden, dass die Zahl der Qualifizierungsangebote in Deutschland stark zunimmt, die wissenschaftliche Diskussion jedoch gerade erst am Anfang steht, so dass Möglichkeiten und Voraussetzungen für die Unternehmerausbildung noch weitgehend nicht untersucht sind, vgl. Krämer (2007), S. 75.

[327] Vgl. Pittaway/Cope (2007), S. 480 und S. 494.

[328] Vgl. beispielsweise Wu/Jung (2008), S. 43; Sexton et al. (1997).

vitäten der Nascent-Entrepreneure, dass Aktivitäten zur Erhöhung der Gründungs-wahrscheinlichkeit oft nicht Gegenstand der Lehre sind.[329]

Eine Hauptanforderung an die Unternehmerausbildung an Hochschulen ist eine im Vergleich zu anderen Studienfächern höhere Praxisorientierung der Lehre zur Vermittlung der unternehmerischen Kompetenzen.[330] Ob und inwiefern eine Hochschule insbesondere diese Mischung aus theoriegeleitetem Basiswissen und praxisorientierten Lehrformen leisten kann, wird kontrovers diskutiert.[331] Aus diesem Grund erscheint es sinnvoll zu überprüfen, welche Bedeutung die verschiedenen Zielgruppen der Entrepreneurship Education der Praxisorientierung beimessen. Von Interesse ist zudem die Betrachtung eigener Erfahrungen zur Praxisorientierung während des Studiums. Um diesen Forschungsfragen nachzugehen, wurden für diese Arbeit zwei empirische Studien durchgeführt. Untersucht werden folgende Hypothesen, die sich unmittelbar aus den vorstehenden Ausführungen sowohl für Existenzgründer als auch für Unternehmensnachfolger ableiten lassen.

Hypothese A:

Es besteht eine Differenz zwischen der aus Unternehmersicht notwendigen Praxiserfahrung im Rahmen der Entrepreneurship Education und der tatsächlichen Praxiserfahrung in den jeweiligen Studiengängen.

Wie die bisherigen Ausführungen gezeigt haben, wendet sich die Entrepreneurship Education vorwiegend der Zielgruppe der Existenzgründer zu. Darüber hinaus hat sie auch für andere Zielgruppen (Unternehmensnachfolger, Förderer, Forscher) einen nachvollziehbaren Mehrwert.[332] Die Tatsache, dass unterschiedliche Zielgruppen auch unterschiedliche Anforderungen an eine Unternehmerausbildung haben, wird in der Literatur oft beschrieben.[333] Worin diese unterschiedlichen Anforderungen speziell bei Unternehmensnachfolgern und Existenzgründern bestehen und wie sie in der Entrepreneurship Education berücksichtigt werden können, wurde bisher noch nicht explizit untersucht. Die vorliegende Arbeit soll diese Lücke schließen. Dazu wird eine zweite Hypothese aufgestellt.

Hypothese B:

Unterschiedliche Unternehmertypen weisen unterschiedliche Anforderungen an ein Ausbildungssystem auf.

In Anlehnung an die erste Hypothese kann bei Ermittlung einer Lücke zwischen den Anforderungen an eine praxisorientierte Unternehmerausbildung und der Praxisorien-

---

[329] Vgl. Edelman/Manolova/Brush (2008), S. 67.

[330] Vgl. Schmette (2007), S. 72; Wagner (2006), S. 49; Schulte (2008), S. 258ff.; Bunk (1994), S. 9.

[331] Vgl. Anderseck (2003), S. 291.

[332] Vgl. Remmele/Schmette/Seeber (2007), S. 2.

[333] Vgl. beispielsweise Kay/Schlömer (2009), S. 57f., Remmele/Seeber (2007), S. 90f., Fritsch/Peters/Tragseil (2007), S. 282, welche verschiedene Zielgruppen an Teilnehmern in der schulischen Entrepreneurship Education beschreiben sowie Braukmann (2002), S. 53ff., der zwischen Unternehmern und Mitunternehmern differenziert.

tierung des eigenen Studiums weiterhin konstatiert werden, dass sowohl Existenzgründer als auch Unternehmensnachfolger einen verstärkten Einsatz von subjektivistischen Lehrmethoden fordern. Daraus ergibt sich die dritte Hypothese.

Hypothese C:

Lehrmethoden außerhalb der Hochschule werden von den Zielgruppen für eine praxisorientierte Lehre im Vergleich zu den Lehrmethoden innerhalb der Hochschule besser beurteilt.

Neben der empirischen Überprüfung dieser Hypothesen und den daraus folgenden Implikationen werden Handlungsempfehlungen für die weitere Ausgestaltung der Entrepreneurship Education formuliert. Auch diese Erkenntnisse werden aus den durchgeführten Studien bei Existenzgründern und Unternehmensnachfolgern abgeleitet. Sie werden nachfolgend als Existenzgründerstudie bzw. als Unternehmensnachfolgerstudie bezeichnet. Aus einem Vergleich der Studienergebnisse, der bisherigen wissenschaftlichen Auseinandersetzung mit dem Thema und derzeitigen Ausbildungsinhalten werden schließlich Hinweise und Verbesserungspotenziale abgeleitet, mithilfe derer eine verbesserte und vor allem zielgruppengerechte Abstimmung der Lehrmethoden und -inhalte erfolgen kann. Die Arbeit bietet somit die Basis für weitere Forschungsarbeiten, in denen die gewonnenen Erkenntnisse zur Ausarbeitung neuer und Optimierung bestehender Entrepreneurship-Programme herangezogen werden können.

Im Rahmen der Studien werden entsprechend den formulierten Forschungsfragen zwei Zielgruppen betrachtet: Existenzgründer und Unternehmensnachfolger. Die Auswertung und Interpretation der Studien erfolgt zunächst für jede dieser Zielgruppen separat. Anschließend wird ein Vergleich der Zielgruppen durchgeführt, um Unterschiede in den Anforderungen an eine Entrepreneurship Education herauszuarbeiten.

4 Anforderungen der Existenzgründer an die Entrepreneurship Education

Nachdem Existenzgründer und Unternehmensnachfolger als Zielgruppen der Unternehmerausbildung an Hochschulen mit noch bestehendem Forschungsbedarf identifiziert wurden, werden nachfolgend die spezifischen Anforderungen beider Gruppen analysiert. Um Unterschiede zwischen den Zielgruppen aufzeigen zu können und Vergleichsmöglichkeiten zu erhalten, war es notwendig, zwei getrennte Studien durchzuführen, die aber zumindest in Teilabschnitten ein vergleichbares Fragebogendesign aufweisen.

Die durchgeführte Existenzgründerstudie hat zusätzlich eine eigenständige Bedeutung für die Entrepreneurship-Forschung. So stellt das Institut für Mittelstandsforschung (IfM) in Bonn seit 2004 einen Rückgang der Gründungszahlen aufgrund einer Verschärfung der Fördervoraussetzungen fest.[334] Die IfM-Studie zeigt auf, dass der stetige Aufschwung der Gründungszahlen seit 2002 unterbrochen wurde. Die durchgeführte Studie greift dieses Thema auf und sucht nach Gründen für diese Entwicklung.

Andere Studienergebnissen verdeutlichen, dass sowohl Deutschland als auch andere europäische Länder derzeit noch weit hinter den Gründungszahlen der USA zurückliegen. Laut GEM-Länderbericht liegt der Anteil der Nascent-Entrepreneure im Juli 2004 in Deutschland bei 3,39 Prozent, womit lediglich der 19. Rang von 34 teilnehmenden GEM-Ländern erzielt wird und Deutschland somit weit hinter Kanada und den USA zurückliegt.[335] In absoluten Zahlen ermittelt das Bundesministerium für Bildung und Forschung (BMBF) einen Jahresdurchschnitt von ca. 250.000 Neugründungen, von denen 37.700 Unternehmensgründungen auf Akademiker entfallen.[336] Hierbei überwiegt die Anzahl der akademischen Start-ups die der universitären Spin-offs.[337]

Gründe für diese Entwicklungen sind Faktoren, die sich hemmend auf die Neugründung von Unternehmen hemmend auswirken und die auch einen zukünftigen Anstieg der Gründungen infrage stellen. Hier sind laut Carayannis, Evans und Hanson (2003) z. B. die komplexen Verwaltungsstrukturen, die schwierige Kapitalbeschaffung und die schlechte Einstellung gegenüber dem Beruf eines selbstständigen Unternehmers bei Studierenden zu nennen.[338] Weitere Studienergebnisse bestätigen das steigende Anforderungsniveau an Gründer.[339]

---

[334] Vgl. KfW et al. (2006), S. XI. Seit 2004 wurde bis 2008 jeweils ein negativer Gründungssaldo ermittelt. 2009 konnten erstmalig wieder steigende Gründungszahlen nachgewiesen werden, vgl. IfM Bonn (2010b).

[335] Vgl. Sternberg (2004), S. 12ff.

[336] Vgl. BMBF (2002), S. 9.

[337] Als Start-up-Unternehmen werden junge Unternehmen bezeichnet, die häufig eine Affinität zu neuen Technologien oder Medien aufweisen, vgl. Glatzel (2004), S. 219. Ist von universitären oder akademischen Spin-offs die Rede, so muss nach einer Definition von Dickel mindestens ein Mitarbeiter einer öffentlichen Forschungseinrichtung an der Gründung beteiligt sein, und es muss ein Technologietransfer aus der Forschungseinrichtung in das neue Unternehmen erfolgen, vgl. Dickel (2008), S. 13.

[338] Vgl. Carayannis/Evans/Hanson (2003), S. 706f.

[339] Vgl. Pfeiffer/Reize (1999), S. 18.

© Springer Fachmedien Wiesbaden GmbH, ein Teil von Springer Nature 2011
N. Uebe-Emden, *Entrepreneurship Education an Hochschulen für Gründer und Nachfolger*,
Edition KWV, https://doi.org/10.1007/978-3-658-24358-6_4

Doch nicht nur die Rahmenbedingungen für Unternehmer sind als Faktoren für den Rückgang der Gründungen von Bedeutung, sondern auch die Fähigkeiten der zukünftigen Gründer werden in der Literatur als verbesserungsfähig eingestuft. Dieser Trend wird im Rahmen einer auf mehrere Bevölkerungsschichten ausgelegten Umfrage von Welter und Rosenblatt (1998) dargestellt, die sowohl die Gründungsneigung als auch die Gründungsfähigkeit in Deutschland untersuchen. Die Ergebnisse zeigen zum einen, dass es genügend Studierende mit bestehender Gründungsneigung gibt (36 Prozent). Zum anderen verfügen gerade Hochschulabsolventen über das Know-how für besonders innovative Gründungsideen. Es wird somit ein großes Gründungspotenzial für Deutschland bestätigt. Die Ergebnisse der Studie verdeutlichen jedoch auch die Tendenz zum Rückgang der Gründungsfähigkeiten, wodurch sich der Rückgang der Gründungszahlen zum Teil erklären lässt.[340] Des Weiteren wird in empirischen Studien nachgewiesen, dass die Ausbildung der Gründer zunehmend wichtiger wird, um den Erfolg der Neugründungen zu gewährleisten und dass weiterer Forschungsbedarf bezüglich des Unternehmertums und der Ausbildung der Gründer besteht.[341] Zudem ist ein steigender Anteil der Akademiker unter den Selbstständigen nachweisbar.[342]

All dies verdeutlicht den Bedarf an weiterer empirischer Forschung hinsichtlich des Gründungspotenzials sowie der Entrepreneurship Education. Um beiden genannten Untersuchungszwecken gerecht zu werden, wurden sowohl Fragen aus dem Bereich des Entrepreneurship Research als auch der Entrepreneurship Education in den Fragebogen integriert.[343]

4.1 Methodisches Vorgehen der Existenzgründerstudie

4.1.1 Auswahl der Stichprobe

Um die Anforderungen der Existenzgründer, die sich aus ihren persönlichen Erfahrungen anhand der gewonnenen Erkenntnisse der eigenen Ausbildung und Problemfeldern während der Gründungsphase ergeben, analysieren zu können, wurde zunächst ein geeignetes Verfahren gesucht. Da die Existenzgründer zu Ereignissen in ihrer Vergangenheit befragt wurden, fand die Methodik der Querschnittsanalyse Anwendung. Bei einer Querschnittsdiagnose wird ein aktueller Zustand beschrieben. Eine Längsschnittdiagnose wird hingegen angewendet, um Veränderungen über einen längeren Zeitraum

---

[340] Vgl. Welter/von Rosenblatt (1998), S. 234ff.
[341] Vgl. Van der Sluis/van Praag/Vijverberg (2004), S. 24ff.
[342] Vgl. Maier (1994), S. 122. Nolte beschreibt eine Zunahme des Akademikeranteils bei den Selbstständigen von 3 Prozent in den 50er-Jahren hin zu 9 Prozent im Jahr 2000, vgl. Nolte (2006), S. 68. Demgegenüber muss jedoch die generelle Zunahme des Akademikeranteils in der Bevölkerung betrachtet werden. Laut Plünnecke (2004), S. 7, sollte die Akademikerquote von 2001 von 7,1 auf 8,1 Prozent im Jahr 2010 steigen. Untersuchungen, ob der Akademikeranteil unter den Selbstständigen überproportional zu dem in der Bevölkerung steigt, existieren jedoch nicht.
[343] Vgl. Uebe-Emden (2007).

zu verfolgen.[344] Die Querschnittsdiagnose dient schwerpunktmäßig dem Erfassen der Merkmale und Kriterien zu einem bestimmten Zeitpunkt. Es ist zudem möglich, individuelle Merkmalskombinationen (Profil) festzustellen und über die Erfüllung eines bestimmten Kriteriums zu entscheiden. Demgegenüber werden in der Längsschnittanalyse Merkmalsausprägungen im Zeitverlauf anhand mehrerer aufeinanderfolgender Erhebungen in derselben Stichprobe verfolgt.

Bei dieser quantitativen Studie wurde die standardisierte Befragung als Erhebungsmethode herangezogen.[345] Hierzu wurde ein standardisierter Fragebogen konzipiert, der im Rahmen einer mündlichen Befragung via Telefoninterview durch einen Interviewer abgefragt wurde.[346] Im Vergleich zu anderen Befragungstechniken (mündlich oder persönlich) können die Interviewer weniger Einfluss auf die Befragten ausüben. Die Dauer der Befragung kann im Vergleich zu anderen Interviewtechnikern mittel bis lang gestaltet werden, während die Fragebogenkomplexität gering gehalten werden sollte. Die Ausschöpfung innerhalb der Stichprobe, die nur teilweise beschränkt ist, ist jedoch schwer zu ermitteln.[347] Negative Auswirkungen von telefonischen Befragungen gegenüber schriftlichen auf die Datenqualität ergeben sich zum einen aus der Tatsache, dass die Befragten spontan auf die gestellten Fragen antworten müssen und somit keine Bedenkzeit haben und zum anderen dadurch, dass den Befragten eine geringere Anonymität ermöglicht wird. Ein weiterer Nachteil besteht darin, dass bei einem Telefoninterview der Interviewer Ort und Zeit der Befragung festlegt und somit die Umfeldfaktoren für den Befragten teilweise unvorteilhaft sein können.[348]

Im Fokus der Studie steht die Untersuchung von Unternehmensgründern. Dabei spielte es keine Rolle, wann die eigentliche Unternehmensgründung erfolgte. Unternehmensübernahmen werden bei dieser Studie nicht betrachtet, da sie Gegenstand der zweiten durchgeführten Studie sind. Die Zielgruppen der Befragungen sind sowohl studierte Existenzgründer, bei denen zusätzliche Informationen zur Entrepreneurship Education an Hochschulen abgefragt wurden, als auch nicht studierte Gründer. Dies dient insbesondere dazu, unterschiedliche Anforderungen der betrachteten Zielgruppen aufzuzeigen. Um eine bessere Vergleichbarkeit der Umfeldbedingungen der Gründungen bezüglich der Unternehmerausbildung an Hochschulen sowie der regionalen Gründungsförderung zu erzielen, wurden Alumni der Universität Siegen befragt oder Gründer, die in der Region Gründungserfahrung sammeln konnten. Ein weiteres Charakteristikum der Gründer ist, dass diese ihrer Geschäftstätigkeit am Markt derzeit noch aktiv nachgehen.

---

[344] Vgl. Diekmann (2009), S. 303ff.

[345] „Die Befragung ist ein systematisch geplanter Kommunikationsprozess zwischen mindestens zwei Personen", Raithel (2008), S. 65. Die Befragung stellt zudem auch die am meisten verwendete Erhebungsmethode dar, vgl. Abel/Möller/Treumann (1998), S. 52, sowie Kromrey (2009), S. 336.

[346] Vgl. Raithel (2008), S. 66. Ein Grund für die starke Zunahme telefonischer Studien ist die Abnahme der Response-Rates bei den Face-to-Face-Befragungen, die mit einem erhöhten Zeit- und Kostenaufwand für diese Befragungen einhergehen, vgl. Koch (2002), S. 9ff.

[347] Vgl. Porst (2008), S. 95ff.

[348] Vgl. Bailey (1978), S. 158; er fasst die Nachteile von Befragungen im Allgemeinen zusammen.

Zur Stichprobe der Studie muss zunächst festgehalten werden, dass es keine Gründer-datenbank an der Universität Siegen gab. Zum einen wurden die Alumni der Universität Siegen identifiziert, die sich selbstständig gemacht haben.[349] Zum anderen konnte die Forschungstransferstelle der Universität Siegen weitere ehemalige Studierende benennen, die mittlerweile ein Unternehmen gegründet haben. Des Weiteren wurden über die IHK Siegen Unternehmensgründeradressen zur Verfügung gestellt. Als vierte wichtige Quelle wurden bereits befragte Existenzgründer nach Kommilitonen gefragt, die ebenfalls den Schritt in die Selbstständigkeit gewagt hatten. Somit konnten insgesamt 200 Adressen von studierten und nicht studierten Gründern aus der Region Siegen-Wittgenstein und Olpe generiert werden. Die ermittelten Gründer wurden angerufen und hatten innerhalb der disproportionalen Zufallsstichprobe die gleiche Wahrscheinlichkeit zu den Auswertungsergebnissen beizutragen.[350]

4.1.2 Aufbau des Fragebogens

Nachfolgend wird der Aufbau des verwendeten Fragebogens[351] beschrieben. Der für diese Studie konzipierte Fragebogen umfasst 47 Fragen. Im ersten Teil werden Charakteristika von Unternehmensgründern abgefragt.[352] Dabei wird ein Schwerpunkt auf die Abfrage von Fähigkeiten und Verhaltensweisen von Existenzgründern gelegt, wobei die Befragten auf einer Skala[353] von 1 (sehr wichtig) bis 5 (unbedeutend) die Bedeutung der jeweiligen Eigenschaft bzw. Verhaltensweise für die eigene Unterneh-

---

[349] Dies geschah durch Kontaktaufnahme zum Alumniverbund der Universität Siegen über Frau Dr. Susanne Padberg.

[350] Vgl. näher zu Zufallsstichproben und disproportional geschichteten Stichproben Schumann (2006), S. 94. Unter disproportionalen Stichproben werden Stichprobenschichten verstanden, die nicht proportional zu ihrer Verteilung in der Grundgesamtheit gezogen werden.

[351] Vgl. Anhang 1.

[352] Ausgehend von der Annahme, dass alle Existenzgründer sich besonders durch eine Vielzahl und Kombination verschiedener Eigenschaften und Kompetenzen auszeichnen (Jacks-of-all-trades), vgl. Lazear (2003), S. 5, sollte somit eine Charakterisierung der Existenzgründertypen ermöglicht werden.

[353] Die Verwendung von fünfstufigen Skalen wurde u. a. von Rohrmann (1978) aufgrund des eingeschränkten Differenzierungsvermögens der Studienteilnehmer empfohlen. Um für die nachfolgenden Untersuchungen eine Intervallskalierung unterstellen zu können, werden die Skalenendpunkte verbal so verankert, dass die gewählten Gegensatzpaare aus Sicht der Befragten als semantischer Gegensatz empfunden werden, vgl. Greving (2007), S. 71. Die Unterstellung einer Intervallskalierung bei Skalenfragen und somit die Einstufung als metrisches Messniveau kann so lange aufrechterhalten werden, wie sinnvolle Interpretationsergebnisse aus der Datenauswertung erfolgen, vgl. Westermann (1985).

mensgründung einschätzen mussten. Die Auswahl der 28 Kriterien[354] erfolgte zunächst über eine ausführliche Literaturrecherche sowie eine Diskussion mit Experten.[355] Ebenso wurde mit den personenbezogenen Erfolgsfaktoren aus Sicht der Gründer verfahren.

Als übergeordnete Merkmale werden typische Unternehmerfunktionen herangezogen, die in Form von Eigenschaften und Verhaltensweisen abgebildet werden. Zugrunde gelegt wird der multifunktionale Ansatz von Schneider (1997). Dieser besagt, dass ein Unternehmer Einkommensunsicherheiten für andere übernimmt, Arbitragegewinne erzielt bzw. zur Erhaltung der Unternehmung im Außenverhältnis beiträgt sowie die Durchsetzung von Änderungen im Innenverhältnis antreibt.[356] Schneiders Ansatz kann ergänzt werden um weitere Eigenschaften und Verhaltensweisen.[357] So beschreibt Knight (1921) den Unternehmer in seiner Funktion als Risikoträger, der darüber hinaus jedoch über Urteils-, Prognose- und Managementfähigkeiten sowie über Selbstvertrauen verfügt.[358] Kirzner (1997) hingegen betont u. a. den Wissens- und Informationsaspekt eines Unternehmers.[359] Rauch und Frese (1998) weisen den Unternehmern insbesondere die Fähigkeit zu, Situationen gut einschätzen zu können sowie sich realistische Ziele zu setzen.[360] Das Entdecken, Schaffen und Ausnutzen von Möglichkeiten zum Unternehmertum wird von Shane, Locke und Collins (2003) herausgestellt.[361] Eine weitere wichtige Eigenschaft von Unternehmern wird von Faltin (2001) erörtert, der den Unternehmer als besonders kreativ beschreibt.[362] Bell et al. (2004) stellen die Innovationskraft, Zielstrebigkeit und Neigung zu kalkulierbaren Risiken als Unternehmerfähigkeiten heraus.[363] Ibrahim und Soufani (2002) betonen unter anderem den Unabhängigkeitsdrang, die hohe Leistungsbereitschaft und die Netzwerkfähigkeiten.[364] Die hohe Leistungsorientierung wird auch von McClelland

---

[354] Folgende 28 Items waren Bestandteil der Untersuchung: weisen praktische Erfahrung auf, verfügen über analytische Fähigkeiten, verfügen über Branchenkenntnisse, planen mit Weitsicht voraus, treffen fundierte Entscheidungen, können Situationen gut einschätzen, realisieren Pläne, können eigene Fähigkeiten gut einschätzen, erkennen Möglichkeiten, die sich ihnen bieten, sind sehr kreativ, entwickeln häufig Innovationen, verfügen über einen eigenen Führungsstil, kommunizieren viel, sind sehr kontaktfreudig, wissen sich auszudrücken, gehen auf Mitarbeiter, Kunden und Lieferanten ein, arbeiten gut im Team, können sich gut in bestehende Strukturen einfinden, können ihre Meinung durchsetzen, vertrauen auf ihre eigenen Stärken, streben nach Unabhängigkeit, verfolgen ausdauernd ihre Ziele, sind hoch motiviert, übernehmen gern Verantwortung, sind bereit, unternehmerische Risiken einzugehen, engagieren sich gern und oft und suchen aktiv nach Informationen.

[355] Als Experten wurden Herr Prof. Dr. Letmathe und Frau Prof. Dr. Welter nach Verbesserungsvorschlägen für den Fragebogen befragt.

[356] Vgl. Schneider (1997), S. 25ff.

[357] Vgl. Gartner (1985), S. 696ff.

[358] Vgl. Knight (1921).

[359] Vgl. Kirzner (1997), S. 67ff.

[360] Vgl. Rauch/Frese (2000), S. 13.

[361] Vgl. Shane/Locke/Collins (2003).

[362] Vgl. Faltin (2001), S. 123ff.

[363] Vgl. Bell et al. (2004), S. 109ff.

[364] Vgl. Ibrahim/Soufani (2002), S. 422ff.

(1961) beschrieben.[365] Szyperski, Klandt und Nathusius (1979) schreiben dem Unternehmer die Fähigkeit zu, Ideen zu generieren und umzusetzen sowie über Fachwissen zu verfügen.[366] Bei Gartner und Starr (1993) wird die Fähigkeit erwähnt, Aufgaben delegieren und Strukturen für optimale Prozessabläufe entwickeln zu können.[367] Aus dem Bereich der Humankapitalforschung werden zudem Items zum Wissen, zur Branchenerfahrung und Marktkenntnis, zu Entrepreneurial Skills und zu den betriebswirtschaftlichen Kenntnissen der Existenzgründer integriert.[368] Es lässt sich darüber hinaus noch eine Vielzahl weiterer Studien zu diesem Thema finden, die bestätigen, dass der Gründungserfolg von einzelnen Eigenschaften oder Begabungen abhängig ist, wobei zumeist keine Aussage über die Stärke dieses Zusammenhangs getroffen wird.[369]

Im zweiten Abschnitt des Fragebogens werden Merkmale abgefragt, die einer Klassifizierung der Unternehmen dienen. Der dritte Fragebogenteil beschäftigt sich mit Fragen zur Gründung des Unternehmens. Darin werden zum einen die Motive, welche zur Gründungsidee und zur Gründung selbst führten, sowie die Rolle des Umfelds bei der Gründung näher betrachtet. Die Auswahl der verwendeten Gründungsmotive stützt sich dabei auf Ergebnisse aus der Vorstudie[370] sowie die in der Literatur am weitesten verbreiteten Motive.[371] Bei den Umfeldbedingungen wird untersucht, ob temporäre Chancen in einer speziellen Branche das Gründungsvorhaben begünstigt haben. Ein abschließender Fragenkomplex in diesem Teil des Fragebogens beschäftigt sich mit den Erfolgsfaktoren einzelner Unternehmensgründer. Auch hier werden die enthaltenen Faktoren – basierend auf Erkenntnissen aus der Vorstudie sowie anhand geeigneter Literaturquellen – ausgewählt.[372]

Der vierte Abschnitt des Fragebogens enthält Fragen zu Unterstützungsleistungen während der Gründungsphase. Hierbei werden zunächst Problembereiche, die zum Zeitpunkt der Gründungsphase bestanden, analysiert. Nachfolgend wird erfragt, welche Unterstützung in Anspruch genommen wurde und in welchen Bereichen das Förderangebot ausgeweitet werden könnte. Im Anschluss daran werden Institutionen und

---

[365] Vgl. McClelland (1961). Die Leistungsmotivation, die Risikoneigung, die Kontrollneigung und das Streben nach Unabhängigkeit wurden z. B. von mehreren Autoren als gründungsrelevante Abilities und Traits bezeichnet, vgl. Fallgatter (2001), S. 1219; Frese (1998), S. 12ff.

[366] Vgl. Szyperski/Klandt/Nathusius (1979), S. 33.

[367] Vgl. Gartner/Starr (1993), S. 36f.

[368] Vgl. Jacobsen (2006), S. 68ff. Er verwendet diese Einteilung für die Gruppierung anderer empirischer Studien zum Humankapital der Gründer.

[369] Vgl. Moog (2004), S. 14.

[370] Es wurden 31 Gründer zunächst zufällig ausgewählt und anhand eines grob skizzierten Fragebogens telefonisch befragt. Dabei enthielt diese Vorversion des Fragebogens eine Reihe offener Fragen, die später zu geschlossenen Fragen anhand der durch die Vorstudie ermittelten Antwortkategorien umgewandelt wurden. Das Vorgehen war an dieser Stelle zunächst explorativ.

[371] Vgl. Amit/Muller (1996) sowie Welter/von Rosenblatt (1998). Die Anreize oder Motive, die zu einer Gründung führen, lassen sich in Pushfaktoren – wie eine Gründung aufgrund einer drohenden Arbeitslosigkeit – sowie Pullfaktoren – wie die Aussicht auf Verbesserung der Einkommenssituation – unterscheiden, vgl. Gatewood/Shaver/Gartner (1995), S. 373ff.

[372] Vgl. Brüderl/Preisendörfer/Ziegler (1998), S. 106ff.

Personen abgefragt, die in der Literatur als Gründungsförderer beschrieben werden.[373] Diese werden noch um die spezifischen Angebote der regionalen Fördereinrichtungen ergänzt. Die Befragten bilden anhand eines Selbsteinstufungsverfahrens auf einer Skala von 1 (sehr zufrieden) bis 5 (gar nicht zufrieden) ihre Zufriedenheit mit der geleisteten Unterstützung ab, sofern sie von der jeweiligen Instanz Hilfe in Anspruch genommen haben. Abschließend wird in diesem Teil die Dauer der geleisteten Unterstützung abgefragt.

Der nächste Fragebogenteil dient dazu, Möglichkeiten, ein Unternehmensnetzwerk auszugestalten und Gründungen mittels Erfahrungsaustausch zu fördern, zu eruieren. An dieser Stelle sollen die Befragten angeben, ob sie bereit wären einem solchen Netzwerk beizutreten, welchen Nutzen sie sich davon versprechen würden und welche weiteren Teilnehmer (z. B. Professoren, IHK-Vertreter etc.) zu einem solchen Netzwerk eingeladen werden sollten.

Im letzten Abschnitt des Fragebogens finden Fragen zur Entrepreneurship Education Berücksichtigung. Hier geht es vor allem darum, ob die befragten Existenzgründer eine praxisorientierte Ausbildung für wichtig erachten und welche Erfahrungen sie diesbezüglich während ihres Studiums sammeln konnten. Des Weiteren werden sie aufgefordert, acht beschriebene Lehrmethoden aus dem Bereich der Entrepreneurship Education hinsichtlich ihrer Effektivität zu bewerten – sofern sie ihnen bekannt waren.[374]

Der Fragebogen endet mit Fragen, wie sich eine Universität aus Sicht der Befragten als Förderer für Unternehmensgründungen etablieren könnte. Bei den Bewertungsfragen wird stets eine 5er-Rating-Skala[375] gewählt, da sie zum einen die Durchführung multivariater Verfahren wie Faktorenanalysen[376] ermöglicht und zum anderen die besten Vergleichsmöglichkeiten zu weiteren Studien bietet.[377]

4.2 Ablauf der Studie und Beschreibung der Stichprobe

Im weiteren Verlauf werden Ablauf und Untersuchungsgegenstand der Studie näher erläutert. Vor der Durchführung der Existenzgründerstudie wurden zunächst Informa-

---

[373] Vgl. Kailer (2002), S. 206f.

[374] Vgl. Walterscheid (1998), S. 9ff.

[375] Rating-Skalen werden in der Literatur auch als Rangordnungsskalen, Einstufungsskalen, Schätzskalen oder Beurteilungsskalen bezeichnet, vgl. Jäpel (1985), S. 123.

[376] Bei einer Faktorenanalyse werden mehrere Items (Indikatoren) auf eine geringere Anzahl an Faktoren (Konstrukte) verdichtet. Dabei sollen die Items eines Faktors miteinander stark und mit den Items eines anderen Faktors nicht oder nur gering korrelieren, vgl. Backhaus et al. (2008), S. 323ff. Bei einer explorativen Faktorenanalyse kann die Eignung eines Faktors für das Verfahren anhand des Kaiser-Meyer-Olkin-Kriteriums (KMO-Kriterium) überprüft werden. Dazu wird überprüft, ob das KMO-Kriterium, das Werte von 0 bis 1 annehmen kann, mit seinem Wert möglichst dicht an die 1 herankommt. Dabei liegt ein Wert von mindestens 0,8 im von Kaiser definierten zulässigen Bereich, vgl. Kaiser (1974), S. 35.

[377] Vgl. Friedrichs (1990), S. 172ff., sowie Kromrey (2009), S. 227ff., welche beide die Anwendung der Rating-Skala sowie anderer Skalenarten untersuchen.

tionen zur Gründungsförderung aus der Region sowie aus der aktuellen Managementliteratur im Rahmen einer umfangreichen Literaturrecherche gesammelt und ausgewertet. Im Anschluss daran wurden 31 Existenzgründer aus der Region im Rahmen einer Vorabstudie befragt, woraus erste Erkenntnisse für die Entwicklung eines geeigneten Fragebogens abgeleitet werden konnten. Darauf aufbauend wurde der Fragebogen unter den Gesichtspunkten der Gütekriterien Objektivität[378], Reliabilität[379] und Validität[380] entwickelt. Um die Validität in der Studie zu untersuchen, wurde der Fragebogen zunächst in mehreren internen Korrekturschleifen von Experten[381] begutachtet. Aufgrund des gegebenen standardisierten Fragebogens und des quantitativen Erhebungsdesigns der Studie kann – abgesehen von möglichen Kodierungsfehlern – bereits eine hohe Objektivität unterstellt werden. Um die Durchführungsobjektivität gewährleisten zu können, wurde ein Pretest durchgeführt.[382] Der vorläufige Fragebogen wurde bei weiteren zehn Existenzgründern getestet und mittels des klassischen Pretestverfahrens auf bestehende Verständnisprobleme überprüft. Im Anschluss an den Pretest wurde der Fragebogen erneut überarbeitet, wodurch seine intersubjektive Überprüfbarkeit gesteigert wurde. In der eigentlichen Datenerhebungsphase wurden 122 telefonische Interviews mit Existenzgründern geführt. Die erhobenen Datensätze wurden mithilfe von uni-, bi- und multivariaten Verfahren ausgewertet. Abbildung 12 fasst den Projektablauf zur Durchführung der Studie zusammen.

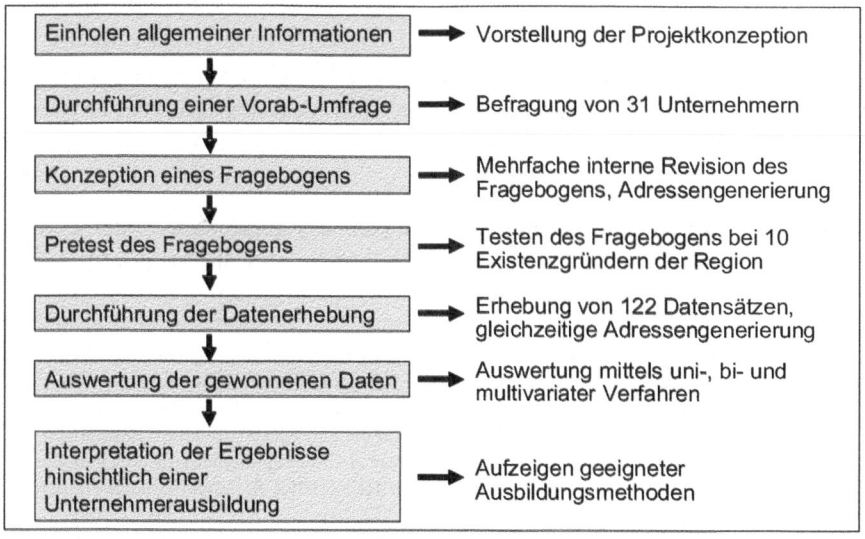

Abbildung 12: Ablauf der durchgeführten Studie

---

[378] Dabei verdeutlicht die Objektivität einer Studie als Gütekriterium die Unabhängigkeit von einzelnen Personen, die den konstruierten Fragebogen anwenden, vgl. Diekmann (2009), S. 249.

[379] Die Reliabilität beschreibt die Reproduzierbarkeit von Messergebnissen, vgl. Diekmann (2009), S. 250.

[380] Unter Validität wird der Grad der Genauigkeit verstanden, mit dem ein konstruierter Test die Einstellung oder Verhaltensweise tatsächlich misst, die er zu messen vorgibt, vgl. Lienert/Raatz (1969), S. 16.

[381] Namentlich Herr Prof. Dr. Letmathe und Frau Prof. Dr. Welter.

[382] Vgl. Lienert/Raatz (1969).

Bei der Beschreibung der Stichprobe und der Rücklaufquote muss berücksichtigt werden, dass die insgesamt 200 Adressen aufgrund einer nicht vorhandenen Ausgangsdatenbank aus mehreren Datenquellen gesammelt wurden. Es nahmen 122 Existenzgründer an der Befragung teil, was einer Erfolgsquote von 61 Prozent entspricht. In der eigentlichen Datenerhebung konnten letztlich 96 Gründer und 26 Gründerinnen befragt werden.[383]

Weiterhin wurde analysiert, in welchem Alter die Befragten ihre Unternehmen gegründet haben. Das durchschnittliche Gründungsalter liegt bei 32,2 Jahren. Ca. ein Viertel der Befragten war zum Zeitpunkt der Gründung jünger als 27 Jahre. Das älteste Viertel der Gründer liegt bei 37 Jahren und darüber. Ca. 43 Prozent der Gründungen werden im Alter zwischen 30 und 40 Jahren unternommen.[384]

89 Personen aus der gesamten Stichprobe haben studiert[385], davon 70 an der Universität Siegen.[386] Existenzgründer, die nicht in Siegen studiert haben, haben sich zumindest in der untersuchten Region selbstständig gemacht, so dass sie die Gründungsförderungsprogramme der Region beurteilen können. Vergleicht man die Studienabschlüsse, entfällt der größte Anteil der befragten Existenzgründer mit akademischem Abschluss (23 Gründer = 25,8 Prozent) auf den Bereich Wirtschaftswissenschaften. Betrachtet man die Anzahl der Gründungen in den verschiedenen Bereichen, so können zwei hervorstechende Branchen identifiziert werden: Die meisten Gründer sind demnach entweder im Bereich der hochwertigen Dienstleistungen (dazu zählen z. B. Werbung, Marketing, Beratung oder Architektur- sowie Ingenieurbüros) tätig (45 Prozent) oder in der IT-Branche (25 Prozent). Weitere 30 Prozent der befragten Existenzgründer lassen sich nicht zu einer homogenen Gruppe zusammenfassen und werden in die Kategorie „Sonstiges" eingeteilt.

Über 80 Prozent der befragten Existenzgründer nutzen das gegründete Unternehmen als Haupterwerbsquelle. Einige andere haben das Unternehmen während des Studiums

---

[383] Diese Geschlechterverteilung entspricht auch den Ergebnissen einer anderen Studie, vgl. Moog (2004), S. 73, die bei der Kölner Gründerstudie angibt, dass drei Viertel aller befragten Gründer männlich seien.

[384] Im Vergleich zu anderen Studien, vgl. Moog (2004), S. 73, die angibt, dass ca. die Hälfte aller Gründer der Kölner Gründerstudie zwischen 30 und 40 Jahre alt sind, kann für die vorliegende Studie ein Prozentwert von 52 Prozent ermittelt werden, so dass auch bei diesem Strukturitem auf eine repräsentative Studie geschlossen werden kann. Gleiches belegt Moog anhand der Studien von Heil (1999), S. 7, und Brüderl/Preisendörfer/Ziegler (1998), S. 83.

[385] Vergleicht man diese Prozentzahl (ca. 70 Prozent) mit anderen Studien (vgl. Moog (2004), S. 91, welche eine Quote von ca. 54 Prozent aufweist), so liegt die erhobene Stichprobe deutlich höher.

[386] Diese Information ermöglicht Aussagen über die Bildungsherkunft der befragten Gründer, welche u. a. einen starken Einfluss auf die Beschäftigungsentwicklung ausübt (vgl. Moog (2004), S. 6). Dieser ist jedoch in der hier erhobenen Stichprobe nicht nachweisbar. Zur Bedeutung der Ausbildung hinsichtlich ihres Einflusses auf den Unternehmenserfolg, vgl. Lee/Tsang (2001), S. 583. Des Weiteren gibt der Ausbildungsstand bzw. die Investitionen, welche ein Gründer in die eigene Ausbildung (den Aufbau des Humankapitals) leistet, Aufschluss darüber, ob und wie der Effizienzparameter in einem Unternehmen durch Lernen gesteigert werden kann, vgl. Otani (1996) sowie Jovanovic (1994), S. 345. Der erworbene Ausbildungsabschluss bewirkt somit laut der Signalling-Theorie einen Vertrauensvorschuss gegenüber Kreditgebern und Kunden und kann demnach auch zum Gründungserfolg beitragen, vgl. Backes-Gellner/Werner (2007).

gegründet und betreiben es parallel. Nahezu 95 Prozent der Befragten bestätigen darüber hinaus Praxiserfahrungen vor der Selbstständigkeit.[387] Im Einzelnen waren 80 Prozent vorher in einem Beschäftigungsverhältnis angestellt, immerhin 45 Prozent haben zuvor eine Ausbildung erfolgreich absolviert, ebenso viele haben vor ihrer Gründung ein Praktikum absolviert und ein Viertel der Befragten gibt an, vorher schon ein anderes Unternehmen geführt zu haben.[388] Die Selbstständigkeit der Eltern spielt ebenfalls eine nicht zu unterschätzende Rolle, da ein Drittel der Befragten angibt, dass ein Elternteil oder sogar beide selbstständig sind.[389] Bei einem Drittel der befragten Existenzgründer handelt es sich um Teamgründungen. Die Teams bestehen jeweils zur Hälfte aus zwei Gründern oder mehr als zwei Personen. Am häufigsten sind jedoch Einzelgründungen vertreten.[390] Des Weiteren haben die meisten Existenzgründer (85 Prozent) keine Mitarbeiter zum Gründungszeitpunkt. Zum Zeitpunkt der Befragung

---

[387] Der positive Zusammenhang zwischen vorherigen Selbstständigkeitserfahrungen sowie der Berufsausbildung und dem Umsatzwachstum bei Gründungen wird bereits von Kulicke (1987) nachgewiesen. Im Gegensatz dazu ermitteln Picot/Laub/Schneider (1989), S. 84, dass zwar kein Zusammenhang zwischen der beruflichen Qualifikation und der Gründungswahrscheinlichkeit nachgewiesen werden kann. Aus ihrer Sicht ist die Branchenerfahrung der Existenzgründer für den Erfolg ihrer Gründungen relevant. Fachkenntnisse und Branchenerfahrung werden von Stuart und Abetti (1987) als Anforderungen an Gründer beschrieben. Der positive Einfluss von Branchenerfahrung findet auch bei Wagner (2006), S. 34, Erwähnung. Eine gegensätzliche Aussage, dass Branchenerfahrung keine Bedeutung für den Gründungserfolg hat, findet sich bei Scheidt (1995), S. 177.

[388] Bei dieser Frage waren Mehrfachnennungen möglich.

[389] Eine positive Korrelation zwischen der elterlichen Selbstständigkeit und dem Erfolg von Gründungen wird bereits von Goebel (1990) nachgewiesen. In anderen Gründerstudien, vgl. Moog (2004), S. 93, kann ebenfalls ermittelt werden, dass ein Drittel der Eltern der befragten Gründer selbstständig war, was erneut für repräsentative Studienergebnisse spricht.

[390] In der Literatur wurde sowohl von Mellewigt/Späth (2002), Lechler (2001), Stockley (2000), S. 206ff., Scheidt (1995), S. 176, Cooper/Gimeno-Gascón/Woo (1994), S. 378ff., als auch von Picot/Laub/Schneider (1989) ein positiver Effekt von Teamgründungen auf den Unternehmenserfolg nachgewiesen. Dabei besteht jedoch kein linearer Zusammenhang, vgl. Stock (2005).
Vergleicht man den prozentualen Anteil der Teamgründungen mit dem in anderen Studien, vgl. Moog (2004), S. 94f., welche einen Teamgründungsanteil von 36 Prozent aufweist, so kann erneut ein ähnliches und somit repräsentatives Ergebnis innerhalb der Strukturdaten ermittelt werden. Bei der Größe der Teamgründungen ermittelt Moog einen Anteil von 60 Prozent der Zwei-Mann-Gründungen, der in dieser Studie 50 Prozent beträgt. Weiterhin weist Moog (2004) in ihrer Studie darauf hin, dass studierte Gründer öfter zu Teamgründungen neigen (71,3 Prozent) als nicht studierte (28,7 Prozent). Über eine Kreuztabelle mit anschließendem Chi-Quadrat-Test kann auch für diese Studie ein signifikanter Unterschied (Signifikanzniveau von 0,009***) nachgewiesen werden. Es wird ermittelt, dass 73 Prozent der studierten Existenzgründer im Team gründen, während es bei den nicht Studierten lediglich 27 Prozent sind. Die Kreuztabelle bildet alle möglichen Merkmalsausprägungen von zwei oder mehreren Variablen in Form einer Matrix ab, vgl. Berekoven/Eckert/Ellenrieder (2009), S. 220ff.; Backhaus et al. (2008), S. 14. Mittels Chi-Quadrat-Tests kann die Unabhängigkeit zwischen den Variablen der Kreuztabelle bzw. die Hypothese, dass ein Zusammenhang zwischen diesen besteht, überprüft werden. Mithilfe des Programms SPSS wird das Pearson-Chi-Quadrat berechnet. Dabei wird ein schwach signifikanter Zusammenhang von ≤ 0,1 in der Regel mit *, ein signifikanter Zusammenhang von ≤ 0,05 mit ** und ein hochsignifikanter Zusammenhang von ≤ 0,001 mit *** gekennzeichnet.

hingegen haben bereits 50 Prozent der Unternehmen Mitarbeiter eingestellt.[391] Immerhin sieben Unternehmen verfügen über mehr als 25 Mitarbeiter. Nicht nur die Mitarbeiterzahlen, sondern auch die Angebotspalette ändert sich bei den meisten Unternehmen (69 Prozent) nach der Gründungsphase. Dabei haben ca. 5 Prozent der Befragten ihre Angebotspalette komplett umgestellt, 30 Prozent änderten sie weitreichend und 34 Prozent geringfügig ab. Zudem kann ca. ein Drittel der Unternehmen seinen Umsatz im Verhältnis zum Gründungsjahr mehr als verzehnfachen, während es 16 Prozent nicht gelingt, den Umsatz überhaupt zu steigern.[392] Umsatzsteigerungen sind häufig einzelnen besonders guten Kundenbeziehungen zu verdanken. Fast 80 Prozent der Existenzgründer verfügen über Referenzkunden.[393]

Abschließend lässt sich festhalten, dass aufgrund von Vergleichen mit anderen Gründerstudien, bei denen annähernd gleiche Strukturdaten der Stichprobe ermittelt wurden, in der durchgeführten Befragung von einer repräsentativen Stichprobe ausgegangen werden kann.

4.3 Deskriptive Auswertung der Ergebnisse

Zunächst werden die deskriptiven Auswertungen im Rahmen der Existenzgründerstudie erläutert. Zur Auswertung der Ergebnisse wurde das Programm SPSS verwendet.

Obwohl alle 28 abgefragten Items von den Existenzgründern durchweg positiv bewertet werden, hebt sich die hohe Motivation (Mittelwert = 1,30)[394] marginal aus der Mas-

---

[391] Damit lässt sich zwar kein Beschäftigungswachstum für die befragten Unternehmen ableiten, allerdings geben diese Daten Aufschluss über die Struktur der ausgewählten Stichprobe. Es kann ermittelt werden, dass 35 Prozent der Unternehmen überhaupt Mitarbeiter eingestellt haben. In der Literatur wird ein Beschäftigungswachstum bei ca. 30 Prozent aller Unternehmen in einer empirischen Untersuchung belegt, vgl. Schwarz/Ehrmann/Breitenecker (2005), S. 1088f. Bei Spin-offs kann im Verhältnis von einem höheren Wachstum ausgegangen werden (vgl. Gottschalk et al. (2007), S. 33, sowie Egeln et. al. (2003), S. 53). Moog (2004) gibt für die Kölner Gründerstudie an, dass 42 Prozent der Befragten zum Zeitpunkt der Gründung noch über keine Beschäftigten verfügen. Vergleicht man die Prozentwerte der Mitarbeiterzahlen zum Gründungszeitpunkt und zum Befragungszeitpunkt mit anderen Studienergebnissen, so kann festgehalten werden, dass hier im Vergleich zu 15 Prozent laut Aussage der befragten Gründer eine deutliche Differenz vorliegt.

[392] Während bei den meisten Unternehmen (zwei Drittel) ein positives Umsatzwachstum in Studien nachgewiesen werden kann, kann bei den verbleibenden Unternehmen eine Stagnation oder sogar ein Umsatzrückgang in gleichem Maße festgestellt werden, vgl. Brüderl/Preisendörfer/Ziegler (1998). Bei Spin-off-Unternehmen konnte ein höheres Umsatzwachstum festgestellt werden als bei anderen Gründungsarten, vgl. Gottschalk et al. (2007), S. 32. Der Durchschnitt des Umsatzwachstums im ersten Jahr liegt bei ca. 30 Prozent, wobei Hightech-Unternehmen zwischen 34 Prozent und 39 Prozent Umsatzwachstum nachweisen, vgl. Gottschalk et al. (2007), S. 18. Nur 10 Prozent der Gründer erzielen jährlich eine Verzehnfachung ihres Umsatzes, vgl. Scheidt (1995), S. 166.

[393] Zur Bedeutung von Pilotkunden und deren Beitrag zum Erfolg eines neu gegründeten Unternehmens, vgl. Stahlecker (2006), S. 156f. Anzumerken bleibt dabei, dass bei ca. der Hälfte der Unternehmungen der Zeitpunkt der Gründung zeitgleich mit den ersten Umsätzen erfolgt, was die Bedeutung von Referenzkunden unterstreicht, vgl. Herr (2007), S. 253f.

[394] Es handelt sich hierbei um das arithmetische Mittel.

se ab.[395] Sie können somit als bedeutendste Eigenschaften von Existenzgründern im Rahmen dieser Studie identifiziert werden. Weitere besonders hohe Mittelwerte ergeben sich ebenfalls bei den Items Vertrauen auf die eigenen Stärken (Mittelwert = 1,42) Verantwortungsbewusstsein, ausdauerndes Verfolgen der eigenen Ziele (jeweils Mittelwert = 1,43) sowie Eingehen auf Kunden, Mitarbeiter und Lieferanten (Mittelwert = 1,47). Damit werden die Fähigkeiten als besonders wichtig eingestuft, die kaum über traditionelle Lehrmethoden wie Vorlesungen und Übungen verbessert werden können. Das „theoretische Grundlagenwissen" (Mittelwert = 2,31) und das „Sich-einfinden-Können in bestehende Strukturen" (Mittelwert = 2,53) schneiden am schlechtesten ab. Die nachfolgende Tabelle 6 gibt einen Überblick über alle ermittelten Mittelwerte.

Unternehmerische Fähigkeiten	Mittelwert	Unternehmerische Fähigkeiten	Mittelwert
Hohe Motivation	1,30	Ausdrucksfähigkeit	1,85
Vertrauen auf eigene Stärken	1,41	Engagement	1,93
Verantwortungsbewusstsein	1,43	Schnelle Entscheidungsfindung	1,93
Ziele ausdauernd verfolgen	1,43	Praktische Erfahrung	1,96
Auf Mitarbeier eingehen	1,47	Analytische Fähigkeiten	1,98
Kommunikationsfähigkeit	1,56	Durchsetzungsfähigkeit	1,99
Kontaktfreudigkeit	1,58	Kreativität	2,03
Eigenständiges Informieren	1,66	Planung mit Weitsicht	2,13
Unabhängiges Arbeiten	1,67	Pläne schnell realisieren	2,13
Möglichkeiten erkennen	1,70	Eigener Führungsstil	2,18
Selbsteinschätzungsfähigkeit	1,72	Teamarbeit	2,22
Risikobereitschaft	1,72	Innovationen	2,26
Situationen gut einschätzen	1,81	Theoretisches Grundlagenwissen	2,31
Branchenkenntnisse	1,84	Sich in Strukturen einfinden	2,53

Tabelle 6: Bedeutung der unternehmerischen Fähigkeiten

---

[395] Dabei wurden die Items alle auf eine 5er-Skala von 1 = sehr wichtig bis 5 = komplett unbedeutend gemessen. Alle Fähigkeiten werden dabei als wichtig bis sehr wichtig eingestuft (Ausnahme: Sich-einfinden-Können in bestehende Strukturen mit einem Mittelwert von 2,53).

Die Gründungsidee entsteht zu über 87 Prozent durch ein Interesse am Arbeitsfeld des zu gründenden Unternehmens. Ca. drei Viertel aller befragten Gründer geben an, darüber hinaus auch ein Interesse an der Selbstständigkeit an sich gehabt zu haben. Immerhin über die Hälfte der Befragten erklären, dass sich die Gründungsidee durch das Vorliegen erster Aufträge entwickelte. Weitere Ursprünge der Gründungsideen sind drohende Arbeitslosigkeit sowie das Vorliegen von Patenten oder von Förderangeboten, wie Abbildung 13 darstellt.

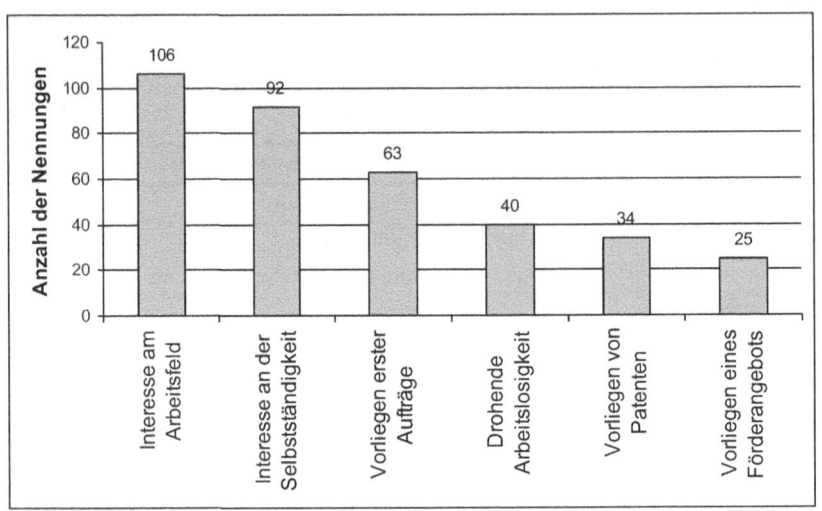

Abbildung 13: Entstehung der Gründungsidee

In ca. 60 Prozent der betrachteten Fälle spielt das Umfeld[396] bei der Entwicklung einer Gründungsidee eine Rolle. Lediglich 40 Prozent geben an, dass sich die Gründungsidee aus eigenem Interesse entwickelt hat. Die große Bedeutung der Umfeldbedingungen wird bereits von Franke und Lüthje (2002) beschrieben.[397] Bei der Frage nach den Gründungsmotiven geben ca. 75 Prozent aller Befragten den Wunsch nach Selbstständigkeit oder Selbstverwirklichung (ca. 74 Prozent) an. Einen weiteren entscheidenden Punkt bei den Gründungsmotiven stellen die Unzufriedenheitsfaktoren dar. Hier geben ca. 46 Prozent an, aus dem Wunsch nach Einkommenssteigerung, aus der schlechten Arbeitsmarktsituation (44 Prozent), aus dem Wunsch nach Einkommensabsicherung (39 Prozent) oder aus der Unzufriedenheit mit dem Job (31 Prozent) heraus gründen zu wollen, wie Abbildung 14 verdeutlicht.[398]

---

[396] Vgl. Lackner (2002), S. 47ff., welcher das hier beschriebene Umfeld in fünf unterschiedliche Umfeldbereiche unterteilt: politisch-rechtliche, ökonomische, technologische, gesellschaftliche und ökologische Umwelt.
[397] Vgl. Franke/Lüthje (2002), S. 35.
[398] Vgl. Amit/Muller (1996), S. 95, die herausfanden, dass Pull-Unternehmer wesentlich erfolgreicher sind als Push-Unternehmer, was anhand der Häufigkeit der obigen Nennungen nachvollziehbar ist.

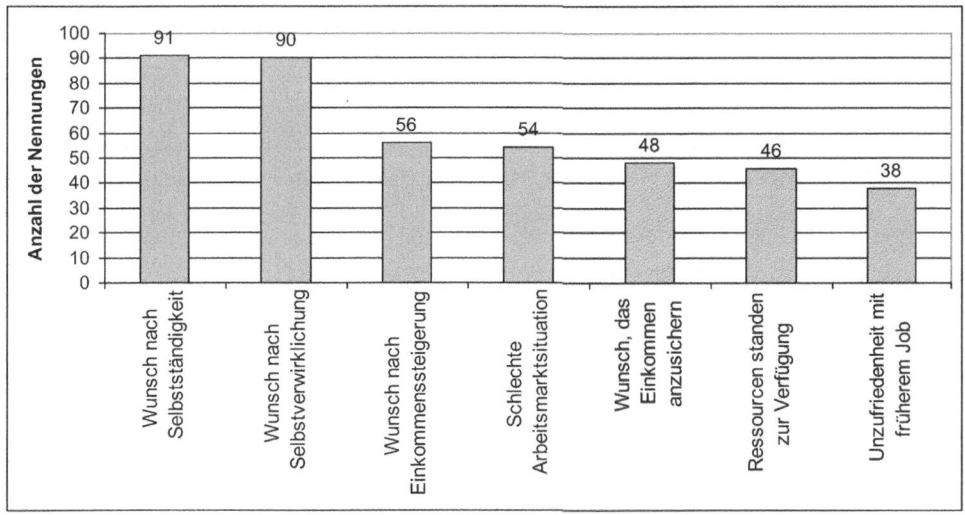

Abbildung 14: Gründungsmotive der Befragten

Des Weiteren werden im Rahmen der Studie auch die vom Gründer zum Gründungszeitpunkt wahrgenommenen Erfolgsfaktoren analysiert.[399] Als relevante Erfolgsfaktoren werden zu 84 Prozent die Produktqualität, zu 82 Prozent der Glaube an die eigene
Geschäftsidee und zu 75 Prozent persönliche Kontakte der Befragten angegeben.[400]
Die wichtigsten Problembereiche liegen aus Sicht der Existenzgründer in der Markterschließung (46 Prozent), dem wirtschaftlichen Umfeld (39 Prozent) und dem zu be-
schaffenden Kapital (38 Prozent), wie Tabelle 7 beschreibt.[401]

---

[399] In der Literatur wird eine Gruppierung der Erfolgsfaktoren z. B. in personenbezogene, betriebsbezogene und
umfeldbezogene Faktoren vorgenommen, vgl. Müller-Böling/Klandt (1993), S. 143. Im konzipierten Fragebogen werden alle drei Kategorien abgefragt.

[400] Vgl. Jacobsen (2003), S. 129ff. Er untergliedert die Erfolgsfaktoren in eine personelle, organisatorische und
eine externe Dimension. Eine ähnliche Gliederung nimmt auch Moog (2004), S. 7, vor. Sie beschreibt Um-
feldkonditionen, Charakteristika des Gründers und des Start-ups. Die Beispiele für die Ermittlung von Erfolgsfaktoren in der Literatur sind vielfältig. Die Erfolgsfaktoren Leistungsmotivation, Unabhängigkeitsstre-
ben, Erkennen von Möglichkeiten, Branchenerfahrung, Zielstrebigkeit und Teamgründungen werden von Pi-
cot/Laub/Schneider (1989), S. 81f., herausgearbeitet. Unterschiede in den Erfolgsfaktoren für Unternehmensgründungen verschiedener Länder weist Keßler (2006), S. 298f., nach. Er untersucht Unterschiede zwischen österreichischen und tschechischen Gründungen in der Frühentwicklungsphase. Während in Österreich
die Merkmale des Gründungsprozesses und zwei Aspekte des persönlichen Gründerumfeldes einen Einfluss
messbar machen, spielen in der Tschechischen Republik vor allem das Geschlecht und die Leistungsmotivation eine Rolle. Über eine Metaanalyse identifizieren Song et al. (2008), S. 13f., acht verschiedene Erfolgsfaktoren: Integration in die Supply Chain, Marktbereich, Unternehmensalter, Größe des Gründungsteams, finanzielle Ressourcen, Erfahrungen im Bereich Marketing, Branchenerfahrung und Patentschutz. Diese fassen
sie zu drei Oberkategorien zusammen: Markt und Möglichkeiten, Ressourcen und Gründungsteam. Es kann
somit festgehalten werden, dass eine Vielzahl von Erfolgsfaktoren besteht, die sich in ihrer Bedeutung je
nach Art der Gründung und Branche jedoch unterschiedlich auswirken können.

[401] Vgl. Kailer (2005), S. 4. Er führt eine empirische Befragung von Studierenden durch. Bei ihm wird das fehlende Kapital mit 33 Prozent als größte Barriere zusammen mit zu hohen Risiken sowie persönlichen und
familiären Gründen genannt (ebenfalls 33 Prozent).

Erfolgsfaktoren	Prozent	Misserfolgsfaktoren	Prozent
Produkt-/Dienstleistungsqualität	84 %	Markterschließung	46 %
Glaube an die Geschäftsidee	82 %	Wirtschaftliches Umfeld	39 %
Persönliche Kontakte	75 %	Kapital und Finanzierung	38 %

Tabelle 7: Die wichtigsten Erfolgs- und Misserfolgsfaktoren der Gründungen

Ein Item der Existenzgründerstudie fragt nach den Zielen des vergangenen halben Jahres. Über 85 Prozent geben an, den Kundenstamm weiter ausbauen, 77 Prozent das Unternehmen fortführen und 75 Prozent das Einkommen absichern zu wollen. Das Wachstum des Unternehmens wird immerhin von 65 Prozent der Befragten als Ziel verfolgt. Weniger relevant erscheint die Absicherung der Familie, die nur von 45 Prozent der Befragten als Ziel angegeben wird. Um zu eruieren, wo die Existenzgründer den größten Bedarf an Hilfestellungen haben, werden die Problembereiche während der Gründungsphase erfragt. Die meisten Gründer (45 Prozent) geben an, Probleme mit der Markterschließung gehabt zu haben. Etwas weniger als 40 Prozent der Befragten zählen sowohl das wirtschaftliche Umfeld als auch Kapital- und Finanzierungsfragen als Probleme der Unternehmensgründung auf.[402]

Im weiteren Verlauf der Analyse wird auf die Gründungsförderung zur Behebung der erfragten Probleme abgestellt. Bezüglich der Fördermaßnahmen zeigt sich, dass 40 Prozent der Befragten während ihrer Gründungsphase keine Unterstützung erhalten haben. Zudem gibt ein noch größerer Prozentsatz (57 Prozent) an, dass es ihm während der Gründungsphase an Unterstützung gefehlt hat.[403] Das größte Angebot in der Region besteht aus Sicht der Befragten derzeit in der Bereitstellung von allgemeinen Informationen zum Thema Gründung. Dies wird von 45 Prozent der Befragten im Rahmen einer geschlossenen Frage, bei der Mehrfachnennungen möglich waren, angegeben. Ebenfalls relativ weit verbreitet sind finanzielle Hilfestellungen (43 Prozent) sowie die Hilfe bei konkreten Fragen, z. B. bezüglich des eigenen Businessplans (41 Prozent). Besonders wenige Angebote bestehen im Bereich der Ideenkonkretisierung für Existenzgründer, was lediglich von 15 Prozent der Befragten angegeben wird. Abbildung 15 stellt die Ergebnisse im Einzelnen dar.

---

[402] Eine Klassifikation von Problemen in der Gründungs- und Wachstumsphase findet sich auch bei Terpstra/Olson (1993), S. 13, welche insbesondere Vertrieb und Marketing, das externe und interne Finanzmanagement sowie ein generelles Management-Problem in ihrer Studie identifizieren konnten.

[403] Vgl. Kailer/Scheff (1999), S. 319ff., führen die fehlende Nutzung von Unterstützungsmaßnahmen auf die mangelhafte Angebotstransparenz, die nicht zielgruppenadäquaten Angebote sowie den fehlenden Bedarf der Gründer an diesen Maßnahmen zurück.

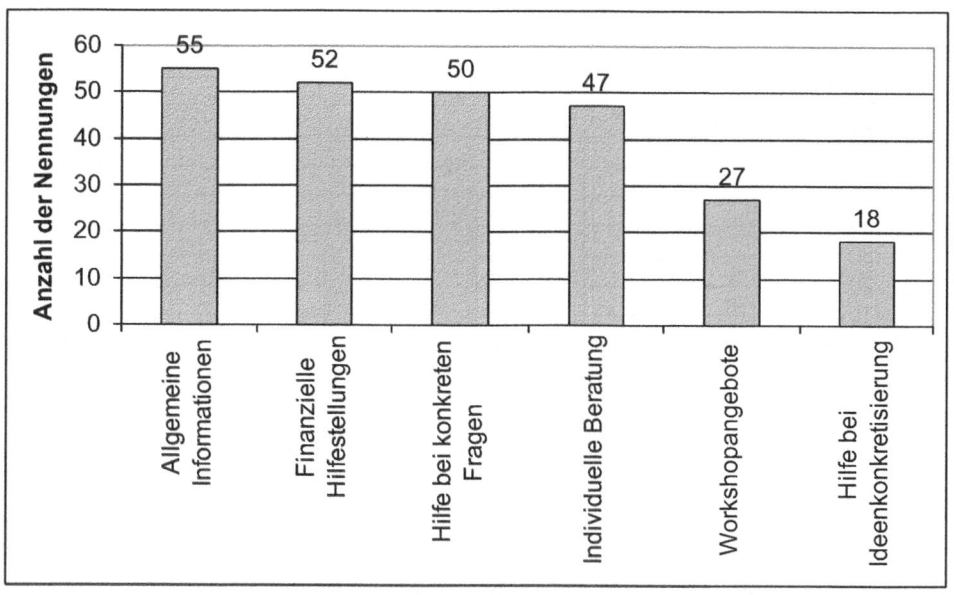

Abbildung 15: Unterstützungsangebote für Existenzgründer

In einer weiteren offenen Frage sollten die Befragten die aus ihrer Sicht bestehenden Lücken im Bereich der Gründungsförderung nennen. Diese bestehen demnach vorrangig in der individuellen Beratung durch Mentoren, was von 15 Prozent der Existenzgründer ungestützt genannt wird. Ebenso scheint ein großer Bedarf an finanzieller Unterstützung (14 Prozent) sowie in der Vermittlung kaufmännischen Know-hows (9 Prozent) zu bestehen.

Bei der Art der Hilfestellung werden die Förderangebote von persönlichen Kontakten und offiziellen Gründungsförderungseinrichtungen unterschieden. Bei Ersteren ist es allen voran die Familie, welche dem Gründer die notwendige Unterstützung gibt (75 Prozent). An darauffolgenden Stellen stehen Freunde (60 Prozent), Kunden (55 Prozent) und Geschäftspartner (43 Prozent). Weniger häufig tritt die Hilfe von ehemaligen Kollegen (26 Prozent), Lieferanten (24 Prozent) und Mitarbeitern (16 Prozent) in der Praxis auf, wie Abbildung 16 verdeutlicht.

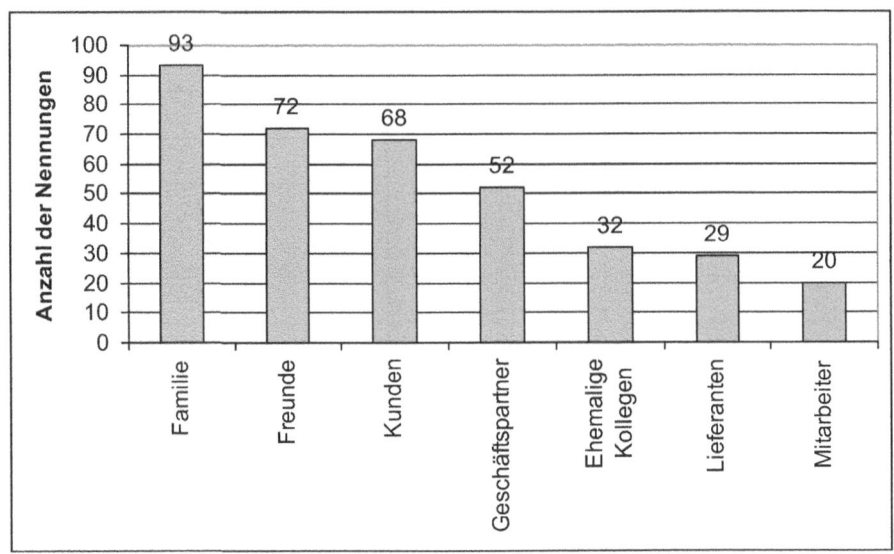

Abbildung 16: Häufigkeit der Förderangebote durch persönliche Kontakte

Ein leicht abweichendes Bild ergibt sich, wenn man die Beurteilung der Bedeutsamkeit der jeweiligen Hilfestellungen betrachtet. Nach wie vor erzielt die Familie mit einem Mittelwert von 1,53 mit Abstand das beste Ergebnis.[404] Die Hilfestellung von Geschäftspartnern und Kunden fällt ebenfalls erwartungsgemäß gut aus. Während Freunde häufig Hilfe anbieten, können diese jedoch nicht immer die beste Qualität der Unterstützung bieten (Mittelwert von 2,28). Demgegenüber kann festgehalten werden, dass die Gründer zwar selten Hilfe von ihren Mitarbeitern erhalten haben, diese jedoch, sofern sie geleistet wurde, als gut (Mittelwert von 2,00) beurteilen im Gegensatz zu Förderangeboten von ehemaligen Kollegen (Mittelwert von 2,48). Die nachfolgende Abbildung 17 gibt einen Überblick über die ermittelten Mittelwerte.

---

[404] Erneut auf einer Skala von 1 (sehr gut) bis 5 (sehr schlecht) gemessen.

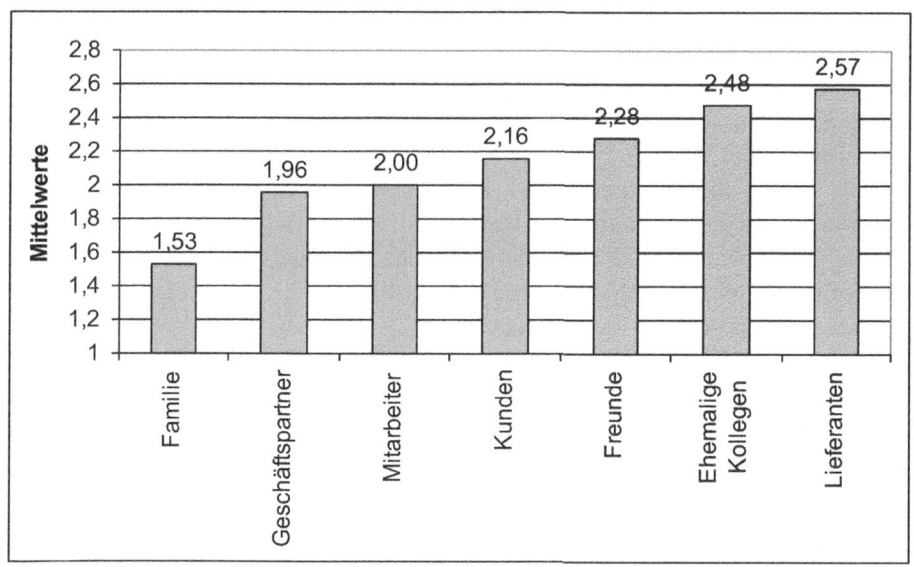

Abbildung 17: Beurteilung der Förderangebote durch persönliche Kontakte

Fragen zu regionalen Institutionen zur Gründungsförderung ergeben, dass insbesonde-re die Unterstützung von Steuerberatern (50 Prozent), der IHK (45 Prozent) und der Agentur für Arbeit (34 Prozent) am häufigsten in Anspruch genommen wird. Die Uni-versität liegt mit 15 absoluten Nennungen im Mittelfeld der betrachteten Institutionen. Abbildung 18 gibt einen Überblick über das Gesamtergebnis der Nennungen.

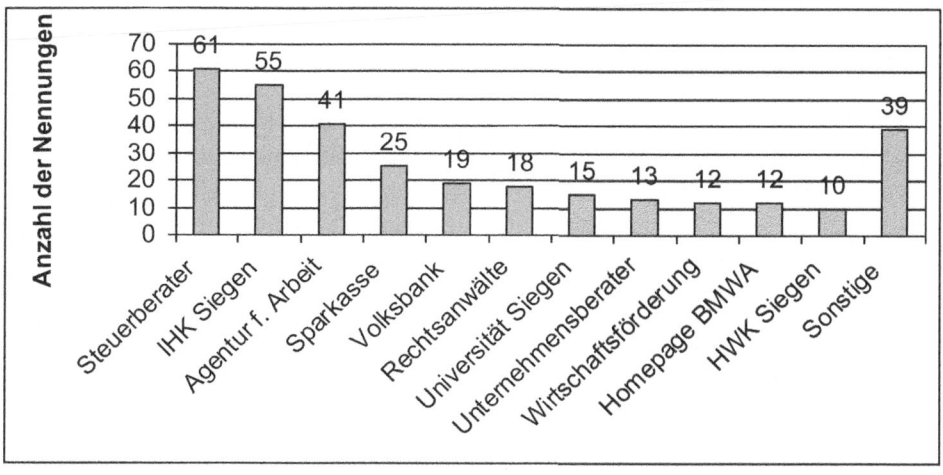

Abbildung 18: Häufigkeit der Inanspruchnahme der Unterstützung von Förderinstitu-tionen

Bei der Beurteilung der Förderinstitutionen spielt neben der Häufigkeit der Inanspruchnahme auch die Qualität der Unterstützung eine entscheidende Rolle. Die Befragten schätzen die ihnen bekannten Institutionen dabei auf der bereits beschriebenen 5er-Rating-Skala ein. Das beste Ergebnis erzielt die IHK Siegen mit einem Mittelwert von 1,21. Damit hebt sie sich eindeutig von den anderen Institutionen ab. Unternehmensberater (2,00), Steuerberater (2,03) und Rechtsanwälte (2,13) werden ebenfalls überdurchschnittlich gut bewertet. Die Universität Siegen findet sich mit einem Mittelwert von 2,74 auf einem der hinteren Rangplätze wieder. Sie wird von Existenzgründern offenbar derzeit noch nicht als Förderinstitution für Unternehmensgründungen gesehen, wie Abbildung 19 verdeutlicht.

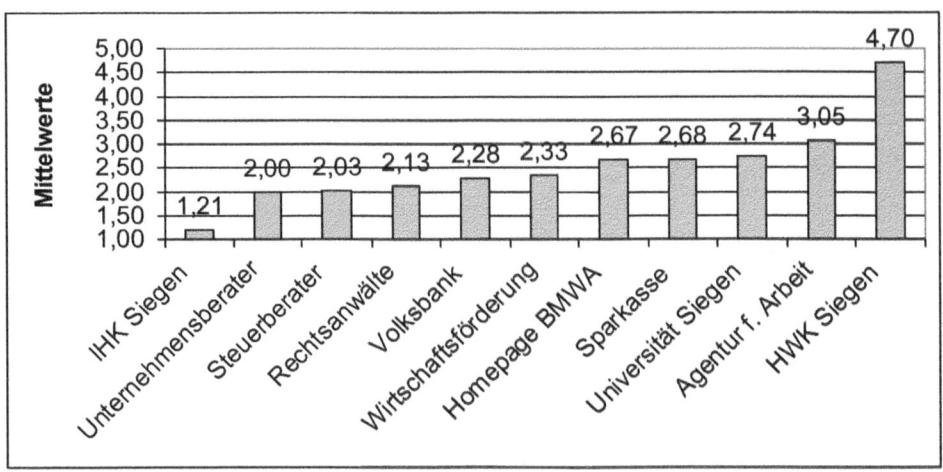

Abbildung 19: Beurteilung der regionalen Förderinstitutionen (mit mehr als 10 Bewertungen)

Bei der Frage nach der Dauer der gebotenen Unterstützung wird die Relevanz des persönlichen Netzwerks deutlich. Im Vergleich zu den Institutionen sind die Hilfestellungen von Personengruppen (Familie und Freunde) häufiger dauerhaft angelegt. Dauerhafte Beziehungen zu Institutionen liegen bei Banken, Steuerberatern oder in Netzwerken vor.

Der letzte Abschnitt des Fragebogens enthält Fragen zur Unternehmerausbildung an Hochschulen. Dieser Teil wurde nur von den 89 Existenzgründern mit Hochschulausbildung beantwortet. Bezüglich der Entrepreneurship Education ist es insbesondere wichtig, wie die Befragten die Bedeutung von praktischen Erfahrungen während des

Studiums beurteilen.[405] Mit einem Mittelwert von 1,55 weisen die Existenzgründer eindeutig auf die Wichtigkeit solcher Erfahrungen hin. Des Weiteren werten sie den Praxisanteil während ihres eigenen Studiums als zu gering (3,71).

Bezüglich der offenen Frage, wie eine praxisorientiertere Ausbildung von Studierenden bereits während des Studiums erreicht werden könnte, wird von den Existenzgründern eine Vielzahl von Vorschlägen unterbreitet. An erster Stelle der geforderten Inhalte und Maßnahmen stehen häufigere und verpflichtende Praktika. Sie werden von ca. einem Drittel aller Befragten genannt. Weitere Maßnahmen umfassen den verstärkten Einsatz von Praktikern in der Lehre (18 Prozent), die Zusammenarbeit mit Unternehmen, z. B. durch ein Netzwerk (17 Prozent), sowie eine anwendungsbezogene Theorievermittlung (14 Prozent). Um die Vielzahl der genannten Möglichkeiten aus Praktikersicht zu verdeutlichen, gibt die nachstehende Tabelle 8 die häufigsten Antworten als Übersicht wieder.

Verbesserungsvorschläge für eine praxisorientierte Ausbildung	Anzahl (Prozent)
Häufigere und verpflichtende Praktika	25 (29 %)
Mehr Einsatz von Praktikern in der Lehre	16 (18 %)
Zusammenarbeit zwischen Unternehmen und Hochschulen fördern	15 (17 %)
Anwendungsbezogene Theorievermittlung	13 (15 %)
Praktische Diplom-, Seminar- und Studienarbeiten	9 (10 %)
Praktische Projektarbeiten	5 (6 %)
Praxissemester	4 (5 %)

Tabelle 8: Maßnahmen zur praxisorientierten Ausgestaltung der Lehre an Hochschulen

Für die Ausgestaltung der Unternehmerausbildung wurden die Existenzgründer nach ihrer Beurteilung der Effektivität verschiedener Lehrmethoden gefragt. Die praxisorientierten Methoden schneiden hier besonders gut ab: Praxissemester mit 1,25 als Mittelwert, Praktika mit 1,44 und Studierendenunternehmen mit 1,82. Vorlesungen werden zwar zur grundlegenden Theorievermittlung als relevant angesehen, in Bezug auf eine praxisorientierte Lehre werden sie von den Befragten jedoch verhältnismäßig schlecht beurteilt (Mittelwert von 2,92). Abschließend kann festgehalten werden, dass vor allem die subjektivistischen Lehrmethoden aus Gründersicht besser eingestuft werden als die objektivistischen.

Die Universität wird bisher von den Existenzgründern nicht als gründungsfördernde

---

[405] Vgl. Welter (2002), S. 97. Sie gibt an, dass durch die Vermittlung von praktischen Fähigkeiten und Erfahrungen die Know-why-Kompetenz erhöht werden könnte. Menzies/Paradi (2003), S. 127, fordern die Einbindung von praktischen Übungen in die Entrepreneurship Education. Bell et al. (2004), S. 120, weisen auch von Studierendenseite nach, dass ein erhöhter Bedarf an praktischen, möglichst realitätsnahen Lernmethoden besteht. Plaschka/Welsch (1990), S. 61, geben an, dass Lehrprogramme prozessorientierter, kreativer, multidisziplinär, theoriebasiert und mit praktischen Aktivitäten ausgestaltet werden sollten. McMullan/Long (1987), S. 267, erklären, dass Studierende in jedem Fall auch praktische Erfahrung in neu gegründeten Unternehmen während ihrer Ausbildung sammeln sollten.

Institution wahrgenommen, was an dieser Stelle erneut durch einen Mittelwert von 2,54 deutlich wird. Die nächste Frage richtete sich nach Maßnahmen, mithilfe derer sich die Universität in Zukunft als Förderinstitution für Existenzgründungen positionieren könnte. Aus Sicht der Befragten besteht die wirksamste Methode in der Organisation von Gründerseminaren (1,97). Die Relevanz weiterer Fördermöglichkeiten durch die Universität kann Abbildung 20 entnommen werden.

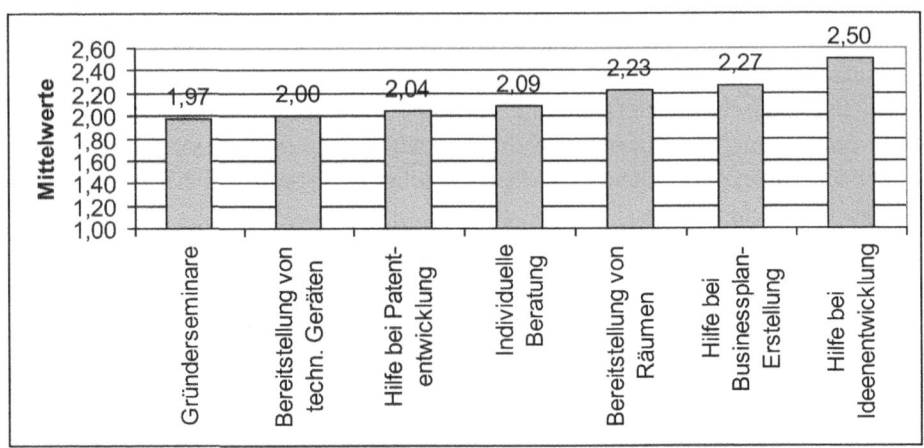

Abbildung 20: Förderungsmöglichkeiten für Existenzgründer durch Hochschulen

Die Studie zeigt somit zum einen die Stärken der regionalen Gründungsberatung auf und identifiziert die IHK als wichtigste Institution zur Gründungsberatung. Zum anderen weist sie auf deutliche Handlungspotenziale im Bereich der Entrepreneurship Education an Hochschulen hin und gibt Hinweise auf Verbesserungsmöglichkeiten des Unterstützungsangebots.

Die Erkenntnisse dieser Studie haben einen ersten Überblick über die Stärken und Schwächen der Gründungsförderung und der Entrepreneurship Education in der Region gegeben. Die IHK Siegen wurde als regional stärkste Instanz der Gründungsförderung identifiziert, wobei sie durch eine Vielzahl von Institutionen in ihrer Aufgabe unterstützt wird. Die Studie gibt weiterhin verschiedene Hinweise auf Verbesserungspotenziale wie den bestehenden Bedarf an individuellen Hilfestellungen für Existenzgründer durch erfahrene Mentoren. Besonders hervorzuheben ist, dass zwischen der Bedeutung der Praxisorientierung der Lehre innerhalb des Studiums und dem tatsächlich durch die Befragten erfahrenen Praxisanteil der Ausbildungsmethoden eine Lücke klafft. Dazu sind vor allem praxisorientierte Lehrformen in die Curricula der Entrepreneurship Education einzubinden. Der nachfolgende Abschnitt erläutert die parallel aufgebaute Studie zur Befragung von Unternehmensnachfolgern.

5 Anforderungen der Unternehmensnachfolger an die Entrepreneurship Education

5.1 Literaturüberblick zum Forschungsfeld Unternehmensnachfolge

Die Literatur zur Unternehmensnachfolge sowohl im Bereich der Familienunternehmen[406] als auch im Bereich des strategischen Managements ist umfangreich.[407] Bevor das Forschungsfeld „Unternehmensnachfolge" näher betrachtet wird, soll zunächst eine Definition des Begriffes vorgenommen werden.[408] Bisher werden unterschiedliche Begrifflichkeiten zur Beschreibung der Unternehmensnachfolge verwendet, wie Unternehmernachfolge oder auch Generationswechsel.[409] Stephan (2002) leitet eine Definition der Unternehmensnachfolge ab, die auch in dieser Arbeit zugrunde gelegt werden soll:

„Die Unternehmensnachfolge bezeichnet den durch das Ausscheiden eines unternehmerisch tätigen Allein-Unternehmers oder Gesellschafters aus dem Unternehmen verursachten Prozess des Übergangs von Kapitalgeber- und Eigentümerfunktion sowie Unternehmerfunktion auf einen Nachfolger, wobei der Übergeber der Funktion als ausscheidender Unternehmer und der Übernehmer als Nachfolger bezeichnet wird."[410]

Das Forschungsfeld Unternehmensnachfolge entwickelte sich in den 1960er-Jahren. Ähnlich wie bei der Entrepreneurship-Literatur unterliegt auch dieser Forschungszweig einem schnellen Wachstum.[411] Die ersten Themen, denen sich die Forscher zuwenden, sind 1. die Frage nach der Herkunft der Nachfolger,[412] 2. der Zusammenhang zwischen der Größe der Unternehmung und der Häufigkeit der Nachfolgeprozesse[413], 3. individuelle Charakteristika der Nachfolger[414] sowie 4. Charakteristika der Organisationsstruktur in Unternehmen.[415] Diese ersten Arbeiten beschäftigen sich mit der Führungsplanung, dem Change Management sowie dem Personalmanagement.[416] Als zweite Forschungsepoche beschreiben Kesner und Sebora (1994) die 1970er-Jahre. Der Forschungsstrang zur Herkunft der Nachfolger erfährt eine weiterführende Analy-

---

[406] Der Begriff des Familienunternehmens wird nachfolgend näher erläutert.

[407] Vgl. Sharma et al. (2001); Sharma/Chrisman/Chua (1996); Welsch (1993); Kesner/Sebora (1994).

[408] Während in Abschnitt 2.4.4 bereits eine Definition für den Unternehmensnachfolger abgeleitet wurde, wird an dieser Stelle der Prozess der Unternehmensnachfolge kurz definiert.

[409] Vgl. Stephan (2002), S. 11, wobei der Terminus Generationswechsel nur bei familieninterner Nachfolge verwendet wird.

[410] Stephan (2002), S. 16f. In dieser Arbeit werden die Begriffe Übergeber, ausscheidender Unternehmer und Senior sowie Nachfolger, Übernehmer, Junior synonym verwendet.

[411] Vgl. Kesner/Sebora (1994), S. 327. Anhand des Reviews von Kesner und Sebora soll nachfolgend die Entwicklung der Forschung im Bereich Unternehmensnachfolge nachvollzogen werden.

[412] Vgl. beispielsweise die Quellen von Carlson (1961) und Grusky (1964).

[413] Vgl. beispielsweise die Quellen von Christensen (1953); Grusky (1963); Navin (1971).

[414] Vgl. beispielsweise die Quellen von Davis (1968); Kotin/Sharaf (1967).

[415] Vgl. beispielsweise die Quellen von Grusky (1969); Guest (1962); Trow (1961); Gouldner (1954).

[416] Vgl. Ip/Jacobs (2006), S. 326.

© Springer Fachmedien Wiesbaden GmbH, ein Teil von Springer Nature 2011
N. Uebe-Emden, *Entrepreneurship Education an Hochschulen für Gründer und Nachfolger*,
Edition KWV, https://doi.org/10.1007/978-3-658-24358-6_5

se, in der auch neue Aspekte analysiert werden.[417] Ebenso wird der Bereich der Häufigkeit der Nachfolgen weiter untersucht, wobei hier Führungscharakteristiken, Veränderungen in der Unternehmensstruktur, der Unternehmensgröße sowie des Unternehmensumfelds mit betrachtet werden.[418] Das dritte Forschungsfeld beschäftigt sich mit den Nachfolger-Charakteristika, bei denen vor allem Führungsstil oder Persönlichkeitsmerkmale der Nachfolger fokussiert werden.[419] Schließlich wird in den 1970ern erstmalig die Beziehung zwischen Aufsichtsrat und Nachfolgeprozess betrachtet.[420]

Die dritte Forschungsepoche wird von Kesner und Sebora (1994) in die 1980er-Jahre eingeordnet. Zu dieser Zeit werden erste Reviews zu dem neuen Forschungsfeld verfasst.[421] In einer erneut steigenden Anzahl von Forschungsarbeiten werden bereits untersuchte Themenfelder, wie die Herkunft der Nachfolger, die Abhängigkeit der Häufigkeit des Nachfolgeprozesses von der Größe der Unternehmung oder die Folgen einer Unternehmensnachfolge, genauer analysiert, es werden aber auch neue Forschungsarbeiten angestoßen.[422] Zu den neuen Forschungsfragen gehören sowohl die Marktreaktionen auf einen Nachfolgeprozess sowie Fragen zur Nachfolgeplanung und zur Identifikation geeigneter Nachfolger für das jeweilige Unternehmen als auch die Dimensionen des Nachfolgeprozesses.[423]

---

[417] Vgl. beispielsweise Bulloch (1978); Helmich (1975a); Daum (1975); Parks/Dimsdale (1974); Pfeffer/Leblebici (1973); Helmich/Brown (1972); Birnbaum (1971).

[418] Vgl. beispielsweise Allen/Panian/Lotz (1979); Pfeffer/Salancik (1978); Helmich (1978a); Helmich (1978b); Longenecker/Schoen (1978) (zur Beschreibung eines Nachfolgeprozesses); Pfeffer/Salancik (1977); Crain/Deaton/Tollison (1977); Helmich (1975b); Helmich (1974a); Helmich (1974b).

[419] Vgl. beispielsweise Koch (1978); Helmich (1978a); Pfeffer/Salancik (1977); Helmich (1977); Hall (1976); Helmich (1975a).

[420] Vgl. beispielsweise Gebhardt (1978); Helmich (1976); Helmich (1975c); Helmich (1974b); Mace (1971).

[421] Vgl. Kohler/Strauss (1983); Gordon/Rosen (1981).

[422] Vgl. Arbeiten zu bestehenden Themenfeldern: 1. Arbeiten zur Herkunft des Nachfolgers wobei sowohl der Erfolg nach der Nachfolge als auch der Unternehmenserfolg vor dem Nachfolgeprozess untersucht werden, vgl. exemplarisch: Dalton/Kesner (1983), Zajac (1990), Warner/Watts/Wruck (1987), Chung et al. (1987). 2. Arbeiten zu der Größe der Unternehmen sowie zur Anzahl der Nachfolgen, vgl. beispielsweise: Cannella/Lubatkin (1993), Salancik/Pfeffer (1980), Jauch/Martin/Osborn (1981). 3. Arbeiten zu den Folgen einer Unternehmensnachfolge, vgl. exemplarisch: Miller (1993), Friedmann/Saul (1991), Hart (1987).

[423] Vgl. Arbeiten zu neuen Forschungsfragen: 1. Arbeiten, die eine marktbezogene Perspektive über die Beeinflussung des Unternehmenserfolgs durch die Nachfolge einnehmen, vgl. beispielsweise: negative Marktreaktion bei Beatty/Zajac (1987), positive Marktreaktion bei Davidson/Worrell/Cheng (1990) und keine signifikante Marktreaktion bei Reinganum (1985), McGuire/Schneeweis/Naroff (1988), Weisbach (1988), Bonnier/Bruner (1989), Friedman/Singh (1989). 2. Arbeiten zur Nachfolgeplanung, welche einen ersten Review-Artikel von Mahler (1981) hervorbringen und darüber hinaus eine Steigerung bezüglich ihrer Anzahl in dieser Forschungsperiode erfahren, vgl. Peay/Dyer/Gibb (1989), Kets de Vries (1988), Gabarro (1988), Hall (1986), Rhodes/Walker (1984), Brady/Fulmer/Helmich (1982). 3. Arbeiten zu der Identifikation geeigneter Nachfolger, wobei die Suche nach geeigneten Managern zum Antritt der Nachfolge im Mittelpunkt der Betrachtung steht, vgl. Anisya/Ramaswamy (1994), Miller (1991), Govindarajan (1989), Gupta (1986), Szilagyi/Schweiger (1984), Hambrick/Mason (1984), Gupta (1984), Hambrick/Mason (1982). 4. Arbeiten über die Stufen des Übergabeprozesses und dessen Analyse, vgl. Friedman (1986), Gabarro (1985), Gilmore/McCann (1983), Kelly (1980). 5. Arbeiten über die Zusammensetzung sowie die Charakteristika des Vorstands und deren Auswirkung auf den Nachfolgeprozess, vgl. Boeker (1992), Puffer/Weintrop (1991), Hermalin/Weisbach (1988), Chaganti/Mahajan/Sharma (1985), Salancik/Pfeffer (1980), Helmich (1980).

Die nachfolgende Forschungsperiode wird ab 1994 anhand des Reviews von Giambatista, Rowe und Riaz (2005) beschrieben und setzt somit nahtlos an den Artikel von Kesner und Sebora (1994) an.[424] Darin werden die Forschungen über die Anzahl[425] der Nachfolgen in verschiedenen Unternehmenssituationen sowie über die Wahrscheinlichkeit einer Nachfolge vertieft.[426] Des Weiteren werden Entwicklungen der Unternehmen vor der jeweiligen Übergabe nach Aspekten[427] wie der Bedeutung des Vorstands[428], der Performance des Unternehmens[429] und den Eigenschaften des Geschäftsführers[430] untersucht. Hinzu kommen Arbeiten zu weiteren Unternehmens-[431]und Branchencharakteristika, Umwelteinflüssen[432] sowie zu Variablen der Nachfolgeplanung[433].

Der Forschungsbereich „Familienunternehmen" spielt insbesondere für die weitverbreiteten familieninternen Nachfolgen eine besondere Rolle und wird aus diesem Grund ebenfalls betrachtet.[434] Obwohl der Begriff des Familienunternehmens[435] in der Literatur erst in den 1930er- und 1940er-Jahren Erwähnung findet, existiert bereits

---

[424] Vgl. Giambatista/Rowe/Riaz (2005). Dieser Review wird an einzelnen Stellen noch durch aktuelle Literatur aus den Jahren 2005 – 2009 ergänzt.

[425] Vgl. Haveman/Russo/Meyer (2001); Ocasio (1994).

[426] Vgl. Glauben et al. (2009); Huson/Parrino/Starks (2001); Phan/Lee (1995); Puffer/Weintrop (1995).

[427] Vgl. Einteilung nach Giambatista/Rowe/Riaz (2005).

[428] Vgl. beispielsweise Borokhovich et al. (2006); Zhang/Rajagopalan (2003); Davidson et al. (2002); Cannella/Shen (2001); Huson/Parrino/Starks (2001); Zajac/Westphal (1996); Borokhovich/Parrino/Trapani (1996); Phan/Lee (1995).

[429] Vgl. beispielsweise Grossman (2007); Behn et al. (2006); Huson/Malatesta/Parrinoc (2004); Allgood/Farrell (2003); Greiner/Cummings/Bhambri (2003); Lauterbach/Vu/Weisberg (1999); Morris et al. (1997); Datta/Guthrie (1994).

[430] Vgl. beispielsweise Bernthal/Wellins (2006); Bailey/Helfat (2003); Drazin/Rao (1999); White/Smith/Barnett (1997); Fizel/D'Itri (1997).

[431] Vgl. beispielsweise zur Firmengröße Lauterbach/Vu/Weisberg (1999); zur Lernfähigkeit und Adaption, vgl. Zhang/Rajagopalan (2004).

[432] Vgl. beispielsweise Zhang/Rajagopalan (2003); Haveman/Russo/Meyer (2001); Thornton/Ocasio (1999); Datta/Rajagopalan (1998).

[433] Vgl. hierzu besonders einen weiteren Review-Artikel von Ip/Jacobs (2006). Vgl. weitere Literaturangaben, z. B. Greer/Virick (2008); Maginn (2008); Groves (2007); Motwani et al. (2006); Rothwell (2005); Lee/Lim/Lim (2003).

[434] Einen ersten Review zu Familienunternehmen bieten Chrisman/Chua/Sharma (1996).

[435] Das Wittener Institut für Familienunternehmen (WIFU) (2010) definiert Familienunternehmen als Unternehmen, die sich im Eigentum einer oder mehrerer Familien befinden und in denen diese auch den maßgeblichen Einfluss die Unternehmensentwicklung ausübt, vgl. auch Wimmer et al. (2005), S. 6. Unklar sind dabei jedoch der Grad und die Art des Einflusses, wozu unterschiedliche Meinungen existieren (vgl. Mühlebach (2004), S. 10). Weitere Anhaltspunkte über die Definitionen liefert Pfannenschwarz (2006), S. 22ff., der die Perspektive der Unternehmerfamilie mit betrachtet, so dass das Unternehmen als längerfristiges und generationenübergreifendes Projekt angesehen wird sowie eine Vermischung der persönlich gestalteten Lebenssphäre mit der rationalen Unternehmenssphäre zustande kommt. Zu weiteren Definitionskriterien eines Familienunternehmens vgl. auch Redlefsen (2004), S. 6ff. Familienunternehmen haben in Deutschland im Vergleich zu anderen europäischen Ländern eine verhältnismäßig hohe Bedeutung. Dies lässt sich zum einen anhand des Anteils der Familienunternehmen an der Gesamtunternehmensanzahl ableiten und zum anderen anhand der Tatsache belegen, dass 26 der 50 größten Familienunternehmen aus Deutschland kommen, vgl. Donckels/Fröhlich (1991), S. 154.

eine Vielzahl von Definitionsansätzen.[436] Eine einheitliche Definition besteht jedoch bis heute nicht.[437] Weber (2008) fasst insgesamt fünf Bestimmungsfaktoren zusammen, die eine Zuordnung eines betrachteten Unternehmens auf einem Kontinuum zwischen Familien- und Nicht-Familienunternehmen ermöglichen. Somit lassen sich Familienunternehmen dadurch charakterisieren, dass[438]

- die Familie maßgebliches Eigentum an den jeweiligen Unternehmen aufweist,[439]

- die Kontrolle im Unternehmen durch die Familie ausgeübt wird,[440]

- die Familie oder einzelne Familienmitglieder das Unternehmen als Inhaber führen,[441]

- eine Hybridität der Unternehmensvision aufgrund der Beteiligung mehrerer Familienmitglieder gegeben ist und[442]

- bereits mehrere Generationen das Unternehmen mit ausgestaltet und beeinflusst haben.[443]

Nur in seltenen Fällen werden alle fünf Faktoren gleichermaßen und vollständig erfüllt sein. Die Zuordnung „Familienunternehmen versus Nicht-Familienunternehmen" hängt entsprechend vom Erfüllungsgrad der Kriterien ab. Damit eine Identifikation von Familienunternehmen eindeutiger ausfällt, wird die Definition des IfM Bonn herangezogen. Demnach werden Familienunternehmen im engeren Sinne als Unternehmen bezeichnet, bei denen Eigentums- und Leitungsrechte in der Person eines oder mehrerer Unternehmer vereint sind.[444]

Die Bedeutung des Themas Unternehmensnachfolge[445] für die deutsche Wirtschaft wird deutlich, wenn man die Ergebnisse einer empirischen Studie des IfM Bonn (2004) betrachtet. Darin wurden für Deutschland für den Zeitraum von 2005 bis 2009 pro Jahr 71.000 Unternehmensübertragungen bei Familienunternehmen prognostiziert, an welche jährlich knapp 700.000 Arbeitsplätze gekoppelt sind.[446] Während 66 Pro-

---

[436] Vgl. Rüsen (2009), S. 30; Felden/Pfannenschwarz (2008), S. 2; Wiechers (2006), S. 31ff.; Brösztl (2000), S. 3.

[437] Vgl. Weber (2009), S. 16.

[438] Vgl. Weber (2009), S. 30.

[439] Vgl. Wimmer et al. (2005), S. 6; Lange (2005), S. 2585f.; Simon/Wimmer/Groth (2005), S. 6; Wimmer/Groth/Simon (2004), S. 3; Klein (2004), S. 3; Donckels/Fröhlich (1991), S. 149.

[440] Vgl. Allouche et al. (2008), S. 315ff.; de Pontet/Wrosch/Gagne (2007), S. 337ff.; Smyrnios/Tanewski/Romano (1998), S. 50; Barry (1975), S. 42.

[441] Vgl. Miller/Le Breton-Miller (2006), S. 73ff.; Löhr (2001), S. 15; Handler (1989), S. 262.

[442] Vgl, Habbershon/Williams/MacMillan (2003), S. 462; Chua/Chrisman/Sharma (1999), S. 25.

[443] Vgl. Salvato/Melin (2008), S. 259ff.; Lee (2006), S. 175ff.; Lambrecht (2005), S. 267ff.; Sharma/Chrisman/Chua (1997), S. 2; Ward (1987), S. 2.

[444] Vgl. IfM Bonn (2007), S. 5.

[445] Der Begriff der Unternehmensnachfolge wird dabei nicht auf die Nachfolge in Familienunternehmen beschränkt. In der Literatur werden in diesem Zusammenhang vier verschiedene Wege zur Nachfolge erwähnt: Schenkung, Vererbung, Stiftung und Veräußerung, vgl. Hering/Olbrich (2003), S. 17.

[446] Vgl. Freund (2004).

zent der Nachfolgen aus Altersgründen des Übergebers und 8 Prozent durch dessen Wechsel in eine andere Tätigkeit und somit geplant erfolgen, wird über ein Viertel der Nachfolgen durch unerwartete Ereignisse, wie dem Tod oder einem Unfall des Übergebers, bedingt.[447] Eine Analyse der getroffenen Nachfolgeregelungen zeigt, dass ca. 44 Prozent der Unternehmen an Familienmitglieder, 10 Prozent an Mitarbeiter des Unternehmens (Management Buy-Out), 17 Prozent an externe Führungskräfte (Management Buy-In) übergeben werden und dass 21 Prozent der Übergaben durch den Verkauf des Unternehmens geregelt werden.[448] Besonders kritisch sind die verbleibenden 8 Prozent der Unternehmen, bei denen es zu einer Stilllegung in Ermangelung eines geeigneten Nachfolgers kommt und von denen jährlich rund 33.500 Arbeitsplätze betroffen sind.[449]

Die Relevanz des Themas Unternehmensnachfolge verdeutlichen auch die Ergebnisse aus dem Forschungsprojekt Unternehmerperspektiven. In der von der Commerzbank in Auftrag gegebenen Studie, die im Rahmen der Initiative „Unternehmerperspektiven – Wirtschaft im Wertewandel – Unternehmertum und Verantwortung im Mittelstand" 2008 durchgeführt wurde, wird auch das Thema Nachfolge und Nachwuchs von Unternehmerpersönlichkeiten analysiert. Basierend auf den Primärdaten dieser Erhebung werden die wichtigsten Ergebnisse dieser repräsentativen, deutschlandweiten Unternehmerbefragung kurz dargestellt.

Dabei wurde ermittelt, dass 44 Prozent der befragten 4.018 Unternehmen in den nächsten 10 Jahren eine Nachfolge geplant haben. 56 Prozent hingegen haben die Nachfolge entweder bislang nicht geplant oder bezeichnen sie als nicht absehbar. Die Unternehmen wurden weiterhin differenziert in Familienunternehmen (52 Prozent), von einem Eigentümer (20 Prozent) sowie von einem Management geführte Unternehmen (26 Prozent) sowie sonstige Angaben (2 Prozent). Von den befragten Unternehmen beantworteten 78 Prozent die Frage nach der geplanten Art der Unternehmensnachfolge. Davon gaben 32 Prozent an, unternehmenseigene Mitarbeiter an die Nachfolge heranzuziehen, 31 Prozent setzen auf Familienmitglieder und 20 Prozent suchen nach externen Kräften oder Managern für die Nachfolge. Nur knapp 6 Prozent der Befragten beschäftigen sich mit dem Gedanken, die eigenen Anteile an einen Investor zu verkaufen, weitere 8 Prozent geben an, sich nach einem neuen externen Eigentümer umzusehen. Weitere Ergebnisse verdeutlicht Abbildung 21.

---

[447] Vgl. Freund (2004).

[448] Unter dem Begriff Management Buy-Out (MBO) wird eine Transaktion zur Unternehmensübernahme zusammengefasst, bei der das Management des Unternehmens dieses als Eigentümer oder auch Unternehmen übernehmen will. Von einem Management Buy-In (MBI) wird gesprochen, wenn es sich um ein externes Management handelt, vgl. Lütjen (1992), S. 106.

[449] Vgl. Freund (2004), S. 58ff.

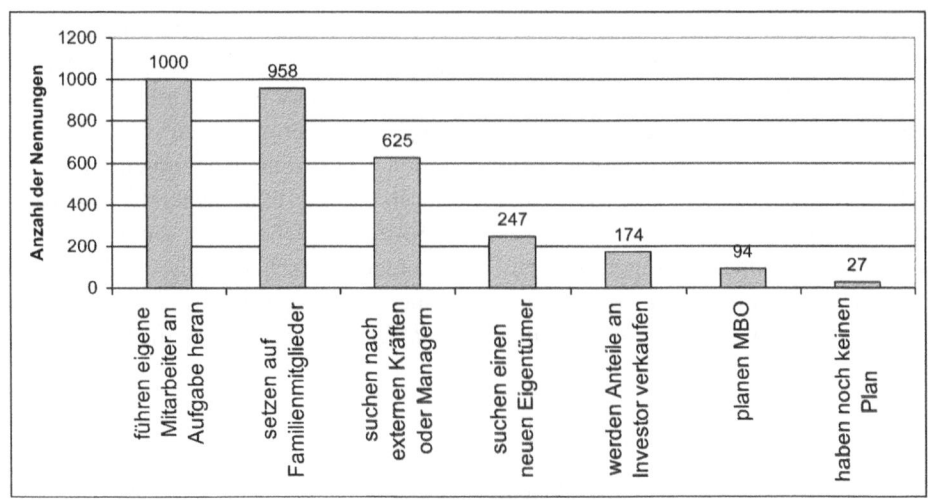

Abbildung 21: Geplante Schritte der Nachfolgeregelung

Fast 60 Prozent der befragten Unternehmer machen auf der Suche nach einem geeigneten Nachfolger die Erfahrung, dass externe Bewerber zwar fachlich qualifiziert sind, ihnen jedoch die notwendigen Unternehmertugenden fehlen. Ca. 55 Prozent der befragten Unternehmer müssen erkennen, dass die nachfolgende Generation die Karriere lieber in einem Großunternehmen vorantreibt. Immerhin 47 Prozent glauben, dass die eigenen Mitarbeiter im Unternehmen nicht für die Führung des Unternehmens geeignet sind. 40 Prozent der Unternehmer erklären, dass ihre Kinder bzw. die vorgesehenen Familienmitglieder nicht bereit sind, die Verantwortung für das Unternehmen zu übernehmen. Lediglich 12 Prozent der Befragten machen keine dieser Beobachtungen. Abbildung 22 gibt einen Überblick über die einzelnen Ergebnisse.

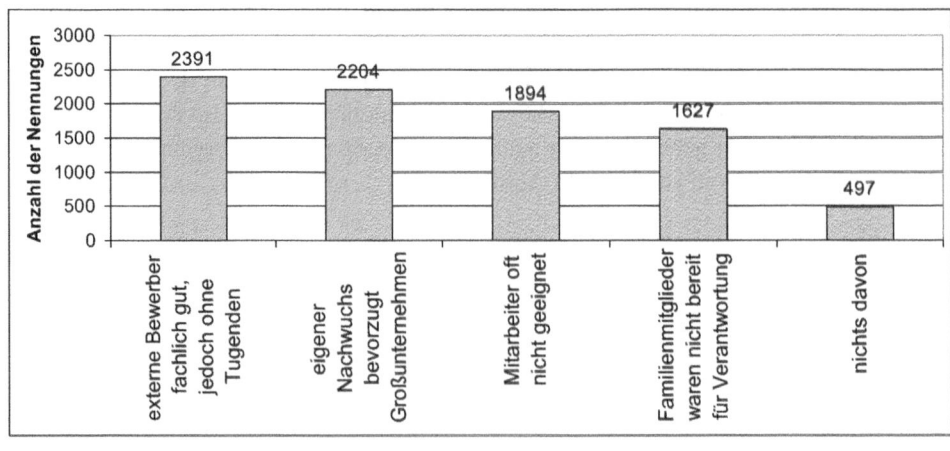

Abbildung 22: Erfahrungen im Bereich Unternehmensnachfolge

Eine weitere Studie von Balz und Bernau-Henkel wurde in Zusammenarbeit mit der IHK Hagen 2004 für Südwestfalen durchgeführt.[450] Diese Befragung ermittelte die mit der Übergabe verfolgten Ziele. Genannt werden vor allem die Sicherung des Fortbestands der Unternehmung (70 Prozent) und der Arbeitsplätze (48 Prozent). Als Hürden werden vor allem die Finanzierung des Unternehmenskaufs durch die übernehmenden Käufer (33 Prozent) sowie das Finden von Käufern (27 Prozent) ausgemacht. Bei der Nachfolgeplanung wird anhand von Mehrfachnennungen ermittelt, dass immerhin 64 Prozent eine familieninterne Nachfolge anstreben. Zu 25 Prozent wird eine unternehmensinterne Übergabe durch ein Management Buy-Out sowie zu 78 Prozent eine unternehmensexterne Nachfolgeregelung in Betracht gezogen.[451]

Die Strukturen in Familienunternehmen stellen somit einen relevanten Faktor bei der Nachfolgeplanung dar, mit dem sich jeder fünfte Artikel direkt und jeder 13. Beitrag indirekt beschäftigt.[452] Empirische Studien zeigen den Einfluss diverser personenbezogener Kriterien des Übergebers und des Nachfolgers, von Merkmalen des zu übergebenden Unternehmens sowie der familiären Situation auf den Erfolg einer Übergabe auf.[453] Während sich frühere empirische Studien der Befragung von Übergebern[454] widmen, analysieren neuere Studien vorwiegend den Unternehmensnachfolger.[455] Aufgrund der Komplexität des Nachfolgeproblems ist die Anzahl der empirischen Studien jedoch immer noch als gering einzustufen.[456] Dieser Erkenntnismangel wird dadurch verstärkt, dass sich viele Studien nur mit Einzelaspekten der Nachfolge in Familienunternehmen beschäftigen. So besteht derzeit eine Forschungslücke bezüglich der Einflüsse der Unternehmensstruktur und des sozialen Kontexts.[457] Weitere Kritikpunkte sind die häufig unzureichende Anwendung anspruchsvoller statistischer Methoden einhergehend mit einer fehlenden Verknüpfung mit geeigneten Theorieansätzen, die oft nur qualitativ an einzelnen Fällen ausgerichtet sind.[458]

Um diese Forschungslücken zu schließen, wurde für die vorliegende Arbeit eine auf diese Belange abgestimmte Primärdatenerhebung durchgeführt. Dabei wurde insbe-

---

[450] Vgl. Balz/Bernau-Henkel (2006), S. 59ff. Dabei wurden ca. 65 Unternehmen befragt, die in den nächsten fünf Jahren eine Unternehmensnachfolge planten, und ungefähr dieselbe Anzahl an Unternehmen, bei denen die Nachfolgeregelungen erst danach geplant sind. Es wurden Übergeber befragt.

[451] Vgl. Balz/Bernau-Henkel (2006), S. 63.

[452] Vgl. Chrisman/Chua/Sharma (2003). Dies lässt sich dadurch begründen, dass es nur ein Drittel aller Familienunternehmen schafft von der ersten an die zweite Generation übertragen zu werden, und nur 10 – 15 Prozent erreichen darüber hinaus die dritte Generation, vgl. Birley (1986). Allgemein zu den Überlebenschancen neu gegründeter Kleinbetriebe, vgl. Brüderl/Preisendörfer/Baumann (1991). Weitere Literaturreviews finden sich u. a. bei Sharma (2006), S. 25ff., sowie Sharma (2004), S. 1.

[453] Vgl. Bennedsen et al. (2007), S. 647ff.; Venter/Boshoff/Maas (2006), S. 33ff., sowie S. 283ff.; Murphy (2005); Venter/Boshoff/Maas (2005); Chrisman/Chua/Sharma (1998); Datta/Rajagopalan (1998); Zajac (1990); Barach/Gantisky (1995); Beckhard/Dyer (1988), S. 59ff.

[454] Vgl. Handler (1990), S. 43ff.; Barach et al. (1988), S. 50; Lansberg (1988), S. 124; Levinson (1974), S. 61.

[455] Vgl. beispielsweise Venter/Boshoff/Maas (2005); Lee/Lim/Lim (2003); Birley (2002); Chrisman/Chua/Sharma (1998).

[456] Vgl. Zhang/Rajagopalan (2004), S. 483.

[457] Vgl. Le Breton-Miller/Miller/Steier (2004), S. 305 und S. 325.

[458] Vgl. Poutziouris/Smyrnios/Klein (2006), S. 1; Brockhaus (1994), S. 27; Aldrich (1992), S. 191ff.

sondere darauf geachtet, dass Einflussfaktoren auf den Erfolg der Unternehmensnachfolge nicht nur separat, sondern auch in ihren jeweiligen Auswirkungen aufeinander analysiert wurden. Zu diesem Zweck wurden Strukturgleichungsmodelle[459] erarbeitet, welche zum einen die Möglichkeit bieten, einzelne Items über Messmodelle zu verdichten und zum anderen die wechselseitigen Auswirkungen dieser Faktoren zu eruieren. Weitere Schwerpunkte der Studie bilden die Unternehmerausbildung und die Frage, welche Erfahrungen die befragten Unternehmensnachfolger selbst gemacht haben bzw. wo sie Verbesserungspotenzial in der Hochschulausbildung sehen. Schließlich bieten die Parallelen zur bereits beschriebenen Existenzgründerstudie die Möglichkeit, beide Zielgruppen der Unternehmerausbildung an Hochschulen einschließlich ihrer jeweiligen Anforderungen zu vergleichen. Ferner werden die in Abschnitt 3.7 formulierten Hypothesen überprüft.

5.2 Vorüberlegungen und Grundlagen der Modellbildung

Im Forschungsfeld der Unternehmensnachfolge existiert bereits eine Vielzahl von konzeptionellen und empirischen Forschungsarbeiten über Faktoren, die den Erfolg einer Unternehmensnachfolge positiv beeinflussen können. Die Erkenntnisgewinne werden zumeist durch Falsifikation oder Bestätigung zuvor formulierter Hypothesen generiert, d. h., dass einzelne Sachverhalte logisch aus der Theorie abgeleitet und anschließend empirisch überprüft werden. Dabei wird häufig jedoch nur ein Teilproblem betrachtet und selten ein Gesamtüberblick über alle Einflussfaktoren gegeben.[460] Aufgrund der unterschiedlichen Studiendesigns lassen sich nur ansatzweise Vergleiche oder Verbindungen zwischen einzelnen Erfolgsfaktoren ableiten.

Die analysierten Erfolgsfaktoren lassen sich den folgenden vier Kategorien zuordnen: Faktoren zum Übergeber, Faktoren zum Nachfolger, Faktoren zur Familiensituation und Faktoren zum Übergabeprozess.[461] Um einen Überblick über die wichtigsten in der Literatur beschriebenen Erfolgsfaktoren der Unternehmensnachfolge zu geben, orientiert sich Tabelle 9 an Le Breton-Miller, Miller und Steier (2004):

---

[459] Eine nähere Erläuterung der angewandten Methoden wird im nachfolgenden Abschnitt 5.6.1 vorgenommen.
[460] Vgl. Le Breton-Miller/Miller/Steier (2004), S. 305.
[461] Vgl. Chittoor/Das (2007), S. 67.

Faktoren zum Übergeber:	- Motivation des Übergebers zur Nachfolge[462]
	- Persönlichkeit des Übergebers und seine Bedürfnisse[463]
	- Beziehung zwischen Übergeber und Nachfolger[464]
Faktoren zum Nachfolger:	- Motivation des Nachfolgers[465]
	- Fähigkeiten des Nachfolgers[466]
	- Ausbildung und Entwicklung des Nachfolgers
	- Entwicklung der Karriere[467]
	- Berufserfahrungen außerhalb des Unternehmens[468]
	- Anlernen des Nachfolgers[469]
	- Formale Ausbildung[470]
Familiäre Beziehungen[471]	
Übergabeprozess[472]	- Planung der Nachfolge[473]
	- Gemeinsame Zukunftsvision[474]
	- Frühe Regelfestlegung und Feedback[475]
	- Zeitplanung und Timing[476]
	- Geschäftsführung[477]

Tabelle 9: Erfolgsfaktoren der Unternehmensnachfolge

---

[462] Vgl. beispielsweise Kets de Vries (2003); Potts et al. (2001); Sharma et al. (2001); Handler (1990); Lansberg (1988); McGivern (1978).

[463] Vgl. beispielsweise Cabrera-Suárez/De Saá-Pérez/García-Almeida (2001); Barach/Gantisky (1995); Handler (1990); Malone (1989); Dyer (1986).

[464] Vgl. beispielsweise Marshall et al. (2006); Venter/Boshoff/Maas (2003); Cabrera-Suárez/De Saá-Pérez/García-Almeida (2001); Goldberg (1996); Handler (1990); Davis/Taguiri (1989); Dyer (1986).

[465] Vgl. beispielsweise Venter/Boshoff/Maas (2003); Potts et al. (2001); Sharma et al. (2001); Chrisman/Chua/Sharma (1998); Barach/Gantisky (1995).

[466] Vgl. beispielsweise Thomas/Fletcher (2002); Shen/Cannella (2002); Potts et al. (2001); Chrisman/Chua/Sharma (1998); Barach et al. (1988).

[467] Vgl. beispielsweise Boyer/Ortiz-Molina (2008); Cabrera-Suárez/De Saá-Pérez/García-Almeida (2001); Goldberg (1996); Barach/Gantisky (1995).

[468] Vgl. beispielsweise Barach/Gantisky (1995); Dyer (1986).

[469] Vgl. beispielsweise Cabrera-Suárez/De Saá-Pérez/García-Almeida (2001); Clutterbuck (1998); Dyer (1986).

[470] Vgl. beispielsweise Buoziute-Rafanaviciene/Pundziene/Turauskas (2009); Morris et al. (1997); Goldberg (1996); Dyer (1986).

[471] Vgl. beispielsweise Nawrocki (2005); Potts et al. (2001); Sharma et al. (2001); Handler (1990); Churchill/Hatten (1987); Dyer (1986); Beckhard/Dyer (1988).

[472] Vgl. beispielsweise Cadieux (2007); Dyck et al. (2002); Sharma et al. (2001); Handler (1990); Lansberg (1988).

[473] Vgl. beispielsweise White/Krinke/Geller (2004); Dyck et al. (2002); Sharma et al. (2001); Handler (1990); Lansberg (1988); Dyer (1986).

[474] Vgl. beispielsweise Potts et al. (2001); Sharma et al. (2001); Lansberg (1999); Barach/Gantisky (1995); Dyer (1986).

[475] Vgl. beispielsweise Dyck et al. (2002); Ocasio (1999); Ward (1987); Ambrose (1983).

[476] Vgl. beispielsweise Dyck et al. (2002); Kimhi (1997); Barach/Gantisky (1995); Handler (1990); Dyer (1986).

[477] Vgl. beispielsweise Van den Heuvel/Van Gils/Voordeckers (2006); Potts et al. (2001); Sharma et al. (2001); Barach/Gantisky (1995); Lansberg (1988); Dyer (1986).

Zudem existieren einige Studien zu situativen Kontextfaktoren, welche die Allgemeingültigkeit der sonstigen Erkenntnisse dahingehend einschränken, dass hier situationsspezifische Aspekte hinsichtlich einzelner Erfolgsfaktoren berücksichtigt werden.[478]

Eine Vielzahl der Autoren nimmt eine Strukturierung der Erfolgsfaktoren vor oder es werden Zusammenhänge zwischen einzelnen Faktoren dargestellt und analysiert. Als Ansatz, der diese beschriebenen Faktoren in ein umfassendes Gesamtmodell überführt, kann das Modell nach Morris et al. (1997) herangezogen werden.[479] Dabei sind die Autoren um eine systematische Einschätzung der Einflussfaktoren auf eine erfolgreiche Unternehmensnachfolge bemüht. Das Familienunternehmen als Gesamtsystem wird in diesem Zusammenhang in zwei Subsysteme unterteilt: die Familie und das Unternehmen.[480] Es gilt, einerseits die wechselseitigen Beziehungen zwischen diesen Subsystemen und andererseits deren jeweilige Auswirkungen auf den Nachfolgeprozess zu analysieren. Hintergrund für diese Annahme ist ein synergetischer Effekt, der dazu führt, dass sich Erfolge in dem Subsystem Unternehmen auch auf das Subsystem Familie auswirken.[481] In diesem Zusammenhang spielen die großen Überschneidungsspielräume zwischen individuellen, familiären und unternehmerischen Interessen sowie die oft bestehende, enge Anbindung der Familienunternehmen an die jeweilige Region eine entscheidende Rolle.[482] Aufgrund der Komplexität des Themas Unternehmensnachfolge existieren neben den bereits erwähnten Subsystemen weitere Modelle, welche die Vielzahl der Erfolgsfaktoren verschiedenen Dimensionen zuordnen und somit einen strukturierten Überblick über die Thematik geben.[483] Ähnlich wie bei Le Breton-Miller, Miller und Steier (2004) stellt auch das konzeptionelle Modell nach Morris et al. (1997) den Prozess der Übergabe ins Zentrum der Betrachtung sowie weitere Dimensionen, wie die Beziehungen zwischen den Familienmitgliedern (interpersonelle Dimension), die Vorbereitung des Nachfolgers (intrapersonelle Dimension) sowie die Planungs- und Kontrollaktivitäten (organisationale Dimension) als Einflussgrößen auf diesen Übergabeprozess.[484] Diese Differenzierung bietet einen geeigneten Modellrahmen für eine Strukturierung der betrachteten Erfolgsfaktoren. Der Übergabeprozess wird weiterhin anhand der Empfindungen der Befragten (nach Handler (1990) „Quality") und anhand der empfundenen Effektivität (nach Handler (1990) „Effectiveness") analysiert.[485]

---

[478] Vgl. Royer et al. (2008), S. 15ff.

[479] Dabei betrachten Morris et al. (1997) den Nachfolgeprozess in Familienunternehmen, wobei die eigene Primärdatenerhebung auch eine Analyse der MBI und MBO anstrebt.

[480] Vgl. Halter (2009), S. 76. Eine Untergliederung in drei verschiedene Subsysteme Familie, Unternehmen und Gründer nehmen Dyer und Handler vor, vgl. Dyer/Handler (1994).

[481] Vgl. Zellweger/Nason (2008), S. 209.

[482] Vgl. Chrisman et al. (2009); Dyer/Whetten (2006); Sirmon/Hitt (2003); Delmar/Davidsson (2000).

[483] Vgl. Halter (2009), S. 107.

[484] Vgl. Le Breton-Miller/Miller/Steier (2004), S. 306, sowie Morris et al. (1997), S. 392, stellen den Übergabeprozess ins Zentrum der Betrachtung. Auch wenn bei Morris et al. noch nicht entsprechend benannt, so finden sich in diesem konzeptionellen Modell dennoch die Analyseebenen nach Handler (1994), S. 146, wieder, der im Zuge der Unternehmensnachfolge zwischen individueller, intrapersoneller und organisationaler Ebene differenziert.

[485] Vgl. Handler (1990).

Die Einflussfaktoren auf den Übergabeprozess ermitteln Morris et al. (1997) mithilfe strukturierter persönlicher Interviews zunächst als explorative Forschungsstudie, bevor sie diese anschließend im Rahmen der eigentlichen Studie über eine konfirmatorische Faktorenanalyse bestätigen und deren Auswirkungen auf das Zielkonstrukt über Strukturgleichungsmodelle ermitteln. Basierend auf den zuvor beschriebenen Erfolgsfaktoren, sind sie im Modell als unabhängige Einflussfaktoren auf den Übergabeprozess enthalten. Die Erfolgsfaktoren zum Nachfolger sowie das Training und die Entwicklung des Nachfolgers werden zum Faktor „Vorbereitung des Nachfolgers" zusammengefasst. Die Grundregeln sowie der Einfluss der Geschäftsführung werden zu „auf die Unternehmensnachfolge bezogene Planungs- und Kontrollaktivitäten" aggregiert. Einen weiteren zentralen Aspekt stellen bei Morris et al. (1997) die familiären Beziehungen innerhalb des Unternehmens dar. Alle drei Faktoren wirken sich auf den Übergabeprozess aus, der wiederum den wahrgenommenen Übergabeerfolg beeinflusst. Da es sich ausschließlich um eine Befragung von Unternehmensnachfolgern handelt, werden die individuellen Aspekte des Übergebers im Modell nicht berücksichtigt.[486]

Die beschriebenen Erfolgsfaktoren werden in ein konzeptionelles Modell überführt, welches anschließend über eine empirische Studie auf seine Gültigkeit getestet wird. Abbildung 23 stellt die einzelnen Faktoren sowie ihre Beziehungen zueinander dar. Dabei muss erwähnt werden, dass Morris et al. (1997) lediglich die Beziehungen der grau markierten Faktoren zueinander nachweisen konnten und das Modell auch nur eine geringe erklärte Varianz auf den Erfolg nach Übergabe ausweist.[487] Im Ergebnis beschreiben die Autoren die familiären Beziehungen als ausschlaggebenden Einflussfaktor des Übergabeerfolgs.

Dieses konzeptionelle Modell bildete neben den Strukturbrüchen von Letmathe und Hill (2006) die Grundlage für die Entwicklung des Fragebogens der Unternehmensnachfolgerstudie und somit auch für die Entwicklung der darin enthaltenen Konstrukte.[488] Dabei wurden die Konstrukte teils unverändert und teils in abgewandelter Form übernommen, wie nachstehend erläutert wird. Durch die Unternehmensnachfolgerstudie werden die besonders erfolgsrelevanten Faktoren eruiert, die im Rahmen einer Unternehmerausbildung Berücksichtigung finden sollten.

---

[486] Vgl. hierzu beispielsweise Halter (2009).

[487] Im Modell nach Morris et al. (1997) ist auch noch der Faktor Steuerplanung enthalten, welcher jedoch nur anhand eines einzigen Items gemessen wird.

[488] Auf die Strukturbrüche nach Letmathe/Hill (2006) wird später näher eingegangen.

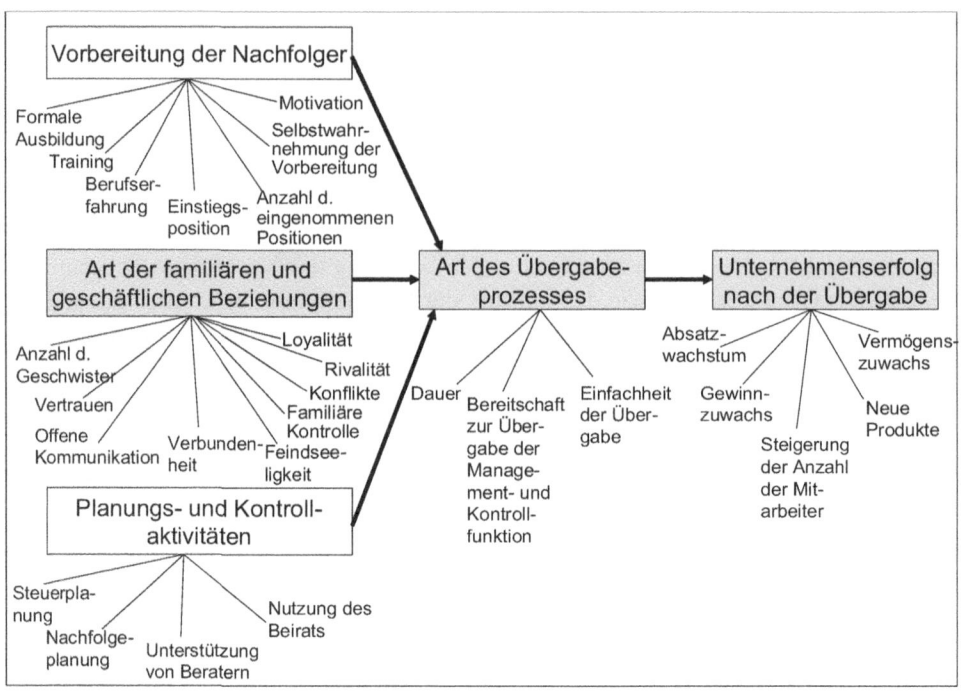

Abbildung 23: Strukturgleichungsmodell über die Erfolgsfaktoren einer Unternehmensnachfolge[489]

5.3 Modellbildung

Auf Basis der oben beschriebenen Vorüberlegungen werden nachfolgend die einzelnen Faktoren oder auch latenten Variablen des Nachfolge-Modells hergeleitet, die in der Unternehmensnachfolgerstudie analysiert werden. Dabei handelt es um die Ableitung von Messmodellen für latente Variablen, die erläutern, wie ein nicht direkt erfassbarer Sachverhalt operationalisiert und somit messbar gemacht werden kann.[490] Bevor die latenten Variablen hergeleitet werden können, muss nach Blalock (1982) entschieden werden, welche der beiden Arten von Messmodellen (formativ oder reflektiv) Anwendung finden soll.[491] Im Rahmen dieser Arbeit werden nachfolgend reflektive Messmodelle hergeleitet; dazu werden die jeweiligen Konstrukte zunächst benannt und anschließend aus bestehenden Theorien bereits existierender Forschungsarbeiten abgeleitet.

---

[489] Vgl. Morris et al. (1997), S. 392.

[490] Vgl. Weiber/Mühlhaus (2009), S. 35.

[491] Vgl. Blalock (1982), S. 163. Die formativen Messmodelle folgen dabei einem regressionsanalytischen Ansatz, und die manifesten Variablen (Indikatoren) stellen definierende Merkmale des formativen Konstrukts dar. Im Vergleich dazu stellen bei reflektiven Messmodellen die manifesten Variablen die Erscheinungsformen des Konstrukts dar und folgen einem faktoranalytischen Ansatz, vgl. Weiber/Mühlhaus (2009), S. 35. Demnach behandeln die Indikatoren bei reflektiven Konstrukten dasselbe Thema und korrelieren positiv miteinander, vgl. Götz/Liehr-Gobbers (2004), S. 718; Jarvis/MacKenzie/Podsakoff (2003).

Konstrukt: Familiäre Konflikte (Abkürzung: Familie)[492]

In der Literatur werden unter dem Familienkonstrukt alle Ressourcen und Fähigkeiten zusammengefasst, welche eine indirekte oder direkte Interaktion mit einem Familienmitglied abbilden.[493] Eine Abgrenzung gegenüber Nicht-Familienunternehmen erfolgt zum einen durch die Rolle der Familie in diesem Prozess und zum anderen durch das Vorhandensein komplexer Beziehungsstrukturen zwischen den Familienmitgliedern. Dies führt häufig zu einer Vermischung familiärer, individueller und unternehmensbezogener Interessen.[494] Die familiären Beziehungen können einen positiven Einfluss auf die Übergabe haben, oder sie behindern die Leistung im Nachfolgeprozess.[495]

Familiäre Beziehungen steigern die Komplexität des Nachfolgeproblems erheblich, da durch die Familie weiteres Konfliktpotenzial in Form von Rollenkonflikten, Rivalitäten oder Familienkonflikten in den Nachfolgeprozess einfließt.[496] Die Übergabesituation führt unweigerlich zu Veränderungen hinsichtlich des Eigentums und der Führung des Unternehmens, aber auch der Lebenssituationen des Übergebers (Ruhestand oder weiterführende beratende Tätigkeit) sowie des Nachfolgers (Karriereentwicklung).[497] Diese Veränderungen rufen bei den einzelnen Familienmitgliedern unterschiedlich starke Ängste hervor, die es im Sinne einer erfolgreichen Übergabe und einer Reduktion der Konflikte zu kontrollieren gilt.[498] Die Regeln für das Konfliktmanagement werden in einem Familienunternehmen von der Familie determiniert. Aufgrund des Zugangs zu internen Informationen können Familienmitglieder diese oftmals auch ohne entsprechende Position im Unternehmen bei der Entscheidungsfindung informell zur Geltung bringen.[499] Spannungen zwischen Familienmitgliedern beeinflussen sowohl das Verhalten als auch die Einstellung einzelner Familienmitglieder gegenüber dem Übergabeprozess.[500]

In Anlehnung an Morris et al. (1997) gilt es, bei der Betrachtung der familiären Beziehungen somit insbesondere die Einstellung des Nachfolgers zum Familienunternehmen, seine Beziehungen zum Übergeber sowie zu anderen Familienmitgliedern, bestehende Rivalitäten, Konflikte und Neid sowie die Art der Zusammenarbeit und die Vertrauensbasis zu analysieren. Um dies zu erreichen, wurden alle 16 Items aus dem Ursprungsfragebogen von Morris et al. (1997) übersetzt und in den Fragebogen übernommen.[501]

---

[492] Damit die einzelnen Faktoren in späteren Grafiken besser abgebildet werden können, wird nachfolgend zu jedem Faktor eine Abkürzung genannt, wie sie in die späteren Abbildungen eingearbeitet wird.

[493] Vgl. Chrisman/Chua/Litz (2003), S. 468.

[494] Vgl. Mitchell et al. (2009), S. 1210, sowie Haubrock (2005), S. 56ff.

[495] Vgl. Rutherford/Kuratko/Holt (2008).

[496] Vgl. Sorenson (1999), S. 325f., sowie Davis/Harveston (1998).

[497] Vgl. Dunn (1999), S. 42.

[498] Vgl. Dunn (1999), S. 54.

[499] Vgl. Sorenson (1999), S. 326.

[500] Vgl. Zedec (1992).

[501] Im Anhang 2 findet sich eine Auflistung aller ursprünglich zur Messung der Konstrukte eingesetzten Items. Nach der Übersetzung fand jeweils eine Rückübersetzung durch einen Native Speaker statt.

Konstrukt: Vorbereitung des Nachfolgers (Ausbildung)

Einen guten Überblick über Aspekte, die den Übergabeerfolg von Seiten des Nachfolgers beeinflussen, bieten Venter, Boshoff und Maas (2005). Neben der Beziehung zwischen Nachfolger und Übergeber, welche in dieser Arbeit durch das Konstrukt "Familie" abgedeckt wird, differenzieren sie insbesondere zwischen der Bereitschaft eines Nachfolgers zur Übernahme und der Vorbereitung des Nachfolgers.[502] Die Bereitschaft des Nachfolgers zur Übernahme ergibt sich zum einen durch das erzielbare Einkommen und das Vertrauen in die eigenen Fähigkeiten sowie zum anderen durch einen Abgleich der eigenen Ziele mit denen des Unternehmens. Dazu empfiehlt Sharma (2004) weitere Forschungen bezüglich der Interessen, Motivation, Einstellungen und Eigenschaften der Nachfolger.[503]

Bei der Vorbereitung des Nachfolgers wurde sich ebenfalls ausschließlich an den Items des ursprünglichen Fragebogens von Morris et al. (1997) orientiert. Es spielen die allgemeine und berufliche Ausbildung des Nachfolgers, seine Erfahrungen in der Praxis, seine Branchenkenntnisse und gegebenenfalls bisherige Tätigkeiten im zu übernehmenden Unternehmen eine Rolle.[504] Auch die Bereitschaft zur Nachfolge bzw. die Einschätzung der eigenen Vorbereitung auf diese wurde in das Konstrukt „Vorbereitung des Nachfolgers" integriert.[505]

Konstrukt: Planungs- und Kontrollaktivitäten (Planung)

Die Planung der Unternehmensnachfolge ist – wie beschrieben – Gegenstand zahlreicher Forschungsarbeiten. Laut Sharma, Chrisman und Chua (2003) umfasst die Nachfolgeplanung die Auswahl eines geeigneten Nachfolgers, die Ableitung einer Vision und eines strategischen Plans für das Unternehmen nach der Übergabe, eine Festlegung der Stellung und Befugnisse des Übergebers sowie die Kommunikation der getroffenen Entscheidungen an die Stakeholder des Unternehmens.[506] Auch der Bedarf an Steuerplanungen, insbesondere der Erbschaftsteuerplanung, ist Teil einer umfassenden Nachfolgeplanung.[507] Ein weiterer, in diesem Zusammenhang zu betrachtender Einflussfaktor auf den Erfolg der Übergabe ist die Unterstützung des Übergabeprozesses durch Unternehmensberater, Beiratsmitglieder oder Mentoren.[508] Die Items zur Messung dieses Konstruktes orientieren sich ebenfalls an dem Modell nach Morris et al. (1997).[509]

---

[502] Vgl. Venter/Boshoff/Maas (2005), S. 285. Dieselbe Einteilung wählen auch Matthews/Moore/Fialko (1999), S. 161.

[503] Vgl. Sharma (2004), S. 12.

[504] Vgl. Morris et al. (1997), S. 392.

[505] Im Anhang 2 findet sich eine Auflistung aller ursprünglich zur Messung der Konstrukte eingesetzten Items.

[506] Vgl. Sharma/Chrisman/Chua (2003), S. 3.

[507] Vgl. Herrschaft (2005), S. 5ff.

[508] Vgl. Blumentritt (2006), S. 65ff.; Klein (2005), S. 122ff.; Morris et al. (1997), S. 392.

[509] Im Anhang 2 findet sich eine Auflistung aller ursprünglich zur Messung der Konstrukte eingesetzten Items.

Konstrukt: Prozess der Unternehmensnachfolge (Prozess)

Im Zuge des Übergabeprozesses beschreibt Handler (1990) eine fortlaufende Anpassung der Rollenfunktion von Übergeber und Nachfolger.[510] Dabei nehmen der Einfluss und die Stellung des übergebenden Unternehmers zusehends ab, während die Bedeutung des Nachfolgers bis zur Übernahme der wesentlichen Leitungsfunktionen ansteigt. Bei der Analyse der Zufriedenheit mit dem Übergabeprozess ist es wichtig, zwischen der Initialphase, der eigentlichen Übergabephase und einer retrospektiven Betrachtung zu unterscheiden. Die Beurteilung der Zufriedenheit durch spätere Performance-Kriterien führt eventuell zu einer abweichenden Einschätzung durch den Nachfolger.[511] Handlers Unterscheidung zwischen der Beurteilung der Prozesserfahrungen („Quality") sowie der Effektivität der Übergabe („Effectiveness") wurde von Morris et al. (1997) bei ihrer Modellbildung berücksichtigt.[512] Die Auswahl der Items zu diesem Konstrukt basiert erneut auf dem Modell nach Morris et al. (1997).[513]

Konstrukt: Post-Übergabeerfolg (Erfolg)

Die Erfolgsmessung zur Unternehmensnachfolge ist seit den 1970er-Jahren Gegenstand der Forschung.[514] Dabei lassen sich sowohl abstraktere als auch konkretere Ansätze zur Erfolgsmessung finden.[515] Die Aussage der Erfolgsgrößen ist jedoch unterschiedlich und teilweise kaum miteinander vergleichbar. Häufig wird das Weiterbestehen eines Unternehmens nach der Übergabe bereits als Erfolg dargestellt.[516] Die Verbesserung der Wirtschaftlichkeit sowie des Unternehmensergebnisses werden im Rahmen einer Nachfolge ebenfalls als Ziel gesetzt.[517] Bei Familienunternehmen wird eine Nachfolge häufig als Erfolg gewertet, wenn das Unternehmen an ein Mitglied der nächsten Generation übergeben wurde.[518] Morris et al. (1997) folgen, wie schon zuvor beschrieben, dem Ansatz von Handler (1990), der die Effektivität des Nachfolgeprozesses aufgrund der subjektiven Erfolgswahrnehmung des Nachfolgers ermittelt. Dieser Ansatz wird auch für diese Unternehmensnachfolgestudie zugrunde gelegt.[519]

Des Weiteren wird eine Erweiterung des Modells von Morris et al. (1997) angestrebt, da die beschriebenen Faktoren bisher nicht die Unternehmensperspektive und damit die Faktoren zur Unternehmenssituation vor der Übergabe mit berücksichtigen. Diese Unternehmensperspektive findet zum ersten Mal in der Arbeit von Albach und Freund (1989) Beachtung, welche die Unternehmenskontinuität als Aufrechterhaltung der per-

---

[510] Vgl. Handler (1990), S. 37ff.
[511] Vgl. Sharma et al. (2001), S. 18.
[512] Vgl. Morris et al. (1997), S. 390, sowie Handler (1990).
[513] Im Anhang 2 findet sich eine Auflistung aller ursprünglich zur Messung der Konstrukte eingesetzten Items.
[514] Vgl. Venkatraman/Ramanujam (1986), S. 801ff.
[515] Vgl. Weber (2009), S. 108.
[516] Vgl. Handler (1994), S. 174ff., der auf weitere Quellen mit dieser Aussage verweist.
[517] Vgl. Scholz (1992), S. 539.
[518] Vgl. Kaye (1998), S. 280.
[519] Vgl. Morris et al. (1997), S. 390, sowie Handler (1990). Im Anhang 2 findet sich eine Auflistung aller ursprünglich zur Messung der Konstrukte eingesetzten Items.

sonellen, strategischen, finanziellen und organisationalen Kontinuität im Zuge eines Nachfolgeprozesses beschreibt.[520] In der Situation der Unternehmensnachfolge gilt es, diese Aspekte der Kontinuität zu sichern, um die Risiken des Nachfolgeprozesses zu minimieren. Die Beschreibung mehrerer Kontinuitätsdimensionen ermöglicht zum einen unterschiedliche Blickwinkel auf den Übergabeprozess, zum anderen können Zusammenhänge zwischen den Dimensionen mittels Korrelationsmultiplikatoren dargestellt werden.[521] Dem Ansatz fehlt es jedoch an der Berücksichtigung der relevanten Ergebnisse der Nachfolgeforschung, zudem werden keine Maßnahmen beschrieben, durch die bestehende Strukturbrüche behoben werden können.[522]

Die Kontinuität der Unternehmenssituation ist insbesondere für erfolgreiche Unternehmen ein anzustrebendes Ziel, damit der Nachfolgeprozess möglichst reibungslos vonstattengeht und gegebenenfalls bestehende Strukturbrüche überwunden werden können. Bei einer schwierigen Unternehmenssituation gestaltet sich die Übergabe des Unternehmens weitaus schwieriger, da hier der Nachfolgeprozess eine weitere Hürde neben einem unter Umständen zu vollziehenden Turnaround darstellt. Aus diesem Grund sollte eine Nachfolge entweder nach einem solchen Turnaround erfolgen, wenn das Wissen des Übergebers für diese Situation entscheidend ist, oder vor einer Neuausrichtung des Unternehmens, da mittels dieser Diskontinuitäts-Strategie der Nachfolger schneller die entsprechenden Machtbereiche erschließen kann.[523]

Die Kontinuität stellt jedoch nur ein Kriterium für eine erfolgreiche Nachfolge dar.[524] Gleichzeitig ist aufgrund der Mehrstufigkeit, über die die einzelnen Maßnahmen sowohl zeitlich als auch sachlich verknüpft sind, die Flexibilität unabdingbar.[525] Weitere Gründe für die Relevanz der Flexibilität sind die Abhängigkeit der Planungen vom Eintritt bestimmter Ereignisse und die Dynamik, mit der sich Umweltbedingungen im Zeitablauf verändern.[526] Dabei bietet die Flexibilität dem Nachfolger die Möglichkeit, sein unternehmerisches Potenzial auszuschöpfen und Verbesserungspotenziale im Unternehmen zu heben.[527] Durchaus vergleichbar mit der Kontinuität unterscheiden Letmathe und Hill (2006) die Führungsflexibilität, die strategische, die organisatorische und die finanzielle Flexibilität.[528] Somit verlangsamt eine mangelnde Kontinuität den Übergabeprozess, während eine nicht ausreichende Flexibilität dazu führt, dass der Nachfolger seine Möglichkeiten nicht ausschöpfen kann, wie Tabelle 10 verdeutlicht.

---

[520] Vgl. Albach/Freund (1989), S. 28ff.
[521] Vgl. Albach/Freund (1989), S. 243ff.
[522] Vgl. Letmathe/Hill (2006), S. 1119.
[523] Vgl. Letmathe/Hill (2006), S. 1120f.
[524] Vgl. Letmathe/Hill (2006), S. 1121.
[525] Vgl. Stephan (2002), S. 115. Die Bedeutung der Flexibilität als zielentsprechende Anpassungsfähigkeit wird auch bei Schneider (1971), S. 841, betont.
[526] Vgl. Stephan (2002), S. 115f.
[527] Vgl. Letmathe/Hill (2006), S. 1121.
[528] Vgl. Letmathe/Hill (2006), S. 1121, die sich bei dieser Ableitung der Flexibilitätsdimensionen anlehnen an den Begriff der betrieblichen Flexibilität nach Kaluza (1993), Sp. 1573ff.

Dimension	Kontinuität	Flexibilität
Führung	Personelle Kontinuität in der Führungsmannschaft, um vorhandenes Wissen für den Nachfolger verfügbar zu machen	Möglichkeiten, Änderungen des Führungsstils und der Führungsmannschaft durchzusetzen, um das Unternehmen auf den Führungsstil des Nachfolgers und die geänderten Rahmenbedingungen zuzuschneiden
Organisation	Erhalt der auf die vorhandenen Prozess-Produkt-Markt-Kombinationen zugeschnittenen Aufbau- und Ablauforganisation	Anpassung der Aufbau- und Ablauforganisation an den Führungsstil des Nachfolgers und an neue Prozess-Produkt-Markt-Kombinationen
Strategie	Ausschöpfung der Erfolgspotenziale vorhandener Prozess-Produkt-Markt-Kombinationen	Erschließung neuer erfolgsträchtiger Prozess-Produkt-Markt-Kombinationen
Finanzen	Ausreichende finanzielle Rücklagen, um das finanzielle Gleichgewicht nachhaltig sicherzustellen	Verfügbare finanzielle Mittel, um maßvolle unternehmerische Risiken einzugehen, ohne das finanzielle Gleichgewicht zu gefährden; Erschließung neuer Finanzquellen durch den Nachfolger

Tabelle 10: Unternehmensbezogene Kontinuität und Flexibilität bei der Nachfolge[529]

Basierend auf diesen Vorüberlegungen, leiten Letmathe und Hill (2006) eine Systematik zur Identifikation von Strukturbrüchen der Unternehmensnachfolge her, die sich negativ auf den in Anlehnung an Morris et al. (1997) gestalteten Erfolgsfaktor auswirken können. Sie beschreiben vier Fallen, die es im Rahmen einer Nachfolgesituation zu vermeiden gilt und welche das Modell nach Morris et al. (1997) um eine unternehmensbezogene Perspektive ergänzen.

Konstrukte: Unternehmenssituation hinsichtlich einer evtl. bestehenden Modernisierungsfalle vor (Techn. vor) sowie nach der Übergabe (Techn. nach)

Die erste Falle wird als Modernisierungsfalle bezeichnet und trägt der Tatsache Rechnung, dass häufig eine Intransparenz hinsichtlich der Unternehmenssituation auf Seiten des Nachfolgers besteht.[530] Unzureichende Kenntnisse des Nachfolgers zum technologischen Stand der Prozesstechnik, zu Alter und Zustand des Anlagevermögens, zur Ausgestaltung des Wissensmanagements sowie zur formalen Qualifikation und zum Erfahrungswissen der Mitarbeiter des Unternehmens können zu einer Fehleinschätzung der Unternehmenssituation führen.[531] Die gewählten Items zur Messung der Konstrukte orientieren sich dabei an den Attributen der unternehmensbezogenen Strukturbrüche nach Letmathe und Hill (2006).[532] Um eine empirische Überprüfung dieses

---

[529] Vgl. Letmathe/Hill (2006), S. 1122.
[530] Vgl. Schefczyk (2000), S. 48ff. Dies verdeutlichen Balz und Bernau-Henkel (2006), S. 61, indem sie ermitteln, dass lediglich 44 Prozent der Übergeber für ihre in einem Zeitraum von fünf Jahren anstehende Unternehmensnachfolge ein Gesamtkonzept und nur 50 Prozent einen Businessplan erstellt haben.
[531] Vgl. Letmathe/Hill (2006), S. 1124f.
[532] Im Anhang 2 findet sich eine Auflistung aller ursprünglich zur Messung der Konstrukte eingesetzten Items.

Konstruktes zu ermöglichen, erfolgen eine Beurteilung der Unternehmenssituation zum Zeitpunkt der Übergabe und eine Beurteilung dieser Items in der heutigen Unternehmenssituation, so dass für die Modernisierungsfalle die zwei genannten Konstrukte „Tech. vor" und „Tech. nach" gebildet werden.

Konstrukt: Einflussnahmemöglichkeiten und Machtausübung von Seiten des Übergebers auf den Nachfolger (Abkürzung weiterführend: Macht)

Die Angst vor Statusverlust, Einbußen hinsichtlich des Einkommens, generell dem Älterwerden und andere Ängste können beim Übergeber das sogenannte „Retirement Syndrome" hervorrufen, d. h., dass der Übergeber übermäßig an seiner Position festhält.[533] Sofern der Senior auch nach der Übergabe noch über entsprechende Entscheidungsgewalt im Unternehmen verfügt, kann dies während des Nachfolgeprozesses, aber auch danach zu Konflikten führen. Dabei kann der Übergeber die Akzeptanz des Nachfolgers erschweren, indem er beispielsweise die Mitarbeiter verunsichert.[534] Die Einflussnahme erfolgt entweder aufgrund einer weiterhin bestehenden formellen Machtausstattung des Übergebers, z. B. in Form von Beiratstätigkeiten bzw. einer fortbestehenden (Mit-)Ausübung der Geschäftsführungsfunktionen, oder sie basiert auf informeller Machtausübung des Übergebers, z. B. über Zurückhaltung von Informationen bzw. über Gerüchte in gemeinsamen Netzwerken.[535] Dieses Gefahrenpotenzial wird von Letmathe und Hill (2006) als Machtfalle bezeichnet.[536] Ermittelt wird sie durch die Analyse der Möglichkeiten zur Einflussnahme des Übergebers, wie Stimmrechten in Gesellschafterversammlungen oder einer fortwährenden Ausübung von Geschäftsführungsfunktionen. Die materielle oder emotionale Abhängigkeit des Nachfolgers vom Übergeber spielt an dieser Stelle ebenfalls eine entscheidende Rolle.[537]

Konstrukte: Unternehmenssituation hinsichtlich einer eventuell bestehenden Führungsstil- und Organisationsfalle vor (Orga. Überg.) sowie nach der Übergabe (Orga. Nachf.)

Der Führungsstil und die Organisationsform eines Unternehmens wirken sich in starkem Maße auf die Motivation und Leistungsbereitschaft der Mitarbeiter aus.[538] Während früher der autoritäre oder patriarchalische Führungsstil verbreiteter war, zeichnet sich heute ein zunehmender Wertewandel hin zu einem kooperativen und teambasierten Führungsstil ab, der die Mitarbeiter zum Mitdenken animiert.[539] Gerade der in vielen KMU noch angewandte autoritäre Führungsstil ist häufig ein Grund, warum kein Nachfolger gefunden werden kann.[540] Der hohe Zentralisierungsgrad, der mit diesem

---

[533] Vgl. Kets de Vries (2003), S. 713f.
[534] Vgl. Weber (2009), S. 125.
[535] Vgl. beispielsweise Harvey/Evans (1995), S. 9f.
[536] Vgl. Letmathe/Hill (2006), S. 14f.
[537] In Anhang 2 findet sich eine Auflistung aller ursprünglich zur Messung der Konstrukte eingesetzten Items.
[538] Vgl. Hacker/Schönherr (2007), S. 47.
[539] Vgl. Hacker/Schönherr (2007), S. 20.
[540] Vgl. Claaßen (2008), S. 75.

Führungsstil einhergeht, führt dazu, dass ein Großteil der unternehmerischen Kompetenzen bei der Person des Übergebers liegt.[541] Durch dessen Ausscheiden sind die damit verbundenen Fähigkeiten für das Unternehmen nicht mehr nutzbar.[542] Auch der Versuch einer Abkehr vom autoritären Führungsstil durch den Nachfolger kann von Seiten der Mitarbeiter als Schwäche ausgelegt werden. Ein weiteres Problem besteht, wenn der Übergeber einen anderen Führungsstil als der Nachfolger verfolgt, da sich eine Änderung des Führungsstils und der Organisationsformen nur langsam erreichen lässt und auch stark von der Persönlichkeit des Nachfolgers abhängig ist.[543] Die von Letmathe und Hill (2006) beschriebene Führungsstil- und Organisationsfalle kommt vor allem zum Tragen, wenn der Übergeber einen autoritär-patriarchalischen und der Nachfolger einen kooperativ-delegativen Führungsstil verfolgt.[544] Diese Falle wird ebenfalls mittels zweier Konstrukte gemessen, die sich an den Strukturbrüchen nach Letmathe und Hill (2006) orientieren und den Dezentralisationsgrad jeweils vor und nach der Unternehmensnachfolge abbilden.[545]

Konstrukte: Unternehmenssituation hinsichtlich einer eventuell bestehenden Marktfalle vor (Beziehung Überg.) sowie nach der Übergabe (Beziehung Nachf.)

KMU spezialisieren sich aufgrund ihrer Größe häufig auf Marktnischen, um sich gegenüber ihren Wettbewerbern am Markt zu positionieren.[546] Diese Nischenstrategien sind gekennzeichnet durch enge Kundenbeziehungen, die entweder aufgrund großer Bestellmengen oder -häufigkeiten oder durch den in einer Marktnische typischen hohen Anpassungsgrad an die Kundenbedürfnisse zustande kommen.[547] Somit bedarf es bei einer Unternehmensnachfolge der Übertragung dieser engen und vor allem persönlichen Kundenbeziehungen auf den Nachfolger, was auf Seiten der Kunden oftmals zu Verunsicherungen führt.[548] Der Prozess der Unternehmensnachfolge stellt somit häufig ein Gefahrenpotenzial hinsichtlich der Beziehungen zu Schlüsselkunden und Kunden im Allgemeinen dar. Es entstehen Einstiegsfenster für Wettbewerber in vorhandene Kundenbeziehungen, welche das Unternehmen langfristig schädigen können.[549] Letmathe und Hill (2006) weiten den Fokus auf das gesamte externe Beziehungsgeflecht des Unternehmens aus, in dem sowohl Schlüsselkunden, Kunden, Lieferanten und Banken als auch politische Entscheidungsträger enthalten sind.[550] Bei KMU liegen

---

[541] Obwohl auch im Falle des Übergebers nicht von einer perfekten Kompetenzausstattung ausgegangen werden kann, da keiner alle Fähigkeiten beherrschen kann, vgl. Ancona et al. (2007).

[542] Vgl. Hacker/Schönherr (2007), S. 53; Letmathe/Hill (2006), S. 1126, sowie Frese (2005), S. 224ff.

[543] Vgl. Vaupel (2008), S. 123ff., sowie von Rosenstiel (2003), S. 136ff.

[544] Vgl. Letmathe/Hill (2006), S. 1126.

[545] In Anhang 2 findet sich eine Auflistung aller ursprünglich zur Messung der Konstrukte eingesetzten Items.

[546] Vgl. Trachsel (2007), S. 212.

[547] Vgl. Trachsel (2007), S. 49.

[548] Vgl. Koropp/Grichnik (2007), S. 299, sowie Trefelik/Topritzhofer (1998), S. 218. Nur in Ausnahmefällen gelingt es im Rahmen der Nachfolge, die Kundenbeziehungen und das damit einhergehende Vertrauen zu den Geschäftspartnern direkt und ohne Einschränkungen auf den Nachfolger zu übergeben, vgl. Hinsch (2009), S. 36.

[549] Vgl. Kayser/Wallau (2002), S. 111ff.; Homburg (2000b), S. 176.

[550] Vgl. Letmathe/Hill (2006), S. 1127.

häufig besonders enge und vor allem persönliche Beziehungen des Übergebers zu diesen Anspruchsgruppen vor, die an den Nachfolger übergeben werden müssen.[551]

Bei jedem fünften Unternehmen geht mit dem Nachfolgeprozess eine Abwanderung von leistungsfähigen Mitarbeitern einher. Der Effekt der Marktfalle kann durch diesen Umstand noch verstärkt werden.[552] Auch dieser Strukturbruch wird in der Unternehmensnachfolgestudie über zwei Faktoren ermittelt; die Güte der Beziehungen des Übergebers zu den Anspruchsgruppen und die Beziehungen des Nachfolgers jeweils zum Zeitpunkt der Unternehmensnachfolge. Dabei orientieren sich auch diese beiden Konstrukte an den Strukturbrüchen nach Letmathe und Hill (2006).[553]

Die von Letmathe und Hill (2006) formulierten Strukturbrüche bieten die Möglichkeit, die Unternehmensperspektive in Form von situativen Faktoren in das Modell zu integrieren und es somit systematisch um weitere entscheidende Erfolgsfaktoren zu ergänzen. Damit soll eine Beantwortung folgender Forschungsfragen ermöglicht werden:

- Welche Faktoren beeinflussen den Übergabeerfolg in welchem Maße?

- Welche direkten und indirekten Einflüsse der einzelnen Erfolgsfaktoren lassen sich nachweisen, und in welcher Richtung erfolgen die Wirkungen?

- Welche Rolle spielt die Ausbildung des Nachfolgers und welchen Einfluss hat sie auf den Übergabeerfolg?

- Welchen Einfluss haben die von Letmathe und Hill (2006) beschriebenen Strukturbrüche auf den Übergabeerfolg, und kann durch deren Hinzunahme der Erklärungsgehalt des Ursprungsmodells verbessert werden?

- Können das Modell von Morris et al. (1997) und die Strukturbrüche nach Letmathe und Hill (2006) miteinander kombiniert werden, und wie wirken sich diese Ergänzungen auf den Erklärungsgehalt des Gesamtmodells aus?

Nachdem die einzelnen Faktoren der Studie vorgestellt und erläutert wurden, werden in den nächsten beiden Abschnitten Hypothesen abgeleitet und das zu testende Gesamtmodell konstruiert.

5.4 Ableitung der Hypothesen

Im nächsten Schritt werden die aus der Theorie abgeleiteten und noch zu analysierenden Ursache-Wirkungs-Zusammenhänge zwischen den gebildeten Konstrukten als Strukturmodell[554] dargestellt.[555] Die Ableitung der Hypothesen erfolgt auf Basis vor-

---

[551] Vgl. Hinsch (2009) sowie Letmathe/Hill (2006), S. 1128.
[552] Vgl. Letmathe/Hill (2006), S. 1127, sowie Schröer/Kayser (2006), S. 37.
[553] In Anhang 2 findet sich eine Auflistung aller ursprünglich zur Messung der Konstrukte eingesetzten Items.
[554] Die Strukturmodelle werden in der Literatur auch häufig als innere Modelle eines Strukturgleichungsmodells bezeichnet.
[555] Vgl. Kirstein (2009), S. 165; Albers/Götz (2006), S. 669; Götz/Liehr-Gobbers (2004), S. 716.

handener Literaturbeiträge und unter Einbeziehung empirischer Studien, um auf bereits vorhandenen Forschungsergebnissen aufbauen zu können. Dabei stehen die Bestätigung entsprechender Ursache-Wirkungs-Zusammenhänge sowie in einem späteren Schritt die Quantifizierung der Einflussstärke der betrachteten Erfolgsfaktoren im Fokus.

Zur Ableitung der Hypothesen ist eine Orientierung anhand der bestehenden Forschungsfragen aus dem vorangehenden Abschnitt intendiert. Ausgangspunkt sind die von Morris et al. (1997) theoretisch fundierten Hypothesen. Die Bedeutung der familiären Beziehungen im Falle einer Nachfolge im Familienunternehmen und deren Auswirkungen auf den Übergabeprozess wird vielfach beschrieben. Als Erklärung werden die höhere Vertrauensbasis, das verbesserte gegenseitige Verständnis in der Familie sowie das umfangreiche Wissen oder die Erfahrungsschätze aller beteiligten Familienmitglieder über das Unternehmen als prozessfördernd angegeben.[556] Dabei muss jedoch erwähnt werden, dass die Familienkomponenten ausschließlich bei der Betrachtung von familieninternen Nachfolgen Anwendung finden.

Eine empirische Bestätigung des Einflusses der Familie auf den Nachfolgeplanungsprozess wird von Davis und Harveston (1998) vorgenommen. Sie differenzieren zwischen dem Einfluss der Familienmitglieder, die im Unternehmen mitarbeiten, und dem Einfluss von Familienmitgliedern, die dort nicht tätig sind. Ein weiterer Nachweis des Einflusses der Familie auf die Zufriedenheit mit dem Übergabeprozess wird von Weber (2009) für familienexterne Nachfolgen empirisch bestätigt.[557] Bei familieninternen Konflikten kann somit eine noch stärkere Auswirkung auf den Übergabeprozess unterstellt werden, da sich hier nicht nur die Rollen von Übergeber und Nachfolger im Zeitverlauf verändern, sondern es werden gegebenenfalls auch familiäre Rollenmuster durch diesen Prozess beeinträchtigt.[558] Die Ergebnisse von Morris et al. (1997) zeigen, dass der Einfluss der empfundenen familiären Beziehungen auf die Qualität des Übergabeprozesses größer ist als derjenige der beiden Konstrukte „Vorbereitung des Nachfolgers" und „Planungs- und Kontrollaktivitäten".[559] Somit wird die nachstehende erste Hypothese bereits in einer anderen Studie formuliert.

Hypothese 1: Konflikte zwischen Familienmitgliedern wirken sich negativ auf die empfundene Qualität des Übergabeprozesses aus.

Eine strategische Nachfolgeplanung sollte sowohl zum Entwicklungsprozess der nachfolgenden Generationen beitragen als auch den Nachfolgeprozess an sich beeinflus-

---

[556] Vgl. Van der Merwe (2009), S. 60; Potts et al. (2001), S. 86ff.; Handler (1990); Malone (1989); Churchill/Hatten (1987); Dyer (1986).

[557] Weber (2009), S. 235. In dieser Studie wird das Familienkonstrukt mithilfe dreier negativer Items gemessen und es wird ein positiver gegenseitiger Einfluss der beiden Größen bestätigt. Im später beschriebenen Gesamtmodell (S. 245) weist Weber dann jedoch einen negativen Einfluss des Konstruktes auf den Nachfolgeerfolg (Zufriedenheit mit dem Nachfolgeprozess) nach, was der hier abgeleiteten Hypothese entspricht.

[558] Vgl. Halter (2009), S. 116.

[559] Vgl. Morris et al. (1997), S. 398.

sen.[560] Positive Auswirkungen der Nachfolgeplanung werden insbesondere für die Weitergabe der Führungsverantwortung in Familienunternehmen nachgewiesen.[561] Die Bedeutung der strategischen Planung wird in vielen Forschungsarbeiten thematisiert, wobei auch die Erstellung eines Nachfolgeplans analysiert wird. Eine geringere Anzahl an Forschungsarbeiten behandelt die Beiträge, die von der Geschäftsführung oder den Beiräten zur strategischen Planung in Familienunternehmen geleistet werden.[562] Blumentritt (2006) weist hohe positive Korrelationen für das Vorhandensein eines Beirates und verschiedene Planungsaktivitäten empirisch nach.[563] Dabei werden Vorstand und Beirat als Einflussfaktoren auf die Planungsaktivitäten in KMU dargestellt. Im Modell von Morris et al. (1997) finden sowohl Aktivitäten zur Nachfolge- und Steuerplanung als auch Kontroll- und Unterstützungsaktivitäten, wie sie von Beiräten und Beratern geleistet werden, als Einflussfaktoren auf den Übergabeprozess Berücksichtigung, so dass die zweite Hypothese wie folgt abgeleitet werden kann.[564]

Hypothese 2: Gut ausgestaltete Planungs- und Kontrollaktivitäten wirken sich positiv auf die empfundene Qualität des Übergabeprozesses aus.

Die Vorbereitung des Nachfolgers auf die Unternehmensübernahme ist ein vielfach untersuchtes, allerdings häufig unterschiedlich aufgebautes Konstrukt. Häufig analysiert wird die Beziehung dieses Faktors zu anderen Faktoren, wie dem Übergabeprozess oder dem Post-Erfolg der Unternehmensnachfolge. Während eine ganze Reihe von Autoren[565] einen positiven Einfluss der Vorbereitung des Nachfolgers auf den Erfolg des Übergabeprozesses empirisch belegen kann, gibt es vereinzelt Studienergebnisse, die diese Beziehung nicht nachweisen können.[566] Teilweise fällt es schwer zu differenzieren, ob dieser Faktor die empfundene Qualität des Übergabeprozesses oder den Erfolg des Übergabeprozesses und damit den Post-Nachfolgeerfolg beeinflusst. Im Modell von Morris et al. (1997) wird eine Auswirkung der Vorbereitung des Nachfolgers auf den Übergabeprozess angenommen.[567] Als Mediatorvariable leitet er auch in diesem Fall den Einfluss indirekt auf den Übergabeerfolg weiter.[568] Somit lässt sich Hypothese 3 wie folgt ableiten.

Hypothese 3: Eine gute Vorbereitung des Unternehmensnachfolgers wirkt sich positiv auf die empfundene Qualität des Übergabeprozesses aus.

---

[560] Vgl. Mazzola/Marchisio/Astrachan (2008), S. 240.
[561] Vgl. Sharma (1997).
[562] Vgl. Hillman/Dalziel (2003).
[563] Vgl. Blumentritt (2006), S. 70f.
[564] Vgl. Morris et al. (1997), S. 391f. An dieser Stelle muss jedoch angemerkt werden, dass diese Hypothese bei Morris et al. nur über ein einzelnes Item in das Modell integriert werden konnte.
[565] Vgl. Venter/Boshoff/Maas (2005), S. 298; Brockhaus (2004), S. 168; Cabrera-Suárez/De Saá-Pérez/Garcia-Almeida (2001), S. 42; Ciampa/Watkins (1999), S. 166; Kaye (1999), S. 16.
[566] Vgl. Stempler (1988), S. 98.
[567] Diese Beziehung können Morris et al. (1997) im finalen Kausalmodell jedoch nicht nachweisen.
[568] Vgl. Morris et al. (1997), S. 392.

Eine Einflussnahme der Zufriedenheit des Übergabeprozesses auf den Übergabeerfolg ist ebenfalls schon mehrfach untersucht worden. Der Nachfolgeerfolg wird in Studien häufig als Zielvariable benannt. Einen Überblick über die verschiedenen Aspekte, die im Zusammenhang mit dem Nachfolgeprozess bereits in der Literatur als Einflusswert auf den Erfolg betrachtet wurden, geben Chittor und Das (2007).[569] Der Nachfolgeprozess nimmt in einigen Modellen eine zentrale Position ein. So unterteilen Le Breton-Miller, Miller und Steier (2004) den Übergabeprozess in drei aufeinander folgende Phasen: Grundregeln und erste Schritte, Entwicklung des Nachfolgers und Übergabeprozess, der den Ausstieg des Übergebers und die Einrichtung des Nachfolgers umfasst. Der Gesamtprozess läuft im integrativen Modell der Autoren zwischen dem Kontext der beiden Subsysteme Unternehmen und Familie ab und wird von diesen beeinflusst.[570] Chittor und Das (2007), welche das Modell von Le Breton-Miller, Miller und Steier (2004) modifizieren, legen ebenfalls den Übergabeprozess ins Zentrum des Modells. Sie unterteilen die unternehmensbezogenen Faktoren in Faktoren des Nachfolgers, des Übergebers und des Unternehmens und fügen zusätzlich den Nachfolgeerfolg als zu erklärende Zielvariable in das Modell ein.[571] Eine ähnlich zentrale Stellung nimmt der Nachfolgeprozess in dem bereits beschriebenen Modell nach Morris et al. (1997) ein.[572] Dabei wirkt der Faktor „Übergabeprozess" als Mediatorvariable[573] zwischen den familiären Beziehungen und dem Post-Übergabeerfolg. Somit lässt sich die vierte Hypothese aus der bestehenden Literatur wie folgt ableiten.

Hypothese 4: Ein als angenehm empfundener Übergabeprozess wirkt sich positiv auf den Erfolg der Nachfolge aus.

Nachdem die im ursprünglichen Modell nach Morris et al. (1997) integrierten Hypothesen beschrieben wurden, wird das zu untersuchende Modell um die Konstrukte der Strukturbrüche nach Letmathe und Hill (2006) erweitert. Zunächst werden die beiden Faktoren der Modernisierungsfalle in das Modell eingefügt. Sie bilden im Wesentlichen die technologischen Ressourcen und das Humankapital des Unternehmens ab, welches der Senior an den Nachfolger weitergibt.[574] Dabei wird berücksichtigt, dass sich die Einschätzung eines Unternehmenswertes mit der Zeit verändert hat. Früher hatten Patente sowie die Forschungs- und Entwicklungsaktivitäten eines Unternehmens einen stärkeren Einfluss auf dessen Unternehmenswert. Heute spielt gerade in Unternehmen, die Just-in-time produzieren, das individuelle und organisationale „Social Capital", also die Art der Zusammenarbeit und die Fähigkeiten der Mitarbeiter, eine größere Rolle.[575] Nichtsdestotrotz spielt in manchen Branchen die Geschwin-

---

[569] Vgl. Chittor/Das (2007), S. 68.
[570] Vgl. Le Breton-Miller/Miller/Steier (2004), S. 312.
[571] Vgl. Chittor/Das (2007), S. 70.
[572] Vgl. Morris et al. (1997), S. 392.
[573] Eine Mediatorvariable liegt dann vor, wenn ein Effekt von einer vorgelagerten Prädikatorvariable auf selbige besteht und diese dann ihrerseits eine nachgelagerte Prognosevariable beeinflusst, vgl. Müller (2006), S. 253, bzw. Baron/Kenny (1986).
[574] Vgl. Letmathe/Hill (2006), S. 1124f.
[575] Vgl. Steier (2001), S. 260.

digkeit der Technologieentwicklungen eine Schlüsselrolle. Den Übergebern fällt es häufig mit zunehmendem Alter schwerer, der immer schneller fortschreitenden technologischen Entwicklung, z. B. im Bereich einer sich permanent weiterentwickelnden Elektronikbranche, zu folgen und sogar noch Impulse für Neues zu geben.[576]

Ein Konstrukt beschreibt die Unternehmenssituation hinsichtlich der verwendeten Technologie und des unternehmensinternen Wissens vor der Nachfolge. Das zweite Konstrukt bildet die Unternehmenssituation bezüglich dieser Einflussgrößen nach Abschluss des Nachfolgeprozesses ab. Dabei ist er von der bestehenden Ausgangssituation des Unternehmens hinsichtlich Technologie und Wissen vor der Übergabe abhängig. Es wird einem Unternehmensnachfolger so beispielsweise schwerer fallen technologische Neuerungen einzuführen, wenn das zu übernehmende Unternehmen bislang wenig innovationsorientiert geführt wurde. Ein weiterer wichtiger Aspekt bei Unternehmensnachfolgen zum Aspekt Wissen ist die Tatsache, dass besonders erfahrene Mitarbeiter entweder aus Altersgründen oder enttäuscht von der Wahl des Nachfolgers das Unternehmen verlassen.[577] Somit kann die Ausgangssituation hinsichtlich des Erfahrungswissens der Mitarbeiter durch die Nachfolge negativ beeinflusst werden. Es kann jedoch ebenso eine positive Entwicklung bezüglich des Fachwissens der Mitarbeiter auftreten, wenn der Nachfolger beispielsweise mehr in die Weiterbildung der Mitarbeiter investiert.

Das erste Konstrukt stellt somit die Ausgangssituation für das zweite dar, wodurch sich nachstehende Hypothese ableiten lässt.

Hypothese 5: Das Konstrukt über die Beurteilung der Unternehmenssituation hinsichtlich Technologie und Wissen vor der Nachfolge beeinflusst als Ausgangssituation das Konstrukt über die Beurteilung der Unternehmenssituation mittels gleicher Indikatoren nach der Unternehmensnachfolge positiv.

Weiterhin wird angenommen, dass die Ausgangssituation des ersten Faktors der Modernisierungsfälle durch die Übergabe der Geschäftsführung vom Übergeber an den Nachfolger verändert wird, da der Nachfolger das Unternehmen modernisiert, indem er in Technologien, EDV-technische Lösungen für das Wissensmanagement oder in Mitarbeiterausbildung investiert.[578] Ein angenehm empfundener Übergabeprozess wirkt sich aufgrund des geringen Konfliktpotenzials förderlich auf das Streben nach Veränderungen des Nachfolgers aus.[579] Generell besteht somit eine größere Chance, dass der Nachfolger das Unternehmen strategisch neu ausrichtet und die Bereiche Technologie und Wissen optimiert, um sie an neue Herausforderungen anpassen zu

---

[576] Vgl. Habig/Berninghaus (2004), S. 49.
[577] Vgl. Mertens (2004), S. 135.
[578] Die durchschnittlichen Investitionen liegen bei einer Unternehmensnachfolge um 60 Prozent höher als bei einer Neugründung, vgl. IfM Bonn (2010a). Somit muss ein Nachfolger häufig große Investitionen tätigen, um den Stand der Prozesstechnik an die aktuelle Marktsituation anzugleichen, vgl. Kempert (2008), S. 168.
[579] Vgl. Ittrich (2010), S. 27f.

können.[580] Somit ergibt sich nachfolgende Hypothese.

Hypothese 6: Ein angenehm empfundener Übergabeprozess der Unternehmensnachfolge wirkt sich positiv auf die Unternehmenssituation hinsichtlich Technologie und Wissen aus.

Das Technologie- und Wissensmanagement wird häufig als kritischer Erfolgsfaktor für ein Unternehmen gesehen. Bezüglich des Technologiemanagements identifizieren Cooper und Kleinschmidt (2004) vier Praktiken, welche sich im Rahmen ihrer Nachfolgerstudie als Erfolg versprechend herausstellen. Dazu gehören die Existenz eines hochqualitativen Entwicklungsprozesses für neue Produkte, eine Entwicklungsstrategie für neue Produkte, an die Entwicklung gebundene Ressourcen (sowohl Mitarbeiter als auch Finanzmittel) und schließlich die Qualität des Entwicklungsteams.[581] Wissen wird in der heutigen Zeit häufig als vierter Produktionsfaktor beschrieben und ist damit für jedes Unternehmen relevant.[582] Einen der zentralen Erfolgsfaktoren im Wissensmanagement stellen die Mitarbeiter eines Unternehmens als Wissensträger dar, so dass das Personalmanagement an Bedeutung gewinnt.[583] Weiterhin werden beide Faktoren als erfolgsrelevant für dynamische, organisationale Prozessveränderungen beschrieben.[584] Sie können ebenfalls Gegenstand oder Konsequenz einer Unternehmensnachfolge sein. Somit ergibt sich die folgende Hypothese.

Hypothese 7: Eine verbesserte Unternehmenssituation hinsichtlich Technologie und Wissen nach dem Übergabeprozess wirkt sich als relevanter Wettbewerbsvorteil positiv auf den Erfolg des Unternehmens nach der Übergabe aus.

Der nächste Strukturbruch, der in das zu überprüfende Modell eingearbeitet wird, ist die Machtfalle. Unternehmensübergeber versuchen, sofern sie noch in einer Position sind, um Macht auf den Nachfolger auszuüben, durch den Nachfolger initiierte Veränderungen zu reduzieren.[585] Auch das Zurückhalten von notwendigen Informationen und somit ein bewusstes Stören oder sogar Verhindern-Wollen der Nachfolge wurden bereits belegt.[586] Weber (2009) ermittelt einen empirisch fundierten positiven Zusammenhang zwischen der Nachfolgebereitschaft des Übergebers und der Zufriedenheit des Nachfolgers mit dem Übergabeprozess.[587] Da der Übergeber einen starken Einfluss auf den Übergabeprozess ausübt,[588] lässt sich folgende Hypothese ableiten.

---

[580] Vgl. Hennerkes (2004), S. 22; Stephan (2002), S. 26.
[581] Vgl. beispielsweise Cooper/Kleinschmidt (2004), S. 53.
[582] Vgl. Mertins/Seidel (2009), S. 2.
[583] Vgl. Mertins/Finke/Orth (2009), S. 21.
[584] Vgl. Paper/Ruey-Dang (2005), S. 126.
[585] Vgl. beispielsweise Quigley/Hambrick (2009), S. 6. Weiterhin wird bestätigt, dass ein Ausscheiden des CEO aus dem Unternehmen einen positiven Einfluss auf die organisationalen Veränderungen im Unternehmen hat.
[586] Vgl. Weber (2009), S. 203.
[587] Vgl. Weber (2009), S. 223. Die fehlende Nachfolgebereitschaft wird weiterhin von Sharma et al. (2001); Ward (1987) sowie Dyer (1986) untersucht.
[588] Vgl. Sharma/Chrisman/Chua (2003).

Hypothese 8: Eine stärkere Machtausübung des Übergebers wirkt sich negativ auf das Empfinden des Übergabeprozesses aus Sicht des Nachfolgers aus.

Der nächste Strukturbruch ist die Führungsstil- und Organisationsfalle. Im vorherigen Abschnitt wurden zwei Konstrukte zur Messung des Dezentralisierungsgrades und somit zur Ermittlung des Führungsstils hergeleitet, wobei der eine Fragenkomplex den Führungsstil des Übergebers zum Zeitpunkt der Übergabe und der andere den des Nachfolgers zum heutigen Zeitpunkt widerspiegelt. Je nach Grad der Führungsflexibilität fällt es dabei dem Nachfolger leichter, seinen Führungsstil, der gegebenenfalls vom Übergeber abweicht, durchzusetzen.[589] Die Führungsstil- und Organisationsfalle kommt insbesondere dann zum Tragen, wenn sich die Führungsstile von Nachfolger und Übergeber signifikant unterscheiden. Je größer also die Unterschiede, desto größer der entstehende Anpassungsdruck auf den Nachfolger.[590] Das eine Konstrukt stellt damit die Basis des anderen dar, da der Nachfolger das Unternehmen mit einer bestimmten Führungsstruktur übernimmt und diese an seine Person anpassen muss. Die Hypothese 9 verdeutlicht diesen Zusammenhang.

Hypothese 9: Eine Führungsstruktur des Übergebers zum Zeitpunkt der Übergabe, die eine dezentrale Entscheidungsfindung begünstigt, reduziert den Anpassungsdruck auf den Nachfolger, seine Führungsstruktur im Unternehmen durchzusetzen.[591]

Eine dezentrale Entscheidungsfindung setzt einen partizipativen bzw. demokratischen Führungsstil in einem Unternehmen voraus.[592] Aufgrund der Einbeziehung der Mitarbeiter werden diese dazu ermutigt, eigene Ideen zu entwickeln und Verantwortung für ihren Arbeitsbereich zu übernehmen.[593] Die Identifikation der Mitarbeiter mit dem Unternehmen sowie ihre Mitarbeiterzufriedenheit erhöhen deren Motivation und Leistung bei gleichzeitiger Reduktion der Mitarbeiterfluktuation, wodurch eine positive Entwicklung des Unternehmenswertes gefördert wird.[594] Gerade durch den Führungsstil können Mitarbeiter zum unternehmerischen Denken und Handeln angeleitet werden und somit gegebenenfalls für ein MBO selbst als Nachfolger zur Verfügung stehen.[595] Aber auch im Falle einer anderen Nachfolgeart kann davon ausgegangen werden, dass bei Organisationen mit einem hohen Dezentralisationsgrad das Wissen unter den Mitarbeitern weiter verbreitet ist als bei autonomen Entscheidungen des Geschäftsführers. Somit stellt dies einen wesentlichen Erfolgsfaktor für Unternehmensnachfolgen dar.[596] Nachfolgende Hypothese verdeutlicht den Zusammenhang.

---

[589] Vgl. Letmathe/Hill (2006), S. 1121.

[590] Vgl. Letmathe/Hill (2006), S. 1126.

[591] Da die Einschätzung des Dezentralisationsgrades durch den Nachfolger vorgenommen wird, weist eine positive Beurteilung auf eine aus Nachfolgersicht günstige Ausgangsposition hin.

[592] Vgl. Schröder (2003), S. 70.

[593] Vgl. Justus (1999), S. 219.

[594] Vgl. Osterhold (2002), S. 43f.

[595] Vgl. Bieg/Kußmaul (2000), S. 47ff.

[596] Vgl. Letmathe/Hill (2006), S. 1126.

Hypothese 10: Ein Führungsstil mit vermehrt dezentraler Entscheidungsfindung des Übergebers zum Übergabezeitpunkt wirkt sich positiv auf den Erfolg des Unternehmens nach der Übergabe aus.

Dyer (1986) analysiert verschiedene Unternehmenskulturen und stellt dabei fest, dass der Führungsstil des Unternehmers gleichzeitig auch die Organisationsstrukturen festlegt und somit z. B. die Stellung und Möglichkeit zur Einflussnahme durch Familienmitglieder determiniert.[597] Die Beziehungen zwischen gängigen Praktiken in Familienunternehmen, Führungsstilen und dem Erfolg des Unternehmens werden von Sorenson (2000) untersucht. Dabei wird ermittelt, dass insbesondere der partizipative Führungsstil signifikant zum finanziellen Erfolg eines Unternehmens beiträgt, da er Veränderungen begünstigt und mehrere Perspektiven integrieren hilft.[598] Der Führungsstil eines Nachfolgers nach dem Übergabeprozess steigert somit signifikant den Unternehmenserfolg sowie die Mitarbeiterzufriedenheit. Die Auswirkungen des Führungsstils des Nachfolgers auf den Erfolg bildet die nächste Hypothese ab.

Hypothese 11: Der Führungsstil des Nachfolgers mit vermehrt dezentraler Entscheidungsfindung wirkt sich positiv auf den empfundenen Erfolg des Unternehmens nach der Übergabe aus.

Der letzte Strukturbruch, der dem Modell hinzugefügt wird, ist die Marktfalle. Diese wird ebenfalls durch zwei Faktoren gemessen: die Beziehungen des Übergebers und die Beziehungen des Nachfolgers zu externen Anspruchsgruppen zum Zeitpunkt der Übergabe. Auch hier kann bei einer erfolgreichen Unternehmensnachfolge davon ausgegangen werden, dass der Übergeber seine guten Kontakte an den Nachfolger weitergibt, so dass die Beziehungen des Übergebers zu den Anspruchsgruppen als Basis für die des Nachfolgers gelten.[599] Dabei ist es in manchen Branchen, in denen besonders vertrauensvolle Kundenbeziehungen bestehen, unerlässlich, dass der Übergeber den Nachfolger persönlich in die Beziehung zu Schlüsselkunden einführt oder gegebenenfalls zunächst als Berater im Unternehmen noch verfügbar ist.[600] Existieren in Unternehmen personenbezogene Netzwerke, in denen der Übergeber eine zentrale Stellung einnimmt, so ist durch aktives Beziehungsmanagement der Nachfolger den externen Anspruchsgruppen bekannt zu machen, um diese Beziehungen übertragen zu können.[601] Somit lässt sich die nachfolgende Hypothese ableiten.

Hypothese 12: Die Güte der Beziehungen des Übergebers zu externen Anspruchsgruppen wirkt sich positiv auf die Beziehungen des Nachfolgers zu diesen aus.

---

[597] Vgl. Dyer (1986).

[598] Vgl. Sorenson (2000), S. 194ff. Diese Ergebnisse bestätigen bestehende Erkenntnisse anderer Autoren. Die Identifikation des Führungsstils und der Art der Personalführung als wesentlichen Erfolgsfaktor eines Unternehmens erfolgt durch Buckingham und Coffman (2005).

[599] Die Übergabe der Kontakte zu den Stakeholdern geht dabei mit einer Berücksichtigung der Interessen der Stakeholder einher, vgl. Hacker/Schönherr (2007), S. 86. Zur Berücksichtigung der Stakeholderinteressen im Zuge der Nachfolge, vgl. ebenfalls Heck/Trent (1999) sowie Stafford et al. (1999).

[600] Vgl. Hohenlohe (2006), S. 31.

[601] Vgl. Letmathe/Hill (2006), S. 1132.

Des Weiteren wirken sich die Beziehungen des Übergebers zu den externen Anspruchsgruppen auf den empfundenen Übergabeprozess aus. Gerade für Kunden und Lieferanten, die nicht direkt in die Geschäftsprozesse des Unternehmens integriert sind, stellt eine noch ausstehende Klärung einer Nachfolgelösung einen Unsicherheitsfaktor dar.[602] Eine gute Beziehung zwischen Übergeber und externen Anspruchsgruppen und damit einhergehend eine offene Kommunikation kann somit die bestehenden Ängste auf Seiten der Stakeholder reduzieren.[603] Die Unternehmensnachfolge stellt somit ein Ereignis dar, welches die Beziehungen zu Kunden oder Lieferanten belasten kann. Sind die Anspruchsgruppen jedoch mit der Wahl des Nachfolgers und dem Ablauf der Nachfolge zufrieden, können die Beziehungen erhalten werden.[604] Die Beziehungen des Übergebers zu externen Anspruchsgruppen und deren Übergabe an den Nachfolger werden insbesondere im Rahmen des Beziehungsmodells nach Fox, Nilakant und Hamilton (1996) analysiert. Dabei werden die Dauer der Beziehungsübergabe, der Fall einer nicht möglichen Übergabe aufgrund eines Unfalls des Seniors sowie die Beteiligung und Art der Einflussnahme bei der Übergabe des Beziehungsgeflechts im Modell betrachtet.[605] Des Weiteren können Stakeholder aus professionellen oder auch persönlichen Gründen Widerstände für eine anstehende Unternehmensnachfolge aufbauen, die somit den Übergabeprozess negativ beeinflussen.[606]

Hypothese 13: Die Güte der Beziehungen des Übergebers zu den externen Anspruchsgruppen des Unternehmens hat einen positiven Einfluss auf den empfundenen Übergabeprozess.

Die nachfolgende Hypothese berücksichtigt die Beziehungen des Nachfolgers zu den externen Anspruchsgruppen. Die Beziehung zwischen Nachfolger und Stakeholdern ist dabei ebenfalls Gegenstand des Beziehungsmodells nach Fox, Nilakant und Hamilton (1996).[607] Ausgehend von der Annahme, dass insbesondere das Vertrauen in die Fähigkeiten des gewählten Nachfolgers einen signifikanten Einfluss auf die Zufriedenheit der externen Anspruchsgruppen hat, sind die Beziehungen zwischen dem Nachfolger und den Stakeholdern von besonderer Bedeutung.[608] Damit einher geht auch die Annahme, dass vor allem der Nachfolger die Fähigkeit haben sollte, die Nachhaltigkeit und die finanzielle Sicherheit des Familienunternehmens gegenüber Anspruchsgruppen während des Übergabeprozesses und danach versichern zu können.[609] Verfügt der Nachfolger somit bereits zum Zeitpunkt der Übergabe über positive Beziehungen zu den externen Anspruchsgruppen, so ist die Gefahr einer Diskontinuität im Beziehungsgeflecht reduziert, was die Komplexität des Nachfolgeprozesses reduziert. Basierend auf diesen Vorüberlegungen, lässt sich folgende Hypothese ableiten.

---

[602] Vgl. Murray (2003), S. 28.
[603] Vgl. Murray (2003), S. 29.
[604] Vgl. Le Breton-Miller/Miller/Steier (2004).
[605] Vgl. Fox/Nilakant/Hamilton (1996), S. 16ff.
[606] Vgl. Lansberg (1999).
[607] Vgl. Fox/Nilakant/Hamilton (1996), S. 16ff.
[608] Vgl. Sharma (1997), S. 233.
[609] Vgl. Venter/Boshoff/Mass (2005), S. 289f.

Hypothese 14: Die Güte der Beziehungen zu externen Anspruchsgruppen des Nachfolgers hat einen positiven Einfluss auf den empfundenen Übergabeprozess.

Die letzte Hypothese bildet den Zusammenhang ab, dass zu einer umfassenden Vorbereitung des Nachfolgers auch der Aufbau des entsprechenden Know-whos gehört. Dabei wird der Aufbau von Beziehungen zu den Stakeholdern als ein Bestandteil der Vorbereitung des Nachfolgers gesehen, um die Führung im Unternehmen zu übernehmen.[610] Gerade der Aufbau von sozialen Beziehungen und Netzwerken, welcher im Informationszeitalter immer wichtiger wird, ist im Rahmen der Vermittlung von Soft Skills wichtiger Bestandteil der Entrepreneurship Education.[611] Somit wird die Ausbildung des Nachfolgers nicht nur auf eine Phase unmittelbar vor der Mitarbeit im Unternehmen reduziert, sondern sie erfolgt auch noch nach dem Einstieg ins Unternehmen, d. h. über die gesamte Entwicklung bis hin zur Unternehmensnachfolge und danach.[612] Wird also die Vorbereitung des Nachfolgers als fortwährender Prozess auch während der Übergabe angesehen, so kann folgende Hypothese abgeleitet werden.

Hypothese 15: Die Vorbereitung des Nachfolgers bzw. seine fortwährende Ausbildung haben positiven Einfluss auf die Beziehungen des Nachfolgers zu den externen Anspruchgruppen.

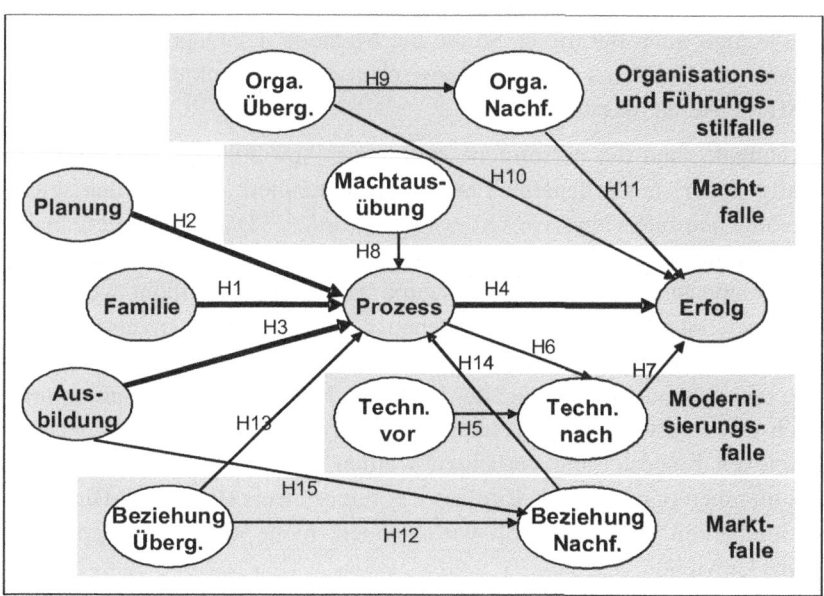

Abbildung 24: Im Rahmen der Studie zu testendes Gesamtmodell (eigene Abbildung)

---

[610] Vgl. Mumford et al. (2000a); Mumford et al. (2000b); Holt Larsen (1996).
[611] Vgl. Delgado (2004), S. 101.
[612] Vgl. Fiegener et al. (1994).

Um einen Überblick über die abgeleiteten Hypothesen und auf das Gesamtmodell zu geben, wird das vollständige, zu prüfende Modell in Abbildung 24 dargestellt. Aus Gründen der Übersichtlichkeit werden die bei der Herleitung der Konstrukte vorgestellten Abkürzungen verwendet.

Die fett gedruckten Pfeile und die grau ausgefüllten Faktoren kennzeichnen das ursprüngliche Modell nach Morris et al. (1997). Alle weiteren weiß dargestellten Faktoren geben die nach Letmathe und Hill (2006) hinzugenommenen Strukturbrüche der Unternehmensnachfolge, also die Faktoren zur Berücksichtigung der Unternehmenssituation, wieder. Zusätzlich erfolgt eine Kennzeichnung der vier Strukturbrüche über die grauen Rechtecke.

5.5 Methodisches Vorgehen der Unternehmensnachfolgerstudie

Zur Identifikation relevanter Erfolgs- und Misserfolgsfaktoren für Unternehmensnachfolgen sowie die damit mögliche Ableitung spezifischer Anforderungen an die Unternehmerausbildung und den Vergleich mit der Existenzgründerstudie wurden Unternehmer befragt, die als Nachfolger bereits einen Nachfolgeprozess in ihrem Unternehmen durchlaufen haben. Da auch sie zu den Ereignissen aus der Vergangenheit befragt wurden, kommt auch bei dieser Studie die Methode der Querschnittsanalyse zum Einsatz, wobei die Befragten hier erneut zwischen den Zeitpunkten vor und nach der Übergabe differenzieren mussten.

Als Erhebungsmethode fand die persönliche Befragung Anwendung. Als Grundlage wurde ein umfangreicher standardisierter Fragebogen konzipiert, der aufgrund seines Umfangs in persönlichen Interviews vor Ort erhoben wurde.[613] Dazu wurde erneut ein Verfahren zur Selbsteinstufung durch den Befragten gewählt. So konnte die Bereitschaft der Unternehmensnachfolger zur Teilnahme an der Studie erhöht werden.[614] Weitere Vorteile persönlicher Interviews bestehen darin, dass Verständnisprobleme sowohl des Befragten als auch des Interviewers direkt vor Ort geklärt werden können. Zudem kann die hinreichende Kompetenz der befragten Nachfolger zur Beantwortung der Fragen durch den Interviewer abgeschätzt und die Dauer der Interviews entsprechend der komplexen Fragestellung verlängert werden.[615] Negativ fallen bei dieser Befragungsart zum einen der mögliche Einfluss des Interviewers (Interview-Bias) und die Nichtbeeinflussbarkeit der individuell vorliegenden, nicht standardisierten Interview-Situation ins Gewicht.

---

[613] Zu Beginn der Befragung wurde eine telefonische Erhebung der Daten angestrebt, um die Vergleichbarkeit zur Existenzgründerstudie zu erhöhen. Dies erwies sich jedoch aufgrund des Umfangs des Fragebogens im Rahmen des Pretests als nicht praktikabel und wurde daher auf persönliche Interviews beim Unternehmer vor Ort abgeändert.

[614] Zu den Vorteilen der Erhebung standardisierter Fragebögen mithilfe persönlicher Interviews im Vergleich zur postalischen Versendung der Bögen, vgl. Katsikeas/Piercy (1991), S. 10.

[615] Vgl. Kaya (2007), S. 52.

Für die Zielgruppe „Nachfolger" wurden im Rahmen der Studie erneut Studienteilnehmer gesucht, die den Prozess der Unternehmensnachfolge bereits vollzogen haben. Um eine Vergleichbarkeit mit der Existenzgründerstudie zu gewährleisten, wurden Unternehmensnachfolger mit und ohne Hochschulstudium befragt, wobei Erstere im Interview einen zusätzlichen Abschnitt zur Entrepreneurship Education an Hochschulen beantworten mussten. Des Weiteren wurde eine Unterscheidung von familieninternen Nachfolgen gegenüber anderen Nachfolgearten vorgenommen. Es wurden zudem nur die Unternehmensnachfolgen betrachtet, die erfolgreich übergeben wurden und demnach noch im Markt existieren.

Bei der Beschreibung der Stichprobe ergeben sich ähnliche Schwierigkeiten wie bei der Gründerstudie, da auch hier keine auf die spezielle Problemstellung bezogenen Datenbanken verwendet werden konnten.[616] Die Recherche nach verfügbaren Nachfolgeradressen wurde über verschiedene Personengruppen vorangetrieben. Wie in der Existenzgründerstudie wurden der Alumni-Verbund der Universität Siegen, die Forschungstransferstelle sowie die IHK Siegen angesprochen und um Adressmaterial gebeten. Darüber hinaus wurden Unternehmensdatenbanken nach Hinweisen auf eine erfolgte Nachfolge durchsucht. Zudem wurden gezielt Familienunternehmen aus den Regionen Siegen-Wittgenstein und Olpe ausfindig gemacht. Insgesamt konnten über diese Methode 252 Adressen von Unternehmensnachfolgern identifiziert werden. Diese Unternehmen wurden angerufen und Interviewtermine vor Ort vereinbart. Somit wurde auch hier das Verfahren der disproportionalen Zufallsstichprobe angewandt.[617] Da in dieser Studie das bereits vorgestellte Strukturgleichungsmodell getestet werden sollte, wurde den Empfehlungen von Kline (2005) gefolgt, der eine Stichprobe kleiner als 100 als „small", einen Erhebungsumfang von 100 bis 200 Datensätzen als „medium" und über 200 Fragebögen als „large" bezeichnet.[618] Demnach wurde das Minimum für diese Studie mit 100 ausgefüllten Fragebögen determiniert.

Der für diese Studie konzipierte Fragebogen umfasst sechs Seiten.[619] Dabei orientiert dieser sich weitgehend an den zwei bereits erwähnten Forschungsarbeiten von Morris et al. (1997) sowie Letmathe und Hill (2006).[620] Die Vergleichbarkeit mit der Existenzgründerbefragung wird dadurch gewährleistet, dass die Fragen nach den Charaktereigenschaften und Verhaltensweisen übernommen werden.[621] Zudem liefert die Befragung Erkenntnisse darüber, welche Faktoren zum Post-Erfolg der Unternehmensnachfolge beitragen, wie stark ihr Einfluss jeweils ist und ob sie sich gegebenenfalls gegenseitig beeinflussen.

---

[616] Die Verwendung der Datenbanken von regionalen Banken wurde zwar angefragt, musste jedoch jeweils aufgrund der Sensibilität von Kundendaten verworfen werden.

[617] Vgl. Schumann (2006).

[618] Vgl. Kline (2005), S. 15.

[619] Der Fragebogen ist im Anhang 3 einzusehen.

[620] Vgl. Letmathe/Hill (2006); Morris et al. (1997).

[621] Vgl. hierzu die Auswahl der verwendeten Charaktereigenschaften und Verhaltensweisen in Abschnitt 4.1.2 dieser Arbeit. Ergänzt wurde die 28-Item-Batterie jedoch noch durch die Verhaltensweise „reflektieren oft ihre Handlungen", da gerade diese Eigenschaft Gegenstand einer weiteren Forschungsarbeit am Institut war.

Auf Anfrage stellten die Autoren Morris et al. (1997) den damals verwendeten Fragebogen zur Verfügung. Aus diesem Fragebogen wurden Fragen zum Werdegang und der Ausbildung des Nachfolgers, zu den familiären Beziehungen, zum Übergabeprozess sowie zum Unternehmenserfolg ins Deutsche übersetzt und in den neuen Fragebogen integriert.[622] Die zweite Forschungsarbeit, die als Ausgangsbasis diente, ist der Aufsatz von Letmathe und Hill (2006). Deren vier Strukturbrüche wurden wie in der Modellherleitung gezeigt in das Modell nach Morris et al. (1997) eingearbeitet.[623] Nachfolgend wird der vollständige Fragebogen beschrieben.

Der erste Fragebogenteil umfasst neben demografischen Daten des Nachfolgers Angaben über dessen schulische Ausbildung und den beruflichen Werdegang. Des Weiteren werden die Art (familieninterne Nachfolge, MBI, MBO), der Zeitpunkt sowie die Dauer des Übergabeprozesses erfasst. Weiterhin werden der Ursprung der Initiative zur Übernahme und die Vorbereitung sowie die Vorkenntnisse des Nachfolgers betrachtet. Dieser erste Teil endet mit den aus der Gründerstudie übernommenen Fragen zur Bedeutsamkeit der Charaktereigenschaften und der Verhaltensweisen von Unternehmern.[624]

Der zweite Teil enthält die von Morris et al. (1997) übernommenen und ins Deutsche übersetzten Fragen. Gegenstand der insgesamt 16 Fragen sind familiäre Beziehungen und Konflikte, die auf einer 5er-Rating-Skala abgefragt werden. Es werden Aussagen zur Situation der Familie während des Nachfolgeprozesses sowie zu den Auswirkungen der Unternehmensübergabe auf diese Beziehungsgeflechte formuliert, deren Zutreffen die Befragten von 1 „volle Zustimmung" bis mit 5 „stimme gar nicht zu" beurteilen sollten.[625]

Der dritte Abschnitt des Fragebogens beschäftigt sich mit dem Übergabeprozess und wie dieser empfunden wurde. Die Beurteilung erfolgte erneut auf einer fünfstufigen Rating-Skala. Weiterhin werden die Übergabe der Führungsverantwortung, die Kriterien zur Auswahl des Nachfolgers, das Vorhandensein und gegebenenfalls der Umfang eines Nachfolgeplans, gegebenenfalls die Funktion des Beirats sowie die externe Betreuung des Übergabeprozesses durch eine Beratung oder einen Mentor thematisiert.

Der vierte Fragebogenteil dient der Einarbeitung der Strukturbrüche nach Letmathe und Hill (2006). Diese werden in separaten Unterabschnitten analysiert. Für die Modernisierungsfalle wird der Stand von Technologie und Wissensmanagement vor der

---

[622] Um die Instrumentenäquivalenz zu überprüfen, wurden die entsprechenden Fragebogenteile von einem Native Speaker anschließend rückübersetzt und das Resultat mit dem ursprünglichen Fragebogen nach Morris et al. (1997) verglichen. Weiteres zur Rückübersetzung (Backtranslation) von Fragebögen, vgl. Van de Vijver/Leung (1997), S. 39f.

[623] Vgl. Letmathe; Hill (2006), S. 1124ff.

[624] Die bisherige Item-Batterie wird dabei um das Item „reflektieren ihre Handlungen" ergänzt.

[625] Die genaue Formulierung der 16 Items kann dem Fragebogen entnommen werden (vgl. Anhang 3).

Übergabe und zum Zeitpunkt der Befragung beleuchtet.[626] Der zweite zu betrachtende Strukturbruch ist die Machtfalle.[627] Weiterhin wird in einem Abschnitt dieses Fragebogenteils die Führungsstil- und Organisationsfalle betrachtet.[628] Der letzte der vier Strukturbrüche, die Marktfalle, wird ebenfalls in einem eigenen Unterabschnitt behandelt.[629]

Der fünfte Fragebogenteil lehnt sich erneut an den Fragebogen von Morris et al. (1997) an und analysiert die Performance[630] des Unternehmens nach der Nachfolge. Die Abfrage erfolgt ebenfalls mittels einer fünfstufigen Rating-Skala über sechs verschiedene Items.[631] Des Weiteren werden die Mitarbeiterzahlen sowie der jährliche Umsatz erhoben, so dass eine Charakterisierung der befragten Unternehmen vorgenommen werden kann.

Der sechste Abschnitt des Fragebogens ist nahezu identisch mit dem Gründungsfragebogen, allerdings werden noch zwei Fragen zur Art der Wissensvermittlung ergänzt. Dieser Abschnitt wird erneut nur von studierten Unternehmensnachfolgern beantwortet, da nur diese die gestellten Fragen gemäß ihrer Erfahrung beurteilen können.[632]

---

[626] Die insgesamt sieben Items werden ebenfalls als Selbsteinstufung auf einer fünfstufigen Skala überprüft, bei der die Befragten die Bewertungen „1" sehr gut bis „5" mangelhaft vergeben konnten. Folgende Items werden innerhalb des Abschnittes IV. a betrachtet: technologischer Stand der Prozesstechnik, Ausgestaltung des Wissensmanagements, Alter der Maschinen, Innovationskraft des Unternehmens, vgl. jeweils Letmathe/Hill (2006), S. 1124, sowie die formale Qualifikation und das Erfahrungswissen der Mitarbeiter, vgl. Albach/Freund (1989), S. 225ff., sowie Letmathe/Hill (2006), S. 1124.

[627] An dieser Stelle werden die Möglichkeiten zur Einflussnahme auf die Geschäftsführung sowohl des Übergebers als auch von anderen Personen analysiert. Des Weiteren wird eine gegebenenfalls bestehende emotionale oder materielle Abhängigkeit des Nachfolgers vom Übergeber untersucht. Hintergrund dieses Strukturbruchs nach Letmathe/Hill (2006), S. 1125, ist die Erkenntnis, dass der Nachfolgeerfolg durch einen zu starken Einfluss des Übergebers im Unternehmen, den dieser im Falle eines Konflikts ausspielen kann, gemindert werden kann, vgl. Harvey/Evans (1995), S. 9f.

[628] Weitere Komplikationen bei der Übergabe können sich bedingt durch einen unterschiedlichen Führungsstil zwischen Übergeber und Nachfolger ergeben, wodurch zudem auch die organisatorischen Strukturen in einem Unternehmen geprägt werden. Neben dem Führungsstil und der Organisationsform sowie der Ausgestaltung der Organisation spielt in diesem Bereich auch der Zentralisierungsgrad für die Entscheidungsfindung eine wesentliche Rolle bzw. wird durch die vorherigen Faktoren bedingt, vgl. Letmathe/Hill (2006), S. 1126. Weitere Quellen zum Zentralisierungsgrad bei KMU finden sich bei Kieser/Walgenbach (2007), S. 163ff., Frese (2005), S. 224ff., Tönshoff/Rietz (2000), S. 527ff. Der Dezentralisierungsgrad des Unternehmens wird im Fragebogen wie zuvor anhand der Selbsteinstufung auf einer fünfstufigen Rating-Skala abgefragt. Die genaue Formulierung der einzelnen Items findet sich im Fragenbogen im Anhang 3.

[629] Zur Marktfalle werden sowohl die Beziehungen des Übergebers als auch die des Nachfolgers erneut anhand einer fünfstufigen Rating-Skala zu den folgenden Anspruchsgruppen ermittelt: Schlüsselkunden, Kunden, Lieferanten, Banken, anderen externen Anspruchsgruppen und zu politischen Entscheidungsträgern.

[630] Die Erfolgs- oder Leistungsmessung bei Unternehmensnachfolgen ist schwierig, da die Beurteilungskriterien in der Literatur uneinheitlich verwendet werden, der zu vergleichende Zeithorizont recht kurz ist und keine Möglichkeit besteht, die Auswirkungen alternativer Handlungsmethoden, wie die Auswahl eines anderen Nachfolgers, zu messen, vgl. Ip/Jacobs (2006), S. 340. Nur wenige Forscher haben bisher den Zusammenhang zwischen Aspekten der Nachfolge mit der Leistung des Unternehmens empirisch untersucht, vgl. Wang et al. (2004), S. 63.

[631] Die genaue Formulierung der einzelnen Items nach Morris et al. (1997) kann dem Fragebogen im Anhang 3 entnommen werden.

[632] Der Fragebogen endet erneut mit dem Dank für die Teilnahme an der Studie.

5.5.1 Ablauf der Studie und Beschreibung der Stichprobe

Ablauf und Untersuchungsgegenstand der Nachfolgestudie orientieren sich stark an der bereits betrachteten Existenzgründerstudie. Der Pretest wurde nach dem klassischen Pretestverfahren[633] bei zwölf Nachfolgern durchgeführt, um die Validität[634] und die Durchführungsobjektivität des Fragebogens zu verbessern. In der eigentlichen Datenerhebungsphase wurden insgesamt 109 Unternehmensnachfolger nach vorhergehender Terminabsprache aufgesucht und persönlich befragt. Zuletzt wurden die erhobenen Fragebögen in eine Datenbank übertragen und mithilfe der statistischen Auswertungsprogramme SPSS und AMOS sowie unter Verwendung von uni-, bi- und multivariaten Verfahren ausgewertet.

Ausgehend von den identifizierten 252 Adressen von Unternehmensnachfolgern, ergibt sich eine Rücklaufquote von ca. 43 Prozent.[635] Im Vergleich zur Existenzgründerstudie muss festgehalten werden, dass die Rücklaufquote bei dieser Studie deutlich niedriger ausfiel und dass die Erhebung der Daten aufgrund der persönlichen Interviews wesentlich mehr Zeit in Anspruch nahm (Erhebungszeitraum Juli 2007 bis September 2008). Nachfolgend wird die erhobene Stichprobe beschrieben und mit anderen empirischen Studien verglichen.

Die Unterteilung in Größenklassen kann aufgrund der Größe der Stichprobe (109 Fälle) nicht nach den allgemein üblichen KMU-Definitionen vorgenommen werden, da die sonst entstehenden Gruppen teilweise zu klein wären.[636] Abweichend werden Grenzen bei der Mitarbeiteranzahl von 20 bzw. 70 Mitarbeitern gewählt. Von den er-

---

[633] Dies entspricht ungefähr 10 Prozent des bei der Studie angestrebten Erhebungsumfangs. Für eine detaillierte Beschreibung des klassischen Pretest-Verfahrens vgl. Abschnitt 4.2.

[634] Eine genaue Beschreibung von Reliabilitäts- und Validitätskriterien erfolgt in den nachfolgenden Abschnitten 5.6.2 und 5.6.4.

[635] Obwohl die Rücklaufquote mit 43 Prozent gut ist, soll an dieser Stelle das Vorhandensein einer möglichen Non-Response-Bias untersucht werden. Dieser liegt vor, wenn signifikante Unterschiede in den Antworten der Studienteilnehmer und der Nicht-Teilnehmer bestehen, so dass keine repräsentativen Schlussfolgerungen für die Grundgesamtheit getroffen werden können, vgl. Armstrong/Overton (1977), S. 397ff., sowie Kanuk/Berenson (1975), S. 449. Um eine gegebenenfalls bestehende Non-Response-Bias zu untersuchen, liefern Armstring/Overton (1977) den Ansatz, dass späte Teilnehmer ein ähnliches Antwortverhalten wie Nicht-Teilnehmer aufweisen, da sie erst später gegebenenfalls durch Reminder überzeugt wurden. Um zu zeigen, dass Nicht-Teilnehmer genauso geantwortet hätten wie die Teilnehmer, werden die Antworten, die zu einem frühen Zeitpunkt der Erhebung abgegeben wurden, mit denen zu einem späteren Zeitpunkt verglichen. Dies erfolgt mittels einer Kreuztabellierung mit integriertem Chi-Quadrat-Test (Chi-Quadrat-Homogenitätstest) für ein Signifikanzniveau von 5 Prozent. Nur bei einem Item ergibt sich ein signifikanter Zusammenhang (ein Item von 36 Items, was 2,78 Prozent entspricht). Zwei weitere weisen zwar einen signifikanten Zusammenhang auf, erfüllen jedoch die Kriterien nicht, dass max. 20 Prozent der Zellen eine erwartete Häufigkeit kleiner fünf oder die minimale erwartete Häufigkeit größer fünf ist, und werden daher nicht zugelassen. Somit kann festgehalten werden, dass es keinen nennenswerten Unterschied zwischen frühen und späten Antworten gibt und die Non-Response-Bias somit keine Relevanz für die Unternehmensnachfolgerstudie hat.

[636] Laut der KMU-Definition des IfM Bonn (2010a) gelten Unternehmen mit max. 9 Mitarbeitern und einem Umsatzvolumen von unter 1 Mio. € pro Jahr als klein, Unternehmen mit 10 bis 499 Mitarbeitern und einem Umsatz zwischen 1 und 50 Mio. € als mittel und darüber als groß. In der vorliegenden Stichprobe sind nach dieser Definition bezogen auf die Mitarbeiterzahlen 19 kleine, 75 mittlere und sieben große Unternehmen untersucht worden.

hobenen 109 Datensätzen wurde ca. ein Drittel (32 Prozent) in die Gruppe der kleinen Unternehmen mit max. 19 Mitarbeitern generiert. Zwischen 20 und 70 Mitarbeitern weist ebenfalls ca. ein Drittel (34 Prozent) der Datensätze auf und die verbleibenden 34 Prozent beschäftigen mehr als 70 Mitarbeiter.

Bei den jährlichen Umsatzzahlen lassen sich die erhobenen Datensätze besser auf die KMU-Definition des IfM Bonn verteilen. Hier liegen etwa 19 Prozent der befragten Unternehmen unter einer Mio. € Jahresumsatz. Fast zwei Drittel (63 Prozent) liegen zwischen einer und 50 Mio. € Jahresumsatz und 19 Prozent über 50 Mio. € Jahresumsatz. Im Gegensatz zu den Unternehmensgründungen, bei denen die Dienstleistungen dominieren, sind die befragten Nachfolger am häufigsten in Industrieunternehmen tätig (48 Prozent), was jedoch auch typisch für die Region ist, in der die Studie durchgeführt wurde. Ungefähr ein Viertel (23 Prozent) der Nachfolgen ist dem Handwerk zugehörig, während sich die verbleibenden Nachfolger nahezu gleichmäßig auf Handel (16 Prozent) und Dienstleistung (13 Prozent) verteilen.

Von den insgesamt 109 erhobenen Fragebögen wurden lediglich neun von Nachfolgerinnen beantwortet, was jedoch durchaus den Zahlen anderer Studien entspricht.[637] Eine vergleichende Gegenüberstellung von weiblichen und männlichen Nachfolgern bietet die bundesweite Gründerinnenagentur (BGA), welche die Ergebnisse anderer Studien zusammenfasst. Laut BGA weist der Frauenanteil der Nachfolger je nach Branche, Region und Übernahmeart große Unterschiede auf (Anteile zwischen 5 Prozent und 30 Prozent).[638] Während 29,8 Prozent der Nachfolgerinnen das Unternehmen im Rahmen einer Familiennachfolge übernommen haben (im Vergleich zu 38,2 Prozent bei männlichen Nachfolgern), haben immerhin 11,5 Prozent der Nachfolgerinnen das Unternehmen von ihren Ehepartnern übernommen (0,4 Prozent der männlichen Nachfolger). Weiterhin bestehen große Differenzen bei der Übergabeform des MBO, welche nur von 6,4 Prozent der Nachfolgerinnen, aber von 11,3 Prozent der Nachfolger angetreten wird. Andere Formen der Übergabe sind bei Nachfolgerinnen mit 1,8 Prozent und bei Nachfolgern mit 5,5 Prozent vertreten.[639]

In der eigenen Unternehmensnachfolgerstudie wurde weiterhin das Alter sowohl der Nachfolger als auch der Übergeber analysiert. Das bei der Befragung ermittelte Durchschnittsalter der Unternehmensnachfolger beträgt ca. 35 Jahre und liegt damit höher als das durchschnittliche Alter der Existenzgründer (ca. 32 Jahre).[640] Ein Drittel der Nachfolger ist 31 Jahre alt oder jünger. Ab 37 Jahren zählen die Nachfolger bereits zum älteren Drittel. Das Alter der ausscheidenden Übergeber wurde ebenfalls analysiert. Ungefähr ein Drittel der Befragten ist zum Übergabezeitpunkt 63 Jahre oder jün-

---

[637] Vgl. Freund (2001), S. 44. Er ermittelt, dass bei Familienunternehmen nur 11,3 Prozent im Falle einer Nachfolge an Töchter übergeben werden.

[638] Vgl. Bundesweite Gründerinnenagentur (bga) (2005), S. 4.

[639] Vgl. Bundesweite Gründerinnenagentur (bag) (2005), S. 4.

[640] Im Rahmen einer vergleichbaren Studie aus Litauen wird das Durchschnittsalter der Nachfolger mit 37,3 Jahren ermittelt, so dass die Studienergebnisse diesbezüglich durchaus als repräsentativ beschrieben werden können, vgl. Buoziute-Rafavavicine/Pundziene/Turaukas (2009), S. 70.

ger gewesen. Zwischen 64 und 66 Jahren übergeben knapp 30 Prozent der Übergeber ihr Unternehmen, und die verbleibenden 37 Prozent sind 67 Jahre oder älter zum Zeitpunkt der Übergabe. In der Stichprobe ist der jüngste Übergeber 49 Jahre alt und der älteste 87 Jahre.

61 Prozent der befragten Unternehmensnachfolger haben ein Studium abgeschlossen. Ausgehend vom höchsten Abschluss in der Schulbildung, haben ca. 14 Prozent der Befragten einen Hauptschulabschluss, 16 Prozent einen Realschulabschluss, 10 Prozent Abitur, 12 Prozent einen Fachhochschulabschluss, und fast die Hälfte (48 Prozent) der Befragten verfügt über einen universitären Abschluss (davon haben zwei Nachfolger promoviert).[641] Von den insgesamt 109 Befragten weisen 46 Studienteilnehmer (42 Prozent) eine abgeschlossene Lehre und 20 (18 Prozent) einen Meistertitel auf.

Von den befragten 109 Unternehmern geben 91 (84 Prozent) als Nachfolgeart eine Familiennachfolge an. Ein MBO liegt nur in fünf und das MBI in 12 Fällen vor.[642] Gerade bei den Familiennachfolgen spielen häufig Konflikte unter Geschwistern eine Rolle, so dass auch die Geschwisteranzahl abgefragt wurde. 17 Prozent der Nachfolger im Rahmen der Familiennachfolge sind Einzelkinder. Nur in diesen Übergabeprozessen sind Geschwisterstreitigkeiten grundsätzlich auszuschließen.

Die Vergleiche zu anderen Nachfolgerstudien haben gezeigt, dass die eigenen Daten bezüglich der erhobenen Strukturdaten zu ähnlichen Ergebnissen kommen. Nachdem die Charakteristika der befragten Unternehmen und der Nachfolger beschrieben wurden, fasst der nächste Anschnitt die Ergebnisse der deskriptiven Auswertung zusammen.

---

[641] Während bei kleinen Unternehmen mit maximal 19 Mitarbeitern nur knapp ein Drittel (31 Prozent) über einen Fachhochschul- oder Hochschulabschluss verfügt, steigt dieser Anteil bei Unternehmen mit 20 bis 49 Mitarbeitern auf drei Viertel (75 Prozent) und bei Unternehmen mit mehr als 50 Mitarbeitern auf 74 Prozent. Noch deutlichere Zahlen liefert eine Studie aus Sachsen vom IfM Bonn et al. (2009), S. 22, die einen Fachhochschul- oder Universitätsabschluss zu 33 Prozent bei Unternehmen mit max. 19 Beschäftigten, zu 83 Prozent bei Unternehmen mit 20 bis 49 Mitarbeitern und zu 100 Prozent sogar bei großen Unternehmen (50 Mitarbeiter oder mehr) ermittelt.

[642] Die Anzahl der Familiennachfolgen fällt im Vergleich zu anderen Studien in dieser Stichprobe deutlich höher aus, vgl. Klandt (1984). Der Autor erklärt, dass davon ausgegangen werden kann, dass das informelle Humankapital auch durch die Tatsache gefördert werden kann, dass die Eltern selbstständig sind oder waren. Dieser Aspekt führt gerade bei Unternehmensnachfolgern zu einer stärkeren Steigerung des Humankapitals als z. B. bei Existenzgründern, da den Unternehmensnachfolgern nicht nur die Erfahrungen zu irgendeinem Unternehmen mitgegeben werden, sondern sie schon als Kind in der Lage sind, Kenntnisse über ihr späteres Unternehmen zu erhalten. Vgl. weiterhin Brüser (2007), S. 21. Er spricht von einem Anteil von 44 Prozent bei Familiennachfolgen mit einer in den letzten Jahren sinkenden Tendenz sowie Freund (2004), S. 72ff., der einen Anteil von 43,8 Prozent ermittelt.

5.5.2 Deskriptive Auswertung der Befragung

Zur Vorbereitung der Nachfolger auf den Übergabeprozess geben 14 Prozent an, dass ein geringer bis gar kein Zusammenhang zwischen ihrer Ausbildung und der derzeitigen Tätigkeit besteht.[643] Demnach sind die meisten Nachfolger in einem Bereich tätig, der eng oder direkt mit ihrer Ausbildung zusammenhängt.[644]

Neben der durch Schul- und Berufsausbildungen erreichten beruflichen Qualifikation sind aus Übergebersicht bei der Suche nach einem geeigneten Nachfolger auch die Branchen-, Berufs-, Praxis- und Führungserfahrung entscheidend.[645] Aus diesem Grund wurden die Branchenerfahrung außerhalb des eigenen Unternehmens, die Führungserfahrung sowie die gesammelten Praxiserfahrungen im eigenen Unternehmen abgefragt. Dabei wird deutlich, dass über die Hälfte (54 Prozent) aller Nachfolger vor der Unternehmensübernahme noch über keine Führungserfahrungen verfügt hat.[646] Praxiserfahrungen weist gut ein Viertel der Befragten (26 Prozent) gar nicht oder maximal im Umfang von einem bis fünf Jahren (42 Prozent) aus. Deutlich häufiger haben Nachfolger bereits vor Übernahme der Geschäftsführung Berufserfahrungen in ihrem eigenen Unternehmen gesammelt.[647] Demgegenüber sind 19 Prozent der Befragten direkt als Geschäftsführer in das Unternehmen eingetreten. Die Praxiserfahrungen sind in 64 Prozent der Fälle in der selben Branche gesammelt worden, in der auch das später übernommene Unternehmen tätig ist, wie Abbildung 25 verdeutlicht.

---

[643] Die Vorbereitung und die Vorerfahrung des Nachfolgers werden als relevante Kriterien für den Erfolg der Unternehmensübergabe gesehen, vgl. Schmude/Leiner (2003), S. 186.

[644] Es ergibt sich ein Mittelwert von 3,87 auf einer fünfstufigen Rating-Skala von „überhaupt kein Zusammenhang" bis „arbeitet genau im gleichen Bereich".

[645] In einer Studie vom IfM Bonn/Schlömer/Kay (2008), S. 48, werden 1.312 Eigentümer danach befragt, welche Anforderungen sie bei der Auswahl ihres Nachfolgers zugrunde legen würden. Auf einer Skala von 1 „ohne Bedeutung" bis 5 „hohe Bedeutung" werden als wichtigste Kriterien die berufliche Qualifikation (Mittelwert = 4,2), die Branchenerfahrung (Mittelwert = 4,1), die Berufserfahrung (Mittelwert = 4,0) und die Führungserfahrung (Mittelwert = 3,7) genannt. Deutlich schlechter wird die Chemie zwischen Nachfolger und Übergeber (Mittelwert = 3,5) sowie die Auslandserfahrung des Nachfolgers (Mittelwert = 1,7) bewertet.

[646] Vgl. entsprechende Werte im Rahmen einer Studie von Schmude/Leiner (2003), S. 186, bei denen 37 Prozent der Nachfolger bereits eine Führungsposition mit Budgetverantwortung innegehabt haben und 46 Prozent bereits Verantwortung für Mitarbeiter übernommen haben.

[647] Dabei variiert die Einstiegsposition ins Unternehmen jedoch maßgeblich. Während ca. 30 Prozent der Nachfolger direkt als Geschäftsführer ins eigene Unternehmen eingestiegen sind, geben 14 Prozent an, als Juniorchef oder Assistent der Geschäftsführung angefangen zu haben. 17 Prozent der Nachfolger haben ihre Karriere im eigenen Unternehmen in einer leitenden Funktion begonnen. Die Position eines normalen Arbeitnehmers ist von 28 Prozent der Nachfolger ausgefüllt worden, und 6 Prozent geben an, als Lehrling in ihrem eigenen Betrieb begonnen zu haben. Im Vergleich zu anderen Studien, vgl. Schmude/Leiner (2003), S. 186, besteht ein großer Unterschied zwischen familieninternen Nachfolgern, bei denen über 81 Prozent das eigene Unternehmen bereits vorher gekannt haben, im Vergleich zu knapp 60 Prozent der familienexternen Nachfolger.

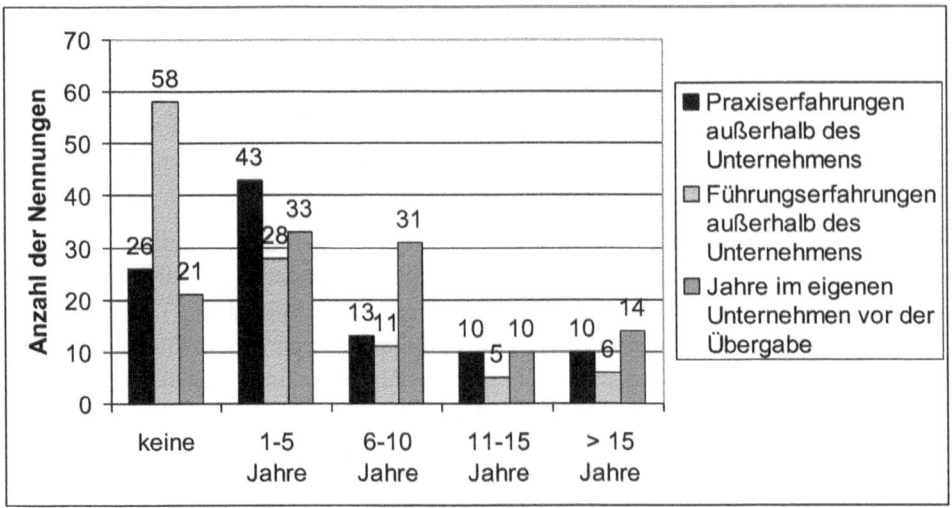

Abbildung 25: Praxiserfahrungen des Nachfolgers

Häufig können die befragten Nachfolger auch noch auf die Erfahrung ihrer Vorgänger zurückgreifen. Über 20 Prozent der Nachfolger geben an, dass sie 10 bis 20 Jahre das Unternehmen gemeinsam mit ihrem Vorgänger geführt haben. Ungefähr je ein Drittel der Nachfolger hat das Unternehmen fünf bis neun Jahre (27 Prozent) geleitet bzw. mehr als ein bis maximal vier Jahre (35 Prozent) gemeinsam mit dem Übergeber. Bei 17 Prozent ist der Übergabezeitraum auf die Dauer eines Jahres beschränkt gewesen, so dass weniger Möglichkeiten zum Austausch mit dem Senior gegeben sind.[648]

In Familienunternehmen tritt oft das Problem auf, dass sich der Nachfolger nicht freiwillig, sondern auf Drängen der Eltern oder der restlichen Familie für die Nachfolge entscheidet, so dass das eigene Interesse zurücksteht.[649] In der durchgeführten Studie wird die Einflussnahme der übergebenden Generation auf einer Skala von 1 „stark zugeraten" bis 5 „stark davon abgeraten" abgefragt. Mit einem Mittelwert von 2,07 wird eine moderate Einflussnahme ermittelt.[650] Weiterhin wird danach gefragt, ob der ausgeübte Druck die Entscheidung zur Nachfolge für den Nachfolger tatsächlich beeinflusst hat. An dieser Stelle wird eine Selbsteinstufung mittels einer fünfstufigen Rating-Skala von 1 „keine Beeinflussung" bis 5 „starke Beeinflussung" vorgenommen. Ein Mittelwert von 2,66 im Durchschnitt ergibt wiederum eine geringe Beeinflussung durch die Familie. Betrachtet man hingegen die Anzahl der Nennungen, so geben im-

---

[648] In einer Studie von Schmude/Leiner (2003), S. 185, wird bei familieninternen Übergaben eine durchschnittliche Dauer von 20 Monaten angegeben, bei familienexternen Nachfolgen liegt die durchschnittliche Dauer bei 10 Monaten.

[649] Vgl. Birley (1986), S. 42; Birley/Ng/Godfrey (1999), S. 601.

[650] Mehr als ein Drittel (35 Prozent) erklären eine starke Beeinflussung durch frühere Generationen, ebenso viele eine positive Beeinflussung (28 Prozent), ein neutrale Einstellung geben 33 Prozent an, und immerhin 5 Prozent geben sogar an, dass ihnen von der Übernahme abgeraten worden ist. Dabei werden für diese Auswertung nur die Fälle der Familienunternehmen ausgewertet.

merhin 16 Prozent der Befragten an, stark von den früheren Generationen beeinflusst worden zu sein, und weitere 23 Prozent sind zumindest deutlich beeinflusst worden. Gar keine Beeinflussung haben demgegenüber 39 Prozent der Befragten erfahren.[651] Der Ursprung der Motivation zur Übernahme entstammt bei drei Vierteln der Befragten einzig den eigenen Wünschen. Bei 5 Prozent der untersuchten Fälle werden die Wünsche der Familie und bei 6 Prozent die des Übergebers als Ursprung für die Nachfolgeentscheidung angeführt.[652] Eine weitere offene Frage beschäftigt sich mit der primären Motivation des Nachfolgers zur Übernahme.[653] Wichtig sind die persönliche Begeisterung oder der eigene Wunsch, Unternehmer zu sein, welche von ca. einem Viertel (27 Prozent) geäußert werden. An zweiter Stelle folgt die Fortführung der Familientradition (22 Prozent) und an dritter die Verwirklichung der eigenen Vorstellungen (17 Prozent). Seltener sind das Ausnutzen gegebener Chancen (14 Prozent), das Anstoßen von Verbesserungen (11 Prozent), die Sicherung des Unternehmensfortbestands (10 Prozent) sowie finanzielle Aspekte (8 Prozent) ausschlaggebend.

In einer Frage zum Thema Vorbereitung des Nachfolgers auf die Übernahme mussten sich die Befragten auf einer 5er-Rating-Skala von 1 „sehr gut vorbereitet" bis 5 „gar nicht vorbereitet" selbst einschätzen. Mit einem Mittelwert von 2,38 ergibt sich trotz langer Übergabezeiträume eine mittlere Vorbereitung, wobei 11 Prozent angaben wenig und 7 Prozent gar nicht auf die Übernahme vorbereitet gewesen zu sein.

Unternehmerische Fähigkeiten	Mittelwert	Unternehmerische Fähigkeiten	Mittelwert
Verantwortungsbewusstsein	1,35	Praktische Erfahrung	1,88
Hohe Motivation	1,50	Teamarbeit	1,90
Auf Mitarbeiter eingehen	1,54	Eigenständiges Informieren	1,90
Ziele ausdauernd verfolgen	1,57	Schnelle Entscheidungsfindung	1,95
Kommunikationsfähigkeit	1,69	Ausdrucksfähigkeit	1,96
Risikobereitschaft	1,69	Kontaktfreudigkeit	1,99
Situationen gut einschätzen	1,72	Eigener Führungsstil	2,04
Möglichkeiten erkennen	1,75	Durchsetzungsfähigkeit	2,05
Planung mit Weitsicht	1,76	Unabhängiges Arbeiten	2,07
Vertrauen auf eigene Stärken	1,77	Schnelles Realisieren von Plänen	2,16
Analytische Fähigkeiten	1,78	Theoretisches Grundlagenwissen	2,17
Branchenkenntnisse	1,82	Kreativität	2,17
Selbsteinschätzungsfähigkeit	1,82	Innovationen	2,21
Engagement	1,83	Sich in Strukturen einfinden	2,53
Reflektieren von Handlungen	1,83		

Tabelle 11: Überblick über die Einschätzung von Fähigkeiten und Verhaltensweisen

---

[651] Erneut werden nur die Familienunternehmen betrachtet.

[652] Die verbleibenden Antworten wählen eine Kombination aus zwei bzw. allen drei Faktoren.

[653] Bei dieser Frage sind Mehrfachantworten zugelassen, so dass an dieser Stelle eine Summe von über 109 möglich ist.

Der erste Teil des Fragebogens beschäftigt sich mit der Person des Nachfolgers und enthält auch die Einstufung der Charakteristika und Verhaltensweisen in Form der 28 Items des Gründerfragebogens.[654] Auch die Unternehmensnachfolger beantworten alle Items durchweg positiv, so dass die Mittelwerte aus den fünfstufigen Skalen[655] allesamt zwischen 1,35 und 2,53 liegen. Als wichtigstes Kriterium sehen die Nachfolger die Übernahme von Verantwortung (Mittelwert = 1,35). Weitere wichtige Charakteristika sind die hohe Motivation (Mittelwert = 1,50), das Eingehen auf Mitarbeiter, Kunden und Lieferanten (Mittelwert = 1,54) und das ausdauernde Verfolgen der eigenen Ziele (Mittelwert = 1,57). Als weniger wichtig werden das Entwickeln von Innovationen (Mittelwert = 2,21) sowie das Sich-einfinden-Können in bestehende Strukturen (Mittelwert = 2,53) eingeschätzt. Tabelle 11 gibt einen Überblick der Ergebnisse.

Der nächste Abschnitt des Fragebogens beschäftigt sich mit den familiären Beziehungen der befragten Unternehmensnachfolger. Insgesamt 16 von Morris et al. (1997) bereits vorgegebenen Aussagen zur familiären Situation werden auf einer 5er-Rating-Skala analysiert.[656] Dabei sind sowohl positive als auch negative Items in den Aussagen enthalten. Anhand der Mittelwerte und der Anzahl der Negativnennungen lässt sich bei den Häufigkeitsverteilungen nachweisen, dass Familienbeziehungen aufgrund der Nachfolgesituation teilweise unpersönlich geworden sind (16 volle Zustimmungen, Mittelwert von 4,16). Weiterhin werden die Aussagen „Familienmitglieder waren anderen gegenüber feindlich gesinnt" (Mittelwert von 4,23) sowie „der Nachfolger fühlte sich oft in einer Verteidigungshaltung" (Mittelwert von 3,52) nur vereinzelt bestätigt.[657] Die Positiv-Items, die die größte Zustimmung erfahren, sind „die Familienmitglieder waren stets offen und ehrlich zueinander" (Mittelwert = 1,99) und „die Familienmitglieder respektierten sich jederzeit" (Mittelwert = 2,05). Die Negativaussagen, welche sich mit Konflikten befassen, bekommen jedoch häufiger Zuspruch.[658] Ein Item, welches nur von zwei Nachfolgern bestätigt wird, ist die fehlende Loyalität des Nachfolgers gegenüber dem Familienunternehmen (Mittelwert = 4,72). Weiterhin gibt es nur fünf Fälle, in denen einer Rivalität zwischen den Geschwistern voll zugestimmt wird (Mittelwert = 4,33). Bei den meisten untersuchten Nachfolgen gab es nach Aussagen der Studienteilnehmer nur vereinzelte Probleme innerhalb der Familie. Über alle

---

[654] Ergänzt wurde das Item „reflektieren ihre Handlungen oft".
[655] Diese Rating-Skala umfasst wie bei den Existenzgründern zuvor die Stufen von 1 „sehr wichtig" bis 5 „unbedeutend".
[656] Da in diesem Fall nur die Nachfolger bei Familiennachfolgen diese Fragen beantworten konnten und teilweise auch nur die Nachfolger, die über Geschwister verfügen, schwankt die Anzahl der Fälle bei diesem Frageblock zwischen 82 und 89.
[657] Bei diesen Ergebnissen gilt es jedoch zu beachten, dass die Befragung nur bei erfolgreichen Unternehmensübergaben durchgeführt wurde. Dementsprechend kritisch ist zu bewerten, wenn bei 12 bis 17 Prozent der Befragten diese Negativ-Items eindeutige Bestätigung (Wertung 1) finden.
[658] Das Auftreten von Konflikten bei der Übergabe von Familienunternehmen ist auch Gegenstand einiger Forschungsarbeiten. Ursache dieser Problematik ist die bestehende „Verbindung zwischen zwei sozialen Systemen, der Familie und dem Unternehmen", Kersting/Kamper-Jasper (2002), S. 83. Das Management des komplexen und emotionalen Prozesses der Übergabe der Geschäftsführung innerhalb eines Familienunternehmens wird als eines der Hauptkriterien für eine erfolgreiche Übergabe angesehen, vgl. Venter/Boshoff/Maas (2005), S. 299; Matthews/Moore/Fialko (1999), S. 160; Magretta (1998), S. 121.

16 Fragen hinweg widersprachen 12,7 Prozent der Befragten bei allen Items den positiv formulierten Aussagen (werteten mit „die Aussage trifft eher nicht" oder „gar nicht zu"), und 4,2 Prozent der Befragten beurteilten alle negativen Aussagen mit „trifft voll zu" oder „trifft zu", so dass hier die Familie als negativ wirkender Faktor auf den Übergabeprozess beschrieben werden kann. Abbildung 26 vergleicht die ermittelten Mittelwerte zu den verschiedenen Items.

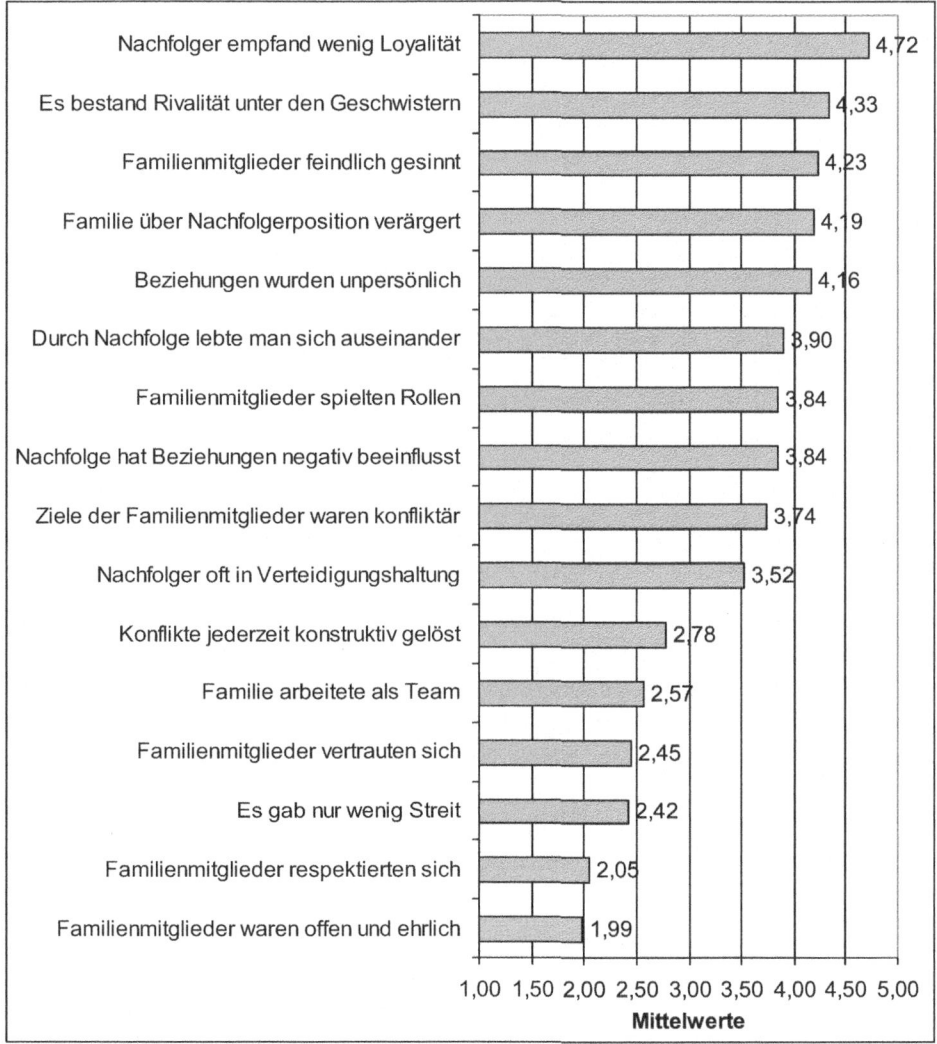

Abbildung 26: Beurteilung der familiären Situation

Im dritten Abschnitt des Fragebogens wird der Übergabeprozess betrachtet. Zunächst sollten die befragten Nachfolger auf einer fünfstufigen Rating-Skala angeben, wie sie den Übergabeprozess empfunden haben. Dabei stehen drei positive (angenehm, gut koordiniert und motivierend) sowie drei negative Attribute (frustrierend, kompliziert, feindlich) zur Verfügung.[659] Die positiven Attribute werden auch entsprechend positiv mit Mittelwerten unter 3,0 bewertet. Ca. 38 Prozent der Nachfolger stimmen der Aussage voll zu, dass sie den Übergabeprozess als motivierend empfunden haben. Bei den Negativ-Items erzielt das Attribut „kompliziert" die meisten Zustimmungen (16 Nachfolger stimmen voll zu) und erhält einen Mittelwert von 3,09. Als „frustrierend" oder sogar „feindlich" wird die Übergabe nur vereinzelt beschrieben, wie Abbildung 27 darstellt.

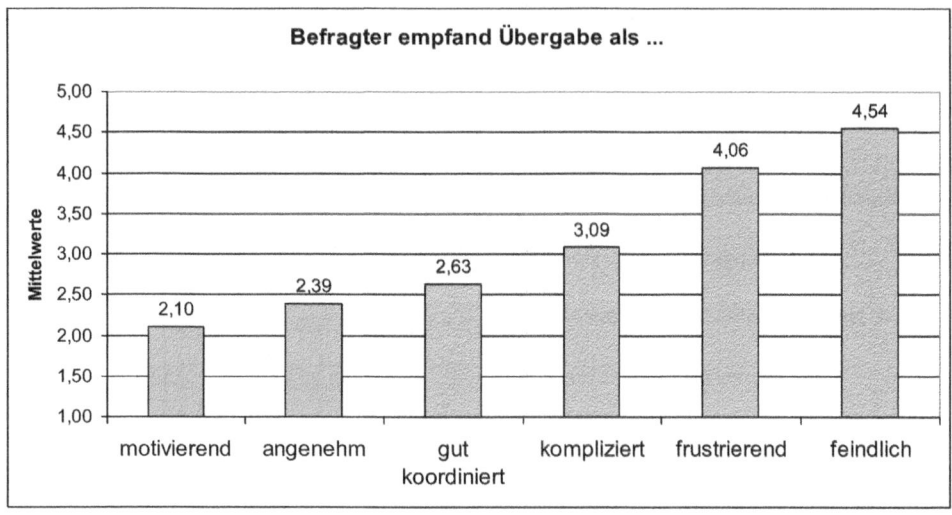

Abbildung 27: Beurteilung des Übergabeprozesses

Dass der Übergabeprozess in den meisten Fällen als gut koordiniert bezeichnet werden kann, wird durch die Tatsache gestützt, dass 70 Prozent der Nachfolger die Führungsverantwortung zum vereinbarten Zeitpunkt erhalten haben. Dies ist bei 35 Prozent der Befragten der Zeitpunkt, zu dem der Vorgänger in den Ruhestand gegangen ist, und bei ca. 54 Prozent zu einer Zeit, zu der der Übergeber selbst noch im Unternehmen tätig gewesen ist. Bei 12 Prozent ist die Übernahme erfolgt, nachdem der Vorgänger verstorben ist.[660] Auch wenn es Streitigkeiten oder Verzögerungen bei der Übergabe gegeben hat, so haben diese bei keinem der Unternehmen zu gerichtlichen Auseinandersetzungen geführt.

Das Ausmaß der Steuerplanung wird ebenfalls im Rahmen einer 5er-Rating-Skala erhoben.[661] Hier wird ein Mittelwert von 2,88 erzielt. Immerhin 28 Prozent geben an, gar keine Steuerplanung durchgeführt zu haben. Der Umfang der vermiedenen Steuern wurde von 1 „komplett vermieden" bis 5 „gar nicht vermieden" ebenfalls erhoben,

---

[659] Auch diese Items wurden dem Fragebogen von Morris et al. (1997) entnommen.

[660] In einer Studie von Schmude/Leiner (2003), S. 185, geben familienintern 13,7 Prozent an, sich aus gesundheitlichen Krisen oder aufgrund des Todes des Nachfolgers für die Nachfolge entschieden zu haben. Bei familienexternen Nachfolgen liegt der Prozentsatz höher (28,6 Prozent).

[661] Dabei konnte das Ausmaß der Steuerplanung von 1 „bis ins Detail" bis 5 „gar nicht" angegeben werden.

wobei ein Mittelwert von 2,72 berechnet wird. Hier geben 21 Prozent an, keinerlei Steuern vermieden zu haben.

Für die Auswahl des Nachfolgers haben in nur 24 Prozent der betrachteten Fälle festgelegte formale Kriterien bestanden.[662] Dabei gibt etwa die Hälfte aller Nachfolger an, aufgrund ihrer Fähigkeiten und Qualifikationen für die Nachfolge ausgewählt worden zu sein. Ungefähr 30 Prozent der Befragten erklären, sie seien aufgrund personenbezogener Faktoren (z. B. erstes Kind) als Nachfolger bestimmt worden, und nur 18 Prozent meinen, aufgrund ihrer Motivation bzw. Hartnäckigkeit für diese Position gewählt worden zu sein. In 41 Prozent der analysierten Unternehmensnachfolgen ist der Befragte nicht ausgewählt worden, sondern hat die Nachfolge aufgrund der gegebenen Umstände (z. B. aufgrund eines Unfalls des Seniors) angetreten. Im Rahmen dieser Frage waren Mehrfachantworten zugelassen. Abbildung 28 stellt die verschiedenen Antwortmöglichkeiten grafisch dar.

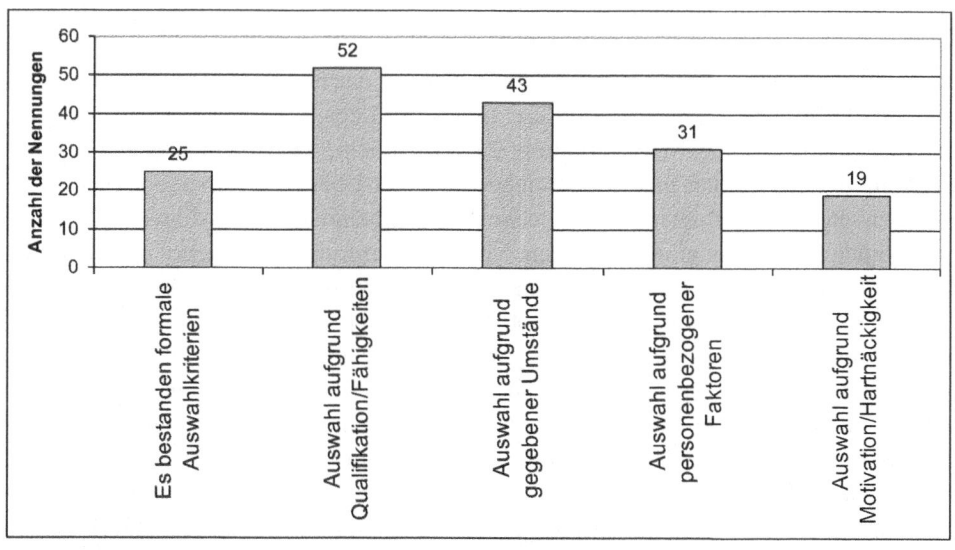

Abbildung 28: Kriterien zur Auswahl der Nachfolger

In knapp 20 Prozent der Fälle besteht für die Unternehmensübergabe ein formaler Nachfolgeplan. In 45 Prozent dieser Fälle wiederum ist der Plan schriftlich fixiert worden.[663] Inhalte des Nachfolgeplans sind vor allem die Aufteilung der Geschäftsanteile (77 Prozent) sowie die Betrachtung von steuerlichen Wirkungen der Nachfolge (68 Prozent) gewesen. Seltener sind ein Vorbereitungsplan für den Nachfolger (23

---

[662] Dabei sind die Auswahlkriterien häufig durch emotionale Bindungen oder persönliche Präferenzen beim Übergeber geprägt. Häufig besteht somit der Wunsch, das Unternehmen von einem der Kinder familienintern weiterzuführen, so dass oft die Kompetenzen, Qualifikationen und Neigungen des gewünschten Nachfolgers vernachlässigt werden, vgl. Meyer (2007), S. 180, sowie Kets de Vries (1993), der ebenfalls ermittelt, dass die Auswahl eines Nachfolgers häufig nicht aufgrund seiner Fähigkeiten erfolgt.

[663] Zu den Anforderungen zur Ausgestaltung eines Nachfolgeplans, vgl. Rapp (1996), S. 53f.

Prozent), Kauf- und Verkaufsvereinbarungen für Anteilseigner (41 Prozent) sowie ein Plan für die Einbindung von Fremdkapitalgebern (14 Prozent) Gegenstand der Überlegungen gewesen. In 95 Prozent der Fälle mit Nachfolgeplan haben die darin festgelegten Personen die Nachfolge tatsächlich angetreten.

Im weiteren Verlauf der empirischen Analyse des Übergabeprozesses wurden unterstützende Instanzen betrachtet.[664] In 12 Prozent der Fälle hat das Unternehmen über einen Beirat verfügt, der in der Lage war, die Nachfolge zu betreuen. Dieser hat sich überwiegend aus Nicht-Familienmitgliedern zusammengesetzt.[665] In über 80 Prozent der Fälle sind die Mitglieder des Beirates von außerhalb des Unternehmens gekommen. Die Betreuungsdauer des Nachfolgers nach der Übernahme durch den Beirat variiert zwischen 2 und 20 Jahren. Andere externe Unterstützungsquellen sind externe Berater (47 Prozent) oder Mentoren gewesen, die bei 37 Prozent der Befragten in den Nachfolgeprozess zur Unterstützung integriert worden sind.

Der vierte Abschnitt des Fragebogens beschäftigt sich mit der Analyse der Strukturbrüche. Die ersten Fragen sind zum Thema Technologie und Wissen formuliert, um die Modernisierungsfalle abzubilden.[666] Die Abfrage der Items erfolgte auf einer Skala von 1 „sehr gut" bis 5 "mangelhaft" und unterschied den Zeitpunkt vor der Übergabe und den heutigen Stand. Wie Abbildung 29 verdeutlicht, haben sich die Unternehmen aus Sicht der Nachfolger in allen Bereichen nach der Übergabe verbessert. Das Erfahrungswissen der Mitarbeiter hat sich jedoch kaum verändert, so dass davon ausgegangen werden kann, dass einige erfahrene Mitarbeiter mit dem Übergeber oder kurz danach das Unternehmen verlassen haben.[667] Die mit Abstand größten Verbesserungen (Differenz der Mittelwerte vor und nach der Übergabe von 1,25) erzielen die Unternehmen im Bereich der Nutzung von Kontinuierlichen Verbesserungsprozessen (KVP) und Qualitätszirkeln. Da dieses Item auch nach der Übergabe mit einem Mittelwert von 2,38 immer noch am schlechtesten bewertet wird, liegt die Vermutung nahe, dass diesem Bereich vor der Übergabe oft kaum Beachtung geschenkt worden ist. Die zweitgrößte Differenz wird bei dem Alter der Maschinen ermittelt (Mittelwertdifferenz von 0,89). Auch die Innovationskraft der Unternehmen kann nach den Übernahmen

---

[664] Insbesondere aufgrund des bestehenden Konfliktpotenzials im Rahmen einer Unternehmensübergabe sind die betroffenen Parteien oft selbst nicht dazu in der Lage, die Konflikte konstruktiv zu lösen. Aus diesem Grund ist es hilfreich, eine neutrale Person als Konfliktmanager einzuschalten, welche als Moderator oder Vermittler fungiert, vgl. Terberger (1998), S. 117f.

[665] Bei lediglich zwei Unternehmen hat der Beirat aus Familienmitgliedern bestanden und ein Unternehmen gibt an, dass sein Beirat sich zu gleichen Teilen aus Familienmitgliedern und Nicht-Familienmitgliedern zusammensetzt. Für weiterführende Informationen zu Beiräten in Familienunternehmen, vgl. Klein (2005).

[666] Bei der Ermittlung des Unternehmenswertes spielen sowohl das Wissensmanagement als auch das Humankapital des Unternehmens eine Rolle, was zum einen das Qualitätsniveau der Mitarbeiter und deren Erfahrungsgrad sowie den Innovationsgrad basierend auf Patenten oder Know-how im Unternehmen umfasst, vgl. Seefelder (2006).

[667] Die Abwanderung von Leistungsträgern im Falle einer Unternehmensnachfolge sowie die mit der Nachfolge einhergehende Trennung von langjährigen und erfahrenen Mitarbeitern sind auch Gegenstand anderer Untersuchungen. In einer Studie des IfM Bonn berichten jeweils über 20 Prozent der Befragten von diesen Problemen, vgl. IfM Bonn (2006), S. 37.

maßgeblich gesteigert werden (Mittelwertdifferenz von 0,85). Abbildung 29 gibt einen Überblick über die Einzelergebnisse.

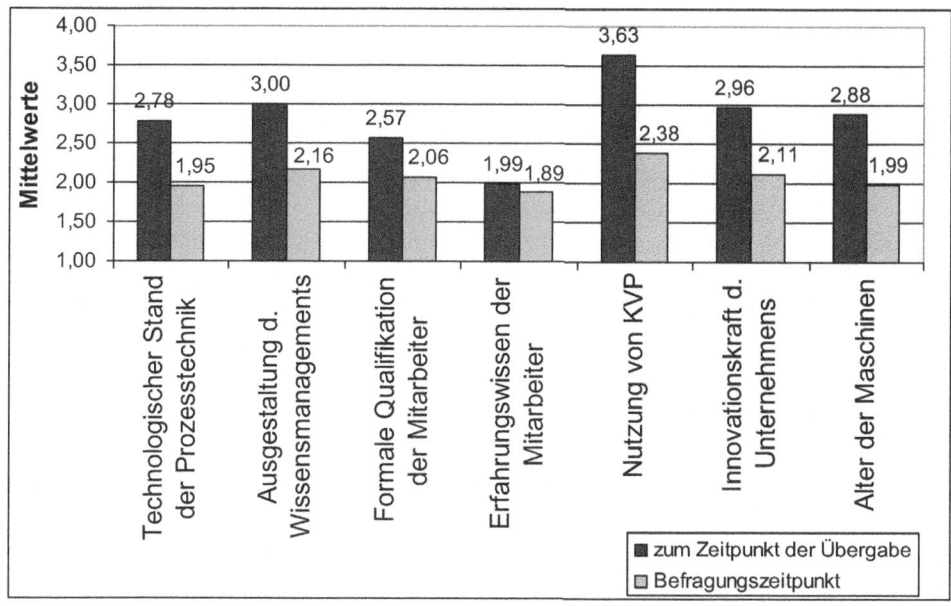

Abbildung 29: Beurteilung der Technologie und des Wissens in den Unternehmen

Als zweiter Strukturbruch wird die Machtfalle[668] des Übergebers näher betrachtet. Bei 29 Prozent der Befragten verfügt der Übergeber noch über Stimmrechte bei der Gesellschafterversammlung, in 21 Prozent der Fälle übt er auch nach der Übergabe noch Geschäftsführungsfunktionen aus. 17 Prozent der Nachfolger geben an, dass ihr Vorgänger noch Verfügungsgewalt über vom Unternehmen genutzte Gegenstände hat und 16 Prozent bestätigen, vom Übergeber Kapital oder Besitztümer zur Verfügung gestellt zu bekommen. Ein Zehntel der Senioren ist noch im Beirat des Unternehmens tätig. Bei keinem Unternehmen ist der Übergeber Inhaber von Patenten oder Lizenzen.[669] In 34 Prozent der befragten Unternehmen verfügen sonstige Personen über Stimmrechte bei der Gesellschafterversammlung und üben in 26 Prozent der Fälle über sie Geschäftsführungsfunktionen aus. Bei 12 Prozent der Unternehmen besteht Verfügungsgewalt über vom Unternehmen genutzte Gegenstände und in knapp 11 Prozent der Fälle werden Kapital oder andere Besitztümer zur Verfügung gestellt. Bei 11 Prozent der Unternehmen wirken sonstige Personen im Beirat mit. In zwei Fällen sind sie sogar Inhaber von bestehenden Patenten oder Lizenzen.

Weiterhin kann festgehalten werden, dass 17 Prozent der Nachfolger angeben, materi-

---

[668] Das Problem, dass der Übergeber sein Unternehmen nicht loslassen kann und dementsprechend auch nach der Übergabe noch versucht, Einfluss auf die Entscheidungen im Unternehmen zu nehmen, wird in der Literatur häufig beschrieben, vgl. Kempert (2008), S. 55, sowie Habig/Berninghaus (2004), S. 45ff.

[669] In jeweils einem Einzelfall ist der Übergeber als freier Berater für das Unternehmen nach der Übergabe weiterhin tätig oder wirkt als Mitarbeiter im Verkauf des Unternehmens mit.

ell und fast knapp zwei Drittel (59 Prozent) emotional von ihrem Vorgänger abhängig zu sein. Abhängigkeiten aufgrund des Status des Übergebers in gemeinsamen sozialen Netzwerken bestätigen 23 Prozent der Nachfolger. Vom Auftreten durch den Senior gestreuter Gerüchte bzw. abweichender Erzählungen wird nur von fünf Nachfolgern berichtet.

An dritter Stelle wird die Führungsstil- und Organisationsfalle analysiert. Die Nachfolger schätzen den Führungsstil des Vorgängers und ihren eigenen ein, wobei zwischen eher autoritär und patriarchalisch und kooperativ bzw. delegativ differenziert wird. Knapp zwei Drittel der Befragten (64 Prozent) stufen den Führungsstil des Seniors als autoritär oder patriarchalisch ein.[670] Ein umgekehrtes Verhältnis ergibt sich bei der Betrachtung der Führungsstile der Nachfolger. Hier geben nur 8 Prozent an, einen autoritären oder patriarchalischen Führungsstil zu haben, während 92 Prozent ihren Führungsstil eher kooperativ bzw. delegativ einschätzen. Um eine genauere Vorstellung vom Dezentralisierungsgrad[671] der Entscheidungsfindung in den Unternehmen zu bekommen, werden verschiedene Entscheidungskompetenzen auf einer Rating-Skala von 1 „Entscheidungsbefugnis liegt allein bei den Mitarbeitern" bis 5 „zentrale Entscheidungsfindung durch die Geschäftsleitung" abgebildet.[672] Dabei wird der Zeitpunkt vor der Übergabe mit der aktuellen Entscheidungsfindung verglichen. Die Ergebnisse bestätigen die Bedeutung des Führungsstils, da durchgängig nach der Übergabe ein höherer Dezentralisierungsgrad erzielt wird.[673] Besonders hoch ist der Dezentralisierungsgrad in der Maschinenbelegungsplanung (Mittelwerte damals 2,72 und heute 2,06). Der geringste Dezentralisierungsgrad besteht bei Entscheidungen über Investitionen in das Anlagevermögen (Mittelwerte damals 4,08 und heute 3,56). Die größte Steigerung des Dezentralisierungsgrads wird bei der Entscheidung über den Einsatz von Controllinginstrumenten festgestellt.[674] Ebenfalls deutliche Steigerungen können hinsichtlich der Dezentralisierung bei der Kontinuierlichen Prozessverbesserung (KVP) (Differenz 0,68), bei der Einstellung von neuen Mitarbeitern und der

---

[670] Über 35 Prozent der Nachfolger bescheinigen dem Übergeber einen kooperativen oder delegativen Führungsstil. 14 Nachfolger konnten oder wollten diese Frage nicht beantworten. Dies entspricht auch Ergebnissen anderer wissenschaftlicher Untersuchungen, bei denen sich ebenfalls die Übergeber durch einen patriarchalisch-autoritären Führungsstil auszeichnen, vgl. beispielsweise Viehl (2004), S. 72.

[671] Die Betrachtung des Dezentralisierungsgrades spielt bei der Unternehmensnachfolge eine entscheidende Rolle, da er zum einen eine große Bedeutung zur Vermeidung der Führungsstil- und Organisationsfalle und zum anderen auch einen positiven Einfluss auf die Modernisierungs- und Marktfalle hat, vgl. Letmathe/Hill (2006), S. 1130.

[672] Aufgrund einer Unternehmensnachfolge kommt es zu einer Reproduktion oder zumindest einer Hinterfragung der Entscheidungsfindung in Unternehmen. Während der patriarchalisch agierende Pionier oft eine zentrale Entscheidungsfindung bevorzugt, kann der Nachfolger durch Delegation und durch das Zuschreiben von Verantwortlichkeiten sein Risiko falscher Entscheidungen reduzieren, vgl. Pfannenschwarz (2008), S. 157.

[673] An dieser Stelle muss berücksichtigt werden, dass die Befragten anhand dieser Verbesserungen auch ihre Leistung nach Übernahme des Unternehmens darstellen können, so dass evtl. Verzerrungen in den Antworten nicht ausgeschlossen werden können. Allerdings können keine Widersprüche zwischen einzelnen Fragen ermittelt werden.

[674] Der Mittelwert damals lag bei 4,01, und er liegt heute bei 3,12, was einer Verbesserung des Mittelwerts um 0,89 entspricht.

Maschinenbelegungsplanung ermittelt werden (jeweils eine Differenz von 0,66). Kaum eine Veränderung der Dezentralisierung ergibt sich bei der Entscheidung über die Absatzpreise der Produkte (Mittelwerte damals 3,56 und heute 3,39). Einen Überblick über die Fragen gewährt Abbildung 30.

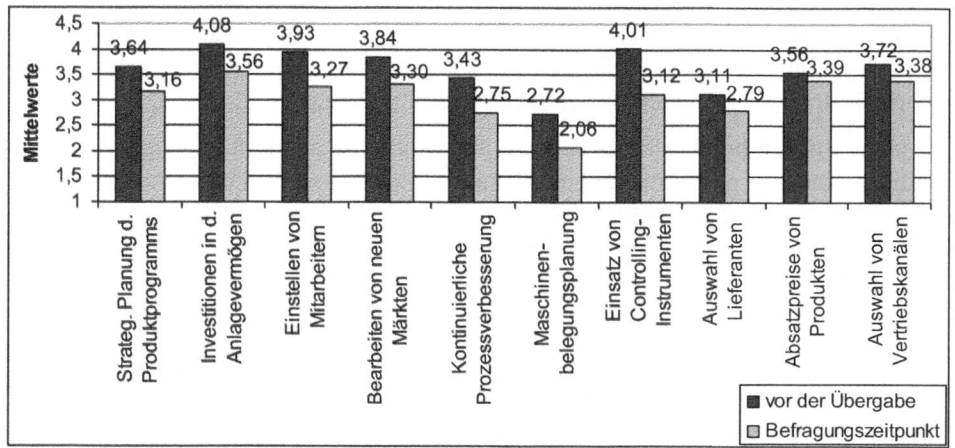

Abbildung 30: Beurteilung des Dezentralisierungsgrads vor/nach der Übergabe

Weiterhin wurde zu diesem dritten Strukturbruch die Organisationsform der Unternehmen abgefragt, wobei erneut zwei Zeitpunkte (vor und nach der Übergabe) betrachtet werden. In 46 Prozent der Fälle hat vor der Übergabe eine funktionale Gliederung bestanden, und 17 Prozent der beteiligten Unternehmen geben eine prozessorientierte Gliederung an. Bei 37 Prozent der Unternehmen sind vor der Übergabe beide Organisationsformen zum Tragen gekommen. Ein Vergleich dieser Ergebnisse mit den Angaben nach der Übergabe zeigt einen deutlichen Rückgang der funktionalen Gliederung (32 Prozent), eine leichte Steigerung der prozessorientierten Organisationsform (22 Prozent) sowie eine häufigere Anwendung beider Organisationsformen bei 47 Prozent der Unternehmen.[675]

Deutliche Verbesserungen können auch bei der Analyse der Organisationsausgestaltung sowie der internen Kommunikation[676] vor und nach der Übergabe ermittelt werden. Bei den untersuchten Items können alle Werte fast verdoppelt, teilweise sogar

---

[675] Auch dieses Ergebnis entspricht den bisher ermittelten Charakteristika von Führungsstil und Organisation, da bei einer funktionalen Organisation die Planungskompetenz in der Führungsspitze angesiedelt wird und dies somit einem patriarchalischen Führungsstil entspricht, vgl. Bea/Haas (2009), S. 64ff.

[676] Unter der internen Kommunikation wird in der Literatur häufig nur die institutionalisierte Kommunikation zwischen Unternehmensführung und den Mitarbeitern verstanden, vgl. Meier (2002), S. 17. Unter der sogenannten informellen Kommunikation werden darüber hinaus alle Informationsströme innerhalb des Unternehmens zusammengefasst, vgl. Held/Maslo/Lindenthal (2001).

verdreifacht werden.[677] Das offene Kommunikationsklima ist zwar vor der Übergabe bereits bei ca. 55 Prozent der Unternehmen gegeben, kann nach der Übergabe jedoch bei 92 Prozent umgesetzt werden.[678] Eine noch stärkere Verbreitung finden die Informationen der Mitarbeiter über geplante Veränderungen (Steigerung um über 200 Prozent) sowie über die Gesamtsituation des Unternehmens (Steigerung um 280 Prozent). Die Instrumente des Leistungsfeedbacks sowie der Zielvereinbarungsgespräche sind vor der Übergabe nur bei je 24 Prozent der Unternehmen eingesetzt worden und erzielen bis zur Befragung Steigerungsraten von über 300 Prozent.

Der vierte Strukturbruch, die sogenannte Marktfalle, ist durch die Übergabe der notwendigen Kunden- und Lieferantenbeziehungen sowie sonstiger Kontakte geprägt.[679] Die Beziehungsstärke für beide Zielgruppen zum Zeitpunkt der Übergabe wird über eine 5er-Rating-Skala von 1 „sehr stark" bis 5 „nicht bedeutend" abgefragt. Erneut stufen die Nachfolger ihre Beziehungen zu allen Anspruchsgruppen moderat besser ein als die Beziehungen des Übergebers. Die Beziehungen zu Schlüsselkunden werden bei beiden mit Abstand am stärksten eingestuft. An zweiter Stelle stehen die Beziehungen zu Kunden allgemein. Banken und Lieferanten weisen eher Beziehungsstärken im mittleren Bereich auf, während andere externe Anspruchsgruppen und politische Entscheidungsträger meist eine untergeordnete Rolle im Beziehungsgeflecht spielen. Die größten Verbesserungen hinsichtlich der Intensität der Beziehungen werden bei den externen Anspruchgruppen (Verbesserung des Mittelwertes um 0,57) sowie bei den Lieferanten (Verbesserung des Mittelwertes um 0,39) erzielt. Nur geringfügige Änderungen der Beziehungsintensität werden bei den Schlüsselkunden (Verbesserung um 0,10) sowie bei den politischen Entscheidungsträgern (Verbesserung um 0,19) ermittelt. Abbildung 31 fasst die Ergebnisse zusammen.

Als letzter Faktor des Modells wird der Erfolg[680] nach der Übergabe anhand einer Selbsteinstufung von finanziellen und nicht finanziellen Performance-Kriterien von 1

---

[677] Erwiesenermaßen beeinflussen die Kommunikationsmuster einer Familie und insbesondere des Geschäftsführers als leitende Instanz des Unternehmens auch die internen Kommunikationsprozesse. So neigen besonders Familienunternehmen zu informellen Informationsprozessen, die zwar schnelle Entscheidungsfindungen begünstigen, allerdings auch oftmals aufgrund unausgesprochener Erwartungen zu Unsicherheiten auf Seiten der Mitarbeiter führen, vgl. von Andreae (2007), S. 66.

[678] Die Differenzen bei den Prozentwerten ergeben sich dadurch, dass bei der Einschätzung des Zeitpunktes vor der Übergabe 13 Unternehmen nicht antworteten und nach der Übergabe nur drei Unternehmen nicht antworteten.

[679] Gegenstand eines umfassenden Nachfolgemanagements sind laut Literatur nicht nur Mitarbeiter und die Unternehmerfamilie, sondern auch Share- und Stakeholder wie Kunden, Lieferanten und Kreditinstitute, vgl. Krüger (2006), S. 170. Gerade bei KMU konzentrieren sich in der Unternehmerperson die Beziehungen zu Kreditinstituten, Kunden und anderen Anspruchsgruppen, vgl. Klemm (2006), S. 16.

[680] An dieser Stelle muss angemerkt werden, dass die Erfolgsfaktorenforschung generell nicht unumstritten ist, vgl. Haenecke (2002), und dass es gerade in der Nachfolgeliteratur bisher keine feststehende Definition für den Erfolg einer gelungenen Nachfolge gibt, sondern sich diese an den gesteckten Zielen des Unternehmers orientiert, vgl. Hering/Olbrich (2003), S. 8.

„sehr zufrieden" bis 5 „ sehr unzufrieden" analysiert.[681] Bei den befragten Unternehmensnachfolgern liegen durchweg positive Einschätzungen des Unternehmenserfolgs
nach der Übergabe vor, so dass alle zu beurteilenden Performance-Kriterien mit einem
Mittelwert unter 3,0 positiv bewertet werden. Während der Cash Flow (Mittelwert =
2,17) und die Umsatzhöhe (Mittelwert = 2,18) mit Abstand die besten Wertungen erzielen, liegen das Umsatzwachstum (Mittelwert = 2,32), die Eigenkapitalrendite und
die Entwicklung neuer Produkte und Dienstleistungen (Mittelwerte jeweils = 2,39)
eher im mittleren Bereich. Die Marktanteile dieser neuen Produkte und Dienstleistungen werden mit einem Mittelwert von 2,69 deutlich schlechter beurteilt. Abbildung 32
veranschaulicht die Ergebnisse.

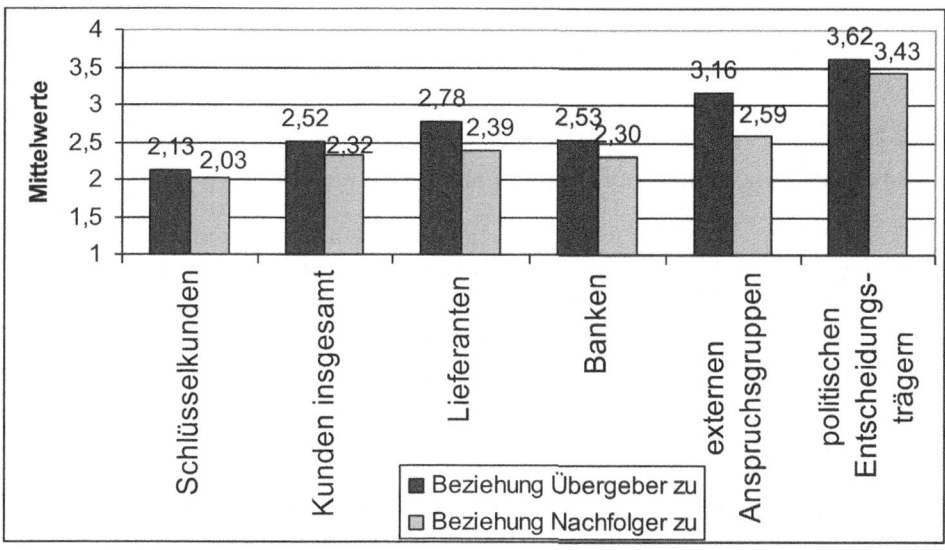

Abbildung 31: Darstellung des externen Beziehungsgeflechts

---

[681] Wobei der Erfolg hier an klassischen Erfolgskriterien wie der Messung der Umsatzhöhe etc. festgemacht
wird und nicht etwa der durch die Beteiligten empfundenen Qualität des Übergabeprozesses entspricht, vgl.
dazu z. B. Morris et al. (1997), S. 390, sowie Le Breton-Miller/Miller/Steier (2004), S. 306.

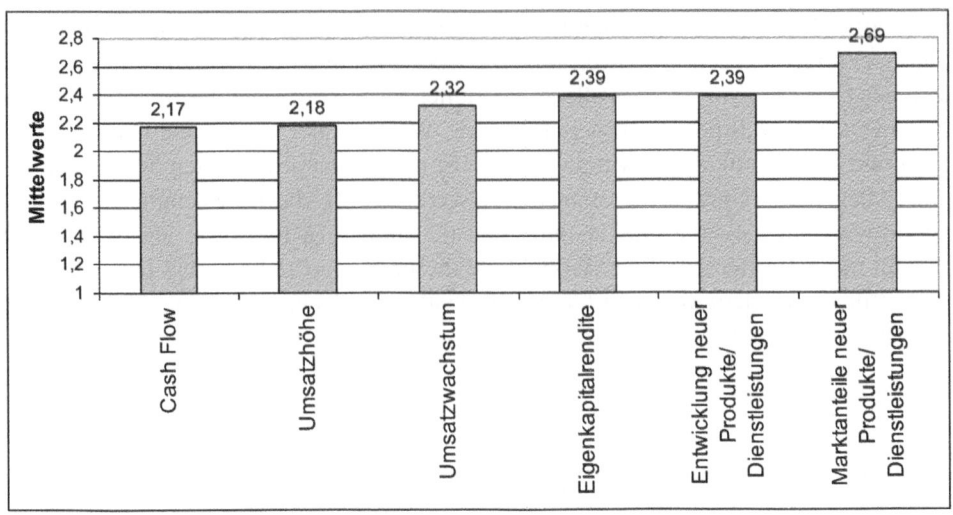

Abbildung 32: Zufriedenheit mit Erfolgskriterien nach der Nachfolge

Die beiden letzten Abschnitte des Fragebogens beschäftigen sich mit der Entrepreneurship Education und der Frage, ob die Universität Siegen als Förderer und Unterstützer für Unternehmensnachfolgen gesehen wird.[682] Zunächst wird die Bedeutung von praktischen Erfahrungen während des Studiums aus Sicht der Unternehmensnachfolger abgefragt (Skala von 1 „sehr wichtig" bis 5 „unbedeutend"). Der erfahrene Praxisanteil in der Lehre an der Hochschule war zwischen 1 „sehr hoch" und 5 „sehr gering" einzustufen. Es ergeben sich Mittelwerte von 1,60 bei der Bedeutung der Praxiserfahrung während des Studiums und von 3,83 bei der tatsächlich integrierten Praxiserfahrung in den absolvierten Studiengängen. Diese bestehende Lücke macht ein Verbesserungspotenzial in der derzeitigen Ausbildung aus Nachfolgersicht deutlich.

---

[682] Diese Fragen wurden nur den studierten Unternehmensnachfolgern der Studie gestellt.

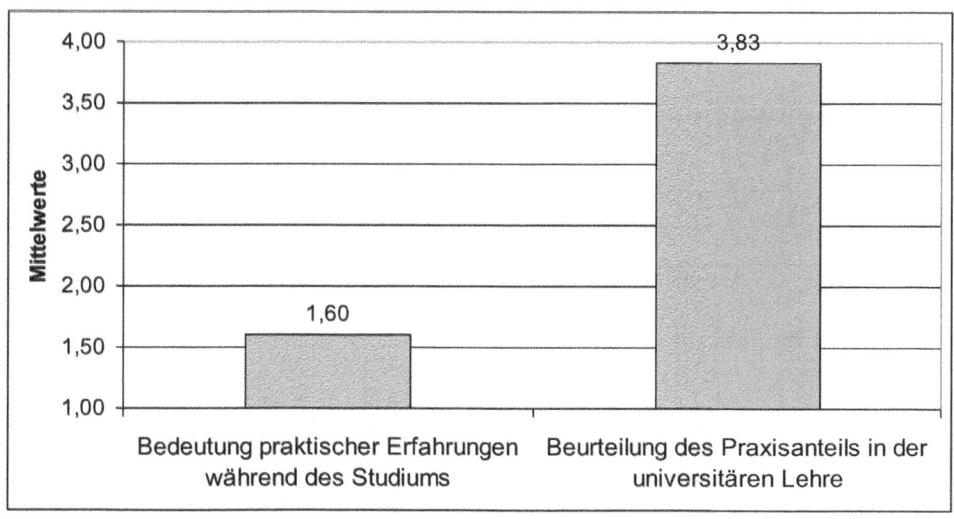

Abbildung 33: Beurteilung der Praxisorientierung der Entrepreneurship Education

Die befragten Nachfolger werden im Rahmen der nächsten Frage dazu aufgefordert, ungestützt Vorschläge für eine praxisorientierte Lehre an Hochschulen abzugeben. 16 Prozent der Nachfolger nennen verpflichtende Praktika als Maßnahme. Deutlich weniger Interviewpartner geben als Maßnahmen mehr Projekte mit der regionalen Wirtschaft (6,5 Prozent), ein duales Studium sowie Professoren und Gastdozenten aus der Praxis an (je 6 Prozent). Als weitere Maßnahmen werden Praxisdiplomarbeiten, Praxissemester, mehr Betriebsbesichtigungen sowie der zunehmende Einsatz von Planspielen und Fallstudien in der Lehre aufgeführt.

Bei der Beurteilung von Lehrformen werden Präferenzen deutlich. Als mit Abstand effektivste Lehrform werden Praxissemester sowie Projektarbeiten in Unternehmen mit einem Mittelwert von 1,35 (5er-Rating-Skala) eingestuft. Praktika werden mit einem Mittelwert von 1,73 an zweiter Stelle eingeordnet. Bewertungen im mittleren Bereich werden für Fachvorträge von Praktikern (Mittelwert = 2,08), Seminare (Mittelwert = 2,16), Studierendenunternehmen (Mittelwert = 2,22), Fallstudien (Mittelwert = 2,23) sowie Planspiele (Mittelwert = 2,44) abgegeben. Den schlechtesten Mittelwert von 3,04 erzielen die Vorlesungen, welche aus Praktikersicht als weniger effektiv für eine praxisorientierte Lehre an Hochschulen eingestuft werden. Abbildung 34 gibt einen Überblick über die Ergebnisse.

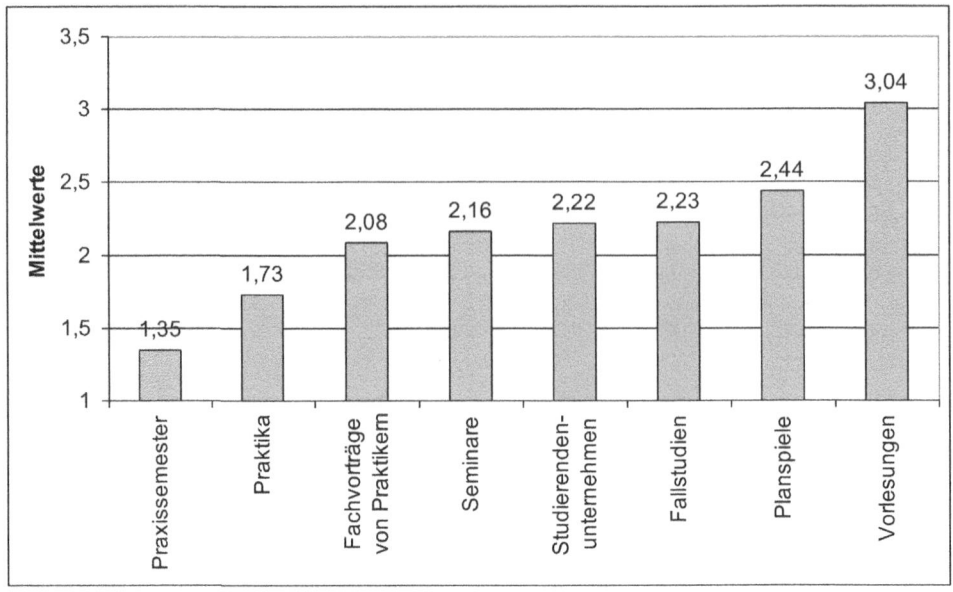

Abbildung 34: Beurteilung von Lehrformen der Entrepreneurship Education

Bei der Art des zu vermittelnden Wissens bezeichnen über die Hälfte der Befragten (52 Prozent) das theoretische Grundlagenwissen, ca. 60 Prozent das handlungsleitende Wissen und ca. zwei Drittel (65 Prozent) das praktische Gestaltungswissen als entscheidende Wissensform. Dadurch wird deutlich, dass aus Praktikersicht alle drei Wissensarten zur Vorbereitung auf eine Übernahme im Rahmen des Studiums vermittelt werden sollten.

Um detaillierte Kenntnisse über die Bedeutung verschiedener Wissensarten für eine Unternehmensnachfolge zu bekommen, werden im Rahmen des Fragebogens die fünf Wissensarten nach Johannisson (1996) betrachtet.[683] Dabei wird deutlich, dass das vielfach fokussierte Know-how, das als theoretisches Anwendungswissen beschrieben werden kann, aus Nachfolgersicht nicht die Bedeutsamkeit aufweist, die ihm von verschiedenen Unternehmerausbildungsprogrammen zugewiesen wird. Alle Wissensarten erzielen Mittelwerte zwischen 1,75 bis 2,30 (5er-Rating-Skala) und sind somit als bedeutsam einzustufen. Besonders hoch werden das Erfahrungswissen (Know-what) mit einem Mittelwert von 1,75, die Einstellung des Unternehmers (Know-why, Mittelwert = 1,77) sowie die Netzwerkfähigkeiten (Know-who, Mittelwert = 1,96) eingestuft. Zusammenfassend stellen die Nachfolger einerseits die angewandten Methoden in der Lehre an Hochschulen infrage. Andererseits ist aus Praktikersicht eine deutlich breitere Wissensvermittlung bereits während des Studiums anzustreben.

Neben den bereits dargestellten Lehrmethoden wurden auch die Studiumsinhalte ungestützt abgefragt. 17 der 66 Unternehmensnachfolger (26 Prozent) mit Hochschulaus-

---

[683] Vgl. Johannisson (1991).

bildung nennen die Mitarbeiterführung und Organisation des Unternehmens als relevanten Inhalt eines vorbereitenden Studiums. Sowohl rechtliche Grundlagen als auch allgemeine betriebswirtschaftliche Kenntnisse werden jeweils von 11 Prozent als notwendig eingestuft. Weitere notwendige Studieninhalte stellen die Finanzierung, die Kommunikation, das Controlling und die Psychologie dar. Das technische Grundverständnis, die strategische Planung und die Praxiserfahrung werden jeweils von drei Befragten genannt. Abbildung 35 liefert einen Überblick über die ungestützten Antworten.

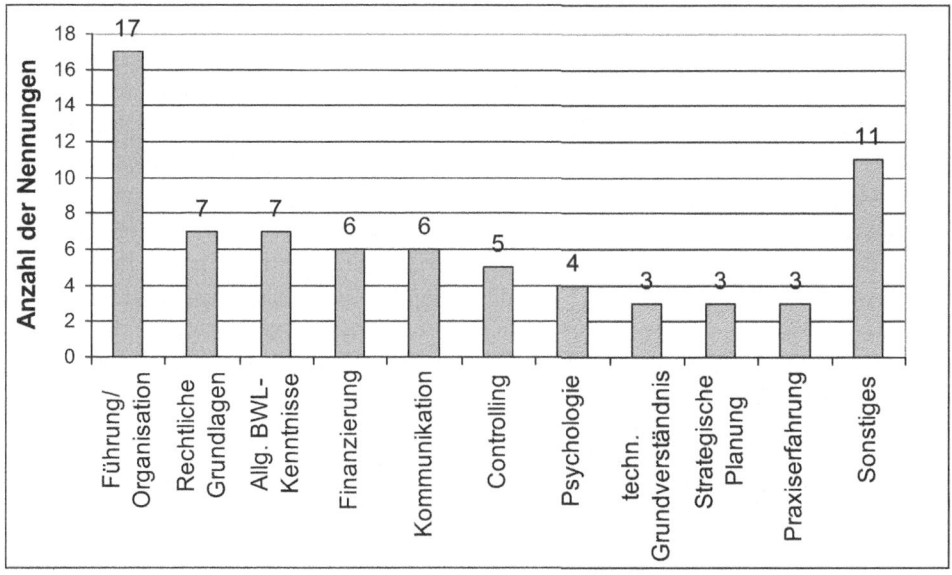

Abbildung 35: Studieninhalte zur Vorbereitung einer Unternehmensnachfolge

Der letzte Fragebogenabschnitt hinterfragt die Stellung der Universität in der Förderung von Unternehmensnachfolgen. Auf einer fünfstufigen Rating-Skala machen die studierten Unternehmensnachfolger mit einem Mittelwert von 2,99 deutlich, dass die Nachfolgeförderung nicht als Kompetenzbereich der Universitäten angesehen wird. Auch auf die gezielte Nachfrage zur Beurteilung verschiedener Förderungsmöglichkeiten durch Universitäten liegen die Mittelwerte eher im mittleren Bereich. Workshopreihen (Mittelwert = 2,43), Beratungen (Mittelwert = 2,52), Erstellung von Übergabeplänen (Mittelwert = 2,74) oder Hilfestellungen bei der strategischen Ausrichtung (Mittelwert = 2,93) werden der Universität kaum zugeschrieben.

Die deskriptive Auswertung der Unternehmensnachfolgerstudie liefert somit zahlreiche Ansatzpunkte für eine am Bedarf dieser Zielgruppe ausgerichtete Unternehmerausbildung. Darauf wird später noch genauer eingegangen.

5.6 Vorgehensweise und Ergebnisse zur Validierung des Strukturgleichungsmodells

5.6.1 Grundlagen zu Strukturgleichungsmodellen

Zur Ableitung weiterer Erkenntnisse aus der empirischen Studie sowie zur Beschreibung komplexer Sachverhalte bietet sich die Bildung und Messung von Konstrukten über mehrere Items an.[684] Die Bildung solcher Konstrukte findet u. a. beim Verfahren der Strukturgleichungsmodelle Anwendung, welches darüber hinaus die Beziehungen von Messmodellen untereinander analysiert.

Strukturgleichungsmodelle (Structural Equation Modeling = SEM) werden zur Messung von Beziehungen zwischen latenten Variablen bereits seit Anfang des 20. Jahrhundert angewendet.[685] Im Forschungsfeld des strategischen Managements findet die Methode erstmals in den frühen 1960er-Jahren Anwendung.[686] Obwohl diese Auswertungsmethode seither auch in der Betriebswirtschaftslehre immer häufiger zur Analyse komplexer Zusammenhänge eingesetzt wird, bedienen sich besonders Ökonomen erst in den letzten Jahren vermehrt dieses Verfahrens.[687] Diese Steigerung in der Anwendung lässt sich aufgrund mehrerer Vorteile gegenüber anderen Verfahren ableiten. Das Verfahren der Strukturgleichungsmodelle bietet eine Modellierung von multiplen Variablen, es erlaubt die Konstruktion nicht beobachtbarer (latenter) Variablen, bildet Messfehler für beobachtbare Variablen ab und ermöglicht eine Überprüfung theoretischer Modellannahmen mittels empirischer Daten.[688]

Strukturgleichungsmodelle dienen der Analyse kausaler, linearer Zusammenhänge zwischen direkt messbaren und nicht messbaren latenten Variablen.[689] Diese latenten Variablen, welche auch als hypothetische Konstrukte bezeichnet werden, müssen über mehrere direkt beobachtbare bzw. messbare Indikatorvariablen erhoben werden.[690] Somit umfassen Strukturgleichungsmodelle sowohl direkt messbare als auch nicht messbare Konstrukte, die unabhängig (exogen) oder abhängig (endogen) im Modell auftreten können.[691] Die Zielsetzung bei der Anwendung von Strukturgleichungsmodellen liegt dabei in der Feststellung, ob ein Modell und die darin enthaltenen Zusammenhänge zwischen den Variablen valide sind.[692] Die kausalanalytische Pfadanalyse sowie die konfirmatorische Faktorenanalyse stellen zwei Standardverfahren der Struk-

---

[684] Vgl. Churchill (1979), S. 66. Dabei gestaltet sich die Erfassung eines Konstruktes anhand eines Items mit zunehmender Komplexität desselbigen schwieriger, vgl. Peter (1981).

[685] Vgl. Bollen (1989).

[686] Vgl. Shook et al. (2004), S. 397. Sie wurde insbesondere von Jöreskrog (1973, 1978) und vor allem durch das zugehörige Softwareprogramm LISREL bekannt. Im Marketingbereich beeinflussen maßgeblich die Arbeiten von Bagozzi (1980) die Anwendung dieser Analysemethode.

[687] Vgl. Shah/Meyer/Goldstein (2006), S. 148, sowie Shook et al. (2004), S. 397.

[688] Vgl. Chin (1998), S. 297. Dabei können auch wechselseitige Beziehungen oder Wirkungsketten durch ein Strukturgleichungsmodell modelliert werden, vgl. Homburg/Pflesser (1999), S. 636.

[689] Vgl. Shook et al. (2004), S. 397.

[690] Vgl. Homburg/Pflesser (1999), S. 635.

[691] Vgl. Hoffmann (2007), S. 209; Shah/Meyer/Goldstein (2006), S. 149.

[692] Vgl. Hildebrandt/Temme (2006a), S. 618; Gefen/Straub/Boudreau (2000); Rigdon (1998), S. 251.

turgleichungsmodelle dar, die vor allem im Forschungsfeld Operations Management häufig Anwendung finden.[693] Dabei werden zur Schätzung eines Strukturgleichungsmodells sowohl regressions- als auch faktoranalytische, komplexe Verfahren angewandt.[694]

Somit besteht ein Strukturgleichungsmodell aus zwei Teilmodellen: einem Messgrößenmodell[695] (äußeres Modell), das die Beziehungen zwischen den Konstrukten und Indikatoren beschreibt, und einem Strukturmodell (inneres Modell), welches der Analyse der Beziehungen zwischen den nicht beobachtbaren Variablen dient.[696] Eine weitere wichtige Komponente der Strukturgleichungsmodelle stellen die gewichteten Mittelwerte dar. Die latenten Variablen werden als Linearkombination der gewichteten Mittelwerte der empirisch erhobenen Daten (Beobachtungswerte) geschätzt.[697]

In dieser Studie wurde die Überprüfung des Strukturgleichungsmodells mithilfe des statistischen Auswertungsprogramms AMOS vorgenommen, welches das Verfahren der Kovarianzstrukturanalyse anwendet und somit ein vielfältigeres Angebot an interferenzstatistischen Prüfkriterien und Modelltests bietet, als es beispielsweise ein Verfahren nach dem Partial-Least-Square-Ansatz könnte.[698] Als Schätzalgorithmus kam das Maximum-Likelihood-Verfahren zur Anwendung, da der Mindeststichprobenumfang (n > 100) für das Verfahren der Kovarianzstrukturanalyse gegeben war.[699]

Um ein Strukturgleichungsmodell validieren zu können, bedarf es zunächst der Überprüfung der zugrunde gelegten Konstrukte, die sich durch die ihnen zugeordneten Items messen lassen.[700] Bereits bei der Beschreibung der zu untersuchenden Konstrukte wurde in dieser Arbeit die Verwendung von reflektiven Messmodellen erwähnt und erläutert.

---

[693] Vgl. Shah/Meyer/Goldstein (2006), S. 149; Kline (2005), S. 63. Die sogenannten Kausalanalysen zählen zu den strukturprüfenden Verfahren und werden in kovarianzbasierte und varianzbasierte Kausalanalysen differenziert, vgl. weiterführend zu Kausalmodellen Ringle (2004), S. 5. Eine detailliertere Gegenüberstellung zwischen kovarianz- und varianzbasierten Verfahren kann bei Herrmann/Huber/Kressmann (2006), S. 38ff., eingesehen werden. Dabei finden in dieser Arbeit die kovarianzbasierten Methoden Anwendung, die auch weitestgehend als SEM bekannt sind, vgl. Chin (1998), S. 295. Die Auswahl eines kovarianzbasierten Verfahrens wurde u. a. deshalb getroffen, da ein bereits bestehendes Strukturgleichungsmodell überprüft und anschließend erweitert werden soll, so dass wenige hypothetische Annahmen zugrunde liegen, vgl. Herrmann/Huber/Kressmann (2006), S. 42.

[694] Vgl. Ringle (2004), S. 12.

[695] Ein Messgrößenmodell (oder auch Messmodell) repräsentiert die Beziehung zwischen den latenten Variablen und den sie beschreibenden Indikatoren, vgl. Götz/Liehr-Gobbers (2004), S. 716.

[696] Vgl. Byrne (2006), S. 12f., sowie Leeflang et al. (2000), S. 443f.

[697] Vgl. Fornell/Cha (1994), S. 52.

[698] Vgl. Scholderer/Balderjahn (2005), S. 91.

[699] Vgl. Sellin (1995), S. 263.

[700] Vgl. Homburg/Klarmann (2006), S. 732.

5.6.2 Überprüfung der enthaltenen Messmodelle

Messmodelle dienen der Schätzung der Konstrukte (Faktoren), indem sie die Beziehung zwischen den beobachtbaren Items (Indikatoren) und repräsentierten Faktoren bestimmen.[701] In dem als Basis gewählten Strukturgleichungsmodell nach Morris et al. (1997) werden reflektive Messmodelle verwendet, und auch für die hinzugefügten Faktoren der Strukturbrüche wurden reflektive Messmodelle gebildet, da die beobachtbaren Items bei jedem Faktor als Repräsentant des entsprechenden Konstrukts angesehen werden.[702] Diese Art der Messmodelle bedingt, dass eine Änderung des Konstruktwertes auch eine entsprechende Veränderung der Items mit sich bringt, was wiederum hohe Korrelationen der Indikatoren untereinander zur Voraussetzung hat.[703] Da bei der Berechnung von Strukturgleichungsmodellen in AMOS reflektive Konstrukte zugrunde gelegt werden, werden die hierfür notwendigen Gütekriterien, die sich von denen für formative Konstrukte unterscheiden, nachfolgend betrachtet.[704]

Die Qualität der Konstruktmessung wird anhand der Reliabilität und Validität der Messmodelle beurteilt.[705] Dabei beschreibt die Reliabilität die Zuverlässigkeit eines Messinstrumentes und damit die Reproduzierbarkeit der Messergebnisse bei wiederholter Messung sowie die Abschätzung des Zufallfehlers.[706] Die Messung der Reliabilität wird teilweise durch Gütekriterien der ersten und der zweiten Generation vorgenommen.[707] Die Validität hingegen gibt an, ob ein Messinstrument das misst, was es tatsächlich messen sollte, wodurch die Gültigkeit des Messinstrumentes beschrieben wird.[708] Bei der Validität werden vier Validitätsmessungen voneinander differenziert: Inhaltsvalidität ist gegeben, wenn die ausgewählten Indikatoren das zu messende Konstrukt in hohem Grad repräsentieren.[709] Kriteriumsvalidität liegt vor, wenn die Messergebnisse eines Faktors mit denen eines anderen relevanten Merkmals übereinstimmen bzw. empirisch korreliert sind. Die Konstruktvalidität untersucht das Messmodell zum einen darauf, ob alle positiven oder negativen Eigenschaften abgebildet werden und zum anderen, ob nur die für das Konstrukt relevanten Indikatoren abgebildet wer-

---

[701] Vgl. Albers/Götz (2006), S. 669.

[702] Vgl. Götz/Liehr-Gobbers (2004), S. 718.

[703] Vgl. Chin (1998), S. 305. Die bestehende Korrelation zwischen den Items macht deutlich, dass diese austauschbar sind, da sie unterschiedliche Aspekte desselben Sachverhalts messen, vgl. Eberl (2006), S. 652. Damit folgen die verwendeten Messmodelle einem faktoranalytischen Ansatz. Die Wahl reflektiver Messmodelle ergibt sich weiterhin aus dem verwendeten kovarianzbasierten Verfahren, bei welchem die Anwendung formativer Messmodelle problematisch ist.

[704] Vgl. Shah/Meyer/Goldstein (2006), S. 152ff. Des Weiteren bedarf es bei der Verwendung reflektiver Konstrukte auch keiner Untersuchung der Multikollinearität der Items, da diesen stets eine einfache lineare Regression zugrunde liegt, vgl. Christophersen/Grape (2007), S. 111. Unter Multikollinearität wird der Grad der linearen Abhängigkeit zwischen den Items verstanden, vgl. Schneider (2007), S. 183ff.

[705] Vgl. Homburg/Giering (1996), S. 6.

[706] Vgl. Weiber/Mühlhaus (2009), S. 109; Hammann/Erichson (2000), S. 92ff.

[707] Vgl. Homburg/Giering (1998), S. 118f. Die Gütekriterien der ersten Generation werden innerhalb dieses Abschnitts dargestellt und erläutert, während die Gütekriterien der zweiten Generation im Rahmen der Modelltests in Abschnitt 5.6.4 näher erläutert werden.

[708] Vgl. Weiber/Mühlhaus (2009), S. 127; Carmines/Zeller (1979), S. 13.

[709] Vgl. Homburg/Giering (1998), S. 117; Hildebrandt (1984), S. 42.

den, also eine interne Konsistenz gegeben ist (Konvergenzvalidität).[710] Des Weiteren analysiert die Konstruktvalidität, ob der untersuchte Faktor tatsächlich etwas anderes misst als die anderen Faktoren des Modells (Diskriminanzvalidität).[711] Schließlich gibt die nomologische Validität[712] eines Konstruktes an, inwieweit dieses in einen übergeordneten theoretischen Rahmen eingebunden werden kann.[713] Ob die Validitätskriterien erfüllt sind oder nicht, wird maßgeblich aufgrund der Gütekriterien der zweiten Generation bestimmt und somit im späteren Verlauf der Arbeit betrachtet.

Zur Analyse reflektiver Messmodellen existiert eine Vielzahl an Gütekriterien.[714] Um die verwendeten Konstrukte quantitativ hinsichtlich ihrer Reliabilität und Validität beurteilen zu können, wird wie bereits erwähnt nach Gütekriterien der ersten und zweiten Generation differenziert.[715] Dabei dienen die Gütekriterien der ersten Generation[716] der Überprüfung der Reliabilität auf Konstrukt- und Indikatorebene.[717] Weiber und Mühlhaus (2009) empfehlen zunächst eine Prüfung auf Eindimensionalität durch eine isolierte explorative Faktorenanalyse für jedes einzelne Konstrukt. In diesem Zusammenhang geben die Anwendung des Kaiser-Meyer-Olkin-Kriteriums (KMO) und der Bartlett-Test Auskunft über die Zusammengehörigkeit der verwendeten Indikatoren.[718] Zur Überprüfung der Konstruktreliabilität wird die Überprüfung des Reliabilitätskoeffizienten Cronbachs Alpha und schließlich die Inter-Item-Korrelation empfoh-

---

[710] Vgl. Bearden/Netemeyer (1999), S. 5; Bagozzi/Phillips (1982), S. 468.

[711] Durch die Untersuchung der Diskriminanzvalidität wird nachgewiesen, dass Messungen eines Faktors nicht zu hoch mit denen eines anderen Faktors korrelieren, vgl. Bagozzi/Philipps (1982), S. 468. Auf die Bedeutung der Konvergenz- und Diskriminanzvalidität weisen auch Fornell/Larcker (1981), S. 45ff, hin. Im Rahmen dieser Arbeit wird über die übliche Form der Konvergenz- und Diskriminanzvaliditätsprüfung im Rahmen einer konfirmatorischen Faktoranalyse hinausgegangen, indem explizit das Vorhandensein möglicher Methodeneffekte, z. B. der Common Method Bias, geprüft wird, vgl. Hildebrandt/Temme (2006b), S. 27. Im späteren Verlauf der Arbeit wird auf die Messung der Diskriminanzvalidität anhand des Fornell-Larcker-Kriteriums eingegangen.

[712] Vgl. speziell zur nomologischen Validität auch Bagozzi (1979), S. 14.

[713] Vgl. Diekmann (2009), S. 258; Hildebrandt/Temme (2006a), S. 621; Herrmann/Huber/Kressmann (2006), S. 49, sowie Homburg/Giering (1996), S. 7.

[714] Vgl. Giere/Wirtz/Schilke (2006), S. 687.

[715] Vgl. Homburg/Giering (1998), S. 118f.

[716] Die Gütekriterien der ersten Generation basieren auf Verfahren zur Reliabilitäts- und Validitätsbetrachtung, welche bereits seit den 1950 er-Jahren Anwendung finden. Zu den Gütekriterien der ersten Generation gehören: Faktorladungen, erklärte Varianz (explorative Faktorenanalyse) sowie das Cronbachs Alpha und die Item-To-Total-Korrelation. Die angewandten Verfahren weisen, obwohl sie in der Literatur weitverbreitet sind, zahlreiche Schwächen auf, vgl. beispielsweise Wunderle (2006), S. 137ff.; Homburg/Baumgartner (1995), S. 166, sowie Gerbing/Anderson (1988). Dabei richtet sich diese Kritik zum einen auf die restriktiven Annahmen, die den Gütekriterien der ersten Generation zugrunde liegen und zum anderen erfolgt die Beurteilung der Validität durch diese Kriterien auf Basis sogenannter Faustregeln und ist somit nicht eindeutig möglich.

[717] Vgl. Weiber/Mühlhaus (2009), S. 115.

[718] Vgl. Weiber/Mühlhaus (2009), S. 107.

len, während die Item-To-Total-Korrelation[719] sowie die korrigierte Item-To-Total-Korrelation[720] zur Überprüfung der Indikatorreliabilität herangezogen werden.[721]

Die Überprüfung der verwendeten Konstrukte sowie der Items, welche diese repräsentieren, wurde mittels des statistischen Auswertungsprogramms SPSS vorgenommen. Im Rahmen der explorativen Faktorenanalyse wurden die einzelnen Faktoren zunächst in SPSS auf ihre Validität und Reliabilität hin überprüft und mittels der Funktion „Cronbachs Alpha, wenn Item gelöscht" optimiert. Im Rahmen dieses Verfahrens wurden die Faktorladungen der einzelnen Items überprüft, welche ein Minimum von 0,5 nicht unterschreiten sollten.[722] Um weiterhin überprüfen zu können, ob die erhobenen Datensätze überhaupt für eine faktoranalytische Betrachtung geeignet sind, wird weiterhin das Kaiser-Meyer-Olkin-Kriterium betrachtet, welches einen Wert von mindestens 0,6 annehmen sollte.[723]

Zur Reliabilitätsprüfung auf Konstruktebene wird weiterhin der Reliabilitätskoeffizient Cronbachs Alpha untersucht. Dieser sollte einen Wert von mindestens 0,7 erreichen, damit die Reliabilität des Konstrukts gewährleistet ist.[724] Weiterhin sollte für die Reliabilität auf der Konstruktebene die Inter-Item-Korrelation (IIK) analysiert werden, wobei hier für jedes Konstrukt ein Mindestwert von 0,3 erreicht werden sollte.[725] Zur Reliabilitätsprüfung auf Indikatorebene werden sowohl die Item-To-Total-Korrelation (ITK) als auch die korrigierte Item-To-Total-Korrelation (KITK) herangezogen. Da die Indikatoren bei der Berechnung der ITK partiell mit sich selbst korrelieren, weist

---

[719] Die Item-To-Total-Korrelation, welche auch als Trennschärfekoeffizient bezeichnet wird, stellt die Korrelation eines Items mit der Summe aller Items desselben Faktors dar. Je höher der Koeffizient des einzelnen Items ist, desto besser kann seine Eignung für den übergeordneten Faktor beurteilt werden. Ein Wert von mindestens 0,3 kann als gut beurteilt werden, vgl. Lusch/O'Brien (1997).

[720] Da bei der Berechnung der Item-To-Total-Korrelation die Indikatoren als konstituierender Teil der Gesamtskala partiell mit sich selbst korrelieren, findet in dieser Arbeit die korrigierte Item-To-Total-Korrelation Anwendung, vgl. Weiber/Mühlhaus (2009), S. 112.

[721] Vgl. Weiber/Mühlhaus (2009), S. 115; Eberl (2006), S. 656f.

[722] Je höher die Ladungen der einzelnen Items auf einen Faktor sind, desto höher ist die interne Konsistenz dieses Faktors. So gehen die meisten Autoren von Faktorladungen von mindestens 0,5 aus, vgl. Backhaus et al. (2008), S. 356, oder Fritz (1995), S. 132ff. Einzelne Autoren gehen von einer Faktorladung von mindestens 0,6 aus, vgl. Homburg/Giering (1996), S. 8. In dieser Arbeit wird die minimale Faktorladung auf 0,5 festgelegt, was laut Backhaus et al. (2008), S. 356, der allgemeinen Konvention entspricht.

[723] Vgl. Kaiser/Rice (1974), S. 111ff., liefern in ihrer Arbeit eine Tabelle zur Beurteilung des KMO-Kriteriums, nach deren Aussage ein Wert über 0,6 als mittelmäßig, 0,5 und größer als kläglich und unter 0,5 als untragbar bezeichnet wird. Dabei muss jedoch erwähnt werden, dass Konstrukte, die nur aus zwei Items bestehen, immer einen Wert von 0,5 beim KMO-Kriterium annehmen und aus diesem Grund nicht abgelehnt werden müssen.

[724] Vgl. Albers/Hildebrandt (2006), S. 23, sowie Churchill (1979), S. 68, und Nunnally (1978), S. 245. Andere Autoren wie Rossiter (2002), S. 310, sowie Bortz (1984), S. 137, fordern einen Mindestwert für das Cronbachs Alpha von 0,8 oder sogar 0,9, vgl. auch Hildebrandt (1984), S. 42. Andererseits geben sich Autoren gerade bei neuen Konstrukten in einem explorativen Forschungsstadium bereits mit einem Cronbachs Alpha von 0,6 zufrieden, vgl. Schnell/Hill/Esser (2005), S. 147; Robinson/Shaver/Wrightsman (1991), S. 13. In dieser Arbeit wird der Schwellenwert auf 0,7 festgelegt.

[725] Vgl. Robinson/Shaver/Wrightsman (1991), S. 13. Dieses Gütemaß weist für standardisierte und unstandardisierte gleiche Ergebnisse aus, vgl. Weiber/Mühlhaus (2009), S. 112.

diese Arbeit wie in anderen Forschungsarbeiten üblich nur die KITK aus.[726] Die KITK sollte für jedes Messmodell dabei mindestens einen Wert größer 0,5 annehmen.[727]

Bei der Durchführung der explorativen Faktorenanalyse zur Überprüfung der einzelnen Konstrukte wurde zunächst das Varimax-Rotationsverfahren ausgewählt, da es von einem beliebigen Winkel zwischen den Achsen ausgeht und somit auch die Unabhängigkeit der Faktoren nicht ausschließt.[728] Als Extraktionsverfahren wurde in dieser Studie die Hauptkomponentenmethode angewendet.

Nachdem die Faktoren zunächst aus der Literatur hergeleitet wurden und im Anschluss beschrieben wurde, mithilfe welcher Items sie im Rahmen dieser Studie gemessen wurden, wird nachfolgend die Optimierung der Faktoren beschrieben. Gleichzeitig wurden auch die anderen beschriebenen Gütekriterien der ersten Generation betrachtet und gegebenenfalls optimiert. Die Faktoren konnten größtenteils wie beabsichtigt aus den aufgestellten Items gebildet werden. Teilweise mussten jedoch alternative Items gebildet werden, zwei Faktoren ließen sich nicht anhand der erhobenen Daten bestätigen.

Der Faktor „Familie" wurde ursprünglich – auf der Arbeit von Morris et al. (1997) basierend – mit 16 verschiedenen Items gemessen. Nach der Optimierung des Cronbachs Alpha über die Reliabilitätsanalyse verblieben fünf Items zur Abbildung des Faktors.

Das Konstrukt „Ausbildung" setzt sich nach seiner Optimierung aus zwei Items zusammen. Dabei wurden zwar die Items zur Ausbildung des Nachfolgers nach Morris et al. (1997) im Fragebogen aufgegriffen, bei der anschließenden Auswertung konnten diese Items jedoch nicht zu einem Faktor verdichtet werden. Da die Analyse des Ausbildungsfaktors mit seinen Auswirkungen auf den Übergabeerfolg der Unternehmensnachfolge für diese Arbeit von entscheidender Bedeutung ist, wurde eine andere Art der Operationalisierung der Ausbildung gewählt, die sich an der Humankapitaltheorie zur Erklärung der individuellen Erwerbseinkommen anhand von Ausbildungsgängen und -abschlüssen orientiert. Dabei werden die Ausbildungsabschlüsse dadurch operationalisiert, dass sie in Zeitgrößen oder Jahre der Ausbildung umgewandelt werden.[729] Es wurden somit zwei Items gebildet: „Jahre der allgemeinen, schulischen Ausbildung" sowie „Jahre der beruflichen Ausbildung".[730] Bei der Umrechnung von Schul-

---

[726] Vgl. Weiber/Mühlhaus (2009), S. 112.

[727] Vgl. Shimp/Sharma (1987), S. 282, sowie Zaichkowsky (1985), S. 343.

[728] Vgl. Schmidthals (2007), S. 166.

[729] Vgl. eine kritische Würdigung dieser Vorgehensweise sowie einen Literaturüberblick bei Helberger (1988), S. 153ff. Helberger gibt in diesem Beitrag an, dass viele deutsche Untersuchungen dazu neigen, die Bildungsabschlüsse qualitativ zu erfassen und anschließend in Ausbildungsdauern umzurechnen.

[730] Auch diese Aufteilung folgt dem Beispiel Helbergers (1988), S. 154, welcher bestätigt, dass in der Literatur verschiedene Operationalisierungsstrategien vorherrschen, aber häufig zwischen allgemeinbildenden und berufsbildenden Schulabschlüssen differenziert wird. Die Umrechnung der Bildungsabschlüsse in Jahre ist insofern praktikabel, als bei funktionierendem Wettbewerb auf dem Arbeitsmarkt davon ausgegangen werden kann, dass lediglich der Output an Bildungsinvestitionen Berücksichtigung findet und nicht der gegebenenfalls individuell geleistete Mehraufwand, vgl. Helberger (1988), S. 159.

abschlüssen in Ausbildungsjahre wurde die Operationalisierung nach Helberger (1980) zugrunde gelegt und ergänzt.[731]

Der Faktor „Prozess" wurde ursprünglich durch die sechs Items nach Morris et al. (1997) gemessen, von denen drei nach Optimierung des Cronbachs Alpha übrig blieben. Dabei beruht die Bewertung des Übergabeprozesses nach wie vor auf der persönlichen Erfahrung des befragten Nachfolgers im durchlaufenen Nachfolgeprozess.[732]

Die Faktoren „Techn. vor" und „Techn. nach" (Strukturbruch Modernisierungsfalle vor und nach der Übergabe) wurden wie bei Konstruktbildung beschrieben jeweils mittels sieben Items gemessen, wobei „Tech. vor" die Bewertung der Kriterien zum Zeitpunkt der Übergabe und „Techn. nach" zum Befragungszeitpunkt umfasste. Es wurde für beide Faktoren eine Reliabilitätsanalyse in SPSS durchgeführt, wobei ein Cronbachs Alpha von 0,78 für „Techn. vor" und von 0,72 für „Techn. nach" ermittelt werden konnte. Über eine durchgeführte isolierte explorative Faktorenanalyse wurden weitere Items eliminiert, damit die Konstrukte voneinander differenziert und die Eindimensionalität nachgewiesen werden konnte. Sowohl der Faktor „Techn. vor" als auch der Faktor „Techn. nach" werden im dargestellten Modell jeweils mit zwei Indikatoren (bei „Techn.vor" anhand des technologischen Standes und des Maschinenalters" und bei „Techn. nach" anhand der formalen Qualifikation und des Erfahrungswissens der Mitarbeiter) abgebildet, wie Tabelle 12 verdeutlicht.

Die Faktoren „Orga. Überg." und „Orga Nachf." (Strukturbruch Organisationsfalle vor und nach der Übergabe) wurden im Fragebogen jeweils durch zehn Items gemessen. Auch hier wurde zunächst eine Reliabilitätsanalyse zur Optimierung des Cronbachs Alpha und im Anschluss daran eine isolierte explorative Faktorenanalyse zur Überprüfung der Eindimensionalität der Konstrukte durchgeführt. Das Konstrukt „Orga. Überg" wird nach Betrachtung mehrerer Gütekriterien durch drei Items gemessen (Lieferantenauswahl, Festlegen von Absatzpreisen und Auswahl von Vertriebskanä-

---

[731] Nach Helberger (1988) werden für keinen erreichten Bildungsabschluss sieben Jahre, für einen Hauptschulabschluss acht Jahre, für einen Realschulabschluss zehn Jahre und für ein Abitur 13 Jahre angerechnet. Der Empfehlung von Helberger (1988), S. 160, folgend, wurde hier ein Hauptschulabschluss mit neun Jahren bewertet, da dies bereits im Jahre 1988 obligatorisch war. Dementsprechend wurde der fehlende Schulabschluss mit acht Jahren bewertet. Die Fachschule wurde bei der Umrechnung auf zwölf Jahre festgelegt, was Helbergers (1980) Aufsummierung von neun Jahren Hauptschule und drei Jahren Fachschule entspricht. Für eine Lehre sowohl im kaufmännischen als auch im gewerblichen Bereich setzt Helberger (1980) eineinhalb Jahre an, für einen Universitätsabschluss fünf und für einen Fachhochschulabschluss drei Jahre. An dieser Stelle wurde eine weiterführende Ausbildung zum Meister mit einem Jahr in einer Bildungsinstitution ergänzt. Der Bachelorabschluss wurde mit drei Jahren und der Masterabschluss diplomadäquat mit fünf Jahren zugerechnet. Da Promotionen lediglich in zwei Fällen innerhalb der Stichprobe vertreten waren, wurden für diese Fälle die durchschnittlichen Promotionsdauern recherchiert (für den ingenieurwissenschaftlichen Bereich vier Jahre). Da die Befragung vornehmlich bei Studierenden der Universität Siegen durchgeführt wurde und dort nur ein Jahr zwischen Universitäts- und Fachhochschulabschluss liegt, wurde das Fachhochschuldiplom in vier Jahre umgerechnet. Bei der beruflichen Ausbildung wurden mehrere Ausbildungsabschlüsse aufsummiert (Beispiel: abgeschlossene Lehre und Studium: 6,5 Jahre).

[732] Die hier vorgenommene Differenzierung zwischen der wahrgenommenen Qualität des Übergabeprozesses und dem Übergabeerfolg bzw. Erfolg nach der Unternehmensnachfolge beruht auf einer Differenzierung dieser Faktoren nach Handler (1990).

len), und der Faktor „Orga Nachf." wird nachfolgend durch zwei Indikatoren abgebildet (Einstellung neuer Mitarbeiter sowie Lieferantenauswahl).

Die Faktoren „Beziehung Überg." und „Beziehung Nachf." (Strukturbruch Marktfalle vor und nach der Übergabe) wurden im Fragebogen jeweils durch sechs Items abgebildet, wobei das erste Konstrukt die Beziehung des Übergebers und das zweite die Beziehung des Nachfolgers zu externen Anspruchsgruppen analysiert. Erneut wurden die Cronbachs-Alpha-Werte mittels einer Reliabilitätsanalyse auf 0,84 beim Faktor „Beziehung Überg." und 0,82 beim Konstrukt „Beziehung Nachf." optimiert. Die Faktoren ließen sich jeweils durch die ersten drei dieser Indikatoren (jeweils die Beziehungen zu Schlüsselkunden, Kunden und Lieferanten) des Übergebers und Nachfolgers zum Zeitpunkt der Übergabe abbilden.

Der letzte Faktor, der Post-Übergabeerfolg, der bestätigt werden konnte, entsprach der von Morris et al. (1997) gebildeten Skala und wurde im Fragebogen ursprünglich mit sechs Items abgefragt. An dieser Stelle konnte mittels einer Reliabilitätsanalyse ein Cronbachs Alpha von 0,86 mit den drei Indikatoren Zufriedenheit mit Umsatzhöhe, Umsatzwachstum und Cash Flow erzielt werden.

Auch die Machtfalle wurde als vierter Strukturbruch im Rahmen des Fragebogens erhoben. Die Items erzielten im Rahmen der durchgeführten Reliabilitätsanalyse jedoch nicht das notwendige Cronbachs Alpha von 0,7 und wurden somit von der weiteren Betrachtung ausgeschlossen. Ebenfalls konnte aus den Items von Morris et al. (1997) kein Faktor zu den beschriebenen Planungs- und Kontrollaktivitäten gebildet werden. Auch hier ergab sich im Rahmen einer durchgeführten Reliabilitätsanalyse nicht das notwendige Cronbachs Alpha von 0,7. Somit fallen nachfolgend auch die Hypothesen H2 und H8 weg, die im Rahmen des Gesamtmodells zu prüfen gewesen wären.

Die Tabellen 12 und 13 zeigen die bereits optimierten Faktoren mit den jeweiligen Ergebnissen der Reliabilitätsanalyse nach den Gütekriterien der ersten Generation.[733] Zu Beginn der Überprüfung der Messmodelle erfolgt nach Weiber und Mühlhaus (2009) die Prüfung der Eindimensionalität, indem eine isolierte explorative Faktorenanalyse und eine entsprechende Reliabilitätsanalyse für jedes Konstrukt einzeln durchgeführt wird. Tabelle 12 stellt die ermittelten Reliabilitätskoeffizienten (Cronbachs Alpha) dar sowie das betrachtete Kaiser-Meyer-Olkin-Kriterium und den Bartlett-Test.

Tabelle 12 zeigt, dass alle Faktoren das minimal notwendige Cronbachs Alpha von 0,7 in Rahmen dieser Studie erreicht haben und somit die notwendige Reliabilität gewährleistet ist. Auch die Mindestkriterien des Kaiser-Meyer-Olkin-Kriteriums (KMO) von mindestens 0,6 wurden bis auf die aus zwei Indikatoren bestehenden Konstrukte durchgängig erfüllt. Wie bereits zuvor erwähnt weisen jedoch alle Faktoren mit zwei Items einen KMO-Wert von 0,5 auf, somit erfüllen alle Kriterien den KMO-

---

[733] Dabei muss erwähnt werden, dass im gesamten Modell kein Konstrukt nur über ein Item gemessen wird, so dass das Problem des „Single indicator constructs", was bei Single-Items zu keiner möglichen Reliabilitätsmessung führt, nicht weiter betrachtet werden muss, vgl. Shah/Meyer/Goldstein (2006), S. 156, sowie Bentler/Chou (1987).

Schwellenwert. Des Weiteren wurde mittels des Bartlett-Tests nachgewiesen, dass alle gewählten Items stark signifikant miteinander korrelieren.

Konstrukt		Cronbachs Alpha	Anzahl Items	KMO-Measure	Bartlett´s Test of Sphericity		
					Approx. Chi-Square	df	Signifikanz
1	Familie	0,90	5	0,79	269,103	10	0,000
2	Ausbildung	0,80	2	0,50	65,722	1	0,000
3	Prozess	0,83	3	0,72	113,349	3	0,000
4	Techn. vor	0,78	2	0,50	45,119	1	0,000
5	Techn. nach	0,72	2	0,50	40,287	1	0,000
6	Orga. Überg.	0,85	3	0,70	101,462	3	0,000
7	Orga. Nachf.	0,70	2	0,50	29,929	1	0,000
8	Beziehung Überg.	0,84	3	0,69	126,758	3	0,000
9	Beziehung Nachf.	0,82	3	0,63	139,426	3	0,000
10	Erfolg	0,86	3	0,68	159,602	3	0,000

Tabelle 12: Ergebnisse der Reliabilitätsanalyse

Tabelle 13 liefert einen Überblick über die Faktoren und die ihnen zugeordneten Items einschließlich der zugehörigen Faktorladungen sowie den ermittelten korrigierten I-tem-To-Total-Korrelationen und Inter-Item-Korrelationen je Faktor.

Faktor	Items	Faktorladungen	Korrigierte Item-to-Total-Korrelation	Inter-Item-Korrelation
Familie (F1)	Wesentliche Ziele von Familienmitgliedern waren teilweise konfliktär (V1)	0,87	0,78	0,65
	Manche Familienmitglieder waren gegenüber anderen feindlich gesinnt (V2)	0,81	0,70	
	Es gab unterschwellige Gefühle, die dazu führten, dass Familienmitglieder sich auseinanderlebten (V3)	0,87	0,80	
	Die Tätigkeit im Familienunternehmen beeinflusste die Beziehung zu manchen Familienmitgliedern negativ (V4)	0,87	0,80	
	Familienmitglieder waren über die Position des Befragten verärgert (V5)	0,82	0,72	
Ausbildung (F2)[734]	Theorieumfang in der beruflichen Ausbildung des Befragten (V6)	0,92	0,68	0,68
	Schulische Ausbildung des Befragten (V7)	0,92	0,68	

---

[734] Beim Ausbildungsfaktor sowie nachfolgend bei den Faktoren „Techn. vor", „Techn. nach" sowie „Orga. Nachf." muss darauf hingewiesen werden, dass das Verhältnis zwischen Indikatoren und dem latenten Faktor jeweils hier nur 2:1 besteht. Dies ist als kritisch zu betrachten, da das Konstrukt für sich genommen, ohne weitere zusätzliche Beziehungen zu anderen Faktoren, unteridentifiziert ist, vgl. Long (1983). Da es sich allerdings um neu gebildete Konstrukte handelt, die für die Arbeit von entscheidender Bedeutung sind, werden sie dennoch ins Gesamtmodell integriert.

Prozess (F3)	Die Übernahme empfand der Befragte als angenehm (V8)	0,86	0,67	0,62
	Die Übernahme empfand der Befragte als gut koordiniert (V9)	0,86	0,68	
	Die Übernahme empfand der Befragte als motivierend (V10)	0,87	0,70	
Techn. vor (F4)	Ausprägung des technologischen Standes und der Prozesstechnik zum Zeitpunkt der Übergabe (V11)	0,91	0,64	0,64
	Maschinenalter zum Zeitpunkt der Übergabe (V12)	0,91	0,64	
Techn. nach (F5)	Formale Qualifikation der Mitarbeiter heute (V13)	0,89	0,58	0,58
	Erfahrungswissen der Mitarbeiter heute (V14)	0,89	0,58	
Orga. Überg. (F6)	Mitarbeiter wählen vor der Übergabe Lieferanten aus (V15)	0,84	0,66	0,66
	Mitarbeiter setzen Absatzpreise von Produkten vor der Übergabe fest (V16)	0,92	0,79	
	Mitarbeiter wählen Vertriebskanäle vor der Übergabe aus (V17)	0,87	0,71	
Orga. Nachf. (F7)	Mitarbeiter stellen neue Mitarbeiter ein nach der Übergabe (V18)	0,88	0,54	0,54
	Mitarbeiter wählen Lieferanten aus nach der Übergabe (V19)	0,88	0,54	
Beziehung Überg. (F8)	Beziehungen des Übergebers zu den Schlüsselkunden (V20)	0,90	0,75	0,64
	Beziehungen des Übergebers zu den Kunden allgemein (V21)	0,91	0,78	
	Beziehungen des Übergebers zu den Lieferanten (V22)	0,81	0,62	
Beziehung Nachf. (F9)	Beziehungen des Nachfolgers zu den Schlüsselkunden (V23)	0,90	0,73	0,60
	Beziehungen des Nachfolgers zu den Kunden allgemein (V24)	0,93	0,79	
	Beziehungen des Nachfolgers zu den Lieferanten (V25)	0,74	0,51	
Erfolg (F10)	Zufriedenheit mit der Umsatzhöhe (V26)	0,91	0,78	0,67
	Zufriedenheit mit dem Umsatzwachstum (V27)	0,93	0,82	
	Zufriedenheit mit dem Cash Flow (V28)	0,81	0,62	

Tabelle 13: Faktorübersicht mit Faktorladungen, korrigierter Item-To-Total-Korrelation sowie Inter-Item-Korrelation

Die ermittelten Faktorladungen liegen alle über dem Mindestwert von 0,5. Ebenso sind alle ermittelten korrigierten Item-To-Total-Korrelationen über dem geforderten Wert von 0,5 und die Inter-Item-Korrelationen liegen alle über dem Schwellenwert von 0,3.

Im Rahmen der Gütekriterien der ersten Generation gilt es schließlich, die Inhalts- oder auch Expertenvalidität der Messmodelle zu überprüfen. Diese kann in diesem Fall als gegeben betrachtet werden, da entweder in der Literatur bereits bestehende Konstrukte verwendet wurden oder die neuen Konstrukte basierend auf bestehenden konzeptionellen Modellen in Zusammenarbeit mit den Autoren (Experten) für diese hergeleitet wurden. Zudem wurde ein Pretest zur Überprüfung der Konstrukte im Vorfeld der eigentlichen Unternehmensnachfolgerstudie durchgeführt, so dass eine Inhaltsvalidität für die verwendeten Konstrukte gegeben ist.[735]

Abschließend bleibt festzuhalten, dass zehn der ursprünglich hergeleiteten zwölf Messmodelle alle Gütekriterien der ersten Generation erfüllen. Diese bestätigten Faktoren und ihre angenommenen Beziehungen werden im weiteren Verlauf in ein Strukturgleichungsmodell eingearbeitet, wobei die Gütekriterien der zweiten Generation berücksichtigt werden.

5.6.3 Anpassung des zu testenden Gesamtmodells

Nachdem zwei Faktoren des ursprünglich zugrunde gelegten Modells nicht bestätigt werden konnten, wird auf mögliche Ursachen eingegangen und das Gesamtmodell entsprechend angepasst. Dass die beiden Faktoren „Planung" und „Machtausübung" im Rahmen der Untersuchung nicht bestätigt werden konnten, kann auf den Stichprobenumfang zurückgeführt werden. In der Literatur werden unterschiedliche Anforderungen an die Stichprobengröße für ein Strukturgleichungsmodell gestellt. Ein Mindestumfang von 100 bis 200 Datensätzen sollte dabei erfüllt werden.[736] Generell sollte ein Modell etwa 10- bis 20-mal mehr verwertbare Datensätze wie Variablen enthalten.[737] Somit ist die erhobene Stichprobe eher als gering einzustufen. Kleinere Stichproben wirken sich dabei zum einen auf die Reliabilität und zum anderen auf verschiedene Fit-Indizes aus, wie die Ergebnisse des Chi-Quadrat-Tests sowie den RMSEA.[738]

Weiterhin gilt es, die beiden Faktoren („Planung" und „Machtausübung"), die nicht aus den erhobenen Daten abgeleitet werden konnten, aus dem Gesamtmodell zu entfernen (vgl. Abbildung 36). Damit geht ebenfalls eine Reduktion der zu testenden 15 Hypothesen auf nunmehr 13 einher. Nach der Überprüfung der Messmodelle wird das Modell von Morris et al. (1997) somit um noch drei der ursprünglichen vier Strukturbrüche nach Letmathe und Hill (2006) ergänzt. Abbildung 36 verdeutlicht das Gesamtmodell dieser Studie.

---

[735] Vgl. Nunnally (1978), S. 79ff.; Cronbach/Meehl (1955), S. 282.
[736] Vgl. Hoyle (1995); Loehlin (2004), S. 55f.; Sellin (1995), S. 263; Kline (2005), S. 15, die mehr als 100 Datensätze fordern. Teilweise werden jedoch auch größere Stichprobenumfänge gefordert, beispielsweise n ≥ 150, vgl. Bagozzi/Yi (1988), S. 80, oder eine noch größere Stichprobe von n ≥ 200, vgl. Chin/Newsted (1999), S. 314. Für weitere Hinweise zum Stichprobenumfang bei Kovarianzstrukturanalysen, vgl. MacCallum/Browne/Sugawara (1996), S. 142ff.
[737] Vgl. Barclay/Thompson/Higgins (1995), S. 292, sowie Chin (1998). Dies würde auf das hier beschriebene Modell mit 109 Fällen bei zehn zu schätzenden Faktoren zutreffen.
[738] Vgl. Jackson (2003).

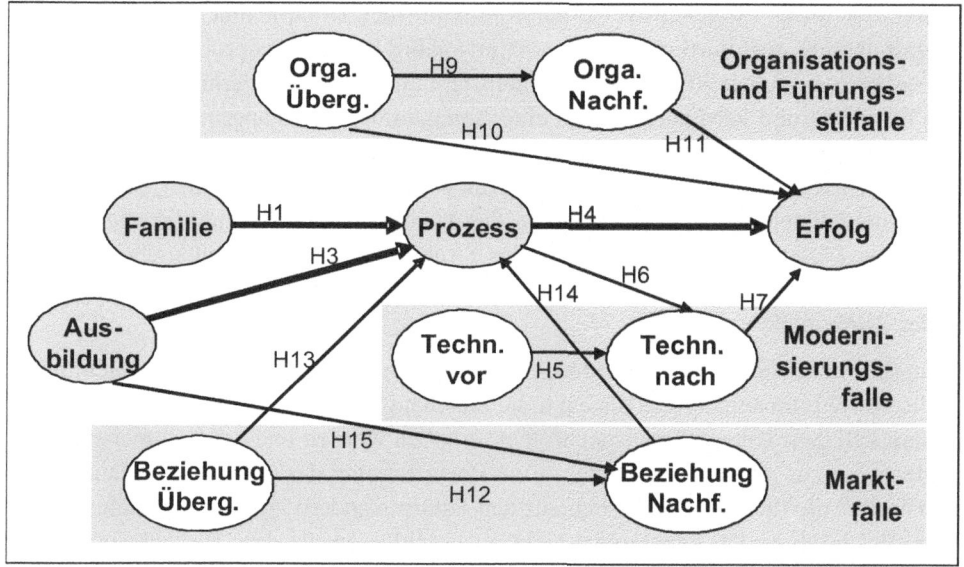

Abbildung 36: Überarbeitetes Gesamtmodell (eigene Abbildung)

Im folgenden Abschnitt werden die Hypothesen des Gesamtmodells überprüft. Weiterhin werden die Freiheitsgrade sowie die Identifikation des Modells betrachtet. Schließlich werden die Gütekriterien der zweiten Generation zur Bildung eines Strukturgleichungsmodells herangezogen.[739]

5.6.4 Modelltests

Innerhalb des zu testenden Strukturmodells werden die Beziehungen zwischen exogenen und endogenen latenten Variablen abgebildet. Um insbesondere die Auswirkungen auf den Erklärungsgehalt des Zielkonstruktes „Erfolg" durch die zum Modell von Morris et al. (1997) hinzugenommenen Faktoren der Strukturbrüche zu ermitteln, wird zunächst eine explorative Faktorenanalyse für das verbliebene Gesamtmodell durchgeführt. Das Ergebnis zeigt, dass die zehn enthaltenen Messmodelle nicht eindeutig voneinander differenziert werden können, da sie durch die explorative Faktorenanalyse nach der Hauptkomponentenmethode mit Varimax-Rotation zu neun Faktoren verdichtet werden.[740] Somit sind die Messmodelle voneinander nicht hinreichend trennscharf.[741] Von einem Test des Gesamtmodells mit allen integrierten Messmodellen und Hypothesen muss daher abgesehen werden. Allerdings werden nachfolgend Teilmodelle gebildet, welche einzelne Aspekte des Gesamtmodells abbilden. Ein weiterer

---

[739] Vgl. Fornell (1986).

[740] Die Ergebnisse dieser explorativen Faktorenanalyse werden im Anhang 7 dargestellt.

[741] Um dieses Ergebnis deutlicher zu machen, wird im Anhang 4 eine Korrelationstabelle zu den im Gesamtmodell verbliebenen 28 Items abgebildet.

Grund, der diese Vorgehensweise zur Reduktion der Komplexität der vorliegenden Fragestellungen rechtfertigt, ist die verhältnismäßig kleine Stichprobengröße von 109 Datensätzen bei einer komplexen Problemstellung wie der Unternehmensnachfolge. Aus diesem Grund wird nachfolgend eine Annäherung an das angestrebte Gesamtmodell über mehrere Teilmodelle vollzogen. Obwohl die Arbeit somit einer abschließenden Überführung aller gebildeten Konstrukte in einem umfassenden Strukturgleichungsmodell schuldig bleibt, erfolgt in den nachfolgenden Abschnitten die Integration neuer Messmodelle in ein bestehendes Strukturgleichungsmodell sowie die Überprüfung der hergeleiteten Hypothesen des überarbeiteten Gesamtmodells im Rahmen dieser Teilmodelle.

Weiterhin muss festgehalten werden, dass im Rahmen der Unternehmensnachfolgerstudie sowohl die abhängigen als auch die unabhängigen Faktoren bei einer Person, in diesem Fall dem Unternehmensnachfolger, erhoben wurden und dabei zumeist gleiche Skalentypen zur Anwendung kamen. Eine Beeinflussung der gesamten Varianz dieser Konstrukte, die nicht ausschließlich auf den Faktor, sondern auf die Erhebungsmethode zurückzuführen ist, kann somit nicht ausgeschlossen werden. Besteht ein signifikantes Ausmaß dieser als Common Method Variance bezeichneten Varianz, kann es zu Verzerrungen der Korrelationen zwischen Faktoren kommen, die dann als Common Method Bias bezeichnet werden.[742] Ursachen dieses Messfehlers können zum einen das Konsistenzstreben sowie die soziale Erwünschtheit bei einzelnen Fragen und somit personenspezifische Gründe sein.[743] Zum anderen können die Ursachen für einen Common Method Bias in den Befragungs-Items, dem Itemkontext oder dem Erhebungskontext liegen.[744] Um hier einen Common Method Bias zu vermeiden bzw. zu reduzieren, wurde auf der einen Seite die Anonymität der Interviewpartner explizit herausgestellt und auf der anderen Seite die Anordnung der Items zu den Faktoren möglichst so gewählt, dass abhängige von unabhängigen Faktoren getrennt wurden.[745] Doch auch nach diesen Anpassungen des Studiendesigns lässt sich ein Common Method Bias nicht vollständig ausschließen. Um einschätzen zu können, ob in dieser Studie ein ausschlaggebender Bias vorliegt, wird der sogenannte Harman's Single Factor Test mithilfe einer explorativen Faktorenanalyse durchgeführt.[746] Demnach ist ein relevanter Common Method Bias dann gegeben, wenn im Rahmen der Faktorenanalyse nur ein Faktor einen Eigenwert von > 1 aufweist oder ein Faktor einen Großteil der erklärten Varianz (über 50 Prozent) ausmacht.[747] Für die hier betrachtete Unternehmensnachfolgerstudie werden nachfolgend für die jeweiligen Teilmodelle jeweils ein Harman's Single Factor Test durchgeführt, um die Eigenwerte und die Anteile der er-

---

[742] Vgl. Meade/Watson/Kroustalis (2007).

[743] Vgl. Podsakoff et al. (2003), S. 881.

[744] Vgl. Temme/Paulssen/Hildebrandt (2009), S. 124ff.

[745] Vgl. Podsakoff et al. (2003), S. 888.

[746] Vgl. Podsakoff/Organ (1986). Dabei zeigt die unrotierte Lösung, wie viele Faktoren notwendig sind, um die Varianz in den Konstrukten zu erfassen, vgl. Harman (1976). Dadurch kann zwar keine Common Method Bias verhindert werden, aber ihre Bedeutung im Rahmen einer Studie kann abgeleitet werden.

[747] Vgl. Podsakoff et al. (2003), S. 889.

klärten Varianz zu überprüfen. Obwohl der Harman's Single Factor Test mit Problemen behaftet ist, ist er dennoch geeignet, das Vorhandensein einer zu großen Common Method Variance aufzuzeigen.[748] Nachfolgend werden somit zu jedem der Teilmodelle die explorativen Faktorenanalysen angegeben und die jeweiligen Eigenwerte sowie die Anteile der erklärten Varianz je Konstrukt ausgewiesen, um für jedes Modell einen bestehenden Common Method Bias ausschließen zu können.

Um die Überprüfbarkeit der Teilmodelle zu gewährleisten, werden zunächst die jeweiligen Freiheitsgrade angegeben, und die Modellidentifikation wird überprüft.[749] Je mehr Freiheitsgrade ein Modell aufweist, desto geringer ist die benötigte Stichprobe, um einen hinreichend guten Modell-Fit zu erzielen.[750] Damit ein Modell als identifiziert bezeichnet werden kann, müssen zwei notwendige Voraussetzungen erfüllt sein:[751]

1. Es müssen mindestens genauso viele beobachtete Werte wie freie und noch zu bestimmende Modellparameter vorliegen (Freiheitsgrade df ≥ 0).

2. Alle latenten Variablen müssen Skalen enthalten.

Für die Beurteilung der Modellgüte des Strukturmodells werden sogenannte Gütekriterien der zweiten Generation herangezogen.[752] Auch bei den Gütekriterien der zweiten Generation gilt es sowohl eine Reliabilitäts- als auch eine Validitätsprüfung im Rahmen einer konfirmatorischen Faktorenanalyse durchzuführen. Um das strukturprüfende Verfahren der konfirmatorischen Faktorenanalyse durchführen zu können, wird wiederum das Programm AMOS verwendet.

Zunächst wird nachfolgend die Indikatorreliabilität im Rahmen der konfirmatorischen Faktorenanalyse des jeweiligen Teilmodells betrachtet. Diese gibt an, welcher Anteil der Varianz eines beobachtbaren Indikators durch das zugrunde liegende latente Konstrukt erklärt wird.[753] Das Programm AMOS weist diesen Wert unter dem Begriff „Squared Multiple Correlation" direkt aus. Der Wertebereich der Indikatorreliabilität reicht von 0 bis 1, wobei der für gewöhnlich geforderte Mindestwert bei ≥ 0,4 liegt.[754] Ein weiteres zu betrachtendes Gütekriterium stellt die Faktor- oder Konstruktreliabilität dar; sie beurteilt die Qualität der Messung eines Konstrukts durch die zugrunde lie-

---

[748] Vgl. Spector (2006).

[749] Vgl. Shah/Meyer/Goldstein (2006), S. 155.

[750] Vgl. MacCallum/Browne/Sugawara (1996).

[751] Vgl. Kline (2005), S. 105. Dabei gilt ein Modell als unteridentifiziert, wenn df < 0 gilt. Somit gibt es unabhängig von der sonstigen Modellgüte keine eindeutige Lösung für das Gleichungssystem. Ein Modell gilt als gerade identifiziert, wenn genau gleich viele beobachtete Werte wie noch zu bestimmende Parameter im Modell gegeben sind (also df = 0). Von einem überidentifizierten Modell wird gesprochen, wenn df > 0 und damit mehr beobachtete Variablen als freie Parameter gegeben sind.

[752] Vgl. Brock (2009), S. 89. Dabei sind die Gütekriterien der zweiten Generation leistungsfähiger und in ihrer Aussage verlässlicher, was sie zu einer Erweiterung der Gütekriterien der ersten Generation macht. Des Weiteren erlauben die Gütekriterien der ersten Generation keine Schätzung von Messfehlern und keine statistische Validitätsprüfung, vgl. Weiber/Mühlhaus (2009), S. 116.

[753] Vgl. Weiber/Mühlhaus (2009), S. 122.

[754] Vgl. Homburg/Giering (1996), S. 13; Bagozzi/Baumgartner (1994), S. 402.

genden Faktoren und sollte Werte ≥ 0,6 annehmen.[755] Die Faktorreliabilität wird dabei nicht direkt in AMOS ausgewiesen und muss somit gesondert berechnet werden.[756]

Ein weiteres Kriterium zur Reliabilitätsprüfung auf Konstruktebene ist die durchschnittlich erklärte Varianz (DEV). Sie gibt den Anteil der Streuung des latenten Faktors an, der über die Indikatoren erklärt wird. Die durchschnittliche erklärte Varianz eines Faktors sollte dabei ≥ 0,5 sein.[757] Tabelle 14 fasst die Kriterien der zweiten Generation zur Reliabilitätsprüfung zusammen, dabei sind die in der Arbeit zugrunde gelegten Schwellenwerte fett markiert.

Reliabilitätsprüfung auf Indikator- und Faktorebene		
Kriterium	**Schwellenwerte**	**Quellen**
Indikatorreliabilität	**≥ 0,4**	Bagozzi/Baumgartner (1994), S. 402, sowie Homburg/Giering (1996), S. 13
	≤ 0,9	Netemeyer/Bearden/Sharma (2003), S. 153
Faktorreliabilität	**≥ 0,6**	Bagozzi/Yi (1988), S. 82
	≥ 0,3-0,5	Balderjahn (1986), S. 118
Durchschnittlich extrahierte Varianz (DEV)	**≥ 0,5**	Fornell/Larcker (1981), S. 45f.

Tabelle 14: Kriterien für die Reliabilitätsprüfung der zweiten Generation[758]

Hinsichtlich der Validitätsmessung der Strukturgleichungsmodelle wurde im vorangegangenen Abschnitt bereits auf die Inhaltsvalidität eingegangen. Nach Weiber und Mühlhaus (2009) gilt es, weiterhin die Kriteriumsvalidität sowie die Konstruktvalidität, welche sich in Konvergenz-, Diskriminanz- und nomologische Validität aufspalten lässt, zu berücksichtigen.[759] Die Kriteriumsvalidität ist gegeben, wenn das Testergebnis zur Messung eines latenten Konstrukts mit dem eines manifesten oder beobachtbaren Items übereinstimmt.[760] Die Kriteriumsvalidität ist jedoch dadurch stark eingeschränkt, dass vielfach kein adäquates Außenkriterium gefunden wird.[761] Weitere Kritikpunkte an ihrer Erhebung ergeben sich zum einen aufgrund von nicht bildbaren Außenkriterien um selbst wahrgenommene Kompetenzen[762] oder ähnliche Konstrukte und zum anderen aufgrund der sehr qualitativ ausgeprägten und somit wenig aussagekräftigen Überprüfung der Kriteriumsvalidität.[763] Da die Kriteriumsvalidität der nomologischen Validität untergeordnet werden kann, wird sie nachfolgend im Rahmen der

---

[755] Vgl. Bagozzi/Yi (1988), S. 82, sowie Homburg/Baumgartner (1995), S. 170.

[756] Vgl. zur Berechnung Bagozzi/Yi (1988), S. 80.

[757] Vgl. zur Berechnung Fornell/Larcker (1981), S. 45f.

[758] Vgl. Weiber/Mühlhaus (2009), S. 127.

[759] Vgl. Weiber/Mühlhaus (2009), S. 137.

[760] Vgl. Eckerth (2003), S. 222.

[761] Vgl. Bortz/Döring (2009) sowie Weiber/Mühlhaus (2009), S. 129. Weiber/Mühlhaus definieren unter einem Außenkriterium ein hypothetisches Konstrukt, welches eine enge Verwandtschaft zum betrachteten Konstrukt aufweist, selbst jedoch nicht Teil des analysierten Modells ist.

[762] Vgl. Mummendey (1987), S. 78.

[763] Vgl. Schnell/Hill/Esser (2005), S. 156.

Konstruktvalidität mit betrachtet.[764]

Die Konstruktvalidität eines Modells zeigt, dass die Konstrukte genau das messen, was sie zu messen beabsichtigen, und die Ergebnisse nicht durch andere Konstrukte oder Messfehler beeinflusst werden.[765] Sie ist gegeben, wenn sowohl die konvergente, diskriminante als auch nomologische Validität der Konstrukte bestätigt werden kann.[766] Die Konvergenzvalidität beschreibt dabei das Ausmaß, mit dem ein latentes Konstrukt durch die Messung mehrerer Indikatoren abgebildet wird und spiegelt somit die interne Konsistenz der Messvorschrift wider. Konvergente Validität kann angenommen werden, wenn die Konstruktreliabilität über dem geforderten Schwellenwert von 0,6 liegt und die durchschnittlich erklärte Varianz des Faktors wie bereits beschrieben $\geq$ 0,5 liegt.[767] Aus diesem Grund brauchen für die Berücksichtigung der Konvergenzvalidität keine zusätzlichen Kriterien betrachtet zu werden. Die weiterhin zu überprüfende Diskriminanzvalidität gibt Auskunft darüber, inwiefern sich Messungen der im Strukturgleichungsmodell verwendeten Konstrukte hinreichend voneinander unterscheiden.[768] Obwohl die Diskriminanzvalidität mithilfe mehrerer Methoden[769] beurteilt werden kann, soll im Rahmen dieser Arbeit nur das strengste Kriterium nach Fornell und Larcker (1981) Berücksichtigung finden. Dieses besagt, dass die durchschnittlich erklärte Varianz eines latenten Konstrukts größer sein muss als jede quadrierte Korrelation dieses Faktors mit den anderen latenten Konstrukten im Modell.[770] Die nomologische Validität überprüft die Einbindung eines Konstrukts in einen übergeordneten, theoretischen Rahmen, dem sogenannten nomologischen Netzwerk.[771] Die nomologische Validität kann als gegeben betrachtet werden, wenn die theoretisch abgeleiteten Hypothesen empirisch bestätigt werden können.[772] Dies ist dann gegeben, wenn entweder die durchgeführte konfirmatorische Faktorenanalyse oder das Strukturgleichungsmodell eine hohe Güte aufweist.[773]

Es existiert eine Vielzahl an Kriterien, die zur Beurteilung der Gesamtmodellgüte herangezogen werden können, und somit auch verschiedene Empfehlungen, welche Gü-

---

[764] Vgl. Schnell/Hill/Esser (2005), S. 156; Hildebrandt (1998), S. 90f.

[765] Vgl. Weiber/Mühlhaus (2009), S. 131.

[766] Vgl. Peter (1981), S. 135, sowie Bagozzi (1980), S. 114. Zumeist werden jedoch nur die Konvergenz- und die Diskriminanzvalidität zur Bestimmung der Konstruktvalidität herangezogen, vgl. Hildebrandt (1984), S. 43.

[767] Vgl. Fornell/Larcker (1981), S. 46.

[768] Vgl. Weiber/Mühlhaus (2009), S. 134, sowie Baumüller (2008), S. 182. Dabei wird gefordert, dass die Indikatoren eines Konstrukts stärkere Beziehungen zueinander aufweisen als zu den Indikatoren anderer Konstrukte, vgl. Chin (1998), S. 321.

[769] Andere Methoden zur Überprüfung der Diskriminanzvalidität sind z. B. die Durchführung einer explorativen Faktorenanalyse, obwohl dieses Kriterium nicht hinreichend ist oder die Durchführung eines Chi-Quadrat-Differenztests, vgl. Weiber/Mühlhaus (2009), S. 135.

[770] Vgl. Fornell/Larcker (1981), S. 46.

[771] Vgl. Weiber/Mühlhaus (2009), S. 131, sowie Bagozzi (1980), S. 327.

[772] Vgl. Homburg (2000a), S. 75.

[773] Vgl. Weiber/Mühlhaus (2009), S. 132, bzw. S. 137.

tekriterien tatsächlich ausgewiesen werden sollen.[774] Tabelle 15 gibt einen Überblick über die wichtigsten Gütekriterien der zweiten Generation[775] mit ihren jeweiligen Schwellenwerten, die im Rahmen dieser Arbeit Verwendung finden.[776]

Da die Gütekriterien RFI und NFI bei verhältnismäßig kleinen Stichproben, wie sie in der Studie vorliegen, häufig den notwendigen Schwellenwert nicht erreichen, werden sie von der weiteren Betrachtung ausgeschlossen.[777]

Die nachfolgend überprüften Strukturgleichungsmodelle sind mithilfe des statistischen Auswertungsprogramms AMOS und somit mithilfe eines kovarianzbasierten Verfahrens berechnet. Für die vorliegenden Daten kann im Rahmen eines Kolmogorov-Smirnov-Anpassungstests in SPSS keine Normalverteilung ermittelt werden.[778] In dieser Arbeit wird jedoch trotz fehlender Normalverteilung das Maximum-Likelihood-Verfahren eingesetzt, da dieses nach Bentler und Chou (1987) zur Kovarianzschätzung ausreichend robust ist, um valide Ergebnisse auch bei nicht normalverteilten Daten zu erzielen.[779] Fehlende Werte werden im Programm durch Schätzung der Mittelwerte ergänzt.[780]

AMOS testet neben der Modellgüte auch die Hypothesen des untersuchten Basismodells.[781] Die statistische Signifikanz der geschätzten Parameter wie die der einzelnen Variablen, aber auch die der dem jeweiligen Strukturmodell zugrunde liegenden Pfadkoeffizienten wird bei AMOS automatisch im Rahmen der Output-Datei ausgewiesen. Dabei muss der Wert der Teststatistik (Chi^2-Test) kleiner als -1,96 oder größer als 1,96 sein, damit die Hypothese, dass der Schätzwert gleich null ist, abgelehnt und somit ein Zusammenhang zwischen den Parametern auf einem 5-Prozent-Signifikanzniveau be-

---

[774] Vgl. beispielsweise Weiber/Mühlhaus (2009), S. 176; Homburg/Klarmann (2006), S. 740; Hu/Bentler (1999), S. 1ff. Vor allem Weiber/Mühlhaus (2009), S. 176, empfehlen dabei eine „Mischung" von sowohl inferenzstatistischen, deskriptiven (absoluten) und inkrementellen Gütekriterien.

[775] Bei allen ausgewählten Gütekriterien handelt es sich um globale Anpassungsmaße. Dabei werden die Chi-Quadrat-Statistik und der RMSEA als „Absolute Measures Of Fit" und der NFI, NNFI, CFI, IFI, RFI sowie das Verhältnis zwischen Chi-Quadrat und den Freiheitsgraden als „Incremental Fit Measures" angegeben, vgl. Shah/Meyer/Goldstein (2006), S. 159. Die Gütekriterien Goodness-of-Fit Index (GFI) und der Adjusted Goodness-of-Fit Index (AGFI) sollen hier nicht betrachtet werden, da diese signifikant durch die Stichprobengröße beeinflusst werden, vgl. Hu/Bentler (1998).

[776] Die in dieser Arbeit zugrunde gelegten Schwellenwerte sind in der Tabelle fett markiert.

[777] Vgl. Marsh/Balla/Hau (1996). Sie weisen eine direkte Abhängigkeit der Größe des NFI vom Stichprobenumfang nach.

[778] Für keine der untersuchten Variablen kann anhand des Kolmogorov-Smirnov-Anpassungstests eine Asymptotische Signifikanz (2-seitig) > 0,05 ermittelt werden, so dass die zugrunde gelegte Nullhypothese H_0, dass die jeweilige Variable normalverteilt ist, in allen Fällen abgelehnt wird, vgl. Bühl/Zöpfel (2000), S. 311. Die Tabelle zur Überprüfung der Ergebnisse des Kolmogorov-Smirnov-Anpassungstests zur Analyse der Verteilungsform mithilfe von SPSS findet sich im Anhang 6. Dabei stellt der Kolmogorov-Smirnov-Anpassungstest ein strengeres Prüfkriterium zur Prüfung einer Normalverteilung dar, als der hier nicht angewandte Mardia-Koeffizient, welcher bezogen auf eine Nullhypothese prüft, ob jede Variable einer normalverteilten Grundgesamtheit entstammt, vgl. Mardia (1970), S. 527f.

[779] Vgl. Bentler/Chou (1987), S. 89.

[780] Im Anhang 5 wird eine Übersicht über die fehlenden Werte der im Modell integrierten 28 Items in Form einer Tabelle gegeben.

[781] Vgl. Arbuckle (2008).

stätigt werden kann. AMOS liefert dabei sowohl den geschätzten Wert und den Standardfehler als auch die entsprechende Teststatistik und kennzeichnet alle Werte und Pfadkoeffizienten, die stark signifikant sind, mit drei Sternchen. Somit werden nachfolgend auch die Hypothesen der einzelnen Teilmodelle überprüft.

Gütemaß	Schwellenwert
Konvergenzvalidität (durchschnittliche extrahierte Varianz DEV)	≥ 0,5
Diskriminanzvalidität (Fornell-Larcker-Kriterium)	DEV > quadrierte Faktorkorrelation
Gütemaße zur Beurteilung des Gesamt-Fits eines Modells	
Chi-Quadrat /Freiheitsgrade	≤ 2,0[782] **≤ 2,5[783]** ≤ 3,0[784] ≤ 5,0[785]
Bentler-Bonett-Normed-Fit-Index (NFI)	**≥ 0,9[786]**
Relative-Fit-Index (RFI)	**≥ 0,9[787]**
Bollen Incremental Fit Index (IFI)	**≥ 0,9[788]**
Bentler-Bonett-Non-Normed-Fit-Index (NNFI) oder Tucker-Lewis-Index (TLI)	**≥ 0,9[789]**
Comparative Fit Index (CFI)	**≥ 0,9[790]** ≥ 0,95[791]
Root Mean Square Error of Approximation (RMSEA)	**< 0,05 gut und < 0,08 akzeptabel[792]** < 0,08 gut[793] < 0,06 gut[794] 0,08 bis 0,1 mittelmäßig[795]

Tabelle 15: Gütekriterien der zweiten Generation

---

[782] Vgl. Byrne (1989), S. 55.

[783] Vgl. Homburg/Baumgartner (1995), S. 169.

[784] Vgl. Homburg (2000a), S. 90, sowie Homburg/Giering (1996), S. 13.

[785] Vgl. Wheaton et al. (1977), S. 84ff.

[786] Vgl. Bentler/Bonett (1980), S. 600.

[787] Vgl. Homburg/Baumgartner (1998).

[788] Vgl. Bollen (1989).

[789] Vgl. Hu/Bentler (1998); Bentler (1990); Mulaik et al. (1989).

[790] Vgl. Homburg/Baumgartner (1998), S. 363; Bentler (1992).

[791] Vgl. Hu/Bentler (1999).

[792] Vgl. Browne/Cudeck (1993), S. 144.

[793] Vgl. Zinnbauer/Eberl (2004), S. 505ff.

[794] Vgl. Hu/Bentler (1999), S. 1.

[795] Vgl. MacCallum/Browne/Sugawara (1996), S. 130ff.

5.6.4.1 Beurteilung des Ursprungsmodells von Morris et al. (1997)

Auf Basis der gebildeten Hypothesen 1 und 2 kann das nach Morris et al. (1997) getestete Grundmodell nachgebildet werden. Bevor die Gütekriterien der zweiten Generation für das Strukturgleichungsmodell mit drei Faktoren analysiert werden, gilt es, eine explorative Faktorenanalyse für die Konstrukte des Modells durchzuführen.[796] Dabei werden genau drei Komponenten nach der Hauptkomponentenmethode in SPSS identifiziert. Jeder getestete Faktor erzielt einen Eigenwert von über eins, und auch die erklärte Varianz der drei Faktoren weist einen Anteil von jeweils unter 50 Prozent aus, so dass auf Basis des Harman's Single Factor Tests ein Common Method Bias für das Basismodell nicht geben ist.

Weiterhin gilt es, die Identifikation des Strukturmodells zu überprüfen. Das getestete Basismodell ist überidentifiziert, da zum einen als notwendige Bedingung jede latente Variable des Modells eine Skala enthält. Zum anderen wurde anhand der sogenannten t-Regel ermittelt, dass mit den elf enthaltenen Variablen im Modell insgesamt 66 beobachtete Werte[797] und nur 24 freie Parameter vorliegen.[798] Damit ergeben sich für das Modell df = 42. Im nächsten Schritt werden nach der Zwei-Schritt-Regel (Two-Step-Rule) als hinreichende Bedingung die Messmodelle und das Strukturmodell separat auf Identifikation geprüft.[799] Da jeder Faktor durch mindestens zwei Items gemessen wird, sind die Messmodelle identifiziert. Gleiches gilt für das Strukturmodell, da es sich aufgrund der Unabhängigkeit der Störgrößen und der nur in eine Richtung verlaufenden Pfadkoeffizienten in diesem Fall um ein rekursives Modell handelt.[800] Damit ist auch die hinreichende Bedingung zur Identifikation des Basismodells nach Kline (2005) erfüllt. Abbildung 37 stellt das Strukturgleichungsmodell mit den zugehörigen Faktorladungen, Pfadkoeffizienten und Störgrößen dar.

---

[796] Die Faktorenanalyse des Ursprungsmodells sowie die Tabelle zur erklärten Gesamtvarianz werden im Anhang 8 abgebildet.

[797] Die t-Regel ermittelt die beobachteten Werte durch folgende Formel: t (t+1) / 2. In diesem Fall: 11 Items multipliziert mit 11+ 1 ergibt 132, geteilt durch 2 ergibt 66.

[798] Die 24 freien Parameter setzen sich zusammen aus: 8 Faktorladungen, da je Faktor jeweils eine Faktorladung auf 1 festgesetzt wurde, 2 Struktur- oder Pfadkoeffizienten sowie 14 Varianzen der exogenen Modellvariablen (Faktor 1, 11 Messfehler und 2 Störgrößen der Faktoren 2 und 3).

[799] Vgl. Reinecke (2005), S. 321ff.; Kline (2005), S. 212ff.; Kenny/Kashy/Bolger (1998), S. 252ff.; Bollen (1989), S. 326ff.

[800] Dies ist nach Hair et al. (2006) dann gegeben, wenn die gemessenen Fehlerterme der Items miteinander nicht korrelieren.

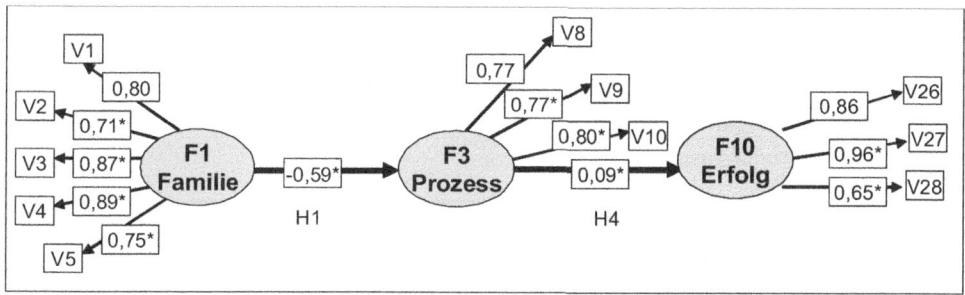

Abbildung 37: Ursprungsmodell[801]

Einer Prüfung des eigentlichen Strukturgleichungsmodells ist die Überprüfung der konfirmatorischen Faktoranalyse in AMOS vorausgegangen. Dabei werden zum einen die Indikatorreliabilität und zum anderen die Konstruktreliabilität analysiert. Wie Tabelle 16 zeigt, erfüllen alle Items den Schwellenwert von 0,4 bei der Indikatorreliabilität, und Gleiches kann für die Konstruktvalidität von 0,6 für die enthaltenen Faktoren konstatiert werden. Des Weiteren zeigt die angegebene DEV, dass die Konvergenzvalidität im gegebenen Modell erfüllt ist. Ein Vergleich der DEV je Konstrukt mit den rechts angezeigten quadrierten Faktorkorrelationen verdeutlicht weiterhin, dass diese für alle Faktoren größer sind, so dass auch das Fornell-Larcker-Kriterium erfüllt ist. Somit weisen die Konstrukte des Modells ebenfalls eine hinreichende Diskriminanzvalidität auf.

	Indikator-reliabilität	Konstrukt-reliabilität	DEV	Fornell-Larcker-Kriterium				
Familie F1					F1	F3	F10	DEV
V1	0,64			F1	1,00			0,54
V2	0,50			F3	0,34	1,00		0,50
V3	0,76	0,85	0,54	F10	0,01	0,01	1,00	0,60
V4	0,80			DEV	0,54	0,50	0,60	
V5	0,56							
Prozess F3								
V8	0,60							
V9	0,59	0,75	0,50					
V10	0,65							
Erfolg F10								
V26	0,75							
V27	0,92	0,82	0,60					
V28	0,43							

Tabelle 16: Reliabilitäts- und Validitätskriterien (2. Generation) des Ursprungsmodells[802]

---

[801] Vgl. Morris et al. (1997) zur Ableitung des Ursprungsmodells.
[802] Vgl. Morris et al. (1997) zur Ableitung des Ursprungsmodells.

Im nächsten Schritt gilt es, die Güte des eigentlichen Strukturgleichungsmodells zu überprüfen und den Gesamt-Modell-Fit zu analysieren. Dazu wird das statistische Auswertungsprogramm AMOS und somit ein kovarianzbasiertes Verfahren verwendet. Tabelle 17 fasst die Fit-Indizes für das Basismodell nach Morris et al. (1997) innerhalb dieser Studie zusammen.

Gütemaß	Schwellenwert
Chi-Quadrat-Wert (Cmin)[803]	74,088
Freiheitsgrade (df)	42
Chi-Quadrat /Freiheitsgrade	1,764
Bollen Incremental Fit Index (IFI)	0,947 (sehr guter Wert)
Bentler-Bonett-Non-Normed-Fit-Index (NNFI) oder Tucker-Lewis-Index (TLI)	0,913 (sehr guter Wert)
Comparative Fit Index (CFI)	0,945 (sehr guter Wert)
Root Mean Square Error of Approximation (RMSEA)	0,084 (liegt über dem Schwellenwert)

Tabelle 17: Fit-Indizes des Ursprungsmodells[804]

Tabelle 17 bestätigt dem Basismodell einen ausreichenden Modell-Fit, da die Mehrheit der zugrunde gelegten Gütekriterien erfüllt wird. Damit kann auch die nomologische Validität des Teilmodells bestätigt werden. Des Weiteren liegen die im Modell enthaltenen Faktorladungen deutlich über den geforderten 0,5. Mit einer erklärten Varianz (R^2) weist zwar der beschriebene Faktor F3 (Übergabeprozess) einen guten Erklärungsgehalt von 34,4 Prozent auf, der Zielfaktor F10 (Übergabeerfolg) wird jedoch kaum durch das Modell erklärt (erklärte Varianz von knapp 1 Prozent).[805]

Weiterhin gilt es, die Signifikanz der im Modell enthaltenen Hypothesen zu testen. Anhand der Konstruktgleichungen berechnet AMOS für die Hypothese H1 einen stark signifikanten Zusammenhang, so dass diese anhand des Ursprungsmodells nach Morris et al. (1997) für diese Studie bestätigt werden kann. Für die zweite Hypothese H4 wird jedoch kein signifikanter Zusammenhang ermittelt, so dass diese hier nicht bestätigt werden kann. In den erhobenen Daten hat somit die Art des Übergabeprozesses

---

[803] Der Chi-Quadrat-Wert ist mit Vorsicht zu interpretieren, da er stark stichprobenabhängig ist. Aus diesem Grund wird häufig empfohlen, von der Verwendung des Chi-Quadrat-Tests Abstand zu nehmen, vgl. Bollen (1989). Daher wurde eine Vielzahl anderer deskriptiver globaler Gütemaße entwickelt, vgl. Homburg/Baumgartner (1998).

[804] Vgl. Morris et al. (1997) zur Ableitung des Ursprungsmodells.

[805] Im ursprünglichen Modell nach Morris et al. (1997), S. 396ff., wird das Konstrukt Familie über zwei Subsamples gemessen, des Weiteren wird die Steuerplanung in dem Modell als Single-Item integriert. Da auch die verwendeten Items in den Konstrukten teilweise anders sind, ist eine Vergleichbarkeit der beiden Modelle nur bedingt möglich. Die Fit-Koeffizienten des Modells nach Morris et al. (1997), S. 397, wurden mittels LISREL berechnet und weichen daher leicht von denen in AMOS ab. Hier werden GFI = 0,991, AGFI = 0,954, Root Mean Square Residual Index (RMR) = 2,920 und NFI = 0,984 sowie der Coefficient Of Determination mit 0,341 angegeben. Drei der betrachteten Pfadkoeffizienten im Modell werden als signifikant beschrieben. Zum Erklärungsgehalt des Modells werden jedoch keine näheren Angaben gemacht.

160

keinen signifikanten Einfluss auf den wahrgenommenen Übergabeerfolg. Die Hypothese H4 ist somit auf Basis der zugrunde liegenden Daten abzulehnen. Damit lässt sich das Modell nach Morris et al. (1997) für diese erhobene Stichprobe nicht bestätigen. An dieser Stelle bedarf es folglich anderer Faktoren, die einen größeren Einfluss auf den Post-Übergabeerfolg aufweisen können. Das nachfolgende Modell kann diese Lücke schließen und beweist somit die hohe Bedeutung der Berücksichtigung der Unternehmenssituation für den Übergabeerfolg.

5.6.4.2 Beurteilung des neu erstellten Basismodells

Für den Aufbau eines neuen Basismodells, welches im Rahmen dieser Studie zugrunde gelegt wird, wird in das Ausgangsmodell von Morris et al. (1997) der Faktor „Tech. nach" hinzugenommen. Das Konstrukt umfasst die formale Qualifikation und das Erfahrungswissen der Mitarbeiter heute, und es wird vermutet, dass dieser Faktor einen entscheidenden Einfluss auf den Post-Übergabeerfolg aufweist. Eine explorative Faktorenanalyse für die Konstrukte des Modells dient erneut der Überprüfung eines gegebenenfalls vorliegenden Common Method Bias.[806] Dabei werden in diesem Modell genau vier Komponenten nach der Hauptkomponentenmethode in SPSS identifiziert. Jeder getestete Faktor weist dabei einen Eigenwert von über eins auf und die höchste erklärte Varianz eines Faktors liegt bei 36,5 Prozent, so dass kein Faktor einen übermäßigen Erklärungsanteil von > 50 Prozent leistet. Somit ist auch für dieses Teilmodell der Harman's Single Factor Test bestanden, und ein Common Method Bias kann ausgeschlossen werden.

Auch hier wird auf die Identifikation des Modells eingegangen. Das Vier-Faktoren-Modell integriert 13 Items, somit ergeben sich 91 beobachtete Werte für das Modell. Weiterhin werden für das Modell 29 freie Parameter ermittelt, wodurch das Modell mit 62 Freiheitsgraden die notwendige, aber nicht hinreichende Bedingung erfüllt. Auch in diesem Modell wird jeder Faktor durch mindestens zwei Items gemessen, die Störgrößen sind unabhängig voneinander, und die Pfadkoeffizienten verlaufen in eine Richtung, so dass sowohl für das Mess- als auch für das Strukturmodell die hinreichende Bedingung erfüllt ist. Das Modell ist somit ebenfalls überidentifiziert. In Abbildung 38 wird das Strukturgleichungsmodell mit seinen vier Faktoren (ein unabhängiger Faktor „Familie" sowie drei abhängige Faktoren „Prozess", „Techn. nach" und „Erfolg"), den zugehörigen Faktorladungen, Pfadkoeffizienten und Störgrößen dargestellt.

---

[806] Die Faktorenanalyse des neuen Basismodells sowie die Tabelle zur erklärten Gesamtvarianz werden im Anhang 9 abgebildet.

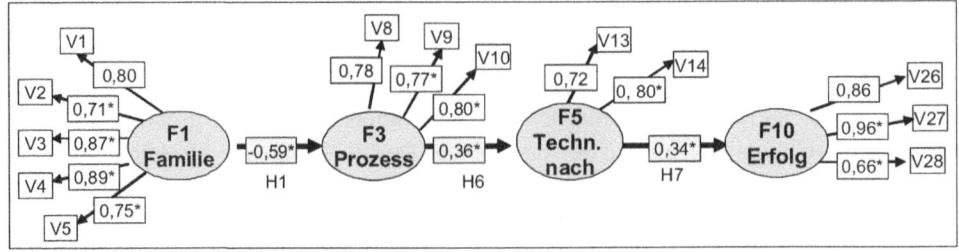

Abbildung 38: Abgeändertes, neues Basismodell

Erneut geht der Prüfung des eigentlichen Strukturgleichungsmodells die Überprüfung der konfirmatorischen Faktoranalyse in AMOS voraus. Dabei werden zum einen die Indikatorreliabilität und zum anderen die Konstruktreliabilität analysiert. Wie Tabelle 18 zeigt, erfüllen alle Items den Schwellenwert von 0,4 bei der Indikatorreliabilität, und Gleiches kann für die Konstruktvalidität von 0,6 für die enthaltenen Faktoren konstatiert werden. Bei der Analyse der durchschnittlich erklärten Varianz weisen bis auf das Konstrukt F5 alle Faktoren einen größeren Wert auf. Das Messmodell liegt mit 0,46 jedoch dicht an dem vorgegebenen Schwellenwert. Eine geringfügige Verletzung einzelner Gütekriterien muss allerdings nicht zu einer unmittelbaren Ablehnung des jeweiligen Messmodells führen.[807] Die Entscheidung für oder gegen ein Messmodell sollte dabei im Gesamtkontext überprüft und über alle Gütekriterien analysiert werden.[808] Dabei ist die theoretische Aussagekraft des Gesamtmodells wichtiger als die knappe Nichterfüllung des Kriteriums der Konvergenzvalidität. Ein Vergleich der DEV je Konstrukt mit den rechts angegebenen quadrierten Faktorkorrelationen verdeutlicht weiterhin, dass diese für alle Faktoren größer sind, so dass auch das Fornell-Larcker-Kriterium für alle Konstrukte erfüllt und die Diskriminanzvalidität im neuen Basismodell gegeben sind.

---

[807] Vgl. McQuitty (1999). Auch andere Autoren verwenden Konstrukte in ihrem Strukturgleichungsmodell, bei denen die durchschnittlich erklärte Varianz nicht erfüllt ist, vgl. Nießing (2006), S. 143; Unterreitmeier (2004), S. 140.

[808] Vgl. Homburg (2000a), S. 93.

	Indikator-reliabilität	Konstrukt-reliabilität	DEV	Fornell-Larcker-Kriterium	F1	F3	F5	F10	DEV
Familie F1					F1	F3	F5	F10	DEV
V1	0,64			F1	1,00				0,53
V2	0,50			F3	0,36	1,00			0,50
V3	0,76	0,85	0,53	F5	0,03	0,14	1,00		0,46
V4	0,80			F10	0,01	0,01	0,12	1,00	0,60
V5	0,56			DEV	0,53	0,50	0,46	0,60	
Prozess F3									
V8	0,61								
V9	0,59	0,75	0,50						
V10	0,65								
Techn. nach F5									
V13	0,63	0,63	0,46						
V14	0,52								
Erfolg F10									
V26	0,75								
V27	0,91	0,81	0,60						
V28	0,44								

Tabelle 18: Reliabilitäts- und Validitätskriterien (2. Generation) des neuen Basismodells

In einem nächsten Schritt wird die Güte des Strukturgleichungsmodells analysiert und damit der Gesamt-Modell-Fit bestimmt. Tabelle 19 fasst die Fit-Indizes für das neue Basismodell innerhalb dieser Studie zusammen.

Gütemaß	Schwellenwert
Chi-Quadrat-Wert (Cmin)	91,320
Freiheitsgrade (df)	62
Chi-Quadrat /Freiheitsgrade	1,471
Bollen Incremental Fit Index (IFI)	0,956 (sehr guter Wert)
Bentler-Bonett-Non-Normed-Fit-Index (NNFI) oder Tucker-Lewis-Index (TLI)	0,932 (sehr guter Wert)
Comparative Fit Index (CFI)	0,954 (sehr guter Wert)
Root Mean Square Error of Approximation (RMSEA)	0,066 (guter Wert)

Tabelle 19: Fit-Indizes des neuen Basismodells

Die meisten Fit-Indizes weisen sehr gute Werte auf. Somit ist der Modell-Fit als gut zu bezeichnen, da sowohl absolute als auch inkrementelle Fit-Indizes im guten Bereich liegen. Auch für das neue Basismodell kann also die nomologische Validität bestätigt werden. Eine sich anschließende Betrachtung des Erklärungsgehalts des Modells zeigt eine deutliche Verbesserung im Vergleich zum Modell nach Morris et al. (1997) auf. Während der Faktor „Prozess" wie zuvor mit 34,4 Prozent durch den Faktor „Familie" erklärt wird, können beide Faktoren 13,2 Prozent des Faktors „Techn. nach" erklären.

Der Erklärungsgehalt des Faktors „Erfolg" wird durch die Hinzunahme des Faktors F5 auf 11,3 Prozent gesteigert. Die Berücksichtigung des situativen Faktors „Techn. nach" trägt also maßgeblich zum Erklärungsgehalt des Gesamtmodells bei, so dass wie zuvor erwähnt der geringfügig zu niedrige Wert der durchschnittlichen Varianz in diesem Modell toleriert werden kann.

In diesem Modell werden die drei Hypothesen H1, H6 und H7 abgebildet und mithilfe der Strukturgleichungen in AMOS überprüft. Hypothese H1 wird auch in diesem Modell als signifikant und somit zulässig bestätigt. Für die Hypothese H6 ermittelt AMOS ein Signifikanzniveau von 0,004 und somit ebenfalls einen stark signifikanten Zusammenhang und für H7 immerhin einen signifikanten Zusammenhang von 0,01. Damit wird die Bedeutung des situativen Faktors über den technologischen Stand und das Wissen (bei den verwendeten Items insbesondere über das Humankapital), welches durch den Nachfolger geformt wurde, für den Post-Erfolg einer Unternehmensübergabe nachgewiesen. Gleichzeitig wird ermittelt, dass sich der Übergabeprozess positiv auf die Ausgestaltung von Verbesserungen bezüglich Technologie und Wissen sowie die Generierung von Innovationen durch den Nachfolger auswirken und somit eine gegebenenfalls bestehende Modernisierungsfalle verhindern hilft. Die empfundene Qualität des Übergabeprozesses wirkt sich demnach positiv auf das Erfahrungswissen und die formale Ausbildung der Mitarbeiter nach der Übergabe aus. Damit wirkt sie jedoch nur indirekt auf das Zielkonstrukt, den im Modell untersuchten Post-Übergabeerfolg. Der neu hinzugenommene Faktor „Techn. nach" steigert hingegen deutlich den Erklärungsgehalt des Zielfaktors.

5.6.4.3 Überprüfung des Strukturbruchs Modernisierungsfalle

Nachdem bereits der Faktor „Techn. nach" erfolgreich in das Strukturmodell integriert werden konnte, wird das Modell nun um den Faktor „Techn. vor" erweitert, um die Bedeutung der technologischen Ausgangssituation des Unternehmens zum Zeitpunkt der Übergabe zu analysieren. Die Hinzunahme des Faktors „Techn. vor" in das Modell ermöglicht zudem eine Überprüfung der Hypothese H5, welche die Auswirkungen der Ausgangssituation „Techn. vor" auf die Situation des Unternehmens hinsichtlich Technologie und Wissen nach der Übergabe „Techn. nach" abbildet. Wie bei den anderen Teilmodellen wird zunächst das Vorhandensein eines Common Method Bias über die Durchführung eines Harman's Single Factor Tests und somit über eine explorative Faktorenanalyse überprüft. Es können dabei nur vier Komponenten identifiziert werden, die einen Eigenwert von über 1,0 haben. Allerdings weist keiner der gebildeten vier Faktoren eine erklärte Varianz von über 50 Prozent auf.[809] Ein Common Method Bias kann für dieses Modell demnach nicht vollständig ausgeschlossen werden, dennoch soll das Teilmodell für die zu testende Hypothese gebildet werden, die Ergebnisse sind jedoch in ihrer Aussagekraft als eingeschränkt zu betrachten.

---

[809] Die Faktorenanalyse sowie die Tabelle zur erklärten Gesamtvarianz werden im Anhang 10 abgebildet.

Somit enthält das zu testende Modell fünf Faktoren und 15 Items, was nach der t-Regel zu 120 beobachteten Parametern führt. Aufgrund der 34 freien Parameter im Modell ergeben sich 86 Freiheitsgrade, so dass dieses zu testende Modell überidentifiziert ist. Da im Messmodell jeder Faktor durch mindestens zwei Items gemessen wird, ist auch die hinreichende Bedingung zur Identifikation des Modells gegeben. Zudem wirken die Pfadkoeffizienten von den Faktoren „Familie" und „Techn. vor" nur in eine Richtung, somit ist das Strukturmodell identifiziert.

Bei der Berechnung des Modells wird ermittelt, dass alle Faktorladungen über den geforderten 0,5 liegen. Abbildung 39 zeigt das Modell mit seinen fünf Faktoren und 15 Items sowie mit den entsprechenden Faktorladungen und Pfadkoeffizienten.

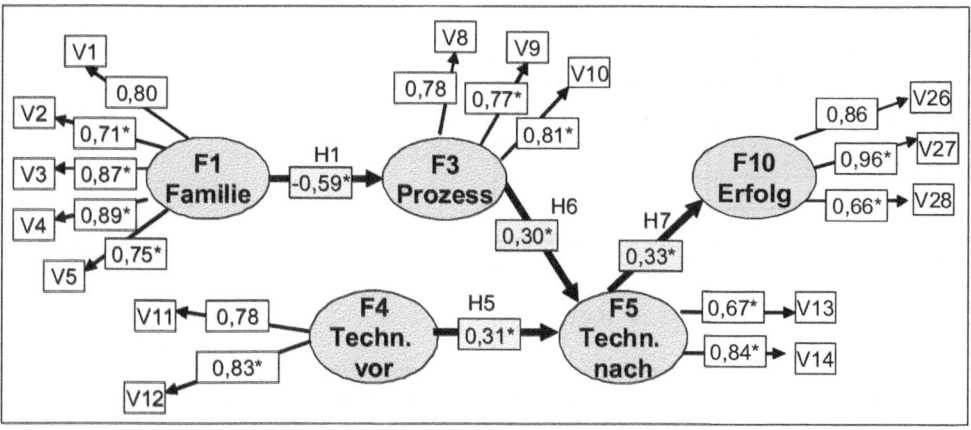

Abbildung 39: Modell zur Modernisierungsfalle

Zur Analyse der Modellgüte wird mit der Durchführung einer konfirmatorischen Faktoranalyse in AMOS begonnen. Alle Schwellenwerte der Indikator- und Konstruktreliabilität werden – wie in Tabelle 20 abgebildet – erfüllt. Es liegt eine DEV des Faktors F5 mit 0,48 leicht unter dem Schwellenwert, so dass an dieser Stelle erneut auf die bereits genannten Literaturquellen verwiesen wird.[810] Alle weiteren Werte der durchschnittlichen erklärten Varianzen liegen jedoch über 0,5, so dass bei allen anderen Konstrukten die Konvergenzvalidität gegeben ist. Ein Vergleich der durchschnittlich erklärten Varianz mit den quadrierten Faktorkorrelationen wie rechts durchgeführt, zeigt weiterhin, dass das Fornell-Larcker-Kriterium für das Teilmodell erfüllt ist und somit die Diskriminanzvalidität als gegeben betrachtet werden kann.

---

[810] Vgl. Homburg (2000a), S. 93; McQuitty (1999). Auch andere Autoren verwenden Konstrukte in ihrem Strukturgleichungsmodell, bei denen die durchschnittlich erklärte Varianz nicht erfüllt ist, vgl. Nießing (2006), S. 143; Unterreitmeier (2004), S. 140.

	Indikator-reliabilität	Konstrukt-reliabilität	DEV	Fornell-Larcker-Kriterium	F1	F3	F4	F5	F10	DEV
Familie F1					F1	F3	F4	F5	F10	DEV
V 1	0,64			F1	1,00					0,53
V 2	0,50			F3	0,36	1,00				0,50
V 3	0,76	0,85	0,53	F4	0,02	0,07	1,00			0,53
V 4	0,79			F5	0,03	0,13	0,13	1,00		0,48
V 5	0,56			F10	0,01	0,01	0,03	0,12	1,00	0,60
Prozess F3				DEV	0,53	0,50	0,53	0,48	0,60	
V 8	0,61									
V 9	0,59	0,75	0,50							
V 10	0,64									
Techn. vor F4										
V 11	0,60	0,69	0,53							
V 12	0,70									
Techn. nach F5										
V 13	0,72	0,65	0,48							
V 14	0,46									
Erfolg F10										
V 26	0,76									
V 27	0,90	0,81	0,60							
V 28	0,44									

Tabelle 20: Reliabilitäts- und Validitätskriterien (2. Generation) des Modells zur Modernisierungsfalle

Es folgt die Analyse der Güte des eigentlichen Strukturgleichungsmodells und damit die Bestimmung des Gesamt-Modell-Fits. Dabei wird ersichtlich, dass sowohl inferenzstatistische, deskriptive (absolute) als auch inkrementelle Fit-Indizes durch das Modell erfüllt werden. Die nomologische Validität ist im Gesamtmodell erfüllt. Tabelle 21 zeigt die Fit-Indizes für das Modell zur Modernisierungsfalle.

Gütemaß	Schwellenwert
Chi-Quadrat-Wert (Cmin)	121,621
Freiheitsgrade (df)	86
Chi-Quadrat /Freiheitsgrade	1,414
Bollen Incremental Fit Index (IFI)	0,950 (sehr guter Wert)
Bentler-Bonett-Non-Normed-Fit-Index (NNFI) oder Tucker-Lewis-Index (TLI)	0,927 (sehr guter Wert)
Comparative Fit Index (CFI)	0,948 (sehr guter Wert)
Root Mean Square Error of Approximation (RMSEA)	0,062 (guter Wert)

Tabelle 21: Fit-Indizes des Modells zur Modernisierungsfalle

Des Weiteren gilt es, den Erklärungsgehalt des Modells zu überprüfen. Während die erklärte Varianz für F3 mit ca. 34,5 Prozent nahezu gleich geblieben ist, kann durch Hinzunahme des Faktors F4 oder „Techn. vor" der Erklärungsgehalt des Faktors „Techn. nach" auf 18,1 Prozent gesteigert werden. Somit stellt „Techn. vor" wie in Hypothese H5 angenommen eine relevante Ausgangssituation hinsichtlich Technologie und Wissen vor der Übergabe dar, die sich als solche signifikant auf den Faktor „Techn. nach" auswirkt. Der Faktor „Techn. vor" hat auf den Zielfaktor „Erfolg" kaum Auswirkungen, da er dessen erklärte Varianz von 11,3 auf 11 Prozent sogar leicht verringert. Damit wird deutlich, dass die Ausgangssituation hinsichtlich Technologie und Wissen in einem Unternehmen sich kaum auf den Post-Übergabeerfolg auswirkt. Viel bedeutsamer sind die Aktionen des Nachfolgers, der nach erfolgter Übergabe das Unternehmen maßgeblich beeinflusst und nach seinen Vorstellungen gestalten kann. Somit bleibt festzuhalten, dass der Faktor „Techn. vor" zwar zum Erklärungsgehalt des Faktors „Techn. nach", nicht jedoch zu dem des Faktors „Erfolg" beiträgt. Das Modell bestätigt zunächst die bereits im Rahmen der anderen beiden Modelle getesteten Hypothesen auf signifikantem und stark signifikantem Niveau: H1 (0,000), H6 (0,015) und H7 (0,011). Des Weiteren kann für die im Modell enthaltene Hypothese H5 ebenfalls ein signifikanter Zusammenhang bestätigt werden (0,035). Abschließend können erneut die Bedeutung des situativen Faktors der Unternehmenssituation hinsichtlich Technologie und Wissen sowie ihre Auswirkungen auf den Erklärungsgehalt der Zielvariable bestätigt werden. Es kann auch nachgewiesen werden, dass den Veränderungen der Unternehmenssituation durch den Nachfolger eine deutlich stärkere Bedeutung zukommt als der Ausgangssituation vor der Übergabe.

5.6.4.4 Überprüfung des Strukturbruchs Organisations- und Führungsstilfalle

Nachdem im vorherigen Abschnitt die Modernisierungsfalle einschließlich ihrer Auswirkungen auf den Unternehmenserfolg analysiert wurde, wird nachfolgend der zweite Strukturbruch, die „Führungsstil- und Organisationsfalle", näher betrachtet. Da bereits im neuen Basismodell festgestellt wurde, dass eine Verknüpfung des Ursprungsmodells nach Morris et al. (1997) hier nicht gegeben ist, wird zusätzlich der Faktor „Techn. nach" mit in das zu testende Modell eingefügt. Damit würde sich das Modell zur Führungsstil- und Organisationsfalle aus sechs Faktoren mit insgesamt 18 Items zusammensetzen. Anhand der explorativen Faktorenanalyse wurde nachgewiesen, dass die beiden Faktoren „Orga. Überg." sowie „Orga. Nachf." nicht trennscharf genug voneinander sind und somit die gleichzeitige Aufnahme beider Faktoren die Diskriminanzvalidität verletzen würde. Aus diesem Grund kann auch im Rahmen der Teilmodelle die Hypothese H9 nicht getestet werden, da diese die Auswirkung von „Orga. Überg." auf den Faktor „Orga. Nachf." analysieren soll. Deshalb werden die Konstrukte nacheinander in das Basismodell integriert und analysiert.

Das erste Teilmodell integriert die Unternehmenssituation hinsichtlich der Organisationsstruktur zum Zeitpunkt der Übergabe in das Basismodell. Die durchgeführte explorative Faktorenanalyse ermittelt die fünf Konstrukte, die jeweils einen Eigenwert von über 1 und eine maximale erklärte Varianz von 29,5 Prozent aufweisen.[811] Damit ist der Harman's Single Factor Test erfüllt, und ein Common Method Bias kann für dieses Modell ausgeschlossen werden. Das Modell umfasst fünf Konstrukte mit 16 Items. Daraus ergeben sich 136 beobachtete Werte und 36 freie Parameter, so dass das Modell mit 100 Freiheitsgraden überidentifiziert ist. Alle Faktoren sind über mindestens zwei Items erhoben und die Pfadkoeffizienten laufen in eine Richtung, so dass sowohl das Messmodell als auch das Strukturmodell die notwendige Bedingung zur Modellidentifikation erfüllen.

Abbildung 40 gibt einen Überblick über die integrierten Faktoren mit den zugeordneten Items und Pfadkoeffizienten. Dabei werden ausschließlich Faktorladungen über 0,5 ermittelt, so dass auch diese Bedingung erfüllt ist. Anhand des zugrunde liegenden Modells lassen sich die Hypothesen H1, H6 und H7, die bereits bestätigt wurden, überprüfen sowie die Hypothese H10 testen, die bisher noch nicht Gegenstand der Analyse war.

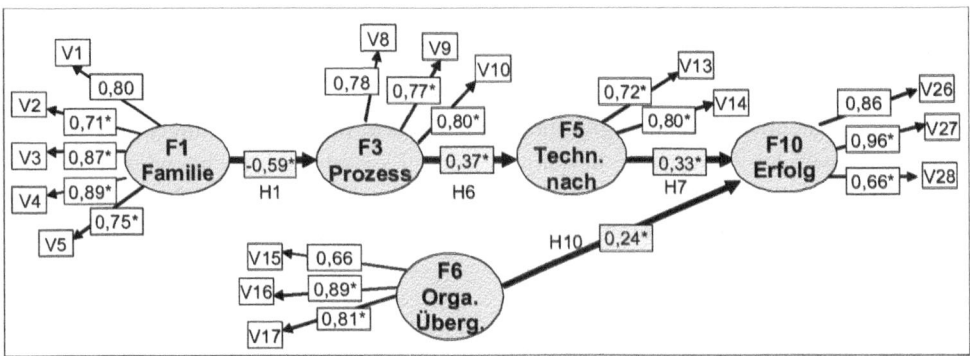

Abbildung 40: Teilmodell zur Führungsstil- und Organisationsfalle mit Faktor F6

Die durchgeführte konfirmatorische Faktorenanalyse in AMOS zeigt, dass alle Schwellenwerte der Indikator- und Konstruktreliabilität erfüllt werden. Die Ausnahme stellt die durchschnittlich erklärte Varianz des Faktors F5 dar, die mit 0,46 wieder leicht unter dem Schwellenwert liegt.[812] Die anderen Werte der durchschnittlich erklärten Varianzen liegen über 0,5, so dass bei allen anderen Konstrukten die Konvergenzvalidität gegeben ist. Ebenso zeigt der Vergleich der durchschnittlich erklärten Varianz mit den quadrierten Faktorkorrelationen, dass das Fornell-Larcker-Kriterium für das Teilmodell erfüllt ist und somit auch die Diskriminanzvalidität im Modell gegeben ist.

---

[811] Die Faktorenanalyse sowie die Tabelle zur erklärten Gesamtvarianz werden im Anhang 13 abgebildet.
[812] Vgl. dazu erneut Homburg (2000a), S. 93; McQuitty (1999).

	Indikator-reliabilität	Konstrukt-reliabilität	DEV	Fornell-Larcker-Kriterium						
Familie F1					F1	F3	F5	F6	F10	DEV
V1	0,64			F1	1,00					0,53
V2	0,51			F3	0,36	1,00				0,50
V3	0,76	0,85	0,54	F5	0,03	0,14	1,00			0,46
V4	0,79			F6	0,04	0,02	0,00	1,00		0,51
V5	0,56			F10	0,01	0,01	0,12	0,06	1,00	0,60
Prozess F3				DEV	0,53	0,50	0,46	0,51	0,60	
V8	0,61									
V9	0,59	0,75	0,50							
V10	0,64									
Techn. nach F5										
V13	0,63	0,63	0,46							
V14	0,52									
Orga. Überg. F6										
V15	0,44									
V16	0,78	0,75	0,51							
V17	0,65									
Erfolg F10										
V26	0,75									
V27	0,91	0,81	0,60							
V28	0,44									

Tabelle 22: Reliabilitäts- und Validitätskriterien (2. Generation) des Modells zur Organisationsfalle zum Zeitpunkt der Übergabe

Es folgt die Analyse des Gesamt-Modell-Fits, wobei sowohl inferenzstatistische, deskriptive (absolute) als auch inkrementelle Fit-Indizes für das Modell erfüllt werden. Tabelle 23 fasst die Fit-Indizes für das betrachtete Teilmodell zusammen, wobei der Modell-Fit insgesamt wesentlich besser ist als bei dem zuvor betrachteten Modell zur Modernisierungsfalle. Somit kann die nomologische Validität für dieses Teilmodell bestätigt werden.

Gütemaß	Schwellenwert
Chi-Quadrat-Wert (Cmin)	127,396
Freiheitsgrade (df)	100
Chi-Quadrat /Freiheitsgrade	1,274
Bollen Incremental Fit Index (IFI)	0,964 (sehr guter Wert)
Bentler-Bonett-Non-Normed-Fit-Index (NNFI) oder Tucker-Lewis-Index (TLI)	0,948 (sehr guter Wert)
Comparative Fit Index (CFI)	0,962 (sehr guter Wert)
Root Mean Square Error of Approximation (RMSEA)	0,050 (sehr guter Wert)

Tabelle 23: Fit-Indizes des Teilmodells zur Organisationsfalle zum Zeitpunkt der Übergabe

Die bereits getesteten Hypothesen H1, H6 und H7 können im Rahmen dieses Teilmodells mit stark signifikanten Zusammenhängen bestätigt werden (H1 = 0,000, H6 = 0,004 und H7 = 0,009). Die Hypothese H10 kann für dieses Teilmodell mit einem stark signifikanten Zusammenhang bestätigt werden (H10= 0,049). Es besteht demnach der in der Hypothese 10 angenommene Einfluss des Dezentralisierungsgrades zum Zeitpunkt der Übergabe auf den Post-Übergabeerfolg. Die Auswirkung des Faktors „Orga. Überg." und damit der Führungsstil- und Organisationsfalle auf den Erklärungsgehalt sind dabei erheblich. Die erklärte Varianz des Übergabeprozesses bleibt mit 34,4 Prozent gleich, ebenso die Varianz des Faktors „Techn. nach" mit 13,4 Prozent. Weiterhin beeinflusst der Dezentralisierungsgrad zum Zeitpunkt der Übergabe (Faktor „Orga. Überg.") den Zielfaktor „Erfolg" deutlich. Hier verbessert sich die erklärte Varianz auf 17,1 Prozent, so dass nahezu ein Fünftel des Post-Übergabeerfolgs auf diese vier Faktoren zurückzuführen ist.

Aufgrund der starken Verbesserung des Erklärungswertes lässt sich festhalten, dass die Integration der Betrachtung der Unternehmenssituation hinsichtlich des Humankapitals als Faktor der Modernisierungsfalle sowie die Organisationsstruktur des Übergebers als Aspekt der Führungsstil- und Organisationsfalle den Post-Übergabeerfolg wesentlich stärker beeinflussen, als es die Faktoren des ursprünglichen Modells nach Morris et al. (1997) vermögen.

Bei der Betrachtung des zweiten Teilmodells mit dem Faktor „Orga. Nachf." ergibt bereits die explorative Faktorenanalyse nur vier von fünf im Modell integrierte Faktoren. Nur vier der Faktoren weisen einen Eigenwert von über 1 auf.[813] Obwohl die erklärte Varianz nicht durch einen Faktor maßgeblich (> 50 Prozent) bestimmt wird, kann ein Common Method Bias an dieser Stelle nicht ausgeschlossen werden. Um die verbleibende Hypothese H11 zu testen, wird dennoch das weitere Modell betrachtet.

Das Modell verfügt über 120 beobachtete und 34 freie Parameter, so dass sich 86 Freiheitsgrade ergeben. Das Teilmodell ist somit ebenfalls überidentifiziert. Da sowohl alle enthaltenen Messmodelle durch mindestens zwei Indikatoren erhoben sind und die Pfadkoeffizienten der Strukturmodelle in dieselbe Richtung verlaufen, sind auch die hinreichenden Bedingungen der Modellidentifikation in diesem Fall erfüllt.

Das Modell ist dem zuvor beschriebenen Teilmodell sehr ähnlich, allerdings wird anstelle des Faktors „Orga. Überg." nun das Konstrukt „Orga. Nachf." betrachtet. Dieses wird durch zwei Items gemessen. Dementsprechend wird zusätzlich zu den Hypothesen H1, H6 und H7 in diesem Modell die Hypothese H11 getestet. Abbildung 41 stellt das Strukturgleichungsmodell mit seinen Faktorladungen und Pfadkoeffizienten dar.

---

[813] Die Faktorenanalyse sowie die Tabelle zur erklärten Gesamtvarianz werden im Anhang 14 abgebildet.

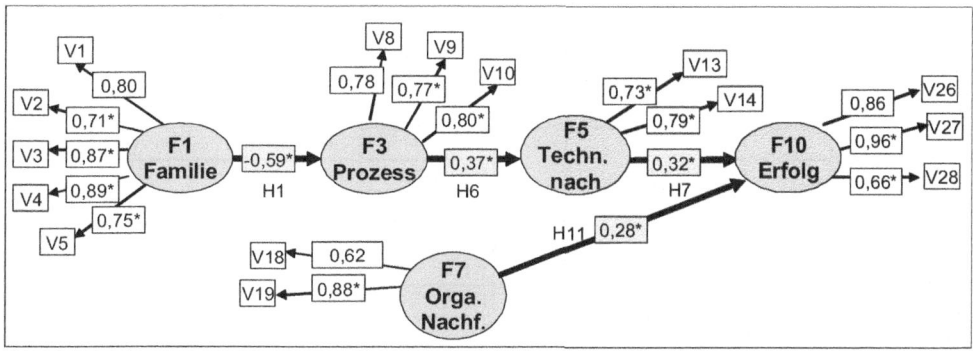

Abbildung 41: Teilmodell zur Führungsstil- und Organisationsfalle mit Faktor F7

Die in AMOS durchgeführte konfirmatorische Faktorenanalyse zeigt, dass alle Schwellenwerte der Konstruktreliabilität erfüllt werden. Bei der Indikatorreliabilität wird beim Faktor „Orga. Nachf." für den Indikator V18 ein Wert über 1,0 und bei Indikator V19 ein Wert unter 0,4 berechnet. Dies relativiert sich jedoch in der Berechnung des Sturkurgleichungsmodells, bei dem für V18 eine Squared Multiple Correlation von 0,772 und für V19 ein Wert von 0,385 berechnet werden. Dennoch muss auch dieser nicht erreichte Schwellenwert in der Gesamtmodellinterpretation berücksichtigt werden. Bei der DEV liegt erneut der Faktor F5 mit 0,47 leicht unter dem Schwellenwert.[814] Die anderen Werte der durchschnittlich erklärten Varianzen liegen über 0,5, so dass bei allen anderen Konstrukten die Konvergenzvalidität gegeben ist. Ebenso zeigt der Vergleich der durchschnittlich erklärten Varianz mit den quadrierten Faktorkorrelationen erneut, dass das Fornell-Larcker-Kriterium auch für dieses Teilmodell erfüllt ist und somit eine Diskriminanzvalidität im Modell gegeben ist.

---

[814] Vgl. dazu erneut Homburg (2000a), S. 93; McQuitty (1999).

	Indikator-reliabilität	Konstrukt-reliabilität	DEV	Fornell-Larcker-Kriterium	F1	F3	F5	F7	F10	DEV
Familie F1										
V1	0,63			F1	1,00					0,54
V2	0,50			F3	0,36	1,00				0,50
V3	0,77	0,85	0,54	F5	0,03	0,14	1,00			0,47
V4	0,80			F7	0,12	0,01	0,01	1,00		0,65
V5	0,55			F10	0,00	0,01	0,12	0,03	1,00	0,60
Prozess F3				DEV	0,54	0,50	0,47	0,65	0,60	
V8	0,60									
V9	0,59	0,75	0,50							
V10	0,65									
Techn. nach F5										
V13	0,67	0,64	0,47							
V14	0,49									
Orga. Nachf. F7										
V18	1,08	0,64	0,65							
V19	0,28									
Erfolg F10										
V26	0,75									
V27	0,91	0,81	0,60							
V28	0,44									

Tabelle 24: Reliabilitäts- und Validitätskriterien (2. Generation) des Modells zur Organisationsfalle zum heutigen Zeitpunkt

Es folgt die Analyse des Gesamt-Modell-Fits für dieses Teilmodell der Organisations- und Führungsstilfalle, wobei über alle Fit-Indizes ein leicht schwächeres Ergebnis erzielt wird als bei dem vorherigen Teilmodell zu diesem Strukturbruch. Dennoch werden erneut sowohl inferenzstatistische, deskriptive (absolute) als auch inkrementelle Fit-Indizes für dieses zweite Teilmodell erfüllt. Auch kann in diesem Modell von einer hinreichend nomologischen Validität ausgegangen werden. Tabelle 25 fasst die Fit-Indizes für das zweite Teilmodell zu diesem Strukturbruch zusammen.

Gütemaß	Schwellenwert
Chi-Quadrat-Wert (Cmin)	122,701
Freiheitsgrade (df)	86
Chi-Quadrat /Freiheitsgrade	1,427
Bollen Incremental Fit Index (IFI)	0,948 (sehr guter Wert)
Bentler-Bonett-Non-Normed-Fit-Index (NNFI) oder Tucker-Lewis-Index (TLI)	0,924 (sehr guter Wert)
Comparative Fit Index (CFI)	0,945 (guter Wert)
Root Mean Square Error of Approximation (RMSEA)	0,063 (guter Wert)

Tabelle 25: Fit-Indizes des Teilmodells zur Organisationsfalle zum heutigen Zeitpunkt

Alle Hypothesen weisen einen stark signifikanten bis signifikanten Zusammenhang auf.[815] Dies gilt auch für die im Rahmen des Modells zum ersten Mal getestete Hypothese H11, welche den Einfluss des Dezentralisierungsgrads heute auf den Post-Nachfolgeerfolg abbildet. Die Auswirkung des Faktors „Orga. Nachf." auf den Erklärungsgehalt ist dabei noch stärker als beim Faktor „Orga. Überg.". Die erklärte Varianz des Übergabeprozesses bleibt mit 34,4 Prozent unverändert und die erklärte Varianz des Faktors „Techn. nach" mit 13,7 Prozent steigt leicht an. Weiterhin beeinflusst der Dezentralisierungsgrad zum heutigen Zeitpunkt den Zielfaktor „Erfolg" deutlich. Hier verbessert sich die erklärte Varianz um 1 Prozent auf 18,4 Prozent im Vergleich zum Teilmodell mit dem Faktor „Orga. Überg.". Damit zeigt sich, dass ähnlich wie bei der Modernisierungsfalle die Handlungen und Entscheidungen des Nachfolgers nach erfolgter Übernahme eine größere Bedeutung für den Post-Übergabeerfolg haben als die durch den Übergeber geschaffene Ausgangssituation. Damit ist der Nachfolger in der Lage, die sich ihm bietende Ausgangssituation zu verändern, so dass seine Fähigkeiten als relevanter für einen Übergabeprozess eingestuft werden können als Faktoren der Unternehmenssituation zum Zeitpunkt der Übergabe. Aufgrund der nicht erreichten Bildung von fünf Faktoren bei der explorativen Faktorenanalyse ist die Aussagekraft des Modells allerdings kritisch zu hinterfragen. Die Bedeutung der Führungsstil- und Organisationsfalle für den Post-Übergabeerfolg kann jedoch in beiden Teilmodellen deutlich bewiesen werden.

5.6.4.5 Überprüfung des Strukturbruchs Marktfalle

Nachfolgend wird der dritte Strukturbruch, die „Marktfalle", näher untersucht. Der letzte zu überprüfende Strukturbruch, der mittels Faktoren in das Gesamtmodell eingefügt wird, ist die Marktfalle. Auch im Falle dieses Modells wurde die Modifikation des neuen Basismodells und somit der Faktor „Techn. nach" integriert, so dass dieses Modell sechs Faktoren umfasst, die durch 19 Items gemessen werden. Die explorative Faktorenanalyse spaltet die Faktoren in fünf Konstrukte auf, wobei ein sechstes Konstrukt einen Eigenwert von genau 1,0 aufweist. Damit liegt das Modell hinsichtlich des Common Method Bias genau am notwendigen Schwellenwert. Der Höchstwert der erklärten Varianz liegt dabei bei 29,7 Prozent und somit unter dem Schwellenwert von 50 Prozent.[816]

Nach der t-Regel ergeben sich für das Modell 190 beobachtete Parameter und 44 freie Parameter. Mit 146 Freiheitsgraden ist somit auch dieses Modell überidentifiziert. Auch die hinreichenden Bedingungen, dass jeder Faktor durch mindestens zwei Items gemessen werden soll und dass die Pfadkoeffizienten keine Schleifen bilden, ist erfüllt. Somit ist das Modell überidentifiziert.

Abbildung 42 stellt die sechs Faktoren des Modells mit ihren zugeordneten Items und

---

[815] Die genauen Werte der Hypothesentests im Detail: H1 = 0,000, H6 = 0,004, H7 = 0,011 und H11 = 0,028.
[816] Die Faktorenanalyse sowie die Tabelle zur erklärten Gesamtvarianz werden im Anhang 11 abgebildet.

den jeweiligen Faktorladungen dar. Es kann festgehalten werden, dass alle Faktorladungen des Modells über dem geforderten Wert von 0,5 liegen.

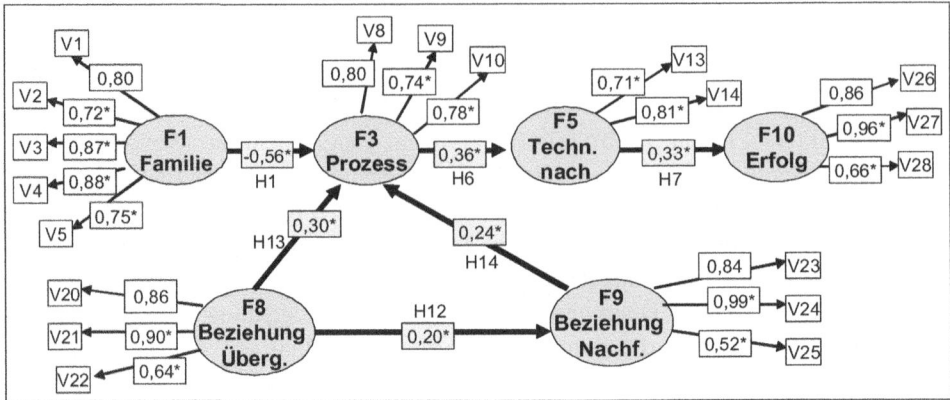

Abbildung 42: Modell zur Marktfalle

Die in AMOS durchgeführte konfirmatorische Faktoranalyse weist zunächst für alle Konstrukte eine hinreichende Konstruktreliabilität von mindestens 0,6 aus. Bei der Indikatorreliabilität weist V25 einen Wert von 0,27 und somit unter dem Schwellenwert von 0,4 auf. Bei allen anderen Indikatoren wird das Gütekriterium der Indikatorreliabilität jedoch erfüllt. Ebenso wird die Konvergenzvalidität von allen Konstrukten eingehalten, bis auf die Faktoren F5 mit einer durchschnittlich erklärten Varianz (DEV) von 0,46 und F3 mit einer DEV von 0,49.[817] Das Fornell-Larcker-Kriterium ist im Modell erfüllt, so dass auch die Diskriminanzvalidität (siehe Tabelle 26) bestätigt werden kann.

---

[817] Vgl. dazu erneut Homburg (2000a), S. 93; McQuitty (1999).

	Indikator-reliabilität	Konstrukt-reliabilität	DEV	Fornell-Larcker-Kriterium	F1	F3	F5	F8	F9	F10	DEV
Familie F1				F1	1,00						0,54
V1	0,65			F3	0,36	1,00					0,49
V2	0,51			F5	0,03	0,14	1,00				0,46
V3	0,75	0,85	0,53	F8	0,04	0,15	0,04	1,00			0,55
V4	0,78			F9	0,00	0,08	0,03	0,04	1,00		0,57
V5	0,56			F10	0,01	0,01	0,12	0,00	0,01	1,00	0,60
Prozess F3				DEV	0,53	0,49	0,46	0,55	0,57	0,60	
V8	0,65										
V9	0,56	0,74	0,49								
V10	0,61										
Techn. nach F5											
V13	0,65	0,64	0,46								
V14	0,50										
Bez. Überg. F8											
V20	0,72										
V21	0,83	0,78	0,55								
V22	0,41										
Bez. Nachf. F9											
V23	0,70										
V24	0,98	0,79	0,57								
V25	0,27										
Erfolg F10											
V26	0,74										
V27	0,92	0,81	0,60								
V28	0,43										

Tabelle 26: Reliabilitäts- und Validitätskriterien (2. Generation) des Modells zur Markt-falle

Die Gütekriterien des Modells sind leicht schlechter als bei der Führungsstil- und Organisationsfalle. Es weisen jedoch sowohl absolute Fit-Indizes wie der RMSEA mit 0,064 als auch die inkrementellen Gütekriterien wie das Verhältnis von Chi-Quadrat-Wert zu den Freiheitsgraden, der CFI sowie der NNFI, gute Werte auf. Somit ist die hinreichende nomologische Validität dieses Teilmodells nachgewiesen.

Gütemaß	Schwellenwert
Chi-Quadrat-Wert (Cmin)	210,596
Freiheitsgrade (df)	146
Chi-Quadrat /Freiheitsgrade	1,442
Bollen Incremental Fit Index (IFI)	0,935 (sehr guter Wert)
Bentler-Bonett-Non-Normed-Fit-Index (NNFI) oder Tucker-Lewis-Index (TLI)	0,912 (sehr guter Wert)
Comparative Fit Index (CFI)	0,932 (guter Wert)
Root Mean Square Error of Approximation (RMSEA)	0,064 (guter Wert)

Tabelle 27: Gütekriterien des Modells zur Marktfalle

Im Teilmodell werden erneut die Hypothesen H1 (0,000), H6 (0,003) sowie H7 (0,010) bestätigt. Ebenso können die in diesem Modell neu integrierten Hypothesen H13 (0,008) sowie H14 (0,026) mit signifikanten bis stark signifikanten Zusammenhängen bestätigt werden. Die Hypothese H12 konnte jedoch im Rahmen dieses Modells nur mit einem schwachen Zusammenhang bestätigt werden (0,080). Die formulierten Hypothesen konnten demnach alle im Rahmen des Teilmodells bestätigt werden.

Während die Hinzunahme der beiden Faktoren „Bez. Überg." und „Bez. Nachf." die erklärte Varianz des Faktors „Prozess" um von ca. 12 auf 46,3 Prozent verbessert, wirken sie sich sowohl auf die erklärte Varianz des Faktors „Techn. nach" (13,2 Prozent) als auch des Zielfaktors „Erfolg" (11,1 Prozent) leicht negativ aus. Der Faktor F9 wird innerhalb des Modells jedoch kaum erklärt (3,8 Prozent). Damit bleibt festzuhalten, dass die Beziehungsgüte beider Zielgruppen sich deutlich auf den empfundenen Übergabeprozess, jedoch nicht direkt auf den Nachfolgeerfolg selbst, auswirkt. Des Weiteren kann konstatiert werden, dass sich die Beziehungsgüte des Übergebers etwas stärker auf den Übergabeprozess auswirkt als die des Nachfolgers.

5.6.4.6 Integration des Ausbildungsfaktors in das Modell

Die beiden noch zu überprüfenden Hypothesen sind H3 und H15, welche die Auswirkung des Ausbildungsfaktors[818] auf das Modell abbilden. Da sich die Ausbildung nach den gebildeten Hypothesen auch auf die Beziehungen des Nachfolgers auswirkt, wird neben dem neuen Basismodell auch der Faktor „Beziehung Nachf." in das Modell aufgenommen. Damit umfasst das zu testende Modell sechs Faktoren mit 18 Items. Somit ergeben sich 171 beobachtete und 42 freie Parameter. Mit 129 Freiheitsgraden ist das Modell erneut überidentifiziert. Die hinreichenden Bedingungen zur Identifikation des Modells, dass alle Faktoren durch mindestens zwei Items gemessen und die Pfadkoeffizienten in eine Richtung verlaufen, werden dabei von dem zugrunde liegenden Modell ebenfalls erfüllt. Die durchgeführte explorative Faktorenanalyse des Modells spaltet genau auf die sechs Faktoren des Modells auf, wobei die höchste erklärte Varianz bei 28,7 Prozent liegt und somit keine Dominanz eines Faktors besteht. Damit weist der Harman's Single Factor Test nach, dass bei diesem Modell ein Common Method Bias ausgeschlossen werden kann. [819]

Abbildung 43 zeigt das berechnete Modell mit seinen sechs Faktoren sowie den zugehörigen 18 Items mit Faktorladungen, die alle über 0,5 liegen. Bei der Betrachtung der Pfadkoeffizienten fällt der geringe Einfluss auf, den der Ausbildungsfaktor auf den Übergabeprozess nach Morris et al. (1997) ausübt.

---

[818] Der Faktor „Ausbildung" wird im Rahmen dieser Studie nur mithilfe von zwei Items gemessen, damit ist der Faktor für sich allein betrachtet statistisch nicht identifiziert, vgl. Long (1983).

[819] Die Faktorenanalyse sowie die Tabelle zur erklärten Gesamtvarianz werden im Anhang 15 abgebildet.

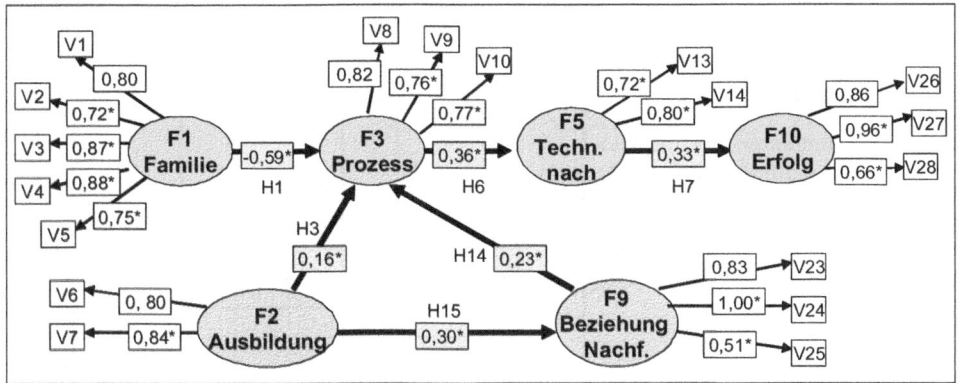

Abbildung 43: Basismodell mit Ausbildungsfaktor

Da neben dem geringen Pfadkoeffizienten bei der Hypothese H3 auch kein signifikanter Zusammenhang ermittelt werden kann (das ermittelte Signifikanzniveau ist nicht kleiner als 0,1), muss Hypothese H3 im Rahmen dieser Studie abgelehnt werden, und das Teilmodell wird modifiziert. Das neue Teilmodell weist einen Freiheitsgrad mehr auf (df = 130). Bei der explorativen Faktorenanalyse treten an dieser Stelle keine Änderungen auf, da nur das Strukturmodell angepasst wird. Abbildung 44 stellt das modifizierte Ausbildungsmodell mit seinen Pfadkoeffizienten und Faktorladungen dar.

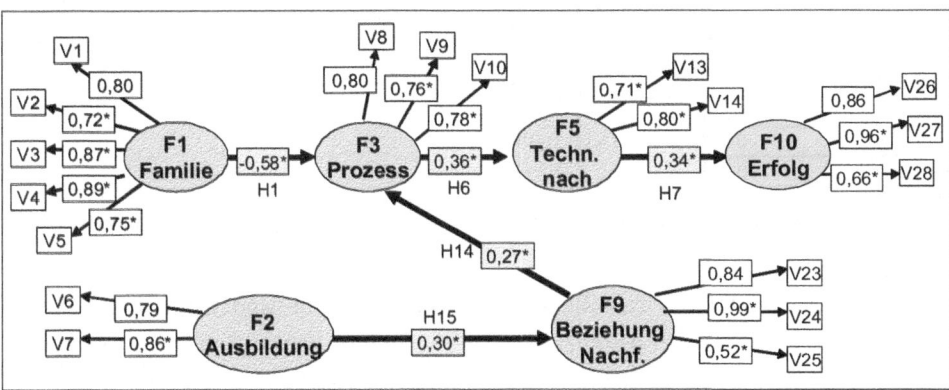

Abbildung 44: Basismodell mit Ausbildungsfaktor modifiziert

Die in AMOS durchgeführte konfirmatorische Faktorenanalyse bestätigt allen im Modell enthaltenen Konstrukten die notwendige Konstruktreliabilität. Bei der Indikatorreliabilität liegt nur Item V25 des Faktors „Bez. Nachf." unter dem geforderten Schwellenwert von 0,4. Bei der Konvergenzvalidität liegen die beiden Faktoren „Prozess" und Techn. nach" knapp unter dem notwendigen Wert von 0,5. An dieser Stelle wird erneut darauf hingewiesen, dass der Gesamt-Modell-Fit und die theoretische Herleitung der Konstrukte entscheidend sind, so dass einzelne Ausreißer aus methodischer Sicht vertretbar sind.[820] Die nachfolgende Tabelle 28 verdeutlicht die Ergebnisse.

	Indikator-reliabilität	Konstrukt-reliabilität	DEV
Familie F1			
V1	0,64		
V2	0,51		
V3	0,76	0,85	0,54
V4	0,79		
V5	0,56		
Ausbildung F2			
V6	0,60	0,72	0,57
V7	0,77		
Prozess F3			
V8	0,68		
V9	0,56	0,74	0,49
V10	0,59		
Techn nach. F5			
V13	0,73	0,65	0,48
V14	0,45		
Bez. Nachf. F9			
V23	0,68		
V24	1,00	0,78	0,57
V25	0,25		
Erfolg F10			
V26	0,76		
V27	0,89	0,81	0,60
V28	0,44		

Fornell-Larcker-Kriterium	F1	F2	F3	F5	F9	F10	DEV
F1	1,00						0,54
F2	0,00	1,00					0,57
F3	0,37	0,05	1,00				0,49
F5	0,03	0,01	0,12	1,00			0,48
F9	0,00	0,08	0,09	0,03	1,00		0,57
F10	0,01	0,04	0,01	0,11	0,02	1,00	0,60
DEV	0,54	0,57	0,49	0,48	0,57	0,60	

Tabelle 28: Reliabilitäts- und Validitätskriterien (2. Generation) des modifizierten Ausbildungsmodells

Abschließend wird für das Ausbildungsmodell der Gesamt-Modell-Fit in Tabelle 29 betrachtet, wobei über alle Fit-Indizes ein vergleichbares Ergebnis mit dem vorherigen Teilmodell erzielt wird. Auch in diesem Modell werden sowohl inferenzstatistische, deskriptive (absolute) als auch inkrementelle Fit-Indizes erfüllt. Dennoch kann auch in diesem Modell von einer hinreichenden nomologischen Validität ausgegangen werden.

---

[820] Vgl. dazu erneut Homburg (2000a), S. 93; McQuitty (1999).

Gütemaß	Schwellenwert
Chi-Quadrat-Wert (Cmin)	180,661
Freiheitsgrade (df)	130
Chi-Quadrat /Freiheitsgrade	1,390
Bollen Incremental Fit Index (IFI)	0,945 (sehr guter Wert)
Bentler-Bonett-Non-Normed-Fit-Index (NNFI) oder Tucker-Lewis-Index (TLI)	0,924 (sehr guter Wert)
Comparative Fit Index (CFI)	0,942 (guter Wert)
Root Mean Square Error of Approximation (RMSEA)	0,060 (guter Wert)

Tabelle 29: Fit-Indizes des modifizierten Ausbildungsmodells

Alle Hypothesen weisen einen stark signifikanten bis signifikanten Zusammenhang auf,[821] darunter auch die im Rahmen dieses Modells zum ersten Mal getestete Hypothese H15, welche den Einfluss der Ausbildung des Nachfolgers auf die Beziehungsgüte des Nachfolgers zu Schlüsselkunden, Kunden und Lieferanten abbildet. Die Auswirkung des Ausbildungsfaktors auf den Erklärungsgehalt der Beziehungsgüte des Nachfolgers liegt bei 9 Prozent und fällt somit relativ gering aus. Dabei muss jedoch berücksichtigt werden, dass die Ausbildung im zugrunde liegenden Strukturgleichungsmodell nur über die Jahre der allgemeinen und beruflichen Ausbildung gemessen wird. Ausbildung und Beziehungsgüte des Nachfolgers erhöhen dabei die erklärte Varianz des Faktors „Prozess" um 7 Prozent auf 41,5 Prozent. Nahezu unverändert bleiben jedoch die erklärte Varianz des Faktors „Techn. nach" mit 13,3 Prozent sowie des Zielfaktors „Erfolg" mit 11,2 Prozent.

5.6.4.7 Zusammenfassung der Erkenntnisse der verschiedenen Teilmodelle

Nachdem alle Strukturbrüche und der Ausbildungsfaktor separat in das neue Basismodell eingefügt wurden, werden die gewonnenen Erkenntnisse zusammengefasst. Von den insgesamt 15 aufgestellten Hypothesen wurden 13 empirisch getestet. Davon können zehn Hypothesen in den verschiedenen Teilmodellen signifikant bestätigt werden. Bei den widerlegten Hypothesen handelt es sich zum einen um den Einfluss des Faktors „Ausbildung" auf den „Prozess" und um den Einfluss des Faktors „Prozess" auf den „Erfolg". Beide Hypothesen entstammen dem zugrunde gelegten Modell nach Morris et al. (1997) und können im Rahmen dieser Erhebung nicht bestätigt werden. Zum anderen konnte der Einfluss des Faktors „Orga. Überg." auf den Dezentralisierungsgrad des Nachfolgers „Orga. Nachf." aufgrund zu geringer Diskriminanzvalidität nicht überprüft werden. An dieser Stelle bedarf es weiterer empirischer Studien, welche die entsprechenden Messmodelle gegebenenfalls überarbeiten und besser voneinander abgrenzen. Die zehn bestätigten Hypothesen zeigen jedoch, dass die Herleitung

---

[821] Die genauen Werte der Hypothesentests im Detail: H1 = 0,000, H6 = 0,003, H7 = 0,010, H14 = 0,006 sowie H15 = 0,010.

basierend auf dem Erfolgsfaktorenmodell nach Morris et al. (1997) sowie den Strukturbrüchen nach Letmathe und Hill (2006) zweckdienlich ist.

Der Faktor „Techn. nach" stellt sich in dieser Studie als entscheidender Faktor für die Integration der Strukturbrüche in das Modell von Morris et al. (1997) heraus. Des Weiteren beeinflusst er den Zielfaktor „Erfolg" stark und wirkt sich somit erheblich auf den Erklärungsgehalt des Modells aus. Zudem kann eine starke Auswirkung der Faktoren „Orga. Überg." und „Orga. Nachf." auf den Übergabeerfolg nachgewiesen werden. Weniger stark sind die Auswirkungen der Faktoren „Familie" und „Prozess" nach Morris et al. (1997), die einzeln nur zu einem Erklärungswert von ca. 1 Prozent beim Übergabeerfolg führen. Ebenfalls geringe Auswirkungen werden für die Faktoren des Strukturbruchs der Marktfalle sowie den Ausbildungsfaktor ermittelt. Bezüglich des Ausbildungsfaktors, der im Rahmen dieser Arbeit eine große Bedeutung hat, muss festgehalten werden, dass eine Überarbeitung der Items des Faktors sinnvoll erscheint. Dabei sollte eine inhaltliche Anpassung der Items angestrebt werden, da der in dieser Arbeit aufgestellte Faktor lediglich die Anzahl der Jahre der allgemeinen schulischen sowie die Jahre der beruflichen Bildung abbildet. Dadurch kann keine Aussage bezüglich der Qualität der Ausbildung getroffen werden. Insgesamt kann aber festgehalten werden, dass durch die Hinzunahme von Faktoren zur Unternehmenssituation, vor allem durch Betrachtung der Modernisierungs- und Organisations- sowie Führungsstilfalle, der Erklärungsgehalt des Zielfaktors „Erfolg" von 1 auf über 18 Prozent in den verschiedenen Teilmodellen verbessert werden kann. Insgesamt wurde anhand der Strukturbrüche ermittelt, dass vor allem die Entscheidungen und Aktionen des Nachfolgers einen wesentlichen Einfluss auf den Post-Übergabeerfolg haben. Die Ausgangssituation spielt in den getesteten Modellen somit nur eine untergeordnete Rolle. Dies wiederum macht eine intensive Vorbereitung des Nachfolgers auf eine geplante Unternehmensnachfolge umso wichtiger. Durch die Überprüfung der Konstrukte im Rahmen einer empirischen Studie mit größerem Stichprobenumfang sollten auch die Konzeption eines komplexeren Gesamtmodells und eine weitere Verbesserung der Aussagekraft möglich sein.

6 Gegenüberstellung und Interpretation der beiden Studien

6.1 Vergleich der Existenzgründer- und Nachfolgerstudie

Die große Anzahl von ca. 70.000 Familienunternehmen, die jährlich in den kommenden Jahren übergeben werden müssen, zeigt den hohen Bedarf an Unternehmensnachfolgern.[822] Alternativen sind sowohl die familieninterne Nachfolge als auch die Weitergabe an familienexterne Nachfolger.[823] In der Literatur wird zudem ein Trend beschrieben, der auf der einen Seite einen Rückgang der familieninternen Lösungen und auf der anderen Seite eine Zunahme der familienexternen Nachfolgelösungen anzeigt.[824] Weiterhin konstatieren Kay und Schlömer (2009) u. a. aufgrund des demografischen Wandels eine Nachfolgerlücke für die Zukunft.[825] Um den Nachfolgermangel zu beheben, schlagen Wissenschaftler die Gewinnung von potenziellen Neugründern für Unternehmensübernahmen vor.[826] Ob eine Kompensation des Nachfolgerbedarfs durch Gründungsinteressierte möglich ist und diese die für eine Nachfolge erforderlichen Anforderungen mitbringen, wird in der Literatur bisher kaum analysiert.[827] Ein empirischer Vergleich zwischen Gründern und Nachfolgern wird nur vereinzelt durchgeführt, und es fehlt eine entsprechende Ableitung von Implikationen für die Entrepreneurship Education dahingehend, ob eine gemeinsame oder differenzierte Ausbildung von Gründern und Nachfolgern erfolgen sollte. In diesem Abschnitt wird zunächst ein Überblick über die Forschungsarbeiten gegeben, welche Gründer und Nachfolger vergleichend gegenüberstellen, bevor ein Vergleich der eigenen durchgeführten empirischen Studien erfolgt.

Einige empirische Studien befassen sich mit dem Zusammenhang von Nachfolge und Unternehmensperformance und umfassen teilweise auch einen Vergleich von Gründern und Nachfolgern. Dabei weisen einige Studien auf einen positiven Zusammenhang zwischen dem Vorhandensein eines Übergebers, der häufig selbst der Gründergeneration des Unternehmens angehört, im Verlauf des Nachfolgeprozesses und der Unternehmensperformance nach.[828] Weiterhin werden Vergleiche zwischen den verschiedenen Generationen in einem Familienunternehmen durchgeführt, wobei die erste Generation in einem Familienunternehmen mit einem Existenzgründer gleichzusetzen

---

[822] Vgl. Freund (2004).

[823] Vgl. Freund/Kayser (2007).

[824] Vgl. Kay/Schlömer (2009), S. 55, sowie Pérez-Gonzáles (2006).

[825] Vgl. Kay/Schlömer (2009), S. 55; Baumann et al. (2003), S. 44, sowie Gavac et al. (2000).

[826] Vgl. Kay/Schlömer (2009); Freund/Kayser (2007); Kerkhoff/Ballarini/Keese (2004).

[827] Vgl. Kay/Schlömer (2009), S. 56, sowie Parker/Praag (2006), S. 3.

[828] Vgl. Barontini/Caprio (2006), S. 690; Anderson/Reeb (2003), S. 1303.

© Springer Fachmedien Wiesbaden GmbH, ein Teil von Springer Nature 2011
N. Uebe-Emden, *Entrepreneurship Education an Hochschulen für Gründer und Nachfolger*,
Edition KWV, https://doi.org/10.1007/978-3-658-24358-6_6

ist.[829] Des Weiteren existiert eine Studie über eine Differenzierung zwischen erstmaligen und wiederholten Existenzgründern, bei der jedoch kaum statistisch signifikante Unterschiede ermittelt werden konnten.[830] Alle Forschungsarbeiten betrachten fast ausschließlich Familienunternehmen und geben zumeist über Unternehmenscharakteristika sowie den Familieneinfluss Auskunft, können aber nicht nachweisen, ob von Nachfolgern und Gründern unterschiedliche Anforderungen erfüllt werden müssen.

Zwei weitere Forschungsarbeiten analysieren die Charaktereigenschaften von potenziellen Nachfolgern und Gründern. Parker und Praag (2006) beschäftigen sich damit, welche individuellen und unternehmensspezifischen Faktoren die Entscheidung einer Person beeinflussen, ob als Eintritt in die Selbstständigkeit eine Gründung oder eine Übernahme angestrebt wird. Während empirisch belegt werden kann, dass ein unternehmerischer Familienhintergrund (Eltern waren/sind selbstständig), benötigtes Startkapital und bestehende Risiken die Wahrscheinlichkeit für eine Unternehmensnachfolge erhöhen, bescheinigen Parker und Praag auch der Ausbildung der Kandidaten einen positiven Einfluss auf die Entscheidung zur Gründung eines Unternehmens.[831] Sie fordern, dass sowohl politische Entscheidungsträger als auch die Bildungsinstitutionen die Unterschiede zwischen beiden Gruppen weiter erforschen und in Form von verschiedenen Bildungs- und Förderangeboten berücksichtigen.[832] Hinweise darauf, wie eine gründungs- oder nachfolgespezifische Unternehmerausbildung aussehen könnte, werden von den Autoren jedoch nicht gegeben. Auch Kay und Schlömer (2009) untersuchen die Charakteristika von potenziellen Gründern und Nachfolgern. Sie weisen nach, dass angehende Unternehmensnachfolger häufiger als Unternehmensgründer über eine erfolgreich abgelegte Meisterprüfung sowie über mehr Branchenerfahrung verfügen. Zudem sind die potenziellen Nachfolger häufiger als die Gründer voll erwerbstätig, weisen eine stärkere Gewinnorientierung auf und berücksichtigen seltener eine drohende Arbeitslosigkeit als Motiv für die Selbstständigkeit. Letztlich führt das Vorhandensein einer Geschäftsidee öfter zu einer Gründung statt zu einer Übernahme. Dabei beschränken sich die Aussagen des Beitrags jedoch auf die Analyse der Charakteristika in der Vorgründungsphase.[833] Kay und Schlömer (2009) folgern, dass poten-

---

[829] Vgl. Davis/Harveston (2001), S. 27. Diese weisen nach, dass sich der Familieneinfluss auf das Unternehmen mit jeder Familiengeneration steigert. McConaughy/Phillips (1999), S. 126f., zeigen, dass Unternehmen der Folgegeneration erfolgreicher sind, da sie bereits länger am Markt bestehen und da die Mitarbeiter in Familienunternehmen der Folgegeneration signifikant profitabler arbeiten. Erwartungsgemäß sind auch die Wachstumsraten in der Gründergeneration größer. Aronoff (1998), S. 183, weist darauf hin, dass Folgegenerationen sich häufig durch ein professionelleres Management auszeichnen, was eine verbesserte Ausbildungssituation sowie erfolgreiche Berufserfahrungen mit einschließt. Bestehende Unterschiede zwischen dem Gründer eines Familienunternehmens und seinen familieninternen Nachfolgern werden auch von Beckhard/Dyer (1983), S. 5f., beschrieben. Eine weitere empirische Studie über Generationenvergleiche führen Sonfield/Lussier (2004), S. 198, durch. Sie können einige der zuvor beschriebenen Ergebnisse in ihrer Studie nicht nachweisen. Der einzige signifikante Unterschied zwischen der Gründergeneration und den Folgegenerationen besteht darin, dass Letztere häufig Nachfolgepläne anfertigen.
[830] Vgl. Huovinen/Tihula (2008), S. 58.
[831] Vgl. Parker/Praag (2006), S. 29.
[832] Vgl. Parker/Praag (2006), S. 29.
[833] Vgl. Kay/Schlömer (2009), S. 57ff., und S. 67.

zielle Unternehmensgründer auch als Nachfolger geeignet sind, da keine signifikanten Unterschiede bezüglich der Bildungsabschlüsse und Motive für die Selbstständigkeit ermittelt werden.[834] Die nachfolgende Analyse der eigenen Studien gibt Aufschluss darüber, ob Unterschiede zwischen den beiden Zielgruppen bestehen und inwiefern diese im Rahmen einer Entrepreneurship Education berücksichtigt werden sollten.

Die Relevanz der Differenzierung von Gründern und Nachfolgern im Rahmen der Entrepreneurship Education wird in einer Studie von Felden (2007) zur Qualifikation von Gründern und Nachfolgern eruiert. Dabei befragte Felden (2007) allerdings nicht die Gründer und Nachfolger selbst, sondern Multiplikatoren aus gründungs- und nachfolgefördernden Institutionen. Die Kernergebnisse dieser Studie zeigen einen hohen Bedarf an einer betriebswirtschaftlichen Grundausbildung für beide Gruppen sowie einen bestehenden Mangel an Kenntnissen hinsichtlich Finanzierungsfragen bei Unternehmensnachfolgern.[835] Die in der Studie befragten Multiplikatoren gaben weiterhin an, selten auf Gründer oder Nachfolger spezialisierte Bildungsangebote zu kennen, so dass ein erhöhter Informationsbedarf bei Bildungsanbietern abgeleitet wurde.[836] Des Weiteren konstatiert Felden (2007) eine bestehende Lücke für Gründer und Nachfolger im Bereich der Entrepreneurship Education an Hochschulen.[837] Weiterer Forschungsbedarf, insbesondere hinsichtlich der Ausbildung im Rahmen der Gründungs- und Nachfolgeforschung, wird auch in diesem Beitrag bestätigt.[838]

Um erste Erkenntnisse hinsichtlich dieser mehrfach in der Literatur angesprochenen Forschungslücke zu gewinnen, werden die Ergebnisse beider Studien – Existenzgründer- und Unternehmensnachfolgestudie – nachfolgend vergleichend gegenübergestellt. Dabei werden die Ergebnisse der beiden Studien sowohl auf Gemeinsamkeiten als auch auf Unterschiede hinsichtlich der Motivation zur Selbstständigkeit sowie der Beurteilung von Lehrformen und -inhalten im Rahmen einer Entrepreneurship Education untersucht. Des Weiteren werden die in Abschnitt 3.7 aufgestellten Hypothesen für beide Studien überprüft.

Ein signifikanter Unterschied, der sich auch in der Literatur bestätigen lässt, wird bei der Qualifizierung der Befragten ermittelt. Danach haben deutlich mehr Nachfolger als Gründer (Chi-Quadrat nach Pearson 4,010 und asymptotische Signifikanz von 0,045) studiert.[839] Bei einem Vergleich der Gründungs- bzw. Nachfolgemotive, die zur

---

[834] Vgl. Kay/Schlömer (2009), S. 67f.

[835] Vgl. Felden (2007), S. 3f.

[836] Vgl. Felden (2007), S. 3f. Als Multiplikatoren bezeichnet Felden im Rahmen ihrer Studie Institutionen, die als Kreditgeber, Berater oder Förderer von Gründungen und Nachfolgen tätig sind und somit über ein entsprechendes Expertenwissen verfügen.

[837] Vgl. Felden (2007), S. 20.

[838] Vgl. Felden (2007), S. 21.

[839] Auch von Seiten der befragten Multiplikatoren wird ein höheres Bildungsniveau der Nachfolger bestätigt, demnach verfügen 21,6 Prozent der Nachfolger und nur 14,8 Prozent der Gründer über einen Hochschulabschluss, vgl. Felden (2007), S. 7. In der Studie von Kay/Schlömer (2009), S. 58, kann eine ähnliche Tendenz eines höheren Bildungsniveaus für Nachfolger schwach signifikant für das erfolgreiche Bestehen der Meisterprüfung ermittelt werden.

Selbstständigkeit geführt haben, sind die Prozentwerte stark unterschiedlich, die Reihenfolge, in der die einzelnen Items ihrer Häufigkeit nach abgebildet werden, erlaubt erste Vermutungen.[840] Wie Tabelle 30 darstellt, steht bei beiden Gruppen der Wunsch nach Selbstständigkeit als Gründungs- bzw. Nachfolgemotiv an erster Stelle. Ebenfalls wichtig erscheint der Wunsch zur Selbstverwirklichung bzw. zur Verwirklichung eigener Vorstellungen. Unterschiede ergeben sich hinsichtlich des Wunsches nach Einkommenssteigerungen, welcher bei den Gründern an Platz drei steht und sich bei den Nachfolgern erst auf dem letzten Platz wiederfindet. Bei der Sicherung des Fortbestandes des Unternehmens sowie einer drohenden Arbeitslosigkeit („schlechte Arbeitsmarktsituation") wurden auch in anderen Vergleichsstudien bereits Unterschiede zwischen Gründern und Nachfolgern konstatiert.[841]

Gründungsmotive (N=122)	Nachfolgemotive (N=109)
1. Wunsch nach Selbstständigkeit (75%)	1. Wunsch nach Selbstständigkeit (27%)
2. Selbstverwirklichung (74%)	2. Fortführung der Unternehmenstradition (22%)
3. Wunsch nach Einkommenssteigerung (46%)	3. Verwirklichung eigener Vorstellungen (17%)
4. Schlechte Arbeitsmarktsituation (45%)	4. Ausnutzen von Chancen (14%)
5. Absicherung des Einkommens (39%)	5. Anstoßen von Verbesserungen (11%)
6. Ausnutzen von Chancen (38%)	6. Sicherung des Fortbestands (10%)
7. Unzufriedenheit im früheren Job (31%)	7. Finanzielle Aspekte (8%)

Tabelle 30: Vergleich der Gründungs- und Nachfolgemotive

Des Weiteren wird in Tabelle 31 verglichen, welche Charakteristika und Verhaltensweisen aus Sicht der Gründer und Nachfolger jeweils bedeutend sind. Sowohl für Unternehmensnachfolger als auch für Gründer gehören das Verantwortungsbewusstsein, die hohe Motivation, das ausdauernde Verfolgen von Zielen und das Eingehen auf Kunden, Lieferanten und Mitarbeiter zu den fünf wichtigsten Eigenschaften und Verhaltenweisen. Diese hohen Übereinstimmungen[842] bezüglich der Charaktereigenschaften und Verhaltensweisen (die beiden Gruppen stimmen in vier der fünf wichtigsten

---

[840] Die durchgeführte Existenzgründer- und Unternehmensnachfolgerstudie ermöglichen aufgrund des ähnlichen Designs des Fragebogens den Vergleich der beiden Zielgruppen. Während die Motive bei den Gründern im Rahmen einer geschlossenen Frage eingeholt wurden, machten die befragten Nachfolger im Rahmen einer offenen Frage Angaben zu ihren Motiven zur Nachfolge, wodurch sich die deutlich geringeren Prozentzahlen bei den Nachfolgemotiven erklären lassen.

[841] Der hohe Prozentsatz der Arbeitslosigkeit als Gründungsmotiv wird auch bei Felden (2007), S. 8, ermittelt. Ebenso stimmen die Sicherung des Unternehmensfortbestandes sowie das Interesse am Unternehmertum als Nachfolgermotive mit den Ergebnissen der eigenen Erhebung überein. Die drohende Arbeitslosigkeit wird auch in der Studie von Kay und Schlömer mit einem stark signifikanten Zusammenhang eher als Motiv potenzieller Gründer ausgewiesen, vgl. Kay/Schlömer (2009), S. 59. Für potenzielle Unternehmensnachfolger hat hingegen die Sicherung des Fortbestandes des Familienunternehmens eine größere Bedeutung. Bei anderen Motiven konnten keine signifikanten Unterschiede ermittelt werden.

[842] Die übereinstimmenden Merkmale sind in der nachfolgenden Tabelle grau markiert. Die verwendete 5er-Rating-Skala reicht von 1 „sehr wichtig" bis 5 „unbedeutend".

Eigenschaften überein) verdeutlichen, dass Gründer hinsichtlich ihrer Einstellung durchaus auch als Nachfolger in Betracht kommen könnten.[843]

Gründereigenschaften und -verhaltensweisen (Mittelwerte) (N=122)	Nachfolgereigenschaften und -verhaltensweisen (Mittelwerte) (N=109)
1. Hohe Motivation (1,30)	1. Verantwortungsbewusstsein (1,35)
2. Vertrauen auf eigene Stärken (1,42)	2. Hohe Motivation (1,50)
3. Verantwortungsbewusstsein (1,43)	3. Eingehen auf Kunden, Lieferanten und Mitarbeiter (1,54)
3. Verfolgen Ziele ausdauernd (1,43)	4. Verfolgen Ziele ausdauernd (1,57)
5. Eingehen auf Kunden, Lieferanten und Mitarbeiter (1,47)	5. Kommunizieren viel und sind bereit Risiken zu übernehmen (beides 1,69)

Tabelle 31: Vergleich der Bedeutung von Eigenschaften und Verhaltensweisen von Gründern und Nachfolgern

Neben den Übereinstimmungen bei der Beurteilung von Charaktereigenschaften sowie Verhaltensweisen durch Gründer und Nachfolger sind für eine zielgruppenspezifische Entrepreneurship Education die Unterschiede ebenfalls von Relevanz. Da alle Datensätze in diesem Fragenkomplex sowohl in der Existenzgründerstudie als auch in der Unternehmensnachfolgerstudie nicht normalverteilt[844] sind, werden nicht parametrische Tests[845] bei zwei unabhängigen Stichproben durchgeführt, um zu untersuchen, bei welchen dieser Eigenschaften sich signifikante Unterschiede ermitteln lassen. Die Kontaktfreudigkeit, das Vertrauen auf eigene Stärken, das Streben nach unabhängigem Arbeiten, die hohe Motivation sowie das aktive Informationsverhalten beurteilen die Existenzgründer signifikant als wichtiger. Dabei handelt es sich um fünf Eigenschaften, die insbesondere zum Aufbau von Geschäftsbeziehungen notwendig sind. Umgekehrt stufen die Unternehmensnachfolger die Planung mit Weitsicht sowie die Teamarbeit als signifikant wichtiger ein als die Gründer. Vor allem die Teamarbeit stellt dabei einen Faktor dar, der für die meisten Gründer (mit Ausnahme der Teamgründungen) zunächst keine Relevanz hat. Tabelle 32 gibt die Ergebnisse der ange-

---

[843] Vgl. Felden (2007), S. 15. Hier werden als persönliche Qualifikationen der Gründer zunächst das Selbstmanagement (94,6 Prozent), die Verhandlungsstärke (92,4 Prozent) sowie der Aufbau von Geschäftskontakten und die unternehmerische Vision (jeweils 87 Prozent) genannt. Die letzten beiden spielen in dieser Studie auch bei den Nachfolgern eine entscheidende Rolle, hinzu kommen dort soziale Kompetenzen und Konfliktlösungskompetenzen. Eine direkte Vergleichbarkeit ist aufgrund der vorgegebenen Antwortoptionen an dieser Stelle kaum möglich.

[844] Zur Analyse der Normalverteilung wurde ein Kolmogorov-Smirnoff-Anpassungstest für alle Items zu Eigenschaften und Verhaltensweisen für beide Studien durchgeführt. Es wurde ermittelt, dass bei keinem der Items eine Normalverteilung unterstellt werden kann. Die Ergebnisse des Kolmogorov-Smirnoff-Anpassungstests finden sich im Anhang 3.

[845] Da parametrische Tests eine Normalverteilung mit homogenen Varianzen als Anforderung an die auszuwertenden Datensätze stellen und diese im Rahmen beider Studien nicht gegeben ist, kommen nicht parametrische Tests, die verteilungsfrei sind, zur Analyse der Unterschiede zum Tragen, vgl. Westermann (2000), S. 232. Dabei vergleichen diese Tests die beiden Stichproben anhand von Rangsummen, wobei der Mann-Whitney-U-Test bei zwei voneinander unabhängigen und der Wilcoxon-Rangtest bei voneinander abhängigen (verbundenen) Stichproben angewandt wird, vgl. Eckstein (2008), S. 120ff.

wandten Mann-Whitney-U-Tests, die Z-Werte sowie die asymptotischen Signifikanzen wieder.

	Planung mit Weitsicht***	Kontaktfreudigkeit**	Team-arbeit**	Vertrauen auf eigene Stärken***	Unabhängiges Arbeiten***	Hohe Motivation ***	Aktives Informations-verhalten***
Mann-Whitney-U	5.301,500	5.094,500	5.394,000	4.907,500	5.024,500	5.480,500	4.924,500
Z	-2,847	-3,319	-2,531	-3,835	-3,435	-2,782	-2,973
Asympto-tische Signifikanz (2-seitig)	0,004	0,001	0,011	0,000	0,001	0,005	0,003

Tabelle 32: Mann-Whitney-U-Tests zu den Unterschieden der Eigenschaften/Verhaltensweisen von Gründern/Nachfolgern

Abbildung 45 stellt die Mittelwertvergleiche der signifikanten Items dar und verdeutlicht die nachgewiesenen Unterschiede.

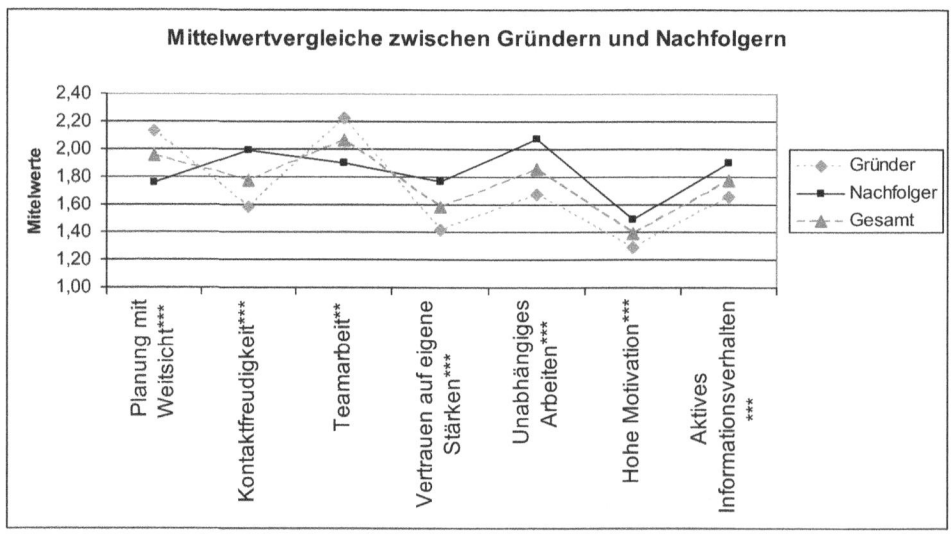

Abbildung 45: Mittelwertvergleiche der Eigenschaften und Verhaltensweisen von Gründern und Nachfolgern

Weiterhin werden die in Abschnitt 3.7 aufgestellten Hypothesen überprüft. Dabei zeigen die beiden Studien, dass eine Lücke zwischen den Anforderungen von Existenzgründern und Nachfolgern an eine praxisorientierte Unternehmerausbildung und der von den studierten Unternehmern im Rahmen ihrer eigenen Ausbildung erfahrenen Praxiserfahrung besteht (Hypothese A). Beide Aspekte wurden sowohl für studierte Existenzgründer als auch für die studierten Nachfolger im Rahmen der Studien abgefragt. Da ebenfalls keine Normalverteilung für diese Items vorliegt, findet erneut ein nicht parametrisches Testverfahren Anwendung, um signifikante Unterschiede zwischen den jeweiligen Anforderungen und der erfahrenen Praxisorientierung im Studium nachweisen zu können.[846] Da die untersuchten Items in diesem Fall voneinander abhängig in ihrer Beurteilung sind, wird ein Wilcoxon-Test für jede der beiden Studien durchgeführt. Dieses nicht parametrische Verfahren führt einen paarweisen Rangvergleich der Differenzen der Variablenwerte durch, wobei die Nullhypothese postuliert, dass keine Unterschiede zwischen den Items bestehen.[847] Die negativen Z-Werte in Tabelle 33 zeigen, dass die Rangsummen[848] der zweiten Vergleichsvariable (die eigenen Praxiserfahrungen während des Studiums) kleiner sind als die der ersten (Anforderungen an eine praxisorientierte Unternehmerausbildung). Somit zeigen die Wilcoxon-Tests, dass für beide Zielgruppen die wahrgenommenen Ausbildungsangebote deutlich von den Anforderungen aus der Praxis abweichen. Somit besteht Handlungsbedarf, um die Diskrepanzen zu verringern und die Ausbildungslücke zu schließen.

Günder		
Praxisanteil in der universitären Lehre -	Z	-7,607
Praktische Erfahrung während des Studiums	Asymptotische Signifikanz (2-seitig)	0,000
Nachfolger		
Praxisanteil in der universitären Lehre -	Z	-6,691
Praktische Erfahrung während des Studiums	Asymptotische Signifikanz (2-seitig)	0,000

Tabelle 33: Wilcoxon-Tests zur Eruierung der bestehenden Ausbildungslücke (Gründer (N = 89) und Nachfolger (N = 66))

Die in Abschnitt 3.7 beschriebene Hypothese B lautete, dass die beiden Zielgruppen, Nachfolger und Existenzgründer, unterschiedliche Anforderungen an ein Ausbildungssystem aufweisen. Dazu werden erneut Mann-Whitney-U-Tests durchgeführt, um die Beurteilung der verschiedenen Lehrmethoden durch die beiden Gruppen zu analysieren. Dabei ergeben sich nur bei drei Lehrmethoden signifikante Unterschiede bezüglich der Beurteilung durch Gründer und Nachfolger.[849] Ein schwach signifikanter Unterschied ergibt sich bei der Bewertung der Bedeutung von Projektarbeiten (sowie auch Praxissemestern) im Rahmen der Entrepreneurship Education, ferner lassen sich signifikante Zusammenhänge bezüglich der Beurteilung von Fachvorträgen von Praktikern sowie Praktika nachweisen. Tabelle 34 gibt die Z-Werte der Tests sowie die asymptotischen Signifikanzen wieder.

---

[846] Die Ergebnisse des durchgeführten Kolmogorov-Smirnoff-Tests für beide Items finden sich im Anhang 3.

[847] Vgl. Rasch et al. (2006), S. 161.

[848] Durch paarweise Rangvergleiche werden die Rangpositionen bestimmt und anschließend aufsummiert. Für eine ausführliche Darstellung vgl. Bortz/Lienert/Boehnke (2008), S. 203ff.

[849] Da bei den anderen Lehrformen keine signifikanten Unterschiede ermittelt werden konnten, werden sie nachfolgend nicht weiter betrachtet.

	Fachvorträge von Praktikern**	Praktika**	Projektarbeit in Unternehmen*
Mann-Whitney-U	2.443,500	2.591,500	2.775,500
Z	-2,240	-2,373	-1,761
Asymptotische Signifikanz (2-seitig)	0,025	0,018	0,078

Tabelle 34: Mann-Whitney-U-Tests über Unterschiede in der Beurteilung von Lehrmethoden durch Gründer (N = 89)/Nachfolger (N = 66)

Mithilfe der Tests wird zunächst nur das Bestehen von unterschiedlichen Einstufungen durch Gründer sowie Nachfolger nachgewiesen. Die nachfolgende Abbildung 46 bildet die Mittelwerte der beiden Gruppen gemeinsam mit dem Gesamtmittelwert ab und verdeutlicht, dass Gründer die praxisorientierten Ausbildungsmethoden wie Fachvorträge durch Praktiker, Praktika und Praxissemester sowie Projektarbeiten durchgängig für wichtiger erachten. Daraus kann gefolgert werden, dass diese Methoden von Gründern im Rahmen einer Unternehmerausbildung an Hochschulen zur Ausbildung von Existenzgründern häufiger als bei Unternehmensnachfolgern gefordert werden.

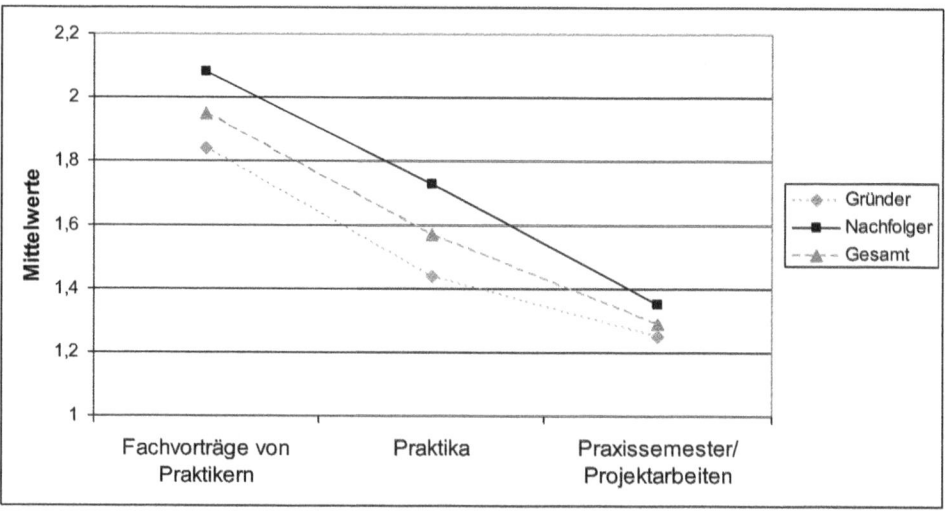

Abbildung 46: Mittelwertvergleiche der Beurteilung verschiedener Lehrmethoden durch Gründer/Nachfolger

Weitere Hinweise über unterschiedliche Schwerpunkte in der Ausbildung von Existenzgründern und Unternehmensnachfolgern ergeben sich aufgrund der ungestützt abgefragten Verbesserungsvorschläge, die für eine praxisorientiertere Ausbildung aus Sicht beider Gruppen angestrebt werden sollten. Bei der Auswertung dieser Fragestellung werden jedoch kaum Unterschiede zwischen beiden Gruppen deutlich, da vier der fünf ungestützten, häufigsten Nennungen erneut übereinstimmen. Lediglich die Erkenntnis, dass der Einsatz der Praktiker in der Lehre sowie die praktischen Studienleistungen bei Nachfolgern seltener genannt werden, kann die bereits zuvor festgestellte stärkere Praxisorientierung der Existenzgründer unterstreichen.[850] Tabelle 35 vergleicht die häufigsten Nennungen der Gründer und Nachfolger zu dieser Frage.

Verbesserungsvorschläge der Gründer	Anzahl der Nennungen (N = 89)
Häufigere und verpflichtende Praktika	25
Häufigerer Einsatz von Praktikern in der Lehre	16
Projektarbeiten mit Unternehmen fördern (Netzwerk)	15
Anwendungsbezogene Theorievermittlung	13
Praktische Seminar-, Diplom- und Projektarbeiten	9
Verbesserungsvorschläge der Nachfolger	**Anzahl der Nennungen (N = 66)**
Häufigere und verpflichtende Praktika	17
Projekte mit Unternehmen fördern	7
Duales Studium	6
Häufigerer Einsatz von Praktikern in der Lehre	6
Praktische Seminar-, Diplom- und Projektarbeiten	4

Tabelle 35: Vergleich der ungestützt genannten Verbesserungsvorschläge von Gründern/Nachfolgern (fünf häufigste Vorschläge)

Die Inhalte, die im Rahmen einer Unternehmerausbildung betrachtet werden sollten, werden bei den Nachfolgern direkt und bei den Existenzgründern indirekt über die Problembereiche während der Gründungsphase abgefragt. Somit können sie einander nicht vergleichend gegenübergestellt werden. Bei den Nachfolgern wird mit Abstand am häufigsten der Bereich Führung und Organisation als Wunschinhalt einer Ausbildung angegeben (17 Nennungen). Deutlich seltener werden an zweiter Stelle rechtliche Grundlagen sowie allgemeine betriebswirtschaftliche Kenntnisse genannt (je sieben Nennungen). Weiterhin relevant sind die Bereiche Finanzierung und Kommunikation (je sechs Nennungen) sowie Controlling (fünf Nennungen).[851] Bei den Problembereichen der Gründer werden die Markterschließung (56 Nennungen), das wirtschaftliche Umfeld (47 Nennungen), Kapital und Finanzierung (46 Nennungen), gesetzliche Vorschriften (42 Nennungen) und die Informationsbeschaffung (35 Nennungen) angeführt.[852] An dieser Stelle muss jedoch betont werden, dass die Nennungen lediglich

---

[850] Dieses Ergebnis kann jedoch auch dadurch zustande kommen, dass Nachfolger diesen Aspekt für ebenso wichtig erachten, sich die Praxisorientierung allerdings außerhalb der Unternehmerausbildung an der Hochschule z. B. über Praktika oder Mitwirkung im elterlichen Betrieb aneignen.

[851] Ein Vergleich der Studie von Felden (2007), S. 16, mit der Existenzgründer- und Unternehmensnachfolgerstudie ergibt, dass bei Nachfolgern neben den berufsspezifischen Kenntnissen vor allem das Controlling (96,8 Prozent), die Personalführung (89,2 Prozent) sowie die strategische Planung und Organisation (924 Prozent) angegeben werden. An dieser Stelle muss darauf hingewiesen werden, dass aufgrund der unterschiedlichen Fragestellung und Frageart auch an dieser Stelle kein direkter Vergleich möglich ist. Dennoch kann festgehalten werden, dass Personalführung, allgemeine betriebswirtschaftliche Kenntnisse und Controlling als Inhalte auch schon in anderen Studien Erwähnung finden.

[852] Die hohe Anzahl der Nennungen ergibt sich dabei aufgrund der vorgegebenen Antwortkategorien in der Existenzgründerbefragung.

Anhaltspunkte für eine inhaltliche Ausgestaltung der Unternehmerausbildung darstellen können.[853]

Hypothese C bezieht sich darauf, dass beide Zielgruppen praxisorientierteren Lehrformen außerhalb der Hochschule eine größere Relevanz zuschreiben als den Lehrformen, die vornehmlich im Rahmen des eigenen Hochschulstudiums der Befragten zur Anwendung kamen und heute immer noch wesentlich stärker verbreitet sind. Somit werden die betrachteten Lehrformen in zwei Gruppen eingeteilt. Zum einen sind dies Lehrformen, welche zumeist außerhalb der Hochschule zum Tragen kommen und somit einen besonders intensiven Praxiskontakt ermöglichen (Praxissemester sowie Projektarbeiten, Praktika und Studierendenunternehmen), zum anderen sind dies Lehrformen, die traditionell im Rahmen der Entrepreneurship Education an Hochschulen Anwendung finden (Fallstudien, Seminare, Planspiele, Vorlesungen sowie Vorträge von Praktikern).[854] Da die Beurteilung dieser Lehrformen innerhalb und außerhalb der Hochschule nicht als unabhängig[855] voneinander erfolgen kann, werden erneut Wilcoxon-Tests durchgeführt. Wie Tabelle 36 entnommen werden kann, besteht sowohl für Existenzgründer als auch für Unternehmensnachfolger eine stark signifikante Präferenz für die Methoden außerhalb der Hochschule und somit für die stärker praxisorientierten Lehrformen. Anhand der Vergleiche der Mittelwerte lässt sich eine deutlich bessere Bewertung der Lehrformen außerhalb der Hochschule durch beide Gruppen ermitteln, wobei sich erneut keine Unterschiede zwischen Gründern und Nachfolgern ergeben.

Gründer		
Methoden innerhalb der Hochschule -	Z	-7,223
Methoden außerhalb der Hochschule	Asymptotische Signifikanz (2-seitig)	0,000
Nachfolger		
Methoden innerhalb der Hochschule -	Z	-4,853
Methoden außerhalb der Hochschule	Asymptotische Signifikanz (2-seitig)	0,000

Tabelle 36: Wilcoxon-Tests bei Gründern (N = 89)/Nachfolgern (N = 66) zur Beurteilung von Lehrmethoden innerhalb und außerhalb der Hochschule

[853] An dieser Stelle wird erneut auf Felden (2007), S. 16, verwiesen, die neben den berufsspezifischen Kenntnissen die Bereiche Controlling (93,6 Prozent), Planung und Organisation (88,2 Prozent) sowie Marketing (83,9 Prozent) aufführt. Somit lassen sich an dieser Stelle keine Übereinstimmungen zu anderen Studien finden, da Felden die notwendigen fachlichen Qualifikationen der Gründer erfragt. Als erfolgskritische Faktoren werden nach Kulicke (1993), S. 166, die Finanzierung, der Markteintritt, das Marketing, die Forschung und Entwicklung sowie die strategische Unternehmensplanung angegeben. Diese Merkmale entsprechen weitestgehend den im Rahmen der Existenzgründerstudie beschriebenen Problembereichen.

[854] Die Zusammenfassung erfolgt in Form einer Durchschnittsbildung über die Items: Je Studienteilnehmer wird der durchschnittliche Wert bezüglich der Items Praxissemester/Projektarbeit, Praktika und Studierendenunternehmen ermittelt und als Wert für die Methoden außerhalb der Hochschule angenommen. Ebenso wird aus den Items Fallstudien, Seminare, Planspiele, Vorlesungen sowie Vorträge von Praktikern der Wert für die Methoden innerhalb der Hochschule bestimmt.

[855] Die Beurteilungen sind nicht unabhängig voneinander, da dieselben Subjekte sowohl die Methoden innerhalb als auch die Methoden außerhalb der Hochschule bewertet haben.

Dieser Abschnitt hat vor allem Gemeinsamkeiten zwischen Existenzgründern und Unternehmensnachfolgern aufgezeigt. Folgende wesentliche Unterschiede ergaben sich: Gründer forderten stärker als Nachfolger Praxisorientierung ein; Nachfolger beschrieben deutlich den Bedarf an zusätzlichem Wissen hinsichtlich Organisation und Führung im Rahmen der Ausbildung. Umgekehrt betonten die Gründer bestehende Defizite in den Bereichen Markterschließung und wirtschaftliches Umfeld. Allerdings bleibt festzuhalten, dass die Gemeinsamkeiten zwischen beiden Zielgruppen überwiegen und somit nur einzelne inhaltliche Aspekte oder Ausbildungsmodule zielgruppenspezifisch ausgerichtet werden sollten. Diese Aspekte gilt es im nachfolgenden Abschnitt auf die Entrepreneurship Education zu übertragen.

6.2 Implikationen für die Curriculumskonstruktion der Entrepreneurship Education

Die Entrepreneurship Education wurde zu Beginn dieser Arbeit als wichtig beschrieben, da sie eine Schlüsselrolle für die wirtschaftliche Entwicklung eines Landes sowohl bezüglich des Wirtschaftswachstums als auch bezüglich der Schaffung von Arbeitsplätzen einnimmt.[856] Dennoch existieren kaum Forschungsergebnisse oder pädagogische Studien über die Entwicklung von Entrepreneurship Education-Programmen an Hochschulen.[857] Aus diesem Grund finden sich in der Literatur nur wenige Hinweise zur Ausgestaltung von Curricula. Nachfolgend werden verschiedene Ansätze für eine theoriegeleitete Curriculumskonstruktion dargestellt und ihre Eignung zur Entwicklung von Unternehmerausbildungsprogrammen erläutert.

In dem didaktischen Strukturgitter nach Blankertz (1971) werden künftige Lebenssituationen der Auszubildenden im Rahmen einer Matrix systematisiert, wobei horizontal theoretische Aspekte der gesellschaftlichen Rahmenbedingungen aus den drei Dimensionen Technologie, Politik und Ökonomie und vertikal reale Lehrinhalte aus den Anforderungen der Arbeitspraxis abgeleitet werden.[858] Die Lernziele und -inhalte werden dabei durch eine Analyse der Arbeitsrealität ermittelt und in das entwickelte Strukturgitter eingearbeitet. Wie diese Tätigkeitsanalyse durchgeführt werden sollte, wird jedoch in dem Ansatz nicht beschrieben.[859] Während diese Vorgehensweise teilweise kritisiert wird,[860] beurteilt sie Hartmann (2010) aufgrund der Ausrichtung der Lehrinhaltssuche an der Qualifikationsforschung grundsätzlich positiv.[861] Allerdings wertet Hartmann (2010) die ausschließliche Fokussierung des Ansatzes auf Lehrinhalte negativ, da Methoden keine Berücksichtigung finden und eine zu starke Komplexitätsreduktion gefördert wird.[862]

---

[856] Vgl. Kommission der europäischen Gemeinschaften (2006), S. 3, sowie Audretsch (2002).

[857] Vgl. Grüner/Neuberger (2006), S. 163, sowie Streeter/Jaquette/Hovis (2002), S. 7.

[858] Vgl. Blankertz (1971), S. 29.

[859] Vgl. Hartmann (2010), S. 133.

[860] Vgl. Ziechmann (1972), S. 36.

[861] Vgl. Hartmann (2010), S. 134.

[862] Vgl. Hartmann (2010), S. 135f.

In dem integrierenden Modell nach von Hentig (1971) werden Curricula und darin integrierte Modelle, Materialien und Strategien weiterentwickelt, indem sie unmittelbar in der Praxis erprobt werden.[863] Zur Entwicklung eines Curriculums erfolgt zunächst eine Zieldiskussion, welche auf empirischen Forschungsergebnissen basieren sollte. Anschließend erfolgt die Operationalisierung der Lernziele anhand eines Kataloges von Bedingungen, wobei die Auswirkungen von Umwelteinflüssen mit wissenschaftlicher Rationalität untersucht werden.[864] Für die Umsetzung der Zieloperationalisierung empfiehlt von Hentig (1971) fünf Schritte: 1. Aufstellung von Hypothesen über Lernziele, 2. Bestimmung der Ziele durch Konsens, 3. Auswahl geeigneter Verfahren für deren Realisation, 4. Entwicklung von Unterrichtsvorgängen und -materialien sowie deren Überprüfung, 5. Rückkoppelung der Erfolge und gegebenenfalls Korrekturmaßnahmen.[865] Um die gewählten Ziele spezifizieren und kategorisieren zu können, bedient sich der Ansatz eines Hilfskonstruktes, das aus einem für Modellschulen entworfenen horizontalen Schulsystem vier Stufen nach Primar-, Sekundar-, Tertiär- sowie Quartärstufen ableitet und die Ziele den entsprechenden Stufen zuordnet.[866] Aus der Beschreibung wird bereits ersichtlich, dass dieser Ansatz nicht speziell auf die Ausbildung an Hochschulen ausgerichtet ist.[867] Dennoch ist er auch für die Entrepreneurship Education an Hochschulen interessant, da durch die fortlaufende Anpassung der Curriculumskonstruktion mit der Realität die curricularen und organisatorischen Elemente besser aufeinander abgestimmt werden können, wodurch auch die Auszubildenden die Wirklichkeit besser erfassen können.[868] Weitere positive Aspekte dieses Ansatzes sind die geforderte frühe Konsensbildung durch die Beteiligung verschiedener Zielgruppen in den Gremien sowie die angestrebte kontinuierliche Verbesserung des Curriculums.[869]

Der Ansatz von Robinsohn (1971) zur Curriculumsrevision kann ebenfalls für die Ausgestaltung von Unternehmerausbildungsprogrammen herangezogen werden. Robinsohn (1971) liefert formale Hinweise zur Gliederung der Wirklichkeit, so dass eine rationale Suche nach möglichen Lehrinhalten erfolgt.[870] Mittels wissenschaftlich fundierter Methoden werden somit Inhalte identifiziert, welche der Bewältigung von Lebenssituationen dienen.[871] Dazu werden progressive Verfahren[872] zur Ableitung von Kriterien angewandt, welche die Wirklichkeit abbilden sollen, um Adäquatheit und Effektivität der ins Programm zu integrierenden Inhalte zum Erwerb gezielter Qualifi-

---

[863] Vgl. von Hentig (1971), S. 12.
[864] Vgl. von Hentig (1971), S. 23, sowie S. 176.
[865] Vgl. von Hentig (1971), S. 125.
[866] Vgl. Hartmann (2010), S. 139.
[867] Vgl. Hartmann (2010), S. 140.
[868] Vgl. Hartmann (2010), S. 136.
[869] Vgl. Hartmann (2010), S. 140.
[870] Vgl. Robinsohn (1971), S. 4.
[871] Vgl. Robinsohn (1971), S. 10.
[872] Zu progressiver Pädagogik gehören Vertreter, die im Gegensatz zu Spezialisten die allgemeine Erziehung der Teilnehmer im Auge behalten wollen, vgl. Elbers (1973), S. 59.

kationen für die Bewältigung verschiedener Lebenssituationen zu gewährleisten.[873] Ausgehend von der späteren Realität der Auszubildenden werden Lehrinhalte und Qualifikationen anhand von Kriterien abgeleitet und ein Expertengremium überprüft diese und erstellt daraus ein vorläufiges Curriculum, welches anschließend in der Praxis erprobt und einer ständigen Revision sowie damit einhergehenden Anpassung unterzogen wird.[874]

Im Gegensatz zu anderen Ansätzen konzentriert sich dieser nicht ausschließlich auf die Inhalte, denn als Aufgabe der Curriculumsforschung beschreibt Robinsohn (1971) neben der Identifikation der Lehrinhalte sowohl Methoden zu lehren als auch die notwendigen Qualifikationen zu vermitteln.[875] Ziechmann (1972) kritisiert an diesem Ansatz, dass der Begriff der Situation nicht genau definiert wird, wodurch eine Abgrenzung verschiedener Situationen untereinander zur Qualifikationsableitung nicht möglich ist, und ergänzt, dass Situationen hier als progressives, sich anpassendes Element zu verstehen sind und nicht als Resultat.[876] Als Methode zur Ableitung der Situationen in der Wirklichkeit und der damit benötigten Qualifikationen wird die Durchführung von Expertenbefragungen empfohlen sowie die Ableitung dieses Ansatzes zur Generierung von prozessbezogenen Curricula, da zunächst reale Handlungen beobachtet und davon Qualifikationen und Lehrinhalte abgeleitet werden.[877] Als weitere geeignete, methodische Verfahrensweisen zur Ermittlung der Inhalte werden von Robinsohn (1971) hermeneutische und didaktische Betrachtungen, empirische Überprüfungen der Realität, Prüfung anhand psychologischer Theorien sowie Arbeitsplatz- oder Arbeitsmarktanalysen genannt.[878] Instanzen sollen dabei gewährleisten, dass vorgegebene Kriterien bei der Ableitung der Inhalte und der Durchführung der Verfahrensweisen eingehalten werden. Dabei handelt es sich um Expertengremien, die sich aus Fachwissenschaftlern sowie Vertretern der wichtigsten Verwendungsbereiche zusammensetzen.[879] Durch die ständige Revision des Ansatzes wird die Erstellung eines Curriculums auf der einen Seite zu einem langwierigen Prozess, allerdings bietet er auf der anderen Seite die Möglichkeit der flexiblen Anpassung an Umweltveränderungen. Ein weiterer Kritikpunkt liegt darin, dass diese Methode der Curriculaentwicklung zu einer zu stark vereinfachten Darstellung von komplexen Prozessen führt, was nicht immer zielführend ist.[880]

Die Qualifikationsforschung betrachtet komplexe Handlungsketten anstelle einzelner Tätigkeiten.[881] Rauner (2002) unterscheidet die traditionelle Qualifikationsforschung,

---

[873] Vgl. Robinsohn (1971), S. 45.
[874] Vgl. Robinsohn (1971), S. 45ff.
[875] Vgl. Robinsohn (1971), S. 45.
[876] Vgl. Ziechmann (1972), S. 52.
[877] Vgl. Hartmann (2010), S. 144; Ziechmann (1972), S. 54.
[878] Vgl. Robinsohn (1971), S. 48, welcher diese Verfahrensweisen jedoch nur nennt und nicht weiter erläutert. Genauere Ausführungen, wie diese Verfahren umgesetzt werden können, liefert Knab (1971), S. 15ff.
[879] Vgl. Robinsohn (1971), S. 47.
[880] Vgl. Hartmann (2010), S. 148.
[881] Vgl. Hartmann (2010), S. 149.

die sich auf die Analyse beruflicher Tätigkeiten und damit von Grundfertigkeiten beschränkt, von der subjektiven Qualifikationsforschung, die Arbeitstätigkeiten sowohl analysiert, bewertet als auch gestaltet.[882] Die Forderung nach komplexen Lernwelten der Auszubildenden zur besseren Abbildung der Realität findet sich dabei bei mehreren Autoren wieder.[883] Ebenso wird in mehreren allgemeinen Ansätzen zur Curriculumsentwicklung eine notwendige Handlungsorientierung beschrieben, welche, wie in Abschnitt 3.6 erläutert, insbesondere für die Entrepreneurship Education eine wichtige Voraussetzung darstellt.[884] Dubs (1996) fordert weiterhin metakognitive Hinweise zur Ausgestaltung von handlungsorientierten Lehrplänen in komplexen Lernumwelten. Demnach sollten Curricula zum einen teilnehmeraktivierend sein und damit zu Methodenvielfalt anregen, es sollten situationsabhängige Lernentscheidungen zur Gestaltung der Lehr-Lern-Prozesse getroffen werden, und zum anderen sollten die Lehrinhalte in einem prozess- und produktorientierten Kontext so ausgestaltet sein, dass sie zunehmend selbstreguliertes Lernen initiieren.[885]

Um diese Handlungsorientierung in eine Curriculumsplanung umsetzen zu können, beschreibt Tramm (1994) drei Komponenten, die es zu berücksichtigen gilt: 1. Kompetenzkomponente, 2. Inhalts- und Strukturkomponente sowie 3. Interaktionskomponente. Die Kompetenzkomponente erläutert den Grad der Befähigung zum Handeln und umfasst somit die Zielbildung, Handlungsplanung, -ausführung, -kontrolle, Handlungsbewertung und die Problemlösefähigkeiten des Auszubildenden im Hinblick auf die spätere Arbeitssituation. Dabei werden komplexe Handlungen als Abfolge von Teilhandlungen dargestellt.[886] Die Inhalts- und Strukturkomponente fasst das erlernte inhaltliche und strukturiert vermittelte Wissen im Rahmen der Ausbildung zusammen. Die Interaktionskomponente umfasst Interaktionen wie Beobachten, Nachvollziehen, Konstruieren und Auswerten des Auszubildenden mit seiner gegenständlichen und sozialen Umwelt.[887] Gerade diese letzte Komponente ist auch für die Entrepreneurship Education relevant, da sie zum einen die Interaktion im sozialen Umfeld umfasst, was sowohl hinsichtlich des bereits erwähnten teambasierten Lernens als auch bezüglich des in Abschnitt 3.6 erläuterten Know-whos von Bedeutung ist. Zum anderen betont die Interaktionskomponente die Bedeutung der gegenständlichen Umwelt und verdeutlicht somit, wie wichtig Lernerfahrungen in der Praxis sind, also beispielweise ein tatsächlicher Kontakt während des Studiums.

Kritisch bleibt bei allen beschriebenen Ansätzen zur Curriculums-Konstruktion anzumerken, dass sie unpräzise sind und nicht unmittelbar umgesetzt werden können.[888] Die Ansätze geben nur allgemeine Hinweise zur Ableitung von Lehrinhalten. Mit welchen Veranstaltungen ein Entrepreneurship Education-Curriculum ausgestaltet werden

---

[882] Vgl. Rauner (2002), S. 532ff.
[883] Vgl. Hartmann (2010), S. 160; Dubs (1996), S. 28; Tramm (1994), S. 49.
[884] Vgl. Rauner (2002), S. 533ff., sowie Dubs (1996), S. 28.
[885] Vgl. Dubs (1996), S. 45.
[886] Vgl. Tramm (1994), S. 48.
[887] Vgl. Tramm (1994), S. 48.
[888] Vgl. Rauner (2002), S. 536.

sollte, wird in diesen Ansätzen nicht ersichtlich. Lediglich Tramm (1994) bietet in seinen drei Komponenten einen Ansatz an, der sich gut mit der bereits beschriebenen Entrepreneurship-Literatur in Einklang bringen lässt. Während die Curriculumskonstruktion in der Vergangenheit vor allem durch Lehrinhalte, die nicht in einem erkennbaren Zusammenhang mit der realen Arbeitssituation standen, geprägt wurde, orientiert sich die Forschung in diesem Bereich seit den 1960er-Jahren insbesondere an Instrumenten, die dem zukünftigen Tätigkeitsbereich der Auszubildenden näher sind.[889] Des Weiteren muss an dieser Stelle betont werden, dass die Ausgestaltung von Curricula tendenziell stets als subjektiv zu betrachten ist, da die Entwicklung der Programme vorwiegend über Gremien bestehend aus Professoren, Studierenden und gegebenenfalls Experten aus der Praxis geschieht.[890] Aus diesen Gründen werden hier neben den Ansätzen zur Curriculums-Konstruktion auch Studienergebnisse dargestellt, welche bestehende Curricula analysieren und auf diesen Erkenntnissen Empfehlungen über die Ausgestaltung der Programme erlauben.

Dabei beschäftigen sich einige Studien ausschließlich mit einzelnen Lehrmethoden oder -inhalten,[891] während eine wesentlich geringere Zahl dieser Arbeiten die Verbindung beider untersucht.[892] Grundsätzlich bietet sich eine parallele Betrachtung beider Aspekte an. Obwohl bereits einige Reviews zu Programmen und Kursen der Unternehmerausbildung existieren, analysieren die meisten dieser Studien die Unternehmerausbildung aus Sicht der Dozenten und Hochschullehrer sowie anderer Experten zur Gründungsförderung, seltener werden Meinungen von Existenzgründern oder Unternehmensnachfolgern untersucht.[893] Des Weiteren wird in diesen Reviews zumeist auf die fehlende Einheitlichkeit der Lehre hinsichtlich ihrer Zielsetzungen, Inhalte, Didaktik und Erfolge hingewiesen.[894] Aufgrund der Verschiedenartigkeit der Bildungsinstitutionen und der jeweiligen Ausbildungsziele ist die Ableitung eines einzigen Ansatzes der Unternehmerausbildung jedoch als unrealistisch anzusehen, da bestenfalls Vorschläge zur Ausgestaltung eines Curriculums formuliert werden können.[895]

Hartmann (2010) analysiert eine Vielzahl von nationalen und internationalen Unternehmerausbildungsprogrammen an Hochschulen und identifiziert Gemeinsamkeiten dieser Programme, um sie für eine Entwicklung neuer Entrepreneurship Education-Curricula zugrunde legen zu können. In nahezu allen Ausbildungsprogrammen wird eine handlungsorientierte Struktur, wie sie sich auch bei den Ansätzen zur Ableitung der Curricula wiederfindet, bestätigt.[896] Des Weiteren konstatiert Hartmann (2010), dass nahezu alle von ihm untersuchten US-amerikanischen Programme prozessorien-

---

[889] Vgl. Hartmann (2010), S. 235.

[890] Vgl. Hartmann (2010), S. 130.

[891] Vgl. beispielsweise Remmele/Seeber (2007).

[892] Vgl. beispielsweise Klandt/Koch/Knaup (2005); Schmude/Uebelacker (2005); Vesper/Gartner (1997).

[893] Vgl. Felden (2007); Uebelacker (2005), S. 148.

[894] Vgl. Fiet (2001b); Gorman/Hanlon/King (1997).

[895] Vgl. Schramm (2010), S. 1.

[896] Vgl. Hartmann (2010), S. 235. Häufig wird an dieser Stelle auch auf die Integration von experimentellem Lernen hingewiesen, vgl. Streeter/Jaquette/Hovis (2002), S. 6.

tiert und mit ihren Kursangeboten entlang des Gründungsprozesses ausgerichtet sind.[897] Dabei reichen die Kursangebote oftmals auch über den Gründungszeitpunkt hinaus in die Wachstums- und Reifephase des neu gegründeten Unternehmens. Die Inhalte der Entrepreneurship Education sind auch bei den US-amerikanischen Programmen nur in seltenen Fällen aus empirisch gewonnenen Daten abgeleitet, allerdings konnten in den meisten Fällen unterschiedliche Schwerpunkte (Wirtschaft, Technik, Naturwissenschaften) identifiziert werden.[898] Zeitlich orientieren sich die Veranstaltungen der Programme an Semestereinheiten und lassen sich in der Regel in ein Grundmodul und ein aufbauendes Fachmodul unterteilen.[899]

In der Entrepreneurship Education an Hochschulen werden nach Streeter, Jaquette und Hovis (2002) verschiedene Modelle der Entrepreneurship Education-Programme differenziert. Die Autoren unterscheiden zunächst zwischen fokussierten Programmen, die nur im betriebs- oder ingenieurwissenschaftlichen Fachbereich ihrer Hochschule angesiedelt sind von universitätsweiten Programmen, die auch Studierende anderer Fachbereiche in die Entrepreneurship Education integrieren. Bei fokussierten Programmen werden zudem verschiedene Untergruppen beschrieben, je nachdem, ob sich das betreffende Programm auf die Zielgruppen in Bachelor- oder Masterstudiengängen für Wirtschaftswissenschaftler oder Ingenieure oder eine Kombination verschiedener Gruppen bezieht. Bei den universitätsweiten Programmen differenzieren die Autoren Programme, die auf Studierende aus der ganzen Hochschule anziehend wirken (magnet models) oder solche, die auf die gesamte Hochschule ausstrahlend wirken (radiant models). Bei Ersteren existiert demnach nur ein Center an der Hochschule, das alle Ressourcen und Aktivitäten der Hochschule im Bereich Entrepreneurship Education vereint, und bei Letzteren verfügt jede Einheit der Hochschule über unabhängige Ressourcen, Studierende und Fakultäten der Unternehmerausbildung.[900]

Wie bereits in der Definition nach Schulte (2006) bemerkt, ist die Entrepreneurship Education nicht ausschließlich auf Gründer ausgerichtet.[901] Dennoch wird häufig Entrepreneurship Education mit Gründerausbildung gleichgesetzt und der Begriff sogar synonym verwendet.[902] Die meisten Förderprogramme und Lehrmethoden, die im Rahmen einer Entrepreneurship Education beschrieben werden, beschäftigen sich zumeist ausschließlich mit der Betrachtung der Situation von originären Gründern. Nur vereinzelt finden Nachfolger als Zielgruppe der Unternehmerausbildung Berücksichti-

---

[897] Vgl. Hartmann (2010), S. 194.
[898] Vgl. Hartmann (2010), S. 194f.
[899] Vgl. Hartmann (2010), S. 198.
[900] Vgl. Streeter/Jaquette/Hovis (2002), S. 9f. Diesem Ansatz entspricht auch Schramm (2010), S. 10f., welcher beschreibt, dass Entrepreneurship sowohl als Modul ideal für eine generelle Ausbildung ist als auch jeweils in die verschiedenen Disziplinen für eine möglichst weitreichende Verbreitung integriert werden sollte.
[901] Vgl. Schulte (2006), S. 2.
[902] Vgl. Uebelacker (2005), S. 18.

gung.[903] Während zwar, wie im vorherigen Abschnitt gezeigt, die Gemeinsamkeiten zwischen Gründern und Nachfolgern überwiegen, spricht doch einiges dafür, dass zumindest einige Lehrinhalte sowie die Praxisorientierung bei beiden Zielgruppen unterschiedlich sind. Die Forderung nach speziellen Entrepreneurship Education-Modulen für Nachfolger ist zum einen dadurch begründet, dass eine passgenaue Ausbildung mit höherer Wahrscheinlichkeit bessere Ergebnisse liefert.[904] Zum anderen ist das derzeitige bestehende Ausbildungsangebot in Deutschland im internationalen Vergleich als sporadisch zu bezeichnen.[905]

Ein weiterer Ansatz zur Beurteilung von Entrepreneurship Education-Programmen von Fayolle, Gailly und Lassas-Clerc (2006) enthält zunächst eine Beschreibung von Erfolgsfaktoren von Ausbildungsprogrammen, die jedoch ebenfalls für eine Charakterisierung von Programmen herangezogen werden können.[906] Sie beschreiben zunächst institutionelle Rahmenbedingungen der Bildungseinrichtungen sowie die für diese Programme bestehenden Ressourcen, Mechanismen und Strukturen als relevant für den Erfolg. Weiterhin wird die Zusammensetzung der Programmteilnehmer hinsichtlich ihrer Studienfächer, ihres Alters sowie ihrer Nationalitäten in diesem Ansatz berücksichtigt. Weitere Charakteristika in diesem Bewertungsmodell sind der Programmtyp und die Ausbildungsziele, wobei Programminhalte zur Steigerung des Bewusstseins bezüglich der Selbstständigkeit, zur gezielten Ausbildung von Unternehmensgründern, zur Verbesserung der unternehmerischen Dynamik sowie zur Weiterbildung von Unternehmern differenziert werden.[907] Die in den Programmen enthaltenen Lehrinhalte werden nach dem bereits beschriebenen System von Johannisson (1991) nach den fünf vermittelten Wissenskategorien unterteilt: Know-how, Knowwhy, Know-who, Know-when und Know-what.[908] Als weiterer Aspekt bei Programmen zur Unternehmerausbildung werden die angewandten Lehrformen in dem Modell betrachtet.[909]

---

[903] Vgl. Felden (2007) sowie Hills (2004). Hills (2004), S. 293, stellt mehrere Segmente für eine zielgruppenspezifische Ausbildung auf, die u. a. die Aspekte Geschlecht, persönliche Motive, Branchen und den Business Lifecycle der Auszubildenden betrachten, wobei Nachfolger eine von acht Untergruppierungen ausmachen. Dementsprechend lässt sich festhalten, dass die Zielgruppe der Unternehmensnachfolger bisher in der Literatur nur rudimentär betrachtet wird. Ein positives Beispiel für die Ausrichtung eines Unternehmerausbildungsprogramms, welches sowohl Gründer als auch Nachfolger berücksichtigt, findet sich an der Universität Hildesheim durch das Forschungsprojekt „Wege in die berufliche Selbstständigkeit", vgl. Ebbers/Krämer-Gerdes (2007), S. 102. Das Programm läuft über drei Semester mit jeweils zwei Semesterwochenstunden und richtet sich ausschließlich an Frauen. Aufgrund des zeitlichen Umfangs wird somit eher von einer Ergänzungszertifizierung ausgegangen, für die die Studentinnen eine Leistungsbescheinigung erwerben können. Dennoch wirbt das Programm sowohl mit gründungs- als auch mit nachfolgespezifischen Inhalten und bietet den Studentinnen die Möglichkeit, individuelle Gründungs- oder Nachfolgeprojekte vorzustellen. Die Berücksichtigung der Nachfolgeproblematik im Rahmen der Gründungslehre wird auch von Olbrich (2005), S. 265, angestrebt.

[904] Vgl. Wagner (2006), S. 73.

[905] Vgl. Pfannenschwarz (2008), S. 174.

[906] Vgl. Fayolle/Gailly/Lassas-Clerc (2006), S. 710.

[907] Vgl. Fayolle/Gailly/Lassas-Clerc (2006), S. 711, sowie Linan (2004).

[908] Vgl. Fayolle/Gailly/Lassas-Clerc (2006), S. 711, sowie Johannisson (1991).

[909] Vgl. Fayolle/Gailly/Lassas-Clerc (2006), S. 711.

Als zentrale Ziele dieses Rahmenkonzeptes für eine Entrepreneurship Education können somit die Sensibilisierung der Studierenden für die Selbstständigkeit (Erhöhung der Gründungs- sowie Nachfolgeneigung) sowie deren Qualifizierung (Verbesserung der Gründungs- oder Nachfolgefähigkeit) angesehen werden.[910] Diese Ausbildungsziele sind erreichbar und werden bereits in verschiedenen Studien bestätigt.[911] Neben den Lehrinhalten und -formen, die es teilweise für Gründer und Nachfolger noch zu differenzieren gilt, müssen jedoch auch verschiedene Lernstufen innerhalb eines Curriculums berücksichtigt werden. Diese werden anhand des in Abschnitt 3.5 beschriebenen Modells der Lernstufen nach Carayannis, Evans und Hanson (2003) erläutert. Im Rahmen des fünfstufigen Modells können die ersten beiden Stufen (Bildung der Grundlagen und Phase des Erwachens) dahingehend interpretiert werden, dass sie der Förderung der Neigung zur Selbstständigkeit (Sensibilisierung der Studierenden für eine Selbstständigkeit) dienen, da sie die Entrepreneurship-Werte im Ansehen erhöhen und die Teilnehmer dadurch die Selbstständigkeit als möglichen Karrierepfad für sich entdecken können.[912] Dabei wird die bei den Studierenden oftmals bestehende Kreativitätswand abgebaut. Die nachfolgenden Stufen (Spezialisierungs-, Kreations- und Reifephase) können als Förderung der Fähigkeit zur Selbstständigkeit angesehen werden, da dort die notwendigen Fachkenntnisse sowie technische Kenntnisse (wie Managementkompetenzen) vermittelt werden und eine Anwendung der erworbenen Kenntnisse erfolgt, so dass sowohl Methoden- als auch Sozialkompetenzen geschult werden. Es muss erwähnt werden, dass die Stufen zwar zeitlich einen unterschiedlichen Schwerpunkt aufweisen, sie sich aber grundsätzlich überlappen und fließende Übergänge existieren, d. h., dass bereits während der Grundmodulphasen betriebswirtschaftliches Fachwissen vermittelt wird und die Förderung der Neigung zur Selbstständigkeit auch während der letzten Phasen stattfindet. Von der zeitlichen Einordnung in die Unternehmerausbildung sind die Phasen „Bildung der Grundlagen" und „Phase des Erwachens" dem Grundmodul des Studiums zuzurechnen. Die Phasen „Spezialisierung", „Kreation" und „Reife" werden dem Fachmodul zugeordnet. Abbildung 47 verdeutlicht das beschriebene Curriculum.

---

[910] Vgl. Anderseck (2005), S. 169; Uebelacker (2005), S. 50; Welter/Rosenbladt (1998).

[911] Die signifikanten, positiven Auswirkungen von Programmen zur Unternehmerausbildung auf die Einstellung und Motivation der Teilnehmer werden von Peterman und Kennedy (2003) bestätigt. Im Falle des beispielhaft betrachteten „Berger Entrepreneurship Programms" wird von den Autoren ermittelt, dass die Wahrscheinlichkeit einer Gründung um 11 Prozent durch die Teilnahme am Programm gesteigert werden kann, wobei keine Ausdifferenzierung nach Programminhalten erfolgt.

[912] Vgl. ebenfalls zur Analyse der Neigung zur Selbstständigkeit Werner/Moog (2007), welche auf Basis des Humankapitaleinsatzes die Neigung analysieren.

Grund-modul	Steigerung der Unternehmerwerte im Ansehen der Studierenden.	Bildung der Grundlagen
Förderung der Neigung zur Selbst-ständigkeit	Selbstständigkeit wird als möglicher Karrierepfad angesehen und die eigene unternehmerische Persönlichkeit entdeckt, durch die Berücksichtigung des persönlichen Umfelds, der wirtschaftlichen Lage und personenspezifischer Merkmale, Reduktion der eigenen Kreativitätswand.	Phase des Erwachens
Fach-modul	Aneignung der notwendigen Fachkompetenzen, dazu zählen auch technische Kenntnisse (produkt- oder dienstleistungsbezogen) wie Managementkompetenzen oder auch Methodenkompetenzen.	Spezialisierungs-phase
Förderung der Fähigkeit zur Selbst-ständigkeit	Studierende lernen, die erworbenen Kenntnisse anzuwenden und bauen somit anwendungsbezogenes Methodenwissen auf, es werden somit handlungs-orientiertere Lehrmethoden angewandt, häufig team-basiert zum Aufbau von Sozialkompetenzen.	Kreationsphase
	Studierende machen eigene Erfahrungen, und es wird implizites Wissen aufgebaut, Studierende sehen Vorteile in der eigenen Selbstständigkeit.	Reifephase

Abbildung 47: Zuordnung der Ausbildungsziele zu den Lernphasen[913]

Nachdem allgemeine Hinweise zur Ausgestaltung von Entrepreneurship Education-Curricula sowohl aus Ansätzen zur allgemeinen Entwicklung von Curricula als auch aus Analysen bestehender Ausbildungsprogramme abgeleitet wurden, wird nachfolgend die Entrepreneurship Education an der Universität Siegen beschrieben und nach diesen Kriterien zur Programmausgestaltung charakterisiert. Des Weiteren werden aus Ausbildungsprogrammen anderer Hochschulen weitere Aspekte aufgegriffen, die im Rahmen eines Curriculums zur Unternehmerausbildung als ergänzende Bestandteile integriert werden können.

Die nachfolgende Auflistung fasst zunächst die in diesem Abschnitt beschriebenen Kriterien zur Gestaltung von Entrepreneurship Education-Programmen zusammen.[914]

- Institutionelle Rahmenbedingungen sowie Teilnehmer der Programme,
- Programmtypen und verfolgte Ziele,
- ständige Revision und Weiterentwicklung von Ausbildungsprogrammen,
- Differenzierung nach fokussierten oder universitätsweiten Programmen,
- Differenzierung bestimmter Bachelor- und Mastermodule,
- Differenzierung zentraler und dezentraler Modelle,

---

[913] Vgl. Carayannis/Evans/Hanson (2003).

[914] Diese Aufzählung erhebt keinen Anspruch auf Vollständigkeit, sondern umfasst wesentliche in der Literatur bereits analysierte und für die Ausbildung als relevant eingestufte Kriterien.

- Unterscheidung von gründer- und nachfolgerspezifischen Modulen,

- Integration handlungsorientierter Module in die Curricula,

- Betrachtung oder Integration komplexer Handlungsketten,

- Ableitung von Ausbildungsinhalten aus der künftigen Arbeitspraxis zum Erwerb gezielter Qualifikationen,

- Gestaltung prozessbezogener Curricula,

- Curriculumsplanung anhand 1. Kompetenz-, 2. Inhalts- und Struktur- sowie 3. Interaktionskomponente,

- gegenseitige Abstimmung von Lehrinhalten und Lehrformen,

- Analyse der zu vermittelnden Wissensarten: Know-how, Know-why, Know-who, Know-when und Know-what,

- Zuordnung von Lehrinhalten und Methoden zu Lehrstufen.

6.3 Beschreibung und Charakterisierung der Entrepreneurship Education der Universität Siegen

Um diese Kriterien zur Ausgestaltung von Entrepreneurship Education-Curricula an einem Fallbeispiel darstellen zu können, wird das Angebot zur Unternehmerausbildung an der Universität Siegen beschrieben. Dies bietet sich insbesondere deshalb an, weil die Daten der Existenzgründer- und Unternehmensnachfolgerstudie im Raum Siegen-Wittgenstein und Olpe erhoben wurden und sich der Großteil der Befragten auf die Universität Siegen als Ausbildungsort bezieht. Dabei muss jedoch angemerkt werden, dass das durch die befragten Existenzgründer und Unternehmensnachfolger beurteilte Ausbildungsangebot der Universität Siegen nicht mehr dem heutigen Angebot in Siegen gerecht wird. Gerade in den vergangenen Jahren hat sich die Entrepreneurship Education in Siegen grundlegend verändert, sowohl hinsichtlich der Anzahl als auch bezüglich der Abstimmung der einzelnen Angebote untereinander. Die ersten Veranstaltungen im Bereich Entrepreneurship Education in Siegen fanden 1998 statt. Dieses Angebot wurde seither sukzessive erweitert. So verfügt die Universität Siegen mittlerweile neben einem Lehrstuhl für Management in kleinen und mittleren Unternehmen, einem Gründerbüro, einem Zentrum für ökonomische Bildung (ZÖBIS) auch über einen Lehrstuhl für Unternehmensnachfolge, so dass sich gerade die differenzierte Betrachtung von Existenzgründern und Unternehmensnachfolgern auch im Angebot widerspiegelt und eine separate Berücksichtigung beider Zielgruppen erlaubt. Auf weitere unterstützende Einrichtungen und Lehrstühle mit Veranstaltungen in diesem Bereich wird später eingegangen. Nachfolgend werden die einzelnen Veranstaltungen näher erläutert und die Entwicklung der Entrepreneurship Education in Siegen skizziert.[915]

1998 startete der Lehrstuhl Pro KMU[916] (Management von kleinen und mittleren Unternehmen) mit den ersten Vorlesungen zum Thema Entrepreneurship sowie der Gründungswerkstatt, führte partiell erste Coachings für Gründungsprojekte durch und entwickelte ein Mentorenkonzept für Gründungsinteressierte. Die Teilnehmer dieser Veranstaltungen entstammten ausschließlich dem Fachbereich Wirtschaftswissenschaften, Wirtschaftsinformatik und Wirtschaftsrecht. Ein Jahr später wurde die außercurriculare Veranstaltung Gründerakademie[917] ins Leben gerufen, ein Intensivkurs zur Professionalisierung von Geschäftsideen sowie das Projekt Pro Transfer, welches Schlüsselkompetenzen und Gründungskonzepte bei Professoren und wissenschaftlichen Mitarbeitern fördert. Im Jahr 2000 wurde die erste Gründerstudie durchgeführt, eine empirische Befragung von Studierenden der Universität Siegen, welche 2006/07 und 2010 zur Evaluation der Gründungsneigung wiederholt und auf wissenschaftliche Mitarbeiter und Professoren ausgeweitet wurde.[918] Ebenfalls initiierten die Forschungstransferstelle der Universität und das Zentrum für Lehrerbildung im selben Jahr das RELEASE-Projekt für Lehramtstudiengänge zur Förderung einer Kultur der Selbstständigkeit in der Lehrerausbildung. Weiterhin wurde 2000 das erste Mal das Businessplan-Seminar der Universität Siegen durchgeführt, zunächst nur für Studierende der Wirtschaftswissenschaften und seit dem Sommersemester 2008 auch für Studierende anderer Fachbereiche. 2001 wurde von der Forschungstransferstelle und anderen universitätsexternen Institutionen das Netzwerk-Projekt „Transferorientierte Hochschule" gestartet, das neben einem Gründungsassistenten und -praktikerprogramm sowie verschiedenen Soft-Skill-Schulungen auch die Initiierung eines Beratungs- und Kapitalpools zum Ziel hatte. Seit 2002 ergänzt auch der Lehrstuhl für Medienmanagement das Angebot im Bereich Entrepreneurship Education durch eine gezielte Vermittlung von Grundlagenwissen zum Gründungsmanagement im Bereich Medien für Studierende der Wirtschaftswissenschaften und der Medienwissenschaften. Ebenfalls wurde 2002 das Netzwerkprojekt „Train the trainer" zur Schulung netzwerkrelevanter Berater und Akteure für Multiplikatoren inner- und außerhalb der Universität Siegen von der Forschungstransferstelle durchgeführt. Weitere außercurriculare Veranstaltungen im Jahr 2003 waren Soft-Skill-Schulungen für Studierende und Alumni sowie die Veranstal-

---

[915] Vgl. Gründerbüro der Universität Siegen (2010a) sowie Gründerbüro der Universität Siegen (2010b). Die zusammengetragenen Informationen zur Entrepreneurship Education wurden der Autorin freundlicherweise durch das Gründerbüro der Universität Siegen zur Verfügung gestellt. Alle folgenden Ausführungen beziehen sich im Wesentlichen auf zwei Dokumente in Form von tabellarischen Übersichten des Gründerbüros: 1. Entrepreneurship-Angebote und curriculare Verankerung Universität Siegen und 2. Erfahrung der Universität Siegen im Themenfeld Gründung seit 1998. Sie wurden bei Bedarf durch persönliche Gespräche mit den einzelnen Institutionen oder durch eigene Recherchen ergänzt.

[916] Der Lehrstuhl wurde mittlerweile in Lehrstuhl für Entrepreneurship und Innovationsmanagement umbenannt.

[917] Die Gründerakademie wurde erneut 2001 durchgeführt und soll ab September 2010 als jährliche Veranstaltung mit der Sparkasse Siegen als Partner durchgeführt werden.

[918] Vgl. Heinemann/Welter (2007) mit den Ergebnissen der Gründerstudie 2006/07.

tung „Existenzgründung in der sozialen Arbeit"[919] für Lehramtstudierende. Im selben Jahr wurde das Siegener Mittelstandsinstitut (SMI) der Universität Siegen gegründet, das seitdem sowohl durch Auftragsforschungsprojekte als auch durch Vortragsveranstaltungen zu KMU-relevanten Themen die Zusammenarbeit der Universität Siegen mit der regionalen Praxis intensiviert. Durch eine Kooperation zwischen dem Lehrstuhl für Pro KMU, dem Lehrstuhl für Medienmanagement sowie dem Siegener Mittelstandsinstitut wurde 2006 das erste Mittelstandsforum in Siegen organisiert, das fortan unter Einbeziehung weiterer Partner auch außerhalb der Universität Siegen alle zwei Jahre an wechselnden Standorten in Deutschland fortgeführt wird und maßgeblich zur Förderung der Mittelstandsforschung in Deutschland beiträgt. Weiterhin wurde von 2006 bis 2008 quartalsweise eine sogenannte RENEX-Sprechstunde für gründungsinteressierte Studierende im Bereich Wirtschaft angeboten. 2007 gelang die Initiierung einer Stiftungsprofessur im Bereich Unternehmensnachfolge durch mehrere regionale Stifter; diese begann im Oktober 2007 mit der Lehrtätigkeit. Das Gründerbüro der Universität Siegen wurde 2008 im Rahmen des EXIST-Projekts „Die Unternehmer-Uni" ins Leben gerufen, das als zentrale Anlaufstelle für alle gründungsinteressierten Studierenden, Mitarbeiter, Lehrende und Alumni zur Verfügung steht.[920] Das Lehrangebot des Gründerbüros ist eigenständig und praxisorientiert ausgerichtet, indem es dem Grundsatz „Lernen durch Handeln" folgt, und richtet sich insbesondere an ausgewählte Zielfachbereiche. „Get fit for E-Ship" ist ein dreitägiges Intensivseminar des Gründerbüros, das eigens von externen Führungskräftecoaches durchgeführt wird. Ergänzt wird das Angebot durch individuelle Coachings, Seminare zur Persönlichkeitsentwicklung und den Prime Cup, der sowohl Kenntnisse als auch persönliche Fähigkeiten fördert. Weiterhin wird die Vortragsreihe „Unternehmerische Universität" für eine hochschulweite Qualifikation organisiert. Das Gründerbüro wirkt hierbei als Inkubator für die Teilnehmer des Intensivseminars und bietet an, die eigene Geschäftsidee bis zur Marktreife zu unterstützen. Des Weiteren wird seit 2008 die Lehre insgesamt interdisziplinärer ausgestaltet, so dass nicht nur Studierende aus dem Bereich Wirtschaft, sondern auch Lehramtstudierende sowie Studierende aus den Bereichen Sprach-, Literatur- und Medienwissenschaften, Maschinenbau sowie Elektrotechnik und Informatik an den Veranstaltungen teilnehmen können. 2009 wurde speziell für wissenschaftliche Mitarbeiter und Professoren durch die Forschungstransferstelle ein „Patent- und Technologiescout" eingerichtet. Ebenfalls startete durch den Lehrstuhl für Unternehmensnachfolge und außeruniversitäre Kooperationspartner die erste Nachfolgestudie zur Analyse von Erfolgsfaktoren der Unternehmensnachfolge. Der Lehrstuhl organisiert seit diesem Jahr Theorie-Praxis-Workshops zur Unternehmens-

---

[919] Dieselbe Veranstaltung wurde 2006 sowohl mit Lehramtstudierenden als auch mit Studierenden der Wirtschaftswissenschaften wiederholt.

[920] Die Inhalte und Angebote des Projektes sind Ergebnisse der Siegener Gründerstudien, welche hohes Potenzial an Gründungsinteressierten in den Fachbereichen Erziehungswissenschaften, Maschinenbau, Elektrotechnik und Informatik (fast 60 Prozent), aber dort auch ein schwieriges Gründungsumfeld sowie keine bestehenden Ausbildungsmöglichkeiten ermittelten. Aus diesem Grund wurden zielgruppenspezifische Lehrangebote in Form von BWL-Grundlagen- und -Aufbauwissen sowie eines speziellen Businessplanseminars entwickelt, in dem Ideen bis zur praktischen Umsetzung ausgearbeitet werden können.

nachfolge mit Studierenden, wissenschaftlichen Mitarbeitern, Professoren und Experten aus der Praxis. Seit 2009 wird der internationale Erfahrungsaustausch durch Vorträge und Workshops mit internationalen Forschern durch das Gründerbüro vorangetrieben. Ebenfalls startete in diesem Jahr der Master-Studiengang „Management von kleinen und mittleren Unternehmen". 2010 initiierte das ZÖBIS ein Pilotprojekt „Unternehmerisches Handeln macht Schule", das Modulbausteine zur Förderung unternehmerischer Persönlichkeiten in allgemeinen und berufsbildenden Schulen entwickelt und einsetzt. Das ZÖBIS bietet auch das Modellprojekt „LEXI" in NRW an, das junge Frauen bereits in der Schule für alternative Beschäftigungsmodelle wie Gründungen sensibilisieren soll. Das Gründerbüro organisiert ferner die Vortragsreihe „Unternehmerische Universität" für Professoren und wissenschaftliche Mitarbeiter, die z. B. Workshops zu den Themen Technologie- und Innovationsmanagement umfasst.

Bisher wurden vor allem die Institutionen, die sich an der Universität Siegen mit Entrepreneurship Education befassen, vorgestellt und ihre speziellen Projekte beschrieben. Nachfolgend werden die Veranstaltungen wie Vorlesungen, Übungen und Seminare mit ihren jeweiligen Inhalten und Lehrformen der beteiligten Lehrstühle näher beschrieben.

Der Lehrstuhl für Entrepreneurship und Innovationsmanagement bietet verschiedene Veranstaltungen sowohl auf Bachelor- als auch auf Masterniveau an.[921] Im Rahmen des Bachelor-Studiengangs bietet der Lehrstuhl drei Vorlesungen an: Grundlagen Entrepreneurship & KMU-Management, Gründungsmanagement und Innovationsmanagement. Darüber hinaus ist die Erstellung einer Seminararbeit zum Management in KMU erforderlich. Der Master-Studiengang umfasst insgesamt sowohl mehr Vorlesungen als auch Seminare und integriert darüber hinaus handlungsorientierte Lehrformen. Zum Modul „Unternehmensgründung und -entwicklung" müssen von den Studierenden vier Vorlesungen inklusive Übungen erfolgreich belegt werden: Gründerwerkstatt, Unternehmensentwicklung, strategische Unternehmensführung sowie Krisen- und Turnaround-Management in KMU. Weitere Angebote des Lehrstuhls entfallen auf das Modul „Betriebswirtschaftlehre und Kommunikationskompetenz I", zu dem ein Businessplan-Seminar, ein Forschungs- und Fallstudienseminar sowie ein Projektseminar gehören.[922]

Der Stiftungslehrstuhl für Unternehmensnachfolge bietet ebenfalls verschiedene Veranstaltungen für den Bachelor- und den Master-Studiengang an. Für Studierende des Bachelor-Studiengangs werden die Veranstaltungen Aspekte des Family Business sowie Unternehmensführung angeboten. Des Weiteren stehen verschiedene Seminare zur Auswahl: Verhandlungsseminar Unternehmensnachfolge, Seminar der Unternehmens-

---

[921] Aufgrund der Umstellung in Deutschland von Diplom- auf Bachelor- und Master-Studiengänge in den vergangenen Jahren existieren derzeit auch noch Angebote für den Diplom-Studiengang mit Vertiefungsfach „Management kleiner und mittlerer Unternehmen". Diese entsprechen jedoch einer reduzierten Version der derzeitigen Module des Master-Studiengangs „Management kleiner und mittlerer Unternehmen" und werden daher nicht gesondert beschrieben.

[922] Bei dem Businessplan-Seminar erfolgt eine Unterstützung durch das Gründerbüro der Universität Siegen.

nachfolge, Family Business Case-Seminar sowie ein Seminar zu personalökonomischen Fragen in KMU, welche im Wechsel angeboten werden. Der Lehrstuhl deckt für den Master-Studiengang weiterhin das Modul „Unternehmensnachfolge" ab. Hierzu werden drei Veranstaltungen in regelmäßigem Turnus angeboten: Nachfolge-Lab, Optionen für die Unternehmensnachfolge sowie Erfolgsfaktoren der Unternehmensnachfolge. Darüber hinaus führte der Lehrstuhl in der Vergangenheit den zweiten Teil des Projektseminars „Projektseminar II" durch.[923] Im Bachelor-Studiengang werden auch Unternehmensplanspiele sowie ein achtwöchiges Pflichtpraktikum angeboten, so dass Studierende insgesamt mit unterschiedlichen subjektivistischen Lehrformen während ihres Studiums in Berührung kommen.

Ergänzt werden die Lehrveranstaltungen der beiden Studiengänge durch außercurriculare Veranstaltungen des Gründerbüros, das regelmäßig Praxis-Theorie- oder andere Themen-Workshops, Vortragsreihen, internationale Workshops und Vorträge, Gründerstammtische und Gründerwerkstätten für andere Fachbereiche als Wirtschaftswissenschaften anbietet und somit die Interdisziplinarität der Unternehmerausbildung fördert. Ebenso werden in Blockveranstaltungen Basiskurse in Betriebswirtschaftlehre für neu gegründete und junge Unternehmen aus technischen oder sozialen Bereichen angeboten, so dass auch Studierende ohne wirtschaftswissenschaftliches Studium in ihren Gründungsvorhaben gestärkt werden. Das Gründerbüro organisiert weiterhin einmal jährlich den EXIST-Prime-Cup, einen hochschuleigenen Campus-Cup in Form eines Management-Planspiels, den Workshop „Get fit for E-Ship", einen Soft-Skill-Kurs zusammen mit Dozenten aus der Praxis, die „Gründerakademie", eine Summer School für Gründungsinteressierte sowie mit der IHK Siegen zusammen das Praktikerforum, bei dem neue Geschäftskonzepte von Experten aus der Praxis beurteilt werden.[924] Weitere Kurse im Bereich Entrepreneurship Education werden vom ZÖBIS insbesondere für Lehramtstudierende angeboten. Das Institut bietet Lehrveranstaltungen zur Entrepreneurship Education, zum betriebswirtschaftlichen Basiswissen, zur didaktischen Analyse sowie zu handlungsorientierten Methoden regelmäßig an. Schließlich existieren weitere Lehrstühle wie der Lehrstuhl für Medienmanagement, der regelmäßig die Lehrveranstaltung „Gründungsmanagement Medien" anbietet, oder der Lehrstuhl für Wertschöpfungsmanagement in kleinen und mittleren Unternehmen, der bereits in der Vergangenheit Seminare zu den Themen Unternehmensnachfolge, Entrepreneurship Education sowie Fallstudienseminare durchgeführt hat.

Darüber hinaus gibt es die Möglichkeit, an den Lehrstühlen praxisorientierte Abschlussarbeiten zu schreiben und als studentische Hilfskraft in Auftragsforschungsprojekte des Siegener Mittelstandsinstituts mit KMU der Region eingebunden zu werden. Zudem verfügt die Universität Siegen über die studentische Initiative Study & Consult

---

[923] Einen Überblick über alle Module des Master-Studiengangs „Management in kleinen und mittleren Unternehmen" wird auf der Homepage der Universität Siegen (2010) gegeben. Die konkrete Organisation des Projektseminars kann jedoch auch in den folgenden Jahren an andere Lehrstühle übergeben werden.

[924] Detaillierte Informationen zum Angebot des Gründerbüros der Universität Siegen (2010c) finden sich auf dessen Homepage.

e.V., eine studentische Unternehmensberatung, die als Verein Studierenden aller Fachbereiche Beratungsprojekte vermittelt, die diese parallel zu ihrem Studium bearbeiten können.

Nachdem das Entrepreneurship Education-Angebot der Universität Siegen beschrieben wurde, wird dieses nun anhand der zuvor identifizierten Kriterien von Ausbildungsprogrammen charakterisiert.

a) Institutionelle Rahmenbedingungen sowie Teilnehmer der Programme

Zunächst lassen sich die institutionellen Rahmenbedingungen als gut bezeichnen, da sich vier Instanzen (Lehrstuhl für Entrepreneurship und Innovationsmanagement, Stiftungslehrstuhl für Unternehmensnachfolge, Gründerbüro und ZÖBIS) schwerpunktmäßig auf die Entrepreneurship Education fokussieren und von weiteren Lehrstühlen an der Universität unterstützt werden. Als Teilnehmer der Programme werden insbesondere seit den vergangenen Jahren auch Studierende aus anderen als dem Fachbereich Wirtschaftswissenschaften, Wirtschaftsinformatik und Wirtschaftsrecht integriert und durch das Gründerbüro werden auch Mitarbeiter und Lehrende als Zielgruppen der Entrepreneurship Education angesprochen.

b) Programmtypen und verfolgte Ziele

Als Programmtypen nach Fayolle, Gailly und Lassas-Clerc (2006) lassen sich an der Universität Siegen die Steigerung des Bewusstseins zur Selbstständigkeit, die gezielte Ausbildung von Unternehmensgründern sowie die Weiterbildung von externen Unternehmern identifizieren, wodurch bereits deutlich wird, dass der Unternehmerausbildung in Siegen verschiedene Zielsetzungen zugrunde liegen. Durch die Integration von Studierenden sowie Universitätsmitarbeitern aus unterschiedlichen Fachbereichen wird die Unternehmerausbildung zunehmend interdisziplinärer ausgestaltet.

c) Ständige Revision und Weiterentwicklung von Ausbildungsprogrammen

Durch eine verbesserte Koordination aller Bestrebungen im Bereich Entrepreneurship Education und die Einrichtung des Gründerbüros im Rahmen des öffentlich geförderten Programms „Die Unternehmer-Uni" konnte die Universität Siegen im Jahr 2009 Platz 15 im deutschlandweiten Ranking „Vom Student zum Unternehmer" erzielen.[925] Seither werden weitere Verbesserungen angestoßen und das Angebot ständig weiterentwickelt und optimiert. Insbesondere durch die Akkreditierung des Masters „Management von kleinen und mittleren Unternehmen" wurde eine verstärkte Absprache zwischen den einzelnen Lehrstühlen und eine verbesserte Koordination aller Aktivitäten an der Universität Siegen erzielt.

d) Differenzierung nach fokussierten oder universitätsweiten Programmen

Weiterhin kann die Unternehmerausbildung der Universität Siegen als universitätsweites Ausbildungsprogramm beschrieben werden, da die Entrepreneurship Education

---

[925] Damit verbesserte sich die Universität Siegen von Rang 48 2008 um 33 Plätze in nur einem Jahr. Vgl. Schmude/Heumann/Wagner (2009).

zwar ursprünglich im Fachbereich Wirtschaftswissenschaften angesiedelt war, derzeit jedoch auch die Teilnahme von Studierenden anderer Fachbereiche wie beschrieben ermöglicht. Gleichzeitig ist das ZÖBIS insbesondere auf Lehramtstudierende ausgerichtet, so dass an dieser Stelle ein anderer nicht wirtschaftswissenschaftlicher Schwerpunkt besteht.

e) Differenzierung bestimmter Bachelor- und Mastermodule

Die Unternehmerausbildung an der Universität Siegen bietet weiterhin sowohl Ausbildungsmodule für Bachelor- als auch Masterstudiengänge an. Im Rahmen des Bachelor-Studiengangs können beispielsweise folgende Veranstaltungen besucht werden: Grundlagen Entrepreneurship & KMU-Management, Gründungsmanagement, Innovationsmanagement, Aspekte des Family Business und Unternehmensführung. Des Weiteren stehen an mehreren Lehrstühlen verschiedene Seminare zur Auswahl. Im Master-Studiengang werden u. a. folgende Module zur Entrepreneurship Education angeboten: Gründerwerkstatt, Unternehmensentwicklung, strategische Unternehmensführung, Krisen- und Turnaround-Management in KMU, Nachfolge-Lab, Optionen für die Unternehmensnachfolge sowie Erfolgsfaktoren der Unternehmensnachfolge. Auch hier bestehen spezielle Seminarangebote an verschiedenen beteiligten Lehrstühlen.

f) Differenzierung von zentralen und dezentralen Modellen

Generell kann das Hauptangebot im Bereich der Entrepreneurship Education als dezentrales Modul bezeichnet werden, da es Studierende anderer Fachbereiche in die Veranstaltungen des Gründerbüros bzw. der integrierten Lehrstühle zieht.

g) Unterscheidung von gründer- und nachfolgerspezifischen Modulen

Bereits aufgrund der Angebote der beschriebenen Lehrstühle Entrepreneurship und Innovationsmanagement sowie Unternehmensnachfolge wird deutlich, dass die Universität Siegen sowohl gründungs- als auch nachfolgerspezifische Themen anbietet. Als Beispiele können an dieser Stelle zum einen die Teilnahme am EXIST-Prime Cup sowie die Gründerwerkstatt und zum anderen das Verhandlungsseminar Unternehmensnachfolge genannt werden.

h) Integration von handlungsorientierten Modulen in die Curricula

Durch die Anwendung subjektivistischer Lehrformen wie Projektseminare, Praktika, Planspiele und die Durchführung von Wettbewerben sind vermehrt handlungsorientierte Methoden in das Curriculum integriert. Dies konkretisiert sich insbesondere durch die Gründerwerkstatt sowie das Businessplan- und die Projektseminare, da Studierende aktiv in die Ausgestaltung einer Gründungsidee und der Bearbeitung eines Projekts eingebunden werden. Gleichzeitig werden durch die Einbindung von Experten aus der Praxis in die Ausgestaltung von Ausbildungsmodulen die Lehrinhalte aus der realen Arbeitpraxis abgeleitet. Somit wird gewährleistet, dass die vermittelten Lehrinhalte tatsächlich zur Bewältigung der Lebenssituationen dienen und die Studierenden die aus Praktikersicht notwendigen Qualifikationen erhalten.

i) Betrachtung oder Integration komplexer Handlungsketten

Insbesondere durch die Gründerwerkstatt sowie die Teilnahme an Wettbewerben, aber auch beispielsweise durch eine Mitarbeit an einem Auftragsforschungsprojekt des Siegener Mittelstandsinstituts sowie eines Beratungsprojekts bei Study & Consult e.V. erfolgt die Einbindung komplexer Handlungsketten im Rahmen des Ausbildungsprogramms. Studierende verfolgen aktiv, wie Ideen entwickelt und konkretisiert und schließlich in die Tat umgesetzt werden. Dabei gilt es komplexe Rahmenbedingungen, wie die Anmeldung einer GbR, die Erstellung eines Angebots, das Sammeln von Informationen, das Bearbeiten verschiedener Projektteilbereiche, die Präsentation von Meilensteinen und schließlich der Projektabschluss im Rahmen eines studentischen Beratungsprojekts zu beachten.

j) Ableitung von Ausbildungsinhalten aus der künftigen Arbeitspraxis zum Erwerb gezielter Qualifikationen

Durch die Einbindung von realen Gründern und Nachfolgern in die Entrepreneurship Education sowie über regelmäßige Gründer- und Nachfolgerstudien wird gewährleistet, dass praxisnahe Aspekte der beiden Zielgruppen identifiziert und in das Ausbildungsprogramm integriert werden. Somit wird gewährleistet, dass die Teilnehmer der Unternehmerausbildung praktisch relevante Qualifikationen erhalten können.

k) Gestaltung prozessbezogener Curricula

Das Curriculum der Universität Siegen bietet weiterhin einige Module entlang des Gründungsprozesses an und kann somit auch als prozessbezogen beschrieben werden. Es existieren einige Module, die sich mit der Gründung eines Unternehmens beschäftigen und Grundlagen sowie Kenntnisse zur Erstellung eines Businessplans vermitteln. Zudem gibt es Module zur Unternehmensentwicklung sowie Krisen- und Turnaround-Management, die die Wachstumsphasen des Unternehmens thematisieren. Auch der Lehrstuhl Wertschöpfungsmanagement insbesondere in kleinen und mittleren Unternehmen bietet verschiedene Masterveranstaltungen an, in denen sowohl strategische als auch operative Aspekte für kleine und mittlere Unternehmen behandelt werden, z. B. strategisches Wertschöpfungsmanagement oder Einführung in die betriebliche Umweltökonomie.

l) Curriculumsplanung anhand 1. Kompetenz-, 2. Inhalts- und Struktur- sowie 3. Interaktionskomponente

Die von Tramm (1994) geforderten Komponenten einer Curriculumsplanung lassen sich aus dem Ausbildungsangebot der Universität Siegen ebenfalls ableiten. So wird die Inhalts- und Strukturkomponente durch das inhaltliche Wissen gekennzeichnet, wie es in den Veranstaltungen zur Vermittlung des Basiswissens gelehrt wird, d. h. Grundlagen Entrepreneurship & KMU-Management, Gründungsmanagement, Aspekte der Unternehmensnachfolge, Aspekte des Family Business, Unternehmensführung sowie in den Basiskursen Betriebswirtschaft für neue und junge Unternehmen. Die Kompetenzkomponente wird vor allem dort gefördert, wo die Studierenden das erlernte Wissen anwenden und ihre Problemlösefähigkeiten trainieren können. Dies ist beispielsweise im Rahmen der Projektseminare, der Gründerwerkstatt sowie der Praktika möglich. Die Interaktionskomponente findet sich in allen Veranstaltungen wieder, die Gruppenarbeiten erforderlich machen. An dieser Stelle sind die beschriebenen Planspiele, das Businessplan-Seminar sowie die Teilnahme in Teams an Wettbewerben zu erwähnen.[926]

m) Gegenseitige Abstimmung von Lehrinhalten und Lehrformen

Bei der Beschreibung der Komponenten wird bereits ersichtlich, dass eine gegenseitige Abstimmung von Lehrinhalten und -formen bei der Ausgestaltung berücksichtigt wurde. So wird das Basiswissen sowohl im Bachelor- als auch im Master-Studiengang in Form von objektivistischen Lehrmethoden wie Vorlesungen oder Übungen vermittelt. Entsprechendes gilt für die Anwendung der subjektivistischen Lehrmethoden.

n) Analyse der zu vermittelnden Wissensarten: Know-how, Know-why, Know-who, Know-when und Know-what

Die Lehrinhalte an der Universität Siegen umfassen dabei alle nach Johannisson (1991) beschriebenen Wissensarten.[927] Das Know-what wird als inhaltliches Wissen in den bereits in der Inhaltskomponente beschriebenen Basisveranstaltungen vermittelt. Planspiele sind potenziell dazu geeignet, das notwendige Timinggefühl und somit das Know-when zu generieren.[928] Das Know-how entspricht dem Anwendungswissen, das sich auch in der Problemlösefähigkeit widerspiegelt und somit der Kompetenzkomponente entspricht. Das Know-why wird durch den Kontakt zu realen Gründern sowohl über das Netzwerk RENEX als auch über die Einbindung von Praktikern in die Lehre entwickelt. Schließlich kann das Know-who mit der zuvor dargestellten Interaktionskomponente verglichen werden, so dass sich auch diese Wissensart im Curriculum wiederfindet.

o) Zuordnung von Lehrinhalten und Methoden zu Lehrstufen

Weiterhin wird die Identifikation der beschriebenen Lernstufen innerhalb des Angebots der Universität Siegen überprüft. Sowohl im Bachelor- als auch im Master-Studiengang finden sich verschiedene Lernstufen wieder, da beide berufsqualifizierende Studiengänge darstellen. Deswegen werden nachfolgend für beide Studiengänge die entsprechenden Veranstaltungen den verschiedenen Lernstufen zugeordnet. Die Einbindung von Studierenden aus anderen Fachbereichen als dem der Wirtschaftswissenschaften, Wirtschaftsinformatik und Wirtschaftsrecht wird zwar ermöglicht, wird derzeit jedoch zumeist über Wahlmodule der einzelnen Studienordnungen gewährleistet und an dieser Stelle nicht weiter betrachtet.

---

[926] Vgl. Tramm (1994).
[927] Vgl. Johannisson (1991).
[928] Vgl. dazu die Ausführungen in Abschnitt 3.5.

Bis auf ein für alle Studierenden des Bachelor-Studiengangs verpflichtendes Internet-Unternehmensplanspiel, das grundsätzlich zum unternehmerischen Denken und Handeln motivieren kann, müssen sich die Teilnehmer eigenständig für die Auswahl der speziellen Betriebswirtschaftslehre Management kleiner und mittlerer Unternehmen entscheiden, um an der Entrepreneurship Education teilnehmen zu können. An dieser Stelle fehlt ein verpflichtendes Modul für alle Studierenden, in dem diese die Möglichkeit haben, ihre Eignung für die Selbstständigkeit als eigene Berufsalternative zu überprüfen. Studienbegleitend haben die Studierenden die Möglichkeit, freiwillig Vorträge von Praktikern im Rahmen der Vortragsreihe „Unternehmerische Universität" des Gründerbüros anzuhören. Um die Phase des Erwachens zu unterstützen, können die Studierenden zudem außerhalb des Curriculums an Veranstaltungen zur Persönlichkeitsentwicklung des Gründerbüros teilnehmen. Wie in Abbildung 48 deutlich erkennbar ist, sind die ersten beiden Phasen verbesserungsfähig, insbesondere was die im Curriculum verankerten Veranstaltungen betrifft. Sofern sich die Studierenden für die Spezialisierung „Management kleiner und mittlerer Unternehmen" entscheiden, wird ihnen das notwendige Basiswissen über Vorlesungen wie Grundlagen Entrepreneurship und KMU-Managment, Innovationsmanagement und Gründungsmanagement sowie ein Seminar vermittelt, welche der Spezialisierungsphase im Bachelor-Studiengang entsprechen. Weitere Veranstaltungen aus dem Bereich der Unternehmensnachfolge sind beispielweise Aspekte des Family Business sowie Unternehmensführung. Die Kreationsphase im Bachelor-Studiengang wird zum einen im Rahmen des Studiums über das Modul Entwicklung von Führungskompetenz durch die Veranstaltungen Theoretische Grundlagen der Führungskompetenz und Kompetenzentwicklung sowie über alternativ wählbare Planspiele „Top-Sim" oder ein Planspiel zur operativen Planung ermöglicht. Manche Studierenden werden über die Wahl eines zweiten Schwerpunktes auch die Möglichkeit haben, ein Fallstudienseminar beispielsweise am Lehrstuhl Wertschöpfungsmanagement zu belegen, dies ist jedoch von der Wahl der speziellen Betriebswirtschaftslehre abhängig. Studienbegleitend kann an dieser Stelle z. B. über das Gründerbüro eine Teilnahme am EXIST-Prime Cup, an Theorie-Praxis-Workshops oder an Gründerstammtischen erfolgen. Die Reifephase wird im Rahmen des Bachelors über das verpflichtende Unternehmenspraktikum erzielt. Des Weiteren besteht für die Studierenden die Möglichkeit, praxisorientierte Bachelorarbeiten anzufertigen. Freiwillig können die Studierenden studienbegleitend als studentische Berater Beratungsprojekte durchführen oder als studentische Hilfskraft am Siegener Mittelstandsinstitut bei Auftragsforschungsprojekten mitwirken.

Grund-modul Förderung der Neigung zur Selbst-ständigkeit	Internet-Unternehmensplanspiel, studiumsbegleitend: Vorträge von Praktikern im Rahmen der Vortragsreihe „Unternehmerische Universität" des Gründerbüros	Bildung der Grundlagen
	Internet-Unternehmensplanspiel, studiumsbegleitend: Veranstaltungen zur Persönlichkeitsentwicklung des Gründerbüros	Phase des Erwachens
Fach-modul Förderung der Fähigkeit zur Selbst-ständigkeit	Grundlagen Entrepreneurship und KMU-Managment, Innovationsmanagement und Gründungsmanagement, Aspekte des Family Business sowie Unternehmensführung, Seminare zur Gründung und Nachfolge	Spezialisierungs-Phase
	Veranstaltungen zu theoretischen Grundlagen der Führungskompetenz sowie Kompetenzentwicklung und die Planspiele „Top-Sim" oder ein anderes zur operativen Planung, ggf. Fallstudienseminare an Lehrstühlen (bspw. im Bereich Unternehmensnachfolge und Wertschöpfungsmanagement), studiumsbegleitend: Veranstaltungen des Gründerbüros, wie die Teilnahme am EXIST-Prime Cup, Praxis-Theorie-Workshops, Gründerstammtische	Kreationsphase
	Unternehmenspraktikum sowie Anfertigung einer Praxis-Bachelorarbeit, weitere Möglichkeiten studiumsbegleitend: Mitarbeit bei Study & Consult e.V. als studentischer Berater oder als studentische Hilfskraft in SMI-Projekten	Reifephase

Abbildung 48: Zuordnung der Bachelor-Module zu den Lernphasen[929]

Im Master-Studiengang wird bereits aus der nachfolgenden Abbildung 49 deutlich, dass keine eigene Veranstaltung zur Bildung der Grundlagen oder zur Phase des Erwachens enthalten ist, wobei diese Aspekte teilweise in anderen Veranstaltungen mit abgedeckt werden. Es kann jedoch davon ausgegangen werden, dass Studierende, die sich für den Master „Management kleiner und mittlerer Unternehmen" eingeschrieben haben, bereits die erforderliche Neigung zur Selbstständigkeit mitbringen. Dementsprechend gering ist das Angebot der ersten beiden Lernphasen im Master vertreten. Die studienbegleitenden Veranstaltungen entsprechen denen des Bachelor-Studiengangs und werden an dieser Stelle nicht noch einmal wiederholt. Zur Aneignung der notwendigen Fachkompetenzen in der Spezialisierungsphase steht dem Studierenden ein vielfältiges Angebot zur Verfügung: Unternehmensentwicklung, strategische Unternehmensführung, Optionen für die Unternehmensnachfolge, Erfolgsfaktoren der Unternehmensnachfolge, Personalmanagement im Mittelstand, Gesellschaftsrecht sowie Einführung in die Vertragsgestaltung. Insbesondere die Kreationsphase ist im Master-Studiengang im Vergleich zum Bachelor-Studiengang deutlich erweitert. Hier sind Nachfolge-Lab, Businessplan-Seminar, die Projektseminare I und II sowie ein Forschungs- oder Fallstudienseminar in das Curriculum integriert, so dass eine zunehmende Handlungs- und Interaktionsorientierung erfolgt. Die Reifephase wird im Rahmen des Studiums über die Gründerwerkstatt sowie über die Bearbeitung einer Praxis-Masterarbeit bedient. Somit haben die Studierenden des Master-Studiengangs ebenfalls die Möglichkeit, eigene Erfahrungen bezüglich selbstständiger Tätigkeit zu machen.

---

[929] Vgl. Carayannis/Evans/Hanson (2003).

210

Grund-modul Förderung der Neigung zur Selbst-ständigkeit	Studiumsbegleitend: Vorträge von Praktikern im Rahmen der Vortragsreihe „Unternehmerische Universität" des Gründerbüros	Bildung der Grundlagen
	Studiumsbegleitend: Veranstaltungen zur Persönlichkeitsentwicklung des Gründerbüros	Phase des Erwachens
Fach-modul Förderung der Fähigkeit zur Selbst-ständigkeit	Unternehmensentwicklung, strategische Unternehmens-führung, Optionen für die Unternehmensnachfolge, Erfolgsfaktoren der Unternehmensnachfolge, Personal-management im Mittelstand, Gesellschaftsrecht, Einführung in die Vertragsgestaltung	Spezialisierungs-Phase
	Nachfolge-Lab, Businessplan-Seminar, Projektseminare I und II, Forschungs- oder Fallstudienseminar, ggf. weitere Fallstudienseminare an anderen Lehrstühlen (bspw. im Bereich Wertschöpfungsmanagement), studiumsbegleitend: Veranstaltungen des Gründerbüros, wie die Teilnahme am EXIST-Prime Cup, Praxis-Theorie-Workshops, Gründerstammtische, Summer Schools zum Thema Gründung	Kreationsphase
	Gründerwerkstatt, Anfertigung einer Praxis-Masterarbeit, weitere Möglichkeiten studiumsbegleitend: Mitarbeit bei Study & Consult e.V. als studentischer Berater oder als studentische Hilfskraft in SMI-Projekten	Reifephase

Abbildung 49: Zuordnung der Master-Module zu den Lernphasen[930]

An dieser Stelle müsste hinterfragt werden, ob in beiden Studiengängen eine ver-pflichtende Veranstaltung sinnvoll wäre, die einzig zur Erhöhung der Unternehmer-werte im Ansehen sowie zum Aufzeigen der Selbstständigkeit als möglicher Karrie-repfad dient. Damit könnte insbesondere die Neigung zur Selbstständigkeit geweckt werden, bevor eine Auswahl der speziellen Betriebswirtschaftslehre erfolgt, so dass sich vielleicht mehr Studierende für die Entrepreneurship Education begeistern wür-den. Nachdem allerdings eine Entscheidung für die spezielle Betriebswirtschaftlehre Management kleiner und mittlerer Unternehmen erfolgt ist, bietet die Universität Sie-gen ein vielfältiges Angebot an Lehrinhalten und -formen an, das sowohl Existenz-gründern als auch für Unternehmensnachfolgern eine gute Unternehmerausbildung ermöglicht.

6.4 Angebote der Entrepreneurship Education an anderen Hochschulen

Obwohl sich im Rahmen der Entrepreneurship Education bereits einige Entwicklungen vollzogen haben, wird die Unternehmerausbildung in Deutschland im Vergleich zu den USA immer noch häufig als rückständig bezeichnet.[931] Als weltweit traditions-reichste Hochschule für Entrepreneurship Education kann das Babson College in den USA bezeichnet werden.[932] Besonders hervorzuheben bezüglich der Unternehmeraus-

---

[930] Vgl. Carayannis/Evans/Hanson (2003).
[931] Vgl. Sternberg/Brixy/Hundt (2007).
[932] Vgl. Babson College (2010).

bildung ist der hohe Grad an Interdisziplinarität, die regelmäßige Organisation von Fachkonferenzen in diesem Gebiet sowie die standardmäßige Integration von insgesamt mehr als 75 Fallstudien in das Curriculum.[933] Weiterhin werden die Studierenden über Interviews und Diskussionsrunden mit realen Gründern, aber auch mit anderen Kursteilnehmern dazu gebracht, kritisch zu Gründungsvorhaben Stellung zu nehmen und diese zu verbessern, so dass durch dieses Hinterfragen eine stetige Auseinandersetzung mit der eigenen Businessplanentwicklung sichergestellt wird.[934]

Die Harvard Business School bindet in ihre Entrepreneurship Education ebenfalls eine Vielzahl von Fallstudien ein, die hier sogar selbst auf die eigene Region sowie die heterogenen Berufgruppen der Studierenden bezogen, erstellt werden. Die Kurse sind fakultativ und können in Teilzeitform neben dem eigentlichen Hauptstudium, aber auch noch neben dem späteren Berufsleben belegt werden. Somit werden auch Teilnehmer in den Kursen ausgebildet, die sich bereits mit einem konkreten Gründungsvorhaben auseinandergesetzt haben.[935]

Während das Babson College die Entrepreneurship Education vorwiegend im Bereich Wirtschaftswissenschaften angesiedelt hat und Interdisziplinarität durch eine Öffnung dieses Angebotes für andere Studiengänge gewährleistet wird, legen sowohl die Pennsylvania State University als auch das Massachusetts Institute of Technology (MIT) ihren Entrepreneurship-Schwerpunkt eher auf den Bereich Technologie. Die Kurse werden vorwiegend an technischen Innovationen (Produkte und Verfahren) ausgerichtet, und die Studierenden werden gezielt dazu ausgebildet, ihre eigenen Ideen in Form eines universitären Spin-offs aus der Hochschule zu verwirklichen. Entrepreneurship-Kurse werden von den Teilnehmern parallel zu dem technisch orientierten Hauptstudium belegt und können frei ausgewählt werden.[936] Gerade bei Studierenden dieser technisch orientierten Hochschulen wird die Motivation zur Arbeit an technologischen Problemen zur Generierung innovativer Möglichkeiten gefördert. Dies wird durch spezielle Trainingsmethoden zur Möglichkeitsidentifikation wie Gruppen zur Ideengenerierung oder Kontakten zu anderen Erfindern gefördert.[937] Weiterhin wird insbesondere bei Analysen des MIT über eine Selektion von Studierenden vor der Unternehmerausbildung berichtet, da ermittelt wurde, dass sowohl die Persönlichkeitsstruktur als auch die Einstellung bezüglich der Selbstständigkeit bei den Teilnehmern dort eher unternehmerisch geprägt waren. Somit argumentieren Lüthje und Franke (2002), dass eine Auswahl geeigneter Studierender vor der Wahl des Studienschwerpunktes Entrepreneurship Education auch in Deutschland erfolgen sollte, damit die begrenzten Mittel für diese Ausbildung bei den richtigen Studierenden eingesetzt werden.[938]

Starke Parallelen zum Angebot der amerikanischen Hochschulen weist die European

---

[933] Vgl. Eickhoff (2008), S. 17.
[934] Vgl. Hartmann (2010), S. 177f.
[935] Vgl. Hartmann (2010), S. 183f.
[936] Vgl. Hartmann (2010), S. 179ff.
[937] Vgl. Lüthje/Franke (2002), S. 10.
[938] Vgl. Lüthje/Franke (2002), S. 9.

Business School auf. Neben der jährlichen Mitorganisation der internationalen Fachkonferenz „Internationalizing Entrepreneurship Education and Training" (IntEnt-Conference) wird ein eigens an dieser Hochschule entwickeltes Computerplanspiel namens EVA in der Unternehmerausbildung eingesetzt, bei dem die Studierenden zwei Tage lang eine virtuelle Firmengründung selbstständig vornehmen.[939] Eine weitere Besonderheit der Entrepreneurship Education sind die von Studierenden selbstständig im Rahmen von Exkursionen zu Gründungsfirmen entwickelten Fallstudien, wobei sowohl die Problemanalysefähigkeiten der Teilnehmer als auch die hohe Handlungsorientierung im Unterricht deutlich werden.[940]

Die Rheinisch-Westfälische Technische Hochschule (RWTH) Aachen gehört zu den führenden technischen Hochschulen in Deutschland und berücksichtigt in ihrer Entrepreneurship Education insbesondere den hohen Forschungsinput und -output in Mathematik/Naturwissenschaften sowie Ingenieurwissenschaften. Aufgrund der vorhandenen Forschungsstärke bietet die Region Aachen ein hohes Potenzial für technologieorientierte Gründungen, insbesondere im High-Tech-Bereich.[941] Durch das öffentlich geförderte Drittmittelprojekt im Rahmen von EXIST III namens TOGA (Technologie-Orientierte Gründungen in Aachen) wurden verschiedene Praxisprojekte initiiert, wodurch das Gründungspotenzial der Hochschule gerade im Bereich Technologie besser ausgeschöpft werden konnte. Damit gehen die Ausweitung der Aktivitäten des Gründerkollegs sowie die Exzellenzinitiative mit dem Forschungsthema „Patentverwaltung und -strategien" einher.[942] Eine weitere Besonderheit stellt der WIN-Trichter der RWTH Aachen dar, mit dem das speziell ausgearbeitete Lehrkonzept für Ingenieure und Naturwissenschaftler über drei Module beschrieben wird: 1. Allgemeine Einführung in die Betriebswirtschaftslehre, 2. Entrepreneurship (Innovations- und Gründungsmanagement) und 3. Entrepreneurial Marketing und Finance.[943] Damit ähneln die Ansätze der RWTH Aachen in vielen Bereichen denen des MIT.

Als weitere Besonderheiten der Entrepreneurship Education in Deutschland ist die Teekampagne der Freien Universität Berlin zu nennen, ein studienbegleitend von Studierenden geführtes Studierendenunternehmen, welches den Einzelhandel umgeht und qualitativ hochwertigen Tee in großen Losgrößen einkauft und direkt vertreibt.[944] Dadurch können die Studierenden die erlernte Theorie direkt in der Praxis anwenden. Ein ähnliches Projekt wird in Form der SPEZ GmbH (Studentisches Produktions-, Forschungs- und Entwicklungszentrum) an der TU Dresden durchgeführt. Dieses Unternehmen wurde 1997 gegründet und ist das erste Produktionsunternehmen, das bis auf die Geschäftsführung komplett durch Studierende studienbegleitend betrieben wird.[945] Da bei beiden Studierendenunternehmen das Team der Studierenden regelmä-

---

[939] Vgl. Hartmann (2010), S. 185f.
[940] Vgl. Hartmann (2010), S. 187.
[941] Vgl. Schleinkofer/Kulicke (2009), S. 62ff.
[942] Vgl. Schleinkofer/Kulicke (2009), S. 66f.
[943] Vgl. Schleinkofer/Kulicke (2009), S. 70.
[944] Vgl. Faltin (2001), S. 123ff.
[945] Vgl. SPEZ GmbH (2010).

ßig zur Betreibung der Unternehmen wechselt, kann zwar nach wie vor der Kontakt zur Praxis, nicht aber die Gründungserfahrung, sondern bestenfalls die Erfahrung zum Erhalt der Unternehmen gewährleistet werden.[946]

Weiterhin existiert in Berlin seit 2001 die Stiftung Entrepreneurship, welche das Umfeld für Entrepreneurship günstig beeinflussen möchte. Durch die Gründung des Labors für Entrepreneurship werden in Interviews mit Gründern auf systematische Weise konkrete Gründungsideen gemeinsam reflektiert und optimiert. Hier wird eine offene Kultur des „Unternehmerischen" gefördert, wobei eine Voranmeldung aller Teilnehmer verpflichtend ist. Dabei kann die Teilnahme sowohl vor Ort als auch über einen Livestream im Internet erfolgen.[947] Ziel ist dabei die Konkretisierung und tatsächliche Umsetzung von Gründungsideen.

Neben der Ausgestaltung von universitätseigenen Businessplan-Wettbewerben besteht in Deutschland der vom Bildungswerk des Bayrischen Wirtschaft e.V. entwickelte „Fünf Euro Business Wettbewerb" seit dem Wintersemester 1999/2000. Ziel des Wettbewerbs ist es ebenfalls, Studierende zur Gründung eines eigenen Unternehmens zu motivieren, wobei den Studierendenteams jeweils fünf Euro als Startkapital sowie ein Handbuch mit dem notwendigen Grundwissen zur Verfügung stehen. Am Ende der Unternehmensphase treten die Teams im Rahmen einer Abschlussveranstaltung gegeneinander an, und eine fachkundige Jury ermittelt die Gewinner. Während der Projektdauer stehen den Teams universitätseigene Betreuungsteams für Fragen zur Verfügung. Der Vorteil liegt zum einen darin, dass ein standardisiertes Konzept diesem Wettbewerb zugrunde liegt, welches derzeit von 15 Hochschulen in Deutschland und Österreich umgesetzt wird. Zum anderen wird von den Studierenden nicht nur die Ausgestaltung eines Businessplans, sondern auch dessen Umsetzung und das tatsächliche Betreiben des Unternehmens erwartet, wodurch die Praxisorientierung intensiviert wird. Negativ ist jedoch die Begrenzung des Budgets auf fünf Euro zu bewerten, da dadurch gute Gründungsideen eventuell von der weiteren Betrachtung ausgeschlossen werden.[948]

Diese Angebote haben gezeigt, dass die Möglichkeiten zur Ausgestaltung der Entrepreneurship Education vielfältig sind und dass auch das Programm der Universität Siegen künftig noch um weitere innovative Möglichkeiten erweitert werden kann. Weiterhin kann festgehalten werden, dass die meisten Maßnahmen sowohl Vor- als auch Nachteile haben. Grundsätzlich sollten die Aktivitäten der Hochschulen im Bereich Unternehmerausbildung einem Gesamtkonzept unterliegen, und es sollte eine Abstimmung von Lehrinhalten und -formen erfolgen sowie eine Berücksichtigung verschiedener Lernphasen. Somit gilt es das Entrepreneurship Education-Programm der Hochschulen ständig hinsichtlich der Kosten und Nutzen für neue Module kritisch zu reflektieren. Es ist eine kontinuierliche Verbesserung der Unternehmerausbildung anzustreben, da sich diese nur so an sich gegebenenfalls verändernde Bedürfnisse der Zielgruppen anpassen und somit zeitgemäß bleiben kann.

---

[946] Vgl. Hartmann (2010), S. 190.
[947] Vgl. Labor für Entrepreneurship (2010).
[948] Vgl. Fünf Euro Business Wettbewerb (2010).

7 Fazit und Ausblick

7.1 Zusammenfassung

Die vorliegende Arbeit überprüfte anhand von zwei parallel aufgebauten, empirischen Studien bei Existenzgründern und Unternehmensnachfolgern die zielgruppenspezifischen Anforderungen an eine Entrepreneurship Education an Hochschulen. Dabei wurde zunächst für beide Zielgruppen bestätigt, dass aus Praxissicht eine Ausbildungslücke bezüglich des Bedarfes an praxisorientierter Ausbildung und der tatsächlichen Praxiorientierung des Studiums besteht. Weiterhin demonstrierten die Studienergebnisse die hohe Bedeutung von Lehrmethoden außerhalb der Hochschule im Vergleich zu den klassischen Lehrmethoden innerhalb der Hochschule aus Sicht der Befragten.

Schließlich trug die Arbeit dem Ansatz Rechnung, dass sich eine Unternehmerausbildung an Hochschulen nicht ausschließlich an der Zielgruppe der Gründer orientieren sollte. Zum einen wurde anhand der beschriebenen Nachfolgerlücke[949] ein zukünftiger Bedarf an Nachfolgern in der Praxis konstatiert. Zum anderen demonstrierten die Ergebnisse vereinzelte inhaltliche und methodische Unterschiede bezüglich der Anforderungen von Unternehmensnachfolgern an eine Unternehmerausbildung, welche auch empirisch bestätigt werden konnten.

Beide Studien gaben einen Überblick über die Stärken und Schwächen der Gründungs- und Nachfolgeforschung und -förderung sowie der Entrepreneurship Education an Hochschulen. Dabei wurde eine Vielzahl an Erkenntnissen aus der Literatur hinsichtlich Erfolgs- und Misserfolgsfaktoren, Persönlichkeitsmerkmalen und der Motive zur Selbstständigkeit bestätigt. Der parallele Aufbau der beiden Studien ermöglichte darüber hinaus einen direkten Vergleich beider Zielgruppen, der in der Literatur bisher nicht in dieser Form durchgeführt wurde. Anhand verschiedener Ansätze zur Curriculums-Entwicklung sowie zur Beurteilung von Unternehmerausbildungsprogrammen wurden Kriterien zur Charakterisierung von Entrepreneurship Education-Programmen abgeleitet. Diese Kriterien beschrieben weiterhin Auswirkungen der Auswahl der Lehrinhalte und -formen sowie die Zuordnung dieser zu den jeweiligen Lernphasen. Anhand des Lernstufen-Modells nach Carayannis, Evans und Hanson (2003) wurde eine Differenzierung von einem Grund- und einem Fachmodul vorgenommen. In diese ließen sich die beiden Ausbildungsziele zur Entwicklung der Neigung und nachfolgend der Vermittlung der Fähigkeit zur Selbstständigkeit integrieren.[950] Des Weiteren wurde die Entrepreneurship Education der Universität Siegen beschrieben, die die differenzierte Betrachtung von Existenzgründer und Unternehmensnachfolger durch unterschiedliche Lehrstühle und Institute berücksichtigt. In einem weiteren Schritt erfolgte die Charakterisierung der Unternehmerausbildung der Universität Siegen anhand der zuvor abgeleiteten Kriterien. Schließlich wurden spezielle Angebote anderer natio-

---

[949] Vgl. Kay/Schlömer (2009), S. 55; Baumann et al. (2003), S. 44, sowie Gavac et al. (2000).

[950] Vgl. Ebbers (2004), S. 239. Die Sensibilisierung der Studierenden erfolgt zeitlich immer vor der Qualifizierung, vgl. Zacharias/Choi/Weaver (2009), S. 393.

© Springer Fachmedien Wiesbaden GmbH, ein Teil von Springer Nature 2011
N. Uebe-Emden, *Entrepreneurship Education an Hochschulen für Gründer und Nachfolger*, Edition KWV, https://doi.org/10.1007/978-3-658-24358-6_7

naler und internationaler Entrepreneurship Education-Programme beschrieben, die als Vorschläge zur weiteren Ausgestaltung der Unternehmerausbildung dienen können.

Die Arbeit legte zudem einen Schwerpunkt auf die in der Literatur bislang nur wenig fokussierte Ausbildung der Unternehmensnachfolger. Dabei wurden im Rahmen eines Strukturgleichungsmodells Erfolgsfaktoren der Unternehmensnachfolge untersucht, wobei das Modell von Morris et al. (1997) getestet und um die vier Strukturbrüche nach Letmathe und Hill (2006) erweitert wurde.[951] Dabei wurde die Bedeutung der strukturverändernden Maßnahmen durch den Nachfolger aufgezeigt. Das Strukturgleichungsmodell betonte den starken Einfluss auf den Erfolg, den der Nachfolger durch Veränderungen sowohl im Bereich von Technologie und Wissen als auch bezüglich des Führungsstils und der Organisationsstruktur im Unternehmen ausüben kann. Dies zeigte sich an der deutlichen Zunahme der erklärten Varianz von über 18,4 Prozent. Im Rahmen der Unternehmensnachfolgerstudie verlieren damit sowohl die familieninternen Beziehungen sowie der Übergabeprozess als auch die analysierte Marktfalle an Bedeutung.[952] Damit kommt den Handlungen des Unternehmensnachfolgers eine besondere Bedeutung zu, während die Ausgangssituation im Unternehmen zum Zeitpunkt der Übernahme weniger relevant für einen erfolgreichen Übergabeprozess ist.

7.2 Kritische Würdigung und weiterer Forschungsbedarf

Die beiden empirischen Studien ermöglichen bereits vielfältige Implikationen für die Unternehmerausbildung. Allerdings werden durch sie auch weitere Forschungsfragen aufgeworfen, denen nachgegangen werden sollte.

Obwohl die Studienergebnisse die Stärken und Schwächen in der Förderung und Ausbildung von Existenzgründern und Unternehmensnachfolgern einander vergleichend gegenüberstellen und Aussagen über die Entwicklung von Entrepreneurship Education-Programmen zulassen, sollten die Ergebnisse durch weitere Forschungen validiert und ergänzt werden. Zum einen könnten weitere Studien versuchen, die im Rahmen der Unternehmensnachfolgerstudie gebildeten Konstrukte bezüglich der Planungs- und Kontrollaktivitäten sowie der Machtstellung des Übergebers, die im Rahmen dieser Studie nicht bestätigt werden konnten, zu integrieren. An dieser Stelle wie auch bei dem verwendeten Ausbildungskonstrukt bietet sich eine Überarbeitung der Itembatterie an, da das Ausbildungskonstrukt ausschließlich die Länge der Ausbildung und keine qualitativen Aspekte widerspiegelt. Zum anderen würde ein größerer Stichprobenumfang vermutlich die Integration aller Konstrukte zu einem umfassenden Gesamtmodell ermöglichen und dabei auch bei den von der Stichprobengröße abhängigen Fit-Indizes gute Werte erzielen. Eine noch umfangreichere Erhebung würde darüber hinaus vermehrt Aufspaltungsmöglichkeiten nach einzelnen Zielgruppen (z. B. Fach-

---

[951] Vgl. Letmathe/Hill (2006); Morris et al. (1997).
[952] Besonders die familiären Beziehungen stellen im ursprünglichen Modell nach Morris et al. (1997) den zentralen Erfolgsfaktor dar.

bereiche) oder nach Vorkenntnissen ermöglichen.

Die Ergebnisse der Studien wurden im Verlauf der Arbeit bereits mit anderen Studienergebnissen verglichen, um ihre Repräsentativität hinsichtlich der Stichprobenstruktur aufzuzeigen. Die Vergleichbarkeit leidet dabei allerdings aufgrund der unterschiedlichen Studiendesigns. Der Bedarf an einer Befragung sowohl der Angebotsseite (Professoren, wissenschaftliche Mitarbeiter, Experten und Förderer für Unternehmensgründungen und Unternehmensnachfolgen) als auch der im Rahmen dieser Arbeit befragten Nachfragerseite (an dieser Stelle könnten neben Praktikern auch Studierende in fortgeschrittenen Semestern befragt werden) ist weiterhin für noch detailliertere Erkenntnisse gegeben.

Die abgeleiteten Kriterien der Unternehmerausbildung an Hochschulen ermöglichen eine Charakterisierung von Ausbildungsprogrammen. Die Beschreibung der Entrepreneurship Education in Siegen diente als Fallbeispiel eines Ausbildungsprogramms, im Rahmen dessen separate Ausbildungsmodule sowohl für Existenzgründer als auch für Unternehmensnachfolger angeboten werden. Für das Programm wurde eine Übersicht über die Lehrinhalte und -methoden sowie die verschiedenen Lernphasen der Teilnehmer anhand der zuvor abgeleiteten Kriterien gegeben. Darüber hinaus besteht sowohl für Siegen als auch für andere Hochschulen weiterer Forschungsbedarf bezüglich des Lernerfolgs und -fortschritts einzelner Inhalte sowie der Lehrformen. Um ein konkretes Entrepreneurship-Programm an einer Hochschule weiterzuentwickeln, bedarf es somit geeigneter Lehr-/Lernkontrollen. Zudem bietet sich an dieser Stelle die Evaluation bestehender Entrepreneurship-Programme an, um Best Practices ableiten zu können. Dies wurde durch die Beschreibung einzelner Ausbildungsmodule verschiedener nationaler und internationaler Entrepreneurship Programme angestoßen, jedoch nicht abschließend betrachtet. Weiterhin fehlt es derzeit an einer Verzahnung von didaktischen Methoden und Theorien mit den Inhalten der Entrepreneurship Education.[953]

Dabei muss jedoch berücksichtigt werden, dass bei der Konzeptionierung eines Ausbildungsprogramms für Hochschulen in der Regel nur begrenzte Ressourcen zur Verfügung stehen. Die praxisorientierten Lehrmethoden sind zwar für die Entwicklung der Methoden- und Sozialkompetenz der Teilnehmer überaus wichtig, bedürfen jedoch auch eines großen Personal- und Finanzaufwandes, da sie z. B. nur mit geringen Teilnehmerzahlen durchführbar sind. Somit gilt es bei der Ausgestaltung eines Entrepreneurship-Programms Kosten und Nutzen gegeneinander abzuwägen und ein sinnvolles Verhältnis bezüglich der Wahl der Lehrmethoden, aber auch hinsichtlich zielgruppenspezifischer Inhalte anzustreben. Neben dem zu betrachtenden Ressourcenbedarf ist bei der Ausgestaltung eines akademischen Entrepreneurship-Programms zu beachten, dass die Lehre immer an bestimmte Personen gebunden ist und zudem gegebenenfalls öffentlich rechtlichen Regelungen unterliegt.[954]

Während die Arbeit den Bedarf an einer zielgruppenspezifischen Unternehmerausbil-

---

[953] Vgl. Schulte (2008), S. 273.
[954] Vgl. Anderseck (2005), S. 171.

dung an Hochschulen nachweisen kann, wird keine Aussage über die Unternehmer-ausbildung an berufsbildenden Schulen – beispielsweise in der Ausbildung zum Meister sowie als Weiterbildung – gegeben. Um Unterschiede in der Entrepreneurship Education zwischen anderen Bildungsinstitutionen und den hier betrachteten Hochschulen abzuleiten, bedarf es ebenfalls weiterer Forschungsbestrebungen. Viele Forschungsarbeiten widmen sich darüber hinaus der Unternehmerausbildung an Schulen, doch die Frage, inwiefern dort eine unternehmerische Grundausbildung geleistet werden kann, auf die nachfolgende Ausbildungsstätten zielgruppenspezifisch aufbauen können, wird ebenfalls nicht hinreichend betrachtet.

Abschließend lässt sich festhalten, dass es sich bei der Entrepreneurship Education um ein verhältnismäßig junges Forschungsfeld handelt. Gerade im Vergleich zu den USA besteht in Deutschland weiterhin sowohl hinsichtlich der Forschungsarbeit als auch in der Verbreitung der akademischen Unternehmerausbildung Aufholbedarf.

8 Literaturverzeichnis

Abel, J./Möller, R./Treumann, K. (1998): Einführung in die Empirische Pädagogik, Kohlhammer Verlag, Stuttgart.

Achleitner, A.-K./Kaserer, C./Jarchow, S./Wilson, K. (2007): Entrepreneurship Education in German Speaking Europe, CEFS Working Paper No 2007-01, Version: February, München.

Ajzen, I. (1987): Attitudes, traits, and actions: Dispositional prediction of behaviour in personality and social psychology, in: Berkowitz, L. (Hrsg.): Advances in Experimental Social Psychology, Academic Press, Jg. 20, New York, S. 1-63.

Albach, H./Freund, W. (1989): Generationswechsel und Unternehmenskontinuität – Chancen, Risiken, Maßnahmen, Verlag Bertelsmann Stiftung, Gütersloh.

Albers, S./Götz, O. (2006): Messmodelle mit Konstrukten zweiter Ordnung in der betriebswirtschaftlichen Forschung, in: Die Betriebswirtschaft, Jg. 66, H. 6, S. 669-677.

Albers, S./Hildebrandt, L. (2006): Methodische Probleme bei der Erfolgsfaktorenforschung – Messfehler, formative versus reflektive Indikatoren und die Wahl des Strukturgleichungsmodells, in: Zeitschrift für betriebswirtschaftliche Forschung, Jg. 58, H. 2, S. 2-33.

Aldrich, H. E. (1992): Methods in our madness? Trends in Entrepreneurship Research, in: Sexton, D. L./Kasarda, J. D. (Hrsg.): The state of the art of Entrepreneurship, PWS-Kent, Boston, S. 191-213.

Allen, M. P./Panian, S. K./Lotz, R. E. (1979): Managerial succession and organizational performance: A recalcitrant problem revisited, in: Administrative Science Quarterly, Jg. 24, H. 2, S. 167-180.

Allgood, S./Farrell, K. A. (2003): The match between CEO and firm, in: Journal of Business, Jg. 76, H. 2, S. 317-341.

Allocca, M. A./Kessler, E. H. (2006): Innovation Speed in Small and Medium-Sized Enterprises, in: Creativity and Innovation Management, Jg. 15, H. 3, S. 279-295.

Allouche, J./Amann, B./Jaussaud, J./Kurashina, T. (2008): The impact of family control on the performance and financial characteristics of family versus non family business in Japan: A matched-pair investigation, in: Family Business Review, Jg. 21, H. 4, S. 315-329.

Ambrose, D. M. (1983): Transfer of the family-owned business, in: Journal of Small Business Management, Jg. 21, H. 1, S. 49-62.

© Springer Fachmedien Wiesbaden GmbH, ein Teil von Springer Nature 2011
N. Uebe-Emden, *Entrepreneurship Education an Hochschulen für Gründer und Nachfolger*,
Edition KWV, https://doi.org/10.1007/978-3-658-24358-6

Ames, M./Runco, M. A. (2005): Predicting Entrepreneurship from ideation and divergent thinking, in: Creativity and Innovation Management, Jg. 14, H. 3, S. 311-315.

Amit, R./Muller, E. (1996): Push- und Pull-Unternehmen, in: Internationales Gewerbearchiv, Jg. 44, H. 2, S. 90-104.

Ancona, D./Malone, T. W./Orlikowski, W. J./Senge, P. M. (2007): In praise of the incomplete leader, in: Harvard Business Review, Jg. 85, H. 2, S. 92-100.

Anderseck, K. (2005): Gründerausbildung im Spannungsfeld zwischen Theorie und Praxis, in: Anderseck, K./Walterscheid, K. (Hrsg.): Gründungsforschung und Gründungslehre – Zwischen Identitätssuche und „Normalwissenschaft", Deutscher Universitäts-Verlag, Wiesbaden, S. 159-176.

Anderseck, K. (2003): Duale Ausbildungskonzepte: Ein Weg zum Abbau der Praxisferne in der Entrepreneurship Education, in: Achleitner, A.-K./Klandt, H./Koch, L. T./Voigt, K.-I. (Hrsg.): Jahrbuch Entrepreneurship 2003/04: Gründungsforschung und Gründungsmanagement, Springer Verlag, Berlin.

Anderseck, K. (2001): Die Berufs- und Wirtschaftspädagogik und die Idee von der unternehmerischen Selbstständigkeit, in: Anderseck, K./Walterscheid, K. (Hrsg.): Entrepreneurship – gründungstheoretische, wirtschaftspädagogische und didaktische Positionen, Diskussionsbeitrag Nr. 304, Diskussionspapiere der Fernuniversität Hagen, Hagen.

Anderseck, K. (2000): „born to made" – Der Weg zum Unternehmensgründer. Diskussionsbeitrag 281, Fachbereich Wirtschaftswissenschaften, Fernuniversität Hagen.

Anderson, R. C./Reeb, D. M. (2003): Founding-Family Ownership and Firm Performance: Evidence from the S&P 500, in: The Journal of Finance, Jg. 58, H. 3, S. 1301-1328.

Andrews, K. R. (1968): Die Entwicklung der Unternehmerausbildung in den USA, Verlag W. Girardet, Essen.

Anisya, T. S./Ramaswamy, K. (1994): Matching managers to strategy: An investigation of performance implications and boundary conditions, in: Australian Journal of Management, Jg. 19, H. 1, S. 73-94.

Antoncic, B./Hisrich, R. D. (2001): Intrapreneurship: Construct refinement and cross-cultural validation, in: Journal of Business Venturing, Jg. 16, H. 5, S. 429-451.

Arbuckle, J. L. (2008): AMOS 17.0 User Guide, AMOS Development Corporation, Chicago.

Armstrong, J. S./Overton, T. S. (1977): Estimating nonresponse bias in mail surveys, in: Journal of Marketing Research, Jg. 14, H. 3, S. 396-402.

Aronoff, C. E. (1998): Megatrends in Family Business, in: Family Business Review, Jg. 11, H. 3, S. 181-186.

Aßmann, J. (2003): Innovationslogik und regionales Wirtschaftswachstum – Theorie und Empirie autopoietischer Innovationsdynamik, Mafex-Publikationen, Marburg.

Audretsch, D. B. (2002): Entrepreneurship: A survey of literature, The European Commission, Enterprise Directorate General, London.

Baade, D. (2007): Demografischer Wandel und internationale Wettbewerbsfähigkeit Deutschlands – Eine Analyse basierend auf Porters Ansatz, Deutscher Universitäts-Verlag, Wiesbaden.

Babson College (2010): Entrepreneurship, URL: http://www3.babson.edu/eship/, Stand: 25.09.2010.

Backes-Gellner, U./Werner, A. (2007): Entrepreneurial Signaling via Education: A Success Factor in Innovative Start-ups, in: Small Business Economics, Jg. 29, H.1/2, S. 173-190.

Backhaus,K./Erichson, B./Plinke, W./Weiber, R. (2008): Multivariate Analysemethoden – eine anwendungsorientierte Einführung, 12. vollst. überarb. Aufl., Springer Verlag, Berlin, Heidelberg.

Bagozzi, R. P. (1980): Causal Models in Marketing, John Wiley, New York.

Bagozzi, R. P. (1979): The role of measurement in theory construction and hypothesis testing: Toward a holistic model, in: Ferrell, O. C./Brown, S./Lamb, C. (Hrsg.): Conceptual and theoretical developments in Marketing, American Marketing Association, Chicago, S. 15-32.

Bagozzi, R. P./Baumgartner, H. (1994): The Evaluation of Structural Equation Models and Hypotheses Testing, in: Bagozzi, R. P. (Hrsg.): Principles of Marketing Research, Blackwell Publisher, Cambridge, S. 386-422.

Bagozzi, R. P./Philipps (1982): Representing and testing organisational theories: A holistic construal, in: Administrative Science Quarterly, Jg. 27, H. 3, S. 459-489.

Bagozzi, R. P./Yi, Y. (1988): On the evaluation of Structural Equation Models, in: Journal of the Academy of Marketing Science, Jg. 16, H. 1, S. 74-94.

Bagusat, A. (2006): Kundenbindungsstrategien für Business-to-Costumer-Märkte: Theoretische Entwicklung und empirische Überprüfung eines methodischen Ansatzes, Deutscher Universitäts-Verlag, Wiesbaden.

Bailey, K. D. (1994): Typologies and taxonomies: An introduction to classification techniques, Sage University Paper Series on quantitative applications in the social sciences, 07-102, Sage, Thousand Oaks.

Bailey, K. D. (1978): Methods of Social Research, The free press, New York.

Bailey, E. E./Helfat, C. E. (2003): External management succession, human capital, and firm performance: An integrative analysis, in: Managerial & Decision Economics, Jg. 24, H. 4, S. 347-369.

Balz, U./Bernau-Henkel, D. (2006): Unternehmensnachfolge im Mittelstand – Ziele, Hürden und Optionen aus Sicht der abgebenden Unternehmer, in: Borowicz, F./Mittermair, K. (Hrsg.): Strategisches Management von Mergers & Acquisitions – State of the Art in Deutschland und Österreich, Gabler Verlag, Wiesbaden, S. 57-72.

Barach, J. A./Gantisky, J. (1995): Successful succession in family business, in: Family Business Review, Jg. 8, H. 2, S. 131-155.

Barach, J. A./Gantisky, J./Carson, J. A./Doochin, J. A. (1988): Entry of the next generation: Strategic challenge for family business, in: Journal of Small Business Management, Jg. 26, H. 2, S. 49-56.

Barclay, D./Thompson, R./Higgins, C. (1995): The partial Least Squares (PLS) approach to causal modeling: Personal computer adoption and use as an illustration, in: Technology Studies: Special Issue on Research Methodology, Jg. 2, H. 2, S. 285-309.

Barney, J. (1991): Firm Resources and Sustained Competitive Advantage, in: Journal of Management, Jg. 17, H. 1, S. 99-120.

Baron, R. A. (2004): The cognitive perspective: A valuable tool for answering entrepreneurship's basic "why" questions, in: Journal of Business Venturing, Jg. 19, H. 2, S. 221-239.

Baron, R. M./Kenny, D. A. (1986): The moderator-mediator variable distinction in social psychological research: Conceptual, strategic, and statistical considerations, in: Journal of Personality and Social Psychology, Jg. 51, H. 6, S. 1173-1182.

Barontini, R./Caprio, L. (2006): The effect of family control on firm value and performance: Evidence from Continental Europe, in: European Financial Journal, Jg. 12, H. 5, S. 689-723.

Barreto, H. (1989): The entrepreneur in economic theory – Disappearance and Explanation, Routledge, London, New York.

Barry, B. (1975): The development of organization structure in the family firm, in: Journal of General Management, Jg. 3, H. 1, S. 42-60.

Bathelt, H./Glückler, J. (2002): Wirtschaftsgeographie. Ökonomische Beziehungen in räumlicher Perspektive, Ulmer-Verlag, Stuttgart.

Bauer, T. K./Fertig, M./Schmidt, A. M. (2009): Empirische Sozialforschung – Eine Einführung, Springer Verlag, Berlin, Heidelberg.

Baumann, M./Ritter, A./Schütt, P./Schulte, A./Weimer, S. (2003): Innovative Arbeitsgestaltung im Handwerk – Bilanzierung, Veröffentlichung eines im Rahmen des Bundesministeriums für Bildung und Forschung geförderten Projekts, Verlag Dr. Jochen Heizmann, Gifthorn.

Baumüller, N. (2008): Unternehmensinterne Erfolgsfaktoren von Markentransfers – Eine ressourcenorientierte Betrachtung von weiteren Markentransfers, Diss., Deutscher Universitäts-Verlag, Wiesbaden.

Bea, F. X./Haas, J. (2009): Strategisches Management, 5. neu bearb. Aufl., Verlag Lucius & Lucius, Stuttgart.

Bearden, W. O./Netemeyer, R. G. (1999): Handbook of Marketing Scales – Multi-Item Measures for Marketing and Consumer Behavior Research, 2. Aufl., Sage Publications, Thousand Oaks.

Beatty, R. P./Zajac, E. J. (1987): CEO Change and Firm performance in large corporations: Succession effects and manager effects, in: Strategic Management Journal, Jg. 8, H. 4, S. 305-317.

Bechard, J.-P./Toulouse, J.-M. (1991): Entrepreneurship and Education: Viewpoint from Education, in: Journal of Small Business and Entrepreneurship, Jg. 9, H. 1, S. 3-13.

Beckhard, R./Dyer, W. G. (1988): Managing continuity in the family-owned business, in: Organizational Dynamics, Jg. 12, H. 1, S. 59-65.

Beckmann, A. (1998): Über die Interdisziplinarität einer sich entwickelnden Wirtschaftsdisziplin, in: Kölner Zeitschrift für Wirtschaft und Pädagogik, Jg. 13, H. 24, S. 99-124.

Beer, H. (2000): Hochschul-Spin-offs im High-Tech-Wettbewerb – Entrepreneurship-Theorie, -Education und -Support, Verlag Kovač, Hamburg.

Behn, B. K./Dawley, D. D./Riley, R./Yang, Y. (2006): Deaths of CEOs: Are delays in naming successors and insider/outsider succession associated with subsequent firm performance?, in: Journal of Managerial Issues, Jg. 18, H. 1, S. 32-46.

Bell, J./Callaghan, I./Demick, D./Scharf, F. (2004): Internationalising Entrepreneurship Education, in: Journal of International Entrepreneurship, Jg. 2, H. 1/2, S. 109-124.

Bennedsen, M./Meisner Nielsen, K./Perez-Gonzalez, F./Wolfenzon, D. (2007): Inside the family firm: The role of families in succession decisions and performance, in: The quarterly Journal of Economics, Jg. 122, H. 2, S. 647-691.

Bentler, P. M. (1992): EQS: Structural Equations Program Manual, CA: BMDP Statistical Software, Los Angeles.

Bentler, P. M. (1990): Comparative fit indices in structural models, in: Psychological Bulletin, Jg. 107, H. 2, S. 238-246.

Bentler, P. M./Bonett, D. G. (1980): Significance tests and goodness-of-fit in the analysis of covariance structures, in: Psychological Bulletin, Jg. 88, H. 3, S. 588-600.

Bentler, P. M./Chou, C. P. (1987): Practical issues in structural modeling, in: Sociological Methods and Research, Jg. 16, H. 1, S. 78-117.

Berekoven, L./Eckert, W./Ellenrieder, P. (2009): Marktforschung – Methodische Grundlagen und praktische Anwendung, 12. Aufl., Gabler Verlag, Wiesbaden.

Berner, C. (2002): Topmanager im Spiegel ihrer Selbstorientierung, in: Gruppendynamik und Organisationsberatung, Jg. 33, H. 2, S. 131-147.

Bernthal, P./Wellins, R. (2006): Trends in leader development and succession, in: Human Resource Planning, Jg. 29, H. 2, S. 31-40.

Beugelsdijk, S./Noorderhaven, N. (2005): Personality characteristics of self-employed: An empirical study, in: Small Business Economics, Jg. 24, H. 2, S. 159-167.

Bieg, H./Kussmaul, H. (2000): Investitions- und Finanzierungsmanagement, Bd. 3, Finanzwirtschaftliche Entscheidungen, Vahlen Verlag, München.

Birley, S. (2002): Attitudes of owner-managers' children towards family and business issues, in: Entrepreneurship: Theory & Practice, Jg. 26, H. 3, S. 5-19.

Birley, S. (1986): Succession in the family firm: The inheritor's view, in: Journal of Small Business Management, Jg. 24, H. 3, S. 36-43.

Birley, S./Ng, D./Godfrey, A. (1999): The family and the business, in: Long Range Planning, Jg. 32, H. 6, S. 598-608.

Birnbaum, R. (1971): Presidential succession: An inter-institutional analysis, in: Educational Record, Jg. 52, H. 2, S. 133-145.

Blackburn, R. A./Smallbone, D. (2008): Researching small firms and Entrepreneurship in the U.K.: Developments and Distinctiveness, in: Entrepreneurship: Theory & Practice, Jg. 32, H. 2, S. 267-288.

Blalock, H. M. (1982): Conceptualisation and Measurement in the Social Science, Sage Publications, Beverly Hills.

Blankertz, H. (1971): Curriculumsforschung – Strategien, Strukturierung, Konstruktion, Neue Deutsche Schule Verlagsgesellschaft mbH, Essen.

Blenker, P./Dreisler, P./Kjeldsen, J./Meibom, H. (2003): Learning and teaching Entrepreneurship: How to reformate the Question?, conference paper, 13th Intent Conference, September 8th- 10th, Grenoble.

Block, J. H./Wagner, M. (2007): Opportunity recognition and exploitation by necessity and opportunity entrepreneurs: Empirical evidence from earnings equation, in: Academy of Management Proceedings, Jg. 11, H. 1, S. 1-6.

Blum, U./Leibbrand, F. (Hrsg.) (2001): Entrepreneurship und Unternehmertum – Denkstrukturen für eine neue Zeit, Gabler Verlag, Wiesbaden.

Blumentritt, T. (2006): The relationship between boards and planning in family businesses, in: Family Business Review, Jg. 19, H. 1, S. 65-72.

BMBF (Hrsg.) (2002): Spinoff-Gründungen aus der öffentlichen Forschung in Deutschland, EXIST Studien 4, Mannheim.

BMBF (Hrsg.) (1998): EXIST: Existenzgründer aus Hochschulen, 12 regionale Netzwerke für innovative Unternehmensgründungen, Bonn.

BMWi (2009): Existenzgründerportal, URL: http://www.existenzgruender.de/ selbstaendigkeit/erste_schritte/initiativen/index.php, Stand: 26.01.2009.

Boeker, W. (1992): Power and managerial dismissal: Scapegoating at the top, in: Administrative Science Quarterly, Jg. 37, H. 3, S. 400-421.

Bollen, K. A. (1989): Structural Equations with latent variables, Wiley, New York.

Bonnier, K.-A./Bruner, R. F. (1989): An analysis of stock price reaction to management change in distressed firms, in: Journal of Accounting & Economics, Jg. 11, H. 1, S. 95-106.

Borokhovich, K. A./Brunarski, K. R./Donahue, M. S./Harman, Y. S. (2006): The importance of board quality in the event of a CEO death, in: The Financial Review, Jg. 41, H. 3, S. 307-337.

Borokhovich, K. A./Parrino, R./Trapani, T. (1996): Ouside directors and CEO selection, in: Journal of Financial & Quantitative Analysis, Jg. 31, H. 3, S. 337-355.

Bortz, J. (1984): Lehrbuch der Statistik, 2. Aufl., Springer Verlag, Berlin.

Bortz, J./Döring, N. (2009): Forschungsmethoden und Evaluation für Human- und Sozialwissenschaftler, 4. überarb. Aufl., Springer Verlag, Berlin, Heidelberg.

Bortz, J./Lienert, G. A./Boehnke, K. (2008): Verteilungsfreie Methoden in der Biostatistik, 3. korr. Aufl., Springer Medizinverlag, Heidelberg.

Boudon, R./Bourricaud, F. (1992): Sozialer Wandel, in: Boudon, R./Bourricaud, F. (Hrsg.): Soziologische Stichworte – ein Handbuch, Westdeutscher Verlag, Opladen, S. 505-511.

Box, T. M./White, M. A./Barr, S. H. (1993): A contingency model of new manufacturing firm performance, in: Entrepreneurship: Theory & Practice, Jg. 18, H. 2, S. 31-45.

Boyer, M. M./Ortiz-Molina, H. (2008): Career concerns of top executives, managerial ownership and CEO succession, in: Corporate Governance, Jg. 16, H. 3, S. 178-193.

Brady, G. F./Fulmer, R. M./Helmich, D. L. (1982): Planning executive succession: The effect of recruitment source and organizational problems on anticipated tenure, in: Strategic Management Journal, Jg. 3, H. 3, S. 269-275.

Braukmann, U. (2003): Zur Gründungsmündigkeit als einer zentralen Zielkategorie der Didaktik der Unternehmensgründung an Hochschulen und Schulen, in: Walterscheid, K. (Hrsg.): Entrepreneurship in Forschung und Lehre, Festschrift für Klaus Anderseck, Lang-Verlag, Frankfurt, Berlin, S. 187-204.

Braukmann, U. (2002): Entrepreneurship Education an Hochschulen. Der Wuppertaler Ansatz einer wirtschaftspädagogisch fundierten Förderung der Unternehmensgründung aus Hochschulen, in: Weber, B.: Eine Kultur der Selbstständigkeit in der Lehrerausbildung, Wirtschafts- und Berufspädagogische Schriften, Bd. 27, Verlag Thomas Hobein, Bergisch Gladbach, S. 47-98.

Braukmann, U. (2001): Wirtschaftsdidaktische Förderung der Handlungskompetenz von Unternehmensgründerinnen und -gründern, in: Koch, L. T./Zacharias, C. (Hrsg.): Gründungsmanagement – mit Aufgaben und Lösungen (Studien- und Übungsbücher der Wirtschafts- und Sozialwissenschaften), Oldenbourg Verlag, München, Wien, S. 79-94.

Braukmann, U. (2000): Zur Förderung von Existenzgründungen aus Hochschulen – Konturen eines neuen hochschuldidaktischen Aufgabenfeldes, in: Straka, G. A./Bader, R./Sloane, P. F. E. (Hrsg.): Perspektiven der Berufs- und Wirtschaftspädagogik – Forschungsberichte der Frühjahrstagung 1999, Verlag Leske + Budrich, Opladen, S. 87-103.

Bretz, H. (1991): Zur Kultivierung des Unternehmerischen im Unternehmen. Von den historischen Wurzeln bis zur unternehmerischen Avantgarde im Management, in: Laub, U. D./Schneider, D. (Hrsg.): Innovation und Unternehmertum: Perspektiven, Erfahrungen, Ergebnisse, Gabler Verlag, Wiesbaden, S. 273-295.

Bretz, H. (1988): Unternehmertum und fortschrittsfähige Organisation: Wege zu einer betriebswirtschaftlichen Avantgarde, in: Planungs- u. organisationswissenschaftliche Schriften 53, Diss., Universität München.

Brock, C. (2009): Beschwerdeverhalten und Kundenbindung - Erfolgswirkungen und Management der Kundenbeschwerde, Gabler Verlag, Wiesbaden.

Brockhaus Enzyklopädie (1974): Bd. 19, 17. völlig neubearbeit. Aufl., Verlag F. A. Brockhaus, Wiesbaden.

Brockhaus, R. H. (2004): Family business succession: Suggestions for future research, in: Family Business Review, Jg. 17, H. 2, S. 165-177.

Brockhaus, R. H. Sr. (1994): Entrepreneurship and family business research: Comparisons, critique, and Lessons, in: Entrepreneurship: Theory & Practice, Jg. 19, H. 1, S. 25-38.

Brösztl, G. (2000): Das Familienunternehmen als Quelle des wirtschaftlichen Wachstums, in: Hommelhoff, P./Schmidt-Diemitz, R./Sigle, A. (Hrsg.): Familiengesellschaften: Festschrift für Walter Sigle zum 70. Geburtstag, Verlag Otto Schmidt, Köln, S. 3-24.

Bronner, R./Mellewigt, T./Späth, J. F. (2001): Gründungsmanagement, in: Die Betriebswirtschaft, Jg. 61, H. 5, S. 581-599.

Browne, M. W./Cudeck, R. (1993): Alternative Way of Assessing Equation Model Fit, in: Bollen, K. A./Long, J. S. (Hrsg.): Testing Structural Equation Models, Sage Publications, Newbury Park, S. 136-162.

Brüderl, J./Preisendörfer, P./Baumann, A. (1991): Determinanten der Überlebenschancen neugegründeter Kleinbetriebe, in: Mitteilungen aus der Arbeitsmarkt- und Berufsforschung, Jg. 24, H. 1, S. 91-100.

Brüderl, J./Preisendörfer, P./Ziegler, R. (1998): Der Erfolg neugegründeter Betriebe, Eine empirische Studie zu den Chancen und Risiken von Unternehmensgründungen, 2. unveränd. Auflage, Verlag Duncker & Humblot, Berlin.

Brüser, J. (2007): Unternehmensnachfolge – Wie Sie als Mittelständler den Stab weitergeben, Cornelsen Verlag, Berlin.

Bruns, R. W./Görisch, J. (2002): Unternehmensgründungen aus Hochschulen im regionalen Kontext – Gründungsneigung und Mobilitätsbereitschaft von Studierenden, Arbeitspapiere Unternehmen und Region, Fraunhofer Institut Systemtechnik und Innovationsforschung, Nr. 1/2002, Karlsruhe.

Buckingham, M./Coffman, C. (2005): Erfolgreiche Führung gegen alle Regeln – Wie Sie wertvolle Mitarbeiter gewinnen, halten und fördern, Campus Verlag, Frankfurt.

Bühl, A./Zöpfel, P. (2000): SPSS Version 10 – Einführung in die moderne Datenanalyse unter Windows, Verlag Addison-Wesley, München.

Büschges, G. (1994): Gesellschaft, in: Endruweit, G./Trommsdorf, G. (Hrsg.): Wörterbuch der Soziologie, Bd. 1, Abhängigkeit-Hypothese, Enke Verlag, Stuttgart, S. 245-252.

Bull, I./Willard, G. E. (1993): Towards a theory of entrepreneurship, in: Journal of Business Venturing, Jg. 8, H. 3, S. 183-195.

Bulloch, J. F. (1978): Problems of succession in small business, in: Human Ressource Management, Jg. 17, H. 2, S. 1-6.

Bundesweite Gründerinnenagentur (bga) (Hrsg.): Unternehmensübernahme durch Frauen in Deutschland – Daten und Fakten, Factsheet Nr. 04, Stuttgart.

Bunk, G. P. (1994): Kompetenzvermittlung in der beruflichen Aus- und Weiterbildung in Deutschland, in: Europäische Zeitschrift für Berufsbildung, Jg. 1, S. 9-15.

Buozuite-Rafanaviciene, S./Pundziene, A./Turauskas, L. (2009): Relation between attributes of executive successor and organizational performance, in: Engineering Economics, Jg. 62, H. 2, S. 65-74.

Bygrave, W. D./Hofer, C. W. (1991): Theorizing about Entrepreneurship, in: Entrepreneurship: Theory & Practice, Jg. 16, H. 2, S. 13-22.

Byrne, B. M. (2006): Structural equation modeling with EQS – Basic concepts, applications and programming, 2. Aufl., Lawrence Erlbaum Associates, Mahwah, New Jersey.

Byrne, B. M. (1989): A Primer of LISREL: Basic Applications and Programming Confirmatory Factor Analytic Models, Springer Verlag, New York.

Cabrera-Suárez, K./De Saá-Pérez, P./García-Almeida, D. (2001): The succession process from a resource and knowledge-based view of the family firm, in: Family Business Review, Jg. 14, H. 1, S. 37-46.

Cadieux, L. (2007): Succession in Small and Medium-sized family businesses: Toward a typology of predecessor roles during and after instatement of the successor, in: Family Business Review, Jg. 20, H. 2, S. 95-109.

Callan, K./Warshaw, M. (1995): The 25 best business schools for entrepreneurs, in: SUCCESS, Jg. 42, H. 7, S. 37-49.

Cannella, A. A./Lubatkin, M. (1993): Succession as a socio-political process: Internal impediments to outsider selection, in: Academy of Management Journal, Jg. 36, H. 4, S. 763-793.

Cannella, A. A./Shen, W. (2001): So close and yet so far: Promotion versus exit for CEO heirs apparent, in: Academy of Management Journal, Jg. 44, H. 2, S. 252-270.

Cantillon, R. (1931): Abhandlungen über die Natur des Handels im Allgemeinen, deutsche Übersetzung der französischen Originalausgabe von 1755 von H. Hayek, Gustav Fischer Verlag, Jena.

Capecchi, V. (1968): On the definition of Typology and Classification in Sociology, in: Quality and Quantity, Jg. 2, H. 1-2, S. 9-30.

Carayannis, E. G./Evans, D./Hanson, M. (2003): A cross-cultural learning strategy for entrepreneurship education: Outline of key concepts and lessons learned from a comparative study of entrepreneurship students in France and the US, in: Technovation, Jg. 23, H. 9, S. 757-771.

Carland, J. W./Hoy, F./Carland, J. A. C. (1988): "Who is an Entrepreneur?" Is a question worth asking, in: American Journal of Small Business, Jg. 12, H. 4, S. 33-39.

Carlock, R. S. (1994): The Adjunct and New Instructor's Guide to Teaching Entrepreneurship, Academy of Management Entrepreneurship Division, St. Thomas.

Carlson, R. O. (1961): Succession and performance among school superintendents, in: Administrative Science Quaterly, Jg. 6, H. 2, S. 210-227.

Carmines, E./Zeller, R. (1979): Reliability and Validity Assessment, Sage Publications, Beverly Hills, CA.

Carrier, C. (1996): Intrapreneurship in small businesses: An exploratory study, in: Entrepreneurship: Theory & Practice, Jg. 21, H. 1, S. 5-20.

Casson, M. (1982): The Entrepreneur, Martin Robertson and Co., Oxford.

Chaganti, R. S./Greene, P. G. (2002): Who are ethnic entrepreneurs? A study of entrepreneurs´ ethnic involvement and business characteristics, in: Journal of Small Business Management, Jg. 40, H. 2, S. 126-143.

Chaganti, R. S./Mahajan, V./Sharma, S. (1985): Corporate board size, composition and corporate failures in retailing industry, in: Journal of Management Studies, Jg. 22, H. 4, S. 400-417.

Chell, E./Haworth, J. M./Brearly, S. A. (1991): The Entrepreneurial Personality: Concepts, Cases and Categories, Routledge, London.

Chin, W. W. (1998): The partial least square approach to structural equation modeling, in: Marcoulides, G. A. (Hrsg.): Modern methods for business research, Lawrence Erlbaum Associates, Mahwah, New Jersey, S. 295-336.

Chin, W. W./Newsted, P. R. (1999): Structural equation modeling analysis with small samples using Partial Least Squares, in: Hoyle, R. H. (Hrsg.): Statistical strategies for small sample research, Sage Publications, Thousand Oaks, CA, S. 307-341.

Chittor, R./Das, R. (2007): Professionalization of Management and Succession Performance – a vital linkage, in: Family Business Review, Jg. 20, H. 1, S. 65-79.

Chmielewicz, K. (1994): Forschungskonzeptionen der Wirtschaftswissenschaft, 3. unverändert. Aufl., Schäffer-Poeschel Verlag, Stuttgart.

Cho, H.-J./Pucik, V. (2005): Relationship between innovativeness, quality, growth, profitability, and market value, in: Strategic Management Journal, Jg. 26, H. 6, S. 555-575.

Chrisman, J. J./Chua, J. H./Litz, R. (2003): A unified systems perspective of family firm performance: An extension and integration, in: Journal of Business Venturing, Jg. 18, H. 4, S. 467-472.

Chrisman, J. J./Chua, J. H./Sharma, P. (2003): Current trends and future directions in family business management studies: Toward a theory of family firm, Coleman White Paper Series, Madison, WI: Coleman Foundation and U.S. Association of Small Business and Entrepreneurship, URL: http://usasbe.org/knowedge/whitepapers/chrisman2003.pdf, Stand 07.11.2010.

Chrisman, J. J./Chua, J. H./Sharma, P. (1998): Important attributes of successors in Family Business: An exploratory study, in: Family Business Review, Jg. 11, H. 1, S. 19-34.

Chrisman, J. J./Chua, J. H./Sharma, P. (1996): A Review and Annotated Bibliography of Family Business Studies, Kluwer Academic Publisher, Boston.

Chrisman, J. J./Chua, J. H./Sharma, P./Yoder, T. R. (2009): Guiding family businesses through the succession process, in: CPA Journal, Jg. 79, H. 6, S. 48-51.

Christensen, C. R. (1953): Management Succession in Small and Growing Enterprises, Harvard Business School Press, Boston MA.

Christophersen, T./Grape, C. (2007): Die Erfassung latenter Konstrukte mit Hilfe formativer und reflektiver Messmodelle, in: Albers, S./Klapper, D./Konradt, U./Walter, A./Wolf, J. (Hrsg.): Methodik der empirischen Forschung, 2. überarb. u. erw. Aufl., Deutscher Universitäts-Verlag, Wiesbaden, S. 103-118.

Chua, J. H./Chrisman, J. J./Sharma, P. (1999): Defining the family business by behaviour, in: Entrepreneurship: Theory & Practice, Jg. 23, H. 4, S. 19-39.

Chung, K. H./Lubatkin, M./Rogers, R. C./Owers, J. E. (1987): Do Insiders make better CEOs than Outsiders?, in: The Academy of Management Executive, Jg. 1, H. 4, S. 325-331.

Churchill, G. A. (1979): A paradigm for developing better measures in marketing constructs, in: Journal of Marketing Research, Jg. 16, H. 1, S. 64-73.

Churchill, N. C./Hatten, K. J. (1987): Non-market-based transfers of wealth and power: A research framework for family business, in: American Journal of Small Business, Jg. 12, H. 2, S. 53-66.

Ciampa, D./Watkins, M. (1999): The successor's dilemma, in: Harvard Business Review, Jg. 77, H. 6, S. 160-168.

Cichy, U./Schlesiger, S. (2002): Einleitung: Gründungsoffensive NRW Go! - Offensive für eine neue Kultur der Selbstständigkeit, in: Weber, B.: Eine Kultur der Selbstständigkeit in der Lehrerausbildung, Wirtschafts- und Berufspädagogische Schriften, Bd. 27, Verlag Thomas Hobein, Bergisch Gladbach, S. 23-28.

Claaßen, N. (2008): Handbuch des Personalmanagements in kleinen und mittleren Unternehmen, Salzwasser-Verlag, Bremen.

Clutterbuck, D. (1998): Handing over the reins: Should the CEO's successor be an insider or an outsider?, in: Corporate Governance: An international review, Jg. 6, H. 2, S. 78-85.

Cole, A. H. (1965): An approach to the study of entrepreneurship, in: Aiken, H. G. J. (Hrsg.): Explorations in Enterprise, Harvard University, Cambridge, MA.

Collins, O. F./Moore, D. G./Unwalla, D. B. (1964): The enterprising man, MSU Business Studies, East Lansing.

Commission Européenne (2002): Making progress in promoting entrepreneurial attitudes and skills through Primary and Secondary education, report from the expert group on Entrepreneurship Education.

Commission of the European countries (2003): Green Paper, Entrepreneurship in Europe, Enterprise Publications, Dokument basiert auf Com(2003) 27 final, Brüssel 21.01.2003.

Conner, K./Prahalad, C. (1996): A resource-based theory of the firm: Knowledge versus opportunism, in: Organization Science, Jg. 7, H. 5, S. 477-501.

Cooper, A. C. (1984): Contrasts in the role of Incubator Organizations in the Founding of Growth-oriented Firms, in: Hornaday, J.A./Tarpley, F. Jr./Timmons, J. A./Vesper, K. H. (Hrsg.): Frontiers of Entrepreneurship Research, Proceedings of the 4th Annual Entrepreneurship Research Conference, Babson College Wellesley, S. 159-174.

Cooper, A. C. (1970): The Palo Alto Experience, in: Industrial Research, Jg. 12, H. 5, S. 58-61.

Cooper, A. C./Gimeno-Gascón, F. J./Woo, C. Y. (1994): Initial Human and Financial Capital as Predictors of New Venture Performance, in: Journal of Business Venturing, Jg. 9, H. 5, S. 371-395.

Cooper, A. C./Gimeno-Gascon, F. J. (1992): Entrepreneurs, process of founding, and new firm performance, in: Sexton, D. L./Kasarda, J. D. (Hrsg.): The state of the art of entrepreneurship, PSW-Kent Publishing Company, Boston, S. 301-340.

Cooper, R. G./Kleinschmidt, E. J. (2004): Winning businesses in product development: The critical success factors, in: Research Technology Management, Jg. 50, H. 3, S. 52-66.

Covin, J. G./Slevin, D. P. (1991): A conceptual model of entrepreneurship as firm behaviour, in: Entrepreneurship: Theory & Practice, Jg. 16, H. 1, S. 7-25.

Covin, J. G./ Slevin, D. P. (1986): The development and testing of an organizational-level entrepreneurship scale, in: Ronstadt, R./Peterson, R./Vasper, K. (Hrsg.): Frontiers of Entrepreneurship Research, Wellesley, Babson College, S. 628-639.

Crain, W. M./Deaton, T./Tollison, R. (1977): On the survival of corporate executives, in: Southern Economic Journal, Jg. 43, H. 3, S. 1372-1376.

Cronbach, L. J./Meehl, P. E. (1955): Construct Validity in Psychological Tests, in: Psychological Bulletin, Jg. 52, H. 4, S. 281-302.

Dalton, D. R./Kesner, I. F. (1983): Inside/Outside succession and organizational size: The pragmatics of executive succession, in: Academy of Management Journal, Jg. 26, H. 4, S. 736-742.

Damanpour, F. (1991): Organizational Innovation: A Meta-Analysis of Effects of Determinants and Moderators, in: Academy of Management Journal, Jg. 34, H. 3, S. 555-590.

Datta, D. K./Guthrie, J. P. (1994): Executive succession: Organizational antecedents of CEO characteristics, in: Strategic Management Journal, Jg. 15, H. 7, S. 569-577.

Datta, D. K./Rajagopalan, N. (1998): Industry structure and CEO characteristics: An empirical study of succession events, in: Strategic Management Journal, Jg. 19, H. 9, S. 833-852.

Daum, J. (1975): Internal promotion – a psychological asset or debit? A study of the effects of leader origin, in: Organizational Behavior and Human Performance, Jg. 13, H. 3, S. 404-413.

Davenport, H. J. (1913): Economics of Enterprise, Macmillan, New York.

Davidson, W. N./Nemec, C./Worrell, D./Lin, J. (2002): Industrial origin of CEO in outside succession: Board preference and Stockholder reaction, in: Journal of Management & Governance, Jg. 6, H. 4, S. 295-321.

Davidson, W. N./Worrell, D. L./Cheng, L. (1990): Key executive succession and stockholder wealth: The influence of successor's origin, position, and age, in: Journal of Management, Jg. 16, H. 3, S. 647-664.

Davis, S. M. (1968): Entrepreneurial Succession, in: Administrative Science Quarterly, Jg. 13, H. 3, S. 402-416.

Davis, P. S./Harveston, P. D. (2001): The phenomenon of substantive conflict in family firm: A cross-generational study, in: Journal of Small Business Management, Jg. 39, H. 1, S. 14-30.

Davis, P. S./Harveston, P. D. (1998): The influence of family on the family business process: A multi-generational perspective, in: Entrepreneurship: Theory & Practice, Jg. 22, H. 1, S. 71-83.

Davis, J./Taguiri, R. (1989): The influence of life-stage on father-son work relationships in family companies, in: Family Business Review, Jg. 2, H. 1, S. 47-74.

De, D. A. (2005): Entrepreneurship – Gründung und Wachstum von kleinen und mittleren Unternehmen, Verlag Pearson Studium, München, Boston, San Francisco u.a.

De Clercq, D./Crijns, H. (2007): Entrepreneurship and education in Belgium: findings and implications from the Global Entrepreneurship Monitor, in: Fayolle, A. (Hrsg.): Handbook of Research in Entrepreneurship Education - Contextual Perspectives, Jg. 2, Edward Elgar Publishing Limited, Cheltenham, Northhampton, S. 169-184.

De Pontet, S. B./Wrosch, C./Gagne, M. (2007): An exploration of the generational differences in levels of control held among family businesses approaching succession, in: Family Business Review, Jg. 20, H. 4, S. 337-354.

Deakings, D./Frell, M. (1998): Entrepreneurial learning and the growth process in SMEs, in: The Learning Organization, Jg. 5, H. 3, S. 144-155.

Delgado, M. (2004): Social Youth Entrepreneurship – The potential for youth community transformation, Praeger Publishers, Westport.

Delmar, F./Davidsson, P. (2000): Where do they come from? Prevalence and characteristics of nascent entrepreneurs, in: Entrepreneurship and Regional Development, Jg. 12, H. 1, S. 1-23.

Dichtl, E./Issing, O. (Hrsg.) (1994): Vahlens Großes Wirtschaftslexikon, Bd. 2, 2. überarbeit. und erw. Aufl., Dtv, München.

Dickel, P. (2008): Marktbezogenes Lernen in Akademischen Spin-offs – Gewinnung und Integration von Marktinformationen in der frühen Phase technologiebasierter Ausgründungen, Gabler Verlag, Wiesbaden.

Diekmann, A. (2009): Empirische Sozialforschung – Grundlagen, Methoden, Anwendungen, 20. Aufl., Rowohlt Verlag, Hamburg.

Diensberg, C. (2006): Baltic Entrepreneurship Partners (BEPART) From Interregional and International Cooperation to Regional Impact of Entrepreneurship Promotion, in: Working Papers in Economics, Jg. 21, H. 149-154, S. 5-25.

Diensberg, C. (2000): Entrepreneurial Learning und Leitbild Unternehmertum. Aufgaben im Bildungssystem, in: Klandt, H./Nathusius, K./Szyperski, N./Heil, H. (Hrsg.): G-Forum 1999, Dokumentation des 3. Forums Gründungsforschung, Köln, 8. Oktober 1999, Eul-Verlag, Lohmar, Köln, S. 3-26.

Dietz, G.-U./Matt, E./Schumann, K. F., Seus, L. (1997): „Lehre tut viel..." Berufsbildung, Lebensplanung, und Delinquenz bei Arbeiterjugendlichen, Votum Verlag, Münster.

Dimov, D. P./Shepherd, D. A. (2005): Human capital theory and venture capital firms: Exploring "home runs" and "strike outs", in: Journal of Business Venturing, Jg. 20, H. 1, S. 1-21.

Dörner, D. (1976): Problemlösen als Informationsverarbeitung, Kohlhammer Verlag, Stuttgart.

Donckels, R./Fröhlich, E. (1991): Are Family Business really different? European Experience from STRATOS, in: Family Business Review, Jg. 4, H. 2, S. 149-160.

Drazin, R./Rao, H. (1999): Managerial power and succession: SBU managers and mutual funds, in: Organizational Studies, Jg. 20, H. 2, S. 167-196.

Dubs, R. (1996): Curriculare Vorgaben und Lehr-Lernprozesse in beruflichen Schulen, in: Bonz, B. (Hrsg.): Didaktik der Berufsbildung, Holland + Josenhans, Stuttgart, S. 27-46.

Dunn, B. (1999): The family factor: The impact of family relationship dynamics on business-owing families during transitions, in: Family Business Review, Jg. 12, H. 1, S. 41-57.

Dyck, B./Mauws, M./Starke, F. A./Mischke, G. A. (2002): Passing the baton: The importance of sequence, timing, technique and communication in executive succession, in: Journal of Business Venturing, Jg. 17, H. 2, S. 143-162.

Dyer, W. G. (1986): Cultural change in family firms: Anticipating and managing business and family transitions, Jossey-Bass Publishers, San Francisco.

Dyer, W. G./Handler, W. (1994): Entrepreneurship and family business: Exploring the connections, in: Entrepreneurship: Theory & Practice, Jg. 19, H. 1, S. 71-83.

Dyer, G./Whetten, D. A. (2006): Family firms and social responsibility: Preliminary evidence from the S&P 500, in: Entrepreneurship: Theory & Practice, Jg. 30, H. 6, S. 785-802.

Ebbers, I. (2004): Wirtschaftsdidaktisch geleitete Unternehmenssimulation im Rahmen der Förderung von Existenzgründungen aus Hochschulen, Diss., Eul Verlag, Köln.

Ebbers, I./Krämer-Gerdes, C. (2007): Ein universitäres Qualifizierungsangebot, in: Remmele, B./Schmette, M./Seeber, G. (Hrsg.): Educating Entrepreneurship – Didaktische Ansätze und europäische Perspektiven, Deutscher Universitäts-Verlag, Wiesbaden, S. 101-116.

Eberl, M. (2006): Formative und reflektive Konstrukte und die Wahl des Strukturgleichungsverfahrens – eine statistische Entscheidungshilfe, in: Die Betriebswirtschaft, Jg. 66, H. 6, S. 651-668.

Eckerth, J. (2003): Fremdsprachenerwerb in aufgabenbasierten Interaktionen, Gunter Narr Verlag, Tübingen.

Eckstein, P. P. (2008): Angewandte Statistik mit SPSS – Praktische Einführung für Wirtschaftswissenschaftler, 6. Aufl., Gabler Verlag, Wiesbaden.

Edelman, L. F./Manolova, T. S./Brush C. G. (2008): Entrepreneurship Education: Correspondence between practices of nascent Entrepreneurs and textbook prescriptions for success, in: Academy of Management Learning and Education, Jg. 7, H. 1, S. 56-70.

Egeln, J./Gottschalk, S./Rammer, C./Spielkamp, A. (2003): Spinoff-Gründungen aus der öffentlichen Forschung in Deutschland, ZEW Wirtschaftsanalysen Bd. 68, Nomos Verlag, Baden-Baden.

Eickhoff, M. T. (2008): Unternehmerisches Denken und Handeln – eine europäische Bildungsaufgabe, in: Europäische Zeitschrift für Berufbildung, Jg. 45, H. 3, S. 5-32.

Elbers, D. (1973): Curriculumreformen in den USA. Ein Bericht über theoretische Ansätze und praktische Reformverfahren mit einer Dokumentation über Entwicklungsprojekte, Studien und Berichte 28, Reihe des Max-Planck-Institut für Bildungsforschung, Berlin.

Elfers, J. (1996): Unternehmensgründungen: eine empirische Erfolgskontrolle der Bremer Finanzierungshilfen zur Existenzgründungsförderung, Reihe: Studien der Bremer Gesellschaft für Wirtschaftsforschung, Bd. 6, Frankfurt a. M. u.a.

Escher, S./Grabarkiewicz, R./Frese, M./van Steekelenburg, G./Lauw, M./Friedrich, C. (2002): The moderator effect of cognitive ability on the relationship between planning strategies and business success of small scale business owners in South Africa: A longitudinal study, in: Journal of Developmental Entrepreneurship, Jg. 7, H. 3, S. 305-318.

Esser, F. H./Twardy, M. (2003): Entrepreneurship als didaktisches Problem einer Universität – aufgezeigt am Organisationsentwicklungskonzept "WIS-EX" der Universität zu Köln, in: Walterscheid, K. (Hrsg.): Entrepreneurship in Forschung und Lehre, Festschrift für K. Anderseck, Peter Lang Verlag, Frankfurt a. M., S. 223-239.

Esser, F. H./Twardy, M. (1998): Entrepreneurship als didaktisches Problem einer Universität – aufgezeigt am Organisationsentwicklungskonzept "WIS-EX" der Universität zu Köln, in: Kölner Zeitschrift für Wirtschaft und Pädagogik 24, S. 5-26.

Europäische Kommission (2008): Unternehmerausbildung an der Hochschule, insbesondere in nicht ökonomischen Studiengängen, Zusammenfassung des Abschlussberichts der Sachverständigengruppe, März, URL: http://ec.europa.eu/enterprise/entrepreneurship/support_measures/training_educatio n/entr_highed.pdf, Stand: 06.01.2010.

Fallgatter, M. J. (2004): Entrepreneurship: Konturen einer jungen Disziplin, in: Zeitschrift für betriebswirtschaftliche Forschung, Jg. 56, H. 2, S. 23-44.

Fallgatter, M. J. (2002): Theorie des Entrepreneurship – Perspektiven zur Erforschung der Entstehung und Entwicklung junger Unternehmungen, Deutscher Universitäts-Verlag, Wiesbaden.

Fallgatter, M. J. (2001): Unternehmer und ihre Besonderheiten in der wissenschaftlichen Diskussion – Erklärungsbeiträge funktionaler und positiver Unternehmertheorien, in: Zeitschrift für Betriebswirtschaft, Jg. 71, H. 10, S. 1217-1235.

Faltin, G. (2001): Creating a Culture of Innovative Entrepreneurship, in: Journal of International Business and Economy, Jg. 2, H. 1, S. 123-140.

Faltin, G. (1998): Das Netz weiter werfen – für eine neue Kultur unternehmerischen Handelns, in: Faltin, G./Ripsas, S./Zimmer, J. (Hrsg.): Entrepreneurship – Wie aus Ideen Unternehmer werden, Verlag C.H. Beck, München, S. 3-20.

Faltin, G. (1994): Lernen für den Markt, in: Arbeitsstellen für Community Education e.V. (Hrsg.): Erziehung zu Eigeninitiative und Unternehmergeist, COMED-Verlag, Essen, S. 41-48.

Fayolle, A. (2005): Evaluation of entrepreneurship education: Behavior performing or intention increasing?, in: International Journal of Entrepreneurship and Small Business, Jg. 2, H. 1, S. 89-98.

Fayolle, A. (2004): Value Creation in Changing Student State of Mind and Behavior: New Research Approaches to Measure the Effects of Entrepreneurship Education, in: Fueglistaller, U./Volery, T./Weber, W. (Hrsg.): Value Creation in Entrepreneurship and SMEs/Wertgenerierung durch Unternehmertum und KMU, KMU Verlag HSG, St. Gallen, S. 1-21.

Fayolle, A./Gailly, B./Lassas-Clerc, N. (2006): Assessing the impact of entrepreneurship education programmes: A new methodology, in: Journal of European Industrial Training, Jg. 30, H. 9, S. 701-720.

Felden, B. (2007): Gründen will gelernt sein, Ergebnisse einer aktuellen Umfrage der FHW Berlin unter Kreditinstituten, Kammern und anderen Multiplikatoren zum strukturellen und qualifikatorischen Status von Unternehmensgründern und Unternehmennachfolgern, Studienergebnisse, TMS AG, Köln, Hamburg, München.

Felden, B./Pfannenschwarz, A. (2008): Unternehmensnachfolge – Perspektiven und Instrumente für Lehre und Praxis, Oldenbourg Verlag, München.

FGF – Förderkreis Gründungsforschung (2010): Landkarte der Entrepreneurship-Professuren in Deutschland, URL: http://www.fgf-ev.de/structure_default/main.asp?G=111327&A=1&S=RnF8dS7242y14GAqh36666sC3261y3P4ryE86T8 8i8jA&N=157482&ID=-1&P=&O=&L=1031, Stand: 03.10.2010.

FGF – Förderkreis Gründungsforschung (Hrsg.) (2003): Wer ist die FGF?, URL: http://www.fgf-ev.de/structure_default/ main.asp?G=111327&A=1, Stand: 07.01.2010.

Fiegener, M./Brown, B./Prince, R./File, K. (1994): A comparison of successor development in family and non-family businesses, in: Family Business Review, Jg. 7, H. 4, S. 313-329.

Fiet, J. O. (2001a): The pedagogical side of teaching entrepreneurship, in: Journal of Business Venturing, Jg. 16, H. 2, S. 101-117.

Fiet, J. O. (2001b): The theoretical side of teaching entrepreneurship, in: Journal of Business Venturing, Jg. 16, H.1, S. 1-24.

Fizel, J. L./D´Itri, M. P. (1997): Managerial efficiency, managerial succession and organizational performance, in: Managerial & Decision Economics, Jg. 18, H. 4, S. 295-308.

Fornell, C. (1986): A second generation of multivariate analysis: Classification of methods and implications of marketing research, Arbeitspapier, University of Michigan, Ann Arbor.

Fornell, C./Cha, J. (1994): Partial Least Squares, in: Bagozzi, R. P. (Hrsg.): Advanced Methods of Marketing Research, Oxford, Blackwell, Cambridge, Massachusetts, S. 52-78.

Fornell, C./Larcker, D. F. (1981): Evaluating structural equation models with unobservable variables and measurement error, in: Journal of Marketing Research, Jg. 18, H. 1, S. 39-50.

Fox, M./Nilakant, V./Hamilton, R. T. (1996): Managing succession in family-owned businesses, in: International Small Business Journal, Jg. 15, H. 1, S. 15-25.

Frank, H./Korunka, C. (1996): Zum Informations- und Entscheidungsverhalten von Unternehmensgründern, in: Zeitschrift für Betriebswirtschaft, Jg. 66, H. 8, S. 947-963.

Frank, H./Lueger, M./Korunka, C. (2007): The significance of personality in business start-up intentions, start-up realization and business success, in: Entrepreneurship and regional Development, Jg. 19, H. 3, S. 227-251.

Frank, H./Mitterer, G. (2009): Opportunity Recognition – State of the Art und Forschungsperspektiven, in: Zeitschrift für Betriebswirtschaft, Jg. 79, H. 3, S. 367-406.

Franke, N./Lüthje, C. (2004): Entrepreneurship und Innovation, in: Achleitner, A.-K./Klandt, H./Koch, L. T./Voigt, K.-I. (Hrsg.): Jahrbuch Entrepreneurship 2003/04 – Gründungsforschung und Gründungsmanagement. Springer Verlag, Heidelberg, S. 33-48.

Franke, N./Lüthje, C. (2002): Studentische Unternehmensgründungen – dank oder trotz Förderung?, in: Zeitschrift für betriebswirtschaftliche Forschung, Jg. 54, H. 2, S. 96-113.

Freiling, J. (2006): Entrepreneurship – Theoretische Grundlagen und unternehmerische Praxis, Vahlen Verlag, München.

Freiling, J./Gersch, M. (2007): Nachfolgebezogene Unternehmenskrisen im Mittelstand – Eine zentrale ökonomische Herausforderung im Mittelstand aus evolutionsökonomischer Perspektive, in: Letmathe, P./Eigler, J./Welter, F./Kathan, D./Heupel, T. (Hrsg.): Management kleiner und mittlerer Unternehmen: Stand und Perspektiven der KMU-Forschung, Deutscher UniversitätsVerlag, Wiesbaden, S. 135-152.

Frese, E. (2005): Grundlagen der Organisation – Entscheidungsorientiertes Konzept der Organisationsgestaltung, 9. Aufl., Gabler Verlag, Wiesbaden.

Frese, M. (1998): Erfolgreiche Unternehmensgründer – Psychologische Analysen und praktische Anleitung für Unternehmer in Ost- und Westdeutschland, Verlag für angewandte Wirtschaftspsychologie, Göttingen, u.a.

Freund, W. (2004): Unternehmensnachfolgen in Deutschland, in: IfM Bonn (Hrsg.): Jahrbuch zur Mittelstandsforschung 1/2004, Schriften zur Mittelstandsforschung Nr. 106 NF, Wiesbaden, S. 57-88.

Freund, W. (2001): Frauen in der Unternehmensnachfolge, in: IfM Bonn (Hrsg.): Jahrbuch zur Mittelstandsforschung 2/2001, Schriften zur Mittelstandsforschung Nr. 91 NF, Deutscher Universitäts-Verlag, Wiesbaden, S. 43-60.

Freund, W./Kayser, G. (2007): Unternehmensnachfolge in Bayern – Gutachten im Auftrag des Bayrischen Staatsministeriums für Wirtschaft, Infrastruktur, Verkehr und Technologie, in: Institut für Mittelstandsforschung (Hrsg.): IfM Materialien, Nr. 173, Bonn.

Frick, S./Lageman, B./von Rosenbladt, B./Voelzkow, H./Welter, F. (1998): Möglichkeiten zur Verbesserung des Umfeldes für Existenzgründer und Selbstständige. Wege zu einer neuen Kultur der Selbstständigkeit, Rheinisch-Westfälisches Institut für Wirtschaftsforschung, H. 25, Bottrop.

Friedman, S. D. (1986): Succession systems in large corporations: Characteristics and correlates of performance, in: Human Resource Management, Jg. 25, H. 2, S. 191-213.

Friedman, S. D./Saul, K. (1991): A Leader's Wake: Organizational Members Reactions to CEO Succession, in: Journal of Management, Jg. 17, H. 3, S. 619-642.

Friedman, S. D./Singh, H. (1989): CEO Succession and stockholder reaction: The influence of organizational context and event content, in: Academy of Management Journal, Jg. 32, H. 4, S. 718-744.

Friedrichs, J. (1990): Methoden empirischer Sozialforschung, 14. Aufl., Westdeutscher Verlag, Opladen.

Fritsch, C./Peters, M./Tragseil, A. (2007): Entrepreneurship im Bildungssystem oder kann man unternehmerische Einstellung bei Kindern und Jugendlichen fördern, in: Raich, M./Pechlander, H./Hinterhuber, H. H. (Hrsg.): Entrepreneurial Leadership – Profilierung in Theorie und Praxis, Deutscher Universitäts-Verlag, Wiesbaden, S. 277-298.

Fritz, W. (1995): Marketing-Management und Unternehmenserfolg, 2. überarbeitete u. erg. Aufl., Schäffer-Poeschel Verlag, Stuttgart.

Fueglistaller, U./Halter, F./Hartl, R. (2004): Unternehmertum im universitären Umfeld, in: Zeitschrift für Klein- und Mittelunternehmen, Jg. 52, H. 1, S. 13-31.

Fueglistaller, U./Müller, C./Volery, T. (2008): Entrepreneurship, Modelle – Umsetzung – Perspektiven, Mit Fallbeispielen aus Deutschland, Österreich und der Schweiz, 2. Aufl., Gabler Verlag, Wiesbaden.

Fünf Euro Business Wettbewerb (2010): Der Praxis-Wettbewerb für Studierende zum Thema Existenzgründung, URL: http://www.5-euro-business.de/, Stand: 25.09.2010.

Gabarro, J. J. (1988): Executive Leadership and succession: The process of taking charge, in: Hambrick, D. C. (Hrsg.): The executive effect: Concepts and methods for studying top managers, J. A. I. Press, New York, S. 237-268.

Gabarro, J. J. (1985): When a new manager takes charge, in: Harvard Business Review, Jg. 85, H. 1, S. 104-117.

Gablers Wirtschaftslexikon (2010): URL: http://wirtschaftslexikon.gabler.de/ Archiv/2537/unternehmer-v6.html, Stand: 12.01.2010.

Garavan, T. N./O'Cinneide, B. (1994): Entrepreneurship Education and Training Programms: A Review and Evaluation - Part 2, in: Journal of European Industrial Training, Jg. 18, H. 11, S. 13-21.

Gartner, W. B. (1989): „Who is an Entrepreneur?" Is the wrong question, in: Entrepreneurship: Theory & Practice, Jg. 13, H. 4, S. 47-68.

Gartner, W. B. (1988): „Who is an Entrepreneur?" Is the wrong question, in: American Journal of small business, Jg. 12, H. 4, S. 11-32.

Gartner, W. B. (1985): A Conceptual Framework for Describing the Phenomenon of New Venture Creation, in: Academy of Management Review, Jg. 10, H. 4, S. 696-706.

Gartner, W. B./Starr, J. A. (1993): The nature of entrepreneurial work, in: Birley, S./MacMillan, I. C. (Hrsg.): Entrepreneurship Research: Global Perspectives, North-Holland Verlag, Amsterdam, S. 35-67.

Gartner, W. B./Vesper, K. H. (1994): Experiments in Entrepreneurship Education: Successes and Failures, in: Journal of Business Venturing, Jg. 9, H. 3, S. 179-187.

Gatewood, E. J./Shaver, K. G./Gartner, W. B. (1995): A longitudinal study of cognitive factors influencing start-up behaviors and success at venture creation, in: Journal of Business Venturing, Jg. 10, H. 5, S. 371-391.

Gavac, K./Kanov, H./Kamptner, I./Mandl, I./Voithofer, P. (2000): Unternehmensübergaben und -nachfolgen in Österreich, Österreichisches Institut für Gewerbe- und Handelsforschung (Hrsg.), Wien.

Gefen, D./Straub, D. W./Boudreau, M. (2000): Structural equation modeling and regression: Guidelines for research practice, in: Communications of the AIS, Jg. 4, H. 7, S. 1-79.

Gephart, R. P. Jr. (1978): Status degradation and organizational succession: An ethnomethodological approach, in: Administrative Science Quarterly, Jg. 23, H. 4, S. 553-581.

Gerbing, D./Anderson, J. (1988): An updated paradigm for scale development incorporating unidimensionality and its assessment, in: Journal of Marketing Research, Jg. 25, H. 5, S. 186-192.

Gerpott, T. (1999): Strategisches Technologie- und Innovationsmanagement: Eine konzentrierte Einführung, Schäffer-Poeschel Verlag, Stuttgart.

Giambatista, R. C./Rowe, W. G./Riaz, S. (2005): Nothing succeeds like succession: A critical review of leader succession literature since 1994, in: The Leadership Quarterly, Jg. 16, H. 6, S. 963-991.

Gibb, A. A. (1993): The enterprise culture and education: Understanding enterprise education and its links with small business entrepreneurship and wider educational goals, in: International Small Business Journal, Jg. 11, H. 3, S. 11-34.

Giere, J./Wirtz, B. W./Schilke, O. (2006): Mehrdimensionale Konstrukte: Konzeptionelle Grundlagen und Möglichkeiten ihrer Analyse mithilfe von Strukturgleichungsmodellen, in: Die Betriebswirtschaft, Jg. 66, H. 6, S. 678-695.

Gilmore, T., McCann, J. E. (1983): Designing effective transitions for new correlational leaders, in: Policy Studies Review, Jg. 2, H. 2, S. 253-261.

Ginn, C. W./Sexton, D. (1990): A comparison of the personality of the 1987 Inc. 500 company founders/CEO's with those of slower-growth-firms, in: Journal of Business Venturing, Jg. 5, H. 5, S. 313-326.

Glancey, K. S./McQuaid, R. W. (2000): Entrepreneurial Economics, Macmillan, Basingstoke u.a.

Glatzel, K. (2004): Wachstumsschmerzen? Wie junge Unternehmen ihren Formalisierungsprozess steuern, in: Baecker, D./Dievernich, F. E. P./Schmidt, T. (Hrsg.): Management der Organisation – Handlung – Situation – Kontext, Deutscher Universitäts-Verlag, Wiesbaden, S. 211-276.

Glauben, T./Petrick, M./Tietje, H./Weiss, C. (2009): Probability and timing of succession or closure in family firms: A switching regression analysis of farm households in Germany, in: Applied Economics, Jg. 41, H. 1, S. 45-54.

Goebel, P. (1990): Erfolgreiche Jungunternehmer: lieber kleiner Herr als großer Knecht! Welche Fähigkeiten brauchen Firmengründer, mvg-Verlag, München.

Götz, O./Liehr-Gobbers, K. (2004): Analyse von Strukturgleichungsmodellen mit Hilfe der Partial-Least-Squares (PLS)-Methode, in: Die Betriebswirtschaft, Jg. 64, H. 6, S. 714-738.

Goldberg, S. D. (1996): Effective successors in family-owned business, in: Family Business Review, Jg. 9, H. 2, S. 185-197.

Golla, S./Halter, F./Fueglistaller, U./Klandt, H. (2006): Gründungsneigung Studierender – Eine empirische Analyse in Deutschland und der Schweiz, in: Achleitner, A.-K./Klandt, H./Koch, L. T./Voigt, K.-I. (Hrsg.): Jahrbuch Entrepreneurship 2005/06 – Gründungsforschung und Gründungsmanagement, Springer Verlag, Berlin, Heidelberg, S. 209-237.

Gordon, G. W./Rosen, N. A. (1981): Critical factors in leadership succession, in: Organizational Behavior and Human Performance, Jg. 27, H. 2, S. 227-254.

Gorman, G./Hanlon, D./King W. (1997): Some research perspectives on entrepreneurship education, enterprise education and education for small business management: A ten year literature review, in: International Small Business Journal, Jg. 15, H. 3, S. 56-77.

Gottschalk, S./Fryges, H./Metzger, G./Heger, D./Licht, G. (2007): Start-ups zwischen Forschung und Finanzierung: Hightech-Gründungen in Deutschland, ZEW, Juni, Mannheim.

Gouldner, A. W. (1954): Patterns of industrial bureaucracy, The Free Press, Glencoe, New York, u.a.

Govindarajan, V. (1989): Implementing competitive strategies at the business unit level: Implications of matching managers to strategies, in: Strategic Management Journal, Jg. 10, H. 3, S. 251-269.

Graack, C./Welfens, P. J. J. (1999): Internationaler Technologiewettlauf, Arbeitsmarktprobleme und Unternehmensgründungsdynamik bei verschärfter Standortkonkurrenz, in: Welfens, P. J. J./Graack, C. (Hrsg.): Technologieorientierte Unternehmensgründungen und Mittelstandspolitik in Europa – Probleme, Risikokapitalfinanzierung, Internationale Erfahrungen, Physica Verlag, Heidelberg, S. 1-36.

Greene, P. G./Katz, J. A./Johannisson, B. (2004): From the Guest Co-Editors – Entrepreneurship Education, in: Academy of Management Learning and Education, Jg. 3, H. 3, S. 238-241.

Greer, C. R./Virick, M. (2008): Diverse succession planning: Lessons from the industry leaders, in: Human Resource Management, Jg. 47, H. 2, S. 351-367.

Greiner, L./Cummings, T./Bhambri, A. (2003): When new CEOs succeed and fall: 4-D Theory of strategic transformation, in: Organizational Dynamics, Jg. 32, H. 1, S. 1-16.

Greving, B. (2007): Messen und Skalieren von Sachverhalten, in: Albers, S./Klapper, D./Konradt, U./Walter, A./Wolf, J. (Hrsg.): Methodik der empirischen Forschung, 2. überarbeitete u. erw. Aufl., Gabler Verlag, Wiesbaden, S. 65-78.

Grossman, W. (2007): Intraindustry executive succession, competitive dynamics, and firm performance: Through the knowledge transfer lens, in: Journal of Managerial Issues, Jg. 19, H. 3, S. 340-361.

Groves, K. S. (2007): Integrating leadership development and succession planning best practices, in: Journal of Management Development, Jg. 26, H. 3, S. 329-260.

Gründerbüro der Universität Siegen (2010a): Tabelle 1: Entrepreneurship-Angebote und curriculare Verankerung Universität Siegen, unveröffentlichte Skizze.

Gründerbüro der Universität Siegen (2010b): Tabelle 2: Erfahrung der Universität Siegen im Themenfeld Gründung seit 1998, unveröffentliche Skizze.

Gründerbüro der Universität Siegen (2010c): Die Unternehmer-Uni, URL: http://www.die-unternehmer-uni.de/, Stand: 25.09.2010.

Grüner, H. (1993): Entrepreneurial Learning – Ist eine Ausbildung zum Unternehmertum möglich?, in: Zeitschrift für Berufs- und Wirtschaftspädagogik, Jg. 89, H. 5, S. 485-509.

Grüner, H./Neuberger, L. (2006): Entrepreneurs´ Education: Critical areas for the pedagogic-didactic agenda and beyond, in: Journal of Business Economics and Management, Jg. 7, H. 4, S. 163-170.

Grusky, O. (1969): Succession with an ally, in: Administrative Science Quartely, Jg. 14, H. 2, S. 155-170.

Grusky, O. (1964): The effects of succession: A comparative study of military and business organizations, in: Janowitz, M. (Hrsg.): The new military: Changing patterns of organization, Russel Sage Foundation, New York, S. 83-111.

Grusky, O. (1963): Managerial Succession and organizational effectiveness, in: American Journal of Sociology, Jg. 69, H. 1, S. 21-31.

Gude, H./Günterberg, B./Kohn, K./Metzger, G. (2009): Unternehmensfluktuation: Aktuelle Trends im Gründungs- und Liquidationsgeschehen, in: KfW, Creditreform, IfM, RWI, ZEW (Hrsg.): Deutsche Wirtschaft in der Rezession – Talfahrt auch im Mittelstand, Mittelstandsmonitor 2009, jährlicher Bericht zu Konjunktur- und Strukturfragen kleiner und mittlerer Unternehmen, Frankfurt am Main, S. 39-72.

Guest, R. H. (1962): Managerial Succession in complex organizations, in: American Journal of Sociology, Jg. 68, H. 1, S. 47-56.

Gundry, L. K./Welsch, H. P. (2001): The ambitious entrepreneur: High growth strategies of woman-owned enterprises, in: Journal of Business Venturing, Jg. 16, H. 5, S. 453-470.

Gupta, A. K. (1986): Matching Managers to strategies: Point and Counterpoint, in: Human Resource Management, Jg. 25, H. 2, S. 215-234.

Gupta, A. K. (1984): Contingency linkages between strategy and general manager characteristics: A conceptual examination, in: Academy of Management Review, Jg. 9, H. 3, S. 399-412.

Habbershon, T. G./Williams, M./MacMillan, I. C. (2003): A unified systems perspective of family firm performance, in: Journal of Business Venturing, Jg. 18, H. 4, S. 451-465.

Habig, H./Berninghaus, J. (2004): Die Nachfolge im Familienunternehmen ganzheitlich regeln, 2. Aufl., Springer Verlag, Berlin, Heidelberg, New York.

Hacker, K./Schönherr, K. W. (2007): Unternehmensnachfolge im Mittelstand – Vom Mitarbeiter zum Unternehmer, vdf Hochschulverlag AG, Zürich, Singen.

Haenecke, H. (2002): Methodenorientierte Systematisierung der Kritik an der Erfolgsfaktorenforschung, in: Zeitschrift für Betriebswirtschaft, Jg. 72, H. 2, S. 165-183.

Hair, J. F./Anderson, R. E./Tatham, R. L./Black, W. C. (2006): Multivariate Data Analysis, 5. Aufl., Prentice-Hall, Englewood Cliffs, New Jersey.

Halbfas, B. G. (2006): Entrepreneurship Education an Hochschulen – Eine wirtschaftspädagogische und -didaktische Analyse, Braukmann, U. (Hrsg.): Entrepreneurship Education, Bd. 2, Eusl Verlagsgesellschaft mbH, Paderborn.

Halfpap, K. (1992): Berufliche Handlungsfähigkeit – Ganzheitliches Lernen – Anforderungen an das Lehr- und Ausbildungspersonal, in: Pätzold, G. (Hrsg.): Handlungsorientierung in der beruflichen Bildung, Verlag der Gesellschaft zur Förderung arbeitsorientierter Forschung und Bildung, Frankfurt, S. 139-161.

Hall, D. T. (1986): Dilemmas in linking succession planning to individual executive learning, in: Human Resource Management, Jg. 25, H. 2, S. 235-265.

Hall, J. L. (1976): Organization technology and executive succession, in: California Management Review, Jg. 19, H. 1, S. 35-39.

Halter, F. A. (2009): Familienunternehmen im Nachfolgeprozess – Die Emotionen des Unternehmers, Bd. 18 der Reihe: Kleine und mittlere Unternehmen, Eul Verlag, Lohmar.

Hambrick, D. C./Mason, P. A. (1984): Upper echelons: The organization as a reflection of its top managers, in: Academy of Management Review, Jg. 9, H. 2, S. 193-206.

Hambrick, D. C./Mason, P. A. (1982): The organization as a reflection of its top managers, in: Academy of Management Proceedings, S. 12-16.

Hammann, P./Erichson, B. (2000): Marktforschung, 4. Aufl., UTB Verlag, Stuttgart.

Handler, W. C. (1994): Succession in family business: A review of the research, in: Family Business Review, Jg. 7, H. 2, S. 133-157.

Handler, W. C. (1990): Succession in family firms: A mutual role adjustment between entrepreneur and next-generation family members, in: Entrepreneurship Theory & Practice, Jg. 15, H. 1, S. 37-51.

Handler, W. C. (1989): Managing the family firm succession process: The next generation family members' experience, Diss., Boston University.

Hannan, M./Leitch, C./Hazlett, S.-A. (2006): Measuring the impact of entrepreneurship education: A cognitive approach to evaluation, in: International Journal of continuing engineering education and life-long learning, Jg. 16, H. 5, S. 400-419.

Hannon, P. D. (2006): Teaching pigeons to dance – sense and meaning in Entrepreneurship Education, in: Education & Training, Jg. 48, H. 5, S. 296-308.

Hannon, P. D. (2005): Philosophies of enterprise and entrepreneurship education and challenges for higher education in the UK, in: International Journal of Entrepreneurship and Innovation, Jg. 6, H. 2, S. 105-114.

Harman, H. H. (1976): Modern Factor Analysis, 3. Aufl., The University of Chicago Press, Chicago.

Hart, A. W. (1987): Leadership succession: Reflections of a new principal, in: Journal of Research and Development in Education, Jg. 20, H. 4, S. 1-11.

Hartmann, F. (2010): Überlegungen zu einer entrepreneur-orientierten Ausbildung an gewerblichen Fachschulen – Eine Bestandsaufnahme mit Vorschlägen für eine Ergänzung des Curriculums, Diss., Karlsruher Institut für Technologie, Karlsruhe.

Hartmann, H./Wienold, H. (1967): Universität und Unternehmer – Wissenschaftstheorie, Wissenschaftspolitik, Wissenschaftsgeschichte, Bd. 3, Bertelsmann Verlag, Gütersloh.

Harvey, M./Evans, R. (1995): Life after succession in the family business: Is it really the end of problems?, in: Family Business Review, Jg. 8, H. 1, S. 3-16.

Hatten, T. S. (1997): Small Business, Entrepreneurship and beyond, Upper Saddle River, Prentice-Hall, New Jersey.

Haubrock, A. (2005): Wie gestalte ich den Ausstieg und den Einstieg?, in: Nagl, A. (Hrsg.): Wie regele ich meine Nachfolge – Leitfaden für Familienunternehmen, Gabler Verlag, Wiesbaden, S. 55-84.

Haupert, B. (1991): Vom narrativen Interview zur biographischen Typenbildung, in: Graz, D./Kraimer, K. (Hrsg.): Qualitativ-empirische Sozialforschung. Konzepte, Methoden, Analysen, Westdeutscher Verlag, Opladen, S. 213-254.

Haveman, H. A./Russo, M. V./Meyer, A. D. (2001): Organizational environments in flux: The impact of regulatory punctuations on organizational domains, CEO succession, and performance, in: Organization Science, Jg. 12, H. 3, S. 253-273.

Hawley, F. B. (1927): The orientation of economics on enterprise, in: American Economic Review, Jg. 17, H. 3, S. 409-428.

Hébert, R. F./Link, A. N. (1989): In Search of the Meaning of Entrepreneurship, in: Small Business Economics, Jg. 1, H. 1, S. 39-49.

Hébert, R. F./Link, A. N. (1988): The Entrepreneur: Mainstream views and radical critiques, Praeger, New York u.a.

Heck, R. K. Z./Trent, E. S. (1999): The prevalence of family business from a household sample, in: Family Business Review, Jg. 12, H. 3, S. 209-219.

Heil, A. H. (1999): Erfolgsfaktoren von Wachstumsführern, DtA Studie zu den Entwicklungspfaden junger Unternehmen, Deutsche Ausgleichsbank – Wirtschaftliche Reihe, Bd. 11, Selbstverlag, Bonn.

Heinemann, D./Welter, F. (2007): Gründerstudie 06/07 der Universität Siegen: Auf dem Weg zur Unternehmer-Uni, Schriftenreihe Beiträge zur KMU-Forschung Nr. 5, Siegen.

Helberger, C. (1988): Eine Überprüfung der Linearitätsannahme der Humankapital-theorie, in: Bodenhöfer, H.-J. (Hrsg.): Bildung, Beruf, Arbeitsmarkt, Verlag Duncker & Humblot, Berlin, S. 151-170.

Helberger, C. (1980): Bildungsspezifische Einkommensunterschiede, in: Wirtschafts-dienst, Jg. 60, o.H., S. 351-355.

Held, M./Maslo, J./Lindenthal, M. (2001): Wissensmanagement und informelle Kommunikation, in: Mannheimer Beiträge zur Wirtschafts- und Organisa-tionspsychologie 2, S. 17-37.

Helmich, D. L (1980): Board size variation and rates in the corporate presidency, in: Journal of Business Research, Jg. 8, H. 1, S. 51-63.

Helmich, D. L. (1978a): Leader flows and organizational process, in: Academy of Management Journal, Jg. 21, H. 3, S. 463-478.

Helmich, D. L. (1978b): Organizational volatility and Rates of Leader Succession, in: Journal of Management, Jg. 4, H. 1, S. 25-41.

Helmich, D. L. (1977): Executive succession in the corporate organization: A current integration, in: Academy of Management Review, Jg. 2, H. 2, S. 252-266.

Helmich, D. L. (1976): Matching: Board size and executive span, in: Journal of Busi-ness Research, Jg. 4, H. 3, S. 255-270.

Helmich, D. L. (1975a): Corporate Succession: An examination, in: Academy of Management Journal, Jg. 18, H. 3, S. 429-441.

Helmich D. L. (1975b): Succession: A longitudinal look, in: Journal of Business Re-search, Jg. 3, H. 4, S. 355-364.

Helmich, D. L. (1975c): The executive interface and president's leadership behaviour, in: Journal of Business Research, Jg. 3, H. 1, S. 43-52.

Helmich, D. L. (1974a): Predecessor turnover and successor characteristics, in: Cor-nell Journal of Social Relations, Jg. 9, H. 3, S. 249-260.

Helmich, D. L. (1974b): Organizational growth and succession patterns, in: Academy of Management Journal, Jg. 17, H. 4, S. 771-775.

Helmich, D. L./Brown, W. B. (1972): Successor type and organizational change in the corporate enterprise, in: Administrative Science Quarterly, Jg. 17, H. 3, S. 371-381.

Hemer, J./Schleinkofer, M./Göthner, M. (2007): Akademische Spin-offs – Erfolgs-bedingungen für Ausgründungen aus Forschungseinrichtungen, Studien des Büros für Technikfolgen-Abschätzung beim Deutschen Bundestag, Edition Sigma, Berlin.

Hennerkes, B.-H. (2004): Die Familie und ihr Unternehmen: Strategie, Liquidität, Kontrolle, 2. Aufl., Campus Verlag, Frankfurt a. M.

Hering, T./Olbrich, M. (2003): Unternehmensnachfolge, Oldenbourg Verlag, München, Wien.

Hering, T. /Vincenti, A. J. F. (2005): Unternehmensgründung, Oldenbourg Verlag, München, Wien.

Hermalin, B. E./Weisbach, M. S. (1988): The determinants of board composition, in: Rand Journal of Economics, Jg. 19, H. 4, S. 589-606.

Herr, C. (2007): Nicht-lineare Wirkungsbeziehungen von Erfolgsfaktoren der Unternehmensgründung, Diss., Deutscher Universitäts-Verlag, Wiesbaden.

Herrmann, A./Huber, F./Kressmann, F. (2006): Varianz- und kovarianzbasierte Strukturgleichungsmodelle – Ein Leitfaden zu deren Spezifikation, Schätzung und Beurteilung, in: Zeitschrift für betriebswirtschaftliche Forschung, Jg. 58, H. 2, S. 34-66.

Herron, L./Robinson, R. B. (1993): A structural model of the effects of entrepreneurial characteristics on venture performance, in: Journal of Business Venturing, Jg. 8, H. 3, S. 281-294.

Herrschaft, H. (2005): Beraterorientierte Methoden der Nachfolgeplanung bei familienorientierten Mittelbetrieben im steuerökonomischen Gesamtzusammenhang der Erbschafts- und Schenkungssteuerplanung, Diss., Cuvillier Verlag, Göttingen.

Heuss, E. (1965): Allgemeine Markttheorie, Verlag Mohr Siebeck, Tübingen.

Hildebrandt, L. (1998): Validierung in der Marketingforschung, in: Hildebrandt, L./Homburg, C. (Hrsg.): Die Kausalanalyse, Schäffer-Poeschel Verlag, Stuttgart.

Hildebrandt, L. (1984): Kausalanalytische Validierung in der Marketingforschung, in: Marketing – Zeitschrift für Forschung und Praxis, Jg. 6, H. 1, S. 41-51.

Hildebrandt, L./Temme, D. (2006a): Probleme der Validierung mit Strukturgleichungsmodellen, in: Die Betriebswirtschaft, Jg. 66, H. 6, S. 618-639.

Hildebrandt, L./Temme, D. (2006b): Probleme der Validierung mit Strukturgleichungsmodellen, SFB 649, Diskussionpapier, 2006-082, Berlin.

Hillman, A. J./Dalziel, T. (2003): Boards of directors and firm performance: Integrating agency and resource dependence perspectives, in: Academy of Management Review, Jg. 28, H. 3, S. 383-396.

Hills, G. E. (2004): Entrepreneurship Education: Market Segmentation and Learner Needs, in: Welsch, H. P. (Hrsg.): Entrepreneurship. The Way Ahead, Routledge, New York, S. 287-300.

246

Hinsch, M. (2009): Die Entwicklung von Kundenbeziehungen in der Nachfolge mittelständischer Familienunternehmen, Schriftenreihe "Innovative Betriebswirtschaftliche Forschung und Praxis", Bd. 244, Verlag Dr. Kovač, Hamburg.

Hisrich, R. D. (2006): Entrepreneurship Research and Education in the World: Past, Present and Future, in: Achleitner, A.-K./Klandt, H./Koch, L. T./Voigt, K.-I. (Hrsg.): Jahrbuch Entrepreneurship 2005/06 - Gründungsforschung und Gründungsmanagement, Springer Verlag, Berlin, Heidelberg, New York, S. 3-14.

Hisrich, R. D./Peters, M. P. (1998): Entrepreneurship, 4. Aufl., Irwin/McGraw Hill, Boston.

Hisrich, R. D./Peters, M. P. (1984): Internal venturing in large corporations, in: Hornaday, J.A./Tarpley, F. Jr./Timmons, J. A./Vesper, K. H. (Hrsg.): Frontiers of Entrepreneurship Research, Wellesley, Babson College, S. 321-346.

Hoffmann, A. (2007): Die Akzeptanz kartenbasierter Kundenbindungsprogramme aus Konsumentensicht – Determinanten und Erfolgswirkungen, Gabler Verlag, Wiesbaden.

Hohenlohe, C.-L. P. (2006): Die erfolgreiche Unternehmensnachfolge – Betriebsübernahmen als Existenzgründungen, Redline Wirtschaft, Heidelberg.

Holt Larsen, H. (1996): In search of management development in Europe: From self-fulfilling prophecies to organizational competence, in: International Journal of Human Resource Management, Jg. 7, H. 3, S. 657-676.

Homburg, C. (2000a): Kundennähe von Industriegüterunternehmen. Konzeption, Erfolgsauswirkungen und Determinanten, 3. Aufl., Gabler Verlag, Wiesbaden.

Homburg, C. (2000b): Kundenbindung im Umfeld von Fusionen und Akquisitionen, in: Picot, A./Nordmeyer, A./Pribilla, P. (Hrsg.): Management von Akquisitionen, Schäffer-Poeschel Verlag, Stuttgart, S. 169-180.

Homburg, C./Baumgartner, H. (1998): Beurteilung von Kausalmodellen: Bestandsaufnahme und Anwendungsempfehlungen, in: Hildebrandt, L./Homburg, C. (Hrsg.): Die Kausalanalyse: Ein Instrument der empirischen betriebswirtschaftlichen Forschung, Schäffer-Poeschel Verlag, Stuttgart, S. 343-369.

Homburg, C./Baumgartner, H. (1995): Beurteilung von Kausalmodellen - Bestandsaufnahme und Anwendungsempfehlungen, in: Marketing – Zeitschrift für Forschung und Praxis, Jg. 17, H. 3, S. 162-176.

Homburg, C./Giering, A. (1998): Konzeptualisierung und Operationalisierung komplexer Konstrukte: Ein Leitfaden für die Marketingforschung, in: Hildebrandt, L./Homburg, C. (Hrsg.): Die Kausalanalyse: Instrument der empirischen betriebswirtschaftlichen Forschung, Schäffer-Poeschel Verlag, Stuttgart, S. 111-146.

Homburg, C./Giering, A. (1996): Konzeptualisierung und Operationalisierung komplexer Konstrukte – Ein Leitfaden für die Marketingforschung, in: Marketing – Zeitschrift für Forschung und Praxis, Jg. 18, H. 1, S. 5-24.

Homburg, C./Klarmann, M. (2006): Die Kausalanalyse in der empirischen betriebs-wirtschaftlichen Forschung – Problemfelder und Anwendungsempfehlungen, in: Die Betriebswirtschaft, Jg. 66, H. 6, S. 727-748.

Homburg, C./Pflesser, C. (1999): Strukturgleichungsmodelle mit latenten Variablen: Kausalanalyse, in: Herrmann, A./Homburg, Ch. (Hrsg.): Marktforschung. Metho-den, Anwendungen, Praxisbeispiele, Gabler Verlag, Wiesbaden, S. 633-658.

Honer, A. (1993): Lebensweltliche Ethnographie. Ein explorativ-interpretativer For-schungsansatz am Beispiel von Heimwerker-Wissen, Deutscher Universitäts-Verlag, Wiesbaden.

Hornaday, R. W. (1990): Dropping the E-Words from Small Business Research: An Alternative Typology, in: Journal of Small Business Management, Jg. 28, H. 4, S. 22-33.

Hoyle, R. H. (1995): Structural Equation Modeling: Concepts, issues, and applica-tions, SAGE Publications, Inc. Thousand Oaks, CA.

Hu, L./Bentler, P. M. (1999): Cutoff Criteria for Fit Indexes in Covariance Structure Analysis: Conventional criteria versus new alternatives, in: Structural Equation Modeling, Jg. 6, H. 1, S. 1-55.

Hu, L./Bentler, P. M. (1998): Fit indices in covariance structure modeling: Sensitivity to under-parameterized model misspecification, in: Psychological Methods, Jg. 3, H. 4, S. 424-453.

Huovinen, J./Tihula, S. (2008): Family Business and habitual Entrepreneurship: Dif-ferences and similarities, in: Journal of Family Business Studies, Jg. 2, H. 1, S. 58-74.

Huson, M. R./Malatesta, P. H./Parrino, R. (2004): Managerial succession and firm performance, in: Journal of Financial Economics, Jg. 74, H. 2, S. 237-275.

Huson, M. R./Parrino, R./Starks, L. T. (2001): Internal monitoring mechanisms and CEO turnover: A long-term perspective, in: Journal of Finance, Jg. 56, H. 6, S. 2265-2297.

Ibrahim, A. B./Soufani, K. (2002): Entrepreneurship education and training in Ca-nada: A critical assessment, in: Education & Training, Jg. 45, H. 8/9, S. 421-430.

IfM Bonn (Hrsg.) (2010a): Schlüsselzahlen des Mittelstands in Deutschland 2007/2008, URL: http://www.ifm-bonn.org/index.php?id=99, Stand: 04.02.2010.

IfM Bonn (Hrsg.) (2010b): Unternehmensgründungen und Liquidationen, URL: http://www.ifm-bonn.org/assets/documents/UntGr_UntLi_D_1997-2009.pdf, Stand: 26.07.2010.

IfM Bonn (Hrsg.) (2009): Gründungen und Liquidationen 1997-2008, URL: http://www.ifm-bonn.org/index.php?id=614, Stand: 04.02.2010.

IfM Bonn (Hrsg.) (2006): Jahrbuch zur Mittelstandsforschung 1/2006, Schriften zur Mittelstandsforschung, Bd. 112, Deutscher Universitäts-Verlag, Wiesbaden.

IfM Bonn/Schlömer, N./Kay, R. (Hrsg.) (2008): Familienexterne Nachfolge – Das Zusammenfinden von Übergebern und Übernehmern, IfM-Materialien 182, Bonn.

IfM Bonn/Wallau, F./Haunschild, L. (Hrsg.) (2007): Die volkswirtschaftliche Bedeutung von Familienunternehmen, IfM-Materialien 172, Bonn.

IfM Bonn/Wallau, F./Kay, R./Schlömer, N. (Hrsg.) (2009): Familienexterne Nachfolge im Freistaat Sachsen: Das Zusammenfinden von Übergebern und Übernehmern, Gutachten im Auftrag des Sächsischen Staatsministeriums für Wirtschaft und Arbeit, April, Bonn.

InMit – Institut für Mittelstandökonomie an der Universität Trier e.V./IfM Bonn (Hrsg.) (1998): Erfolgsfaktor Qualifikation – Unternehmerische Aus- und Weiterbildung in Deutschland, Trierer Schriften zur Mittelstandsökonomie Bd. 2, Münster.

Ip, B./Jacobs, G. (2006): Business succession planning: A review of the evidence, in: Journal of Small Business and Enterprise Development, Jg. 13, H. 3, S. 326-350.

Ireland, R. D./Hitt, M. A./Sirmon, D. G. (2003): A model of strategic entrepreneurship: The construct and its dimensions, in: Journal of Management, Jg. 19, H. 6, S. 963-989.

Isfan, K./Moog, P./Backes-Gellner, U. (2005): Die Rolle der Hochschullehrer für Gründungen aus deutschen Hochschulen – erste empirische Erkenntnisse, in: Achleitner, A.-K./Klandt, H./Koch L. T./Voigt, K.-I. (Hrsg.): Jahrbuch Entrepreneurship 2004/05 – Gründungsforschung und Gründungsmanagement, Springer Verlag, Berlin, Heidelberg, S. 339-361.

Ittrich, A. (2010): Psychologische Faktoren im Übergabeprozess eines Familienunternehmens – vom Vater auf den Sohn, Pro Business, Berlin.

Jackson, D. L. (2003): Revisiting the sample size and number of parameter estimates: Some support for the N:q hypothesis, in: Structural Equation Modeling, Jg. 10, H. 1, S. 128-141.

Jacobsen, L. K. (2006): Erfolgsfaktoren bei der Unternehmensgründung – Entrepreneurship in Theorie und Praxis, Deutscher Universitäts-Verlag, Wiesbaden.

Jacobsen, L. K. (2003): Bestimmungsfaktoren für Erfolg im Entrepreneurship – Entwicklung eines umfassenden theoretischen Modells, Diss., Berlin, URL: http://www.diss.fu-berlin.de/diss/receive/FUDISS_thesis_000000001121, Stand: 15.01.2010.

Jäpel, W. (1985): Die Qualität alternativer Rating-Formen und ihre Einflussgrößen, Diss., Universität Regensburg.

Jarvis, C. B./MacKenzie, S. B./Podsakoff, P. M. (2003): A critical review of construct indicators and measurement model misspecification in marketing and consumer research, in: Journal of Consumer Research, Jg. 30, H. 2, S. 199-218.

Jauch, L. R./Martin, T. N./Osborn, R. N. (1981): Top management under fire, in: Journal of Business Strategy, Jg. 1, H. 4, S. 33-41.

Jensen, H. P. (1994): The importance on concerted entrepreneurial education and industrial development programs, in: Klandt, H./Mulger, J./Müller-Böling, D. (Hrsg.): IntEnt93 – Internationalizing Entrepreneurship Education and Training, Tagungsbeitrag der IntEnt93 Konferenz, Köln, Dortmund, S. 229-235.

Jöreskog, K. G. (1978): Statistical Analysis of Covariance and Correlation Matrices, in: Psychometrika, Jg. 43, H. 4, S. 443-477.

Jöreskog, K. G. (1973): A General Method for Estimating a Linear Structural Equation System, in: Goldberger, A. S./Duncan, O. D. (Hrsg.): Structural Equation Models in the social sciences, Jg. II, Seminar Press, New York, S. 83-112.

Johannisson, B. (1993): Contrasting Images of Entrepreneurship - Implications for Academic Education/in: Klandt, H./Mugler, J./Müller-Böling, D. (Hrsg.): IntEnt93-Internationalizing Entrepreneurship Education and Training, Proceedings of the IntEnt93 Conference Vienna, 5.-7. Juli, 2. Aufl., Köln, Dortmund, S. 21-34.

Johannisson, B. (1991): University training for entrepreneurship: A Swedish approach, in: Entrepreneurship and Regional Development, Jg. 3, H. 3, S. 47-57.

Johannisson, E./Landström, H./Rosenberg, J. (1998): University Training for Entrepreneurship – An Action Frame of Reference, in: European Journal of Engineering Education, Jg. 23, H. 4, S. 477-496.

Jonsson, C./Jonsson, T. (2003): Entrepreneurial Learning – an informed way of learning – The Case of Enterprising and Business Development, Working Paper, Vaxjo University.

Joplin, L. (1995): On defining experiential education, in: Warren, K./Sakofs, M./Hunt, J. S. Jr. (Hrsg.): The theory of Experiential Education – A collection of articles addressing the historical, philosophical, social, and psychological foundations of Experiential Education, Dubeque, IA: Iowa Kendall/ Hunt Publiship Company, S. 15-22.

Jovanovic, B. (1994): Firm formation with heterogenous management and labor skills, in: Small Business Economics, Jg. 6, H. 3, S. 185-191.

Justus, A. (1999): Wissenstransfer in strategischen Allianzen: Eine verhaltenstheoretische Analyse, Diss., Peter Lang Verlag, Frankfurt a. M.

Kahnemann, D./Lovallo, D. (1993): Timid choices and bold forecasts: A cognitive perspective on risk taking, in: Management Science, Jg. 39, H. 1, S. 17-31.

Kailer, N. (2006): Entrepreneurship Education an Hochschulen: Evaluationsprobleme und -konzepte, Tagungsbeitrag, Rencontres 2006, Wildhaus, URL: http://www.kmu.unisg.ch/rencontres/RENC2006/Topics06/A/Rencontres_2006_K ailer.pdf, S. 1-11, Stand 07.11.2010.

Kailer, N. (2005): Unternehmensgründung und -übernahme durch HochschulabsolventInnen – Empirische Ergebnisse, Problemfelder, Unterstützungsmaßnahmen, in: ibW-Mitteilungen, 4. Quartal, URL: http://www.ibw.at/ ibw_mitteilungen/art/gast_204_05_wp.pdf, Stand: 20.01.2010.

Kailer, N. (2002): "Wie lernen GründerInnen und JungunternehmerInnen (und was lernen ihre Helfer daraus)? - Förderung des Gründungs- und Übernahmeerfolges durch Abbau der "gaps" zwischen Wünschen der Nachfrager und der Angebotsgestaltung der Unterstützungsstellen", in: Füglistaller, U./Pleitner, H.-J./Volery, T./Weber, W. (Hrsg.): Umbruch der Welt - KMU vor Höhenflug oder Absturz?, Schweizerisches Institut für gewerbliche Wirtschaft an der Universität St. Gallen, Verlag KMU-HSG, St. Gallen, S. 203-214.

Kailer, N., Scheff, J. (1999): Knowledge management as a service: Co-operation between small and medium-sized enterprises (SMEs) and training, consulting and research institutions, in: Journal of European Industrial Training, Jg. 23, H. 7, S. 319-328.

Kaiser, H. F. (1974): An index of factorial simplicity, in: Psychometrika, Jg. 39, H. 1, S. 31-36.

Kaiser, H. F./Rice, J. (1974): Little Jiffy, Mark IV, in: Educational and Psychological Measurement, Jg. 34, H. 2, S. 111-117.

Kaiser, G./Wallau, F. (2003): Der industrielle Mittelstand – Ein Erfolgsmodell. Eine Untersuchung im Auftrag des BDI e.V. und der Ernst & Young AG, Zusammenfassung, IfM Bonn, Bonn.

Kaluza, B. (1993): Flexibilität, betriebliche, in: Wittmann, W./Kern, W./Köhler, R./Küpper, H.-U./v. Wysocki, K. (Hrsg.): Handwörterbuch der Betriebswirtschaftslehre, 3 Bde., 5. völlig neu gestalt. Aufl., Schäffer-Poeschel Verlag, Stuttgart, Sp. 1173-1184.

Kamien, M. I. (1997): Kann man Unternehmertum lernen?, in: Wirtschaftspolitische Blätter, S. 395-399.

Kanuk, L./Berensen, C. (1975): Mail surveys and response rates: A literature review, in: Journal of Marketing Research, Jg. 12, H. 4, S. 440-453.

Katsikeas, C. S./Piercy, N. (1991): The relationship between exporters from a developing country and importers based in a developed country: Conflict considerations, in: European Journal of Marketing, Jg. 25, H. 1, S. 6-25.

Katz, J. A. (2003): The chronology and intellectual trajectory of American entrepreneurship education: 1876-1999, in: Journal of Business Venturing, Jg. 18, H. 2, S. 283-300.

Katz, J. A. (1995): Managing practioners in the Entrepreneurship Class, in: Simulation Gaming, Jg. 26, H. 3, S. 361-375.

Kay, R./Schlömer, N. (2009): Können potenzielle Neugründer die so genannte Nachfolgerlücke bei Unternehmensübernahmen schließen? – Eine empirische Analyse, in: Institut für Mittelstandsforschung Bonn (Hrsg.): Jahrbuch zur Mittelstandsforschung, Nr. 116 NF, Wiesbaden, S. 53-70.

Kaya, M. (2007): Verfahren der Datenerhebung, in: Albers, S./Klapper, D./Konradt, U/Walter, A./Wolf, J. (Hrsg.): Methodik der empirischen Forschung, 2. Aufl., Gabler Verlag, Wiesbaden, S. 49-64.

Kaye, K. (1999): Is succession such a sweet dream?, in: Family Business Review, Jg. 12, H. 1, S. 15-17.

Kaye, K. (1998): Happy Landings: The opportunity to fly again, in: Family Business Review, Jg. 11, H. 3, S. 275-280.

Kayser, G./Wallau, F. (2002): Industrial Family Businesses in Germany: Situation and Future, in: Family Business Review, Jg. 15, H. 2, S. 111-115.

Kelly, J. N. (1980): Management transitions for newly appointed CEOs, in: Sloan Management Review, Jg. 22, H. 1, S. 37-45.

Kempert, W. (2008): Praxishandbuch für die Nachfolge im Familienunternehmen – Leitfaden für Unternehmer und Nachfolger, mit Fallbeispielen und Checklisten, Gabler Verlag, Wiesbaden.

Kenny, D. A./Kashy, D. A./Bolger, N. (1998): Data analysis in social psychology, in: Gilbert, D./Fiske, S./Lindzey, G. (Hrsg.): Handbook of social psychology, 4. Aufl., McGraw-Hill, Boston, S. 233-265.

Kent, C. A. (1990): Entrepreneurship Education: Current Developments, Future Directions, Greenwood Publishing Group, New York.

Kerkhoff, E./Ballarini, K./Keese, D. (2004): Generationswechsel in mittelständischen Unternehmen, in: Institut für Mittelstandsforschung der Universität Mannheim (Hrsg.): Beiträge zur Mittelstandsforschung, Bd. 7, Karlsruhe.

Kersting, A./Kamper-Jasper, I. P. (2002): Die systemische Beratung interpersoneller Konflikte in Familienunternehmen, in: Psychotherapeut, Jg. 47, H. 2, S. 83-89.

Kesner, I. F./Sebora, T. C. (1994): Executive Succession: Past, Present & Future, in: Journal of Management, Jg. 20, H. 2, S. 327-372.

Keßler, A. (2006): Erfolgsfaktoren von Unternehmensgründungen in der Frühentwicklungsphase in traditionellen und entstehenden Marktwirtschaften: Ein Vergleich zwischen österreichischen und tschechischen Gründungen auf Basis von Daten der Wiener Gründerstudien, in: Achleitner, A.-K./Klandt, H./Koch, L. T./Voigt, K.-I. (Hrsg.): Jahrbuch Entrepreneurship 2005/2006, Springer Verlag, S. 277-302.

Ketchen, D. J./Thomas, J. B./Snow, C. C. (1993): Organizational Configurations and Performance: A Comparison of Theoretical Approaches, in: Academy of Management Journal, Jg. 36, H. 6, S. 1278-1313.

Kets de Vries, M. F. R. (2003): The retirement syndrome: The psychology of letting go, in: European Management Journal, Jg. 21, H. 6, S. 707-716.

Kets de Vries, M. F. R. (1993): The dynamics of family controlled firms: The good news and the bad news, in: Organizational Dynamics, Jg. 21, H. 3, S. 59-71.

Kets de Vries, M. F. R. (1988): The dark side of CEO succession, in: Harvard Business Review, Jg. 66, H. 1, S. 56-60.

Keynes, J. M. (1964): The general theory of employment, interest and money, Harcourt, brace and company, New York.

KfW/Creditreform/IfM/RWI/ZEW (Hrsg.) (2006): Konjunkturaufschwung bei anhaltendem Problemdruck – Mittelstandsmonitor 2006 – Jährlicher Bericht zu Konjunktur- und Strukturfragen kleiner und mittlerer Unternehmen, Frankfurt am Main.

Kieser, A./Walgenbach, P. (2007): Organisation, 5. Aufl., Schäffer-Poeschel Verlag, Stuttgart.

Kilby, P. (1971): Hunting the Heffalump, in: Kilby, P. (Hrsg.): Entrepreneurship and Economic Development, The Free Press, New York u.a., S. 1-40.

Kimhi, A. (1997): Intergenerational succession in small family business: Borrowing constraints and optimal timing of succession, in: Small Business Economics, Jg. 9, H. 4, S. 309-318.

Kirstein, S. (2009): Unternehmensreputation – Corporate Social Responsibility als strategische Option für deutsche Automobilhersteller, Gabler Verlag, Wiesbaden.

Kirzner, I. M. (1997): Entrepreneurial Discovery and the Competitive Market Process: An Austrian Approach, in: Journal of Economic Literature, Jg. 35, H. 1, S. 60-85.

Kirzner, I. M. (1978): Competition and Entrepreneurship, 2. Aufl., University of Chicago Press, Chicago.

Klamma, R./Moog, P./Hußmann, W./Kowalak, B. (2002): How to start a company? - Das Virtual Entrepreneurship Lab (VEL) als didaktisches Lehrmittel und Trainingsinstrument für potentielle Gründer, in: Klandt, H./Weihe, H. (Hrsg.): Gründungs-Forum 2001, Dokumentation des 5. G-Forums, Eul Verlag, Köln, S. 49-68.

Klandt, H. (2006): Gründungsmanagement: Der integrierte Unternehmensplan, 2. überarb. u. erw. Aufl., Oldenbourg Verlag, München, Wien.

Klandt, H. (2004): Entrepreneurship Education and Research in German Speaking Europe, in: Academy of Management Learning and Education, Jg. 4, H. 3, S. 293-301.

Klandt, H. (1999): Entrepreneurship: Unternehmerausbildung an deutschen Hochschulen, in: Betriebswirtschaftliche Forschung und Praxis, Jg. 51, H. 3, S. 241-255.

Klandt, H. (1994): Partnerschaftsunternehmer versus Einzelunternehmer im Planspiel, in: Müller-Böling, D./Nathusius, K. (1994): Unternehmerische Partnerschaften, Beiträge zu Unternehmensgründungen im Team, Schäffer-Poeschel Verlag, Stuttgart, S. 61-86.

Klandt, H. (1993): "EVa". Das Computer-Planspiel für Unternehmer und solche, die es werden wollen. Einführung und Beschreibung der Entscheidungsmöglichkeiten, FGF-Verlag, Köln, Dortmund.

Klandt, H. (1990): Zur Person des Unternehmensgründers, in: Dieterle, W. K. M./Winkler, E. M. (Hrsg.): Unternehmensgründung. Handbuch des Gründungsmanagements, Verlag Vahlen, München, S. 29-43.

Klandt, H. (1984): Aktivität und Erfolg des Unternehmensgründers – eine empirische Analyse unter Einbeziehung des mirko-sozialen Umfelds, Eul Verlag, Bergisch Gladbach.

Klandt, H./Heil, H. (2001): FGF-Report: Gründungslehrstühle in Deutschland 2001, Eine Studie zum Stand der Gründungsprofessuren an deutschen Hochschulen, Förderkreis Gründungsforschung, Köln, Dortmund, Oestrich-Winkel.

Klandt, H./Knecht, T. C. (1999): „Entrepreneurship"- Ausbildung an Hochschulen, in: Bögenhold, D. (Hrsg.): Unternehmensgründung und Dezentralität, Westdeutscher Verlag, Opladen, S. 76-92.

Klandt, H./Koch, L./Knaup, U. (2005): FGF-Report Entrepreneurship Professuren 2004. Eine Studie zur Entrepreneurshipforschung und -lehre an deutschsprachigen Hochschulen, Förderkreis Gründungsforschung e.V., Bonn.

Klandt, H./Koch, L. T./Schmude, J./Knaup, U. (2008): FGF-Report 2008, Entrepreneurship-Professuren an deutschsprachigen Hochschulen: Ausrichtung, Organisation und Vernetzung, April, Bonn.

Klapper, R. (2004): Government Goals and Entrepreneurship Education – an investigation at a Grande Ecole in France, in: Eduction & Training, Jg. 46, H. 3, S. 127-137.

Klein, S. B. (2005): Beiräte in Familienunternehmen – Zwischen Beratung und Kontrolle, in: Zeitschrift für KMU und Entrepreneurship, Jg. 53, H. 3, S. 122-141.

Klein, S. B. (2004): Familienunternehmen: Theoretische und empirische Grundlagen, 2. Aufl., Gabler Verlag, Wiesbaden.

Klemm, S. (2006): Einleitung – mittelständische Unternehmensnachfolge in Deutschland, in: Achleitner, A.-K./Everling, O./Klemm, S. (Hrsg.): Nachfolgerating – Rating als Chance für die Unternehmensnachfolge, Gabler Verlag, Wiesbaden, S. 11-28.

Kline, R. B. (2005): Principles and practice of Structural Equation Modeling, 2. Aufl., The Guilford Press, New York.

Kluge, S. (2000): Empirisch begründete Typenbildung in der qualitativen Sozialforschung, in: Forum Qualitative Sozialforschung, Jg. 1, H.1, S. 1-12.

Kluge, S. (1999): Empirisch begründete Typenbildung – Zur Konstruktion von Typen und Typologien in der qualitativen Sozialforschung, Verlag Leske + Budrich, Opladen.

Knab, D. (1971): Ansätze zur Curriculumreform in der BRD, in: betrifft: erziehung 1971, Jg. 4, H. 2, S. 15-28.

Knecht, T. C. (1998): Universitäten als Inkubatororganisationen für innovative Spin-off Unternehmen – Ein theoretischer Bezugsrahmen und die Ergebnisse einer empirischen Bestandsaufnahme in Bayern, Entrepreneurship Research Monographien, Bd. 14, Köln, Dortmund, Oestrich-Winkel.

Knight, F. H. (1921): Risk, Uncertainty and Profit, University of Chicago Press, Chicago.

Knight, G. A. (1997): Cross-cultural reliability and validity of a scale to measure firm entrepreneurial orientation, in: Journal of Business Venturing, Jg. 12, H. 3, S. 213-225.

Koch, A. (2002): 20 Jahre Feldarbeit im ALLBUS. Ein Blick in die Blackbox, in: ZUMA-Nachrichten, Jg. 26, H. 51, S. 9-37.

Koch, J. L. (1978): Managerial succession in a factory and changes in supervisory leadership patterns: A field study, in: Human Relations, Jg. 31, H. 1, S. 49-58.

Koch, L. T. (2003a): Theory and Practice of Entrepreneurship Education: A German View, in: International Journal of Entrepreneurship Education, Jg. 1, H. 4, S. 633-660.

Koch, L. T. (2003b): Unternehmerausbildung an Hochschulen, in: Zeitschrift für Betriebswirtschaft, Ergänzungsheft, Nr. 2, S. 25-46.

Koch, L. T. (1999): Externes Gründungsmanagement: Globalisierungsbedingte Anforderungen an eine nationale Gründungskultur, in: Betriebswirtschaftliche Forschung und Praxis, Jg. 51, H. 3, S. 307-321.

Koetz, E. (2006): Persönlichkeitsstile und unternehmerischer Erfolg von Existenzgründern, Diss., Universität Osnabrück, URL: http://elib.ub.uni-osnabrueck.de/publications/diss/E-Diss630_thesis.pdf, Stand: 18.01.2010.

Kohler, T./Strauss, G. D. (1983): Executive Succession in Health Care organizations, in: Administration in Mental Health, Jg. 11, H. 1, S. 23-35.

Kommission der europäischen Gemeinschaften (2006): Umsetzung des Lissabon-Programms der Gemeinschaft. Förderung des Unternehmergeists in Unterricht und Bildung, Mitteilung der Kommission an den Rat, das europäische Parlament, den europäischen Wirtschafts- und Sozialausschuss und den Ausschuss der Regionen, Brüssel, 13.02.2006.

Koropp, C./Grichnik, D. (2007): Nachfolgeentscheidungen im Familienunternehmen, in: Wirtschaftswissenschaftliches Studium, Jg. 36, H. 6, S. 295-303.

Korunka, C./Frank, H./Becker, P. (1993): Persönlichkeitseigenschaften von Unternehmensgründern – Erfolgsfaktor oder vernachlässigbare Restgröße in der Theorie der Unternehmensgründung, in: Internationales Gewerbearchiv, Jg. 41, H. 3, S. 169-188.

Kotey, B. (2007): Can the Attributes of Venture Teamwork be Taught in Tertiary Level Entrepreneurship Programs?, in: Small Enterprise Research, Jg. 15, H. 2, S. 52-67.

Kotin, J./Sharaf, M. (1967): Management succession and administrative style, in: Psychiatry, Jg. 30, H. 3, S. 237-248.

Krämer, J. (2007): Die Bedeutung des selbstgesteuerten Lernens im Zuge einer Entrepreneurship Education, in: Remmele, B./Schmette, M./Seeber, G. (Hrsg.): Educating Entrepreneurship, Didaktische Ansätze und europäische Perspektiven, Deutscher Universitäts-Verlag, Wiesbaden.

Krantz, H./Lilischkis, S./Wessels, J. (2000): Der Wettbewerb EXIST – Impulse für die Hochschulen. Eine Analyse 47 ausgewählter Netzwerkkonzepte sowie der Lehrangebote für Unternehmensgründer, BMBF, URL: http://www.exist.de/imperia/md/content/studien/10_bmbf-econ-exist.pdf, Stand: 25.01.2010.

Kromrey, H. (2009): Empirische Sozialforschung: Modelle und Methoden der standardisierten Datenerhebung und Datenauswertung, 12. Aufl., UTB Verlag, Stuttgart.

Krüger, W. (2006): Unternehmensnachfolge – Wie managt man den Generationswechsel, in: Krüger, W./Klippstein, G./Merk, R./Wittberg, V. (Hrsg.): Praxishandbuch des Mittelstands – Leitfaden für das Management mittelständischer Unternehmen, Gabler Verlag, Wiesbaden, S. 169-183.

Kuckartz, U. (1988): Computer und verbale Daten: Chancen zur Innovation sozialwissenschaftlicher Forschungstechniken, Peter Lang Verlag, Frankfurt a. M.

Kulicke, M. (1993): Chancen und Risiken junger Technologieunternehmen – Ergebnisse eines Modellversuchs „Förderung technologie-orientierter Unternehmensgründungen" (TOU) des Bundesministeriums, Reihe Technik, Wirtschaft und Politik, Bd. 4, Physica Verlag, Heidelberg.

Kulicke, M. (1987): Technologieorientierte Unternehmen in der Bundesrepublik Deutschland – Eine empirische Untersuchung der Strukturbildungs- und Wachstumsphase von Neugründungen, Peter Lang Verlag, Frankfurt a. M.

Kulicke, M./Görisch, J. (2003): Welche Bedeutung haben Hochschulen für das Gründungsgeschehen? – Zur Qualifizierungsfunktion von Hochschulen für technologieorientierte Gründungen, in: Kotschatzky, K. (Hrsg.): Innovative Impulse für die Region – Aktuelle Tendenzen und Entwicklungsstrategien, Fraunhofer IRB Verlag, Stuttgart.

Kuratko, D. F. (2005): The Emergence of Entrepreneurship Education: Development, Trends, and Challenges, in: Entrepreneurship: Theory & Practice, Jg. 29, H. 5, S. 577-598.

Kuratko, D. F. (2003): Entrepreneurship Education: Emerging trends and challenges for the 21st century, Coleman White Paper Series, Coleman Foundation, Chicago.

Kuratko, D. F./Hodgetts, R. M. (Hrsg.) (2000): Entrepreneurship – A contemporary approach, 5. Aufl., South Western Publishing, Mason, Ohio.

Kyro, P./Tapani, A. (2007): Learning risk-taking competences, in: Fayolle, A. (Hrsg.): Handbook of Research in Entrepreneurship Education – A general Perspective, Jg. 1, Edward Elgar Publishing, Cheltenham, Northhampton, S. 285-310.

Labor für Entrepreneurship (2010): The Art and Science of Entrepreneurship, URL: http://entrepreneurship.de/, Stand: 25.09.2010.

Lackner, S. (2002): Voraussetzungen und Erfolgsfaktoren unternehmerischen Denkens und Handelns – Eine empirische Analyse mittelständischer Unternehmen, Verlag Dr. Kovač, Hamburg.

Lafuente, A./Salas, V. (1989): Types of entrepreneurs and firms: The case of new Spanish firms, in: Strategic Management Journal, Jg. 10, H. 1, S. 17-30.

Lambrecht, J. (2005): Multigenerational transitions in family business: A new explanatory model, in: Family Business Review, Jg. 18, H. 4, S. 267-282.

Lamnek, S. (1993): Qualitative Sozialforschung, Methodologie, Bd. 1, 3. korrig. Aufl., Beltz Verlag, Weinheim.

Lange, K. W. (2005): Corporate Governance in Familienunternehmen, in: Betriebsberater, Jg. 60, H. 48, S. 2585-2590.

Lang-von Wins, T. (2004): Der Unternehmer: Arbeits- und organisationspsychologische Grundlagen, Springer Verlag, Berlin, Heidelberg.

Lang-von Wins, T. (1997): Arbeitnehmer, Unternehmer oder arbeitslos? Ein psychologischer Beitrag zum Berufseinstieg von Hochschulabsolventen, Rainer Hampp, München, Mering.

Lansberg, I. (1999): Succeeding generations: Realizing the dream of families in business, Harvard Business School Press, Boston.

Lansberg, I. (1988): The succession conspiracy, in: Family Business Review, Jg. 1, H. 2, S. 119-143.

Lauterbach, B./Vu, J./Weisberg, J. (1999): Internal vs. external succession and their effect on firm performance, in: Human Relations, Jg. 52, H. 12, S. 1485-1504.

Lazear, E. P. (2004): Balanced Skills and Entrepreneurship, in: American Economic Review, Jg. 94, H. 2, S. 208-211.

Lazear, E. P. (2003): Entrepreneurship, Institut for the Study of Labor (IZA), Diskussionspapier Nr. 760, April, Bonn.

Le Breton-Miller, I./Miller, D./Steier, L. P. (2004): Toward an integrative model of effective FOB succession, in: Entrepreneurship: Theory & Practice, Jg. 28, H. 4, S. 305-328.

Lechler, T. (2001): Social Interaction: A Determinant of Entrepreneurial Team Venture Success, in: Small Business Economics, Jg. 16, H. 4, S. 263-278.

Lee, J. (2006): Impact of family relationships on attitudes of the second generation in family business, in: Family Business Review, Jg. 19, H. 3, S. 175-191.

Lee, K. S./Lim, G. H./Lim, W. S. (2003): Family business succession: Appropriation risk and choice of successor, in: Academy of Management Review, Jg. 28, H. 4, S. 657-666.

Lee, D. Y./Tsang, E. W. K. (2001): The effects of entrepreneurial personality, background and network activities on venture growth, in: Journal of Management Studies, Jg. 38, H. 4, S. 583-602.

Leeflang, P. S. H./Wittink, D. R./Wedel, M./Naert, P. A. (2000): Building Models for Marketing Decisions, Kluwer Academic Publishers, Boston.

Leibenstein, H. (1979): X-efficiency: From concept to theory, in: Challenge, Jg. 22, o. H., S. 13-22.

Lendner, C. (2004): Organisationsmodell und Erfolgsfaktoren von Hochschulinkubatoren – Eine internationale Studie, Eul Verlag, Köln.

Lendner, C./Hübscher, J. (2009): Lerneffekte bei Gründern und Studenten durch Gründungsmanagement-Computersimulationen, in: Zeitschrift für KMU und Entrepreneurship, Jg. 57, H. 3-4, S. 259-279.

Letmathe, P./Hill, M. (2006): Strukturbrüche der Unternehmensnachfolge, in: Zeitschrift für Betriebswirtschaft, Jg. 76, H. 11, S. 1113-1138.

Letmathe, P./Uebe-Emden, N. (2005): Student Enterprises as a Part of the Entrepreneurship Education - Case Studies from Germany, Paper presented at the IntEnt 2005, London, Guiltford.

Levinson, H. (1974): Don't choose your own successor, in: Harvard Business Review, Jg. 52, H. 6, S. 53-62.

Li, J./Zhang, Y./Matlay, H. (2003): Entrepreneurship Education in China, in: Education + Training, Jg. 45, H. 8/9, S. 495-505.

Lienert, G. A./Raatz, U. (1969): Testaufbau und Testanalyse, 3. erg. Aufl., Beltz Verlag, Weinheim, Berlin, Basel.

Linan, F. (2004): Intention-based models of entrepreneurship education, paper presented on the IntEnt-Conference in Napel 2004.

Loehlin, J. C. (2004): Latent variable models: An introduction to factor, path, and structural equation analysis, 4. Aufl., Erlbaum, Hillsdale, New York.

Löhr, D. (2001): Mittelständische Familienunternehmen im Generationenwechsel: Die Gestaltung des Übergangs als Aufgabe des strategischen Risiko-managements, Shaker Verlag, Aachen.

Long, J. S. (1983): Covariance Structure Models: An introduction to LISREL, SAGE Publications, Beverly Hills, CA.

Longenecker, J. G./Schoen, J. E. (1978): Management succession in family business, in: Journal of Small Business Management, Jg. 16, H. 3, S. 1-6.

Low, M. B./MacMillan, I. C. (1988): Entrepreneurship: Past research and Future Challenges, in: Journal of Management, Jg. 14, H. 2, S. 139-161.

Luchsinger, V./Bagby D. R. (1987): Entrepreneurship and Intrapreneurship: Behaviours, comparisons and contrasts, in: SAM Advanced Management Journal, Jg. 52, H. 3, S. 10-13.

Lück, W./Jung, A./Böhmer, A. (1996): Unternehmensgründungen: Entrepreneurship als wissenschaftliche Disziplin in Deutschland?, in: Der Betrieb, o. J., H. 9, S. 437-443.

Lüthje, C./Franke, N. (2002): Fostering entrepreneurship through university education and training: Lessons from Massachusetts Institute of Technology, paper presented at the EURAM, 9.-11. Mai, Stockholm.

Lütjen, G. (1992): Management Buy-out: Firmenübernahme durch Management und Belegschaft, Gabler Verlag, Wiesbaden.

Lumpkin, G. T./Dess, G. G. (1996): Clarifying the entrepreneurial orientation construct and linking it to performance, in: Academy of Management Review, Jg. 21, H. 1, S. 135-172.

Lusch, R. F./O´Brien, M. (1997): Fostering Professionalism, in: Marketing Research, Jg. 9, H. 1, S. 24-31.

MacCallum, R. C./Browne, M. W./Sugawara, H. M. (1996): Power analysis and determination of sample size for covariance structure modeling, in: Psychological Methods, Jg. 1, H. 2, S. 130-149.

MacMillan, I. C./Block, Z./Narasimha, P. N. S. (1984): Obstacles and experience in corporate ventures, in: Hornaday, J.A./Tarpley, F. Jr./Timmons, J. A./Vesper, K. H. (Hrsg.): Frontiers of Entrepreneurship Research, Wellesley, Babson College, S. 280-293.

Mace, M. (1971): Directors: Myth and reality, Harvard Business Press, Boston.

Maginn, M. (2008): Who's next? Succession planning, in: Management Quartely, Jg. 49, H. 2, S. 40-46.

Magretta, J. (1998): Governing the family-owned enterprise: An interview with Finland's Krister Ahlström, in: Harvard Business Review, Jg. 76, H. 1, S. 112-123.

Mahar, J. F./Coddington, D. C. (1965): The Scientific Complex – Proceed with Caution, in: Harvard Business Review, Jg. 43, H. 1, S. 140-155.

Mahler, W. R. (1981): Management succession planning: New approaches for the 80's, in: Human Resource Planning, Jg. 4, H. 4, S. 221-227.

Maier, H. (1994): Bildungsökonomie. Die Interdependenz von Bildungs- und Beschäftigungssystem, Schäffer-Poeschel Verlag, Stuttgart.

Malone, S. C. (1989): Selected correlates of business continuity planning in the family business, in: Family Business Review, Jg. 2, H. 4, S. 341-353.

Mardia, K. V. (1970): Measures of multivariate skewness and kurtosis with applications, in: Biometrika, Jg. 57, H. 3, S. 519-530.

Marsh, H. W./Balla, J. R./Hau, K.-T. (1996): An evaluation of incremental fit indices: A clarification of mathematical and empirical properties, in: Marcoulides, G. A./Schumacker, R. E. (Hrsg.): Advanced Structural Equation Modeling – Issues and Techniques, Erlbaum, Mahwah, New York, S. 315-353.

Marshall, J. P./Sorenson, R./Brigham, K./Wieling, E./Reifman, A./Wampler, R. S. (2006): The paradox for the family firm CEO: Owner age relationship to succession-related processes and plans, in: Journal of Business Venturing, Jg. 21, H. 3, S. 348-368.

Mata, J./Portugal, P. (1994): Life duration of new firms, in: The Journal of Industrial Economics, Jg. 42, H. 3, S. 227-245.

Mataja, V. (1884): Der Unternehmergewinn: ein Beitrag zur Lehre von der Güterverteilung in der Volkswirtschaft, Kessinger Publishing Co, Whitefish.

Matthews, C. H./Moore, T. W./Fialko, A. S. (1999): Succession in the family firm: A cognitive categorization perspective, in: Family Business Review, Jg. 12, H. 2, S. 159-169.

Mazzola, P./Marchisio, G./Astrachan, J. (2008): Strategic planning in family business: A powerful developmental tool for the next generation, in: Family Business Review, Jg. 21, H. 3, S. 239-258.

McClelland, D. C. (1961): The Achieving Society, Van Nostrand, Princeton.

McConaughy, D. L./Phillips, G. M. (1999): Founders versus descendants: The profitability, efficiency, growth, characteristics and financing in large, public, founding-family-controlled firms, in: Family Business Review, Jg. 12, H. 2, S. 123-131.

McGivern, C. (1978): The dynamics of management succession, in: Management Decision, Jg. 16, H. 1, S. 32-42.

McGuire, J./Schneeweis, T./Naroff, J. (1988): Effects of top managers' cabinet appointments on shareholders' wealth, in: Academy of Management Journal, Jg. 31, H. 1, S. 201-212.

McKinney, J. C. (1969): Constructive Typology and Social Theory, Appleton-Century-Cross, New York.

McMullan, W. E./Long, W. A. (1987): Entrepreneurship Education in the Nineties, in: Journal of Business Venturing, Jg. 2, H. 3, S. 261-275.

McQuitty, S. (1999): Recent Issues in Marketing Scale testing and development using structural equation models, Beitrag bei der AMA Winter Educator's Conference, St. Petersburg.

Meade, A. W./Watson, A. M./Kroustalis, C. M. (2007): Assessing Common Method Bias in Organizational Research, Paper presented at the 22nd Annual Meeting of the Society for Industrial and Organizational Psychology, New York, S. 1-10.

Meier, P. (2002): Interne Kommunikation im Unternehmen: Von der Hauszeitung bis zum Intranet, Orrell Fuessli Verlag, Zürich.

Meinhövel, H. (2005): Wirtschaftswissenschaft vor der Neoklassik, in: Horsch, A./Meinhövel, H./Paul, S. (Hrsg.): Institutionenökonomie und Betriebswirtschaftslehre, Verlag Vahlen, München, S. 31-47.

Mellewigt, T./Späth, J. F. (2002): Entrepreneurial teams – a survey of German and US empirical studies, in: Zeitschrift für Betriebswirtschaft, Nr. 5, Ergänzungsheft, S. 107-125.

Mellewigt, T./Witt, P. (2002): Die Bedeutung des Vorgründungsprozesses für die Evolution von Unternehmen: Stand der empirischen Forschung, in: Zeitschrift für Betriebswirtschaft, Jg. 72, H. 1, S. 81-110.

Menzies, T. V./Paradi, J. C. (2003): Entrepreneurship education and engineering students, in: The International Journal of Entrepreneurship and Innovation, Jg. 4, H. 2, S. 121-132.

Mertens, R. (2004): Problemfelder und Lösungsmöglichkeiten der Nachfolgeintegration, in: Schlecht & Partner, Wessing, T. (Hrsg.): Unternehmensnachfolge – Handbuch für die Praxis, Erich Schmidt Verlag, Berlin, S. 129-138.

Mertins, K./Finke, I./Orth, R. (2009): Ein Referenzmodell für Wissensmanagement, in: Mertins, K./Seidel, H. (Hrsg.): Wissensmanagement im Mittelstand – Grundlagen, Lösungen, Praxisbeispiele, Springer Verlag, Berlin, Heidelberg, S. 15-22.

Mertins, K./Seidel, H. (2009): Wissensmanagement im Mittelstand: Grundlagen – Lösungen – Praxisbeispiele, Springer Verlag, Berlin.

Meyer, A. (2007): Unternehmerfamilie und Familienunternehmen erfolgreich führen – Unternehmertum fördern, Führungskultur entwickeln, Konflikte konstruktiv lösen, Gabler Verlag, Wiesbaden.

Meyer, M./Autio, E. (2004): Academic Inventiveness and Entrepreneurship: Is there a Relationship between Science and Technology Fields and the Utilization of Academic Inventions in Start-up Companies?, in: Engineering Management Conference, Proceedings 2004 IEEE International, S. 669-673.

Meyer, A. D./Tsui, A. S./Hinings, C. R. (1993): Configurational approaches to organizational analyses, in: Academy of Management Journal, Jg. 36, H. 6, S. 1175-1195.

Miles, R. E./Snow, C. C. (1978): Organizational Strategy, Structure, and Process, McGraw-Hill, New York.

Mill, J. S. (2009): Über die Freiheit, Meiner Verlag, Hamburg.

Miller, D. (1993): Some organizational consequences of CEO succession, in: Academy of Management Journal, Jg. 36, H. 3, S. 644-659.

Miller, D. (1991): Stale in the saddle: CEO tenure and the match between organization and environment, in: Management Science, Jg. 37, H. 1, S. 34-52.

Miller, D./Le Breton-Miller, I. (2006): Family Governance and Firm Performance: Agency, Stewardship, and Capabilities, in: Family Business Review, Jg. 19, H. 1, S. 73-87.

Mises, L. (1949): Human Action: A Treatise on Economics, Yale University Press, New Haven.

Mitchell, J. R./Hart, T. A./Valcea, S./Townsend, D. M. (2009): Becoming the boss: Discretion and postsuccession success in family firms, in: Entrepreneurship: Theory & Practice, Jg. 33, H. 6, S. 1201-1218.

Moog, P. (2004): Humankapital des Gründers und Erfolg der Unternehmensgründung, in Reihe: Koch, L./Kollmann, T./Witt, P.: Entrepreneurship, Diss., Deutscher Universitäts-Verlag, Wiesbaden.

Moreno, J. D. J. (2008): An empirical analysis of entrepreneurial opportunity identification and their decisive factors: The case of Spanish Firms, in: International Journal of Entrepreneurship, 12. Jg., H. 1, S. 11-37.

Morris, M. H./Williams, R. O./Allen, J. A./Avila, R. A. (1997): Correlates of success in family business transitions, in: Journal of Business Venturing, Jg. 12, H. 5, S. 385-401.

Motwani, J./Levenburg, N. M./Schwarz, T. V./Blankson, C. (2006): Succession planning in SMEs, in: International Small Business Journal, Jg. 24, H. 5, S. 471-495.

Mühlebach, C. (2004): Familyness als Wettbewerbsvorteil – Ein integrierter Strategieansatz für Familienunternehmen, Diss., Haupt Verlag, Bern, Stuttgart, Wien.

Mueller, S. L./Thomas, A. S. (2001): Culture and Entrepreneurial potential, a nine country study of locus of control and innovativeness, in: Journal of Business Venturing, Jg. 16, H. 1, S. 51-75.

Müller, D. (2006): Moderatoren und Mediatoren in Regressionen, in: Albres, S./Klapper, D./Konradt, U./Walter, A./Wolf, J. (Hrsg.): Methodik der empirischen Forschung, 2. Aufl., Gabler Verlag, Wiesbaden, S. 257-274.

Müller, G. F. (2000): Eigenschaftsmerkmale und unternehmerisches Handeln, in: Müller, G. F. (Hrsg.): Existenzgründung und unternehmerisches Handeln, Forschung und Förderung, Verlag empirische Pädagogik, Landau, S. 105-121.

Müller-Böling, D./Klandt, H. (1993): Unternehmensgründung, in: Hausschildt, J./Grün, O. (Hrsg.): Ergebnisse empirischer betriebswirtschaftlicher Forschung: Zu einer Realtheorie der Unternehmung, Schäffer-Poeschel Verlag, Stuttgart, S. 135-178.

Mugler, J. (1998): Betriebswirtschaftslehre der Klein- und Mittelbetriebe, Bd. 1, 3. überarb. Aufl., Springer Verlag, Wien.

Mulaik, S. A./James, L. R./Van Alstine, J./Bennett, N./Lind, S./Stilwell, C. D. (1989): Evaluation of goodness-of-fit indices for structural equation models, in: Psychological Bulletin, Jg. 105, H. 3, S. 430-445.

Mumford, M. D./Marks, M./Connelly, M. S./Zaccaro, S. J./Reiter-Palmon, R. (2000a): Development of leadership skills: Experience and timing, in: The Leadership Quarterly, Jg. 11, H. 1, S. 87-114.

Mumford, M. D./Zaccaro, S. J./Harding, F. D./Jacobs, T. O./Fleishman, E. A. (2000b): Leadership skills for a changing world: Solving complex social problems, in: The Leadership Quarterly, Jg. 11, H. 1, S. 11-35.

Mummendey, H. D. (1987): Die Fragebogen-Methode. Grundlagen und Anwendung in Persönlichkeits-, Einstellungs- und Selbstkonzeptforschung, Verlag für Psychologie, Göttingen.

Murphy, D. L. (2005): Understanding the Complexities of private family firm: An empirical investigation, in: Family Business Review, Jg. 18, H. 2, S. 123-133.

Murray, B. (2003): The succession transition process: A longitudinal perspective, in: Family Business Review, Jg. 16, H. 1, S. 17-34.

Muzyka, D. F./de Koning, A. J./Churchill, N.C. (1995): Entrepreneurial transformation: a descriptive theory, in: Churchill, N. C. (Hrsg.): Frontiers of Entrepreneurship Research 1995: Proceedings of the Fifteenth Annual Babson College Entrepreneurship Research Conference, Center for Entrepreneurial Studies, Babson Park, S. 637-651.

Nagel, U. (1997): Engagierte Rollendistanz: Professionalität in biographischer Perspektive, Verlag Leske + Budrich, Opladen.

Nathusius, K. (1979): Venture Management: Ein Instrument zur innovativen Unternehmensentwicklung, Verlag Duncker & Humblot, Berlin.

Navin, T. R. (1971): Passing on the mantle: Management succession in industry, in: Business Horizons, Jg. 14, H. 5, S. 83-93.

Nawrocki, T. (2005): Family affair: The emotional issues of succession planning, in: Journal of Financial Planning, Jg. 18, H. 7, S. 34-39.

Neubauer, H. (2003): Unternehmerqualifizierung und Unternehmerausbildung, in: ZfB-Ergänzungsheft: Von der Gründung bis zur Insolvenz – Erwartungen von Start-up-Unternehmen, H. 2, S. 1-23.

Neubauer, H. (1998): Lernziele als Baustein in der Unternehmerausbildung – Überlegungen zur Förderung unternehmerischen Handelns im Rahmen der Ausbildung von Unternehmensgründern, in: Pleitner, H. J. (Hrsg.): Renaissance der KMU in einer globalisierten Wirtschaft, KMU Verlag HSG, Zürich, S. 303-322.

Neugebauer, U. (2002): Unternehmerbild und Erziehung zum Unternehmer – Analyse und Synthese volks- und betriebswirtschaftlicher sowie berufs- und wirtschaftspädagogischer Positionen, Ibidem Verlag, Stuttgart.

Nießing, J. (2006): Kundenbindung im Verkehrsdienstleistungsbereich – Ein Beitrag zum Verkehrsmittelwahlverhalten von Bahnreisenden, Gabler Verlag, Wiesbaden.

Nolte, B. (2006): Auswirkungen des Strukturwandels auf die Personalentwicklung in Sparkassen – Eine theoretische und empirische Untersuchung, Diss., Gabler Verlag, Wiesbaden.

Nonaka, I., Takeuchi, H. (1995): The Knowledge-Creating Company, Oxford Univ. Press, New York.

Nowak, R. (1991): Gesellschaftliche Aspekte von Existenzgründungshilfen des Bundes und der Länder, Institut für Wirtschaftspolitik, Köln.

Nunnally, J. C. (1978): Psychometric Theory, 2. Aufl., McGraw Hill, New York.

Ocasio, W. (1999): Institutionalized action and corporate governance: The reliance on rules of CEO succession, in: Administrative Science Quarterly, Jg. 44, H. 2, S. 384-416.

Ocasio, W. (1994): Political Dynamics and the circulation of power: CEO succession in U.S. industrial corporations, 1960-1990, in: Administrative Science Quarterly, Jg. 39, H. 2, S. 285-312.

Olbert, J./Schweitzer, C./Sturm, P. (1998): Forschung und Lehre in Entrepreneurship, Stand der Disziplin in den USA und Schlussfolgerungen für Deutschland, Bd. 1, WHU-Forschungspapier Nr. 46, Vallendar.

Olbrich, M. (2005): Die Nachfolgeproblematik in der Gründungslehre, in: Anderseck, K./Walterscheid, K. (Hrsg.): Gründungsforschung und Gründungslehre – Zwischen Identitätssuche und „Normalwissenschaft", Deutscher Universitäts-Verlag, Wiesbaden, S. 261-274.

Osterhold, G. (2002): Veränderungsmanagement – Wege zum langfristigen Unternehmenserfolg, 2. Aufl., Gabler Verlag, Wiesbaden.

Otani, K. (1996): A human capital approach to entrepreneurial capacity, in: Economica, Jg. 63, H. 250, S. 273-289.

Otten, C. (2000): Einflussfaktoren auf nascent entrepreneurs an Kölner Hochschulen, Department of Economic and Social Geography, Arbeitspapier Nr. 2000-03, Köln.

Palich, L. E./Bagby, D. R. (1995): Using cognitive theory to explain entrepreneurial risk taking: Challenging conventional wisdom, in: Journal of Business Venturing, Jg. 10, H. 6, S. 425-438.

Paper, D./Ruey-Dang, C. (2005): The state of business process reengineering: A search for success factors, in: Total Quality Management, Jg. 16, H. 1, S. 121-133.

Parker, S. C./van Praag, C. M. (2006): The Entrepreneur's Mode of Entry: Business Takeover or New Venture Start, in: Discussion Paper Series, IZA Discussion Paper Nr. 2382, Bonn.

Parks, B./Dimsdale, J. (1974): Management Succession facing the future, in: Journal of Small Business Management, Jg. 12, H. 4, S. 42-46.

Passara, R./Minguzzi, A. (1993): Role and importance of entrepreneurial education in relationship between supply and demand of services for firms internationalization, in: Klandt, H./Müller-Böling, D. (Hrsg.): IntEnt92 – Internationalizing Entrepreneurship Education and Training, Tagungsbeitrag auf der IntEnt92 Konferenz, Köln, Dortmund, S. 237-257.

Paul, S./Horsch, A. (2005): Evolutorische Ökonomik und Lehre von den Unternehmerfunktionen, in: Horsch, A./Meinhövel, H./Paul, S. (Hrsg.): Institutionenökonomie und Betriebswirtschaftslehre, Verlag Vahlen, München, S. 137-156.

Peay, T. R./Dyer, W. G./Gibb, W. (1989): Power orientations of entrepreneurs and succession planning, in: Journal of Small Business Management, Jg. 27, H. 1, S. 47-52.

Pérez-Gonzáles, F. (2006): Inherited control and firm performance, in: American Economic Review, Jg. 96, H. 5, S. 1559-1588.

Peter, J. P. (1981): Construct Validity: A Review of Basic Issues and Marketing Practices, in: Journal of Marketing Research, Jg. 18, H. 2, S. 133-145.

Peterman, N. E./Kennedy, J. (2003): Enterprise Education: Influencing Students´ Perceptions of Entrepreneurship, in: Entrepreneurship: Theory & Practice, Jg. 28, H. 2, S. 129-144.

Pfannenschwarz, A. (2008): Qualifikation von Unternehmensnachfolgern. Plädoyer für eine Ausbildungs- und Berufslaufbahn künftiger Unternehmer, in: Von Schlippe, A./Nischak, A./El Hachimi, M. (Hrsg.): Familienunternehmen verstehen – Gründer, Gesellschafter und Generationen, Verlag Vandenhoeck & Ruprecht, Göttingen, S. 163-178.

Pfannenschwarz, A. (2006): Nachfolge und Nicht-Nachfolge im Familienunternehmen, Bd. 1, Ambivalenzen und Lösungsstrategien beim familieninternen Generationswechsel, Carl-Auer Verlag, Heidelberg.

Pfeffer, J./Leblebici, H. (1973): Executive recruitment and the development of interfirm organizations, in: Administrative Science Quarterly, Jg. 18, H. 4, S. 449-461.

Pfeffer, J./Salancik, G. (1978): The external control of organizations: A resource dependence perspective, Harper & Row, New York.

Pfeffer, J./Salancik, G. (1977): Organization context and the characteristics and tenure of hospital administrators, in: Academy of Management Journal, Jg. 20, H. 1, S. 74-88.

Pfeiffer, F. (2005): Existenzgründungen: Ein Weg zur Beschäftigungsförderung?, Discussion Paper No. 05-71, Zentrum für Europäische Wirtschaftsforschung GmbH, URL: ftp://ftp.zew.de/pub/zew-docs/dp/dp0571.pdf, Stand: 08.02.2010.

Pfeiffer, F./Reize, F. (1999): Berufliche Weiterbildung und Existenzgründung, Diskussionspapier Nr. 99-12, Zentrum für Europäische Wirtschaftsforschung (ZEW), März, URL: ftp://ftp.zew.de/pub/zew-docs/dp/dp1299.pdf, Stand: 08.02.2010.

Phan, P. H./Lee, S. H. (1995): Human capital or social networks: What constrains CEO dissmissals?, in: Academy of Management Best Paper Proceedings, S. 37-41.

Picot, A./Laub, U.-C./Schneider, D. (1989): Innovative Unternehmensgründungen – Eine ökonomisch-empirische Analyse, Springer Verlag, Berlin, Heidelberg.

Pinchot, G. (1985): Intrapreneuring: Why you don't have to leave the corporation to become an entrepreneur, Harper & Row, New York.

Pinkwart, A. (2002a): Die Unternehmensgründung als Problem der Risikogestaltung, in: Albach, H./Pinkwart, A. (Hrsg.): Gründungs- und Überlebenschancen von Familienunternehmen, in: Zeitschrift für Betriebswirtschaft, Ergänzungsheft 5, S. 55-85.

Pinkwart, A. (2002b): Förderung des Unternehmernachwuchses aus betriebswirtschaftlicher Perspektive, in: Weber, B. (Hrsg.): Eine Kultur der Selbstständigkeit in der Lehrerausbildung, Wirtschafts- und Berufspädagogische Schriften, Bd. 27, Verlag Thomas Hobein, Bergisch Gladbach, S. 29-46.

Pinkwart, A. (2001): Unternehmensgründungen aus der Hochschule – Eine empirische Untersuchung zu den Einflussbedingungen des Gründungsverhaltens von Studierenden an der Siegener Hochschule, Materialien zur Mittelstandsökonomie Nr. 4, Siegen.

Pinkwart, A. (2000): Entrepreneurship als Gegenstand wirtschaftswissenschaftlicher Ausbildung, in: Buttler, G./Herrmann, H./Scheffler, W./Voigt, K.-I. (Hrsg.): Existenzgründung: Rahmenbedingungen und Strategien, Physica Verlag, Heidelberg, S. 182-205.

Pinkwart, A. (1999): Entrepreneurship als Gegenstand wirtschaftswissenschaftlicher Ausbildung, Materialien zur Mittelstandsökonomie Nr. 2, Siegen.

Pinkwart, A./Richert, B. (1998): Förderung und Qualifizierung von Unternehmensgründern an Hochschulen, Materialien zur Mittelstansökonomie Nr. 1, Siegen.

Pittaway, L./Cope, J. (2007): Entrepreneurship Education – A systematic review of the evidence, in: International Small Business Journal, Jg. 25, H. 5, S. 479-510.

Plaschka, G. R./Welsch, H. P. (1990): Emerging Structures in Entrepreneurship Education: Curricular Designs and Strategies, in: Entrepreneurship: Theory & Practice, Jg. 14, H. 3, S. 55-71.

Plattner, D. (2000): Unternehmensgründungen in Deutschland und den USA, in: KfW-Beiträge zur Mittelstands- und Strukturpolitik, Nr. 18, Frankfurt a. M., S. 24-26.

Pleitner, H. J. (1994): Small and Medium-sized Enterprises on their way into the next Century, Schweizerisches Institut für gewerbliche Wirtschaft der hochschule St. Gallen, in: 20th International Small Business Congress 1994, 2. Aufl., St. Gallen.

Plünnecke, A. (2004): Akademisches Humankapital in Deutschland – Potenziale und Handlungsbedarf, IW-Trends, Nr. 2, URL: http://www.iwkoeln.de/Portals/0/pdf/trends02_04_4.pdf, Stand: 26.07.2010.

Podsakoff, P. M./MacKenzie, S. B./Lee, J.-Y./Podsakoff, N. P. (2003): Common method biases in behavioral research: A critical review of the literature and recommended remedies, in: Journal of Applied Psychology, Jg. 88, H. 5, S. 879-903.

Podsakoff, P. M./Organ, D. W. (1986): Self-reports in organizational research: Problems and prospects, in: Journal of Management, Jg. 12, H. 4, S. 531-544.

Porter, M. (1985): Competitive Strategy: Techniques for analyzing industries and competitors, Free Press, New York.

Porter, L./McKibbin, L. (1988): Management education and development: Drift or thrust into the 21st century? McGraw-Hill, New York.

Porst, R. (2008): Fragebogen – Ein Arbeitsbuch, Verlag für Sozialwissenschaften, Wiesbaden.

Potts, T. L./Schoen, J. E./Engel Loeb, M./Hulme, F. S. (2001): Effective retirement for family business owner-managers: Perspectives of financial planners – Part II, in: Journal of Financial Planning, Jg. 14, H. 7, S. 86-96.

Poutziouris, P. Z./Smyrnios, K. X./Klein, S. B. (2006): Handbook of Research on Family Business, Edward Elgar Publishing Limited, Gheltenham.

Prahalad, C. K./Hamel, G. (1990): The core competence of the corporation, in: Harvard Business Review, Jg. 68, H. 3, S. 79-91.

Preisendörfer, P. (1999): Zugangswege zur beruflichen Selbstständigkeit und die Erfolgschancen neugegründeter Betriebe, in: von Rosenstiel, L./Lang-von-Wins, T. (Hrsg.): Existenzgründung und Unternehmertum, Schäffer-Poeschel Verlag, Stuttgart, S. 49-71.

Puffer, S. M./Weintrop, J. B. (1995): CEO and board leadership: The influence of organizational performance, board composition, and retirement on CEO successor origin, in: The Leadership Quarterly, Jg. 6, H. 1, S. 49-68.

Puffer, S. M./Weintrop, J. B. (1991): Corporate performance and CEO turnover: The role of performance expectations, in: Administrative Science Quarterly, Jg. 36, H. 1, S. 1-19.

Quigley, T. J./Hambrick, D. C. (2009): When the former CEO remains on board chair: Effects on discretion, organizational change & performance, paper presented at the Academy of Management Proceedings, 2009, S. 1-6.

Raithel, J. (2008): Quantitative Forschung – Ein Praxiskurs, 2. durchgesehene Aufl., Verlag für Sozialwissenschaften, Wiesbaden.

Raithel, J./Dollinger, B./Hörmann, G. (2009): Einführung Pädagogik – Begriffe – Strömungen – Klassiker – Fachrichtungen, 3. Aufl., Verlag für Sozialwissenschaften, Wiesbaden.

Rapp, M. J. (1996): Die funktionalistische Unternehmensverfassung in Familienunternehmen des verarbeitenden Gewerbes – Theoretische und empirische Grundlagen zur Gewährleistung der Nachfolge, Peter Lang Verlag, Frankfurt a. M., New York.

Rasch, B./Friese, M./Hofmann, W./Naumann, E. (2006): Quantitative Methoden: Einführung in die Statistik für Psychologen und Sozialwissenschaftler, 2. Aufl., Springer Verlag, Berlin, Heidelberg.

Rauch, A./Frese M. (2000): Psychological approaches to entrepreneurial success: A general model and an overview of findings, in: Cooper, C. L./Robertson, I. T. (Hrsg.): International Review of Industrial and Organizational Psychology, Chichester Wiley, S. 101-142.

Rauen, C. (2001): Gründungsförderung, Coaches und Mentoren, in: Koch, L. T./Zacharias, C. (Hrsg.) (2001): Gründungsmanagement mit Aufgaben und Lösungen, Oldenbourg Verlag, München, Wien, S. 405-416.

Rauner, F. (2002): Qualifikationsforschung und Curriculum – ein aufzuklärender Zusammenhang, in: Zeitschrift für Berufs- und Wirtschaftspädagogik, Jg., 98, H. 3, S. 530-555.

Reckenfelderbäumer, M. (2001): Zentrale Dienstleistungsbereiche und Wettbewerbsfähigkeit – Analyse auf der Basis der Lehre von den Unternehmerfunktionen, Deutscher Universitäts-Verlag, Wiesbaden.

Redlefsen, M. (2004): Der Ausstieg von Gesellschaftern aus großen Familienunternehmen: Eine praxisnahe Untersuchung der Corporate Governance Faktoren, Deutscher Universitäts-Verlag, Wiesbaden.

Redlich, F. (1964): Der Unternehmer, Wirtschafts- und sozialgeschichtliche Studien, Verlag Vandenhoeck & Ruprecht, Göttingen.

Reinecke, J. (2005): Strukturgleichungsmodelle in den Sozialwissenschaften, Oldenbourg Wissenschaftsverlag, München.

Reinganum, M. R. (1985): The effect of executive succession on stockholder wealth, in: Administrative Science Quartely, Jg. 30, H. 1, S. 46-60.

Reinhold, G. (2000) (Hrsg.): Soziologielexikon, 4. Aufl., Oldenbourg Verlag, München, Wien.

Remmele, B./Schmette, M./Seeber, G. (2007): Educating Entrepreneurship, Didaktische Ansätze und europäische Perspektiven, Deutscher Universitäts-Verlag, Wiesbaden.

Remmele, B./Seeber, G. (2007): Spielbasiertes Lernen als Methode der Entrepreneurship Education, in: Remmele, B./Schmette, M./Seeber, G. (2008): Educating Entrepreneurship, Didaktische Ansätze und europäische Perspektiven, Deutscher Universitäts-Verlag, Wiesbaden, S. 89-100.

Rhodes, D. W./Walker, J. W. (1984): Management succession and underperforming, in: Human Resource Planning, Jg. 7, H. 4, S. 157-173.

Rigdon, E. E. (1998): Structural Equation Modeling, in: Marcoulides, G. A. (Hrsg.): Modern methods for business research, Lawrence Erlbaum Associates, Mahwah, S. 251-294.

Ringle, C. M. (2004): Messung von Kausalmodellen – Ein Methodenvergleich, Arbeitspapier 14 des Instituts für Industriebetriebslehre und Organisation der Universität Hamburg, Hamburg.

Ripsas, S. (1998a): Elemente der Entrepreneurship Education, in: Faltin, G./Ripsas, S./Zimmer, J. (Hrsg.): Entrepreneurship – Wie aus Ideen Unternehmen werden, Verlag C. H. Beck, München, S. 217-233.

Ripsas, S. (1998b): Towards an Interdisziplinary Theory of Entrepreneurship, in: Small Business Economics, Jg. 10, H. 2, S. 103-115.

Ripsas, S. (1997): Entrepreneurship als ökonomischer Prozeß: Perspektiven zur Förderung unternehmerischen Handelns, Deutscher Universitäts-Verlag, Wiesbaden.

Rissiek, J. (1998): Investitionen in Humankapital, Gabler Verlag, Wiesbaden.

Robinsohn, S. B. (1971): Bildungsreform als Revision des Curriculum und ein Strukturkonzept für Curriculumsentwicklung, Luchterhand Verlag, Neuwied, Berlin.

Robinson, P./Malach, S. (2004): Multi-Disciplinary Entrepreneurship Clinic: Experiental Education in Theory and Practice, in: Journal of Small Business and Entrepreneurship, Jg. 17, H. 4, S. 317-322.

Robinson, J. P./Shaver, P. R./Wrightsman, L. S. (1991): Criteria for Scale Selection and Evaluation, in: Robinson, J. P./Shaver, P. R./Wrightsman, L. S. (Hrsg.): Measures of Personality and Social Psychological Attitudes, Academic Press, San Diego, S. 1-15.

Rohrmann, B. (1978): Empirische Studien zur Entwicklung von Antwortskalen für die sozialwissenschaftliche Forschung, in: Zeitschrift für Sozialpsychologie, Jg. 9, H. 3, S. 222-245.

Ronstadt, R. (1990): The Educated Entrepreneurs: A New Era of Entrepreneurial Education is beginning, in: Kent, V. A. (Hrsg.): Entrepreneurship Education: Current Developments, Future Directions, Quorum Books, New York, S. 69-88.

Rosenstiel, L. V. (2003): Grundlagen der Organisationspsychologie, Basiswissen und Anwendungshinweise, 5. überarb. Aufl., Schäffer-Poeschel Verlag, Stuttgart.

Rossiter, J. R. (2002): The C-OAR-SE Procedure for Scale Development in Marketing, in: International Journal of Research in Marketing, Jg. 19, H. 4, S. 305-335.

Rothwell, W. J. (2005): Effective Succession Planning – Ensuring leadership continuity and building talent from within, 3. Aufl., American Management Association, New York.

Royer, S./Simons, R./Boyd, B./Rafferty, A. (2008): Promoting Family: A contingency model of family business succession, in: Family Business Review, Jg. 21, H. 1, S. 15-30.

Rüsen, T. A. (2009): Krisen und Krisenmanagement in Familienunternehmen, Schwachstellen erkennen, Lösungen erarbeiten, Existenzbedrohungen meistern, Gabler Verlag, Wiesbaden.

Rutherford, M. W./Kuratko, D. F./Holt, D. T. (2008): Examing the link between „familiness" and performance: Can the F-PEC untangle the family business jungle?, in: Entrepreneurship: Theory & Practice, Jg. 32, H. 6, S. 1089-1109.

Saks, N. T./Gaglio, C. M. (2002): Can opportunity identification be taught?, in: Journal of Enterprising Culture, Jg. 10, H. 4, S. 313-347.

Salancik, G. R./Pfeffer, J. (1980): Effects of ownership and performance on executive tenure in U.S. corporations, in: Academy of Management Journal, Jg. 23, H. 4, S. 653-664.

Salvato, C./Melin, L. (2008): Creating value across generations in family-controlled businesses: The role of family social capital, in: Family Business Review, Jg. 21, H. 3, S. 259-276.

Sandberg, W. R./Gatewood, E. J. (1991): A profile of Entrepreneurship Research Centers: Orientations, Interests, Activities, and Resources, in: Entrepreneurship: Theory & Practice, Jg. 15, H. 3, S. 11-24.

Say, J.-B. (1861): Traité d'Economie Politique, 7. Aufl., Paris.

Schaller, A. (2001): Entrepreneurship oder wie man ein Unternehmen denken muss, in: Blum, U./Leibbrand, F. (Hrsg.): Entrepreneurship und Unternehmertum – Denkstrukturen für eine neue Zeit, Gabler Verlag, Wiesbaden, S. 3-56.

Schefczyk, M. (2000): Finanzieren mit Venture Capital. Grundlagen für Investoren, Finanzintermediäre, Unternehmer und Wissenschaftler, Schäffer-Poeschel Verlag, Stuttgart.

Scheffler, W. (2007): Besteuerung von Unternehmen, Bd. 1, Ertrag-, Substanz- und Verkehrssteuern, 10. neu bearbeitete Aufl., UTB Verlag, Heidelberg.

Scheidt, B. (1995): Die Einbindung junger Technologieunternehmen in Unternehmens- und Politiknetzwerke. Eine theoretische, empirische und strukturpolitische Analyse, Verlag Duncker & Humblot, Volkswirtschaftliche Schriften 447, Berlin.

Schleinkofer, M./Kulicke, M. (2009): Entrepreneurship Education an deutschen Hochschulen – Studie der wissenschaftlichen Begleitforschung zu „EXIST – Existenzgründungen aus der Wissenschaft", Fraunhofer Verlag, Stuttgart.

Schlosser, O. (1976): Einführung in die sozialwissenschaftliche Zusammenhangsanalyse, Verlag für Sozialwissenschaften, Reinbek.

Schmerl, C. R. (1988): Typologie, in: Fuchs, W. (Hrsg.): Lexikon zur Soziologie, 2. verb. und erw. Aufl. von 1978, Sonderausgabe von 1988, Westdeutscher Verlag, Opladen, S. 798.

Schmette, M. (2007): Entrepreneurship und Entrepreneurship Education in Deutschland, in: Remmele, B./Schmette, M./Seeber, G. (Hrsg.): Educating Entrepreneurship, Didaktische Ansätze und europäische Perspektiven, Deutscher Universitäts-Verlag, Wiesbaden.

Schmidthals, J. (2007): Technologiekooperationen in radikalen Innovationsvorhaben, Deutscher Universitäts-Verlag, Wiesbaden.

Schmude, J. (2002): Gründungsforschung und Gründungsausbildung (an Universitäten) in Deutschland, in: Koschatzky, K./Kulicke, M. (Hrsg.): Wissenschaft und Wirtschaft im regionalen Gründungskontext, Fraunhofer-IRB-Verlag, Stuttgart, S. 37-44.

Schmude, J. (2001): Gründungsforschung und Unternehmerausbildung an Hochschulen, in: Internationales Gewerbearchiv, Jg. 49, H. 2, S. 89-104.

Schmude, J./Heumann, S. (2007): Ranking 2007: Vom Studenten zum Unternehmer: Welche Universität bietet die besten Chancen? Handelsblatt Verlag, Düsseldorf.

Schmude, J./Heumann, S./Wagner, K. (2009): Ranking 2009: Vom Studenten zum Unternehmer: Welche Universität bietet die besten Chancen?, Handelsblatt Verlag, Düsseldorf.

Schmude, J./Leiner, R. (2003): Unternehmensnachfolge als Gründungsvariante, in: Steinle, C./Schumann, K. (Hrsg.): Gründungen von Technologieunternehmen – Merkmale – Erfolg – empirische Ergebnisse, Gabler Verlag, Wiesbaden, S. 177-197.

Schmude, J./Uebelacker, S. (2005): Ranking 2005: Vom Studenten zum Unternehmer: Welche Universität bietet die besten Chancen? Frankfurter Allgemeine Buch, Regensburg.

Schmude, J./Uebelacker, S. (2003): Ranking 2003: Vom Studenten zum Unternehmer. Welche Universität bietet die besten Chancen? Frankfurter Allgemeine Buch, Regensburg.

Schmude, J./Uebelacker, S. (2002): Gründungsausbildung in Deutschland und den USA. Eine Analyse zur Organisation und Ausrichtung von Entrepreneurship-Professuren, DtA Selbstverlag, Bonn.

Schmude, J./Uebelacker, S. (2001): Ranking 2001: Vom Studenten zum Unternehmer. Welche Universität bietet die besten Chancen? Frankfurter Allgemeine Buch, Regensburg.

Schneider, D. (2001): Der Unternehmer, eine Leerstelle in der Theorie der Unternehmung, in: Zeitschrift für Betriebswirtschaftslehre, Ergänzungsheft, Theorie der Unternehmung, Ergänzungsheft 4/2001, S. 1-19.

Schneider, D. (1997): Betriebswirtschaftslehre, Bd. 3: Theorie der Unternehmung, Oldenbourg Verlag, München, Wien.

Schneider, D. (1995): Betriebswirtschaftslehre, Bd. 1, Grundlagen, 2. Aufl., Oldenbourg Verlag, München, Wien.

Schneider, D. (1971): Flexible Planung als Lösung der Entscheidungsprobleme unter Ungewissheit?, in: Zeitschrift für betriebswirtschaftliche Forschung, Jg. 23, o. H., S. 831-851.

Schneider, H. (2007): Nachweis und Behandlung von Multikollinearität, in: Albers, S./Klapper, D./Konradt, U./Walter, A./Wolf, J. (Hrsg.): Methodik der empirischen Forschung, 2. überarbeitete u. erw. Aufl., Gabler Verlag, Wiesbaden, S. 183-198.

Schnell, R./Hill, P./Esser, E. (2005): Methoden der empirischen Sozialforschung, 7. völlig überarb. Aufl., Oldenbourg Verlag, München.

Schönenberger, H. (2006): Kommunikation von Unternehmertum – eine explorative Untersuchung im universitären Umfeld, Deutscher Universitäts-Verlag, Wiesbaden.

Scholderer, J./Balderjahn, I. (2005): PLS versus LISREL: Ein Methodenvergleich, in: Bliemel, F./Eggert, A./Fassott, G./Henseler, J. (Hrsg.): Handbuch PLS-Pfadmodellierung – Methode, Anwendung, Praxisbeispiele, Schäffer-Poeschel Verlag, Stuttgart, S. 87-98.

Schollhammer, H. (1982): Internal corporate entrepreneurship, in: Kent, C.A./Sexton, D.L./Vesper, K.H. (Hrsg.): Encyclopedia of Entrepreneurship, Englewood Cliffs, New York, Prentice-Hall, S. 209-229.

Scholz, C. (1992): Organisatorische Effektivität und Effizienz, in: Frese, E. (Hrsg.): Handwörterbuch der Organisation, Schäffer-Poeschel Verlag, Stuttgart, S. 533-552.

Schoppe, S. G. (1995): Moderne Theorie der Unternehmung, Oldenbourg Verlag, München, Wien.

Schrader, U./Henning-Thurau, T. (2009): VHB-JOURQUAL2: Method, Results, and Implications of the German Academic Association for Business Research´s Journal Ranking, BuR- Business Research, Jg. 2, H. 2, S. 180-204.

Schramm, C. J. (2010): Entrepreneurship in American Higher Education, report from the Kauffman Panel on Entrepreneurship Curriculum in Higher Education, Kansas City.

Schröder, K. A. (2003): Mitarbeiterorientierte Gestaltung des unternehmensinternen Wissenstransfers – Identifikation von Einflussfaktoren am Beispiel von Projektteams, Diss., Deutscher Universitäts-Verlag, Wiesbaden.

Schröer, S./Kayser, G. (2006): Beratungsbedarf und Beratungspraxis bei Unternehmensnachfolgen, in: Institut für Mittelstandsforschung Bonn (Hrsg.), Jahrbuch zur Mittelstandsforschung 1/2006, Schriften zur Mittelstandsforschung Nr. 112 NF, Wiesbaden, S. 1-44.

Schubert, R. (1997): Lernziele für Unternehmensgründer – dargestellt am Beispiel der Tourismusbranche, Eul Verlag, Lohmar, Köln.

Schulte, F. (2002): Die Förderung von Unternehmensgründungen in Deutschland und in den Niederlanden – Eine vergleichende Analyse mit Fokus auf regionale Gründungsnetzwerke, Diss., Bochum.

Schulte, R. (2008): Kann man Entrepreneurship an Universitäten lehren? Überlegungen zur akademischen Ausbildung im unternehmerischen Denken und Handeln, in: Raich, M./Pechlaner, H., Hinterhuber, H. H. (Hrsg.): Entrepreneurial Leadership – Profilierung in Theorie und Praxis, Deutscher Universitäts-Verlag, Wiesbaden, S. 257-276.

Schulte, R. (2006): Entrepreneurship-Ausbildung an Hochschulen und "Kultur der Selbstständigkeit", URL: http://www.sowi-onlinejournal.de/2006-2/pdf/schulte_entrepreneur.pdf, Stand: 09.02.2010.

Schulte, R./Klandt, H. (1996): Aus- und Weiterbildungsangebote für Unternehmensgründer und selbständige Unternehmer an deutschen Hochschulen, Bundesministerium für Bildung, Wissenschaft, Forschung und Technologie (Hrsg.), Bonn.

Schumann, S. (2006): Repräsentative Umfrage, 4. überarb. u. erw. Aufl., Oldenbourg Wissenschaftsverlag, München, Wien.

Schumpeter, J. A. (1997): Theorie der wirtschaftlichen Entwicklung: Eine Untersuchung über Unternehmergewinn, Kapital, Zins und Konjunkturzyklus, 9. Aufl., Verlag Duncker & Humblot, Berlin.

Schumpeter, J. A. (1934): The Theory of Economic Development, Harvard University Press, Cambridge.

Schwarz, E. J./Ehrmann, T./Breitenecker, R. J. (2005): Erfolgsdeterminanten junger Unternehmen in Österreich: Eine empirische Untersuchung zum Beschäftigungswachstum, in: Zeitschrift für Betriebswirtschaft, Jg. 75, H. 11, S. 1077-1098.

Seeber, G. (2005): Selbstätigkeit, Selbstorganisation, Selbststeuerung: Über Lern- und Arbeitstechniken im Wirtschaftsunterricht zur Lernmündigkeit, in: Unterricht Wirtschaft, Jg. 6, H. 22, S. 4-8.

Seefelder, G. (2006): Was ist mein Unternehmen wert? – Ermittlung der Erfolgspotenziale des Unternehmens, Interna Aktuell, Bonn.

Seel, N. M. (2003): Psychologie des Lernens, 2. Aufl., Ernst Reinhardt Verlag, München.

Sellin, N. (1995): Partial least square modeling in research on educational achievement, in: Bos, W./Lehmann, R. (Hrsg.): Reflections on educational achievement: Papers in honor of T. Neville Postlethwaite, Waxmann Munster, New York, S. 256-267.

Sexton, D. L./Upton, N. B./Wacholtz, L. E./McDougall, P. P. (1997): Learning needs of growth-oriented entrepreneurs, in: Journal of Business Venturing, Jg. 12, H. 1, S. 1-8.

Shackle, G. (1968): Uncertainty in Economics and other reflections, Cambridge University Press, Cambridge.

Shah, R./Meyer Goldstein, S. (2006): Use of structural equation modeling in operation management research: Looking back and forward, in: Journal of Operations Management, Jg. 24, H. 2, S. 148-169.

Shane, S./Locke, E. A./Collins, C. J. (2003): Entrepreneurial motivation, in: Human Resource Management Review, Jg. 13, H. 2, S. 257-280.

Shane, S. A./Venkataraman, S. (2000): The promise of Entrepreneurship as a Field of Research, in: Academy of Management Review, Jg. 25, H. 1, S. 217-226.

Sharma, P. (2006): An overview of the field of family business studies: Current status and directions for the future, in: Poutziouris, P./Smyrnios, K. X./Klein, S. B. (Hrsg.): Handbook of research on family business, Edward Elgar Publishing Inc., Cornwall, S. 25-56.

Sharma, P. (2004): An overview of the field of family business studies: Current status and directions for the future, in: Family Business Review, Jg. 17, H. 1, S. 1-36.

Sharma, P. (1997): Determinants of the satisfaction of the primary stakeholders with the succession process in family firms, Diss., University of Calgary Theses, Calgary.

Sharma, P./Chrisman, J. J./Chua, J. H. (2003): Succession planning as planned behavior: Some empirical results, in: Family Business Review, Jg. 16, H. 1, S. 1-15.

Sharma, P./Chrisman, J. J./Chua, J. H. (1997): Strategic management of the family business: Past research and future challenges, in: Family Business Review, Jg. 10, H. 1, S. 1-35.

Sharma, P./Chrisman, J. J./Chua, J. H. (1996): A review and annotated bibliography of family business studies, Kluwer Academic Publishers, Boston.

Sharma, P./Chrismann, J. J./Pablo, A. L./Chua, J. H. (2001): Determinants of Initial Satisfaction with the Succession Process in Family Firms - A Conceptual Model, in: Entrepreneurship: Theory & Practice, Jg. 25, H. 3, S. 17-35.

Shen, W./Cannella, A. A. Jr. (2002): Revisiting the performance consequences of CEO succession: The impacts of successor type, postsuccession senior executive turnover, and departing CEO tenure, in: Academy of Management Journal, Jg. 45, H. 4, S. 717-733.

Shepherd, D. A./Zacharakis, A. (2002): Venture capitalists' expertise: A call for research into decision aids and cognitive feedback, in: Journal of Business Venturing, Jg. 17, H. 1, S. 1-20.

Shimp, T. A./Sharma, S. (1987): Consumer Ethnocentrism: Construction and Validation of the CETSCALE, in: Journal of Marketing Research, Jg. 24, H. 3, S. 280-289.

Shook, C. L./Ketchen, D. J. Jr./Hult, G. T. M./Kacmar, K. M. (2004): An assessment of the use of structural equation modeling in strategic management research, in: Strategic Management Journal, Jg. 25, H. 4, S. 397-404.

Simon, F. B./Wimmer, R./Groth, T. (2005): Mehr-Generationen-Familienunternehmen: Erfolgsgeheimnisse von Oetker, Merck, Haniel u.a., Carl-Auer Verlag, Heidelberg.

Simon, P. R. J. (1993): Constructive learning: The role of the learner, in: Duffy, T. M./Lowyck, J./Jonassen, D. H. (Hrsg.): Designing environments for constructive learning, Springer Verlag, New York, S. 291-313.

Sirmon, D. G./Hitt, M. A. (2003): Managing resources: Linking unique resources, management, and wealth creation in family firms, in: Entrepreneurship: Theory & Practice, Jg. 27, H. 4, S. 339-358.

Smilor, R. W./Gill, M. D. Jr. (1986): The new Business Incubator: Linking Talent, Technology, Capital, & Know-how, Lexinton Books, Massachusetts.

Smith, A. (1937): The Wealth of Nations, Random House, New York.

Smyrnios, K. X./Tanewski, G. A./Romano, C. A. (1998): Development of a Measure of the Characteristics of Family Business, in: Family Business Review, Jg. 11, H. 1, S. 49-60.

Sodeur, W. (1974): Empirische Verfahren zur Klassifikation, Bd. 42, Teubner, Stuttgart.

Sonfield, M. C./Lussier, R. N. (2004): First-, Second- and Third-Generation Family Firms: A Comparison, in: Family Business Review, Jg. 17, H. 3, S. 189-202.

Song, M./Podoynitsyna, K./van der Bij, H./Halman, J. I. M. (2008): Success factors in New Ventures: A Meta-analysis, in: Journal of Product Innovation Management, Jg. 25, H. 1, S. 7-27.

Sorenson, R. L. (2000): The Contribution of Leadership Style and Practices to Family and Business Success, in: Family Business Review, Jg. 13, H. 3, S. 183-200.

Sorenson, R. L. (1999): Conflict Management Strategies used by successful family businesses, in: Family Business Review, Jg. 12, H. 4, S. 325-339.

Specht, L. B./Sandlin, P. K. (1991): The differential effects of experiential learning activities and traditional lecture classes in accounting, in: Simulation and Gaming, Jg. 22, H. 2, S. 196-210.

Spector, P. E. (2006): Method Variance in Organizational Research. Truth or Urban Legend?, in: Organizational Research Methods, Jg. 9, H. 2, S. 221-232.

SPEZ GmbH (2010): Studentisches Produktions-, Forschungs- und Entwicklungszentrum GmbH an der TU Dresden, URL: http://www.spez.de, Stand: 25.09.2010.

Stafford, K./Duncan, K. A./Dane, S./Winter, M. (1999): A research model of sustainable family businesses, in: Family Business Review, Jg. 12, H. 3, S. 197-208.

Stahlecker, T. (2006): Regionale Bindungen im Gründungs- und Entwicklungsprozess wissensintensiver Dienstleistungsunternehmen – dargestellt am Beispiel der Regionen Bremen und Stuttgart, Reihe: Wirtschaftsgeographie, Bd. 33, LIT-Verlag, Münster, Hamburg, Berlin u.a.

Stanworth, M. J. K./Curran, J. (1976): Growth and the small firm – an alternative view, in: The Journal of Management Studies, Jg. 13, H. 2, S. 95-110.

Stark, R./Graf, M./Renkl, A./Gruber, H./Mandl, H. (1995): Förderung von Handlungskompetenz durch geleitetes Problemlösen und multiple Lernkontexte, Forschungsbericht Nr. 55, Institut für pädagogische Psychologie und empirische Pädagogik, LMU München, München.

Steier, L. (2001): Next-Generation Entrepreneurs and Succession: An exploratory study of modes and means of managing social capital, in: Family Business Review, Jg. 14, H. 3, S. 259-276.

Stempler, G. L. (1988): A study of succession in family owned businesses, Diss. George Washington University, Ann Arbour, Michigan.

Stephan, P. (2002): Nachfolge in mittelständischen Familienunternehmen – Handlungsempfehlungen aus Sicht der Unternehmensführung, Diss., Deutscher Universitäts-Verlag, Wiesbaden.

Stern, W. (1911): Die Differentielle Psychologie in ihren methodischen Grundlagen, Barth Verlag, Leipzig.

Sternberg, R. (2004): Global Entrepreneurship Monitor (GEM), Länderbericht Deutschland 2003, Wirtschafts- und Sozialgeographisches Institut, Universität Köln, Köln.

Sternberg, R./Brixy, U./Hundt, C. (2007): Global Entrepreneurship Monitor (GEM), Länderbericht Deutschland 2006, Institut für Wirtschafts- und Kulturgeographie, Universität Hannover, Institut für Arbeitsmarkt- und Berufsforschung der Bundesagentur für Arbeit (IAB) in Nürnberg, Hannover, Nürnberg.

Stevenson, H. H./Jarillo, J. C. (1990): A Paradigm of Entrepreneurship. Entrepreneurial Management, in: Strategic Management Journal, Jg. 11, H. 4, S. 17-27.

Stevenson, H./Sahlman, W. (1986): Importance of Entrepreneurship in economic development, in: Hisrich, R. (Hrsg.): Entrepreneurship, Intrapreneurship and Venture Capital, Lexington Books, Lexington.

Stock, R. (2005): Kann Teamführung zu intensiv sein?, in: Zeitschrift für betriebswirtschaftliche Forschung, Jg. 57, H. 1, S. 33-52.

Stockley, S. (2000): Building and maintaining the entrepreneurial team – a critical competence for venture growth, in: Birley, S./Muzyka, D. F. (Hrsg.): Mastering Entrepreneurship. The Complete MBA Companion in Entrepreneurship, London, S. 206-212.

Stopford, J. M./Baden-Fuller, C. W. F. (1994): Creating Corporate Entrepreneurship, in: Strategic Management Journal, Jg. 15, H. 7, S. 521-536.

Storey, D. J. (1994): Understanding the Small Business Sector, International Thomson Business Press, London.

Streeter, D. H./Jaquette, J. P./Hovis, K. (2002): University-wide Entrepreneurship Education: Alternative Models and Current trends, Working Paper, 2002-02, New York, S. 1-43.

Struck, J. (2001): Gründungsorientierte Förderprogramme, in: Koch, L. T./Zacharias, C. (Hrsg.): Gründungsmanagment, Oldenbourg Verlag, München, S. 377-392.

Strunz, K. (1951): Zur Methodologie der psychologischen Typenforschung, in: Studium Generale, Jg. 4, H. 7, S. 402-412.

Stuart, R./Abetti, P. A. (1987): Start-up Ventures: Towards the prediction of initial success, in: Journal of Business Venturing, Jg. 2, H. 3, S. 215-230.

Surrey, H. (2007): Professionelles Lernmanagement: Gestaltung kompetenzorientierter Lernprozesse zur Erzielung von Wettbewerbsvorteilen, Deutscher Universitäts-Verlag, Wiesbaden.

Swedberg, R. (Hrsg.) (2000): Entrepreneurship – The social Science View, Oxford Management Reader, Oxford University Press, Oxford.

Szilagyi, A. D./Schweiger, D. M. (1984): Matching managers to strategies: A review and suggested framework, in: Academy of Management Review, Jg. 9, H. 4, S. 626-637.

Szyperski, N./Klandt, H. (1990): Diagnose und Training der Unternehmerfähigkeit mittels Planspiel, in: Szyperski, N./Roth, P. (Hrsg.): Entrepreneur-ship: Innovative Unternehmensgründung als Aufgabe, Schäffer-Poeschel Verlag, Stuttgart, S. 110-123.

Szyperski, N./Klandt, H./Nathusius, K. (1979): Zur Person des Unternehmensgründers. Ergebnisse einer empirischen Analyse selbständig-originarer Gründer, in: Internationales Gewerbearchiv, Bd. 27.1979, S. 1-16.

Szyperski, N./Nathusius, K. (1977): Probleme der Unternehmensgründung. Eine betriebswirtschaftliche Analyse unternehmerischer Startbedingungen, Schäffer-Poeschel Verlag, Stuttgart.

Temme, D./Paulssen, M./Hildebrandt, L. (2009): Common Method Variance – Ursachen, Auswirkungen und Kontrollmöglichkeiten, in: Die Betriebswirtschaft, Jg. 69, H. 2, S. 123-146.

Terberger, D. (1998): Konfliktmanagement in Familienunternehmen – ein eigenorientiertes Konzept zur professionellen Konfliktbewältigung in Familienunternehmen, Difo-Druck, St. Gallen.

Terpstra, D. E./Olson, P. E. (1993): Entrepreneurial Start-up and Growth: A classification of problems, in: Entrepreneurship: Theory & Practice, Jg. 17, H. 3, S. 5-19.

Thavikulvat, P. (1995): Computer-assisted gaming for Entrepreneurship Education, in: Simulating Gaming, Jg. 26, H. 3, S. 328-345.

Thornton, P. H./Ocasio, W. (1999): Institutional logics and the historical contingency of power in organizations: Executive succession in the higher education publishing industry, 1958-1990, in: American Journal of Sociology, Jg. 105, H. 3, S. 801-844.

Thünen, J. H. (1960): The isolated State in relation to agriculture and political economy, in: Dempsey, B. W. (Hrsg.): The Frontier Wage: The Economic Organization of Free Agents, Loyolla University Press, Chicago, S. 187-364.

Tietz, B. (1960): Bildung und Verwendung von Typen in der Betriebswirtschaftslehre – dargelegt am Beispiel der Typologie der Messen und Ausstellungen, Westdeutscher Verlag, Köln, Opladen.

Thomas, J./Fletcher, D. E. (2002): The emergence of leaders in family business, in: Fletcher, D. E. (Hrsg.): Understanding the Small Family Business, Routledge, S. 138-153.

Timmons, J. A. (2008): New Venture Creation: Entrepreneurship for 21st century, 8. Aufl., McGraw-Hill, Irwin Press, Burr Ridge.

Tönshoff, H. K./Rietz, W. (2000): Bestimmung eines geeigneten Dezentralisierungsgrads in KMU: Wie viel Dezentralisierung braucht eine Produktionsstruktur?, in: Zeitschrift für wirtschaftlichen Fabrikbetrieb, Jg. 95, H. 11, S. 527-529.

Trachsel, M. (2007): Nischenstrategien und ihre Bedeutung für den Unternehmenserfolg, Gabler Verlag, Wiesbaden.

Tramm, T. (1994): Die Überwindung des Dualismus von Denken und Handeln als Leitidee einer handlungsorientierten Didaktik, in: Wirtschaft und Erziehung, Jg. 46, H. 2, S. 39-48.

Trefelik, R./Topritzhofer, E. (1998): Erfolgsfaktoren für den Generationenwechsel: Nachfolgeproblematik in klein- und mittelbetrieblichen Familienbetrieben, Faculatas Verlag, Wien.

Trow, D. B. (1961): Executive succession in small companies, in: Administrative Science Quartely, Jg. 6, H. 2, S. 228-239.

Uebe-Emden, N. (2007): Ergebnisse einer empirischen Studie zur Entrepreneurship Education in der Region Siegen und Olpe – Darstellung von branchenspezifischen Unterschieden in der Bedeutung von Unternehmereigenschaften, in: Letmathe, P./Eigler, J./Welter, F./Kathan, D./Heupel, T. (Hrsg.): Management kleiner und mittlerer Unternehmen, Gabler Verlag, Wiesbaden, S. 79-95.

Uebe-Emden, N./Schuhen, M. (2007): Junior Enterprises as an innovative way for learning entrepreneurship – the German national confederation BDSU as an example of entrepreneurial spirit, Paper presented at the Intent 2007 in Gdansk.

Uebe-Emden, N./Schuhen, M. (2006): A new point of view in Entrepreneurship Education, paper presented at the 16th AEEE 2006 conference in Ghent.

Uebelacker, S. (Hrsg.) (2005): Gründungsausbildung – Entrepreneurship Education an deutschen Hochschulen und ihre raumrelevanten Strukturen, Inhalte und Effekte, Deutscher Universitäts-Verlag, Wiesbaden.

Universität Siegen (2010): Aufbau des Master-Studiengangs KMU: Module, Studienjahre und Semester, URL: http://www.uni-siegen.de/fb5/pruefungsamt/service/studienplanung/kmu-msc_module.pdf, Stand: 25.09.2010.

Unterreitmeier, A. (2004): Unternehmenskultur bei Mergers & Acquisitions – Ansätze zur Konzeptionalisierung und Operationalisierung, Gabler Verlag, Wiesbaden.

Van de Vijver, F. J. R./Leung, K. (1997): Methods and data analysis for cross-cultural research, Sage, London, New Dehli.

Van den Heuvel, J./Van Gils, A./Voordeckers, W. (2006): Board roles in small and medium-sized family business: performance and importance, in: Corporate Governance: An International Review, Jg. 14, H. 5, S. 467-485.

Van der Merwe, S. P. (2009): An investigation of the determinants of estate and retirement planning in intergenerational family businesses, in: South African Journal of Business Management, Jg. 40, H. 3, S. 51-63.

Van der Sluis, J./van Praag, M./Vijverberg, W. (2004): Entrepreneruship selection and performance: A Meta-Analysis of the impact of Education in less developed countries, in: Social Science Research Network, Working paper series – Labor abstracts and human capital, Jg. 4, H. 45, August 27th 2004, Tinbergen Discussion Paper Nr. TI 03-036/3.

van Praag, C. M./Cramer, J. S. (2001): The roots of entrepreneurship and labour demand: Individual ablility and low risk aversion, in: Economica, Jg. 68, H. 269, S. 45-62.

Vaupel, M. (2008): Leadership Asset Approach – Von den Herausforderungen der Führung zur Steuerung der Führungsperformance, Gabler Verlag, Wiesbaden.

Venkatraman, N./Ramanujam, V. (1986): Measurement of Business Performance in Strategy Research: A Comparison of Approaches, in: Academy of Management Review, Jg. 11, H. 4, S. 801-814.

Venter, E./Boshoff, C./Maas, G. (2006): Influence of owner-manager-related factors on the succession process in small and medium-sized family businesses, in: International Journal of Entrepreneurship & Innovation, Jg. 7, H. 1, S. 33-47.

Venter, E./Boshoff, C./Maas, G. (2005): The influence of successor-related factors on the succession process in small and medium-sized family businesses, in: Family Business Review, Jg. 18, H. 4, S. 283-303.

Venter, E./Boshoff, C./Maas, G. (2003): The influence of relational factors on successful succession in family businesses: A comparative study of owner-manager and successors, in: South African Journal of Business Management, Jg. 34, H. 4, S. 1-13.

Vesper, K. H. (1990): Entrepreneurship Education – 1990, Babson College for Entrepreneurial Studies, Wellesley, MA.

Vesper, K. H. (1985): New developments in entrepreneurial education, in: Homaday, J. A./Shils, E. B./Timmons, J. A./Vesper, K. H. (Hrsg.): Frontiers of Entrepreneurship Research, Babson College Center, S. 489-497.

Vesper, K. H. (1984): Three faces of corporate entrepreneurship, in: Hornaday, J.A./Tarpley, F. Jr./Timmons, J. A./Vesper, K. H. (Hrsg.): Frontiers of Entrepreneurship Research, Wellesley, Babson College, S. 294-320.

Vesper, K. H./Gartner, W. B. (1999): University Entrepreneurship programmes – 1999, Los Angeles, CA: Lloyd Greif Center for Entrepreneurial Studies, University of Southern California.

Vesper, K. H./Gartner, W. B. (1997): Measuring Progress in Entrepreneurship Education, in: Journal of Business Venturing, Jg. 12, H. 5, S. 403-421.

Viehl, P. (2004): Familieninterne Unternehmensnachfolge – Eine Ex-post-Analyse aus Nachfolgersicht, Reihe Trierer Schriften des Instituts für Mittelstandsökonomie, Lit-Verlag, Berlin, Münster.

Volpert, W. (1985): Pädagogische Aspekte der Handlungsregulationstheorie, in: Passe-Tietjen, H./Stiehl, H. (Hrsg.): Betriebliches Handlungslernen und die Rolle des Ausbilders, Jungarbeiterinitiative an der Werner von Siemens Schule, Wetzlar, S. 109-123.

Von Andreae, C. (2007): Familienunternehmen und Publikumsgesellschaft – Führungsstrukturen, Strategien und betriebliche Funktionen im Vergleich, Gabler Verlag, Wiesbaden.

Von Hentig, H. (1971): Die Bielefelder Laborschule. Allgemeiner Funktionsplan und Rahmen-Flächenprogramm, Klett Verlag, Stuttgart.

Wagner, K. (2006): Gründungsausbildung in Netzwerken – Eine komparative Analyse in deutschen Hochschulregionen, Deutscher Universitäts-Verlag, Wiesbaden.

Walter, S. G. (2008): Gründungsintention von Akademikern – Eine empirische Mehrebenenanalyse personen- und fachbereichsbezogener Einflüsse, Diss., Gabler Verlag, Wiesbaden.

Walterscheid, K. (1998): Entrepreneurship Education als universitäre Lehre, Diskussionsbeitrag Nr. 261, Diskussionspapiere der Fernuniversität Hagen, Hagen.

Wang, Y./Watkins, D./Harris, N./Spicer, K. (2004): The relationship between succession issues and business performance: Evidence from UK family SMEs, in: International Journal of Entrepreneurial Behaviour & Research, Jg. 10, H. 1/ 2, S. 59-84.

Ward, J. L. (1987): Keeping the Family Business Healthy: How to plan for continuity growth, profitability and family leadership, Jossey-Bass, San Francisco.

Warner, J. B./Watts, R. L./Wruck, K. H. (1988): Stock prices and top management changes, in: Journal of Financial Economics, Jg. 20, S. 461-492.

Weaver, R. (2000): Society, Educational Systems and Entrepreneurship, in: BMBF: Ausbildung zu unternehmerischer Selbständigkeit. Erfolgreiche Ansätze zur Integrierung unternehmerischer Selbständigkeit in unterschiedlichen Ausbildungssystemen in Europa und den Vereinigten Staaten – ein Erfahrungsaustausch. Bd. 1, Bonn, S. 14-18.

Weber, H. (2009): Familienexterne Unternehmensnachfolge – Eine empirische Untersuchung über Akquisitionen von Familienunternehmen, Diss., Gabler Verlag, Wiesbaden.

Weber, B. (2002): Eine Kultur der beruflichen und unternehmerischen Selbstständigkeit in der Lehrerausbildung, in: Weber, B.: Eine Kultur der Selbstständigkeit in der Lehrerausbildung, Wirtschafts- und Berufspädagogische Schriften, Bd. 27, Verlag Thomas Hobein, Bergisch Gladbach, S. 100-119.

Weber, M. (1972): Wirtschaft und Gesellschaft: Grundriss der verstehenden Soziologie, 5. überarb. Aufl., Verlag J.C.B. Mohr, Tübingen.

Weber, M. (1947): The theory of social and economic organization (translated by Henderson A. M., Parsons, T.), Oxford University Press, New York.

Weiber, R./Mühlhaus, D. (2009): Strukturgleichungsmodellierung – Eine anwendungsorientierte Einführung in die Kausalanalysc mit Hilfe von AMOS, SmartPLS und SPSS, Springer Verlag, Heidelberg.

Weihe, H. J. (1994): Entrepreneurship – Neue Wege zum Unternehmertum, Schriftenreihe innovative betriebswirtschaftliche Forschung, Bd. 45, Verlag Dr. Kovač, Hamburg.

Weihe, H. J./Klenger, F./Plaschka, G./Reich, F.-R. (1991): Unternehmerausbildung – Ausbildung zum Entrepreneur. Eine Studie zur Situation der Aus- und Weiterbildung von Unternehmensgründern, FGF-Entrepreneurship-Research-Monographien, Bd. 2, Förderkreis Gründungs-Forschung, Köln, Dortmund.

Weisbach, M. S. (1988): Outside directors and CEO turnover, in: Journal of Financial Economics, Jg. 20, S. 431-460.

Weißhuhn, G./Wichmann, T. (2000): Beschäftigungseffekte von Unternehmensgründungen, Endbericht einer Studie im Auftrag des Bundesministeriums für Wirtschaft und Technologie, Berlecon Research Documents 01/2000, Berlin.

Welsch, J. H. M. (1993): The impact of family ownership and involvement on the process of management succession, in: Family Business Review, Jg. 6, H. 1, S. 31-54.

Welter, F. (2003): Strategien, KMU und Umfeld: Handlungsmuster und Strategiegenese in kleinen und mittleren Unternehmen, Verlag Duncker & Humblot, Berlin.

Welter, F. (2002): Entrepreneurship-Förderung an Hochschulen, in: RWI-Mitteilungen, Jg. 53, H. 1-4, S. 89-106.

Welter, F./Althoff, K./Pinkwart, A./Hill, M. (2007): Vom Studium zur Gründung – eine typisch deutsche Hochschulkarriere? – Bestandsaufnahme und Perspektiven der Gründungsförderung an Hochschulen, in: Letmathe, P./Eigler, J./Welter, F./Kathan, D./Heupel, T. (Hrsg.): Management kleiner und mittlerer Unternehmen, Deutscher Universitäts-Verlag, Wiesbaden, S. 97-116.

Welter, F./von Rosenbladt, B. (1998): Der Schritt in die Selbstständigkeit: Gründungsneigung und Gründungsfähigkeit in Deutschland, in: Internationales Gewerbearchiv, Jg. 46, H. 4, S. 234-248.

Werner, A./Moog, P. (2007): Arbeitsbedingungen in KMU und ihr Einfluss auf die Neigung zur Selbstständigkeit: Eine empirische und theoretische Untersuchung auf Basis des Humankapitalansatzes, in: Zeitschrift für Betriebswirtschaft, Jg. 6, Special Issue, S. 75-97.

Wernerfelt, B. (1984): A resource-based view of the firm, in: Strategic Management Journal, Jg. 5, H. 2, S. 171-180.

Westermann, R. (2000): Wissenschaftstheorie und Experimentalmethodik – Ein Lehrbuch zur Psychologischen Methodenlehre, Hogrefe Verlag, Göttingen.

Westermann, R. (1985): Empirical test of scale type for individual ratings, in: Applied Psychological Measurement, Jg. 9, H. 3, S. 265-274.

Westhead, P./Wright, M. (2000): „Introduction", in: Westhead, P./Wright, M. (Hrsg.): Advances in Entrepreneurship, Edward Elgar Publishing Ltd., Aldershot, S. xi-xci.

Wheaton, B./Muthen, B./Alwin, D./Summers, G. (1977): Assessing reliability and stability in panel models, in: Heise, D. R. (Hrsg.): Sociological methodology, Sage Publications, San Francisco, S. 84-136.

White, M. C./Smith, M./Barnett, T. (1997): CEO Succession: Overcoming forces and inertia, in: Human Relations, Jg. 50, H. 7, S. 805-828.

White, W. S./Krinke, T. D./Geller, D. L. (2004): Family Business Succession Planning. Devising an overall strategy, in: Journal of Financial Service Professionals, Jg. 58, H. 3, S. 67-86.

Wieandt, A. (1994): Die Entstehung, Entwicklung und Zerstörung von Märkten durch Innovationen, Schäffer-Poeschel Verlag, Stuttgart.

Wiechers, R. (2006): Familienmanagement zwischen Unternehmen und Familie – Zur Handhabung typischer Eigenarten von Unternehmensfamilien und Familienunternehmen, Diss., Carl-Auer-Systeme Verlag, Heidelberg.

Wienold, H. (1988): Durchschnittstypus/Extremtypus/Theorie/Typologie/Typus, in: Fuchs, W. et al. (Hrsg.): Lexikon zur Soziologie, 2. verb. und erw. Aufl., Sonderausgabe von 1988, Westdeutscher Verlag, Opladen, S. 172, S. 218, S. 780f., S. 798.

Wiepcke, C. (2008): Entrepreneurship Education im Fokus von Employability und Nachhaltigkeit, in: Loerwald, D./Wiesweg, M./Zoerner, A. (Hrsg.): Ökonomik und Gesellschaft, Festschrift für Gerd-Jan Krol, Verlag für Sozialwissenschaften, Wiesbaden, S. 267-283.

Wimmer, R./Domayer, E./Oswald, M./Vater, G. (2005): Familienunternehmen – Auslaufmodell oder Erfolgstyp?, 2. überarb. Aufl., Gabler Verlag, Wiesbaden.

Wimmer, R./Groth, T./Simon, F. B. (2004): Erfolgsmuster von Mehrgenerationen-Familienunternehmen, Schriftenreihe der Universität Witten/Herdecke, Sonderheft 2.

Windsperger, J. (1991): Der Unternehmer als Koordinator – Verringerung von Unsicherheit und Transaktionskosten als Koordinationsfunktion der Unternehmung, in: Zeitschrift für Betriebswirtschaft, Jg. 61, H. 12, S. 1413-1429.

Wippler, A. (1998): Innovative Unternehmensgründungen in Deutschland und USA, Gabler Verlag, Wiesbaden.

Wittener Institut für Familienunternehmen (WIFU) (2010): Definitionen von Familienunternehmen, URL: http://wifu.uni-wh.de/kos/WNetz?art=Compilation.show&id=828&pagenr=0, Stand: 09.10.2010.

Wöllner, K.-H. (1991): Institutionelle Rahmenbedingungen von Gründungsforschung und -lehre im deutschsprachigen Raum, in: Müller-Böling, D./Seibt, D./Winand, U. (Hrsg.) (1991): Innovations- und Technologiemanagement, Schäffer-Poeschel Verlag, Stuttgart, S. 459-477.

Wohlrab-Sahr, M. (1994): Vom Fall zum Typus: Die Sehnsucht nach dem „Ganzen" und dem „Eigentlichen" – „Idealisierung" als biologische Konstruktion, in: Diezinger, A./Kitzer, H./Anker, I. (Hrsg.): Erfahrung mit Methode – Wege sozialwissenschaftlicher Frauenforschung, Kore Edition, Freiburg, S. 269-299.

Wortmann, M. S. (1987): Entrepreneurship. An integrating typology and evaluation of the empirical research in the field, in: Journal of Management, Jg. 33, H. 2, S. 259-279.

Wu, S./Jung, J. Y. (2008): Is non-traditional Entrepreneurship training helpful to nascent entrepreneurs? Yes and No, in: Journal of Entrepreneurship Education, Jg. 11, o. H., S. 43-51.

Würth, R. (2001): Entrepreneurship in Deutschland, Wege in die Verantwortung, Schriften des Interfakultativen Instituts für Entrepreneurship an der Universität Karlsruhe, Bd. 1, Swiridoff-Verlag, Künzelsau.

Wunderer, R. (1997): Mitarbeiter zu Mitunternehmern fördern, in: Kröll, M./Schnauber, H. (Hrsg.): Lernen der Organisation durch Gruppen- und Teamarbeit – Wettbewerbsvorteile durch umfassende Unternehmensplanung, Springer Verlag, Berlin, Heidelberg, New York, S. 107-130.

Wunderer, P./Dick, P. (2002): Sozialkompetenz – eine mitunternehmerische Schlüsselkompetenz, in: Die Unternehmung, Jg. 56, H. 6, S. 361-391.

Wunderle, S. (2006): Regret und Kundenloyalität – Eine kausalanalytische Untersuchung potentieller Ursachen interindividueller Unterschiede im Regret-Erleben und deren Auswirkungen im Konsumkontext, Diss., Deutscher Universitäts-Verlag, Wiesbaden.

Zacharias, C./Choi, H.-N./Weaver, S. L. (2009): Der Erfolg interdisziplinärer Gründungslehre am Beispiel der FH Bonn-Rhein-Sieg, in: Zacharias, C./Horst, K. W./Witt, K-U./Sommer, V./Ant, M./Essmann, U./Müllheims, L. (Hrsg.): Forschungsspitzen und Spitzenforschung, Festschrift für Wulf Fischer, Physica-Verlag, Heidelberg, S. 389-404.

Zahn, E. (1998): Wissen und Strategie, in: Bürgel, H. D. (Hrsg.): Wissensmanagement: Schritte zum intelligenten Unternehmen, Springer Verlag, Berlin, Heidelberg, S. 41-52.

Zahn, E. (Hrsg.) (1995): Handbuch Technologiemanagement, Schäffer-Poeschel Verlag, Stuttgart.

Zahn, E./Weidler, A. (1995): Integriertes Innovationsmanagement, in: Zahn, E. (Hrsg.): Handbuch Technologiemanagment, Schäffer-Poeschel Verlag, Stuttgart, S. 351-376.

Zahra, S. A. (1993): Environment, corporate entrepreneurship, and financial performance: A taxonomic approach, in: Journal of Business Venturing, Jg. 8, H. 4, S. 319-340.

Zahra, S. A. (1991): Predictors and financial outcomes of corporate entrepreneurship: An exploratory study, in: Journal of Business Venturing, Jg. 6, H. 4, S. 259-285.

Zaichkowsky, J. L. (1985): Measuring the Involvement Construct, in: Journal of Consumer Research, Jg. 12, S. 341-352.

Zajac, E. J. (1990): CEO selection, succession, compensation and firm performance: A theoretical and empirical analysis, in: Strategic Management Journal, Jg. 11, H. 3, S. 217-230.

Zajac, E. J./Westphal, J. D. (1996): Who shall succeed? How CEO/board preferences and power affect the choice of new CEOs, in: Academy of Management Journal, Jg. 39, H. 1, S. 64-90.

Zedeck, S. (1992): Introduction: Exploring the domain of work and family concerns, in: Zedeck, S. (Hrsg.): Work, families, and organizations, Jossey-Bass, San Francisco, S. 1-32.

Zellweger, T. M./Nason, R. S. (2008): A stakeholder perspective on family firm performance, in: Family Business Review, Jg. 21, H. 3, S. 203-216.

Zerssen, D. V. (1973): Methoden der Konstitutions- und Typenforschung, in: Thiel, M. (Hrsg.): Enzyklopädie der geisteswissenschaftlichen Arbeitsmethoden, Oldenbourg Verlag, München, Wien, S. 35-143.

Zhang, Y./Rajagopalan, N. (2004): When the known devil is better than the unknown god: an empirical study of the antecedents and consequences of relay CEO, in: Academy of Management Journal, Jg. 47, H. 4, S. 483-500.

Zhang, Y./Rajagopalan, N. (2003): Explaining new CEO origin: Firm versus industry antecedents, in: Academy of Management Journal, Jg. 46, H. 3, S. 327-338.

Ziechmann, J. (1972): Curriculums-Konstruktion: Theorie und Praxis in der Bundesrepublik, Habil., Klinkhardt Julius, Regensburg.

Ziegler, R. (1973): Typologien und Klassifikationen, in: Albrecht, G./Daheim, H./Sack, F. (Hrsg.): Soziologie. Sprache – Bezug zur Praxis – Verhältnis zu anderen Wissenschaften, König, R. zum 65. Geburtstag, Westdeutscher Verlag, Opladen, S. 11-47.

Zinnbauer, M./Eberl, M. (2004): Controlling von CRM-Aktivitäten am Beispiel der Automobilbranche, in: Betriebswirtschaftliche Forschung und Praxis, Jg. 56, H. 6, S. 505-524.

Anhang 1: Fragebogen Existenzgründerstudie

Fragebogen für Existenzgründer

Fragen zur Unternehmerperson

1. Wie alt sind Sie?	_____ Jahre
2. Haben Sie studiert? Wenn ja, welchen Studiengang und an welcher Universität?	☐ Nein, ich habe nicht studiert ☐ Ja, ich habe studiert in _____
3. Haben Sie vor Ihrer Selbstständigkeit bereits anderweitige praktische Erfahrungen gesammelt bzw. waren sie bereits angestellt oder in einem Unternehmen beschäftigt?	☐ Ja, habe ich ☐ Nein, habe ich nicht
4. Um welche Art praktischer Erfahrung handelte es sich dabei? (Mehrfachnennungen möglich)	☐ anderes Beschäftigungsverhältnis ☐ Praktikum ☐ Ausbildung ☐ vorherige Selbstständigkeit mit einem anderen Unternehmen ☐ _____
5. Wie nutzen Sie Ihre selbstständige Tätigkeit?	☐ als Nebenerwerbsquelle ☐ als Haupterwerbsquelle
6. Sind Ihr Vater und/oder Ihre Mutter selbstständig?	☐ Ja ☐ Nein

7. Welche Fähigkeiten und Verhaltensweisen erachten Sie allgemein bei Existenzgründern für wichtig?	sehr wichtig		unbedeutend			
- Sie verfügen über ein gutes theoretisches Grundlagenwissen/ Methodenkenntnisse	1☐	2☐	3☐	4☐	5☐	k☐
- weisen viel praktische Erfahrung auf	1☐	2☐	3☐	4☐	5☐	k☐
- verfügen über gute analytische Fähigkeiten	1☐	2☐	3☐	4☐	5☐	k☐
- verfügen über Branchenkenntnisse	1☐	2☐	3☐	4☐	5☐	k☐
- planen mit Weitsicht voraus	1☐	2☐	3☐	4☐	5☐	k☐
- treffen schnell fundierte Entscheidungen	1☐	2☐	3☐	4☐	5☐	k☐
- können Situationen gut einschätzen	1☐	2☐	3☐	4☐	5☐	k☐
- realisieren Pläne schnell	1☐	2☐	3☐	4☐	5☐	k☐
- können ihre eigenen Fähigkeiten gut einschätzen	1☐	2☐	3☐	4☐	5☐	k☐
- erkennen Möglichkeiten, die sich ihnen bieten	1☐	2☐	3☐	4☐	5☐	k☐
- sind sehr kreativ	1☐	2☐	3☐	4☐	5☐	k☐
- entwickeln häufig Innovationen	1☐	2☐	3☐	4☐	5☐	k☐
- verfügen über einen eigenen Führungsstil	1☐	2☐	3☐	4☐	5☐	k☐
- kommunizieren viel (sowohl intern als auch extern)	1☐	2☐	3☐	4☐	5☐	k☐
- sind sehr kontaktfreudig	1☐	2☐	3☐	4☐	5☐	k☐
- wissen sich auszudrücken	1☐	2☐	3☐	4☐	5☐	k☐
- gehen auf ihre Mitarbeiter, Kunden und Lieferanten ein	1☐	2☐	3☐	4☐	5☐	k☐
- arbeiten gut im Team	1☐	2☐	3☐	4☐	5☐	k☐
- können sich gut in bestehende Strukturen einfinden	1☐	2☐	3☐	4☐	5☐	k☐
- können ihre Meinung durchsetzen	1☐	2☐	3☐	4☐	5☐	k☐
- vertrauen auf ihre eigenen Stärken	1☐	2☐	3☐	4☐	5☐	k☐
- streben nach Unabhängigkeit/ arbeiten gerne selbstständig	1☐	2☐	3☐	4☐	5☐	k☐
- verfolgen ausdauernd ihre Ziele	1☐	2☐	3☐	4☐	5☐	k☐
- sind hoch motiviert	1☐	2☐	3☐	4☐	5☐	k☐
- übernehmen gerne Verantwortung	1☐	2☐	3☐	4☐	5☐	k☐
- sind bereit unternehmerische Risiken einzugehen	1☐	2☐	3☐	4☐	5☐	k☐

© Springer Fachmedien Wiesbaden GmbH, ein Teil von Springer Nature 2011
N. Uebe-Emden, *Entrepreneurship Education an Hochschulen für Gründer und Nachfolger*,
Edition KWV, https://doi.org/10.1007/978-3-658-24358-6

- engagieren sich gerne und oft	1☐	2☐	3☐	4☐	5☐	k☐
- suchen aktiv nach Informationen	1☐	2☐	3☐	4☐	5☐	k☐

Fragen zum Unternehmen

1. Wann wurde Ihr Unternehmen gegründet? Und in welcher Branche ist Ihr Unternehmen tätig?	_____
2. Wie viele Personen waren außer Ihnen an der Gründung beteiligt?	_____
3. Beteiligen sich diese Mitgründer noch an der Unternehmung und wenn ja, wie?	☐ Nein ☐ Ja _____ _____
4. Wie viele Mitarbeiter (ohne die Gesellschafter) wurden darüber hinaus zum Zeitpunkt der Gründung beschäftigt?	_____ Mitarbeiter
5. Wie viele Mitarbeiter werden heute beschäftigt?	_____ Mitarbeiter
6. Wurde die ursprüngliche Angebotspalette seither verändert?	☐ Nein, seither unverändert ☐ Ja, es fanden geringfügige Änderungen statt ☐ Ja, weit reichende Veränderungen ☐ Ja, komplette Umstellung der ursprünglichen Produktpalette
7. Wie viele Kunden haben Sie heute?	☐ unter 10 Kunden ☐ unter 50 Kunden ☐ unter 100 Kunden ☐ unter 500 Kunden ☐ über 500 Kunden
8. Verfügen Sie über Referenzkunden?	☐ Ja ☐ Nein
9. Um wie viel Prozent ist ihr Umsatz heute im Vergleich zum ersten Jahr gewachsen?	☐ Umsatz wurde nicht gesteigert ☐ Umsatz wurde max. verzehnfacht ☐ Umsatz mehr als verzehnfacht

Fragen zur Gründung des Unternehmens

1. Wie kamen Sie auf die Idee zur Gründung eines Unternehmens? (Mehrfachnennungen möglich)	☐ Interesse an der Selbstständigkeit ☐ Interesse am Arbeitsfeld ☐ Vorliegen von Patenten oder anderem Gründungs-Know-how ☐ drohende Arbeitslosigkeit ☐ Vorliegen von Förderangeboten ☐ Vorliegen erster Aufträge ☐ Sonstige: _____
2. Wie entwickelte sich die Idee zur Gründung eines Unternehmens?	☐ durch persönliches Interesse ☐ auch Faktoren aus dem Umfeld spielten eine Rolle
3. Spielte in Ihrem Fall das berufliche oder das persönliche Umfeld eine stärkere Rolle?	☐ das persönliche Umfeld ☐ das berufliche Umfeld
4. Welche Gründungsmotive spielten bei Ihnen eine Rolle? (Mehrfachnennungen möglich)	☐ Wunsch nach Selbstständigkeit / Unabhängigkeit ☐ Schlechte Arbeitsmarktsituation ☐ Wunsch nach Einkommenssteigerung ☐ Absicherung des Einkommens ☐ Unzufriedenheit mit früherem Job ☐ Selbstverwirklichung ☐ Übernahme eines

	Familienunternehmens
	☐ Ressourcen standen zur Verfügung
	☐ Soziale Aspekte
	☐ Sonstiges_____
5. Was waren ihre Hauptziele in den letzten sechs Monaten?	☑ Unternehmenswachstum ☑ Fortführung des Unternehmens ☑ Absicherung des Einkommens ☑ Absicherung der Familie ☑ Absatz steigern ☑ Kundenstamm ausbauen Sonstiges ☐_____
6. Welches würden Sie sagen waren bei der Gründung damals Ihre Erfolgsfaktoren? (Mehrfachnennungen möglich)	☐ Glaube an die eigene Geschäftsidee ☐ persönliche Kontakte ☐ erhaltene Förderungen ☐ Produkt-/ Dienstleistungsqualität ☐ technologisches Know-how, Patente ☐ Innovationsgrad ☐ Qualität des Business Plans ☐ Referenzkunde(n) ☐ Netzwerke und/ oder Kooperationen ☐ Sonstige_____

Fragen über geleistete Unterstützung während der Gründungsphase

1. Nennen Sie die wichtigsten Probleme bei der Gründung Ihres Unternehmens?	☐ Kapital, Finanzierung ☐ Grundstück ☐ Maschinen, Ausrüstung, Büroausstattung ☐ Personal ☐ Informationen ☐ Markterschließung ☐ gesetzliche Vorschriften ☐ wirtschaftliches Umfeld ☐ Sonstiges_____
2. Haben Sie während der Gründungsphase eine Unterstützung erfahren?	☑ Ja ☐ Nein
3. Beschreiben Sie die Art der gegebenen Unterstützung. (Mehrfachnennungen möglich)	☐ finanzielle Hilfestellungen ☐ Ausgabe allgemeiner Informationen ☐ Hilfe bei konkreten Fragen ☐ individuelle Beratung ☐ Hilfe durch Workshopsteilnahme ☐ Hilfe bei der Ideenkonkretisierung ☐ Sonstige_____
4. An welcher Art von Unterstützung hat es Ihrer Meinung nach gefehlt?	_____ _____ _____ _____

5. Wer hat Ihnen in dieser Phase Unterstützung gegeben und wie beurteilen Sie diese?		sehr gut....................sehr schlecht
Familie	U ☐	1☐ 2☐ 3☐ 4☐ 5☐ k☐
Freunde	U ☐	1☐ 2☐ 3☐ 4☐ 5☐ k☐
Mitarbeiter	U ☐	1☐ 2☐ 3☐ 4☐ 5☐ k☐
Kunden	U ☐	1☐ 2☐ 3☐ 4☐ 5☐ k☐
Lieferanten	U ☐	1☐ 2☐ 3☐ 4☐ 5☐ k☐
Geschäftspartner	U ☐	1☐ 2☐ 3☐ 4☐ 5☐ k☐
Ehemalige Kollegen	U ☐	1☐ 2☐ 3☐ 4☐ 5☐ k☐
Sonstiges	U ☐	

6. Wie würden sie die Qualität der geleisteten Unterstützung durch folgende Institutionen beurteilen?		sehr gut........................sehr schlecht					
Universität Siegen	U ☐	1☐	2☐	3☐	4☐	5☐	k☐
IHK	U ☐	1☐	2☐	3☐	4☐	5☐	k☐
Handwerkskammern	U ☐	1☐	2☐	3☐	4☐	5☐	k☐
Agentur für Arbeit	U ☐	1☐	2☐	3☐	4☐	5☐	k☐
RENEX	U ☐	1☐	2☐	3☐	4☐	5☐	k☐
SIEAG	U ☐	1☐	2☐	3☐	4☐	5☐	k☐
Business Angels	U ☐	1☐	2☐	3☐	4☐	5☐	k☐
Siegerlandfonds	U ☐	1☐	2☐	3☐	4☐	5☐	k☐
Sparkasse	U ☐	1☐	2☐	3☐	4☐	5☐	k☐
Volksbank	U ☐	1☐	2☐	3☐	4☐	5☐	k☐
Andere Banken	U ☐	1☐	2☐	3☐	4☐	5☐	k☐
Unternehmensberater	U ☐	1☐	2☐	3☐	4☐	5☐	k☐
Steuerberater	U ☐	1☐	2☐	3☐	4☐	5☐	k☐
Rechtsanwalt	U ☐	1☐	2☐	3☐	4☐	5☐	k☐
Gründungsnetzwerk Go!	U ☐	1☐	2☐	3☐	4☐	5☐	k☐
Gründungswettbewerbe	U ☐	1☐	2☐	3☐	4☐	5☐	k☐
Wirtschaftsförderung	U ☐	1☐	2☐	3☐	4☐	5☐	k☐
Internetseiten des BMWA	U ☐	1☐	2☐	3☐	4☐	5☐	k☐
Sonstige:_____	U ☐	1☐	2☐	3☐	4☐	5☐	k☐

7. Wie war diese Unterstützung angelegt?	☐ dauerhaft _____ ☐ sporadisch _____ ☐ einmalig _____

Fragen zum Aufbau eines Unternehmensnetzwerks an der Universität

1. Würden Sie ein Netzwerk bestehend aus Unternehmen der Region, dass von der Universität organisatorisch begleitet wird, als sinnvoll erachten?	☐ Ja ☐ Ja, bedingt ☐ Nein
2. Würden Sie einem solchen Netzwerk beitreten wollen?	☐ Ja ☐ Ja, evtl. später ☐ Nein
3. Welche Zugewinne würde ein solches Netzwerk aus Ihrer Sicht mit sich bringen? (Mehrfachnennungen möglich)	☐ Theorietransfer von der Universität in die Praxis ☐ Erfahrungsaustausch unter den Unternehmern ☐ Darstellung von ‚Best Practice' Lösungen von einzelnen Unternehmen ☐ Praxistransfer von der Wirtschaft an die Universität ☐ Sonstige _____
4. Welche Teilnehmer sollte ein solches Netzwerk aus Ihrer Sicht umfassen? (Mehrfachnennungen möglich)	☐ Existenzgründer ☐ bereits etablierte Unternehmen ☐ Professoren ☐ IHK ☐ Sonstige_____

Fragen zur Unternehmerausbildung an der Universität (wird nur bei Studierten abgefragt)

1. Wie wichtig sind aus Ihrer Sicht praktische Erfahrungen während des Studiums?	1☐ 2☐ 3☐ 4☐ 5☐ k☐ sehr wichtig.................unbedeutend
2. Wie beurteilen Sie auf einer Skala von 1 bis 5 den derzeitigen Praxisanteil in der universitären Lehre in Siegen?	1☐ 2☐ 3☐ 4☐ 5☐ k☐ sehr hoch........................sehr gering
3. Wie glauben Sie könnte die universitäre Lehre praxisorientierter ausgestaltet werden?	_____ _____ _____ _____

4. Wie beurteilen Sie die Effektivität folgender Lehrmethoden?	sehr effektiv........................uneffektiv
- Fachvorträge von Praktikern	1☐ 2☐ 3☐ 4☐ 5☐ k☐
- Vorlesungen	1☐ 2☐ 3☐ 4☐ 5☐ k☐
- Seminare	1☐ 2☐ 3☐ 4☐ 5☐ k☐
- Praktika	1☐ 2☐ 3☐ 4☐ 5☐ k☐
- Fallstudien	1☐ 2☐ 3☐ 4☐ 5☐ k☐
- Planspiele	1☐ 2☐ 3☐ 4☐ 5☐ k☐
- Praxissemester/ Projektarbeit im Unternehmen	1☐ 2☐ 3☐ 4☐ 5☐ k☐
- Studentenunternehmen	1☐ 2☐ 3☐ 4☐ 5☐ k☐
Fragen zur Universität als möglichen Förderer/Unterstützer	
1. Wie beurteilen Sie die Universität als möglichen Förderer für Unternehmensgründungen?	sehr gut........................sehr schlecht 1☐ 2☐ 3☐ 4☐ 5☐ k☐
2. Wie schätzen Sie die nachfolgend beschriebenen Förderungsmöglichkeiten durch eine Universität in der Gründungsphase ein?	sehr gut........................sehr schlecht
Workshopreihe zum Thema Gründung/Gründerseminar	1☐ 2☐ 3☐ 4☐ 5☐ k☐
Individuelle und fachkompetente Beratung	1☐ 2☐ 3☐ 4☐ 5☐ k☐
Hilfe bei der Patententwicklung	1☐ 2☐ 3☐ 4☐ 5☐ k☐
Zur Verfügungsstellung von Räumlichkeiten	1☐ 2☐ 3☐ 4☐ 5☐ k☐
Hilfe bei der Erstellung eines Business Plans	1☐ 2☐ 3☐ 4☐ 5☐ k☐
Hilfe bei der Entwicklung der Gründungsidee	1☐ 2☐ 3☐ 4☐ 5☐ k☐
Zur Verfügungsstellung von technischen Gerätschaften	1☐ 2☐ 3☐ 4☐ 5☐ k☐
3. Könnten Sie sich vorstellen langfristig in einem gewissen Umfang mit einer Universität zu kooperieren?	☐ Ja, das ist geplant ☐ Ja, das könnte in Frage kommen ☐ Nein, steht außer Frage
4. Können Sie in Ihrem Unternehmen Studenten einbinden?	☐ Ja ☐ Ja, in der Zukunft ☐ wird bereits gemacht ☐ Nein
5. Welchen Beitrag zur Unternehmerausbildung wären Sie bereit mir Ihrem Unternehmen zu leisten Sie sich vorstellen? (Mehrfachnennungen möglich) ☐ Keinen Beitrag	☐ Angebot von Praktikumsstellen ☐ Praxisvorträge an der Universität ☐ Möglichkeit zur Projektarbeit im Unternehmen ☐ Angebot praktischer Seminararbeiten ☐ Angebot von Diplomarbeitsthemen ☐ studienbegleitende Beschäftigung ☐ Sonstige
6. Wie häufig können Studenten in Ihrem Unternehmen eingebunden werden?	☐ immer ☐ manchmal ☐ nur projektbezogen ☐ nie
7. Was müsste die Universität aus Ihrer Sicht als Unternehmer verbessern?	☐ Kommunikation ihres Angebots ☐ Angebot an Kooperationen mit der Praxis ☐ Praxisbezug der universitären Lehre ☐ Sonstiges_____
Vielen Dank für Ihre Mitarbeit! **Bei Interesse senden wir Ihnen gerne die Ergebnisse dieser Studie zu.**	

Anhang 2: Ursprüngliche Items zur Messung der zu untersuchenden Konstrukte

Zu bildende Konstrukte	Ursprünglich zur Konstruktmessung in den Fragebogen integrierte Items	Quelle der integrierten Items
Familie	Ich empfand nur wenig Loyalität gegenüber dem Familienunternehmen.	Morris et al. (1997)
	Familienmitglieder neigten dazu, Rollen zu spielen, die nicht ihrem wahren Ich entsprachen.	
	Die Familienmitglieder neigten dazu, sich gegenseitig zu vertrauen.	
	Die Familienmitglieder waren offen und ehrlich zueinander.	
	Die Familienmitglieder haben sich jederzeit gegenseitig respektiert.	
	Konflikte konnten innerhalb der Familie jederzeit offen angesprochen werden und wurden immer konstruktiv gelöst.	
	Ich fühlte mich oft in einer Verteidigungshaltung.	
	Zwischen den Geschwistern meiner Familie gab es eine beträchtliche Rivalität.	
	Beziehungen zwischen Familienmitgliedern neigten dazu, unpersönlich zu sein.	
	Die wesentlichen Ziele der Familienmitglieder waren bis zu einem gewissen Grad konfliktär.	
	Manche Familienmitglieder waren anderen gegenüber feindlich gesinnt.	
	Es gab nur wenig Streit zwischen den Familienmitgliedern.	
	Die Familienmitglieder arbeiteten als Team zusammen.	
	Es gab unterschwellige Gefühle, die dazu führten, dass sich Familienmitglieder auseinander lebten.	
	Meine Tätigkeit im Familienunternehmen hat die Beziehungen zu manchen Familienmitgliedern negativ beeinträchtigt.	
	Manche Familienmitglieder waren über meine Position im Familienunternehmen verärgert.	
Ausbildung	Über welchen Ausbildungsabschluss verfügen Sie?	Morris et al. (1997)
	Wie eng steht Ihre Ausbildung mit Ihrer jetzigen Tätigkeit in Verbindung?	
	Über wie viel Praxiserfahrung verfügen Sie außerhalb Ihres Unternehmens?	
	Über wie viele Jahre Führungserfahrung verfügen Sie außerhalb Ihres Unternehmens?	
	In welcher Branche haben Sie Ihre Praxiserfahrung überwiegend gesammelt?	

© Springer Fachmedien Wiesbaden GmbH, ein Teil von Springer Nature 2011
N. Uebe-Emden, *Entrepreneurship Education an Hochschulen für Gründer und Nachfolger*,
Edition KWV, https://doi.org/10.1007/978-3-658-24358-6

	Wie viele Jahre waren Sie in Ihrem Unternehmen beschäftigt bevor Sie die Leitung übernahmen?	
	Haben Ihnen die früheren Generationen zur Übernahme des Unternehmens geraten oder abgeraten?	
	Hat der Druck der vorangegangenen Generationen Ihre Entscheidung in das Unternehmen einzutreten beeinflusst?	
	Entstammt Ihre Motivation zur Übernahme des Unternehmens vornehmlich Ihren eigenen Wünschen, denen Ihrer Familie oder denen des Übergebers?	
	Was war Ihre primäre Motivation, in das Unternehmen einzutreten?	
	Wie gut haben Sie sich zum Zeitpunkt der Übergabe des Unternehmens auf die Übernahme der Geschäftsführung vorbereitet gefühlt?	
Planung	Übergab Ihnen Ihr Vorgänger die Führungsverantwortung zum ursprünglich vereinbarten Zeitpunkt?	Morris et al. (1997)
	Wann haben Sie die Geschäftsführung übernommen?	
	Gab es im Zuge der Übernahme des Unternehmens initiierte gerichtliche Auseinandersetzungen?	
	In welchem Ausmaß (Aufwand Detailgenauigkeit) erfolgte im Zuge des Nachfolgeprozesses eine Steuerplanung, um den Anfall von Steuern zu begrenzen?	
	In welchem Ausmaß konnten Steuerzahlungen vermieden werden?	
	Hatte Ihr Vorgänger festgelegte formale Kriterien, um seinen Nachfolger auszuwählen?	
	Nach welchen Kriterien wurden Sie am ehesten ausgewählt?	
	Hat Ihr Vorgänger einen formalen Nachfolgeplan entwickelt, um die Übergabe von einer Generation zur nächsten zu begleiten?	
	Hatte das Unternehmen einen Beirat, bevor die Geschäftsführung an Sie übergeben wurde?	
	Hat Ihr Vorgänger jemals einen externen Berater in Anspruch genommen, um den Übergabeprozess von einer Generation zur nächsten zu begleiten?	
	Hatten Sie während der Zeit, bevor Sie die GF übernahmen, einen Mentor außerhalb der Familie, der Sie beraten hat?	
Prozess	Bitte geben Sie auf nachfolgender Skala an, wie Sie die Übernahme empfunden haben:	Morris et al. (1997)
	- angenehm	
	- frustrierend	
	- kompliziert	
	- feindlich	
	- gut koordiniert	
	- motivierend	

Erfolg	Bitte geben Sie an, in welchem Ausmaß das Top-Management Ihres Unternehmens mit der Ausprägung der folgenden finanziellen Performance-Kriterien in der jetzigen Situation zufrieden ist.	Morris et al. (1997)
	- Umsatzhöhe	
	- Umsatzwachstum	
	- Cash Flow	
	- Eigenkapitalrendite	
	- Entwicklung neuer Produkte und Dienstleistungen	
	- Marktanteile neuer Produkte und Dienstleistungen	
Tech. vor und Tech. nach; Kriterien jeweils zum Zeitpunkt der Übergabe und zum Befragungszeitpunkt	Bitte beurteilen Sie auf nachfolgender Skala die Ausprägung der einzelnen Kriterien zum Zeitpunkt der Übergabe und zum Befragungszeitpunkt:	Letmathe/Hill (2006)
	- Technologischer Stand der Prozesstechnik	
	- Ausgestaltung des Wissensmanagement	
	- Formale Qualifikation der Mitarbeiter	
	- Erfahrungswissen der Mitarbeiter	
	- Einsatz von Techniken des Lean-Managements	
	- Nutzung von KVP und Qualitätszirkeln	
	- Innovationskraft des Unternehmens	
	- Alter der Maschinen	
Macht	Über welche der folgenden Instrumente kann der Übergeber Einfluss auf die Geschäftsführung nehmen?	Letmathe/Hill (2006)
	Über welche der folgenden Instrumente können sonstige Personen im Unternehmen Einfluss auf die Geschäftsführung nehmen?	
	Welche Abhängigkeiten des Nachfolgers vom Übergeber bestehen?	
Orga. Überg. und Orga Nachf.; Kriterien jeweils zum Zeitpunkt der Übergabe und zum Befragungszeitpunkt	Charakterisieren Sie den Führungsstil des Übergebers und Ihren eigenen.	Letmathe/Hill (2006)
	Welche der folgenden Entscheidungskompetenzen sind schwerpunktmäßig bei ausgewählten/ leitenden Mitarbeitern angesiedelt (nicht bei Unternehmern)?	
	- Strategische Planung des Produktprogramms	
	- Investition in das Anlagevermögen	
	- Einstellung von Mitarbeitern	
	- Bearbeitung von neuen Märkten	
	- kontinuierliche Prozessverbesserung/ Verbesserung im Rahmen von KVP	
	- Maschinenbelegungsplanung	
	- Einsatz von Controllinginstrumenten	
	- Auswahl von Lieferanten	
	- Absatzpreise von Produkten	

	- Auswahl von Vertriebskanälen	
	In welcher Organisationsform ist Ihr Unternehmen struktu-riert?	
	Wie war/ ist Ihre Organisation ausgestaltet?	
Beziehung Überg. und Beziehung Nachf. Kriterien jeweils zum Zeit-punkt der Übergabe und zum Befra-gungszeitpunkt	Bitte geben Sie auf nachfolgender Skala die Stärke der beste-henden persönlichen Beziehungen des Übergebers zum Zeit-punkt der Übergabe und zum Befragungszeitpunkt an.	Letmathe/Hill (2006)
	- Beziehungen zu Schlüsselkunden	
	- Beziehungen zu Kunden insgesamt	
	- Beziehungen zu Lieferanten	
	- Beziehungen zu Banken	
	- Beziehungen zu anderen externen Anspruchsgruppen	
	- Beziehungen zu politischen Entscheidungsträgern	

Anhang 3: Fragebogen Unternehmensnachfolgerstudie

Fragebogen für Unternehmensnachfolger	
I. Fragen zur Unternehmerperson	
1. Wie alt sind Sie?	Jahre
2. Wie viele Geschwister haben Sie?	
3. Über welchen Ausbildungsabschluss verfügen Sie? (Mehrfachnennungen möglich)	☐ keinen Schulabschluss ☐ Hauptschulabschluss ☐ Realschulabschluss ☐ Fachhochschulreife ☐ Abitur ☐ Lehre als _____ ☐ Bachelor (Uni oder FH) ☐ Master ☐ Meister ☐ Universitätsdiplom, Studiengang: ☐ Fachhochschuldiplom, Studiengang: ☐ Promotion
4. Wie eng steht Ihre Ausbildung mit Ihrer jetzigen Tätigkeit in Verbindung?	☐ überhaupt kein Zusammenhang ☐ geringer Zusammenhang ☐ es besteht ein Zusammenhang ☐ es besteht ein enger Zusammenhang ☐ ich arbeite genau im gleichen Bereich
5. Wann haben Sie das Unternehmen übernommen oder wann werden Sie es übernehmen?	Jahr
6. Um welche Art der Nachfolge handelt(e) es sich?	☐ Familiennachfolge ☐ MBO ☐ MBI
7. Wie lange war der Übergabezeitraum, in welchem das Unternehmen von Ihnen und dem Übergeber parallel geleitet wurde?	Jahre
8. Über wie viel Praxiserfahrung verfügen Sie außerhalb Ihres Unternehmens?	☐ keine ☐ 1-5 Jahre ☐ 6-10 Jahre ☐ 11-15 Jahre ☐ mehr als 15 Jahre
9. Über wie viele Jahre Führungserfahrung verfügen Sie außerhalb Ihres Unternehmens?	☐ keine ☐ 1-5 Jahre ☐ 6-10 Jahre ☐ 11-15 Jahre ☐ mehr als 15 Jahre
10. Welcher Branche gehört Ihr Unternehmen an?	_____
11. In welcher Branche haben Sie Ihre Praxiserfahrung überwiegend gesammelt?	
12. Wie viele Jahre waren Sie in Ihrem Unternehmen beschäftigt bevor Sie die Leitung übernahmen?	☐ gar nicht ☐ 1-5 Jahre ☐ 6-10 Jahre ☐ 11-15 Jahre ☐ mehr als 15 Jahre
13. Wie alt war der Übergeber zum Zeitpunkt der endgültigen Übergabe?	_____ Jahre
14. In welcher Position als Vollzeitbeschäftigter sind Sie ins Unternehmen eingestiegen?	
15. Haben Ihnen die früheren Generationen zur Übernahme des Unternehmens geraten oder abgeraten?	stark zugeraten.........................stark davon abgeraten 1☐ 2☐ 3☐ 4☐ 5☐ k.A.☐
16. Hat der Druck der vorangegangenen Generationen Ihre Entscheidung in das Unternehmen einzutreten beeinflusst?	keine Beeinflussung...................starke Beeinflussung 1☐ 2☐ 3☐ 4☐ 5☐ k.A.☐
17. Entstammt Ihre Motivation zur Übernahme des Unternehmens vornehmlich Ihren eigenen Wünschen, denen Ihrer Familie oder denen des Übergebers?	☐ meinen eigenen Wünschen ☐ den Wünschen meiner Familie ☐ den Wünschen des Übergebers
18. Was war Ihre primäre Motivation, in das Unternehmen einzutreten?	
19. Wie gut haben Sie sich zum Zeitpunkt der Übergabe des Unternehmens auf die Übernahme der Geschäftsführung vorbereitet gefühlt?	sehr gut................................. gar nicht vorbereitet 1☐ 2☐ 3☐ 4☐ 5☐ k.A.☐

© Springer Fachmedien Wiesbaden GmbH, ein Teil von Springer Nature 2011
N. Uebe-Emden, *Entrepreneurship Education an Hochschulen für Gründer und Nachfolger*,
Edition KWV, https://doi.org/10.1007/978-3-658-24358-6

20. Welche Fähigkeiten und Verhaltensweisen erachten Sie allgemein bei Unternehmern als wichtig?	sehr wichtig................unbedeutend					
- verfügen über theoret. Grundlagenwissen/ Methodenkenntnisse	1☐	2☐	3☐	4☐	5☐	k.A.☐
- weisen viel praktische Erfahrung auf	1☐	2☐	3☐	4☐	5☐	k.A.☐
- verfügen über gute analytische Fähigkeiten	1☐	2☐	3☐	4☐	5☐	k.A.☐
- verfügen über Branchenkenntnisse	1☐	2☐	3☐	4☐	5☐	k.A.☐
- planen mit Weitsicht voraus	1☐	2☐	3☐	4☐	5☐	k.A.☐
- treffen schnell fundierte Entscheidungen	1☐	2☐	3☐	4☐	5☐	k.A.☐
- können Situationen gut einschätzen	1☐	2☐	3☐	4☐	5☐	k.A.☐
- realisieren Pläne schnell	1☐	2☐	3☐	4☐	5☐	k.A.☐
- können ihre eigenen Fähigkeiten gut einschätzen	1☐	2☐	3☐	4☐	5☐	k.A.☐
- erkennen Möglichkeiten, die sich ihnen bieten	1☐	2☐	3☐	4☐	5☐	k.A.☐
- sind sehr kreativ	1☐	2☐	3☐	4☐	5☐	k.A.☐
- entwickeln häufig Innovationen	1☐	2☐	3☐	4☐	5☐	k.A.☐
- verfügen über einen eigenen Führungsstil	1☐	2☐	3☐	4☐	5☐	k.A.☐
- kommunizieren viel (sowohl intern als auch extern)	1☐	2☐	3☐	4☐	5☐	k.A.☐
- sind sehr kontaktfreudig	1☐	2☐	3☐	4☐	5☐	k.A.☐
- wissen sich auszudrücken	1☐	2☐	3☐	4☐	5☐	k.A.☐
- gehen auf ihre Mitarbeiter, Kunden und Lieferanten ein	1☐	2☐	3☐	4☐	5☐	k.A.☐
- arbeiten gut im Team	1☐	2☐	3☐	4☐	5☐	k.A.☐
- können sich gut in bestehende Strukturen einfinden	1☐	2☐	3☐	4☐	5☐	k.A.☐
- können ihre Meinung durchsetzen	1☐	2☐	3☐	4☐	5☐	k.A.☐
- vertrauen auf ihre eigenen Stärken	1☐	2☐	3☐	4☐	5☐	k.A.☐
- streben nach Unabhängigkeit/ arbeiten gerne selbstständig	1☐	2☐	3☐	4☐	5☐	k.A.☐
- verfolgen ausdauernd ihre Ziele	1☐	2☐	3☐	4☐	5☐	k.A.☐
- sind hoch motiviert	1☐	2☐	3☐	4☐	5☐	k.A.☐
- übernehmen gerne Verantwortung	1☐	2☐	3☐	4☐	5☐	k.A.☐
- sind bereit, unternehmerische Risiken einzugehen	1☐	2☐	3☐	4☐	5☐	k.A.☐
- engagieren sich gerne und oft	1☐	2☐	3☐	4☐	5☐	k.A.☐
- reflektieren ihre Handlungen	1☐	2☐	3☐	4☐	5☐	k.A.☐
- suchen aktiv nach Informationen	1☐	2☐	3☐	4☐	5☐	k.A.☐

Der folgende Abschnitt wird nur abgefragt, wenn es sich bei dem befragten Unternehmen um ein Familienunternehmen handelt. Sollte er nicht abgefragt werden, weiter bei Abschnitt „III. Die Übergabe"

II. Familiäre Beziehungen

Bitte geben Sie auf nachfolgender Skala an, wie stark Sie folgenden Aussagen zustimmen:	Stimme voll zu......stimme gar nicht zu					
Ich empfand nur wenig Loyalität gegenüber dem Familienunternehmen.	1☐	2☐	3☐	4☐	5☐	k.A.☐
Familienmitglieder neigten dazu, Rollen zu spielen, die nicht ihrem wahren Ich entsprachen.	1☐	2☐	3☐	4☐	5☐	k.A.☐
Die Familienmitglieder neigten dazu, sich gegenseitig zu vertrauen.	1☐	2☐	3☐	4☐	5☐	k.A.☐
Die Familienmitglieder waren offen und ehrlich zueinander.	1☐	2☐	3☐	4☐	5☐	k.A.☐
Die Familienmitglieder haben sich jederzeit gegenseitig respektiert.	1☐	2☐	3☐	4☐	5☐	k.A.☐
Konflikte konnten innerhalb der Familie jederzeit offen angesprochen werden und wurden immer konstruktiv gelöst.	1☐	2☐	3☐	4☐	5☐	k.A.☐
Ich fühlte mich oft in einer Verteidigungshaltung.	1☐	2☐	3☐	4☐	5☐	k.A.☐
Zwischen den Geschwistern meiner Familie gab es eine beträchtliche Rivalität.	1☐	2☐	3☐	4☐	5☐	k.A.☐
Beziehungen zwischen Familienmitgliedern neigten dazu, unpersönlich zu sein.	1☐	2☐	3☐	4☐	5☐	k.A.☐
Die wesentlichen Ziele der Familienmitglieder waren bis zu einem gewissen Grad konfliktär.	1☐	2☐	3☐	4☐	5☐	k.A.☐
Manche Familienmitglieder waren anderen gegenüber feindlich gesinnt.	1☐	2☐	3☐	4☐	5☐	k.A.☐
Es gab nur wenig Streit zwischen den Familienmitgliedern.	1☐	2☐	3☐	4☐	5☐	k.A.☐
Die Familienmitglieder arbeiteten als Team zusammen.	1☐	2☐	3☐	4☐	5☐	k.A.☐
Es gab unterschwellige Gefühle, die dazu führten, dass sich Familienmitglieder auseinander lebten.	1☐	2☐	3☐	4☐	5☐	k.A.☐

Meine Tätigkeit im Familienunternehmen hat die Beziehungen zu manchen Familienmitgliedern negativ beeinträchtigt.	1☐ 2☐ 3☐ 4☐ 5☐ k.A.☐
Manche Familienmitglieder waren über meine Position im Familienunternehmen verärgert.	1☐ 2☐ 3☐ 4☐ 5☐ k.A.☐

III. Die Übergabe
Bitte beschreiben Sie Ihre Wahrnehmung der Übergabe des Unternehmens von der übergebenden Generation bis zu der Zeit, in der Sie die Geschäftsführung übernommen haben. Sie finden nachfolgend eine Reihe von Adjektiven, die die Übergabeerfahrung näher beschreiben. Bitte geben Sie für jedes Adjektiv die Ausprägung an, die Ihre Erfahrung am besten wiedergibt.

1. Bitte geben Sie auf nachfolgender Skala an, wie Sie die Übernahme empfunden haben:	Stimme voll zu.................stimme gar nicht zu
- angenehm	1☐ 2☐ 3☐ 4☐ 5☐ k.A.☐
- frustrierend	1☐ 2☐ 3☐ 4☐ 5☐ k.A.☐
- kompliziert	1☐ 2☐ 3☐ 4☐ 5☐ k.A.☐
- feindlich	1☐ 2☐ 3☐ 4☐ 5☐ k.A.☐
- gut koordiniert	1☐ 2☐ 3☐ 4☐ 5☐ k.A.☐
- motivierend	1☐ 2☐ 3☐ 4☐ 5☐ k.A.☐
2. Übergab Ihnen Ihr Vorgänger die Führungsverantwortung zum ursprünglich vereinbarten Zeitpunkt?	☐ Ja ☐ Nein
3. Wann haben Sie die Geschäftsführung übernommen?	☐ als mein Vorgänger in Rente gegangen ist ☐ als mein Vorgänger verstorben ist ☐ zu der Zeit, zu der mein Vorgänger noch im Unternehmen tätig war
4. Gab es im Zuge der Übernahme des Unternehmens initiierte gerichtliche Auseinandersetzungen?	☐ Ja ☐ Nein
5. In welchem Ausmaß (Aufwand Detailgenauigkeit) erfolgte im Zuge des Nachfolgeprozesses eine Steuerplanung, um den Anfall von Steuern zu begrenzen?	Bis ins Detail.................gar nicht 1☐ 2☐ 3☐ 4☐ 5☐ k.A.☐
6. In welchem Ausmaß konnten Steuerzahlungen vermieden werden?	Komplett vermieden...........gar nicht vermieden 1☐ 2☐ 3☐ 4☐ 5☐ k.A.☐
7. Hatte Ihr Vorgänger festgelegte formale Kriterien, um seinen Nachfolger auszuwählen?	☐ Ja ☐ Nein
8. Nach welchen Kriterien wurden Sie am ehesten ausgewählt?	☐ aufgrund meiner Fähigkeiten/ Qualifikationen ☐ aufgrund personeller Faktoren (z.B. erstes Kind) ☐ aufgrund meiner Motivation/ Hartnäckigkeit ☐ ich wurde nicht formal ausgewählt, sondern übernahm die Geschäftsführung aufgrund der gegebenen Umstände
9. Hat Ihr Vorgänger einen formalen Nachfolgeplan entwickelt, um die Übergabe von einer Generation zur nächsten zu begleiten?	☐ Ja ☐ Nein
Wenn diese Frage mit „Nein" beantwortet wurde, bitte weiter bei Frage 13	
10. Gab es eine schriftliche Dokumentation dieses Plans?	☐ Ja ☐ Nein
11. Die Komponenten des Nachfolgeplans waren:	☐ Pläne zur Aufteilung der Geschäftsanteile ☐ Formale Auswahl des Nachfolgers ☐ Formaler Trainingsplan für den Nachfolger ☐ Betrachtung von steuerlichen Wirkungen der Nachfolge ☐ Formaler Plan für die Einbindung der Fremdkapitalgeber des Unternehmens ☐ Kaufs- oder Verkaufsvereinbarungen, die es einem oder mehreren Anteilseignern ermöglichen, ihre Unternehmens-anteile an die verbleibenden Anteilseigner in der Zukunft zu festgelegten Bedingungen verkaufen zu können ☐ keine der oben genannten Punkte
12. Haben die im Nachfolgeplan festgelegten Personen die Nachfolge tatsächlich angetreten?	☐ Ja ☐ Nein
13. Hatte das Unternehmen einen Beirat, bevor die Geschäftsführung an Sie übergeben wurde?	☐ Ja ☐ Nein
Wenn diese Frage mit „Nein" beantwortet wurde, bitte weiter bei Frage 17	

14. Die Mehrheit der Beiratsmitglieder waren…	☐ Familienmitglieder ☐ Nicht-Familienmitglieder ☐ gleiche Anzahl von Familien- und Nicht Familienmitglieder
15. Die Mehrzahl der Beiratsmitglieder kamen…	☐ aus dem Unternehmen ☐ von außerhalb des Unternehmens ☐ in etwa gleicher Anzahl aus dem Unternehmen sowie von außerhalb
16. Für wie lange nach der Übernahme der Geschäftsleitungsposition wurde der Beirat von der Übergebergeneration kontrolliert?	Jahre
17. Hat Ihr Vorgänger jemals einen externen Berater in Anspruch genommen, um den Übergabeprozess von einer Generation zur nächsten zu begleiten?	☐ Ja ☐ Nein
18. Hatten Sie während der Zeit, bevor Sie die GF übernahmen, einen Mentor außerhalb der Familie, der Sie beraten hat?	☐ Ja ☐ Nein

IV. a. Fragen zu Technologie und Wissen

1. Bitte beurteilen Sie auf nachfolgender Skala die Ausprägung der einzelnen Kriterien zum Zeitpunkt der Übergabe:	Sehr gut................mangelhaft
- Technologischer Stand der Prozesstechnik	1☐ 2☐ 3☐ 4☐ 5☐ k.A.☐
- Ausgestaltung des Wissensmanagement	1☐ 2☐ 3☐ 4☐ 5☐ k.A.☐
- Formale Qualifikation der Mitarbeiter	1☐ 2☐ 3☐ 4☐ 5☐ k.A.☐
- Erfahrungswissen der Mitarbeiter	1☐ 2☐ 3☐ 4☐ 5☐ k.A.☐
- Nutzung von KVP und Qualitätszirkeln	1☐ 2☐ 3☐ 4☐ 5☐ k.A.☐
- Innovationskraft des Unternehmens	1☐ 2☐ 3☐ 4☐ 5☐ k.A.☐
- Alter der Maschinen	1☐ 2☐ 3☐ 4☐ 5☐ k.A.☐
2. Bitte beurteilen Sie auf nachfolgender Skala die Ausprägung der einzelnen Kriterien im heutigen Zustand:	Sehr gut................mangelhaft
- Technologischer Stand der Prozesstechnik	1☐ 2☐ 3☐ 4☐ 5☐ k.A.☐
- Ausgestaltung des Wissensmanagement	1☐ 2☐ 3☐ 4☐ 5☐ k.A.☐
- Formale Qualifikation der Mitarbeiter	1☐ 2☐ 3☐ 4☐ 5☐ k.A.☐
- Erfahrungswissen der Mitarbeiter	1☐ 2☐ 3☐ 4☐ 5☐ k.A.☐
- Nutzung von KVP und Qualitätszirkeln	1☐ 2☐ 3☐ 4☐ 5☐ k.A.☐
- Innovationskraft des Unternehmens	1☐ 2☐ 3☐ 4☐ 5☐ k.A.☐
- Alter der Maschinen	1☐ 2☐ 3☐ 4☐ 5☐ k.A.☐

IV. b. Einflussnahme

1. Über welche der folgenden Instrumente kann der Übergeber Einfluss auf die Geschäftsführung nehmen?
☐ Stimmrechte bei der Gesellschafterversammlung   ☐ als Unternehmensbeirat
☐ Geschäftsführungsfunktionen   ☐ Als Inhaber von Patenten und Lizenzen
☐ Als Fremdkapitalgeber, inkl. Besitztümer   ☐ Sonstige Einfluss- und Kontrollmöglichkeiten:
☐ Verfügungsgewalt über vom Unternehmen genutzte Gegenstände (z.B. Grundstücke)

2. Über welche der folgenden Instrumente können sonstige Personen im Unternehmen Einfluss auf die Geschäftsführung nehmen?
☐ Stimmrechte bei der Gesellschafterversammlung   ☐ als Unternehmensbeirat
☐ Geschäftsführungsfunktionen   ☐ Als Inhaber von Patenten und Lizenzen
☐ Als Fremdkapitalgeber, inkl. Besitztümer   ☐ Sonstige Einfluss- und Kontrollmöglichkeiten:
☐ Verfügungsgewalt über vom Unternehmen genutzte Gegenstände (z.B. Grundstücke)

3. Welche Abhängigkeiten des Nachfolgers vom Übergeber bestehen?
☐ materielle   ☐ emotionale
☐ den Status in gemeinsamen sozialen Netzwerken   ☐ Streuung von Gerüchten/Abweichende Interpretationen von Sachverhalten

IV. c. Organisation und Führung

1. Charakterisieren Sie den Führungsstil:
Ihres Übergebers Ihren eigenen Führungsstil
☐   ☐   autoritär/patriarchalisch
☐   ☐   kooperativ/ delegativ

2. Welche der folgenden Entscheidungskompetenzen sind schwerpunktmäßig bei ausgewählten/ leitenden Mitarbeitern angesiedelt (nicht bei Unternehmern)?

	Vor der Übergabe dezentral..................zentral						Nach der Übergabe dezentral..................zentral					
- Strategische Planung des Produktprogramms	1 □	2□	3□	4□	5□	k.A.□	1 □	2□	3□	4□	5□	k.A.□
- Investition in das Anlagevermögen	1 □	2□	3□	4□	5□	k.A.□	1 □	2□	3□	4□	5□	k.A.□
- Einstellung von Mitarbeitern	1 □	2□	3□	4□	5□	k.A.□	1 □	2□	3□	4□	5□	k.A.□
- Bearbeitung von neuen Märkten	1 □	2□	3□	4□	5□	k.A.□	1 □	2□	3□	4□	5□	k.A.□
- kontinuierliche Prozessverbesserung/ Verbesserung im Rahmen von KVP	1 □	2□	3□	4□	5□	k.A.□	1 □	2□	3□	4□	5□	k.A.□
- Maschinenbelegungsplanung	1 □	2□	3□	4□	5□	k.A.□	1 □	2□	3□	4□	5□	k.A.□
- Einsatz von Controllinginstrumenten	1 □	2□	3□	4□	5□	k.A.□	1 □	2□	3□	4□	5□	k.A.□
- Auswahl von Lieferanten	1 □	2□	3□	4□	5□	k.A.□	1 □	2□	3□	4□	5□	k.A.□
- Absatzpreise von Produkten	1 □	2□	3□	4□	5□	k.A.□	1 □	2□	3□	4□	5□	k.A.□
- Auswahl von Vertriebskanälen	1 □	2□	3□	4□	5□	k.A.□	1 □	2□	3□	4□	5□	k.A.□

3. In welcher Organisationsform ist Ihr Unternehmen strukturiert?

damals	heute	
□	□	funktionale Gliederung
□	□	prozessorientierte Gliederung
□	□	beides

4. Wie war/ ist Ihre Organisation ausgestaltet?

Zeitpunkt der Übergabe	heute	
□	□	Regelmäßige, individuelle Zielvereinbarungsgespräche
□	□	Nutzung von individuellem Leistungsfeedback
□	□	Detaillierte Information der Mitarbeiter über die Gesamtsituation des Unternehmens
□	□	Frühzeitige Information der Mitarbeiter über geplante Veränderungen
□	□	Offenes Kommunikationsklima innerhalb des Unternehmens

IV. d. Externes Beziehungsgeflecht

1. Bitte geben Sie auf nachfolgender Skala die Stärke der bestehenden persönlichen Beziehungen des Übergebers zum Zeitpunkt der Übergabe an.	Sehr stark.............nicht bedeutend					
- Beziehungen zu Schlüsselkunden	1□	2□	3□	4□	5□	k.A.□
- Beziehungen zu Kunden insgesamt	1□	2□	3□	4□	5□	k.A.□
- Beziehungen zu Lieferanten	1□	2□	3□	4□	5□	k.A.□
- Beziehungen zu Banken	1□	2□	3□	4□	5□	k.A.□
- Beziehungen zu anderen externen Anspruchsgruppen	1□	2□	3□	4□	5□	k.A.□
- Beziehungen zu politischen Entscheidungsträgern	1□	2□	3□	4□	5□	k.A.□
2. Bitte geben Sie auf nachfolgender Skala die Stärke Ihrer bestehenden persönlichen Beziehungen zum Zeitpunkt der Übergabe an.	Sehr stark.............nicht bedeutend					
- Beziehungen zu Schlüsselkunden	1□	2□	3□	4□	5□	k.A.□
- Beziehungen zu Kunden insgesamt	1□	2□	3□	4□	5□	k.A.□
- Beziehungen zu Lieferanten	1□	2□	3□	4□	5□	k.A.□
- Beziehungen zu Banken	1□	2□	3□	4□	5□	k.A.□
- Beziehungen zu anderen externen Anspruchsgruppen	1□	2□	3□	4□	5□	k.A.□
- Beziehungen zu politischen Entscheidungsträgern	1□	2□	3□	4□	5□	k.A.□

V. Die Leistung

1. Bitte geben Sie an, in welchem Ausmaß das Top-Management Ihres Unternehmens mit der Ausprägung der folgenden finanziellen Performance-Kriterien in der jetzigen Situation zufrieden ist.	Sehr zufrieden.............sehr unzufrieden					
- Umsatzhöhe	1□	2□	3□	4□	5□	k.A.□
- Umsatzwachstum	1□	2□	3□	4□	5□	k.A.□
- Cash Flow	1□	2□	3□	4□	5□	k.A.□

- Eigenkapitalrendite	1☐	2☐	3☐	4☐	5☐	k.A.☐
- Entwicklung neuer Produkte und Dienstleistungen	1☐	2☐	3☐	4☐	5☐	k.A.☐
- Marktanteile neuer Produkte und Dienstleistungen	1☐	2☐	3☐	4☐	5☐	k.A.☐

2. Wie viele Mitarbeiter beschäftigen Sie?	_____ Mitarbeiter
3. Wie hoch ist Ihr jährlicher Umsatz?	☐ 0-249.999 € ☐ 250.000-499.999 € ☐ 500.000-999.999 € ☐ 1Mio.-4.999.999 € ☐ 5Mio.-19.999.999 € ☐ 20Mio.-49.999.999€ ☐ 50 Mio.-99.999.999 € ☐ über 100 Mio. €

VI. Fragen zur Unternehmerausbildung an der Universität (wird nur bei Studierten abgefragt)

1. Wie wichtig sind aus Ihrer Sicht praktische Erfahrungen während des Studiums?	1☐	2☐	3☐	4☐	5☐	k.A.☐
	sehr wichtig.................unbedeutend					
2. Wie beurteilen Sie auf einer Skala von 1 bis 5 den derzeitigen Praxisanteil in der universitären Lehre?	1☐	2☐	3☐	4☐	5☐	k.A.☐
	sehr hoch.........................sehr gering					

3. Wie glauben Sie könnte die universitäre Lehre praxisorientierter ausgestaltet werden?	

4. Wie beurteilen Sie die Effektivität folgender Lehrmethoden?	sehr effektiv......................uneffektiv					
- Fachvorträge von Praktikern	1☐	2☐	3☐	4☐	5☐	k.A.☐
- Vorlesungen	1☐	2☐	3☐	4☐	5☐	k.A.☐
- Seminare	1☐	2☐	3☐	4☐	5☐	k.A.☐
- Praktika	1☐	2☐	3☐	4☐	5☐	k.A.☐
- Fallstudien	1☐	2☐	3☐	4☐	5☐	k.A.☐
- Planspiele	1☐	2☐	3☐	4☐	5☐	k.A.☐
- Praxissemester/ Projektarbeit im Unternehmen	1☐	2☐	3☐	4☐	5☐	k.A.☐
- Studierendenunternehmen	1☐	2☐	3☐	4☐	5☐	k.A.☐

5. Welchen Anteil in der Wissensvermittlung würden Sie zur Vorbereitung auf eine Übernahme im Studium für geeignet erachten?	☐ theoretisches Grundlagenwissen ☐ praktisches Gestaltungswissen ☐ handlungsleitendes Wissen

6. Wie beurteilen Sie die Bedeutung der folgenden Wissensarten für eine erfolgreiche Übernahme:	sehr wichtig.......................unwichtig					
- Know-why (Einstellung eines Unternehmers)	1☐	2☐	3☐	4☐	5☐	k.A.☐
- Know-who (Netzwerkfähigkeiten)	1☐	2☐	3☐	4☐	5☐	k.A.☐
- Know-how (theoretisches Anwendungswissen)	1☐	2☐	3☐	4☐	5☐	k.A.☐
- Know-when (Timinggefühl)	1☐	2☐	3☐	4☐	5☐	k.A.☐
- Know-what (Erfahrungswissen)	1☐	2☐	3☐	4☐	5☐	k.A.☐

7. Welche Inhalte sollten aus Ihrer Sicht im Rahmen eines Studiums zur Vorbereitung auf eine Unternehmensübernahme behandelt werden?	

VII. Fragen zur Universität als möglichen Förderer/Unterstützer

1. Wie beurteilen Sie die Universität als möglichen Förderer für Unternehmensnachfolgen?	sehr gut......................sehr schlecht					
	1☐	2☐	3☐	4☐	5☐	k.A.☐
2. Wie schätzen Sie die nachfolgend beschriebenen Förderungsmöglichkeiten durch eine Universität in der Übergabephase ein?	sehr gut......................sehr schlecht					
Workshopreihe zum Thema Unternehmensnachfolge	1☐	2☐	3☐	4☐	5☐	k.A.☐
Individuelle und fachkompetente Beratung	1☐	2☐	3☐	4☐	5☐	k.A.☐
Hilfe bei der strategischen Ausrichtung des Unternehmens	1☐	2☐	3☐	4☐	5☐	k.A.☐
Hilfe bei der Erstellung eines Übergabeplans	1☐	2☐	3☐	4☐	5☐	k.A.☐

Vielen Dank für Ihre Mitarbeit!
Bei Interesse senden wir Ihnen gerne die Ergebnisse dieser Studie zu.

E-Mail-Adresse:

Anhang 4: Korrelationstabelle

Korrelationen nach Pearson

	V1	V2	V3	V4	V5	V6	V7	V8	V9	V10
V1	1									
V2	,735**	1								
V3	,652**	,590**	1							
V4	,694**	,530**	,830**	1						
V5	,615**	,596**	,614**	,657**	1					
V6	,080	-,009	,022	-,023	,017	1				
V7	,022	,017	-,023	-,030	,033	,679**	1			
V8	-,349**	-,331**	-,412**	-,463**	-,389**	,169	,299**	1		
V9	-,381**	-,439**	-,363**	-,389**	-,339**	,210*	,081	,598**	1	
V10	-,352**	-,353**	-,314**	-,453**	-,409**	,051	,045	,620**	,632**	1
V11	-,098	-,027	-,141	-,118	-,166	,032	,011	,196	,205*	,050
V12	-,117	-,105	-,179	-,133	-,129	-,056	-,032	,227*	,201	,140
V13	-,137	-,159	-,040	-,035	-,180	,007	,010	,265**	,186	,227*
V14	-,139	-,164	-,123	-,081	-,154	-,085	-,114	,242*	,172	,240*
V15	,102	,219	,085	,082	,128	-,243*	-,193	-,215	-,128	-,035
V16	,149	,158	,068	,104	,019	-,105	-,048	-,159	-,208	-,005
V17	,112	,166	,070	,077	,069	,053	,089	-,050	-,149	,012
V18	,194	,263*	,319**	,364**	,248*	,040	,038	-,191	-,085	-,015
V19	,039	,181	,039	,029	,136	-,088	-,082	-,111	-,139	-,078
V20	-,101	-,171	-,106	-,105	-,220*	-,091	-,113	,199	,209*	,251*
V21	-,028	,004	-,075	-,148	-,156	-,011	,001	,306**	,176	,271**
V22	-,157	-,184	-,184	-,217	-,134	,155	,132	,369**	,265*	,307**
V23	-,001	-,012	-,186	-,114	-,073	,166	,188	,256*	,125	,184
V24	,011	,013	-,175	-,106	,030	,240*	,257**	,346**	,187	,146
V25	-,100	-,069	-,244	-,148	-,118	,197*	,277**	,180	,138	,041
V26	,062	,058	,194	,167	,078	-,131	-,184	,012	-,022	,044
V27	,017	-,050	,079	,024	-,005	-,114	-,182	,097	,014	,180
V28	,031	,032	-,056	-,031	,021	-,153	-,122	,032	,029	,141

© Springer Fachmedien Wiesbaden GmbH, ein Teil von Springer Nature 2011
N. Uebe-Emden, *Entrepreneurship Education an Hochschulen für Gründer und Nachfolger*,
Edition KWV, https://doi.org/10.1007/978-3-658-24358-6

	V11	V12	V13	V14	V15	V16	V17	V18	V19	V20
V1										
V2										
V3										
V4										
V5										
V6										
V7										
V8										
V9										
V10										
V11	1									
V12	,643**	1								
V13	,172	,216*	1							
V14	,222*	,308**	,575**	1						
V15	,189	,051	,088	,052	1					
V16	,118	,043	,004	-,021	,597**	1				
V17	,184	,047	,058	,065	,567**	,732**	1			
V18	,170	-,016	-,023	,092	,436**	,461**	,394**	1		
V19	,183	-,036	,049	,080	,659**	,470**	,401**	,543**	1	
V20	,211*	,145	,076	,132	-,050	-,121	-,144	-,128	-,130	1
V21	,129	,066	,151	,142	,041	-,056	,060	-,134	-,083	,777**
V22	,085	,149	,087	,121	-,131	-,046	,005	-,188	-,112	,562**
V23	,054	-,039	,083	,154	-,266*	-,111	-,195	-,064	-,102	,200
V24	,079	-,015	,090	,181	-,254*	-,130	-,042	-,068	-,122	,093
V25	,004	-,174	-,062	-,030	-,282*	-,116	-,067	-,042	-,009	,016
V26	,139	,129	,141	,223*	,268*	,167	,208	,202	,235*	-,029
V27	,111	,080	,225*	,267**	,309**	,157	,214	,164	,254*	-,014
V28	,279**	,182	,222*	,374**	,198	,098	,151	,158	,209	,117

	V21	V22	V23	V24	V25	V26	V27	V28
V1								
V2								
V3								
V4								
V5								
V6								
V7								
V8								
V9								
V10								
V11								
V12								
V13								
V14								
V15								
V16								
V17								
V18								
V19								
V20								
V21	1							
V22	,574**	1						
V23	,113	,193	1					
V24	,203*	,236*	,831**	1				
V25	-,003	,217*	,458**	,509**	1			
V26	-,044	-,100	,037	,134	-,179	1		
V27	,021	-,042	,023	,104	-,211*	,829**	1	
V28	,044	,040	,140	,100	-,063	,559**	,622**	1

Anhang 5: Übersicht über die fehlenden Werte

Items	Anzahl der fehlenden Werte
V1	21
V2	21
V3	25
V4	21
V5	21
V6	0
V7	0
V8	4
V9	5
V10	4
V11	11
V12	18
V13	5
V14	5
V15	24
V16	27
V17	33
V18	19
V19	18
V20	9
V21	7
V22	11
V23	7
V24	2
V25	6
V26	4
V27	5
V28	8

© Springer Fachmedien Wiesbaden GmbH, ein Teil von Springer Nature 2011
N. Uebe-Emden, *Entrepreneurship Education an Hochschulen für Gründer und Nachfolger*,
Edition KWV, https://doi.org/10.1007/978-3-658-24358-6

Anhang 6: Kolmogorov-Smirnov-Test auf Normalverteilung

Kolmogorov-Smirnov-Anpassungstest

	V1	V2	V3	V4	V5	V6	V7	V8	V9
N	88	88	83	88	88	109	109	105	104
xm	3,739	4,227	3,904	3,841	4,193	11,752	3,995	2,390	2,635
dx	1,385	1,210	1,411	1,515	1,312	1,623	1,891	1,290	1,278
Dx	0,239	0,363	0,324	0,346	0,378	0,330	0,216	0,212	0,171
+Dx	0,181	0,262	0,219	0,222	0,269	0,221	0,180	0,212	0,171
-Dx	-0,239	-0,363	-0,324	-0,346	-0,378	-0,330	-0,216	-0,140	-0,132
KS	2,244	3,409	2,948	3,246	3,550	3,440	2,256	2,171	1,745
AS	0,000	0,000	0,000	0,000	0,000	0,000	0,000	0,000	0,005

Kolmogorov-Smirnov-Anpassungstest

	V10	V11	V12	V13	V14	V15	V16	V17	V18
N	105	98	91	104	104	85	82	76	90
xm	2,095	2,776	2,879	2,058	1,894	3,106	3,561	3,724	3,267
dx	1,156	1,135	1,200	0,537	0,681	1,345	1,380	1,457	1,322
Dx	0,247	0,191	0,207	0,370	0,323	0,171	0,230	0,270	0,150
+Dx	0,247	0,187	0,207	0,370	0,323	0,171	0,148	0,191	0,147
-Dx	-0,172	-0,191	-0,177	-0,342	-0,312	-0,156	-0,230	-0,270	-0,150
KS	2,532	1,887	1,976	3,771	3,293	1,576	2,079	2,354	1,418
AS	0,000	0,002	0,001	0,000	0,000	0,014	0,000	0,000	0,036

Kolmogorov-Smirnov-Anpassungstest

	V19	V20	V21	V22	V23	V24	V25	V26	V27	V28
N	91	100	102	98	102	107	103	105	104	101
xm	2,791	2,130	2,520	2,776	2,029	2,318	2,388	2,181	2,317	2,168
dx	1,304	1,244	1,192	1,180	1,094	1,024	1,041	1,017	1,272	1,049
Dx	0,201	0,238	0,208	0,214	0,285	0,295	0,247	0,266	0,224	0,257
+Dx	0,201	0,238	0,208	0,214	0,285	0,295	0,247	0,266	0,224	0,257
-Dx	-0,120	-0,182	-0,117	-0,136	-0,173	-0,191	-0,160	-0,163	-0,150	-0,149
KS	1,913	2,381	2,099	2,117	2,881	3,048	2,511	2,724	2,280	2,581
AS	0,001	0,000	0,000	0,000	0,000	0,000	0,000	0,000	0,000	0,000

Da alle Merkmale nicht normalverteilt sind (asymptotische Signifikanz 2-seitig < 0,05), kann keine Normalverteilung im Rahmen dieser Stichprobe angenommen werden.

N   Anzahl
xm   Mittelwert
dx   Standardabweichung
Dx   Extremste Differenzen
+Dx   Positive extremste Differenzen
-Dx   Negative extremste Differenzen
KS   Kolmogorov-Smirnov-Z
AS   Asymptotische Signifikanz (2-seitig)

© Springer Fachmedien Wiesbaden GmbH, ein Teil von Springer Nature 2011
N. Uebe-Emden, *Entrepreneurship Education an Hochschulen für Gründer und Nachfolger*,
Edition KWV, https://doi.org/10.1007/978-3-658-24358-6

Anhang 7: Explorative Faktorenanalyse Gesamtmodell

	Rotierte Komponentenmatrix								
	Komponente								
	1	2	3	4	5	6	7	8	9
V1	0,787								
V2	0,731						-0,281		
V3	0,893								
V4	0,924								
V5	0,827								
V6						0,797			
V7						0,888			
V8	-0,456			0,271		0,425	0,318		
V9	-0,252				0,280				0,780
V10	-0,366			0,361	0,323	0,415			0,275
V11			0,321			0,637		0,263	0,344
V12						0,880			
V13								0,850	
V14								0,809	
V15		0,663	0,328	-0,351			-0,256		
V16		0,856							
V17		0,825							
V18	0,332	0,644	0,287						0,316
V19		0,545	0,453	-0,256		-0,320			0,273
V20					0,881				
V21					0,878				
V22					0,690		0,282		
V23				0,824					
V24				0,838					
V25	-0,256			0,705					
V26			0,831						
V27			0,887						
V28			0,672		0,250	0,338		0,274	

© Springer Fachmedien Wiesbaden GmbH, ein Teil von Springer Nature 2011
N. Uebe-Emden, *Entrepreneurship Education an Hochschulen für Gründer und Nachfolger*,
Edition KWV, https://doi.org/10.1007/978-3-658-24358-6

				Erklärte Gesamtvarianz					
Kompo-nente	Anfängliche Eigenwerte			Summen von quadrierten Faktorladungen für Extraktion			Rotierte Summe der quadrierten Ladungen		
	Gesamt	% der Varianz	Kumulierte %	Gesamt	% der Varianz	Kumulierte %	Gesamt	% der Varianz	Kumulierte %
1	6,307	22,524	22,524	6,307	22,524	22,524	4,198	14,992	14,992
2	4,130	14,751	37,275	4,130	14,751	37,275	2,896	10,342	25,334
3	3,159	11,281	48,556	3,159	11,281	48,556	2,675	9,554	34,888
4	2,056	7,343	55,899	2,056	7,343	55,899	2,605	9,303	44,191
5	1,636	5,842	61,741	1,636	5,842	61,741	2,438	8,706	52,897
6	1,455	5,196	66,938	1,455	5,196	66,938	2,094	7,480	60,377
7	1,244	4,443	71,380	1,244	4,443	71,380	1,990	7,108	67,485
8	1,119	3,996	75,376	1,119	3,996	75,376	1,950	6,965	74,450
9	1,075	3,840	79,216	1,075	3,840	79,216	1,334	4,766	79,216
10	0,893	3,188	82,404						
11	0,733	2,616	85,020						
12	0,605	2,160	87,181						
13	0,561	2,004	89,185						
14	0,461	1,647	90,831						
15	0,447	1,598	92,429						
16	0,351	1,253	93,682						
17	0,317	1,133	94,815						
18	0,299	1,068	95,883						
19	0,234	0,837	96,719						
20	0,195	0,698	97,417						
21	0,178	0,635	98,052						
22	0,150	0,536	98,588						
23	0,117	0,417	99,004						
24	0,090	0,320	99,325						
25	0,072	0,255	99,580						
26	0,052	0,187	99,767						
27	0,042	0,151	99,919						
28	0,023	0,081	100,000						

Anhang 8: Explorative Faktorenanalyse Ursprungsmodell nach Morris et al. (1997)

Rotierte Komponentenmatrix			
	Komponente		
	1	2	3
V1	0,849		
V2	0,770		
V3	0,851		
V4	0,838		-0,288
V5	0,765		
V8	-0,298		0,771
V9			0,838
V10	-0,270		0,813
V26		0,888	
V27		0,916	
V28		0,849	

Erklärte Gesamtvarianz									
Kompo-nente	Anfängliche Eigenwerte			Summen von quadrierten Faktorladungen für Extraktion			Rotierte Summe der quadrierten Ladungen		
	Gesamt	% der Varianz	Kumulierte %	Gesamt	% der Varianz	Kumulierte %	Gesamt	% der Varianz	Kumulierte %
1	4,565	41,503	41,503	4,565	41,503	41,503	3,547	32,245	32,245
2	2,403	21,850	63,353	2,403	21,850	63,353	2,375	21,589	53,834
3	1,181	10,737	74,090	1,181	10,737	74,090	2,228	20,257	74,090
4	0,666	6,055	80,145						
5	0,537	4,883	85,029						
6	0,469	4,263	89,291						
7	0,353	3,205	92,496						
8	0,298	2,709	95,205						
9	0,250	2,270	97,475						
10	0,171	1,554	99,029						
11	0,107	0,971	100,000						

© Springer Fachmedien Wiesbaden GmbH, ein Teil von Springer Nature 2011
N. Uebe-Emden, *Entrepreneurship Education an Hochschulen für Gründer und Nachfolger*,
Edition KWV, https://doi.org/10.1007/978-3-658-24358-6

Anhang 9: Explorative Faktorenanalyse neues Basismodell

Rotierte Komponentenmatrix				
	Komponente			
	1	2	3	4
V1	0,843			
V2	0,776			
V3	0,877			
V4	0,866		-0,271	
V5	0,766			
V8	-0,329		0,759	
V9			0,817	
V10	-0,269		0,807	
V13				0,900
V14		0,272		0,845
V26		0,886		
V27		0,918		
V28		0,831		

Erklärte Gesamtvarianz									
Kompo-nente	Anfängliche Eigenwerte			Summen von quadrierten Faktorladungen für			Rotierte Summe der quadrierten Ladungen		
	Gesamt	% der Varianz	Kumulierte %	Gesamt	% der Varianz	Kumulierte %	Gesamt	% der Varianz	Kumulierte %
1	4,751	36,546	36,546	4,751	36,546	36,546	3,678	28,290	28,290
2	2,773	21,331	57,877	2,773	21,331	57,877	2,431	18,703	46,993
3	1,371	10,545	68,423	1,371	10,545	68,423	2,163	16,638	63,631
4	1,042	8,014	76,437	1,042	8,014	76,437	1,665	12,806	76,437
5	0,656	5,043	81,480						
6	0,562	4,325	85,804						
7	0,391	3,007	88,812						
8	0,356	2,737	91,549						
9	0,346	2,662	94,211						
10	0,287	2,204	96,415						
11	0,217	1,668	98,083						
12	0,150	1,156	99,239						
13	0,099	0,761	100,000						

© Springer Fachmedien Wiesbaden GmbH, ein Teil von Springer Nature 2011
N. Uebe-Emden, *Entrepreneurship Education an Hochschulen für Gründer und Nachfolger*,
Edition KWV, https://doi.org/10.1007/978-3-658-24358-6

Anhang 10: Explorative Faktorenanalyse Modell Modernisierungsfalle

Rotierte Komponentenmatrix				
	Komponente			
	1	2	3	4
V1	0,820			
V2	0,777			
V3	0,869			
V4	0,883			
V5	0,764			
V8	-0,510		0,573	
V9	-0,421		0,670	
V10	-0,498		0,547	
V11			0,696	0,313
V12			0,730	
V13				0,874
V14				0,821
V26		0,852		
V27		0,910		
V28		0,749		

Erklärte Gesamtvarianz									
Komponente	Anfängliche Eigenwerte			Summen von quadrierten Faktorladungen für Extraktion			Rotierte Summe der quadrierten Ladungen		
	Gesamt	% der Varianz	Kumulierte %	Gesamt	% der Varianz	Kumulierte %	Gesamt	% der Varianz	Kumulierte %
1	4,937	32,911	32,911	4,937	32,911	32,911	4,190	27,930	27,930
2	2,923	19,483	52,394	2,923	19,483	52,394	2,263	15,089	43,019
3	1,497	9,982	62,376	1,497	9,982	62,376	2,256	15,042	58,061
4	1,076	7,170	69,546	1,076	7,170	69,546	1,723	11,486	69,546
5	0,945	6,297	75,843						
6	0,712	4,743	80,587						
7	0,646	4,307	84,893						
8	0,493	3,286	88,179						
9	0,386	2,576	90,755						
10	0,346	2,309	93,063						
11	0,303	2,020	95,083						
12	0,257	1,713	96,797						
13	0,222	1,482	98,279						
14	0,159	1,058	99,337						
15	0,099	0,663	100,000						

© Springer Fachmedien Wiesbaden GmbH, ein Teil von Springer Nature 2011
N. Uebe-Emden, *Entrepreneurship Education an Hochschulen für Gründer und Nachfolger*,
Edition KWV, https://doi.org/10.1007/978-3-658-24358-6

Anhang 11: Explorative Faktorenanalyse Modell Marktfalle

Rotierte Komponentenmatrix					
	Komponente				
	1	2	3	4	5
V1	0,846				
V2	0,814				
V3	0,895				
V4	0,904				
V5	0,733				
V8	-0,536		0,360		0,334
V9	-0,503		0,252		0,305
V10	-0,536			0,319	0,270
V13					0,886
V14		0,289			0,787
V20				0,855	
V21				0,870	
V22	-0,260			0,723	
V23			0,855		
V24			0,903		
V25			0,709		
V26		0,864			
V27		0,913			
V28		0,789			0,256

Erklärte Gesamtvarianz									
Kompo-nente	Anfängliche Eigenwerte			Summen von quadrierten Faktorladungen für Extraktion			Rotierte Summe der quadrierten Ladungen		
	Gesamt	% der Varianz	Kumulierte %	Gesamt	% der Varianz	Kumulierte %	Gesamt	% der Varianz	Kumulierte %
1	5,645	29,712	29,712	5,645	29,712	29,712	4,550	23,948	23,948
2	3,023	15,909	45,620	3,023	15,909	45,620	2,425	12,762	36,711
3	2,219	11,679	57,299	2,219	11,679	57,299	2,407	12,667	49,378
4	1,469	7,733	65,032	1,469	7,733	65,032	2,297	12,089	61,467
5	1,170	6,155	71,188	1,170	6,155	71,188	1,847	9,721	71,188
6	1,000	5,261	76,449						
7	0,662	3,485	79,934						
8	0,638	3,356	83,290						
9	0,568	2,988	86,278						
10	0,500	2,633	88,911						
11	0,459	2,418	91,329						
12	0,341	1,794	93,122						
13	0,328	1,728	94,850						
14	0,249	1,308	96,159						
15	0,236	1,243	97,401						
16	0,212	1,116	98,517						
17	0,144	0,757	99,274						
18	0,080	0,419	99,693						
19	0,058	0,307	100,000						

© Springer Fachmedien Wiesbaden GmbH, ein Teil von Springer Nature 2011
N. Uebe-Emden, *Entrepreneurship Education an Hochschulen für Gründer und Nachfolger*,
Edition KWV, https://doi.org/10.1007/978-3-658-24358-6

Anhang 12: Explorative Faktorenanalyse Modell Marktfalle (nur „Beziehung Nachf.")

Rotierte Faktorenmatrix					
	Faktor				
	1	2	3	4	5
V1	0,774				
V2	0,707			-0,274	
V3	0,871				
V4	0,891				
V5	0,695				
V8	-0,365			0,587	
V9	-0,260			0,796	
V10	-0,322			0,618	
V13					0,724
V14		0,253			0,815
V23		0,809			
V24		0,924			
V25		0,713			0,255
V26			0,817		
V27			0,969		
V28			0,503		

Erklärte Gesamtvarianz									
Kompo-nente	Anfängliche Eigenwerte			Summen von quadrierten Faktorladungen für Extraktion			Rotierte Summe der quadrierten Ladungen		
	Gesamt	% der Varianz	Kumulierte %	Gesamt	% der Varianz	Kumulierte %	Gesamt	% der Varianz	Kumulierte %
1	5,145	32,156	32,156	4,817	30,103	30,103	3,542	22,139	22,139
2	3,008	18,798	50,954	2,735	17,092	47,195	2,190	13,690	35,828
3	1,806	11,288	62,242	1,556	9,726	56,920	2,020	12,627	48,455
4	1,286	8,036	70,278	0,980	6,122	63,043	1,640	10,252	58,707
5	1,030	6,436	76,714	0,688	4,303	67,345	1,382	8,638	67,345
6	0,650	4,060	80,774						
7	0,605	3,782	84,556						
8	0,533	3,329	87,885						
9	0,431	2,696	90,581						
10	0,345	2,157	92,738						
11	0,322	2,010	94,748						
12	0,267	1,669	96,417						
13	0,221	1,382	97,799						
14	0,144	0,903	98,702						
15	0,112	0,698	99,400						
16	0,096	0,600	100,000						

© Springer Fachmedien Wiesbaden GmbH, ein Teil von Springer Nature 2011
N. Uebe-Emden, *Entrepreneurship Education an Hochschulen für Gründer und Nachfolger*, Edition KWV, https://doi.org/10.1007/978-3-658-24358-6

Anhang 13: Explorative Faktorenanalyse Modell Führungsstil- und Organisationsfalle (nur „Orga. Überg.")

Rotierte Komponentenmatrix					
	Komponente				
	1	2	3	4	5
V1	0,843				
V2	0,781				-0,273
V3	0,868				
V4	0,878			-0,254	
V5	0,812			-0,278	
V8	-0,364			0,721	
V9				0,777	
V10	-0,251			0,835	
V13					0,884
V14		0,300			0,826
V15		0,285	0,770		
V16			0,914		
V17			0,837		
V26		0,882			
V27		0,912			
V28		0,837			0,260

Erklärte Gesamtvarianz									
Kompo-nente	Anfängliche Eigenwerte			Summen von quadrierten Faktorladungen für Extraktion			Rotierte Summe der quadrierten Ladungen		
	Gesamt	% der Varianz	Kumulierte %	Gesamt	% der Varianz	Kumulierte %	Gesamt	% der Varianz	Kumulierte %
1	4,724	29,525	29,525	4,724	29,525	29,525	3,749	23,433	23,433
2	3,282	20,515	50,040	3,282	20,515	50,040	2,546	15,912	39,345
3	2,044	12,777	62,818	2,044	12,777	62,818	2,313	14,455	53,801
4	1,349	8,429	71,247	1,349	8,429	71,247	2,097	13,107	66,908
5	1,044	6,524	77,771	1,044	6,524	77,771	1,738	10,863	77,771
6	0,660	4,124	81,895						
7	0,541	3,380	85,275						
8	0,466	2,911	88,186						
9	0,452	2,827	91,014						
10	0,376	2,350	93,364						
11	0,271	1,694	95,058						
12	0,251	1,567	96,625						
13	0,203	1,267	97,892						
14	0,162	1,014	98,906						
15	0,105	0,658	99,563						
16	0,070	0,437	100,000						

© Springer Fachmedien Wiesbaden GmbH, ein Teil von Springer Nature 2011
N. Uebe-Emden, *Entrepreneurship Education an Hochschulen für Gründer und Nachfolger*,
Edition KWV, https://doi.org/10.1007/978-3-658-24358-6

Anhang 14: Explorative Faktorenanalyse Modell Führungsstil- und Organisationsfalle (nur „Orga. Nachf.")

Rotierte Faktorenmatrix				
	Faktor			
	1	2	3	4
V1	0,763			
V2	0,699			
V3	0,870			
V4	0,884			
V5	0,703			
V8	-0,400		0,645	
V9			0,692	
V10	-0,309		0,713	
V13				0,729
V14		0,269		0,784
V18	0,281	0,459		
V19		0,523		
V26		0,788		
V27		0,863		
V28		0,746		

Erklärte Gesamtvarianz									
Kompo-nente	Anfängliche Eigenwerte			Summen von quadrierten Faktorladungen für			Rotierte Summe der quadrierten Ladungen		
	Gesamt	% der Varianz	Kumulierte %	Gesamt	% der Varianz	Kumulierte %	Gesamt	% der Varianz	Kumulierte %
1	4,945	32,967	32,967	4,605	30,697	30,697	3,530	23,531	23,531
2	3,185	21,235	54,203	2,796	18,643	49,339	2,531	16,871	40,402
3	1,430	9,534	63,736	1,070	7,134	56,474	1,698	11,323	51,725
4	1,077	7,181	70,917	0,639	4,257	60,731	1,351	9,006	60,731
5	0,964	6,428	77,345						
6	0,662	4,414	81,759						
7	0,506	3,376	85,134						
8	0,493	3,285	88,419						
9	0,372	2,482	90,902						
10	0,353	2,355	93,256						
11	0,303	2,018	95,275						
12	0,266	1,772	97,047						
13	0,215	1,434	98,481						
14	0,144	0,962	99,442						
15	0,084	0,558	100,000						

© Springer Fachmedien Wiesbaden GmbH, ein Teil von Springer Nature 2011
N. Uebe-Emden, *Entrepreneurship Education an Hochschulen für Gründer und Nachfolger*,
Edition KWV, https://doi.org/10.1007/978-3-658-24358-6

Anhang 15: Explorative Faktorenanalyse zum integrierten Ausbildungsfaktor

Rotierte Komponentenmatrix						
	Komponente					
	1	2	3	4	5	6
V1	0,843					
V2	0,775			-0,252		
V3	0,880					
V4	0,885					
V5	0,770					
V6					0,882	
V7					0,926	
V8	-0,377			0,645		
V9	-0,259			0,827		
V10	-0,278			0,807		
V13						0,899
V14		0,257				0,838
V23			0,884			
V24			0,892			
V25	-0,260		0,700			
V26		0,883				
V27		0,920				
V28		0,808				

Erklärte Gesamtvarianz										
Komponente	Anfängliche Eigenwerte			Summen von quadrierten Faktorladungen für			Rotierte Summe der quadrierten Ladungen			
	Gesamt	% der Varianz	Kumulierte %	Gesamt	% der Varianz	Kumulierte %	Gesamt	% der Varianz	Kumulierte %	
1	5,172	28,732	28,732	5,172	28,732	28,732	3,856	21,421	21,421	
2	3,008	16,713	45,445	3,008	16,713	45,445	2,473	13,741	35,162	
3	2,200	12,220	57,665	2,200	12,220	57,665	2,233	12,405	47,567	
4	1,441	8,005	65,670	1,441	8,005	65,670	2,018	11,212	58,779	
5	1,249	6,938	72,608	1,249	6,938	72,608	1,799	9,996	68,775	
6	1,002	5,569	78,177	1,002	5,569	78,177	1,692	9,402	78,177	
7	0,638	3,543	81,720							
8	0,599	3,327	85,047							
9	0,534	2,965	88,012							
10	0,425	2,362	90,374							
11	0,358	1,987	92,361							
12	0,340	1,887	94,248							
13	0,295	1,639	95,886							
14	0,237	1,318	97,205							
15	0,187	1,040	98,245							
16	0,128	0,709	98,955							
17	0,100	0,556	99,510							
18	0,088	0,490	100,000							

© Springer Fachmedien Wiesbaden GmbH, ein Teil von Springer Nature 2011
N. Uebe-Emden, *Entrepreneurship Education an Hochschulen für Gründer und Nachfolger*,
Edition KWV, https://doi.org/10.1007/978-3-658-24358-6

The manufacturer's authorised representative in the EU is Springer
Nature Customer Service Centre GmbH, Europaplatz 3, 69115 Heidelberg,
Germany. If you have any concerns regarding our products, please
contact ProductSafety@springernature.com

Printed and bound by CPI Group (UK) Ltd, Croydon, CR0 4YY
23/04/2026
02095648-0013